Die Europäisierung des türkischen Privatrechts

Studien zum Europäischen
und Internationalen Wirtschaftsrecht

Studies in European and International Economic Law

Herausgegeben von/eds.
Tim Dornis, Stefan Huber, Nikolaus Marsch, Herbert Kronke, Peter Hay,
Meinhard Hilf, Wolfgang Oehler

25

PETER LANG

Izzettin Kassam Arici

Die Europäisierung des türkischen Privatrechts

PETER LANG

Bibliografische Information der Deutschen Nationalbibliothek
Die Deutsche Nationalbibliothek verzeichnet diese Publikation in der Deutschen Nationalbibliografie; detaillierte bibliografische Daten sind im Internet über http://dnb.d-nb.de abrufbar.

Zugl.: Hannover, Univ., Diss., 2022

D 89
ISSN 0941-3650
ISBN 978-3-631-88609-0 (Print)
E-ISBN 978-3-631-88684-7 (E-PDF)
E-ISBN 978-3-631-88685-4 (EPUB)
DOI 10.3726/b20115

PL Academic Research ist ein Imprint der Peter Lang GmbH.

Peter Lang – Berlin · Bern · Bruxelles · New York · Oxford · Warszawa · Wien

Diese Publikation wurde begutachtet.

www.peterlang.com

Eğitimim için her türlü fedakârlığa katlanan sevgili anneme ve babama ithaf ediyorum.

Vorwort

Die vorliegende Arbeit wurde im Sommersemester 2022 von der Juristischen Fakultät der Gottfried Wilhelm Leibniz Universität Hannover als Dissertation angenommen.

Besonderer Dank gilt meinem akademischen Lehrer Herrn Professor Dr. Stefan Huber, der meine Neugier für das Thema geweckt und mir alle Freiheiten bei der Ausgestaltung der Arbeit gelassen hat. Von den zahlreichen Erfahrungen, die ich im Rahmen meiner Mitarbeit an seinem Lehrstuhl an der Leibniz Universität Hannover sammeln durfte, profitiere ich noch heute sehr. Ich danke Frau Professorin Dr. Petra Buck-Heeb für die freundliche Übernahme des Zweitgutachtens und Frau Professorin Dr. Necla Akdağ Güney für die freundliche Übernahme der ergänzenden Stellungnahme. Für die Aufnahme in die Schriftenreihe Studien zum Europäischen und Internationalen Wirtschaftsrecht danke ich – neben Herrn Professor Dr. Stefan Huber – Herrn Professor Dr. Tim W. Dornis und Herrn Professor Dr. Nikolaus Marsch. Danken möchte ich zudem Herrn Dr. Husein Ismail und Herrn Daniel Eicke, die mir mit ihren fachlichen Anmerkungen und ihrer Freundschaft während der Anfertigung dieser Dissertation zur Seite gestanden haben und mich stets mit einem Schmunzeln auf diese Zeit zurückblicken lassen.

Meinen innigsten Dank möchte ich jedoch meinen Eltern und meiner Frau Mâşite aussprechen. Ohne die unermüdliche Unterstützung meiner Eltern wäre diese Arbeit nicht möglich gewesen. Sie sind es, die mir meinen bisherigen Werdegang ermöglicht und den größten Anteil am Erfolg meiner Ausbildung haben. Ohne meine Frau wäre diese Arbeit schließlich niemals zum Abschluss gekommen. Sie ist es, die für mich immer ein offenes Ohr hatte, mir unablässig Mut zugesprochen und mir mit der Geburt unserer Tochter Suheyla zum Abschluss meiner Promotion das schönste aller Geschenke gemacht hat.

Hannover, im Sommer 2022
Izzettin Kassam Arici

Inhaltsverzeichnis

Abkürzungsverzeichnis

a.a.O.	am angegebenen Ort
AA	Ankara-Abkommen
ABD	Ankara Barosu Dergisi
ABGB	Allgemeines bürgerliches Gesetzbuch
ABl.	Amtsblatt
Abs.	Absatz
ADFI	Annales de la Faculté de Droit d'Istanbul
AEUV	Vertrag über die Arbeitsweise der Europäischen Union
AGB	Allgemeine Geschäftsbedingungen
AGBG	Gesetz zur Regelung des Rechts der Allgemeinen Geschäftsbedingungen
AJP	Aktuelle Juristische Praxis
AKP	Adalet ve Kalkınma Partisi
Anm.	Anmerkung
ApuZ	Aus Politik und Zeitgeschichte
AS	Amtliche Sammlung des Bundesrechts
ATAMD	Atatürk Araştırma Merkezi Dergisi
Aufl.	Auflage
AußerGeschRaumVertr	außerhalb von Geschäftsräumen abgeschlossener Vertrag
AÜEHFD	Atatürk Üniversitesi Erzincan Hukuk Fakültesi Dergisi
AÜHFD	Ankara Üniversitesi Hukuk Fakültesi Dergisi
AÜİFD	Ankara Üniversitesi İlahiyat Fakültesi Dergisi
AÜSBFD	Ankara Üniversitesi Siyasal Bilgiler Fakültesi Dergisi
BATİDER	Banka ve Ticaret Hukuku Dergisi
BBl	Bundesblatt
BG	Bundesgericht
BGB	Bürgerliches Gesetzbuch
BGE	Entscheidungen des Schweizerischen Bundesgerichts
BGE	Bundesgerichtsentscheidungen
bspw.	beispielsweise
ca.	circa

CCV	Internationales Übereinkommen über den Reisevertrag
CESL	Common European Sales Law
CISG	United Nations Convention on Contracts for the International Sale of Goods
ÇATY	Çanakkale Araştırmaları Türk Yıllığı
DCFR	Draft Common Frame of Reference
ders.	derselbe
DEÜHFD	Dokuz Eylül Üniversitesi Hukuk Fakültesi Dergisi
dies.	dieselbe
DM	Deutsche Mark
DÜHFD	Dicle Üniversitesi Hukuk Fakültesi Dergisi
EAD	Ekev Akademi Dergisi
EMB	Erklärung der Menschen- und Bürgerrechte vom 26. August 1789
ECU	European currency unit
EFTA	Europäische Freihandelsassoziation
EGV	Vertrag zur Gründung der Europäischen Gemeinschaft
EJPD	Eidgenössisches Justiz- und Polizeidepartement
EL	Ergänzungslieferung
EMRK	Europäische Menschenrechtskonvention
etc.	et cetera
EU	Europäische Union
EuR	Europarecht (Zeitschrift)
EUV	Vertrag über die Europäische Union
EWG	Europäische Wirtschaftsgemeinschaft
EWGV	Vertrag zur Gründung der Europäischen Wirtschaftsgemeinschaft
EWR	Europäischer Wirtschaftsraum
f.	folgende
FernAbsFinDL-RL	Richtlinie 2002/65/EG über den Fernabsatz von Finanzdienstleistungen
FernAbsVertr	Fernabsatzvertrag
FEUTURE	The Future of EU-Turkey Relations (Projekt)
ff.	fortfolgende
Fn.	Fußnote
forost	Forschungsverbund Ost- und Südosteuropa
FS	Festschrift
FZA	Freizügigkeitsabkommen
GEK	Gemeinsames Europäisches Kaufrecht

gem.	gemäß
gest.	gestorben
GmbH	Gesellschaft mit beschränkter Haftung
GPR	Zeitschrift für das Privatrecht der Europäischen Union
GÜHFD	Gazi Üniversitesi Hukuk Fakültesi Dergisi
HGB	Handelsgesetzbuch
HPD	Hukuki Perspektifler Dergisi
HS	Halbsatz
HSFK	Hessische Stiftung Friedens- und Konfliktforschung
İBD	İstanbul Barosu Dergisi
İKV	İktisadi Kalkınma Vakfı
İTO	İstanbul Ticaret Odası
İÜHFD	İnönü Üniversitesi Hukuk Fakültesi Dergisi
İÜHFM	İstanbul Üniversitesi Hukuk Fakültesi Mecmuası
JURA	Juristische Ausbildung
KED	Kastamonu Eğitim Dergisi
LeGes	LeGes – Gesetzgebung & Evaluation
m.w.N.	mit weiteren Nachweisen
Mecelle	Mecelle-i Ahkâm-ı Adliyye
Mio.	Million
MOEL	mittel- und osteuropäische Länder
Mrd.	Milliarde
N.	Nummer
n. Chr.	nach Christus
NATO	North Atlantic Treaty Organization
NEÜİFD	Necmettin Erbakan Üniversitesi İlahiyat Fakültesi Dergisi
NVwZ	Neue Zeitschrift für Verwaltungsrecht
OR	Obligationenrecht
PECL	Principles of European Contract Law
PETL	Principles of European Tort Law
PICC	Principles of International Commercial Contracts
RabelsZ	Rabels Zeitschrift für ausländisches und internationales Privatrecht/ Zeitschrift für ausländisches und internationales Privatrecht
RL	Richtlinie
Rn.	Randnummer
S.	Seite
sic	sīc erat scriptum
SJZ	Schweizerische Juristen-Zeitung
SKAD	Sosyal ve Kültürel Araştırmalar Dergisi

sog.	sogenannt
StAZ	Das Standesamt
str.	strittig
SÜHFD	Selçuk Üniversitesi Hukuk Fakültesi Dergisi
SÜTAD	Selçuk Üniversitesi Türkiyat Araştırmaları Dergisi
SWP	Stiftung Wissenschaft und Politik
TBBD	Türkiye Barolar Birliği Dergisi
TDA	Türk Dünyası Araştırmaları
TOBB	Türkiye Odalar ve Borsalar Birliği
TSE	Türk Standardları Enstitüsü
türk.	türkisch
usw.	und so weiter
ÜGA	Abkommen zwischen den EFTA-Staaten zur Errichtung einer Überwachungsbehörde und eines Gerichtshofes
VerbrRRL	Verbraucherrechterichtlinie
vgl.	vergleiche
wörtl.	wörtlich
Yasa HD	Yasa Hukuk İçtihat ve Mevzuat Dergisi
ZEuP	Zeitschrift für Europäisches Privatrecht
ZGB	Zivilgesetzbuch
ZHK	Zeitschrift für das Gesamte Handelsrecht und Konkursrecht
zit.	zitiert
ZSR	Zeitschrift für Schweizerisches Recht
ZVglRWiss	Zeitschrift für Vergleichende Rechtswissenschaft

1. Kapitel: Einleitung

A. Gegenstand der Untersuchung

Gegen Ende der 1990er Jahre kamen innerhalb der deutschen Literatur Publikationen zu einer Thematik auf, die den zivilrechtlichen Diskurs der darauffolgenden Jahre wesentlich prägen sollte und schon jetzt als eine der tiefgreifendsten Entwicklungen der jüngeren Rechtsgeschichte Europas bezeichnet werden kann: die *Europäisierung des Privatrechts.*[1]

Gemeint ist hiermit die *„[...] Einflussnahme des Gemeinschaftsrechts auf die nationalen Privatrechte“,*[2] die zu einer allmählich voranschreitenden Angleichung und Vereinheitlichung des Privatrechts der Mitgliedstaaten geführt hat.

Wesentlich älter ist die Diskussion über eine Europäisierung des Privatrechts dagegen in der Türkei: Sie reicht dort bis in die erste Hälfte des 19. Jahrhunderts zurück und ist Teil einer im Grunde bis heute andauernden Kontroverse über die allgemeine politische Ausrichtung des Landes. Unbeschadet der geografischen Verortung der heutigen Republik Türkei war die ursprüngliche *Rechtsordnung* ihres Vorgängerstaates – des Osmanischen Reiches – nicht europäischer Herkunft (siehe dazu S. 36 ff.). Vor diesem Hintergrund bezieht sich der Begriff der Europäisierung im Kontext des türkischen Rechts auf die Übernahme rechtlichen Gedankenguts aus Europa, das heißt auf die Übernahme *rechtlichen Gedankenguts europäischer Herkunft.* Trotz der zahlreichen politischen und gesellschaftlichen Umwälzungen bildet diese Übernahme rechtlichen Gedankenguts aus Europa seither eine Kontinuitätslinie der türkischen Rechtsgeschichte: beginnend mit den ersten Rezeptionsversuchen im Osmanischen Reich über die weitbekannten Totalrezeptionen der frühen türkischen Republik bis hin zum autonomen Nachvollzug europäischer Richtlinien im Zuge des Beitrittsprozesses zur EU. Die europäischen Rechtsordnungen bilden seit nunmehr fast zwei Jahrhunderten den Orientierungspunkt der türkischen Rechtsentwicklung.

Was treibt diesen kontinuierlichen Prozess der Europäisierung an? Wie wird bei der Übernahme europäischen Gedankenguts verfahren? Welche Schwierigkeiten stellen sich dabei und wie wird diesen begegnet? Welche Implikationen

---

1 Siehe bspw. *Gebauer*, Grundfragen der Europäisierung des Privatrechts (1998) und *Klauer*, Die Europäisierung des Privatrechts (1998).

2 *Schmidt-Kessel*, Europäisches Zivilgesetzbuch, in: *Basedow/Hopt/Zimmermann*, Handwörterbuch des Europäischen Privatrechts, S. 552.

ergeben sich für die Rechtsordnung im Übrigen? Und nicht zuletzt: Was ist der letzte Stand dieser Entwicklung?

Eine ganzheitliche Analyse der Europäisierung des türkischen Privatrechts findet sich innerhalb der deutschsprachigen Literatur nicht. Es existieren lediglich Publikationen zu Teilaspekten wie den Rezeptionen in der Frühphase der Republik,[3] den späteren Reformen[4] oder dem autonomen Nachvollzug.[5] Vor diesem Hintergrund will die vorliegende Arbeit den oben aufgeworfenen Fragen im Rahmen einer ganzheitlichen Analyse des Kernbereichs des türkischen

---

3 Siehe dazu *Bandak*, Die Rezeption des schweizerischen Zivilgesetzbuches in der Türkei; *Buz*, Die Rezeption des Schweizerischen OR in der Türkei, in: *Sirmen/Kırca/Buz*, Symposium anlässlich des 80. Jahrestages, S. 31 ff.; *Hirsch*, Das Schweizerische Zivilgesetzbuch in der Türkei, SJZ 1954, 337 ff.; *Hirsch*, Vom schweizerischen Gesetz zum türkischen Recht, ZSR 95 (1976), Nr. 1, 223 ff.; *Krüger*, Fragen des Familienrechts: Osmanisch-islamische Tradition versus Zivilgesetzbuch, ZSR 95 (1976), Nr. 1, 287 ff.; *Plagemann*, Die Einführung des ZGB im Jahre 1926, in: *Kieser/Meier/Stoffel*, Revolution islamischen Rechts, S. 21 ff.; *Pritsch*, Das Schweizerische Zivilgesetzbuch in der Türkei, ZVglRWiss 59 (1957), 123 ff.; *Velidedeoğlu*, Erfahrungen mit dem schweizerischen Zivilgesetzbuch in der Türkei, ZSR 81 (1962), Nr. 1, 51 ff.

4 Siehe dazu *Atamer*, Rezeption und Weiterentwicklung des schweizerischen Zivilgesetzbuches in der Türkei, RabelsZ 72 (2008), 723 ff.; *Gören-Ataysoy*, Die Fortbildung rezipierten Rechts, ZSR 95 (1976), Nr. 1, 263 ff.; *Hirsch*, Die Einflüsse und Wirkungen ausländischen Rechts auf das heutige türkische Recht, ZHK 116 (1953), Nr. 1, 201 ff.; *Hirsch*, Das neue Türkische Handelsgesetzbuch, ZHR 119 (1956), 157 ff.; *Inceoğlu*, Das neue türkische Obligationenrecht, in: *Werro/Baysal/Heckendorn Urscheler*, Einfluss des Europarechts, S. 89 ff.; *Krüger*, 70 Jahre westliches Schuld- und Handelsrecht in der Türkei, in: *Scholler/Tellenbach*, Westliches Recht in der Republik Türkei 70 Jahre nach der Gründung, S. 125 ff.; *Okur*, Eine kritische Untersuchung zu den Rechtsbehelfen des Käufers im alten und im neuen türkischen Warenkaufrecht; *Öztan*, Türkisches Familienrecht nach 70 Jahren ZGB, in: *Scholler/Tellenbach*, Westliches Recht in der Republik Türkei 70 Jahre nach der Gründung, S. 85 ff.; *Rumpf*, Das neue türkische Zivilgesetzbuch, StAZ 2002, 97 ff.

5 Siehe dazu *Akdağ-Güney*, Umsetzung der Haustürwiderrufsrichtlinie 85/77/EWG in das türkische Recht, GPR 5 (2008), 20 ff.; *Akdağ-Güney*, Die Umsetzung der Verbraucherschutzrichtlinien in der Türkei am Beispiel der missbräuchlichen Klauseln, ZEuP 2009, 109 ff.; *Atamer*, Die autonome Umsetzung der Verbrauchsgüterkaufrichtlinie 1999/44/EG in der Türkei, ZEuP 2005, 566 ff.; *Atamer/Hopt*, Kompatibilität des türkischen und europäischen Wirtschaftsrechts; *Akdağ-Güney*, Die Umsetzung von Verbraucherschutz-Richtlinien in der Türkei, GPR 3 (2006), 59 ff.; *Küçükdağlı*, Unterschiedliche Schutzstandards im Recht der Allgemeinen Geschäftsbedingungen; *Oguz*, Das türkische und das europäische Verbraucherrecht.

Zivilrechts nachgehen. Besonderes Augenmerk soll dabei auf den seit 1995 zu beobachtenden autonomen Nachvollzug europäischer Richtlinien im Bereich des Verbrauchervertragsrechts gerichtet werden. Dies findet seine Begründung zum einen darin, dass das Verbraucherschutzrecht ein relativ junger Rechtsbereich ist, der in Europa maßgeblich durch die EU vorangetrieben wurde und – losgelöst von spezialrechtlichen Bereichen des Privatrechts – die Entwicklung des europäischen Privatrechts in seinem bürgerlich-rechtlichen Kernbereich in den letzten Jahren stark beeinflusst hat. Zum anderen findet dies seine Begründung darin, dass die Implementierung dieser nicht-technischen verbrauchervertragsrechtlichen Regelungen häufig eine große Herausforderung für die betroffenen Rechtsordnungen darstellt, da diese Regelungen unmittelbaren Einfluss auf das nationale Vertragsrecht haben. Ihre Implementierung dient daher in besonderem Maße als Gradmesser für den Umsetzungsstand und die Umsetzungsfähigkeit einer Rechtsordnung in Bezug auf den *acquis communautaire*. Schließlich weist der Bereich des Verbrauchervertragsrechts eine besonders hohe Praxisrelevanz auf.

Neben den vorstehend genannten Zielen soll die vorliegende Arbeit als Rechtstransplantationsanalyse von Kernbereichen des türkischen Zivilrechts zugleich einen Beitrag zu einem besseren Verständnis des gegenwärtigen türkischen Rechts leisten.

B. Gang der Untersuchung

Nach einer kurzen Einordnung geläufiger Begrifflichkeiten und der Erläuterung und Abgrenzung des Begriffs des *„autonomen Nachvollzugs“* soll sich die Untersuchung in einem ersten Schwerpunkt den generellen Einflüssen europäischen Rechts in der Türkei widmen. Hierzu ist zunächst die Entstehung der modernen türkischen Rechtsordnung nachzuzeichnen. Unerlässlich zum Verständnis dieser Entwicklung ist die Epoche des Osmanischen Reiches, dessen Rechtssystem im Folgenden deshalb genauer zu betrachten ist. Die Betrachtung soll dabei in einem ersten Schritt das Rechtssystem des Osmanischen Reiches bis zum Beginn der *Tanzimat-Ära* darstellen, um in einem zweiten Schritt die Wandlungen, die dieses Rechtssystem innerhalb der Reformperiode des *Tanzimat* erfahren hat, deutlicher herausstellen zu können.

Danach sollen die Phase des Übergangs zur Epoche der türkischen Republik und die Implikationen, die sich daraus für die türkische Rechtsordnung ergaben, genauer betrachtet werden. Anhand dieser Betrachtungen sollen sodann die Faktoren herausgearbeitet werden, die letztlich zu einer Totalrezeption europäischer Kodifikationen, allen voran des schweizerischen ZGB, geführt haben.

Modalitäten und Schwierigkeiten dieser Rezeptionen bilden dabei gleichermaßen einen Betrachtungsgegenstand dieses Abschnitts.

Im Anschluss an diese Schilderung der Entstehung der modernen türkischen Rechtsordnung sollen die Änderungen, Reformen und Reformversuche betrachtet werden, die diese Rechtsordnung in den darauffolgenden Jahren erfahren hat. Ihrer unterschiedlichen Intensität entsprechend, sind die gesetzgeberischen Aktivitäten hierbei in eine Phase bis 1994 und eine Phase ab 1994 zu unterteilen. Im Rahmen der Betrachtung der Phase ab 1994 soll neben dem neuen ZGB von 2001 und dem neuen HGB von 2011 insbesondere das neue OR von 2011 genauer in den Blick genommen werden. Die Schlussbetrachtungen dieses Abschnitts sind zudem auch auf die Frage zu richten, ob seit den Totalrezeptionen der Frühphase der Republik ein islamisches Roll-back durch den Gesetzgeber und die Rechtsprechung zu verzeichnen ist.

Nach dieser umfassenden Analyse der generellen Einflüsse europäischen Rechts in der Türkei sollen die Beziehungen zwischen der Türkei und der EU näher betrachtet werden. In einem ersten Schritt sind hierzu zunächst die unterschiedlichen Formen der Zugehörigkeit zur EU darzustellen. Besonderes Augenmerk ist dabei auf die Beitrittsassoziierung zu richten, die am Beispiel des Ankara-Abkommens von 1963 zu konkretisieren ist. Den zweiten Schritt hat sodann die Betrachtung der Entwicklung und des gegenwärtigen Stands der Türkei-EU-Beziehungen zu bilden.

Im Anschluss hieran soll die eigentliche Untersuchung des autonomen Nachvollzugs von Richtlinien zum Verbrauchervertragsrecht in der Türkei erfolgen. Hierbei ist zunächst ein kurzer Überblick über die historische Entwicklung des Verbraucherschutzrechts in der Türkei zu geben, dem sich alsdann die Untersuchung des normativen Nachvollzugs anzuschließen hat. Diese Untersuchung soll in drei Etappen die Entwicklung seit 1995 betrachten und bewerten, beginnend mit dem ersten Verbraucherschutzgesetz Nr. 4077 über die Revision dieses Gesetzes mit dem Gesetz Nr. 4822 bis hin zur Neuregelung durch das Gesetz Nr. 6502.

Die Untersuchung soll indes nicht bei der Betrachtung des normativen Nachvollzugs stehenbleiben, sondern auch den prozeduralen Nachvollzug in den Blick nehmen. Auch insoweit ist der vorangehend beschriebenen Dreiteilung zu folgen. Zudem hat die Untersuchung ihren Blick auf einen etwaigen judikativen Nachvollzug zu richten, um die Untersuchung des autonomen Nachvollzugs anschließend mit einer zusammenfassenden Würdigung abzuschließen.

Die Arbeit soll schließlich mit einer Schlusszusammenfassung enden.

2. Kapitel: Grundlagen

A. Übernahme rechtlichen Gedankenguts

Das Phänomen der Übernahme rechtlichen Gedankenguts findet sich in fast all seinen Formen innerhalb der türkischen Rechtsgeschichte. Dies macht es notwendig, zu Beginn einer Untersuchung über die Europäisierung des türkischen Privatrechts, deren Betrachtungsgegenstand wesentliche Phasen ebendieser Rechtsgeschichte bilden, eine Einordnung der verschiedenen Begrifflichkeiten vorzunehmen, die eine Übernahme rechtlichen Gedankenguts beinhalten. Hierbei soll jedoch keine ausgefeilte Typologie dieses Phänomens geliefert werden, da aus einer solchen aufgrund der inhaltlichen Spannweite einiger etablierter Begriffe keine konkreteren Folgerungen gezogen und damit kein bedeutender Mehrwert geschaffen werden könnte.

Vor dem Hintergrund dieses Überblicks soll sodann der Begriff des *„autonomen Nachvollzugs"* erläutert und abgegrenzt werden, der als eine weitere Form der Übernahme rechtlichen Gedankenguts den Betrachtungsgegenstand des 3. Kapitels der vorliegenden Arbeit darstellt und begrifflich innerhalb der deutschen Literatur nur in geringem Maße präsent ist.

I. Rechtsrezeption – Rechtsvereinheitlichung – Rechtsangleichung

Die Interaktion verschiedener Rechtsordnungen als Teil der allgemeinen kulturellen Interaktion zwischen verschiedenen Nationen, Regionen und Völkern ist ein sowohl historisch als auch gegenwärtig feststellbares Phänomen.[6] Recht ist in seiner Geltung insbesondere seit der Ablösung des Personalitäts- durch das Territorialitätsprinzip zwar grundsätzlich geographisch beschränkt, dass ihm zugrundeliegende rechtliche Gedankengut besteht jedoch unabhängig eines Geltungs- oder Anwendungsbefehls und kann dementsprechend seit alters zirkulieren und auch außerhalb seines ursprünglichen Geltungsbereichs zur Geltung gebracht werden.[7]

---

6 *Rehm*, RabelsZ 72 (2008), 1, 4 ff.

7 Vgl. die Ausführungen *Hirschs*, der als Gegenstand der Rezeption überzeugend „[…] rechtliche Vorstellungen, Ideen [und] Ideale" identifiziert. Siehe dazu *ders.*, Rezeption als sozialer Prozeß, S. 11 ff.

Viele Vorgänge unterschiedlicher rechtssprachlicher Bezeichnung beinhalten eine Übernahme rechtlichen Gedankenguts. Den bekanntesten unter ihnen dürfte die *Rechtsrezeption* – häufig auch kurz *Rezeption* genannt – darstellen.[8] Dieser Begriff, der innerhalb der deutschen Rechtssprache weniger als Gattungsbegriff, denn als rechtshistorischer Fachterminus für *„[...] die überwiegende Verdrängung des älteren deutschen Privatrechts durch die Herrschaft des justinianischen Rechts in privatrechtlicher Rechtslehre, Gesetzgebung und Rechtsanwendung"* zwischen 1400 und 1550 bekannt ist,[9] bezeichnet im Kern die Übernahme einzelner Rechtssätze, -institute oder sogar ganzer Gesetzbücher einer fremden Rechtsordnung durch eine übernehmende Rechtsordnung.[10] Häufig finden sich in der Literatur Begriffe, die synonym zu demjenigen der Rezeption gebraucht werden. Ohne eine abschließende Aufzählung bieten zu wollen, können in diesem Zusammenhang die Begriffe *Rechtstransplantation* (häufig auch in seiner ursprünglichen englischen Form als *legal transplant* bezeichnet), *Rechtstransfer*, *Rechtsimport* und *Adaption* genannt werden.[11]

Obgleich seiner ubiquitären Verwendung, ist der Inhalt des Rezeptionsbegriffs in vielerlei Hinsicht umstritten. Unter diesen Streitpunkten dürfte derjenige am wesentlichsten sein, ob der Begriff der Rezeption die Freiwilligkeit der Übernahme voraussetzt.[12] Insbesondere in Abgrenzung zur *Oktroyierung* fremden Rechts im Rahmen einer Kolonisation oder einer Usurpation wird von einigen Autoren die Freiwilligkeit der Übernahme als notwendiges Element des Rezeptionsbegriffs betrachtet.[13] Jedoch erscheint das Vorliegen einer solchen Freiwilligkeit selbst in Bezug auf die Übernahme des schweizerischen ZGB durch die türkische Republik, die gemeinhin als eines der herausragendsten Beispiele

---

8 Eine umfangreiche Auflistung von Literatur zum Rezeptionsbegriff im Allgemeinen findet sich bei *Wieacker*, Privatrechtsgeschichte der Neuzeit, S. 124 Fn. 1.

9 Vgl. *Rumpf*, Das Rechtsstaatsprinzip in der türkischen Rechtsordnung, S. 25; *Bandak*, Rezeption, S. 7.

10 Vgl. insoweit auch die Definition *Rheinsteins*: „Als allgemeines Charakteristikum ergibt sich dabei, daß jeweils ein in einem bestimmten Rechtsklima entwickeltes Rechtsphänomen bewusst in einem anderen Rechtsklima als geltendes Recht übernommen wird." Siehe dazu *ders.*, Einführung in die Rechtsvergleichung, S. 124 f.

11 Vgl. *Rehm*, RabelsZ 72 (2008), 1, 4; *Scholler*, Recht und Politik in Äthiopien, S. 97 Fn. 2.

12 Siehe zu diesem Streitpunkt *Bandak*, Rezeption, S. 7 ff.

13 In diese Richtung *Rheinstein*, Einführung in die Rechtsvergleichung, S. 127; *Wieacker*, Privatrechtsgeschichte der Neuzeit, S. 127; *Bandak*, Rezeption, S. 10 f.; a. A. *Bozkurt*, Batı Hukukunun Türkiye'de Benimsenmesi, S. 16.

einer Totalrezeption gilt, äußerst fraglich.[14] Nichtsdestotrotz ist der Auffassung *Wieackers* zuzustimmen, dass die Übernahme fremden Rechts infolge einer *„[...] Vernichtung oder Überwältigung [...] die Identität der rezipierenden Rechtsgemeinschaft selbst zerstören [würde], die als Subjekt, nicht als Objekt des mit dem Worte Rezeption bezeichneten Handelns oder Erleidens vorgestellt ist“*[15]. Es bedarf daher weiterhin eines Kriteriums, um die Rezeption von einer Oktroyierung abzugrenzen. Geeigneter als der mit einer psychologischen Konnotation aufgeladene Begriff der Freiwilligkeit erscheint insoweit der der politischen Theorie entlehnte Begriff der Souveränität. Erst dort, wo eine solche Souveränität nicht mehr besteht, erfolgt die Übernahme fremden Rechts durch Oktroyierung.[16] Große Ähnlichkeit mit einer Oktroyierung weist freilich die politisch zwar souveräne, aber faktisch gleichermaßen aufgezwungene Rezeption fremder Rechte durch eine *„Erziehungsdiktatur“* auf.[17] Zur Kenntlichmachung dieser Nähe könnte in diesen Fällen von einer *oktroyierten Rezeption* gesprochen werden.[18] Die Totalrezeptionen in der Frühphase der türkischen Republik ließen sich durchaus unter einer solchen Begriffskombination einordnen.[19]

Ebenfalls umstritten ist, ob es sich bei der Rezeption um einen einmaligen Akt oder einen Vorgang handelt.[20] Der vorliegenden Arbeit liegt die Auffassung zugrunde, dass es sich bei einer Rezeption um einen *„sozialen Prozess“* handelt,

---

14 Hierauf ebenfalls hinweisend *Plagemann*, Von Allahs Gesetz zur Modernisierung per Gesetz, S. 41 f. Zu den diese Fraglichkeit auslösenden Umständen der Rezeption des schweizerischen ZGB in der Türkei ausführlich S. 103 ff.

15 *Wieacker*, Privatrechtsgeschichte der Neuzeit, S. 127.

16 In eine ähnliche Richtung weist das von *Rumpf* gewählte Kriterium der „Kompetenzkompetenz des Rezipienten“. Siehe dazu *ders.*, Das Rechtsstaatsprinzip in der türkischen Rechtsordnung, S. 25. Gleiches gilt für die von *Plagemann* statuierte Voraussetzung, „[...] dass der Prozess in dem rezipierenden Land stattfindet und dass dessen Akteure ihn durchführen.“ Siehe dazu *ders.*, Von Allahs Gesetz zur Modernisierung per Gesetz, S. 41.

17 *Scholler* bezeichnet einen solchen Vorgang als eine „Abart des Octroi“ und nennt als Beispiel die „Mejei-Verfassung Japans von 1889“. Siehe dazu *ders.*, Recht und Politik in Äthiopien, S. 99.

18 Eine solche Begriffskombination ebenfalls in den Raum stellend *Rheinstein*, Einführung in die Rechtsvergleichung, S. 125. Der Autor gebraucht diese Begriffskombination jedoch zur Bezeichnung der Entwicklungen in einem Teil der europäischen Kolonien, „[...] in denen das zunächst aufgezwungene Recht schließlich akzeptiert und weitergebildet wurde, wie etwa in Brit.-Indien“.

19 Zu den Gründen einer solchen Einordnung ausführlich S. 103 ff.

20 Siehe zu diesem Streitpunkt *Bandak*, Rezeption, S. 18 ff.

der sich nicht in der formalen Aufnahme des rechtlichen Gedankenguts in den Normenbestand der rezipierenden Rechtsordnung erschöpft.[21] Maßnahmen, die sich auf die formale Aufnahme beschränken, werden in der vorliegenden Arbeit zur Abgrenzung von Rezeptionen im eigentlichen Sinne als *„Formalrezeptionen“* bezeichnet.

Zu unterscheiden ist der Begriff der *Rechtsrezeption* von demjenigen der *Rechtsvereinheitlichung.* Unter dem Begriff der *Rechtsvereinheitlichung* ist das Verfahren zur Schaffung *identischen* Rechts in mind. zwei verschiedenen Rechtsordnungen zu verstehen.[22] Dies geschieht allen voran durch die Festlegung *internationalen Einheitsrechts* in völkerrechtlichen Verträgen, die von den jeweiligen Staaten sodann durch Ratifizierung in Kraft gesetzt werden. *Einheitsrecht* wird zudem auch durch die Europäische Union geschaffen, indem sie durch *Verordnungen* in allen Mitgliedstaaten unmittelbar anwendbares Recht schafft.[23] Letztere Rechtsvereinheitlichung bleibt dabei natürlich auf das Gebiet der Europäischen Union beschränkt.[24]

Freilich wird bei der Ausarbeitung einheitlichen Rechts unter Rückgriff auf die Methode der Rechtsvergleichung versucht die geeignetste Lösung für die zu regelnde Materie zu ermitteln.[25] Hierbei kann rechtlichem Gedankengut einer bestimmten Rechtsordnung der Vorzug gegenüber einer anderen eingeräumt, eine Synthese aus dem rechtlichen Gedankengut verschiedener Rechtsordnungen gewonnen oder gar eine vollständig neue Regelung in Ansatz gebracht werden. Enthält das geschaffene Einheitsrecht rechtliches Gedankengut einer anderen Rechtsordnung als derjenigen, die das betreffende Einheitsrecht in Kraft setzt, handelt es sich insoweit genau genommen um eine Rezeption. Auch wird durch die klassische Rezeption eines Rechtsinstituts oder eines Gesetzbuches einer anderen Rechtsordnung zumindest rein normativ eine identische Regelung geschaffen. Allerdings fehlt es einer solchen klassischen Rezeption an der obligatorischen *„Zielsetzung der Schaffung einheitlichen Rechts“*, die die Rechtsvereinheitlichung charakterisiert.[26] Die Rechtsrezeption ist daher häufig

---

21 Grundlegend dazu *Hirsch*, Rezeption als sozialer Prozeß, S. 13 ff.

22 *Bongers*, Strategien der Rechtsvereinheitlichung am Beispiel des Urheberrechts, S. 30.

23 Siehe zu alldem *Zweigert/Kötz*, Rechtsvergleichung, § 2 V.

24 Sog. „regionale Rechtsvereinheitlichung“. Siehe insoweit ebenfalls *Zweigert/Kötz*, Rechtsvergleichung, § 2 V.

25 *Zweigert/Kötz*, Rechtsvergleichung, § 2 V.

26 *Bongers*, Strategien der Rechtsvereinheitlichung am Beispiel des Urheberrechts, S. 31.

als „Minus" in der Rechtsvereinheitlichung enthalten. Die Rechtsvereinheitlichung selbst geht aufgrund ihrer Zielsetzung aber begrifflich über die Rezeption hinaus.

Von den Begriffen der *Rechtsrezeption* und der *Rechtsvereinheitlichung* wiederum zu unterscheiden ist derjenige der *Rechtsangleichung*. Wie schon der allgemeine Sprachgebrauch des Begriffs *„Angleichung"* nahelegt, handelt es sich hierbei um eine Annäherung des Rechts von mind. zwei verschiedenen Rechtsordnungen, die in ihrer Intensität jedoch unterhalb der Schwelle der Vereinheitlichung verbleibt.[27] Letzteres grenzt sie von der Rechtsvereinheitlichung ab.

Eine Rechtsangleichung kann sowohl negativ als auch positiv erfolgen.[28] Negativ erfolgt sie durch den Erlass *„negativer Ausgestaltungsverbote"*, die die Souveränität der Gesetzgeber zur Regulierung bestimmter Materien beschränken.[29] Auf europäischer Ebene dienen hierzu die Grundfreiheiten.[30] Positiv erfolgt eine Rechtsangleichung dagegen durch die Statuierung *„positiver Ausgestaltungsgebote"*, die im jeweils bestimmten Maße einen gemeinsamen Normenbestand innerhalb der betroffenen Rechtsordnungen schaffen, wie dies bei *Richtlinien* der Fall ist.[31] Bei der Festlegung des zu schaffenden gemeinsamen Normenbestands greift die erlassende Institution wie auch im Rahmen der Schaffung von Einheitsrecht auf die Methode der Rechtsvergleichung zurück. Auch in diesem Rahmen kann rechtlichem Gedankengut einer Rechtsordnung der Vorzug gegenüber einer anderen eingeräumt, eine Synthese aus dem rechtlichen Gedankengut verschiedener Rechtsordnungen gewonnen oder gar eine vollständig neue Regelung in Ansatz gebracht werden. Enthält der zu schaffende gemeinsame Normenbestand rechtliches Gedankengut einer anderen Rechtsordnung als derjenigen, die die betreffenden Vorgaben umsetzen soll, handelt es sich insoweit genau genommen ebenfalls um eine Rezeption. Jedoch erfolgt diese hierbei stets unter der besonderen Zielsetzung der gegenseitigen Annäherung der Rechtsordnungen. Die Rechtsrezeption ist daher häufig auch als „Minus" in der Rechtsangleichung enthalten. Die Rechtsangleichung selbst geht aber ebenso aufgrund ihrer Zielsetzung begrifflich über die Rezeption hinaus.

---

27 *Mittwoch*, Vollharmonisierung und Europäisches Privatrecht, S. 7; *Bongers*, Strategien der Rechtsvereinheitlichung am Beispiel des Urheberrechts, S. 33.

28 *Franzen*, Privatrechtsangleichung durch die Europäische Gemeinschaft, S. 10 f.

29 *Franzen*, Privatrechtsangleichung durch die Europäische Gemeinschaft, S. 11.

30 *Franzen*, Privatrechtsangleichung durch die Europäische Gemeinschaft, S. 11.

31 *Franzen*, Privatrechtsangleichung durch die Europäische Gemeinschaft, S. 10 f.

Synonym zu dem Begriff der Rechtsangleichung werden die Begriffe der *Harmonisierung* und der *Koordinierung* gebraucht.[32]

II. Autonomer Nachvollzug

Der Begriff des „*autonomen Nachvollzugs*" findet sich vornehmlich in der schweizerischen Literatur und wird dort im Zusammenhang mit der sog. europaverträglichen Ausgestaltung des schweizerischen Rechts[33] verwendet.[34]

In der vorliegenden Arbeit bezeichnet der Begriff des autonomen Nachvollzugs dagegen im Allgemeinen das Phänomen, dass Nicht-EU-Staaten bestimmte Bereiche des EU-Rechts oder das EU-Recht im Ganzen für eine gewisse Dauer und ohne Bestehen einer völkervertraglichen Verpflichtung hierzu systematisch und fortgesetzt in ihre nationalen Rechtsordnungen übernehmen.

Freilich bildet auch insoweit nicht das EU-Recht selbst, sondern das diesem zugrunde liegende rechtliche Gedankengut den Gegenstand der Übernahme. Streng genommen handelt es sich hierbei damit wiederum um eine Rezeption, sofern dieses Gedankengut einer anderen Rechtsordnung entstammt. Im Unterschied zur Rezeption erfolgt der autonome Nachvollzug jedoch nicht eklektizistisch, sondern für eine gewisse Dauer systematisch und fortgesetzt. Zudem erfolgt er mit der ausschließlichen Zielsetzung, die übernehmende Rechtsordnung den Vorgaben des EU-Rechts entsprechend auszugestalten. Zur Herausstellung dieser beiden Unterschiede dient das Begriffselement des „*Nachvollzugs*". Die Rechtsrezeption ist daher ebenfalls häufig als „Minus" im autonomen Nachvollzug enthalten. Der autonome Nachvollzug selbst geht aufgrund seines Verfahrens und seiner Zielsetzung aber begrifflich über die Rezeption hinaus.

Daneben führt der Nachvollzug von EU-Verordnungen auch zu der Schaffung zumindest normativ identischer Rechtsnormen und der Nachvollzug von EU-Richtlinien zu einer Annäherung der nachvollziehenden und der mitgliedstaatlichen Rechtsordnungen. Im Unterschied zu der regionalen Rechtsvereinheitlichung und -angleichung innerhalb der EU erfolgt der Nachvollzug durch Nicht-EU-Staaten jedoch außerhalb des europäischen Rechtsraumes. Weder genießen die EU-Verordnungen innerhalb dieser Staaten unmittelbare Geltung

---

32 *Mittwoch*, Vollharmonisierung und Europäisches Privatrecht, S. 6.

33 Dazu Näheres auf S. 242.

34 Vgl. beispielsweise *Wiegand/Brülhart*, Die Auslegung von autonom nachvollzogenem Recht der Europäischen Gemeinschaft, *passim*; *Cottier*, Die Rechtsbeziehungen der Schweiz und der Europäischen Union, S. 131 ff.; *Spinner/Maritz*, in: *Forstmoser/von der Crone/Weber/Zobl*, Der Einfluss des europäischen Rechts auf die Schweiz, *passim*.

noch besteht für sie eine Umsetzungspflicht in Bezug auf die EU-Richtlinien. Zur Herausstellung dieses Unterschieds betont das erste Begriffselement explizit, dass der Nachvollzug *„autonom"* erfolgt. Möglicherweise würde die Verwendung des Wortes *„souverän"* anstelle des Wortes *„autonom"* die staatshoheitliche Eigenständigkeit des Nachvollzugs noch deutlicher hervorheben. Zudem würde sie auch zu einem begrifflichen Gleichlauf mit dem Kriterium führen, dass weiter oben zur Abgrenzung der Rechtsrezeption von der Oktroyierung vorgeschlagen wurde („Souveränität").[35] Aufgrund der Geläufigkeit der Bezeichnung als *„autonomer Nachvollzug"* und des nur geringfügigen Bedeutungsunterschieds wird im Folgenden aber von einer abweichenden Bezeichnung abgesehen.

Von einer allgemeinen Maßnahme der Rechtsvereinheitlichung schließlich hebt sich der autonome Nachvollzug ebenfalls durch sein systematisches und fortgesetztes Verfahren und seine Beschränkung auf EU-Recht ab.

B. Einflüsse europäischen Rechts in der Türkei

I. Entstehung der modernen türkischen Rechtsordnung

Wesentlichen Anstoß zu den Entwicklungen, die mittelbar zur Entstehung der modernen türkischen Rechtsordnung geführt haben, gaben Wandlungen der Statik des osmanischen Rechtssystems[36] im 19. Jahrhundert. Seither hat das Rechtssystem sowohl des Vorgängerstaates, des Osmanischen Reichs, als auch des Nachfolgestaates, der Republik Türkei, fortwährend Wandlungen erfahren. Orientierungspunkt bildeten dabei immer die europäischen Rechtssysteme, wenn auch in unterschiedlicher Intensität und mit durchaus unterschiedlichen Folgen. Gewissermaßen können auch die Maßnahmen im Zuge des EU-Beitrittsprozesses der Türkei als eine Art Fortführung dieser europäisch orientierten Wandlungen begriffen werden.[37]

---

35 Siehe dazu S. 8.

36 Die Begriffe „Rechtsordnung" und „Rechtssystem" werden im Rahmen dieser Arbeit unterschiedlich verwendet. Unter dem Begriff der „Rechtsordnung" wird die Gesamtheit des in einem Gemeinwesen geltenden Rechts verstanden; das „Rechtssystem" wird hingegen umfassender, in einem neben der Gesamtheit des geltenden Rechts auch die Institutionen und sonstigen Funktionsbedingungen des Rechts innerhalb eines Gemeinwesens einschließenden Sinne verstanden.

37 Zutreffend schreibt daher *Plagemann*, Von Allahs Gesetz zur Modernisierung per Gesetz, S. 38: „Die verschiedenen Formen, mit denen im Laufe der Geschichte bis hin zum heutigen Prozess des EU-Beitritts die Übernahme oder Integration von europäischem Recht versucht oder diskutiert wurde, bieten daher der internationalen

Die Ursachen für die Wandlungen im 19. Jahrhundert und der folgenden Entwicklungen, die mit ihnen ihren Anstoß fanden, reichen dabei teilweise bis in die Frühphase des Osmanischen Reichs zurück. Teilweise wurzeln sie aber auch in europäischen Strömungen des 18./19. Jahrhunderts. Die Herausarbeitung dieser Determinanten bildet daher den Schlüssel zum Verständnis der Entstehung der modernen türkischen Rechtsordnung.

1. *Epoche des Osmanischen Reichs*

a) *Rechtssystem bis zur Zeit des Tanzimat*

Die osmanische Rechtsordnung war keine originäre Rechtsordnung, sondern fußte im Wesentlichen auf dem islamischen Recht hanafitischer[38] Prägung. Sie war damit selbst Folge eines Rezeptionsprozesses, den die verschiedenen turksprachigen Reiche infolge der Annahme des Islams vollzogen hatten.[39] Laut *Ekinci* sollen sich die turksprachigen Reiche dabei an den Staats-, Rechts-, Verwaltungs- und Politiktraditionen des Kalifats der *Abbasiden* orientiert haben.[40] Die Dynastie der Abbasiden bestand von 750–1258 n. Chr. in ihrer größten Ausdehnung auf den Gebieten der arabischen Halbinsel, des heutigen Irans und Teilen Nordafrikas. Nichtsdestotrotz trug das osmanische Rechtssystem zu einer Weiterentwicklung des islamischen Rechts bei und setzte damit auch eigene

---

rechtsvergleichenden Diskussion einen reichhaltigen Fundus für die Darstellung verschiedener Formen der Rezeption und für die Definition von Rechtsrezeption.".

38 Die hanafitische Rechtsschule ist eine der vier noch heute bestehenden sunnitischen Rechtsschulen. Diese bildeten sich bis zum 10. Jahrhundert im intellektuellen Umfeld der Rechtslehre und Lehrmeinungen einzelner Gelehrter heraus, nach denen die Schulen noch heute benannt sind; sie gelten als geistige „Begründer" der jeweiligen Schule. Bei den anderen drei Schulen handelt es sich um die schafiitische, die malikitische und die hanbalitische Rechtsschule. Siehe hierzu näher *Rohe*, Das islamische Recht, 28 f. Interessant ist in diesem Zusammenhang auch die Bemerkung Halms, „[…] dass die im Vergleich zu den anderen Schulen liberale, praktische Rechtstheorie der Hanafiten – Analogieschluss, Entscheidung nach eigenem Gutdünken – für die politischen Zwecke der türkischen Dynastien sich am besten eignete.", *ders.*, Attempto 45/46 (1972/73), 72.

39 Anders dagegen *Ayiter*, in: *Kunkel*, Studi in memoria di Paolo Koschaker, S. 139 f. dort Fn. 2: „An seiner Wirkung gemessen, ist das islamische Recht nicht international, sondern übernational. Seine Verbreitung kann daher einer Rezeption nicht gleichgestellt werden. Eine Rezeption in diesem Ausmasse würde sonst die nationale Selbständigkeit der betreffenden islamischen Völker völlig zerstört haben. Diese sind vielmehr als Träger der neuen islamischen Kultur vollkommen erhalten geblieben."

40 *Ekinci*, Osmanlı Hukuku, S. 102.

Akzente.[41] Die osmanische Rechtsordnung kann daher als islamische Rechtsordnung osmanischer Prägung verstanden werden.[42]

Hauptbestandteile der osmanischen Rechtsordnung waren einerseits das islamische Recht (*şer'î hukuk*) und andererseits die Erlasse des Sultans (*örfî hukuk*). Daneben bestanden aufgrund der charakteristischen interpersonalen und interlokalen Rechtsspaltung die religionsrechtlichen Bestimmungen der anerkannten Religionsgemeinschaften (*cemaatler hukuku*) und regionsspezifische Bestimmungen (*mahallî hukuk*). Nichtmuslimische Ausländer unterlagen Sonderregelungen (*ecnebîler hukuku*).

aa) Das islamische Recht

Zur inhaltlichen Konturierung des islamischen Rechts ist eine Abgrenzung seiner Materie zu den Begriffen *Scharia*, *fıkıh usûlü* und *fıkıh* notwendig.

Die Verwendung des Begriffs *Scharia* erfolgt uneinheitlich[43] und gegenwärtig häufig mehr als Schlagwort, denn als terminus technicus. Sprachlich wurde unter diesem Begriff in der vorislamischen Zeit *„der Weg zur Tränke"* verstanden.[44] Mit dem Aufkommen des Islams nahm die Bedeutung religiösen Inhalt an,[45] wobei der Begriff in der islamischen Frühphase noch in einem sehr weitgehenden, die gesamte Religion umfassenden Sinne verstanden wurde.[46] Erst mit Herausbildung der einzelnen Wissenschaftsdisziplinen und der damit einhergehenden Verselbständigung der spekulativen Theologie als eigener Disziplin erfolgte eine Verengung des Begriffsinhalts.[47]

Technisch betrachtet ist unter der *Scharia „[...] die Gesamtheit der göttlichen Beurteilungen menschlicher Handlungen"*[48] zu verstehen, die in der göttlichen Botschaft enthalten sind. Dies darf jedoch nicht dahingehend falsch verstanden werden, dass die *Scharia* sich aus einem geschlossenen System anwendungsfertiger

41 Vgl. *Ayiter*, in: *Kunkel*, Studi in memoria di Paolo Koschaker, S. 139 f. dort Fn. 2.

42 So bspw. *Ekinci*, Osmanlı Hukuku, S. 102 f.

43 Vgl. *Rohe*, Das islamische Recht, S. 9; *Ghandour*, Fiqh, S. 17 f.

44 *Rohe*, Das islamische Recht, S. 9.

45 *Ghandour*, Fiqh, S. 17.

46 *Ebert/Heilen*, Islamisches Recht, S. 16.

47 *Ebert/Heilen*, Islamisches Recht, S. 16.

48 *Lohlker*, Islamisches Recht, S. 101; ähnlich, jedoch mit der Verwendung der Begriffe „Gebote" und „Verbote" zu verengend *Ebert/Heilen*, Islamisches Recht, S. 16; im Rahmen eines weiten Verständnisses auch methodische Aspekte miteinbeziehend *Rohe*, Das islamische Recht, S. 9; weniger konkret „die Gesamtheit der göttlichen Botschaft" nennend Ghandour, Fiqh, S. 18.

(Rechts-)Normen zusammensetzen würde, die sich als solche in den autoritativen Quellen (*Koran* und *Prophetentradition*) auffinden ließen.[49] Vielmehr kann der Mensch die Scharia *„zur Gänze"* nicht erfassen[50] und daher lediglich den Versuch unternehmen, die in ihrer Gesamtheit für den Menschen unergründliche göttliche Botschaft weitestgehend zu ergründen. Eine Beschreibung der *Scharia* als *„islamisches Gesetz"* ist daher verfehlt; von ihrer *„Anwendung"* oder ihrem *„Vollzug"* kann erst recht nicht gesprochen werden.[51]

Der Versuch der weitestgehenden Ergründung der göttlichen Botschaft ist Gegenstand des *fıkıh usûlü*.[52] Ins Deutsche häufig als *„Lehre der Rechtsquellen"* oder *„Rechtsmethodik"* übertragen, befasst sich diese Teildisziplin mit den Quellen und Methoden der Ableitung von Normen aus der *Scharia*.[53]

Die Beschäftigung mit der Gesamtheit der abgeleiteten Normen wird unter dem Begriff *fıkıh* zusammengefasst.[54] Sein Gegenstand ist somit das Ergebnis des Versuchs der Ergründung der göttlichen Botschaft zur Herausarbeitung der göttlichen Beurteilungen menschlichen Verhaltens und damit letztlich Menschenwerk.[55] Die abgeleiteten Normen stellen daher lediglich Auffassungen des ableitenden Rechtsgelehrten (*fakîh)* dar und bergen somit auch das Risiko einer Fehlableitung. Sie sind nicht sakrosankter Natur.[56]

---

49 Im Gegenteil enthält der Koran nur sehr wenige Bestimmungen, die von Struktur und Detailliertheit überhaupt als Norm eingestuft werden könnten – von der Frage ihrer Rechtsqualität ganz abgesehen. Vgl. auch *Ghandour*, Fiqh, 18; *Rohe*, Das islamische Recht, 16.

50 *Lohlker*, Islamisches Recht, S. 15.

51 Vgl. *Ghandour*, Fiqh, 18; so aber *Plagemann*, Von Allahs Gesetz zur Modernisierung per Gesetz: „Der Vollzug der Scharia […]", S. 51, „Die Scharia, das islamische Gesetz […]", S. 55.

52 Sprachlich ist unter dem arabischen Begriff *fiqh*, dessen türkische Schreibweise der Begriff *fıkıh* darstellt, „das Verstehen, Begreifen, Wissen oder die Klugheit" zu verstehen. Siehe *Ghandour*, Fiqh, S. 19. Der Terminus *uṣūl al-fiqh*, im türkischen *fıkıh usûlü* geschrieben, bezeichnet dagegen sprachlich die „Wurzeln" des *fiqh*. Siehe *Lohlker*, Islamisches Recht, S. 11. Die sprachliche Bedeutung der Begriffe weist dabei durchaus schon in Richtung ihrer technischen Verwendung.

53 *Ghandour*, Fiqh, S. 48.

54 Genau genommen beschäftigt sich die zweite Teildisziplin des *fürû-i fıkıh*, arabisch wörtlich „Zweige des fıkıh", mit der Gesamtheit der abgeleiteten Normen, d.h. mit den einzelnen „Zweigen" des Rechts. Siehe hierzu *Ghandour*, Fiqh, S. 22. Die Begriffe *fıkıh* und *fürû-i fıkıh* werden jedoch häufig synonym verwendet. Siehe hierzu *Atar*, Fıkıh Usûlü, S. 21.

55 *Lohlker*, Islamisches Recht, S. 15.

56 *Ghandour*, Fiqh, S. 20.

Häufig wird die Materie des islamischen Rechts mit dem Inhalt des *fıkıh* gleichgesetzt. Daher rührt auch die geläufige Übertragung ins Deutsche mit dem Begriff „*Rechtswissenschaft*". Jedoch ist die Verwendung solcher deutschen Rechtstermini verwirrend, da mit ihnen unreflektiert das zeitgenössische Rechtsverständnis mitschwingt und damit letztendlich der wahre Charakter des *fıkıh* verschleiert wird. Gegenstand der Normen des *fıkıh* ist nämlich nicht nur die Beziehung zwischen Rechtssubjekten und zwischen Rechtssubjekten und Hoheitsträgern, sondern auch die Beziehung zwischen dem Menschen und Gott.[57] Letztere Normen sind jedoch häufig ausschließlich für das jenseitige Leben relevant und können daher nicht als *Rechts*normen im zeitgenössischen Sinne verstanden werden.[58] Da sie aber auch einen Teil des Normenbestands des *fıkıh* darstellen, sollte zur Übertragung vorzugswürdig der Begriff *Normenlehre* verwendet werden.[59] Selbiges gilt im Hinblick auf das *fıkıh usûlü*, das – wie hier schon geschehen – als *Quellen und Methoden der Ableitung von Normen* verstanden werden sollte.

Vor diesem Hintergrund sollte mit dem Begriff des islamischen Rechts nur die Gesamtheit derjenigen abgeleiteten Normen des *fıkıh* bezeichnet werden, die zum einen nicht ausschließlich für das jenseitige Leben relevant sind und zum anderen Gerichtsfähigkeit aufweisen.[60]

---

57 Dies sind insbesondere die den Ritus betreffenden Vorschriften.

58 *Rohe* begründet dies zutreffend insbesondere mit der weltlichen Befriedigungsfunktion des Rechts, *ders.*, Das islamische Recht, S. 9.

59 So bspw. schon *Ghandour*, Fiqh, Einführung in die islamische *Normenlehre* [Hervorhebung durch den Autor], passim.

60 Eine teilweise negative Definition ist m.E. erforderlich, um einen möglichst großen Gleichlauf mit dem zeitgenössischen Rechtsverständnis zu erreichen. Die von *Rohe*, Das islamische Recht, auf S. 9 genannten weiteren Kriterien der Sanktionierung und Durchsetzung sollten nur als zusätzliche Indikatoren herangezogen werden, da sich auch in den heutigen europäischen Rechtsordnungen Rechtsnormen finden lassen, die weder sanktionsbewehrt noch durchsetzbar sind – was ihrem Rechtscharakter dennoch keinen Abbruch tut. Passender erscheint daher das positive Kriterium der Gerichtsfähigkeit, da es in dieselbe Richtung weist, aber weiter gefasst ist.
Auch die von *Lohlker*, Islamisches Recht, auf S. 102 f. angeführte Unterscheidung zwischen Obligationen und Verboten einerseits, die die Rechtsnormqualität begründen sollen, und sonstigen Beurteilungen ohne Rechtsnormqualität, sollte eher indikativ herangezogen werden, da auch die Rechtsnormqualität von Soll-Vorschriften in den europäischen Rechtsordnungen nicht in Frage gestellt wird – ohne dass diese ein echtes Gebot begründen würden.

(1) Primäre Quellen und Methoden der Ableitung von Normen

Normen der islamischen Normenlehre werden anhand von Indikatoren/Hinweisen (*delil*) abgeleitet. Welchen Quellen diese Indikatoren zu entnehmen sind und welche Methoden dabei verfolgt werden sollten, wurde lange Zeit im Rahmen der Teildisziplin *fıkıh usûlü* kontrovers diskutiert. Herausgebildet haben sich dabei mehrere Quellen und Methoden[61], die grosso modo in absteigender Rangfolge von den noch bestehenden sunnitischen Rechtsschulen anerkannt werden[62]: *Koran, Prophetentradition, Konsens der Gelehrten* und *Analogie.* Sie werden häufig als „*primäre*" Quellen bzw. Methoden bezeichnet.[63] Weitere Quellen und Methoden sind höchst umstritten.

Die erstrangige Quelle der islamischen Normenlehre ist der *Koran.*[64] In ihm sind die Offenbarungen schriftlich zusammengefasst, die der Prophet Muhammed nach islamischen Verständnis in einem Zeitraum von etwa 23 Jahren von Gott empfangen haben soll.[65] Er unterteilt sich in insgesamt 114 Kapitel (sog. *sûre*) und ca. 6236 Verse (sog. *âyet*),[66] von denen knapp 500 für die Normenlehre unmittelbar relevant sind.[67] Die Verse werden in eindeutige und uneindeutige Verse aufgegliedert;[68] auslegungsbedürftig sind nichtsdestotrotz alle Verse, da die Offenbarungen situationsbezogen erfolgten und damit stets im Hinblick auf ihren räumlichen, zeitlichen, persönlichen und sachlichen Anwendungsbereich evaluiert werden müssen und überdies manche Verse andere Verse abrogieren.[69] Die Normenlehre bedient sich zur Auslegung der Disziplin des *tefsir*

61 Wie die einzelnen Elemente konkret einzuordnen sind – ob als Quelle, Methode oder anderes – wird unterschiedlich beurteilt. Hierzu sogleich mehr.

62 Gerade die Unterschiede in der Methodik und Quellenlehre machen die Eigenart der verschiedenen Schulen aus. Divergierende Rechtsauffassungen zwischen den Schulen wurzeln daher in diesen Unterschieden. Dies darf jedoch nicht darüber hinwegtäuschen, dass auch innerhalb der Schulen große Meinungsunterschiede herrschen.

63 Vgl. *Atar*, Fıkıh Usûlü, S. 21; *Ekinci*, Osmanlı Hukuku, S. 109.

64 *Rohe*, Das islamische Recht, S. 48.

65 *Akgündüz*, Osmanlı Kanunnâmeleri, S. 49.

66 *Ekinci*, Osmanlı Hukuku, S. 110.

67 Die Meinungen über die Anzahl der unmittelbar relevanten Verse gehen auseinander. Eine ähnliche Anzahl wie hier wiedergebend *Ghandour*, Fiqh, S. 57 („ca. 500"); *Akgündüz*, Osmanlı Kanunnâmeleri, S. 49 („über 550"); *Lohlker*, Islamisches Recht, S. 48 („[u]ngefähr 500").

68 *Ebert/Heilen*, Islamisches Recht, S. 50.

69 Vgl. *Rohe*, Das islamische Recht, S. 49 ff.

als Hilfswissenschaft, deren Gegenstand die Interpretation und Erklärung des Offenbarungstextes ist.[70]

Weitere, im Rang dem *Koran* nachfolgende Quelle ist die *Prophetentradition* (*sünnet*).[71] Hierunter wird die Gesamtheit dessen verstanden, was der Prophet Muhammed gesagt, getan und gebilligt hat und nicht lediglich Ausdruck seiner eigenen menschlichen Einschätzung und Erfahrung war.[72] Teilweise wird diese Definition auch auf die Gefährten des Propheten Muhammed und die ersten vier Kalifen ausgeweitet.[73] Die *Prophetentradition* wird zahlreichen einzelnen mündlichen Überlieferungen entnommen, die *hadîs-i şerîf* genannt werden.[74] Da diese mündlichen Überlieferungen jedoch die Gefahr der bewussten oder unbewussten Verfälschung bergen, hat sich im Laufe der Zeit die Disziplin der *Hadis*-Wissenschaft entwickelt, deren Gegenstand die Verifikation, Kategorisierung und Kompilation auffindbarer Überlieferungen ist.[75] Die Überlieferungen werden dabei nach Person und Anzahl der Überlieferer und Struktur der Überlieferungskette in verschiedene Kategorien eingeteilt, die den Grad der Authentizität bzw. der Fälschungsgefahr der einzelnen Überlieferungen dem nachfragenden Juristen vermitteln sollen.[76] Diese Klassifizierungen bestimmen wiederum die Art und Reichweite der Verwendung einzelner Überlieferungen im Rahmen der Normenableitung.[77] In diesem Bereich ist freilich vieles umstritten. Inhaltlich enthält die *Prophetentradition* nebst Überlieferungen, die den *Koran* bestätigen, konkretisieren, erläutern und ergänzen, auch konstitutive Überlieferungen, die neue Inhalte setzen.[78] Inwieweit eine Abrogation von Koranpassagen durch die Prophetentradition möglich ist, ist umstritten.[79]

An dritter Stelle der Quellen- und Methodenlehre steht der *Konsens der Gelehrten* (*icmâ*). Ein *icmâ* kommt zustande, wenn Rechtsgelehrte bestimmten Ranges desselben Jahrhunderts im Hinblick auf eine abzuleitende Norm zu einem übereinstimmenden Ergebnis gelangen.[80] Nichtsdestotrotz muss die Ableitung sich

---

70 *Ebert/Heilen*, Islamisches Recht, S. 52.

71 *Atar*, Fıkıh Usûlü, S. 62; *Ekinci*, Osmanlı Hukuku, S. 112.

72 Vgl. *Atar*, Fıkıh Usûlü, S. 63 ff.; *Ekinci*, Osmanlı Hukuku, S. 112 f.

73 *Rohe*, Das islamische Recht, S. 53.

74 *Ekinci*, Osmanlı Hukuku, S. 112.

75 Vgl. *Rohe*, Das islamische Recht, S. 54.

76 *Rohe*, Das islamische Recht, S. 54.

77 Vgl. *Ghandour*, Fiqh, S. 62 f.

78 *Ekinci*, Osmanlı Hukuku, S. 113 f.

79 Vgl. *Ebert/Heilen*, Islamisches Recht, S. 59.

80 Dies ist eine gängige Definition des *icmâ*, siehe bspw. *Akgündüz*, Osmanlı Kanunnâmeleri, S. 50; *Ekinci*, Osmanlı Hukuku, S. 114; *Atar*, Fıkıh Usûlü, S. 78. Nichtsdestotrotz

auf Indikatoren/Hinweise stützen, die aus den anerkannten Quellen und mithilfe der anerkannten Methoden gewonnen wurden.[81] Dies verdeutlicht, was der *icmâ* zunächst einmal ist: Eine Methode der Verifikation einer (Rechts-)Auffassung.[82] Von Bedeutung ist diese Dimension des *icmâ* insbesondere in den Fällen, in denen die Indikatoren uneindeutig sind.[83] Der Konsens enthebt in solchen Fällen die betreffende Rechtsauffassung jeglichen Zweifels und bindet die nachfolgenden Generationen an sie.[84] Vom Konsens abweichende Auffassungen sind alsdann nicht mehr vertretbar. Dies hat zur Folge, dass die eigentlichen Quellen der Normenableitung in den Hintergrund rücken und der betreffende Konsens fortan die maßgebliche Normenquelle im Hinblick auf die konkrete Rechtsfrage bildet.[85] Der *icmâ* ist daher Methode und Quelle zugleich.[86]

Letztes grosso modo anerkanntes Element der Quellen- und Methodenlehre ist die *Analogie* (*kıyas*). Anders als die Übersetzung des Begriffs ins Deutsche vermuten lässt, umfasst dieses Element allerdings nicht nur den Analogieschluss im eigentlichen Sinne, sondern auch sonstige allgemein in der Jurisprudenz bekannte Schlussverfahren wie bspw. das *argumentum e contrario* oder das *argumentum a fortiori*.[87] Näher soll hier jedoch nur der Analogieschluss im eigentlichen Sinne betrachtet werden. In der Literatur wird er häufig beschrieben als die Übertragung einer für einen Sachverhalt bestehenden Norm auf einen anderen,

---

ist in der Literatur hoch umstritten, wer an einem Konsens beteiligt sein muss und wie ein solcher konkret zustande kommt. Unstrittig ist lediglich die Anerkennung der Konsense der Prophetengefährten. Ausschlaggebend dafür ist vermutlich ihre begrenzte Anzahl und die zu ihrer Zeit noch überschaubare regionale Streuung. Vgl. zu all dem *Rohe*, Das islamische Recht, S. 59.

81 *Ekinci*, Osmanlı Hukuku, S. 115. Bspw. könnte es sich um eine Norm handeln, die aus einer *Prophetentradition* abgeleitet wurde.

82 *Ghandour*, Fiqh, S. 63.

83 *Ekinci*, Osmanlı Hukuku, S. 115.

84 *Ekinci*, Osmanlı Hukuku, S. 115.

85 Vgl. *Atar*, Fıkıh Usûlü, S. 85 f.

86 Häufig wird der *icmâ* lediglich als Quelle charakterisiert. Siehe hierzu bspw. *Rohe*, Das islamische Recht, S. 58; *Ebert/Heilen*, Islamisches Recht, S. 60. *Zweigert/Kötz* sprechen im Hinblick auf den *icmâ* von einer „Instanz" und halten eine Verwandschaft mit der „communis opinio prudentium" des römischen Rechts für möglich, *dies.*, Rechtsvergleichung, § 22 II. Bei letzterer Betrachtung darf aber Folgendes nicht aus dem Blick geraten: „Ein etabliertes Gremium, welches für alle Muslime entscheidungsbefugt ist und somit einen Konsens feststellen könnte, ist im Verlaufe der islamischen Geschichte [gerade] nicht entstanden.", *Ebert/Heilen*, Islamisches Recht, S. 60.

87 *Rohe*, Das islamische Recht, S. 62; *Ebert/Heilen*, Islamisches Recht, S. 64.

ungeregelten Sachverhalt, der eine ähnliche sog. *illet* aufweist.[88] Dieses vielfach als *ratio legis* übersetzte Element[89] muss aus der bestehenden Norm extrahiert werden, um anschließend zu prüfen, ob es sich im ungeregelten Sachverhalt wiederfindet.[90] Sollte letzteres der Fall sein, gilt die bestehende Norm analog auch für den ungeregelten Sachverhalt.[91] Auch wenn diese Vorgehensweise dem ersten Anschein nach große Ähnlichkeit mit der Prüfung der „vergleichbaren Interessenlage" nach der in Deutschland herrschenden Methodenlehre aufweist, besteht dennoch ein gravierender Unterschied. Die islamische Quellen- und Methodenlehre unterscheidet nämlich zwischen dem *hikmet* einer Norm auf der einen und ihrem *illet* auf der anderen Seite.[92] Unter dem Begriff *hikmet* wird dabei das gesetzgeberische Ziel der Norm, gewissermaßen die hinter der Norm stehende „Weisheit" verstanden.[93] *Illet* ist hingegen der unmittelbare, typisierende Anknüpfungspunkt der bestehenden Norm, sozusagen das entscheidende, den Sachverhalt dominierende Tatbestandsmerkmal.[94] Der *illet* ist daher gerade nicht die *ratio legis*, sondern vielmehr eine tatbestandliche Typisierung des Falles, den die *ratio legis* vor Augen hat.[95] Anknüpfungspunkt ist damit nicht der Sinn und Zweck der gesetzlichen Regelung, wie es nach der in Deutschland vorherrschenden Methodenlehre der Fall wäre.[96] Die Möglichkeit eines Analogieschlusses nach der islamischen Quellen- und Methodenlehre ist deshalb deutlich begrenzter.

88 Vgl. bspw. *Akgündüz*, Osmanlı Kanunnâmeleri, S. 50; *Atar*, Fıkıh Usûlü, S. 89.

89 Siehe für eine solche Übersetzung bspw. *Ghandour*, Fiqh, S. 65; *Akgündüz*, Osmanlı Kanunnâmeleri, S. 50. Diese und weitere Übersetzungen aufzählend *Ebert/Heilen*, Islamisches Recht, S. 63. Lediglich von „ratio" sprechend *Rohe*, Das islamische Recht, S. 63.

90 *Rohe*, Das islamische Recht, S. 63.

91 *Rohe*, Das islamische Recht, S. 63.

92 Vgl. *Ekinci*, Osmanlı Hukuku, S. 117.

93 Vgl. *Ebert/Heilen*, Islamisches Recht, S. 63; *Ekinci*, Osmanlı Hukuku, S. 117.

94 Vgl. *Atar*, Fıkıh Usûlü, S. 99 ff.

95 *Atar* führt in diesem Zusammenhang zur Verdeutlichung folgendes Beispiel an: Laut der islamischen Normenlehre sind Reisende von der Verpflichtung zum Fasten befreit. *Ratio legis* der Norm sei es, den ohnehin geschwächten Fastenden nicht mit zusätzlichen Strapazen zu belasten. Der *illet* sei in diesem Fall das Reisen, da mit ihm typischerweise Strapazen einhergehen würden. Nun könne diese Norm aber nicht analog auf den Fall eines Fabrikarbeiters angewandt werden, der im Hochsommer arbeiten muss. Zwar würden mit einer solchen Tätigkeit unter den genannten Umständen auch Strapazen einhergehen, jedoch enthalte der letztgenannte Sachverhalt kein Reiseelement, weshalb der *illet* nicht gleich sei. Siehe hierzu *Atar*, Fıkıh Usûlü, S. 100 f.

96 Vgl. *Rüthers/Fischer/Birk*, Rechtstheorie, Rn. 889 f.

(2) Sekundäre Quellen und Methoden

Weitere Quellen und Methoden, häufig als *„sekundäre Quellen"* bezeichnet,[97] sind zwischen den Rechtsschulen höchst umstritten. Im Folgenden soll aufgrund ihrer Dominanz im Osmanischen Reich nur auf die in der *hanafitischen* Rechtsschule anerkannten Quellen und Methoden eingegangen werden.[98] Konkret geht es dabei um das *Prinzip des Vorziehens*, das *Prinzip des Fortbestands*, die *Gewohnheit*, die *Sitte*, das *Verbieten der Mittel*, die *Rechtsauffassungen der Prophetengefährten* und die *Normen der vorangegangenen Offenbarungen.*

Eine Charakterisierung und Einordnung des *Prinzips des Vorziehens* (*istihsân*) ist äußerst schwierig. Dieses überwiegend in der *hanafitischen* Rechtsschule anerkannte und angewandte Prinzip[99] besagt Folgendes: Widerspricht das Ergebnis einer sich aufdrängenden Analogie einer bestehenden Norm des *Koran* oder der *Prophetentradition*, einem bestehenden *Konsens*, der analogen Anwendung einer anderen Norm, der vor Ort herrschenden Gewohnheit, der Notwendigkeit oder dem allgemeinen Nutzen, so ist eine Beurteilung der Rechtsfrage nach diesen „besseren" Maßstäben vorzuziehen.[100] So unterschiedlich die aufgezählten Maßstäbe sind, die in Widerspruch stehen können, so unterschiedlich ist auch das, was sich letztlich hinter dem Begriff des *istihsân* verbirgt: Von einer Art Kollisionsregel, über die Korrektur aus Gründen unbilliger Härte[101], einer Präzisierung der Analogiebasis[102], bis hin zur Rechtsfortbildung nach Nützlichkeitsgesichtspunkten[103], ist im Grunde alles enthalten. Aus deutsch-methodischer Sicht stellt sich der Leser häufig die Frage, ob das Bedürfnis zur Korrektur oftmals nicht schon den Analogieschluss an sich in Frage stellt. Nicht von ungefähr wird daher das Prinzip unter anderem als *„fehlerhafte"* Analogie angegriffen.[104]

---

97 Siehe bspw. *Atar*, Fıkıh Usûlü, S. 109; *Ekinci*, Osmanlı Hukuku, S. 117.

98 Vgl. hierzu *Ekinci*, Osmanlı Hukuku, S. 103.

99 Vgl. *Atar*, Fıkıh Usûlü, S. 115.

100 *Atar*, Fıkıh Usûlü, S. 110 f.; *Ekinci*, Osmanlı Hukuku, S. 118. Der Begriff wird daher ins Deutsche häufig als *„Für-besser-halten"* übersetzt. Siehe hierzu bspw. *Rohe*, Das islamische Recht, S. 64; *Ghandour*, Fiqh, S. 68.

101 Vgl. *Ghandour*, Fiqh, S. 68; *Ebert/Heilen*, Islamisches Recht, S. 63: „[...] Berücksichtigung von Gerechtigkeit und Billigkeit bei der Gestaltung zivilrechtlicher Verträge."

102 *Rohe*, Das islamische Recht, S. 64.

103 Das insbesondere in der *malikitischen* Rechtsschule als eigenständige Rechtsquelle anerkannte und dort viel gebrauchte *„Für-nützlich-halten"* ist daher dem Grunde nach im *Prinzip des Vorziehens* mitenthalten. Vgl. hierzu *Ebert/Heilen*, Islamisches Recht, S. 66.

104 Vgl. *Rohe*, Das islamische Recht, S. 64.

Letztlich handelt es sich um ein Bündel von Maßnahmen, die insbesondere der Erhöhung der Praktikabilität der Normenlehre dienen.

Das *Prinzip des Fortbestands* (*istihsâb*) ist weniger eine Methode der Normenableitung als eine Vermutungsregel im Rahmen der Rechtsanwendung. Das Prinzip besagt, dass ein Zustand solange als fortbestehend gilt, wie seine Beendigung nicht bewiesen ist.[105] Aus ihm wird daher unter anderem der Grundsatz abgeleitet, dass grundsätzlich alle Dinge erlaubt sind, solange sich für ihr Verbot kein Indikator finden lässt.[106]

Rechtsquellen im eigentlichen Sinne und von nicht zu unterschätzender Bedeutung im Rahmen der islamischen Normenlehre sind dagegen die *Gewohnheit* (*örf*) und die *Sitte* (*âdet*).[107] Obgleich beide Begriffe häufig synonym verwendet werden, weisen sie dennoch Unterschiede auf.[108] Unter dem Begriff *Gewohnheit* wird überwiegend eine bekannte und für nützlich gehaltene Praxis verstanden,[109] während die *Sitte* eher bestimmte Verhaltensmuster und Äußerungen mit spezifischer rechtlicher Bedeutung meint.[110] Freilich stehen beide unter dem Vorbehalt der Konformität mit den sonstigen Normen der islamischen Normenlehre.[111] Ein Rückgriff auf örtliche *Gewohnheiten* erfolgt in der *hanafitischen* Rechtsschule relativ häufig, wenngleich er in der Regel als Ergebnis eines *Vorziehens* präsentiert wird.[112]

Das *Verbieten der Mittel* (*zerâyi'*) dient der Verhinderung von Umgehungsgeschäften.[113] Nach dieser Methode der Normenableitung sind Mittel, die zu einem verbotenen Ziel führen, ebenfalls verboten.[114] Die Kriterien sind im Detail umstritten. Die *hanafitische* Lehre folgt jedoch einer eher objektiven Herangehensweise.[115]

---

105 *Atar*, Fıkıh Usûlü, S. 116.

106 *Atar*, Fıkıh Usûlü, S. 117.

107 Vgl. *Rohe*, Das islamische Recht, S. 70; „Die weitreichende Anerkennung von Gewohnheitsrecht dürfte die Verbreitung des Islam entscheidend erleichtert haben.“, *ders.*, Das islamische Recht, S. 68.

108 *Atar*, Fıkıh Usûlü, S. 127.

109 *Ekinci*, Osmanlı Hukuku, S. 119.

110 *Rohe*, Das islamische Recht, S. 69.

111 *Ekinci*, Osmanlı Hukuku, S. 120.

112 *Ekinci*, Osmanlı Hukuku, S. 119. Zum *Prinzip des Vorziehens* siehe oben.

113 *Rohe*, Das islamische Recht, S. 71.

114 *Atar*, Fıkıh Usûlü, S. 139.

115 Vgl. *Rohe*, Das islamische Recht, S. 71.

Schließlich sind als Rechtsquellen noch die *Rechtsauffassungen der Prophetengefährten* (*sahâbî kavli*) und die *Normen der vorangegangenen Offenbarungen* (*Thora* und *Bibel*) anerkannt, sofern letztere nicht durch den *Koran* oder die *Prophetentradition* abrogiert worden sind.[116]

(3) Umfasste Bereiche

Die islamische Normenlehre wird klassisch häufig in zwei Bereiche unterteilt: die *gottesdienstlichen Handlungen* (*ibâdât*) und die *zwischenmenschlichen Handlungen* (*muamelât*).[117]

Die Normen des *muamelât* umfassen dabei Bereiche wie das Personenstandsrecht, das Erb- und Familienrecht, das Wirtschaftsrecht, das Deliktsrecht und das Verfahrensrecht.[118] Auch die nach heutigem Verständnis dem Öffentlichen Recht zuzuordnenden Bereiche des Staats-, Verwaltungs- und Abgabenrechts werden behandelt.[119] Die Regelungstiefe hängt hierbei unter anderem von der Quellenlage ab: Die in *Koran* und *Prophetentradition* relativ ausführlich behandelten Gebiete des Personenstands-, Erb- und Familienrechts weisen auch in der *fıkıh*-Literatur einen relativ hohen Detaillierungsgrad auf.[120]

Eine allgemeine Theorie des Vertragsrechts wird in den klassischen Werken nur selten geleistet.[121] Vielmehr erfolgen meistens weitläufige Darstellungen einzelner Vertragstypen, in deren Rahmen zusammenhängende Rechtsfragen diskutiert werden.[122] Behandelt werden dabei herkömmliche Vertragstypen wie der Kauf, die Leihe, die Schenkung, die Miete, die Werklieferung und

---

116 Zu den *Rechtsauffassungen der Prophetengefährten* siehe *Ghandour*, Fiqh, S. 66; zu den *Normen der vorangegangenen Offenbarungen* siehe *Rohe*, Das islamische Recht, S. 72 f.

117 *Ghandour*, Fiqh, S. 29; *Rohe*, Das islamische Recht, S. 76. Eine allgemeine Aufteilung nach modernem Verständnis in die Bereiche Zivilrecht, Öffentliches Recht und Strafrecht ist der klassischen islamischen Literatur fremd. Siehe hierzu *Ebert/Heilen*, Islamisches Recht, S. 135. Teilweise wird auch eine Unterteilung in vier Bereiche vorgenommen: Gottesdienstliche Handlungen (*ibâdât*), Familienrecht (*münâkehât*), Vertrags-, Verfahrens- und Erbrecht (*muamelât*) und Strafrecht (*ukûbât*). Vgl. hierzu *Ekinci*, İslâm Hukuku, S. 35.

118 Vgl. *Ekinci*, İslâm Hukuku, S. 35.

119 *Ekinci*, İslâm Hukuku, S. 35.

120 *Rohe*, Das islamische Recht, S. 77.

121 *Rohe*, Das islamische Recht, S. 103.

122 *Rohe*, Das islamische Recht, S. 77.

Gesellschaftsverträge.[123] Fragen der Geschäftsfähigkeit werden traditionellerweise in den Werken zur *Quellen- und Methodenlehre* aufgegriffen.[124]

(4) Anwendung im Osmanischen Reich

Angewandt wurde das islamische Recht im Osmanischen Reich insbesondere durch sog. *Scharia-Gerichte* (*meclis-i şer'*). Den Vorsitz über diese Gerichte hatte ein staatlicherseits ernannter Einzelrichter inne, der *Kadi* genannt wurde.[125] Voraussetzung für die Ernennung als *Kadi* war neben dem Status eines freien Menschen und einem guten Leumund[126] insbesondere das Absolvieren einer *Medresse* bestimmten Grades.[127]

Der Zuständigkeitsbereich der *Kadis* unterteilte sich in Gerichtsbezirke, sog. *kazâ*.[128] Dem *Kadi* oblag in seinem *kazâ* nicht nur die Rechtsprechung im Bereich des islamischen Rechts, sondern auch die Aufsicht über das Marktgeschehen, die Verwaltung der frommen Stiftungen, die Einziehung der Steuern, die Ausführung von Anweisungen der Zentralverwaltung und Ähnliches.[129] Er war daher nicht nur Richter, sondern auch lokale Verwaltungsbehörde.[130] Entsprechend verfügte er abhängig von Größe und Bedeutung seines Gerichtsbezirks über einen Mitarbeiterstab, dem er einzelne Aufgaben der lokalen Verwaltung stellvertretend zur Ausführung überließ.[131] Das flächendeckende Netz der *Kadis* darf daher hinsichtlich seiner Bedeutung für die lokale Verwaltung der Gebiete des Osmanischen Reiches nicht unterschätzt werden.

---

123 Vgl. *Rohe*, Das islamische Recht, S. 107.

124 *Ekinci*, İslâm Hukuku, S. 35.

125 *Ekinci*, Osmanlı Hukuku, S. 372.

126 Vgl. *Ekinci*, Osmanlı Hukuku, S. 368 f.

127 *Medressen* waren meist durch fromme Stiftungen getragene klassisch-islamische Bildungseinrichtungen. Sie wurden entsprechend ihrem Lehrangebot in unterschiedliche Grade eingeteilt, wobei die Spannweite von einer einfachen schulischen Bildung bis zu einer wissenschaftlichen juristisch-theologischen Ausbildung reichte. Anwärter auf das *Kadi*-Amt mussten die sog. *sahn medrese* absolviert haben. Vgl. zu alldem *Üçok/Mumcu/Bozkurt*, Türk Hukuk Tarihi, S. 243 f.

128 *Nagel*, Das islamische Recht, S. 116. Daher rührt auch die noch heute geläufige Verwendung dieses Begriffs im Türkischen für „Landkreis". Siehe zu Letzterem *Üçok/Mumcu/Bozkurt*, Türk Hukuk Tarihi, S. 242.

129 Vgl. *Üçok/Mumcu/Bozkurt*, Türk Hukuk Tarihi, S. 245; *Nagel*, Das islamische Recht, S. 116; *Ekinci*, Osmanlı Hukuku, S. 372 f.

130 Eine Trennung zwischen judikativer und exekutiver Gewalt bestand insofern folglich nicht.

131 Vgl. *Üçok/Mumcu/Bozkurt*, Türk Hukuk Tarihi, S. 245 f.

Hauptaufgabe des *Kadis* war nichtsdestotrotz die Rechtsprechung.[132] Kläger konnten ihr Anliegen beim *Kadi* vorbringen, der in der Regel in seinen privaten Wohnräumen oder einem dafür gesondert eingerichteten Zimmer seiner privaten Wohnräume Gericht hielt.[133] Auf das Vorbringen eines Klägers hin wurden beide Parteien vom *Kadi* geladen und gehört.[134]

Interessant ist in diesem Zusammenhang die Frage, wie die *Kadis* im Rahmen der Rechtsfindung vorgingen. Wie bereits erörtert, werden Fragen der Quellen und Methoden der Normenableitung im Rahmen der Disziplin des *fıkıh usûlü* erörtert.[135] Primäre Quellen bilden dabei der *Koran*, die *Prophetentradition*, der *Konsens der Gelehrten* und die *Analogie*. Da die Befähigung zur selbständigen Rechtsfindung anhand dieser Quellen und Methoden (sog. *içtihat*) gerade Ernennungsvoraussetzung für das *Kadi*-Amt war und das islamische Recht erst zum Ende des Osmanischen Reiches in Teilen eine Kodifikation erfahren hatte, könnte dies zu der Annahme verleiten, der *Kadi* würde für jeden Fall *ad hoc* Normen ableiten und diese anwenden. Problematisch wäre dies vor dem Hintergrund des Meinungspluralismusses innerhalb der islamischen Jurisprudenz insbesondere im Hinblick auf die Rechtseinheit und Rechtssicherheit innerhalb des Osmanischen Reiches gewesen. Daher soll dieser Frage im Folgenden nachgegangen werden.

Wichtig ist zunächst die Erkenntnis, dass sich der *Kadi* im Osmanischen Reich entgegen der vorgenannten Annahme im Rahmen seiner Rechtsfindung nicht der islamischen Quellen- und Methodenlehre zur Ableitung von Normen, sondern faktischer Rechtsquellen unterschiedlicher Art bediente.

An erster Stelle dieser faktischen Rechtsquellen standen die Werke der *fıkıh*-Literatur, genauer genommen des *fürû-i fıkıh*.[136] Im 15. und 16. Jahrhundert spielten hier insbesondere die Werke zweier Autoren eine herausragende Rolle: *Dürerü'l-hükkâm* von *Molla Hüsrev* (gest. 1480) und *Mülteka'l-ebhur* von *İbrâhîm el-Halebî* (gest. 1549), welches das erstgenannte ablöste.[137] Beide Werke wurden in der Regel vorrangig als faktische Rechtsquellen im Rahmen der

132 *Ekinci*, Osmanlı Hukuku, S. 372.

133 Vgl. *Ekinci*, Osmanlı Hukuku, S. 374. Die Errichtung und Nutzung von Gerichtsgebäuden stellen im Osmanischen Reich eine späte, erst durch die Reformen der *Tanzimat*-Ära hervorgerufene Erscheinung dar. Zu den Reformen der *Tanzimat*-Ära siehe S. 65 ff.

134 Vgl. *Ekinci*, Osmanlı Hukuku, S. 387 f.

135 Siehe hierzu S. 40 ff.

136 Vgl. *Plagemann*, Von Allahs Gesetz zur Modernisierung per Gesetz, S. 56.

137 Vgl. *Ekinci*, Osmanlı Hukuku, S. 92; *Akgündüz*, Osmanlı Kanunnâmeleri, S. 6.

Rechtsfindung herangezogen.[138] Eine Vorhaltung und Verwendung des zweiten Werkes wurde sogar staatlicherseits durch *Kanûnî Sultan Süleyman* (gest. 1566) angeordnet.[139] Bei den Werken der *fıkıh*-Literatur handelt es sich jedoch keinesfalls um systematisch durchdrungene und geordnete Wiedergaben des vorhandenen Rechts, mithin Kodifikationen.[140] Sie sind in der Regel nach klassischem Muster in bestimmte Themenbereiche aufgeteilt[141] und bereiten den Rechtsstoff innerhalb dieser Kapitel entlang von zusammenhängenden Rechtsfragen und Fallbeispielen auf.[142] Sie erwecken daher vielmehr den Eindruck eines umfangreichen, um Fallbeispiele erweiterten Lehrbuches. Meist arbeiten sie die Rechtsansichten einer bestimmten Rechtsschule auf, teilweise werden auch die Ansichten verschiedener Rechtsschulen zusammengetragen. Die häufig opulenten und bis in die tiefsten Detailfragen und Spezialfälle vordringenden Werke erinnern den Leser insofern bisweilen an das *Allgemeine Landrecht für die Preußischen Staaten*. Teilweise enthalten die Werke aber auch Aussagen, die aus heutiger Sicht unproblematisch als Rechtssatz eingeordnet werden könnten. *Ekinci* spricht in diesem Zusammenhang daher auch von *„halb-offiziellen Kodifikationen“*[143], die im Falle einer imaginären Nummerierung der Aussagen von heutigen Gesetzen nicht mehr weit entfernt wären.[144]

Des Weiteren standen den *Kadis* *Fetwa*-Sammlungen zur Verfügung.[145] *Fetwas* wurden im Osmanischen Reich von sog. *Muftis* erteilt.[146] Es handelte sich hierbei um ebenfalls staatlich ernannte Gutachter, die aus herangetragenen Fällen die Rechtsfrage abstrahierten und diese beantworteten.[147] Als *Fetwa* wurde dabei die erteilte Antwort bezeichnet. *Fetwas* unterschieden sich

---

138 *Ekinci*, Osmanlı Hukuku, S. 92; *Akgündüz*, Osmanlı Kanunnâmeleri, S. 6. *Krüger* nennt das Werk *el-Halebîs* gar das *Corpus Iuris Osmanorum*. Siehe dazu *ders.*, in: *Scholler/Tellenbach*, Westliches Recht in der Republik Türkei 70 Jahre nach der Gründung, S. 125, 133.

139 *Plagemann*, Von Allahs Gesetz zur Modernisierung per Gesetz, S. 56.

140 Zum Begriff der Kodifikation siehe *Plagemann*, Von Allahs Gesetz zur Modernisierung per Gesetz, S. 56 ff.

141 Siehe hierzu bspw. die Aufzählung der Kapitel des Werkes *Mülteká'l-ebhur* in *Ekinci*, İslâm Hukuku, S 35.

142 *Plagemann*, Von Allahs Gesetz zur Modernisierung per Gesetz, S. 56.

143 *Ekinci*, Osmanlı Hukuku, S. 92.

144 *Ekinci*, Osmanlı Hukuku, S. 182.

145 *Ekinci*, Osmanlı Hukuku, S. 182.

146 *Plagemann*, Von Allahs Gesetz zur Modernisierung per Gesetz, S. 57.

147 *Plagemann*, Von Allahs Gesetz zur Modernisierung per Gesetz, S. 57.

von *Kadi*-Urteilen daher insofern, als dass sie nicht einen konkreten Einzelfall lösten.[148] Entsprechend ging von ihnen auch keine Bindungswirkung aus.[149] Zudem beantworteten sie auch den Ritus betreffende Fragen, deren Erfragung nicht gerichtsfähig war.[150] Diese ebenfalls flächendeckend gewährleistete Institution konnte sowohl von *Kadis* als auch von Bewohnern des Osmanischen Reiches genutzt werden.[151] Trotz der theoretisch fehlenden Bindungswirkung ging von zahlreichen *Fetwas* dennoch zumindest eine faktische Bindungswirkung aus.[152] Dabei traf dies insbesondere auf die *Fetwas* des *şeyhülislâm*[153] zu.[154] Dieser genoss als höchster Theologe des Osmanischen Reiches enormes Ansehen und Anerkennung, sodass die Nichtbeachtung einer seiner *Fetwas* durch einen *Kadi* in einem Verfahren dazu führen konnte, dass das Urteil in einer Art Revisionsverfahren aufgehoben wurde.[155] Diese faktische Bindungswirkung wurde noch dadurch verstärkt, dass die *Fetwas* einflussreicher *şeyhülislâm* teilweise staatlicherseits als Sammlung veröffentlicht wurden.[156]

---

148 *Ekinci*, Osmanlı Hukuku, S. 157.

149 *Üçok/Mumcu/Bozkurt*, Türk Hukuk Tarihi, S. 237.

150 *Ekinci*, Osmanlı Hukuku, S. 158.

151 Vgl. *Plagemann*, Von Allahs Gesetz zur Modernisierung per Gesetz, S. 59.

152 Vgl. *Plagemann*, Von Allahs Gesetz zur Modernisierung per Gesetz, S. 59.

153 Bei der Institution des *şeyhülislâm* handelt es sich um eine osmanische Eigenart. Während mit diesem Begriff in vorosmanischer Zeit anerkannte und hochgeachtete Gelehrte (sog. *ulemâ*) bezeichnet wurden, wurde dieser Begriff im Osmanischen Reich vermutlich ab der Zeit *Mehmed II.* institutionalisiert. Der *şeyhülislâm* war für die Erteilung von *Fetwas* und die Ernennung der *Muftis* zuständig. Später erweiterte sich seine Kompetenz auch um die Besetzung hoher Richterämter und wichtiger Lehrstühle bestimmter *Medressen*. Dahinterstehender Zweck war es vermutlich Häretikern und Synkretisten dadurch einen Riegel vorzuschieben, dass der gesamte geistliche Stand durch einen vom Sultan ernannten Theologen kontrolliert wird. Des Weiteren segneten die *şeyhülislâm* häufig auch politische Maßnahmen des Reiches ab, sodass dank der Hochachtung und Anerkennung des *şeyhülislâm* immer auch eine religiöse Legitimierung staatlichen Verhaltens vor dem Volk gegeben war. Vgl. zu alldem *İpşirli*, ŞEYHÜLİSLÂM, in: *Türkiye Diyanet Vakfı*, TDV İslâm Ansiklopedisi, Band 39, Stand 2010, S. 91–96.

154 Vgl. *Ekinci*, Osmanlı Hukuku, S. 159; *Üçok/Mumcu/Bozkurt*, Türk Hukuk Tarihi, S. 237.

155 Vgl. *Ekinci*, Osmanlı Hukuku, S. 159.

156 Vgl. *Ekinci*, Osmanlı Hukuku, S. 159.

Weitere faktische Rechtsquelle des *Kadis* bildeten die Protokolle des jeweiligen *Scharia-Gerichts*.[157] Die Verfahren, die durch den *Kadi* geführt wurden, wurden samt Urteil durch einen Gerichtsschreiber, dem sog. *kâtib*, protokolliert.[158] Dies geschah häufig in Schreibheften, wobei eine Abschrift der zentralen Verwaltung zugeschickt und den Parteien auf deren Verlangen hin gegen Entrichtung einer Gebühr ebenfalls eine Abschrift ausgehändigt werden musste.[159] Nach Wechsel des Amtsinhabers wurden die Protokolle an den Amtsnachfolger weitergegeben.[160] Hauptzweck dieser Protokolle war vermutlich die Gewährleistung der Rechtskraft der erteilten Urteile. Durch die Protokolle konnte nämlich verhindert werden, dass derselbe Fall nochmals vor dem *Kadi* verhandelt wird.[161] Zum anderen dienten sie auch als Nachweis für den Fall, dass der Verlierer eines Verfahrens beim späteren Vollzug nichts mehr von einem ihm gegenüber ergangenen Urteil wissen wollte.[162] Jedoch ermöglichten die Protokolle zumindest auch die Entwicklung und Weiterführung einer gewissen Rechtsprechungslinie und dienten damit letztlich auch als faktische Rechtsquelle.

Schließlich beeinflusste auch die Konfessionspolitik und die staatliche Organisation der Justiz und des geistlichen Stands die Rechtsfindung des *Kadis* und war dementsprechend eine Art faktische Rechtsquelle im weiteren Sinne. Der Versuch das islamische Recht vor dem Hintergrund seines charakteristischen Meinungspluralismus durch die verbindliche staatliche Anordnung einer Rechtsschule zu vereinheitlichen wurde in der islamischen Geschichte schon relativ früh unternommen.[163] Faktisch erreicht wurde dieses Ziel mit der Ernennung *Ebû Yûsufs*, eines herausragenden Schülers des Schulbegründers *Ebû Hanîfes*,

---

157 Ihre heute noch in türkischen Archiven vorhandene Anzahl liegt bei über 30.000 Protokollen. Siehe hierzu *Coşkun*, Üsküdar Mahkemesi, 26 Numaralı Sicil, S. 10. Eine Übersetzung solcher Protokolle ins Deutsche findet sich bei *Gălăbov*, Die Protokollbücher des Kadiamtes Sofia, Oldenburg, 1960.

158 Vgl. *Ekinci*, Osmanlı Hukuku, S. 187.

159 *Ekinci*, Osmanlı Hukuku, S. 93.

160 *Ekinci*, Osmanlı Hukuku, S. 93.

161 *Ekinci*, Osmanlı Hukuku, S. 187.

162 Vgl. *Ekinci*, Osmanlı Hukuku, S. 186 f.

163 Genannt sei hier insbesondere der an den Begründer der *malikitischen* Rechtsschule *Mâlik b. Enes* gerichtete Vorschlag des abbasidischen Kalifen *Hârun er-Reşîd*, dessen Werk *Muvatta'* zur offiziellen Grundlage der Jurisprudenz zu erheben, den dieser mit Verweis auf die Gefährdung des Meinungspluralismus und der Entwicklungsfähigkeit des Rechts ablehnte. Vgl. hierzu *Ekinci*, Osmanlı Hukuku, S. 160.

zum höchsten *Kadi* des Abbasidischen Reiches.[164] Auch im Osmanischen Reich wurden die *Kadis* ausweislich erhaltener Ernennungsurkunden auf eine bestimmte Rechtsschule, und zwar die *hanafitische*, verpflichtet.[165] Auch wenn in Teilen des Reiches, in denen das Volk mehrheitlich einer anderen Rechtsschule angehörte, Hilfsrichter der betreffenden Rechtsschule in den Verfahren eingesetzt wurden, so stand den Verfahren jedoch immer ein *Kadi* der hanafitischen Rechtsschule vor.[166] Diese Konfessionspolitik traf somit für den *Kadi* im Voraus eine Auswahlentscheidung hinsichtlich der zu verwendenden Rechtsquellen und stellt damit selbst eine faktische Rechtsquelle im weiteren Sinne dar. Verstärkt wurde dieser Umstand zudem dadurch, dass die Justizorganisation des Osmanischen Reiches eine Revisionsmöglichkeit ergangener Urteile durch die sog. *kazasker* vorsah.[167] Ergangene Urteile konnten wegen Verfahrensfehlern und Verletzungen des Rechts gerügt und vor dem *divan-ı hümâyun*[168] einer Art Revisionsverfahren durch die *kazasker* unterzogen werden.[169] Die ebenfalls der *hanafitischen* Rechtsschule verpflichteten *kazasker* konnten in diesem Zuge die Rechtsprechung beeinflussen und prägen und schufen damit eine weitere faktische Rechtsquelle für den *Kadi*.

Insgesamt lässt sich damit feststellen, dass trotz der erst zum Ende des Osmanischen Reiches erfolgten Kodifikation von Teilen des islamischen Rechts[170] dennoch insbesondere verschriftlichte faktische Rechtsquellen bestanden, die jedenfalls ein gewisses Maß an Rechtseinheit und Rechtssicherheit

---

164 Vgl. *Ekinci*, Osmanlı Hukuku, S. 160. Dies erklärt auch die noch heute starke Verbreitung der *hanafitischen* Rechtsschule in den entsprechenden Regionen.

165 *Ekinci*, Osmanlı Hukuku, S. 160. Dieselbe Verpflichtung war laut *Plagemann* in den Ernennungsurkunden der *Muftis* enthalten. Siehe zu Letzterem *Plagemann*, Von Allahs Gesetz zur Modernisierung per Gesetz, S. 55.

166 *Ekinci*, Osmanlı Hukuku, S. 160 f.

167 Der *Kazasker* stellt die osmanische Synthese aus Heeresrichter und höchstem Richter des Osmanischen Reiches (sog. *kâdıyülkudât*) dar. Neben seiner richterlichen Tätigkeit in Heeressachen war er als Spitze der osmanischen Justizorganisation für die Beaufsichtigung und Besetzung sämtlicher *Kadi*-Stellen zuständig. Das ursprünglich einzelne Amt wurde im Laufe der Zeit aufgeteilt in den *Kazasker von Anatolien* und den *Kazasker von Rumelien*. Siehe zu alldem *Üçok/Mumcu/Bozkurt*, Türk Hukuk Tarihi, S. 239 f.

168 Der *divan-ı hümâyun* war der Staatsrat des Osmanischen Reiches. Näheres hierzu bei *Ekinci*, Osmanlı Hukuku, S. 254 ff.

169 Vgl. *Üçok/Mumcu/Bozkurt*, Türk Hukuk Tarihi, S. 240.

170 Siehe hierzu Näheres auf S. 92 ff.

gewährleisteten. *Max Webers* Topos der willkürlichen „*Kadijustiz*" ist vor dem Hintergrund dieser Erkenntnisse daher längst überholt und es bestätigt sich das von *Akgündüz* angeführte Zitat aus dem historischen Reisebericht eines holländischen Reisenden, der äußerte: „*Nur, so selten wie unsere Richter die Verfassung bemühen, so selten bemühen auch die Kadis den Koran oder seine Übersetzungen.*"[171]

bb) Erlasse des Sultans

Einen weiteren wichtigen Bestandteil der osmanischen Rechtsordnung neben dem islamischen Recht stellten die Erlasse des Sultans, die sog. *kanun*[172] dar.

Die *kanun* wurden in der Kanzlei des Sultans durch den sog. *nişancı* entworfen und im *divan-ı hümâyun* dem *Großwesir* unterbreitet.[173] Anschließend wurden sie dem Sultan zur Bestätigung vorgelegt und in ausgefertigter Form auf verschiedenen Wegen verkündet.[174] Teilweise wurden mehrere *kanun* in einer Art Gesetzessammlung, *kanunnâme* genannt, zusammengefasst.[175] Die Erlasse betrafen häufig Fragen der Staats-, Verwaltungs- und Justizorganisation, des Steuerwesens und des Strafrechts.[176]

Solche Erlasse durch den Herrscher, insbesondere auf den vorgenannten Gebieten, stellten jedoch keineswegs eine osmanische Neuerung dar. Sie waren schon lange vor dem Osmanischen Reich Teil der türkisch-mongolischen

---

171 *Akgündüz*, Osmanlı Kanunnâmeleri, S. 47.

172 Der Begriff leitet sich vermutlich von dem griechischen Begriff *kanon* ab, der ein bestimmtes Längenmaß für die Besteuerung von Ackerflächen beschrieb. Mit den arabischen Eroberungen der Gebiete des heutigen Syrien und des heutigen Ägypten ist der Begriff ins Arabische übernommen und einige Zeit weiterhin als Bezeichnung für Steuerregelungen gebraucht worden. Noch heute beschreibt der Begriff *kanun* im Türkischen formelle Parlamentsgesetze. Siehe zu alldem *DİA*, KANUN, in: *Türkiye Diyanet Vakfı*, TDV İslâm Ansiklopedisi, Band 24, Stand 2001, S. 323 f.

173 *Akgündüz*, Osmanlı Kanunnâmeleri, S. 82.

174 *Akgündüz*, Osmanlı Kanunnâmeleri, S. 82. Abhängig vom Inhalt der *kanun* wurden diese entweder durch Marktschreier oder durch die direkte Versendung von Abschriften an die maßgeblichen Stellen verkündet. Siehe zu Letzterem *Plagemann*, Von Allahs Gesetz zur Modernisierung per Gesetz, S. 73.

175 Die Sammlungen waren teils offiziellen und teils privaten Ursprungs. Vgl. zu alldem *Ekinci*, Osmanlı Hukuku, S. 183; *Plagemann*, Von Allahs Gesetz zur Modernisierung per Gesetz, S. 75.

176 Vgl. *Durhan*, AÜEHFD III (1999), Nr. 1, 215, 227; *Akgündüz*, Osmanlı Kanunnâmeleri, S. 45; *Ekinci*, Osmanlı Hukuku, S. 164 f.

Herrschaftstradition.[177] Nicht von ungefähr rührt es daher, wenn vereinzelt in Erlassen osmanischer Sultane ausdrücklich auf diese Tradition rekurriert und das eigene Handeln als Fortführung dieser Tradition begriffen wurde.[178]

Die Existenz dieser Herrschaftstradition hat jedoch nicht nur den Gebrauch derselben Praxis im Osmanischen Reich begünstigt und damit den Bereich des Sultansrechts zu einem Bereich mit eigenständiger Bezeichnung (sog. *örfi hukuk*) heranwachsen lassen,[179] sie ist auch Ursache für eine der größten Kontroversen der türkischen Rechtsgeschichte[180]: der Frage nach dem Verhältnis zwischen Sultansrecht und islamischem Recht, insbesondere im Osmanischen Reich.

Die Auffassungen spalten sich dabei in ein tendenziell eher apologetisches und in ein tendenziell eher kritisches Lager, wobei sie trotz wissenschaftlicher Neutralität unterbewusst auch stark von der eigenen geschichtspolitischen Einstellung geprägt sein dürften und sich Regelmäßigkeiten in den Meinungen abhängig davon finden, ob der jeweilige Autor Historiker/Jurist oder Theologe ist.

Das eher kritische Lager sieht in dem *örfi hukuk* ein eigenständiges, vom islamischen Recht unabhängiges Recht, das seine Legitimation ausschließlich aus der Souveränität des Sultans gespeist und der Organisation und damit auch der Festigung seiner Herrschaft gedient habe.[181] Quellen dieses Rechts seien insbesondere türkisch-mongolische Herrschaftstraditionen[182] und das Allgemeinwohl bzw. Nützlichkeitserwägungen gewesen.[183] Die Regelungen seien daher nicht islamischen Ursprungs, sondern ihrem Charakter nach *„laizistischer"* [sic] Natur.[184] Die religiösen Autoritäten hätten diesen

---

177 *İnalcık*, Devlet, Hukuk, Adâlet, S. 32 f.; *Ekinci*, Osmanlı Hukuku, S. 176.

178 So bspw. in dem Erlass *Mehmed II.* über die Organisation des Osmanischen Reiches. Vgl. hierzu *İnalcık*, Devlet, Hukuk, Adâlet, S. 34 f.

179 *Durhan*, AÜEHFD III (1999), Nr. 1, 215, 217; *Ekinci*, Osmanlı Hukuku, S. 165.

180 Diese Einschätzung teilend *Koşum*, NEÜİFD 17 (2004), Nr. 17, 145.

181 *İnalcık*, Devlet, Hukuk, Adâlet, S. 41; *Durhan*, AÜEHFD III (1999), Nr. 1, 215, 219; *Akça/Hülür*, SÜTAD 19 (2006), 295, 300.

182 *Durhan*, AÜEHFD III (1999), Nr. 1, 215, 225.

183 *Durhan*, AÜEHFD III (1999), Nr. 1, 215, 227.

184 *Durhan*, AÜEHFD III (1999), Nr. 1, 215, 217. *İnalcık* vertritt vor diesem Hintergrund gar die These, dass die Entstehung einer säkularen Rechtsordnung im Nachfolgestaat des Osmanischen Reiches, der heutigen Republik Türkei, im Unterschied zu den übrigen islamisch geprägten Staaten durch die Tradition des Sultansrechts im Osmanischen Reich begünstigt worden wäre. Siehe hierzu *ders.*, Devlet, hukuk, adâlet, S. 45.

faktischen Zustand der Rechtssetzung kraft eigener Souveränität lediglich im Nachhinein islamisch-rechtlich *„legalisiert“*;[185] manche Regelungen hätten gar dem islamischen Recht widersprochen.[186]

Demgegenüber sehen die eher apologetischen Stimmen im Sultansrecht kein eigenständiges, vom islamischen Recht unabhängiges Recht, sondern begreifen es als einen Teil eines einheitlichen islamischen Rechtssystems des Osmanischen Reiches.[187] Das islamische Recht erlaube es der jeweiligen Herrschaftsautorität in Bereichen, in denen es selbst keine Regelungen vorsehe, eigene Regeln unter dem Vorbehalt ihrer Konformität mit den Bestimmungen des islamischen Rechts zu erlassen.[188] Genau diese Bereiche regele auch das Sultansrecht.[189] Zudem seien seine Quellen – Gewohnheiten, Bräuche und Nützlichkeitserwägungen – auch Quellen des islamischen Rechts.[190] Schließlich seien die Erlasse insbesondere in Zweifelsfällen auf ihre Konformität mit dem islamischen Recht überprüft worden.[191] In Bezug auf das Sultansrecht von einem laizistischen Charakter zu sprechen sei daher verfehlt.[192]

Dem islamischen Verständnis nach ist der einzige souveräne Gesetzgeber Gott alleine.[193] Jegliche menschliche Rechtssetzung ist daher aus islamischer Perspektive lediglich der Versuch, eine dem bestehenden göttlichen Willen entsprechende Norm zu formulieren.[194] Nichtsdestotrotz ist es unter den islamischen Gelehrten überwiegend anerkannt, dass die jeweilige Herrschaftsautorität in Bereichen, in denen das islamische Recht keine Bestimmungen trifft, eigene Regelungen zur Gewährleistung des Allgemeinwohls innerhalb der Gesellschaft

---

185 *İnalcık*, Devlet, Hukuk, Adâlet, S. 45.

186 Siehe hierzu bspw. den Beitrag von *Üçok*, Osmanlı Kanunnamelerinde İslâm Ceza Hukukuna Aykırı Hükümler, AÜHFD, Band 3 (1946), Nr. 1, S. 125–146, über strafrechtliche Bestimmungen verschiedener osmanischer *kanun*, die nach Ansicht des Autors gegen islamisches Recht verstießen.

187 Vgl. *Akgündüz*, Osmanlı Kanunnâmeleri, S. 53; *Koşum*, NEÜİFD 17 (2004), Nr. 17, 145, 159; *Ekinci*, Osmanlı Hukuku, S. 167.

188 *Ekinci*, Osmanlı Hukuku, S. 164; *Koşum*, NEÜİFD 17 (2004), Nr. 17, 145, 146 f.; *Akgündüz*, Osmanlı Kanunnâmeleri, S. 51. Eine komprimierte Übersicht über die Bandbreite der Gelehrtenmeinungen hierzu findet sich bei *Durhan*, AÜEHFD III (1999), Nr. 1, 215, 225.

189 Vgl. *Akgündüz*, Osmanlı Kanunnâmeleri, S. 43.

190 *Akgündüz*, Osmanlı Kanunnâmeleri, S. 46.

191 Vgl. *Akgündüz*, Osmanlı Kanunnâmeleri, S. 65.

192 Vgl. *Ekinci*, Osmanlı Hukuku, S. 174; *Koşum*, NEÜİFD 17 (2004), Nr. 17, 145, 159 f.

193 *Koşum*, NEÜİFD 17 (2004), Nr. 17, 145, 146.

194 *Koşum*, NEÜİFD 17 (2004), Nr. 17, 145, 146; *Akgündüz*, Osmanlı Kanunnâmeleri, S. 63.

setzen darf.[195] Grundlage dieser Auffassung bildet wohl die Überzeugung, dass die Durchsetzung einer islamischen Gesellschaftsordnung nur durch eine zur Rechtssetzung befähigte Herrschaftsautorität möglich ist.

Ausgehend von dieser Theorie haben die meisten islamischen Herrschaften von dieser Kompetenz mehr oder weniger und insbesondere auf den Gebieten der Staatsorganisation und des Steuerwesens Gebrauch gemacht.[196] Möglich war dieses selbstbestimmte Vorgehen der Herrschaftsautoritäten insbesondere auch deshalb, da es wenig prägende theologisch-staatstheoretische Abhandlungen einflussreicher Gelehrter gab, die Berücksichtigung gefordert hätten. Seit dem Umbau des Kalifat-Systems in ein Sultanat-System durch die Dynastie der *Umayyaden* hatte sich die islamische Jurisprudenz nämlich schwerpunktmäßig nur noch Rechtsgebieten gewidmet, bei denen sie eine praktische Umsetzung ihrer Bemühungen in der Rechtswirklichkeit erwarten konnte.[197] Durch die Schaffung vollendeter Tatsachen seitens der *Umayyaden*-Dynastie war eine solche Erwartung in Fragen des Staatsorganisations- und Verwaltungsrechts nicht mehr gegeben.[198] Dies erklärt, warum auch heute noch das Privatrecht den Schwerpunkt des islamischen Rechts bildet.[199]

Bei der Ausfüllung dieses Gestaltungsspielraums durch die osmanische Herrscherelite wurden in der Tat Gewohnheiten und Bräuche früherer türkischer, iranischer und mongolischer Herrschaften übernommen und Nützlichkeitserwägungen herangezogen. Wie die Ausführungen zu den Quellen des islamischen Rechts jedoch gezeigt haben, ist dieses Vorgehen auch der islamischen Quellenlehre nicht unbekannt: Im Rahmen der sekundären Quellen ermöglicht gerade das *Prinzip des Vorziehens* (*istihsân*)[200] die Möglichkeit der Berücksichtigung regionaler Gewohnheiten und des Allgemeinwohls. Die Ursprünge dieser Elemente sind natürlich nicht „islamischer" Natur, jedoch wird ihre Berücksichtigung durch die islamische Quellenlehre legitimiert, sodass nicht behauptet werden kann, dass sie völlig außerhalb des islamischen Rechts stünden.

Zudem ist zu beachten, dass der *nişancı*, der mit dem Entwurf der *kanun* betraut war, dem geistlichen Stand entsprang.[201] Anzunehmen, dass dieser die

---

195 *Koşum*, NEÜİFD 17 (2004), Nr. 17, 145, 146 ff. m.w.N.; *Akgündüz*, Osmanlı Kanunnâmeleri, S. 63 ff. m.w.N.
196 Vgl. *Ekinci*, Osmanlı Hukuku, S. 176.
197 *Koşum*, NEÜİFD 17 (2004), Nr. 17, 145, 156 f.; *Ekinci*, Osmanlı Hukuku, S. 165 f.
198 *Koşum*, NEÜİFD 17 (2004), Nr. 17, 145, 156 f.; *Ekinci*, Osmanlı Hukuku, S. 165 f.
199 *Koşum*, NEÜİFD 17 (2004), Nr. 17, 145, 156 f.
200 Siehe hierzu Näheres auf S. 25.
201 *Ekinci*, Osmanlı Hukuku, S. 167.

Erlasse aus eigenem Antrieb in offenem Widerspruch zum islamischen Recht entwarf, erscheint daher nicht überzeugend. Zudem lässt sich einigen Erlassen entnehmen, dass sie zusätzlich einer Konformitätsprüfung durch den *şeyhülislâm* unterzogen wurden.[202] Schließlich darf nicht vergessen werden, dass auch die Anwendung der Erlasse wiederum durch die *Kadis* erfolgte, die ebenfalls dem geistlichen Stand entsprangen.[203]

Dies alles schließt nicht die Möglichkeit aus, dass insbesondere auf Druck der Sultane Erlasse verkündet worden sind, die in Widerspruch zum islamischen Recht standen. Dass die rechtsmethodische Oberhoheit des islamischen Rechts über die gesamte Rechtsordnung an sich durch das osmanische Rechtssystem in Frage gestellt worden wäre, lässt sich diesen Ausnahmen jedoch nicht entnehmen.[204] Die Betrachtung der Abläufe und der beteiligten Personen spricht eher dagegen.

Im Hinblick auf das *örfi hukuk* von einem „*laizistischen*", unabhängigen Recht zu sprechen, überzeugt daher nicht. Das *örfi hukuk* ist aber in der Tat Menschenwerk. Die islamische Jurisprudenz ist dies jedoch auch.[205]

cc) Religionsrechtliche Bestimmungen der anerkannten Religionsgemeinschaften

Die rasche geographische Expansion der großen islamischen Reiche stellte diese relativ schnell vor eine gesellschaftskonzeptionelle Herausforderung: die Bevölkerung der eroberten Gebiete war häufig nichtmuslimischen Glaubens. Noch dringender stellte sich die Situation im Osmanischen Reich dar: Gerade weite Teile der als *Rumelien* (türk. *rumeli*) bezeichneten Balkanhalbinsel waren sogar fast ausschließlich von Christen und Juden besiedelt. So war denn auch der Anteil der nichtmuslimischen Bevölkerung im Osmanischen Reich phasenweise größer als der Anteil seiner muslimischen Bevölkerung.[206]

Vor diesem Hintergrund stellte sich daher schon relativ früh in der islamischen Geschichte die Frage nach dem rechtlichen Status nichtmuslimischer Bevölkerungsteile und ihrem Verhältnis zum muslimischen Teil der Bevölkerung. Grundlegend für die Beantwortung dieser Frage und die damit einhergehende dogmatische Ausgestaltung dieser Verhältnisse ist die noch zu Lebzeiten

---

202 Vgl. *Akgündüz*, Osmanlı Kanunnâmeleri, S. 65.
203 *Akgündüz*, Osmanlı Kanunnâmeleri, S. 87.
204 So auch *Ekinci*, Osmanlı Hukuku, S. 168.
205 Siehe hierzu die Ausführungen zum *fıkıh* auf S. 18 f.
206 *Ekinci*, Osmanlı Hukuku, S. 312.

Muhammeds verfasste sog. *„Gemeindeordnung von Medina"*.[207] Demzufolge schließt der Herrscher des islamischen Reiches für den Fall, dass die nichtmuslimischen Bevölkerungsteile in den eroberten Gebieten verbleiben wollen, mit diesen einen Vertrag.[208] In diesem *zimmet* genannten Vertrag erkennen sie die Oberhoheit des Herrschers an und verpflichten sich (neben allgemeinen und konkreten Loyalitätspflichten) insbesondere zur Zahlung einer Abgabe[209]. Im Gegenzug verspricht der Herrscher ihnen Schutz, Verteidigung und die (bestimmten Restriktionen unterliegende[210]) Freiheit der Religionsausübung.[211] Angelehnt an die Bezeichnung des Vertrages wurden die Angehörigen dieser Bevölkerungsgruppen *zimmi* genannt.[212]

Im Osmanischen Reich wurde aufbauend auf vorstehender Doktrin ab der Zeit *Mehmeds II.* ein Gesellschaftskonzept institutionalisiert, das in der Forschung

207 *Özcoşar*, DÜHFD 7 (2003), Nr. 7, 124, 125. Ausführlich hierzu *Nagel*, Das islamische Recht, S. 93 ff.

208 Vgl. *Konan*, AÜHFD 64 (2015), Nr. 1, 171, 172; *Ekinci*, Osmanlı Hukuku, S. 313; *Nagel*, Das islamische Recht, S. 97 ff. Unstreitig parteifähig sind insofern Christen und Juden. Nichtchristliche und nichtjüdische Gruppierungen wurden in der Geschichte jedoch auch teilweise einfach der ebenfalls parteifähigen Gruppe der *Sabier* zugeordnet. Vgl. zu alldem *Rohe*, Das islamische Recht, S. 153.

209 Vgl. *Ekinci*, Osmanlı Hukuku, S. 313; *Nagel*, Das islamische Recht, S. 97 ff. Diese *cizye* genannte Abgabe wurde teilweise als Gesamtbetrag erhoben, teilweise erfolgte die Abgabe aber auch „pro Kopf"; daher rührt auch die in der deutschsprachigen Literatur häufig anzutreffende Bezeichnung als „Kopfsteuer". In der türkischsprachigen Literatur wird die Abgabe unter Verweis auf die Befreiung nichtmuslimischer Bevölkerungsteile vom Militärdienst häufig als „Wehrersatzsteuer" bezeichnet. Ähnliche Abgaben waren im anatolischen Raum jedenfalls auch schon vor der Zeit der Osmanen verbreitet: So musste die Landbevölkerung Anatoliens vor der Eroberung dieser Gebiete durch nomadisierende Türkmenenstämme ebenfalls Abgaben an das dieses Gebiet damals noch beherrschende Byzantinische Reich leisten. Laut *Matuz*, Das Osmanische Reich, S. 17, soll die Summe dieser Abgaben sogar höher gewesen sein als die später zu entrichtende *cizye*. Die muslimische Bevölkerung war insbesondere zur Leistung der islamisch-rechtlich begründeten *zekat*-Abgabe verpflichtet; die nichtmuslimische Bevölkerung war von dieser Abgabe nicht betroffen. Vgl. zur *cizye* *Konan*, AÜHFD 64 (2015), Nr. 1, 171, 183.

210 Insbesondere waren sowohl die Errichtung neuer als auch die Wiederherstellung und Reparatur bestehender Gotteshäuser genehmigungspflichtig. Im Allgemeinen durfte die Religionsausübung nicht zu einer Störung der muslimischen Bevölkerung führen. Vgl. zu alldem *Üçok/Mumcu/Bozkurt*, Türk Hukuk Tarihi, S. 218.

211 *Ekinci*, Osmanlı Hukuku, S. 313.

212 *Konan*, AÜHFD 64 (2015), Nr. 1, 171, 172.

gemeinhin als *Millet-System*[213] bezeichnet wird.[214] Das *Millet-System* basierte auf dem Gesellschaftskonzept der *Segregation*[215]: Die Bevölkerung wurde ihrer Konfessionszugehörigkeit entsprechend in Gruppen (sog. *millet*) unterteilt.[216] Anhänger derselben Konfession bildeten dabei jeweils eine Gruppe.[217]

Die Angehörigen der Gruppen lebten sowohl räumlich als auch gesellschaftlich unter sich. Sie siedelten sich in der Regel im selben Stadtteil oder Straßenzug an und mussten sich auch im Hinblick auf ihre Kleidung von den übrigen Gruppen unterscheiden.[218] Die Bekleidung bestimmter öffentlicher Ämter war den Nichtmuslimen unter ihnen verwehrt.[219] Vertreten wurden sie von einem geistlichen Oberhaupt, das sie aus ihrer Mitte wählten und welches vom Sultan bestätigt werden musste.[220] Die Ernennungsurkunde des Sultans verpflichtete das Oberhaupt zur Verwaltung der betreffenden Konfessionsgruppe sowohl in administrativer (bspw. Geburten- und Sterberegister, Erhebung von Steuern und Gebühren) als auch in kultisch-zeremonieller Hinsicht.[221] Damit gliederte sie das geistliche Oberhaupt in die Reichsverwaltung ein und ermöglichte so dem Sultan die Kontrolle des entsprechenden Bevölkerungsteils über einen einzelnen Verantwortlichen.[222] Ebenfalls sprach die Ernennungsurkunde dem geistlichen

213 Entstehung, Inhalt und Wirkung dieses Systems sind höchst umstritten. Dabei tritt neben die geschichtswissenschaftliche Dimension dieser Fragen zudem eine starke Politisierung der Debatte, die dadurch bedingt ist, dass viele Minderheiten zum Ende des Osmanischen Reiches unabhängige Nationalstaaten gründeten und die Frage der Osmanischen Minderheitenpolitik daher die Geschichtspolitik dieser Staaten in der Regel unmittelbar betrifft. Einen Überblick über die verschiedenen Streitpunkte bietet *Avşin Güneş*, SKAD I (2015), Nr. 2, 1, 11 ff.

214 Vgl. *Avşin Güneş*, SKAD I (2015), Nr. 2, 1, 25.

215 Darunter wird hier ein Gesellschaftskonzept verstanden, dass den Gegenpol zum Konzept der Assimilation bildet. Zwischen diesen Polen angesiedelt ist sonach das moderne Konzept der Integration.

216 *Ekinci*, Osmanlı Hukuku, S. 319.

217 Die bedeutendsten nichtmuslimischen *millet* bildeten die *Rum*, die *Ermenî* und die *Yahudi*. Unter der Bezeichnung *Rum* waren die christlich-orthodoxen Bevölkerungsteile zusammengefasst. Zu den *Ermenî* gehörten die Anhänger der armenischen Kirche. Der Begriff *Yahudi* schließlich bezeichnete die jüdischen Bevölkerungsteile. Siehe zu alldem *Ekinci*, Osmanlı Hukuku, S. 319 ff.

218 *Üçok/Mumcu/Bozkurt*, Türk Hukuk Tarihi, S. 218 f.

219 Vgl. *Cin/Akgündüz*, Türk Hukuk Tarihi, S. 738 f.

220 *Konan*, AÜHFD 64 (2015), Nr. 1, 171, 173.

221 Vgl. *Ekinci*, Osmanlı Hukuku, S. 320.

222 *Ekinci*, Osmanlı Hukuku, S. 320

Oberhaupt die justizielle Zuständigkeit in Angelegenheiten betreffend das Personalstatut (Personenstands-, Familien- und Erbrecht, sog. *ahvâl-i şahsiyye*, wörtl. *„persönliche Umstände"*) zu.[223] Hierfür wurden durch die Konfessionsgruppen eigens Konfessionsgerichte eingerichtet, die in vorgenannten Angelegenheiten auf Grundlage ihrer religionsrechtlichen Bestimmungen urteilten.[224] Da es islamisch-rechtlich zulässig ist, Schiedsgerichte mit der Klärung rechtlicher Fragen zu beauftragen, konnten die Konfessionsgerichte aber auch im Falle sonstiger privatrechtlicher Streitigkeiten in genannter Funktion angerufen werden.[225] Sie urteilten dabei ebenfalls nach ihren eigenen religionsrechtlichen Bestimmungen.[226] Die Vollziehung der Urteile erfolgte unter Mithilfe der zuständigen osmanischen Behörden.[227]

Zudem konnten die Angehörigen der Konfessionsgruppen bei rechtlichen Streitigkeiten auch die gewöhnlichen *Scharia-Gerichte* anrufen.[228] In solch einem Falle kam grundsätzlich islamisches Recht zur Anwendung, wobei die fremde Konfessionszugehörigkeit bei der Rechtsanwendung berücksichtigt werden musste: So wurden beispielsweise Verträge über den Verkauf von Wein oder Schweinefleisch, die zwischen Muslimen aufgrund des verbotenen Verkaufsgegenstands nicht wirksam geschlossen werden konnten, zwischen Nichtmuslimen für wirksam erachtet.[229] Fragen des Personalstatuts wurden dagegen entsprechend der Konfessionszugehörigkeit grundsätzlich nach den jeweiligen religionsrechtlichen Bestimmungen der Partei beurteilt.[230]

Im Falle einer rechtlichen Streitigkeit zwischen einem muslimischen und einem nichtmuslimischen Einwohner waren jedoch ausschließlich die *Scharia-Gerichte* zuständig, die in diesem Falle wiederum islamisches Recht unter Berücksichtigung der fremden Konfessionszugehörigkeit der Parteien anzuwenden hatten.[231] Das Personalstatut war auch insofern konfessionell bestimmt.

---

223 *Özcoşar*, DÜHFD 7 (2003), Nr. 7, 124, 126; *Konan*, AÜHFD 64 (2015), Nr. 1, 171, 174.

224 Siehe hierzu *Ekinci*, Osmanlı Hukuku, S. 188, der auch einen kurzen Überblick über die genutzten konfessionseigenen Rechtsquellen bietet.

225 *Ekinci*, Osmanlı Hukuku, S. 177.

226 *Ekinci*, Osmanlı Hukuku, S. 177.

227 *Konan*, AÜHFD 64 (2015), Nr. 1, 171, 175 f.

228 *Konan*, AÜHFD 64 (2015), Nr. 1, 171, 176.

229 *Ekinci*, Osmanlı Hukuku, S. 177.

230 Vgl. *Ekinci*, Osmanlı Hukuku, S. 177. Eine Darstellung einzelner historischer Fragestellungen im Zusammenhang mit dem Personalstatut und den dazu vertretenen Auffassungen findet sich bei *Cin/Akgündüz*, Türk Hukuk Tarihi, S. 748 ff.

231 Vgl. *Konan*, AÜHFD 64 (2015), Nr. 1, 171, 179.

Die religionsrechtlichen Bestimmungen der bedeutenden Konfessionsgruppen bildeten damit neben den Bestimmungen des islamischen Rechts und des Sultansrechts den dritten großen Bestandteil der osmanischen Rechtsordnung. Die interpersonale Rechtsspaltung vollzog sich dabei weniger über kollisionsrechtliche Bestimmungen als über Zuständigkeitsregeln und Schiedsvereinbarungen. Eine Ausnahme hiervon bildete lediglich das Personalstatut. Dieses richtete sich grundsätzlich nach den konfessionsrechtlichen Bestimmungen der jeweiligen Partei.

dd) Regionsspezifische Bestimmungen

Neben den erwähnten religionsspezifischen Bestimmungen bestanden im Osmanischen Reich zudem in Teilen regionsspezifische Bestimmungen. Bei diesem *mahallî hukuk* genannten Bereich der Rechtsordnung handelte es sich in der Regel um in den eroberten Gebieten vorgefundenes geschriebenes oder ungeschriebenes Recht, dessen Anwendung auch unter der osmanischen Herrschaft in dem jeweiligen Gebiet (teilweise modifiziert) fortgeführt wurde.[232] Sinn dieser Vorgehensweise war wohl die Annahme, dass eine Beibehaltung des bestehenden Rechts eine reibungslosere Eingliederung der betreffenden Gebiete gewährleiste.[233] Die Bestimmungen waren häufig steuer- und bodenrechtlicher Natur.[234]

ee) Rechtliche Behandlung von Sachverhalten mit Auslandsberührung

Im Osmanischen Reich galt in Bezug auf Inlandstatbestände die *lex fori*: Nichtmuslimische Ausländer (sog. *müste'men*), die sich erlaubterweise auf dem Territorium des Osmanischen Reiches aufhielten, wurden rechtlich wie *zimmi* und damit wie Inländer nichtmuslimischen Glaubens behandelt.[235] Ihnen stand somit sowohl der Weg zu den entsprechenden Konfessionsgerichten als auch zu den *Scharia-Gerichten* offen. Im Falle der Beteiligung einer Person muslimischen Glaubens waren Letztere wiederum ausschließlich zuständig. Angewandt wurden auf ihre rechtlichen Streitigkeiten daher entweder die religionsrechtlichen Bestimmungen der jeweiligen Konfession oder islamisches Recht unter Berücksichtigung der fremden Konfessionszugehörigkeit. Das Personalstatut beurteilte sich ebenfalls nach den religionsrechtlichen Bestimmungen der entsprechenden

232 *Ekinci*, Osmanlı Hukuku, S. 179.
233 Vgl. *Ekinci*, Osmanlı Hukuku, S. 179.
234 *Ekinci*, Osmanlı Hukuku, S. 179.
235 *Ekinci*, Osmanlı Hukuku, S. 178. Siehe zum rechtlichen Status der *zimmi* S. 57 ff.

Konfession. Eine Anwendung fremden Rechts erfolgte nicht. Muslimische Ausländer wurden rechtlich wie Inländer muslimischen Glaubens behandelt und unterstanden dementsprechend der Zuständigkeit der *Scharia-Gerichte* und damit dem islamischen Recht.[236]

Im Hinblick auf Auslandstatbestände zwischen einem Ausländer und einem osmanischen Untertanen ging die hanafitische Lehre hingegen schon von einer Unzuständigkeit der *Scharia-Gerichte* aus.[237] Anders wurde dies lediglich im Hinblick auf Rechtsstreitigkeiten zwischen osmanischen Untertanen gesehen, für die nach Auffassung der Gelehrten islamisches Recht galt.[238]

Die beschriebene Vorgehensweise bei der Behandlung von Sachverhalten mit Auslandsberührung fußt erkennbar auf dem universellen Anspruch des islamischen Rechts, der scheinbar auch auf das Religionsrecht der übrigen anerkannten Religionsgemeinschaften projiziert wurde. Aufgrund dieses universellen Anspruchs ist es nicht erheblich, aus welcher Herrschaftsentität die ausländische Person stammt, sondern lediglich welcher Religion sie angehört. Deutlich wird dies auch bei einem Blick auf die Anwendung von (religionsneutralen) Sultanserlassen im Rahmen von Fällen mit Auslandsberührung: ausländische Personen unterstanden wie *zimmi* ganz selbstverständlich den Sultanserlassen, insbesondere denjenigen strafrechtlicher Natur – ohne Beachtung ihrer konfessionellen Zugehörigkeit.[239]

Vor diesem Hintergrund haben die europäischen Mächte in der Geschichte wiederholt auf den Erlass von Sonderrechten gedrängt, um sowohl ihren Bediensteten als auch ihren Untertanen im Osmanischen Reich rechtliche und justizielle Privilegien, teilweise bis hin zu einer Art Exterritorialität, zu sichern.[240] Diese Akte wurden entsprechend ihrer Einteilung in Kapitel *Kapitulationen* (türk. *kapitülasyon*) genannt.[241] Die wohl bekanntesten stellen die in den Jahren 1535 und 1740 mit Frankreich abgeschlossenen Kapitulationen dar. Ebenfalls von

236 Vgl. *Cin/Akgündüz*, Türk Hukuk Tarihi, S. 737.

237 *Cin/Akgündüz*, Türk Hukuk Tarihi, S. 754.

238 *Cin/Akgündüz*, Türk Hukuk Tarihi, S. 754.

239 Vgl. *Bozkurt*, Gayrimüslim Osmanlı Vatandaşları, S. 25 f.

240 Siehe hierzu eine kurze Darstellung verschiedener geschlossener Verträge bei *Bozkurt*, Gayrimüslim Osmanlı Vatandaşları, S. 33 ff.

241 *Kreiser/Neumann*, Geschichte der Türkei, S. 280. Diese Praxis der vertraglichen Privilegierung fremder Untertanen geht nachweisbar bis in die Zeit des byzantinischen Reichs zurück und ist daher keine Eigenheit islamischer Reiche. Siehe hierzu *Ekinci*, Osmanlı Hukuku, S. 178. Siehe zu alldem ausführlich S. 105 ff.

großer Bedeutung in diesem Kontext ist der 1774 mit Russland geschlossene Friede von *Küçük Kaynarca*.

Inhaltlich war häufig die Einrichtung einer Konsolargerichtsbarkeit vereinbart. Es handelt sich hierbei um bei den Auslandsvertretungen eingerichtete und mit eigenen Bediensteten – häufig dem Konsul selbst – besetzte Gerichte, die zur Entscheidung von Rechtsstreitigkeiten zwischen den eigenen Untertanen nach ihrem Herkunftsrecht berufen waren.[242] In Bezug auf die übrigen, vor osmanischen Gerichten zu verhandelnden Streitigkeiten wurde regelmäßig die Anwesenheitspflicht eines von der Auslandsvertretung beauftragten Übersetzers vereinbart.[243] Überdies enthielten die meisten Kapitulationen daneben Handelsprivilegien und Steuerbefreiungen.[244]

Diese – nach dem Verständnis des Herrscherhauses Osman – einst als einseitige Gnadenerweise erteilten Privilegien zeitigten insbesondere ab dem 19. Jahrhundert wirtschaftlich zerstörerische Auswirkungen und boten den europäischen Mächten ein immenses Macht- und Missbrauchspotenzial.[245]

ff) Zusammenfassende Würdigung

Das osmanische Rechtssystem trug – *gemessen an seiner Zeit* – durchaus rechtsstaatliche Züge.[246] Sein zentralistisch organisiertes Justizsystem erfuhr selbst durch nichtmuslimische Bevölkerungsteile trotz herrschender Segregation lebhafte Inanspruchnahme, die teilweise bis hin zu einer rechtlichen Korrektur staatlicher Maßnahme gereichen konnte.[247] Aufgrund der Abhängigkeit der höchsten juristischen Bediensteten des Reiches vom Gutdünken des Sultans bestand aber gerade in den Bereichen der Staatsorganisation, der Staatsverwaltung und der „politischen" Straftaten, die der Sultan durch *kanun*[248] aufgrund seiner eigenen Machtvollkommenheit regeln konnte, keine wirklich ernstzunehmende Unabhängigkeit der Justiz. Die auf Verwaltungsebene bestehende Verquickung von Justiz und Verwaltung ließ insoweit ebenfalls eine Trennung vermissen.

242 Vgl. *Ekinci*, Osmanlı Hukuku, S. 178 f.

243 Sog. *Dragomane*. Vgl. *Ekinci*, Osmanlı Hukuku, S. 178.

244 Vgl. *Kreiser/Neumann*, Geschichte der Türkei, S. 280.

245 Siehe hierzu ausführlich S. 105 ff.

246 So auch *Matuz*, Das Osmanische Reich, S. 85.

247 Vgl. *Ekinci*, Osmanlı Hukuku, S. 316.

248 Siehe hierzu S. 53 ff.

Die Rechtsordnung des osmanischen Reiches kann vor dem Hintergrund der wirksamen Rechtsquellen nur als eine religiöse bezeichnet werden. Mehr noch muss aufgrund der politischen und gesellschaftlichen Dominanz des Islams insoweit von einer islamisch-dominierten religiösen Rechtsordnung gesprochen werden. Gegen eine solche Bewertung spricht auch nicht die Existenz sultanischer Rechtssetzung, da ihr Anteil nur etwa 15–20 Prozent der gesamten Rechtsordnung ausmachte und sie ihre Legitimität ebenfalls aus dem islamischen Recht bezog.[249] Diese islamisch-dominierte religiöse Rechtsordnung war durch eine an die Religionszugehörigkeit anknüpfende interpersonale Rechtsspaltung geprägt, die nichtsdestotrotz mit einer generellen und universellen Geltung islamischen Rechts unterlegt war. Ausländer standen jedoch aufgrund der verbreiteten Privilegien häufig gänzlich außerhalb dieser Rechtsordnung.

Das Herzstück der osmanischen Rechtsordnung, das islamische Recht, ist klassisches Gelehrtenrecht, dass insbesondere in der Frühphase des Islams maßgeblich durch theologisch-juristische Autoritäten geprägt worden ist.[250] Es ist kasuistisch ausgestaltet und nicht egalitärer, sondern segregativer Natur.[251] Die (auch bis in die osmanische Zeit reichende) fehlende tiefgehende Durchdringung und Systematisierung dieses Rechtsstoffes ist vor allem seinem Verfahren der Normenableitung geschuldet, das für jede Norm eine eigene Ableitung verlangt. Dennoch handelte es sich hierbei nicht um eine ausschließlich theoretische Materie ohne Wirklichkeitsbezug. Seine methodisch begründete Flexibilität und die Tatsache, dass viele Gelehrte auch Praktiker waren, verliehen der Jurisprudenz gerade auch im Osmanischen Reich einen häufig pragmatischen Charakter.

Die *kanun* schließlich ermöglichten dem Sultan ein weitgehend ungebundenes Diktat seiner Herrschaftsorganisation aus eigener Machtvollkommenheit. Insbesondere ermöglichten sie ihm so einen Rückgriff auf den reichlichen Fundus türkisch-mongolischer Herrschaftstradition.

---

249 *Akgündüz*, Osmanlı Kanunnâmeleri, S. 45, geht von einem Anteil von etwa 15 % aus. *Ekinci*, Osmanlı Hukuku, S. 165, schätzt den Anteil auf ungefähr 20 %.

250 So auch *Plagemann*, Von Allahs Gesetz zur Modernisierung per Gesetz, S. 56 f., der insofern von „Professorenrecht" spricht.

251 Die gesellschaftliche Segregation bestand daher nicht trotz, sondern gerade aufgrund der Dominanz des islamischen Rechts. Einige Regelungen des klassischen islamischen Rechts würden darüber hinaus wohl aus heutiger Sicht als diskriminierend eingestuft werden.

b) Reformen ab der Zeit des Tanzimat

Der Begriff *Tanzimat* wird sowohl in der geschichtswissenschaftlichen als auch in der rechtshistorischen Literatur im Allgemeinen zur Bezeichnung der Reformperiode verwendet, die das Osmanische Reich im 19. Jahrhundert durchlief.[252]

Obgleich das Osmanische Reich auch schon vor dieser Periode in verschiedenen Bereichen Reformen erfahren hatte, bestand es gegen Ende des 18. Jahrhunderts dennoch im Großen und Ganzen in denselben Strukturen, die es seit seiner klassischen Periode besaß.[253] Die Reformperiode des *Tanzimat* hebt sich insofern von diesen vorangegangenen Veränderungen ab, als dass sie getragen war von einem offiziellen und umfänglichen Reformwillen und gekennzeichnet durch zahlreiche einschneidende Reformen, deren manche bis in die Zeit der Republikgründung und darüber hinaus prägend blieben und andere wiederum den Nährboden für spätere Entwicklungen nach Gründung der Republik bereiteten.[254] Insbesondere ist diese Periode rechtshistorisch von herausragender Bedeutung, da sie den Beginn der Rezeption modernen Rechts und moderner Gesetzgebungstechnik auf dem Gebiet der heutigen türkischen Republik markiert und damit wesentlich für das Verständnis der späteren rechtlichen Entwicklungen im Nachfolgestaat, der Republik Türkei, ist.[255]

Zeitlich wird die *Tanzimat*-Ära häufig zwischen der Verkündung des *Edikts von Gülhane* (türk. *Gülhane Hatt-ı Hümâyûnu*) im Jahre 1839 und der Verkündung der *Verfassung von 1876* (türk. *Kânûn-ı Esâsî*) verortet.[256] Die Ursprünge der Reformperiode reichen jedoch zeitlich deutlich weiter zurück.

aa) Ursprünge der Tanzimat-Ära

Das 18. Jahrhundert war aus Sicht des Osmanischen Reiches durch zahlreiche kräftezehrende Kriege geprägt, deren verheerendster gegen Russland 1774 mit einer schweren Niederlage endete.[257] Das über einen langen Zeitraum den europäischen Mächten gegenüber insbesondere militärisch überlegene Reich hatte spätestens ab der zweiten Hälfte des 18. Jahrhunderts diese Vorrangstellung eingebüßt und sah sich fortan von militärisch teilweise entwickelteren europäischen

252 *Üçok/Mumcu/Bozkurt*, Türk Hukuk Tarihi, S. 330.
253 *Aydın*, Türk Hukuk Tarihi, S. 415.
254 Vgl. *Aydın*, Türk Hukuk Tarihi, S. 415 f.
255 Vgl. *Üçok/Mumcu/Bozkurt*, Türk Hukuk Tarihi, S. 330.
256 *Kreiser/Neumann*, Geschichte der Türkei, S. 337.
257 *Kreiser/Neumann*, Geschichte der Türkei, S. 283.

Mächten „umzingelt".[258] Dies brachte *Selîm III.* (1789–1807) zu der Überzeugung, dass eine Modernisierung des Heeres dringend erforderlich sei.[259] Er veranlasste deshalb eine umfassende Militärreform nach europäischem Vorbild (sog. *nizâm-ı cedîd*), die jedoch aufgrund massiven Widerstands von Teilen des Heeres und lokaler Potentaten wieder zurückgenommen werden musste.[260] Trotz des Scheiterns ist diese Reform in ihrem (rechts-)historischen Gehalt nicht zu unterschätzen. Sie bildet nämlich eines der ersten Beispiele dafür, dass im Osmanischen Reich zum Zwecke der Modernisierung eine bewusste und zielgerichtete Orientierung an europäischen Vorbildern erfolgte. Eine Vorgehensweise, die im weiteren Verlauf der Geschichte für das Osmanische Reich noch prägend sein und nach Gründung der Republik Türkei in einer rigorosen Totalrezeption europäischen Rechts gipfeln sollte. Bemerkenswert ist, dass schon bei diesem frühen Beispiel einer europäisch orientierten Reform die Fokussierung auf Frankreich erkennbar wird, die das Osmanische Reich ebenfalls das gesamte 19. Jahrhundert begleiten sollte.

Probleme bereitete dem Reich aber nicht nur das reformbedürftige Militärwesen. Seit geraumer Zeit hatte sich im Osmanischen Reich auf Provinzebene eine höchst heterogene Schicht faktischer Machthaber herausgebildet, die die Zentralmacht des Sultans zusehends unterminierte.[261] Die Einbindung dieser schon am Scheitern der vorherigen Militärreform beteiligten Gruppe war daher für eine Reformierung des Reiches unausweislich. Diesem Umstand Rechnung tragend schloss *Mahmud II.* (1808–1839) mit den lokalen Potentaten ein Übereinkommen, in dem deren faktische Macht rechtlich bestätigt und verbrieft wurde (sog. *sened-i ittifak*).[262] Wenngleich dieses Dokument aufgrund seines Inhalts und seines Zustandekommens nicht als Verfassung gewertet werden kann, war es dennoch ein wichtiger Schritt in Richtung einer konstitutionellen Monarchie, da der Sultan mit diesem Dokument zum ersten Mal eine Beschränkung seiner Allmacht akzeptierte.[263] Die Übereinkunft war jedoch nicht von

258 Vgl. *Kreiser/Neumann*, Geschichte der Türkei, S. 283. *Matuz* spricht in diesem Zusammenhang vom endgültigen Verlust der Großmachtstellung und führt als einzigen Grund für den ausbleibenden Zerfall des Osmanischen Reiches die Uneinigkeit der übrigen europäischen Mächte darüber an, das Reich unter sich aufzuteilen. Siehe dazu *Matuz*, Das Osmanische Reich, S. 203.

259 *Matuz*, Das Osmanische Reich, S. 210.

260 Vgl. *Matuz*, Das Osmanische Reich, S. 210 ff.

261 *Matuz*, Das Osmanische Reich, S. 203 f.

262 *Matuz*, Das Osmanische Reich, S. 215.

263 In diese Richtung bspw. auch *Gözler*, Anayasa Hukuku, S. 11.

langer Dauer. Ein erneuter Versuch das Militär zu reformieren endete in einer weiteren Revolte von Teilen des Heeres, in deren Verlauf es dem Sultan gelang, den reformfeindlichen Teil des Heeres vollends zu vernichten.[264] Der Sultan hatte zudem zwischenzeitlich geschickt die Situation genutzt, um auch gegen die lokalen Potentaten vorzugehen. Stück für Stück entmachtete er auf diesem Wege die lokalen Machthaber, ersetzte sie durch Statthalter und stellte damit zu einem großen Teil die zentralistische Macht der *Hohen Pforte* wieder her.[265]

Jedoch bildeten die lokalen Potentaten nicht die einzige Zentrifugalkraft im Osmanischen Reich. Der durch die *Französische Revolution* entfachte Nationalismus griff in kurzer Zeit in Gesamteuropa um sich und ergriff schließlich auch verschiedene ethnische Gruppen im Osmanischen Reich.[266] Bemerkenswert hieran ist, dass die Idee des Nationalismus nicht sämtliche ethnischen Gruppen des Osmanischen Reiches erreichte, sondern vornehmlich nichtmuslimische Gruppen, wie zum Beispiel die der Griechen.[267] Der Grund hierfür mag darin liegen, dass der Außenhandel mit den europäischen Staaten in der Regel über Angehörige dieser Gruppen abgewickelt wurde.[268] Sie standen damit in einem ständigen Austausch mit Angehörigen anderer europäischer Staaten und nahmen dementsprechend an den europäischen Entwicklungen Anteil. Die Ideen der Gleichheit und der souveränen Nation fielen vor dem Hintergrund der Segregation und – vielleicht noch viel maßgeblicher – vor dem Hintergrund der Willkür mancher lokaler Potentaten auf fruchtbarem Boden und spielten damit eine wesentliche Rolle bei den Aufständen der serbischen Bevölkerung und der griechischen Bevölkerung auf der Balkanhalbinsel Anfang des 19. Jahrhunderts.[269] Hinzu kamen Gebietseroberungen anderer europäischer Mächte, die teilweise Eroberung der arabischen Halbinsel durch die Wahhabiten[270] und die allmähliche Verselbständigung Ägyptens unter dem Statthalter *Mehmet Ali Paşa*,

264 *Matuz*, Das Osmanische Reich, S. 219.

265 *Matuz*, Das Osmanische Reich, S. 216 f.

266 *Ekinci*, Osmanlı Hukuku, S. 544.

267 Siehe insoweit hinsichtlich der griechischen Bevölkerung *Kreiser/Neumann*, Geschichte der Türkei, S. 299.

268 In diese Richtung scheinbar auch *Ekinci*, Osmanlı Hukuku, S. 544.

269 Zum serbischen Aufstand siehe *Matuz*, Das Osmanische Reich, S. 213; zum griechischen Aufstand siehe *ders.*, Das Osmanische Reich, S. 217 f.

270 Es handelt sich hierbei um eine erzkonservative und puristische Reformströmung innerhalb der hanbalitischen Rechtsschule, die heute die offizielle Lesart des Islams in Saudi-Arabien darstellt. Ihr Name geht zurück auf ihren Begründer, den islamischen Gelehrten *Muḥammad ibn ʿAbd al-Wahhāb*.

die die Gefahren für den territorialen Bestand des Osmanischen Reiches noch potenzierten.[271]

Doch auch die wirtschaftlichen und fiskalischen Strukturen des Osmanischen Reiches wiesen zu Beginn des 19. Jahrhunderts erhebliche Probleme auf. Das System der Steuerpacht auf Zeit hatte zu einer regelrechten Ausbeutung von Ackerflächen und Landbevölkerung geführt.[272] Hinzu kam, dass europäische Staaten wie England getrieben von der industriellen Revolution mit Billigprodukten auf den Osmanischen Markt drängten.[273] Die weiterhin traditionell ausgerichtete Wirtschaft des Osmanischen Reiches, die zum selben Zeitpunkt nicht einmal Anzeichen einer vorindustriellen Entwicklung aufwies, war deshalb kaum konkurrenzfähig.[274] Die Umstände wurden dadurch verschärft, dass die ausländischen Händler oftmals aufgrund einseitiger Begünstigungen in den Kapitulationen[275] den inländischen Händlern gegenüber privilegiert waren.[276]

Mit diesen negativen Entwicklungen im Gefüge der Wirtschaft und der Herrschaft ging zudem eine allmähliche Degeneration der Institutionen einher, die freilich teilweise auch strukturell bedingt war. Letzteres traf insbesondere auf die *Scharia-Gerichte* zu. Um Befangenheiten zu verhindern wurden *Kadis* in der Regel nur für eine relativ kurze Zeitspanne in einen Gerichtsbezirk entsandt.[277] Nach Ablauf dieser Zeit mussten sie wieder nach Istanbul zurückkehren und auf ihre erneute Entsendung warten.[278] Da die Wartezeit nicht vergütet wurde, entstand alle zwei Jahre eine Lücke in der Versorgung der *Kadis*, deren zeitliches Ausmaß mitunter nicht prognostizierbar war.[279] Die *Kadis* waren hierdurch

---

271 Siehe zu alldem *Kreiser/Neumann*, Geschichte der Türkei, S. 321 ff.

272 Vgl. *Kreiser/Neumann*, Geschichte der Türkei, S. 226.

273 *Aydın*, Türk Hukuk Tarihi, S. 416.

274 Verblüffend ist in diesem Zusammenhang, dass das Osmanische Reich im Vergleich zu anderen europäischen Mächten wie Frankreich in wirtschaftlicher Hinsicht eine fast schon anachronistisch anmutende, gegenläufige Entwicklung durchlebte: Während es in Frankreich zu einem Wechsel vom Feudalsystem zentraleuropäischer Prägung zu einer bürgerlichen Industriegesellschaft kam, vollzog das Osmanische Reich eine Wendung von dem ihr eigenen „Pfründenfeudalismus" (*Matuz*, Das Osmanische Reich, S. 204) hin zu einem Feudalismus zentraleuropäischer Prägung und damit zu einer Verschlechterung der gesellschaftlichen und wirtschaftlichen Lage der Landbevölkerung.

275 Siehe hierzu S. 105 ff.

276 Vgl. *Kreiser/Neumann*, Geschichte der Türkei, S. 303 f.

277 *Ortaylı*, Kadı, S. 28. Rangniedere *Kadis* wurde in der Regel für 20 Monate entsandt.

278 *Üçok/Mumcu/Bozkurt*, Türk Hukuk Tarihi, S. 330.

279 Vgl. *Ortaylı*, Kadı, S. 30.

gezwungen, in der Zwischenzeit von dem Vermögen zu leben, das sie während ihrer dienstlichen Entsendung angehäuft hatten. Auch wenn der eigentliche Grund für die befristete Entsendung höchst honorabel war, setzte diese zyklisch wiederkehrende Versorgungslücke damit negative Anreize für Korruption;[280] dies umso mehr, da eine Verquickung zwischen judizieller und exekutiver Tätigkeit in der Person des *Kadis* bestand.[281] So sind denn auch historischen Dokumenten Beschwerden über grassierende Korruption, Nepotismus und Willkür zu entnehmen.[282] Der hierdurch bewirkte Prestigeverlust des Kadiamtes führte schließlich auch zu einer Degeneration der *Kadi*-Ausbildung, sowohl in quantitativer als auch in qualitativer Hinsicht.[283]

Der reformwillige *Mahmud II.* war nach Stärkung der Zentralmacht angesichts der beschriebenen Umstände zu weiteren Reformen entschlossen. Dabei lässt sich an den von ihm eingeleiteten weiteren Maßnahmen, deren einige im Folgenden kurz angesprochen werden sollen, schon die grundsätzliche Zweigleisigkeit erkennen, die für die gesamte Reformperiode des 19. Jahrhunderts charakteristisch sein sollte: Neben authentischen Reformversuchen, die aus einem Bedürfnis heraus auf eine Besserung abzielten, erfolgten auch „Reformphrasen“ bzw. Formalrezeptionen, die mehr Symbolik für westliche Beobachter als Programmatik für innere Anwender waren.[284] In die letztere Kategorie ist wohl auch die oft zitierte Aussage *Mahmud II.* einzuordnen, die er während einer Ansprache getätigt haben soll:

> *„Meine Untertanen unterscheiden sich für mich nur in der Moschee, der Kirche und der Synagoge. Sonst besteht zwischen ihnen nicht der geringste Unterschied. Meine Zuneigung und Gerechtigkeit ihnen gegenüber sind unzweifelhaft; sie alle sind meine wahrhaftigen Nachkommen.“*[285]

Die Aufrichtigkeit dieser Aussage kann weder verifiziert noch falsifiziert werden.[286] Jedenfalls blieb sie aber praktisch ohne

---

280 *Ortaylı*, Kadı, S. 30; *Üçok/Mumcu/Bozkurt*, Türk Hukuk Tarihi, S. 245.

281 Siehe zur Verquickung der judiziellen und exekutiven Tätigkeit S. 47 ff.

282 Siehe hierzu die Verweise bei *Gayretli*, Kanunlaştırma, S. 205.

283 Vgl. *Ekinci*, Osmanlı Hukuku, S. 542 f.; *Aydın*, İslâm ve Osmanlı Hukuku, S. 66.

284 Freilich kam es auch zu Mischformen. In der Tendenz lassen sich aber diese beiden Grundtypen erkennen, wie im weiteren Verlauf der Arbeit noch zu sehen sein wird.

285 Zitiert nach *Bozkurt*, Batı Hukukunun Türkiye'de Benimsenmesi, S. 45; übersetzt ins Deutsche durch den Autor.

286 *Üçok/Mumcu/Bozkurt*, Türk Hukuk Tarihi, S. 328, sehen in dieser Aussage einen Beleg für ein grundsätzliches Gleichheitsverständnis *Mahmud II. Ekinci* hingegen sieht in dieser Aussage lediglich den Ausdruck eines gnädigen Patriarchalismus, dessen

Auswirkungen.[287] Die weiteren von *Mahmud II.* veranlassten Maßnahmen waren hingegen sehr wohl von praktischer Relevanz:

Zunächst wurde die Staatsleitung unterhalb des Sultans als Regierung im modernen Sinne ausgestaltet, indem Ressortministerien geschaffen wurden, denen der Großwesir als eine Art Regierungschef fortan vorstand.[288] Zudem wurde 1838 ein Beratungsgremium eingesetzt, der sog. *Meclis-i Vâlâ-i Ahkâm-ı Adliyye*, der künftig alle Erlasse rechtlicher und justizieller Art beraten sollte.[289] Insbesondere Letzteres stellte wiederum einen weiteren wichtigen Schritt in Richtung einer konstitutionellen Monarchie dar.

Überdies wurde 1838 ein strafrechtliches Dekret erlassen, das sich ausschließlich an Beamte und den geistlichen Stand richtete und sein Augenmerk insbesondere auf die Sanktionierung von Korruption richtete.[290]

Schließlich wurden durch die Errichtung von Schulen und der Einführung einer Primärschulpflicht die Grundsteine eines modernen Bildungssystems gelegt.[291]

Der Erlass eines umfassenden Reformdekrets war von *Mahmud II.* ebenfalls beabsichtigt gewesen, blieb aber auf Anraten aus Regierungskreisen zunächst einmal aus.[292] Kurz darauf, im Jahre 1839, verstarb der Sultan.[293]

bb) Grundlagen der Tanzimat-Ära

(1) Das Edikt von Gülhane

Mit *Abdülmecid I.* (1839–1861) bestieg im Jahre 1839 ein weiterer reformwilliger Sultan den Thron.[294] Entschlossen, den Reformkurs seines Vaters *Mahmud II.* fortzuführen, ließ er im selben Jahr noch, am 3. November 1839, ein von Großwesir *Mustafa Reşid Paşa* verfasstes Reformedikt im Gülhane-Park feierlich verkünden.[295] Dieses auch als *tanzimat*

Bestehen gerade Beleg für eine grundsätzlich bestehende Ungleichheit sei. Siehe zu Letzterem *Ekinci*, Osmanlı Mahkemeleri, S. 83.

287 *Kreiser/Neumann*, Geschichte der Türkei, S. 324.

288 *Üçok/Mumcu/Bozkurt*, Türk Hukuk Tarihi, S. 327.

289 *Aydın*, Türk Hukuk Tarihi, S. 420. Dieses Gremium spielte damit während der gesamten *Tanzimat*-Ära eine herausragende Rolle.

290 *Bozkurt*, Batı Hukukunun Türkiye'de Benimsenmesi, S. 96 f.

291 Vgl. *Üçok/Mumcu/Bozkurt*, Türk Hukuk Tarihi, S. 329.

292 *Bozkurt*, Batı Hukukunun Türkiye'de Benimsenmesi, S. 47.

293 *Kreiser/Neumann*, Geschichte der Türkei, S. 330.

294 *Matuz*, Das Osmanische Reich, S. 225.

295 *Bozkurt*, Batı Hukukunun Türkiye'de Benimsenmesi, S. 48. Der Gülhane-Park ist Teil der äußeren Gartenanlage des Topkapi-Palastes. Dem Ort der Verkündung

fermanı[296] bezeichnete Dokument markiert den Beginn der großen Reformperiode des Osmanischen Reiches im 19. Jahrhundert, der *Tanzimat*-Ära.

(a) Inhalt

Das Edikt ist als Fließtext in relativ einfach gehaltener Sprache verfasst und weist keine formale und wenig inhaltliche Strukturierung auf.[297] Es beginnt mit einer Art Begründung, die die Motive des Edikts darlegen soll:

> *„Wie allgemein bekannt ist, hatten die Stärke unseres Staates und der Wohlstand seiner Untertanen einen Höchststand erreicht, weil in unserem Staat seit seiner Gründung die Urteile des erhabenen Korans und die Gesetze der Scharia aufrichtig Beachtung gefunden hatten. Allerdings werden seit 150 Jahren infolge von sich aneinanderreihender Unruhen und aus verschiedenen Gründen weder die Scharia noch die Gesetze beachtet, wodurch sich die einstige Stärke und der einstige Wohlstand in ihr Gegenteil, in Schwäche und Armut verkehrt haben. Dabei ist es evident, dass ein Staat, der nicht in Einklang mit den Gesetzen der Scharia geführt wird, unmöglich fortbestehen kann.“*[298]

Von dieser inhaltlichen Grundannahme ausgehend zieht das Edikt im Weiteren folgende Konsequenz:

> *„Zuflucht suchend beim erhabenen Gott und der geistlichen Würde des Herrn Propheten wurde es für eine gute Führung unseres erhabenen Staates und unseres Landes für notwendig erachtet, von nun an einige neue Gesetze zu erlassen. Grundprinzipien dieser Gesetze sollen sein: die Sicherheit des Lebens, der Schutz von Ehre und Vermögen, die Feststellung von Steuern, die Einberufung zum Militär und die Dauer des Militärdienstes.“*[299]

Das Edikt bleibt jedoch nicht dabei stehen, den Schutz von Leben, Ehre und Vermögen zu Grundprinzipien der künftigen Gesetze zu erheben, vielmehr spricht es im weiteren Verlauf zudem eine für alle Untertanen gleichermaßen geltende sultanische Garantie dieser Rechte aus:

---

entsprechend wurde das Edikt *Gülhane Hatt-ı Hümâyunu* („Großherrliches Handschreiben von Gülhane“) genannt.

296 Mit dem Begriff *tanzimat* wurden früher im Türkischen Maßnahmen bezeichnet, die der Besserung und Regulierung der Administration dienten.

297 Die Einfachheit der Sprache sollte vermutlich die Reichweite des Edikts unter den Untertanen erhöhen. Siehe zu alldem *Abadan*, in: *İnalcık/Seyitdanlıoğlu*, Tanzimat, S. 66.

298 Der Wortlaut des Edikts ist auf der Internetseite der Großen Nationalversammlung der Türkei abrufbar (https://www.tbmm.gov.tr/kultursanat/yayinlar/yayin001/001_00_005.pdf, zuletzt abgerufen am 30.12.2020). Übersetzt ins Deutsche durch den Autor.

299 Siehe Fn. 298.

„Den Muslimen und den Angehörigen der anderen Religionsgemeinschaften unter dem Volk unseres erhabenen Staates wird zum Zwecke des Genusses dieser Zugeständnisse im Hinblick auf Leben, Ehre und Eigentum entsprechend den schariatischen Bestimmungen in allen osmanischen Ländern vollständige Sicherheit gewährt.“[300]

Im Übrigen bestimmt das Edikt, dass fortan niemand mehr ohne öffentliches Verfahren und richterlichen Beschluss zum Tode verurteilt werden darf und dass die angekündigten neuen Gesetze durch den sog. *Meclis-i Ahkâm-ı Adliye*[301] entworfen und beraten werden sollen.

(b) Würdigung

Das Edikt von Gülhane ist paradox.

Klar ersichtlich ist zunächst einmal, dass die angestrebten Maßnahmen auf die Beseitigung einiger bestehender Missstände innerhalb des Osmanischen Reiches zu Beginn des 19. Jahrhunderts abzielen: die fortschreitende Degeneration der staatlichen Institutionen, die Willkür lokaler Potentaten und die Ausbeutung der Landbevölkerung durch die Steuerpacht. Letztere wird im Verlaufe des Edikts vor diesem Hintergrund auch ausdrücklich abgeschafft.

Die Art der Maßnahmen, von der zur Erreichung dieses Zieles Gebrauch gemacht werden soll, ist dabei nicht neu. Schon in früheren Zeiten wurden zur Reformierung Erlasse des Sultans und damit Gesetze verkündet. Außergewöhnlich sind lediglich der Umfang und die Vorgehensweise: Das Edikt leitet gezielt ein regelrechtes Reformprogramm ein, das in der Praxis eine Regulierungswelle noch nie dagewesenen Ausmaßes zur Folge haben sollte. Zudem beschränkt es die – freilich schon durch das islamische Recht begrenzte[302] – legislative „Allmacht“ des Sultans, indem es ein Gremium zum Entwurf und zur Beratung der angekündigten Gesetze ermächtigt.

Neben dieser Programmatik enthält das Edikt aber ein weiteres Element, das es entschieden von vorherigen Reformedikten unterscheidet: Die egalitäre Garantie bestimmter fundamentaler Rechte.

Die Festschreibung einer solchen Garantie mag auf den ersten Blick verwundern. Denn der Schutz von Leben, Ehre und Vermögen ist nicht nur islamischrechtlich geboten, er ist in Bezug auf die nichtmuslimischen Bevölkerungsteile

---

300 Siehe Fn. 298.

301 Gemeint ist hiermit trotz leicht abweichender Bezeichnung das 1838 unter *Mahmud II.* geschaffene Beratungsgremium (sog. *Meclis-i Vâlâ-i Ahkâm-ı Adliyye*). Siehe dazu S. 57.

302 Siehe hierzu S. 53 ff.

sogar vertraglich verbrieft.[303] Neu wäre hieran lediglich die ausdrückliche Garantie durch den Sultan selbst in einem Edikt.[304] Aus der Sicht des islamischen Rechts wäre sie aber dennoch nur bestätigender Natur.[305] Was war also der eigentliche Hintergrund dieser Formulierung?

Um diese Frage beantworten zu können, müssen die übrigen Bestimmungen des Edikts in die Betrachtung miteinbezogen und ihr Bedeutungsgehalt abstrahiert werden. Dabei offenbart sich, dass das Edikt bestimmte allgemeine Grundsätze artikuliert, die bei näherer Betrachtung eine augenfällige Nähe zu Artikeln der französischen *Erklärung der Menschen- und Bürgerrechte vom 26. August 1789* (EMB) aufweisen: die Gleichheit der Rechte der Untertanen (vgl. Art. 1 der EMB), das Recht auf Sicherheit und Eigentum (vgl. Art. 2 EMB; Art. 7 EMB), das Erfordernis eines öffentlichen Verfahrens und eines richterlichen Urteils (vgl. Art. 7 EMB) und die Feststellung von Steuern nach Leistungsfähigkeit (vgl. Art. 13 EMB).[306] Dass diese Nähe keine Zufälligkeit ist, zeigen die Begleitumstände des historischen Dokuments: Das Osmanische Reich befand sich 1839 in einer außerordentlichen Krisensituation.[307] Die von den Ideen der französischen Revolution mitverursachten Aufstände der serbischen und griechischen Bevölkerung und die einhergehende Einmischung insbesondere Russlands als vorgeblicher Schutzmacht der orthodoxen Christen im Osmanischen Reich hatten ebendieses in einen Mehrfrontenkrieg getrieben,[308] der 1826 in eine Autonomie Serbiens und 1832 in die Unabhängigkeit Griechenlands mündete.[309] Teilung drohte dem Osmanischen Reich aber auch von Süden: Der faktisch verselbständigte Statthalter Ägyptens, *Mehmet Ali Paşa*, hatte dem Osmanischen Reich 1839 eine verheerende Niederlage beigebracht und drohte weiter vorzurücken.[310] Das Osmanische Reich war schlussendlich auf die Intervention der europäischen Staaten angewiesen.[311]

---

303 Siehe hierzu S. 57 ff.

304 Vgl. *Bozkurt*, Batı Hukukunun Türkiye'de Benimsenmesi, S. 48.

305 So bspw. auch *Ekinci*, Osmanlı Hukuku, S. 548.

306 Diese Nähe ebenfalls feststellend *Özdemir/Çiydem/Aktaş*, KED 22 (2014), Nr. 1, 321, 328 f.; *Karal*, in: *İnalcık/Seyitdanlıoğlu*, Tanzimat, S. 128 f.

307 Vgl. *Özdemir/Çiydem/Aktaş*, KED 22 (2014), Nr. 1, 321, 324 ff.; *Matuz*, Das Osmanische Reich, S. 226 ff.

308 Vgl. *Özdemir/Çiydem/Aktaş*, KED 22 (2014), Nr. 1, 321, 324 f.

309 *Kreiser/Neumann*, Geschichte der Türkei, S. 320.

310 *Matuz*, Das Osmanische Reich, S. 226 f.

311 *Noviçev*, in: *İnalcık/Seyitdanlıoğlu*, Tanzimat, S. 355.

Just in diese Phase fällt die Verkündung des Edikts von Gülhane. Die Begleitumstände sprechen daher dafür, dass in das Edikt bewusst Elemente der *Erklärung der Menschen- und Bürgerrechte vom 26. August 1789* aufgenommen wurden, um die Aufstände im Innern des Reiches zu beruhigen,[312] den außenpolitischen Druck zu dämpfen und das Wohlgefallen insbesondere Frankreichs und Englands zu gewinnen.[313] Gestützt wird diese These zudem durch einen Blick auf den Verfasser des Edikts, *Mustafa Reşid Paşa*. Dieser war vor seiner Zeit als Außenminister im Kabinett *Abdülmecid I.* Botschafter in England und Frankreich gewesen und war damit mit den Verhältnissen und Entwicklungen Kerneuropas, insbesondere der Französischen Revolution, bestens vertraut.[314] Der auch schon für die Reformen unter *Mahmud II.* maßgeblich verantwortliche *Mustafa Reşid Paşa* war zudem progressiv gesinnt, wie aus historischen Dokumenten ersichtlich wird.[315]

Genau hierin liegt nun das zu Beginn beschriebene Paradox des Edikts: Es rezipiert formal Gedankengut der Französischen Revolution, fordert gleichzeitig aber eine Rückbesinnung auf „*[...] die Urteile des erhabenen Korans und die Gesetze der Scharia*" und bestätigt damit die theokratisch-segregative Grundhaltung des Reiches.[316] Dieser enthaltene Zielkonflikt lässt zum einen deutlich werden, dass ein Umdenken im Sinne der übernommenen Regelungen im Staat und in der Gesellschaft noch gar nicht erfolgt war. Ob hierfür das Fehlen eines entsprechenden intellektuellen Nährbodens oder schlicht und ergreifend der Widerstand konservativer Kräfte im Reich ursächlich war, lässt sich dabei nicht so eindeutig bestimmen.[317] Zum anderen legt dieser enthaltene Zielkonflikt die Vermutung nahe, dass die spätere Anwendung der sultanischen Bestimmungen dementsprechend auch nicht im Sinne der rezipierten Regelungen erfolgt ist. Wie wahr doch diese frühe Prognose tatsächlich ist, wird sich im Laufe der Untersuchung zeigen. Ihre Bewahrheitung bildet den Hauptgrund für das Scheitern der Reformära.

---

312 In diese Richtung auch *Karal*, in: *İnalcık/Seyitdanlıoğlu*, Tanzimat, S. 128 f.; *Özdemir/Çiydem/Aktaş*, KED 22 (2014), Nr. 1, 321, 328 f.

313 Ebenfalls die außenpolitische Dimension betonend *Noviçev*, in: *İnalcık/Seyitdanlıoğlu*, Tanzimat, S. 280.

314 Vgl. *Kreiser/Neumann*, Geschichte der Türkei, S. 334.

315 Vgl. *Kaplan*, in: *İnalcık/Seyitdanlıoğlu*, Tanzimat, *passim*.

316 Diesen Widerspruch ebenfalls aufzeigend *Bozkurt*, Batı Hukukunun Türkiye'de Benimsenmesi, S. 49 f.

317 *Bozkurt* vermutet in diesem Zusammenhang Ersteres. Siehe hierzu *dies.*, Batı Hukukun Türkiye'de Benimsenmesi, S. 49.

(2) Das Reformedikt von 1856

(a) Entstehung

Das *Reformedikt von 1856* scheint auf den ersten Blick eine weitere Maßnahme *Abdülmecid I.* im Sinne der schon mit dem *Edikt von Gülhane* eingeläuteten Reformperiode zu sein. Doch der (gewollte) Schein trügt. Sowohl hinsichtlich der Entstehungsgeschichte als auch des Inhalts bestehen zwischen beiden Reformerlassen signifikante Unterschiede.[318]

Der Beginn der 50er Jahre des 19. Jahrhunderts war geprägt von einem Konflikt zwischen katholischen und orthodoxen Christen um die heiligen Stätten des Christentums im Osmanischen Reich.[319] Streitpunkte waren unter anderem die Fragen, welche der beiden Gruppen die Grabeskirche instand setzen darf und wem die Aufbewahrung des Schlüssels der Geburtskirche zusteht.[320] Russland, das sich seit geraumer Zeit die Zerschlagung des Osmanischen Reiches zum außenpolitischen Ziel gesetzt hatte, aber mit diesem Plan bei England bis dahin nicht durchgedrungen war, nutzte die Situation bewusst aus, um zum wiederholten Male unter dem Vorwand Schutzmacht der orthodoxen Christen im Osmanischen Reich zu sein, die Innenpolitik des Reiches zu beeinflussen und im konkreten Fall sogar einen Kriegsgrund zu generieren.[321] Frankreich, das aufgrund seines Engagements im Mittelmeer eine Ausweitung der Einflusssphäre Russlands gen Süden verhindern wollte, trat in diesem Konflikt, seinerseits unter dem Vorwand Schutzmacht der katholischen Christen im Osmanischen Reich zu sein, Russland entgegen.[322] Anknüpfungspunkt beider Staaten für die behaupteten Schutzmachtstellungen waren jeweils mit dem Osmanischen Reich im 18. Jahrhundert geschlossene Kapitulationen.[323] Als die durch das Osmanische Reich zur Klärung des Konflikts eingesetzte Kommission den russischen Ansprüchen nicht entsprach, eröffnete Russland 1853 den Krieg durch Einmarsch in die Fürstentümer Moldau und Walachei (sog. *Krimkrieg*, 1853–1856).[324]

Um eine Niederlage zu verhindern, war das strukturell ohnehin schwache und zu diesem Zeitpunkt darüber hinaus hoch verschuldete Osmanische Reich

---

318 So auch *Erdem*, AÜİFD 51 (2010), Nr. 1, 327, 329.

319 Siehe hierzu *Bozkurt*, Gayrimüslim Osmanlı Vatandaşları, S. 44 ff.

320 Vgl. *Gül*, SÜHFD 2 (1989), Nr. 2, 157, 166 f.

321 Vgl. *Gül*, SÜHFD 2 (1989), Nr. 2, 157, 168.

322 Vgl. *Gül*, SÜHFD 2 (1989), Nr. 2, 157, 172 f.

323 *Bozkurt*, Gayrimüslim Osmanlı Vatandaşları, S. 49.

324 *Matuz*, Das Osmanische Reich, S. 229.

auf Verbündete angewiesen.[325] Frankreich war aus bereits erwähntem Grund gegen eine Ausweitung der Einflusssphäre Russlands. Ähnlich gelagert waren die Interessen Englands: Das Königreich sah in einer potenziellen Niederlage des Osmanischen Reiches eine Gefahr für das Machtgleichgewicht innerhalb Europas und fürchtete zudem um seine Seewege nach Indien.[326] Beide Staaten waren deshalb an einer Aufrechterhaltung der territorialen Integrität des Osmanischen Reiches interessiert.[327]

Vor diesem Hintergrund kamen England, Frankreich, Österreich und Preußen nach Kriegsbeginn in Wien zu einer Konferenz zusammen.[328] Folge der Konferenz war ein Beschluss, der Bedingungen für einen Frieden formulierte.[329] Neben territorialen Fragen befassten sich die Bedingungen dabei auch mit der Stellung der Nichtmuslime.[330] Die Grundannahme war dabei, dass eine Bindung der nichtmuslimischen Bevölkerung an das Osmanische Reich auf Dauer nur durch eine Angleichung ihrer Rechte an die der muslimischen Bevölkerung erreicht werden könne.[331] Darüber hinaus sollte mit einer solchen Gleichstellung eine Einmischung Russlands in die Innenpolitik des Reiches künftig unterbunden werden.[332] Entsprechend wurde daher unter anderem eine Verbesserung der Stellung der nichtmuslimischen Bevölkerung gefordert. Russland lehnte diese im Anschluss übersandten Bedingungen jedoch ab, woraufhin England und Frankreich im weiteren Verlauf militärisch in den Konflikt eingriffen.[333] Der Krieg endete faktisch mit dem Fall Sevastopols infolge der Besetzung durch die alliierten Soldaten.[334] Russland erklärte sich daraufhin angesichts seiner Niederlage zu Friedensverhandlungen auf Grundlage des Wiener Beschlusses bereit.[335] Der Beginn der Friedensverhandlungen wurde auf den 25. Februar 1856 festgelegt.[336] Als Ort der Verhandlungen wurde Paris gewählt.[337]

---

325 Vgl. *Gül*, SÜHFD 2 (1989), Nr. 2, 157, 163 f.
326 *Gül*, SÜHFD 2 (1989), Nr. 2, 157, 170 f.
327 *Gül*, SÜHFD 2 (1989), Nr. 2, 157, 172 f.
328 *Gül*, SÜHFD 2 (1989), Nr. 2, 157, 169.
329 *Erdem*, AÜİFD 51 (2010), Nr. 1, 327, 330.
330 Vgl. *Baumgart*, Der Friede von Paris, S. 30 f.
331 Vgl. *Baumgart*, Der Friede von Paris, S. 211 ff.
332 Vgl. *Baumgart*, Der Friede von Paris, S. 211 ff.
333 *Erdem*, AÜİFD 51 (2010), Nr. 1, 327, 331.
334 *Gül*, SÜHFD 2 (1989), Nr. 2, 157, 170.
335 *Akbulut*, TDA 106 (2014), Nr. 208, 333, 347.
336 *Akbulut*, TDA 106 (2014), Nr. 208, 333, 347.
337 *Akbulut*, TDA 106 (2014), Nr. 208, 333, 347.

Um einer Einflussnahme Russlands in Bezug auf die geforderte Verbesserung der Stellung der Nichtmuslime vorzubeugen, kamen Vertreter Englands, Frankreichs, Österreichs und des Osmanischen Reiches zwischenzeitlich auf Anraten Frankreichs in Konstantinopel zu Beratungen zusammen.[338] Die türkische Seite sprach sich dabei für den Erlass eines Reformedikts und gegen eine Regelung der Thematik in einem potenziellen Friedensvertrag aus, um den Schein einer souveränen Regelung des Sultans zu wahren.[339] Darauffolgend kam es zu mehreren Sitzungen, an deren Ende die Vertreter Frankreichs und Englands der türkischen Seite einen 21 Punkte umfassenden Entwurf übergaben, dessen Großteil sodann von der türkischen Seite unverändert übernommen[340] und anschließend am 18. Februar 1856, d.h. noch vor den eigentlichen Friedensverhandlungen am 25. Februar 1856, feierlich als Reformedikt des Sultans verkündet wurde.[341]

(b) Inhalt

Grundverschieden ist nicht nur die Entstehungsgeschichte des Reformedikts von 1856, sondern auch sein Inhalt.[342] Es beginnt mit einer Bekräftigung des Edikts von Gülhane und einer Bestätigung sämtlicher überkommener Privilegien der nichtmuslimischen Religionsgemeinschaften. Alsdann werden in insgesamt 20 Punkten hauptsächlich konkrete Rechte der nichtmuslimischen Konfessionen (teilweise) neubestimmt. Im Schwerpunkt handelt es sich dabei um folgende Festsetzungen:

- Zunächst wird das *Millet-System* neu organisiert. Die Oberhäupter der Religionsgemeinschaften werden fortan auf Lebenszeit ernannt und erhalten künftig ein Gehalt. Zahlungen aus der Gemeinde dürfen nicht mehr angenommen werden. Ihre Tätigkeiten werden auf den Kultus beschränkt. Zur Verwaltung der weltlichen Angelegenheiten der jeweiligen Religionsgemeinschaft wird ein Rat gebildet, in den Angehörige der Gemeinde gewählt werden.
- Reparaturen von Gotteshäusern sind in Ortschaften, deren Anwohnerschaft in religiöser Hinsicht homogen ist, nicht an eine Erlaubnis geknüpft.

338 *Baumgart*, Der Friede von Paris, S. 211 f.

339 *Baumgart*, Der Friede von Paris, S. 214.

340 *Baumgart*, Der Friede von Paris, S. 214.

341 *Baumgart*, Der Friede von Paris, S. 216.

342 Der Wortlaut des Edikts ist auf der Internetseite der Großen Nationalversammlung der Türkei abrufbar (https://www.tbmm.gov.tr/kultursanat/yayinlar/yayin001/001_00_005.pdf, zuletzt abgerufen am 30.12.2020).

Religiöse Zeremonien dürfen in solchen Ortschaften öffentlich durchgeführt werden. Religiöse Neubauten sind jedoch auch in solchen Ortschaften genehmigungspflichtig.
– Diskriminierende Äußerungen oder Bezeichnungen von Nichtmuslimen durch offizielle Stellen sind untersagt. Es besteht kein Zwang in Glaubensangelegenheiten.
– Nichtmuslime können künftig Beamte werden. Ihnen steht der Zugang an die staatlichen Hochschulen offen. Bei der Aufnahme darf keine Diskriminierung aufgrund der religiösen Zugehörigkeit erfolgen.
– Nichtmuslime sind fortan wehrpflichtig und müssen keine sog. Kopfsteuer mehr entrichten. Anstelle der Leistung des Militärdienstes kann jedoch eine Ausgleichsabgabe gezahlt werden.[343]
– Straf- und handelsrechtliche Streitigkeiten zwischen Muslimen und Nichtmuslimen sind vor gemischten Kammern zu verhandeln. Für diese Gerichte sollen möglichst zeitnah Verfahrensgesetze erlassen werden.
– Die Bedingungen in den Haftanstalten sind zu verbessern. Folter ist untersagt.
– Ausländern ist künftig der Erwerb von Grundeigentum gestattet.

(c) Würdigung

Wie ersichtlich wird, regelt das Edikt im Schwerpunkt die Rechte der nichtmuslimischen Bevölkerung. Die enthaltenen Bestimmungen waren jedoch mitnichten völlig neu:

Instandsetzung und Neubau von Gotteshäusern waren vormals möglich, aber insgesamt genehmigungspflichtig.[344] Die Neuregelung beinhaltete daher lediglich eine antizipierte sultanische Genehmigung sämtlicher künftiger Reparaturen. Faktisch gesehen wurden die Reparaturen gerade in religiös homogenen Gemeinden jedoch ohnehin häufig auch ohne Genehmigung geduldet.[345]

---

343 Letztlich hat sich durch das Zusammenspiel der Abschaffung der sog. Kopfsteuer, der Einführung der Wehrpflicht und der Möglichkeit der Leistung einer Wehrersatzabgabe faktisch nur die Bezeichnung der Steuer geändert. Siehe hierzu *Ekinci*, Osmanlı Mahkemeleri, S. 84. Dass mit der Abschaffung der sog. Kopfsteuer gleichzeitig die Wehrpflicht eingeführt wurde, bestätigt dabei die Ansicht, die die *cizye* im Kern als eine Wehrersatzabgabe einordnet. Siehe zu Letzterem S. 58.

344 Siehe hierzu S. 58.

345 Vgl. *Koyuncu*, ÇATY 12 (2014), Nr. 16, 35, 76.

Ehrverletzungen konnten auch vormals durch Nichtmuslime vor den *Scharia-Gerichten* gerügt werden.[346] Neu an der Bestimmung ist lediglich, dass sie in sultanischer Form erfolgt und sich bewusst an die Administration richtet. Bei dem Verbot des Zwangs in der Religion handelt es sich sogar um eine Wendung aus dem *Koran*.[347]

Ein Zugang nichtmuslimischer Bevölkerungsteile zu öffentlichen Ämtern bestand ebenfalls schon vor dem Edikt, erstreckte sich jedoch nicht auf alle Ämter.[348] Neu war lediglich, dass die Regelung keine Beschränkung dieser Art mehr vorsah.

Im Hinblick auf die gemischten Kammern war das Edikt sogar nur bestätigender Natur, da diese zum Zeitpunkt der Verkündung schon bestanden.[349] Ebenso bestand auch schon ein Folterverbot nach islamischen Recht.[350]

Selbst die Aufnahme von Nichtmuslimen in das Militär war 1855 schon vorläufig eingeführt worden.[351] Infolge von Protesten nichtmuslimischer Bevölkerungsteile wurde die Maßnahme jedoch kurze Zeit später wieder zurückgenommen.[352]

Das Edikt wiederholte daher in Teilen schon bestehendes Recht, um offenbar die Verhandlungsposition des Osmanischen Reiches auf dem Pariser Friedenskongress zu stärken.[353] Es war insofern mehr ein außenpolitischer Schachzug als eine innenpolitische Reformmaßnahme. Ein völliger Systemwechsel war mit ihm weder verbunden noch bezweckt.

Nichtsdestoweniger waren die Reaktionen aus der Bevölkerung verheerend.

Das Edikt löste innerhalb der muslimischen Bevölkerung große Empörung aus.[354] Der Inhalt wurde zum Teil als Verstoß gegen islamisches Recht und als Preisgabe der Souveränität des Osmanischen Reiches gewertet.[355] Die Folge

---

346 Nach dem islamischen Recht sind Ehrverletzungen strafbar. Siehe hierzu *Ekinci*, Osmanlı Hukuku, S. 364. Nichtmuslime sind ebenfalls vom Anwendungsbereich umfasst. Zu Letzterem siehe ebenfalls *Ekinci*, Osmanlı Hukuku, S. 329.

347 Die Wendung „lā ikrāha fī d-dīn" („In der Religion gibt es keinen Zwang") findet sich zu Beginn des 256. Verses der zweiten Sure des *Koran*.

348 Siehe hierzu S. 59.

349 Siehe hierzu S. 85 ff.

350 *Konan*, GÜHFD 15 (2011), Nr. 4, 253, 273.

351 *Bozkurt*, Gayrimüslim Osmanlı Vatandaşları, S. 121.

352 *Bozkurt*, Gayrimüslim Osmanlı Vatandaşları, S. 121.

353 In diese Richtung auch *Ekinci*, Osmanlı Hukuku, S. 549.

354 *Ekinci*, Osmanlı Hukuku, S. 549.

355 *Gümüş*, bilig 47 (2008), 215, 232 f.

waren heftige Ausschreitungen auf der arabischen Halbinsel, die teilweise nur militärisch beendet werden konnten.[356]

Aber auch in der nichtmuslimischen Bevölkerung stieß das Edikt auf Ablehnung.[357] Die Reorganisation des *Millet-Systems* wurde durch die Geistlichen der Nichtmuslime als Beschneidung ihrer bisherigen Befugnisse kritisiert.[358] Großen Unmut löste auch die allgemeine Wehrpflicht aus, deren Einführung auch schon im Jahr zuvor am starken Widerstand der nichtmuslimischen Bevölkerung gescheitert war.[359]

Das Edikt erreichte daher den angestrebten Zusammenhalt in der Bevölkerung nicht. Vielmehr führte es zu neuen Spannungen innerhalb der Bevölkerung. Auch die angestrebte Gleichheit vor dem Gesetz konnte nicht erreicht werden, da die überkommenen Privilegien der Religionsgemeinschaften gerade aufrechterhalten wurden.

Alles in allem war das Edikt daher ein Misserfolg. Die bisherigen Ausführungen zeigen ganz deutlich, dass es sich bei dem Erlass um eine diktierte Maßnahme eines zu diesem Zeitpunkt schon völlig abhängigen Reiches handelte.[360] Selbst die bezweckte außenpolitische Wirkung konnte nicht erreicht werden: Die Erwähnung des Edikts im Dritten Pariser Friedensvertrag konnte künftige Einmischungen Russlands in die Innenpolitik des Osmanischen Reiches nicht nur nicht verhindern, sondern befeuerte diese geradezu und läutete damit mittelfristig den Untergang des „*kranken Mannes am Bosporus*“[361] ein.[362] Selbst die Urheber des Edikts, Frankreich und England, nutzten die besagte Passage im Pariser Friedensvertrag später zu innenpolitischen Einmischungen aus.[363]

356 *Gümüş*, bilig 47 (2008), 215, 233.

357 *Gümüş*, bilig 47 (2008), 215, 234.

358 *Gümüş*, bilig 47 (2008), 215, 234.

359 Vgl. *Bozkurt*, Gayrimüslim Osmanlı Vatandaşları, S. 121 f.

360 Auch *Gayretli* spricht insoweit von einem Diktat. Siehe hierzu *ders.*, Kanunlaştırma, S. 226.

361 Die Wendung geht auf folgende Äußerung *Nikolaus I.* zurück, die er während einer Veranstaltung gegenüber dem britischen Botschafter *Seymour* getätigt haben soll: „In unseren Armen liegt ein kranker Mann. Sehr krank. Ich sage ihnen offen, sollten wir diesen eines Tages verlieren, ohne alle notwendigen Vorkehrungen getroffen zu haben, wird es zu einer Katastrophe kommen“. Zitiert nach *Gül*, SÜHFD 2 (1989), Nr. 2, 157, 167; übersetzt ins Deutsche durch den Autor.

362 Vgl. *Bozkurt*, Gayrimüslim Osmanlı Vatandaşları, S. 58 f. Ausführlicher zu der Auseinandersetzung im Zusammenhang mit der Erwähnung *Baumgart*, Der Friede von Paris, S. 170.

363 Vgl. *Bozkurt*, Gayrimüslim Osmanlı Vatandaşları, S. 58 f.

Rechtsgeschichtlich ist das Edikt dennoch hochbedeutend. In seiner Folge hat die Kodifizierungswelle an Geschwindigkeit aufgenommen und den Blick (unfreiwillig) noch stärker gen Westen gerichtet.[364]

cc) Maßnahmen ab der Zeit des Tanzimat

Die Kodifizierungen ab der Zeit des *Tanzimat* lassen sich unterteilen in Kodifizierungen nationalen Rechts, Kodifizierungen rezipierten fremden Rechts und gemischte Kodifizierungen.[365] Dabei erfolgten die ersten Kodifizierungen im Bereich des Strafrechts. Hierauf folgten Maßnahmen auf dem Gebiet des Handelsrechts, des Bodenrechts und schließlich des allgemeinen Zivilrechts. An dieser Chronologie orientiert sich auch die folgende Darstellung.

(1) Strafrecht

(a) Kodifizierungen

Nur etwa sieben Monate nach der Verkündung des *Edikts von Gülhane* wurde das *Strafgesetz von 1840* als erste Kodifizierung der *Tanzimat*-Ära erlassen.[366] Der durch den *Meclis-i Vâlâ-i Ahkâm-ı Adliyye* ausgearbeitete Erlass stellt in inhaltlicher Hinsicht eine Kodifizierung nationalen Rechts dar, orientiert sich gesetzgebungstechnisch aber erstmals an den europäischen Gesetzen seiner Zeit.[367] In Teilen schimmert jedoch weiterhin die alte osmanische Gesetzgebungstradition durch.[368]

Der Erlass bezieht sich in seiner Einleitung auf den im *Edikt von Gülhane* formulierten egalitären Schutz bestimmter fundamentaler Rechte, dessen Umsetzung er diene.[369] Dabei beschränkt er sich inhaltlich weitestgehend auf den Teil des Strafrechts, der aus islamisch-rechtlicher Sicht durch die jeweilige Herrschaftsautorität zur Gewährleistung des Allgemeinwohls eigenständig geregelt werden darf,[370] ohne jedoch im Übrigen vollständig auf die Vorschriften des islamischen Strafrechts zu verweisen.[371] Ein inhaltlicher Schwerpunkt liegt

---

364 In diese Richtung auch *Gümüş*, bilig 47 (2008), 215, 235.

365 Diese Unterteilung geht zurück auf *Gayretli*, Kanunlaştırma, S. 390.

366 *Gayretli*, Kanunlaştırma, S. 210.

367 *Gayretli*, Kanunlaştırma, S. 214.

368 *Gayretli*, Kanunlaştırma, S. 217.

369 *Bozkurt*, Batı Hukukunun Türkiye'de Benimsenmesi, S. 98.

370 Vgl. *Ekinci*, Osmanlı Mahkemeleri, S. 552. Zur Zulässigkeit des Erlasses eigenständiger Regelungen durch die jeweilige Herrschaftsautorität siehe S. 53 ff.

371 Vgl. *Gayretli*, Kanunlaştırma, S. 218 f.

dabei unter anderem auf der Sanktionierung rechtswidrigen Verhaltens der Verwaltung.[372]

Bei einer Gesamtbetrachtung des Erlasses wird deutlich, dass mit ihm insbesondere die negativen Folgen der allmählichen Degeneration der staatlichen Institutionen in Angriff genommen und gestoppt werden sollten, um die öffentliche Ordnung wiederherzustellen. Dass seine Verabschiedung schon sieben Monate nach der Verkündung des *Edikts von Gülhane* erfolgte, zeigt, wie akut die Problematik zum damaligen Zeitpunkt war.

Die allseits erwähnten Mängel des Erlasses verdeutlichen zudem in welcher Eile der Erlass allem Anschein nach ausgearbeitet wurde: Einige Delikte wurden gar nicht erst geregelt,[373] andere weisen wiederum kein Strafmaß in der Rechtsfolge auf.[374] Weiterhin wird im Allgemeinen hervorgehoben, dass die technische Ausgestaltung in Teilen verworren sei.[375]

Vermutlich vor dem Hintergrund dieser massiven Unzulänglichkeiten entschied sich die Hohe Pforte ein neues Strafgesetz auszuarbeiten, das alsdann 1851 verkündet wurde.[376] Dieses in seinen Grundansätzen nicht wesentlich vom vorherigen Erlass abweichende Gesetz weist im Gegensatz zum letzteren eine höhere Systematisierung und eine präzisere Abstimmung mit den sonstigen Bestimmungen des islamischen Strafrechts auf.[377] Inhaltlich handelt es sich wiederum um eine Kodifizierung nationalen Rechts, die jedoch erstmalig auch Fragen der Wiederholung und Teilnahme anspricht und somit zumindest insoweit auch europäisch inspiriert war.[378]

Wie mit diesen Ausführungen deutlich wird, begann die *Tanzimat*-Ära schwerpunktmäßig mit dem Versuch, das nationale Recht vor dem Hintergrund der bestehenden Missstände in eine modernere und effektivere Form zu gießen. Dabei erfolgte aber nicht nur in Bezug auf die Gesetzgebungstechnik eine Orientierung an zeitgenössischen europäischen Gesetzen. Der *Erlass von 1851* macht überdies deutlich, dass im Rahmen der Ausarbeitung der Kodifizierungen im geringen Umfang auch eine Art rechtsvergleichender Blick gen Westen

---

372 *Gayretli*, Kanunlaştırma, S. 211.

373 *Gayretli*, Kanunlaştırma, S. 217.

374 *Bozkurt*, Batı Hukukunun Türkiye'de Benimsenmesi, S. 99 f.

375 So bspw. *Bozkurt*, Batı Hukukunun Türkiye'de Benimsenmesi, S. 98.

376 Vgl. *Gayretli*, Kanunlaştırma, S. 220 f.

377 *Gayretli*, Kanunlaştırma, S. 220 f.

378 *Bozkurt*, Batı Hukukunun Türkiye'de Benimsenmesi, S. 100.

erfolgte, wie an der erstmaligen Regelung der Teilnahme und der Wiederholung erkennbar wird.

Der Erlass von 1851 war jedoch noch viel kurzlebiger als sein Vorgänger aus dem Jahre 1840. Schon nach nur sieben Jahren verkündete die Hohe Pforte mit dem *Erlass von 1858* ein vollständig neues Strafgesetz, welches einen bedeutenden Wendepunkt für die gesamte Reformperiode markiert: Der Erlass ist in Teilen eine Abschrift des französischen *Code pénal* von 1810.[379] Wie weit die Rezeption dabei letztlich ging, wird in der Literatur unterschiedlich bewertet: Während einige Autoren von einer (eher schlechten) weitestgehenden Übersetzung und damit einer beinahen Totalrezeption sprechen,[380] sehen andere in dem Erlass vielmehr eine Kodifizierung gemischten Charakters.[381] Der Vergleich der Anzahl an Artikeln (484 Artikel umfasst der *Code pénal* von 1810; der osmanische *Erlass von 1858* umfasst dahingegen nur 264 Artikel) und die verschiedentlichen Hinzufügungen deuten jedoch stärker auf einen gemischten Charakter hin.[382]

Umstritten ist zudem das Verhältnis zum islamischen Recht.[383] Der Erlass nimmt in der Einleitung explizit für sich in Anspruch wiederum nur den Teil des Strafrechts auszufüllen, der islamisch-rechtlich in die eigenständige Regelungsbefugnis der jeweiligen Herrscherautorität fällt.[384] Der Bestand des islamischen Strafrechts werde folglich nicht berührt.[385] Einige Regelungen mögen Zweifel hieran wecken.[386] Jedoch darf dabei nicht außer Betracht gelassen werden, dass mit *Ahmed Cevdet Paşa* ein Theologe und bekanntermaßen konservativer Staatsmann der betreffenden Gesetzeskommission vorstand und der Entwurf zur Bestätigung auch dem *şeyhülislâm*[387] übersandt worden ist.[388] Zudem

379 *Aydın*, Türk Hukuk Tarihi, S. 428.

380 In Richtung einer beinahen Totalrezeption bspw. *Bozkurt*, Batı Hukukunun Türkiye'de Benimsenmesi, S. 100.

381 So bspw. *Gayretli*, Kanunlaştırma, S. 233; *Aydin*, CEZA, in: *Türkiye Diyanet Vakfı*, TDV İslâm Ansiklopedisi, Band 7, Stand 1993, S. 482. Zur Thematik insgesamt siehe *Gayretli*, Kanunlaştırma, S. 228 f. m.w.N.

382 Siehe zu den Unterschieden *Gayretli*, Kanunlaştırma, S. 229 f.

383 Siehe zu dieser Thematik *Gayretli*, Kanunlaştırma, S. 228.

384 *Bozkurt*, Batı Hukukunun Türkiye'de Benimsenmesi, S. 101.

385 *Bozkurt*, Batı Hukukunun Türkiye'de Benimsenmesi, S. 101.

386 Solche Zweifel zunächst anführend, dann aber wieder verwerfend *Gayretli*, Kanunlaştırma, S. 236 f.

387 Siehe hierzu S. 50.

388 Vgl. *Gayretli*, Kanunlaştırma, S. 233; *Cin/Akgündüz*, Türk Hukuk Tarihi, S. 327. Zur Person *Ahmed Cevdet Paşas* ausführlich *Şimşirgil/Ekinci*, Ahmed Cevdet Paşa, S. 7 ff.

enthalten die verschiedentlichen Hinzufügungen Verweise auf islamischrechtliche Bestimmungen.[389] Inhalt und Entstehung des Erlasses sprechen daher eher dafür, dass versucht worden ist, einen Einklang zwischen dem Inhalt des Erlasses und dem islamischen Strafrecht zu erzeugen.[390] Insofern ist *Gayretli* zuzustimmen, der in der Diskussion lediglich eine Fortführung der Kontroverse um das Verhältnis von Sultansrecht und islamischem Recht erblickt.[391]

Anders als die vorherigen Erlasse geht das *Strafgesetz von 1858* in seiner Einleitung nicht auf die Entstehungsgründe und damit auf das konkrete Bedürfnis einer Neuregelung ein.[392] Teilweise werden in diesem Zusammenhang die unbefriedigenden Ergebnisse angeführt, die auch der zweite *Erlass von 1851* nur habe erzielen können.[393] Ob dies tatsächlich Auslöser für eine komplette Neuregelung in Gestalt des bereits erwähnten Richtungswechsels war, kann weder bestätigt noch widerlegt werden.[394] Die besseren Argumente sprechen dafür, das *Strafgesetz von 1858* im Zusammenhang mit dem *Reformedikt von 1856* und damit letztlich als Ergebnis außenpolitischen Drucks zu betrachten.[395]

Während der *Zweiten Konstitutionellen Periode*[396] wurde erneut eine Kommission zur Ausarbeitung eines neuen Strafgesetzes eingesetzt.[397] Auslöser waren die Mängel des bestehenden Erlasses und teilweise auch die Empfindung, dass das *Strafgesetz von 1858* nicht mehr den Bedürfnissen der Zeit entspreche.[398] Hervorgegangen ist hieraus im Jahre 1910 ein Entwurf, der im Wesentlichen auf dem *Codice penale italiano* von 1889 aufbaute.[399] Historischen Quellen ist dabei neben anderem zu entnehmen, dass letzteres Gesetzbuch unter den jüngeren

---

389 Vgl. *Gayretli*, Kanunlaştırma, S. 236.

390 In diese Richtung auch *Gayretli*, Kanunlaştırma, S. 237; *Cin/Akgündüz*, Türk Hukuk Tarihi, S. 327.

391 *Gayretli*, Kanunlaştırma, S. 203 f. Siehe ausführlich zu dieser Kontroverse S. 54 ff.

392 *Gayretli*, Kanunlaştırma, S. 226.

393 So bspw. *Bozkurt*, Batı Hukukunun Türkiye'de Benimsenmesi, S. 100.

394 *Gayretli*, Kanunlaştırma, S. 226.

395 So auch *Gayretli*, Kanunlaştırma, S. 225 f.

396 Als *Zweite Konstitutionelle Periode* (türk. *II. Meşrutiyet)* wird die Epoche zwischen der Entmachtung *Abülhamîd II.* durch die *jungtürkische Opposition* und dem vollständigen Zusammenbruch des Osmanischen Reiches bezeichnet. Die Bezeichnung ist auf die mit der Entmachtung erreichte „Wiedereinsetzung" des Parlaments zurückzuführen, das seit 1878 durch den Sultan nicht mehr einberufen worden war. Siehe ausführlich zu dieser Periode *Kreiser/Neumann*, Geschichte der Türkei, S. 355 ff.

397 *Gayretli*, Kanunlaştırma, S. 241.

398 Vgl. *Gayretli*, Kanunlaştırma, S. 241 f.

399 *Gayretli*, Kanunlaştırma, S. 241.

Strafgesetzbüchern der damaligen Zeit als die gelungenste Kodifikation betrachtet wurde.[400] Die Einleitung enthielt dabei wiederum den Hinweis, lediglich die der jeweiligen Herrscherautorität zur eigenständigen Regelung überlassenen Teile des Strafrechts geregelt zu haben.[401] Aus Zeitgründen wurde schlussendlich aber von der Einbringung des Entwurfs abgesehen und stattdessen in den Jahren 1911 und 1914 größere Änderungen am bestehenden *Strafgesetz von 1858* wiederum auf Grundlage des italienischen Strafgesetzbuches von 1889 vorgenommen.[402] Rechtsgeschichtlich ist dies insofern bedeutend, als der Entwurf und damit implizit das erwähnte italienische Strafgesetzbuch später die Grundlage für das 1926 erlassene Strafgesetzbuch der Republik Türkei bildeten.[403]

(b) Zuständige Gerichte

Im Zuge der Durchführung des im Edikt von Gülhane vorbestimmten Reformprogramms ist es auch zu Neuerungen und Verschiebungen im Gefüge des Justizaufbaus gekommen.

Durch die Abschaffung des Steuerpachtsystems sind in den Verwaltungsbezirken des Osmanischen Reiches *Provinz- und Bezirksräte* entstanden, die sich unter Vorsitz eines hierfür eigens entsandten Beamten den Steuerfragen der jeweiligen Verwaltungseinheit widmeten.[404] Den Räten gehörten der örtliche Kadi, der örtliche Mufti, einige Zuständige des örtlichen Verwaltungsapparats, hohe Geistliche der örtlichen nichtmuslimischen Gemeinschaften und vier durch die Anwohner selbst gewählte Vertreter an.[405]

Diese Räte wachten ferner über die örtliche Durchführung und Einhaltung des Reformprogramms im Ganzen und wandten in diesem Zusammenhang auch das *Strafgesetz von 1840* an.[406] Letztere Praxis verfestigte sich mit der Zeit zunehmend und führte allmählich zu einer Verschiebung der Zuständigkeiten: Erstmals in der Geschichte des Osmanischen Reiches wurde der *sultanische* Teil des Strafrechts nicht mehr durch die Einzelrichter der *Scharia-Gerichte*,

---

400 Vgl. bspw. die bei *Gayretli* wiedergegebenen Äußerungen *Yusuf Ziya Beys*. Siehe hierzu *ders.*, Kanunlaştırma, S. 241 f.

401 *Gayretli*, Kanunlaştırma, S. 241. *Gayretli* vermutet in Bezug auf diesen Entwurf dann tatsächlich auch die Absicht, mit der besagten Formulierung lediglich den Anschein einer islamisch-rechtlichen Konformität zu vermitteln.

402 *Gayretli*, Kanunlaştırma, S. 242.

403 *Gayretli*, Kanunlaştırma, S. 243.

404 *Ekinci*, Osmanlı Mahkemeleri, S. 126 ff.

405 *Ekinci*, Osmanlı Mahkemeleri, S. 127.

406 Vgl. *Ekinci*, Osmanlı Mahkemeleri, S. 131.

sondern durch *gemischte* Räte auf Provinz- und Bezirksebene angewandt.[407] Den *Scharia-Gerichten* verblieb insofern nur die Anwendung des religiös determinierten Teils des Strafrechts.

Trotz späterer Rücknahme dieser Änderungen in der Steuerpraxis blieb die Struktur der bis dahin entstandenen *Provinz- und Bezirksräte* nahezu unverändert erhalten.[408] Lediglich ihre Bezeichnung wurde mehrfach geändert, wobei letztlich die Räte auf Provinz- und Bezirksebene eine jeweils eigene Bezeichnung erhielten (auf Provinzebene *Eyalet Meclisi*, auf Bezirksebene *Sancak Meclisi*).[409] Entsprechend der namentlichen Trennung kristallisierte sich in dieser Zeit sukzessive auch eine funktionelle Trennung der beiden Ebenen heraus. So fungierten die Provinzräte in bestimmten Fällen als eine Art Berufungsinstanz der unteren Bezirksräte.[410]

Die mit den *Provinz- und Bezirksräten* bestehende Vermengung exekutiver und judikativer Tätigkeit führte mit der Zeit jedoch zu Problemen.[411] Das Osmanische Reich schuf deshalb im Jahre 1854 in Istanbul eine Art Strafgericht nur zur Anwendung der erlassenen Strafgesetze, den sog. *Meclis-i Tahkik*.[412] Die Maßnahme wurde relativ schnell auch auf die Provinzen erweitert.[413] Zudem wurde die legislative Zuständigkeit des *Meclis-i Vâlâ-i Ahkâm-ı Adliyye*, das nebenher auch als eine Art höchstinstanzliches Gericht fungierte, auf eine neu geschaffene Institution, den sog. *Meclis-i Âli-yi Tanzimat* übertragen.[414] Der *Meclis-i Vâlâ-i Ahkâm-ı Adliyye* nahm mit dieser Änderung daher nur noch judikative Aufgaben war und fungierte als eine Art Revisionsinstanz.[415]

Die sich bis hierhin abzeichnende Entstehung eines völlig neuen, eigenständigen Gerichtstypus (den sog. *Nizâmiye Mahkemeleri*) fand seine

---

407 Vgl. *Ekinci*, Osmanlı Mahkemeleri, S. 133.
408 *Ekinci*, Osmanlı Mahkemeleri, S. 132.
409 *Ekinci*, Osmanlı Mahkemeleri, S. 136.
410 Vgl. *Ekinci*, Osmanlı Mahkemeleri, S. 138.
411 *Ekinci*, Osmanlı Mahkemeleri, S. 138.
412 *Aydın*, Türk Hukuk Tarihi, S. 421. Das Gründungsjahr des *meclis-i tahkik* ist umstritten. In Ermangelung anderer eindeutiger historischer Belege kann jedoch nur der Erlass zur Grundlage genommen werden, mit dem die Zuständigkeiten des Gerichts geregelt wurden. Dieser ist auf das Jahr 1854 datiert. Siehe hierzu ausführlich m.w.N. *Ekinci*, Osmanlı Mahkemeleri, S. 139 f.
413 *Üçok/Mumcu/Bozkurt*, Türk Hukuk Tarihi, S. 359.
414 *Ekinci*, Osmanlı Mahkemeleri, S. 138.
415 *Ekinci*, Osmanlı Mahkemeleri, S. 138.

Neudimensionierung mit dem *Reformedikt von 1856* und seinen Abschluss schließlich mit der *Provinzordnung von 1864 (sog. Vilâyet Nizamnâmesi)*.

Das Reformedikt von 1856, das eine Angleichung der rechtlichen Stellung der nichtmuslimischen Bevölkerung an diejenige der muslimischen Bevölkerung anstrebte und in diesem Zuge die entstandenen gemischten Judikativräte bestätigte,[416] hatte eine weitere Verschiebung der gerichtlichen Zuständigkeit in Richtung der *Nizâmiye-Gerichte* zur Folge.[417] Neben die Anwendung der Strafgesetze trat fortan auch die Klärung allgemeiner zivilrechtlicher Streitigkeiten.[418] Den *Scharia-Gerichten* verblieb im Zuge dieser Entwicklung nur noch die Klärung von Streitigkeiten bezüglich des Personalstatuts[419].

Mit der Provinzordnung von 1864, die das französische Département-System in das Osmanische Reich einführte[420], wurde die Trennung von Exekutiv- und Judikativfunktionen noch weiter vorangetrieben und der neue Gerichtstypus der *Nizâmiye-Gerichte* endgültig institutionalisiert.[421] Sie schuf dabei ein mehrgliedriges System:

Auf Gemeindeebene wurden Ältestenräte geschaffen, die für Bagatellfälle als Schiedsgerichte zuständig waren.[422] Diese bestanden aus mehreren Vertretern der lokalen Anwohnerschaft.[423]

Auf der nächst höheren Ebene, dem *Kazâ*[424], wurde ein erstinstanzliches *Nizâmiye-Gericht* geschaffen, das sog. *Meclis-i Deâvi*.[425] Diesem gehörten ebenfalls mehrere gewählte lokale Vertreter an, die zur Hälfte nichtmuslimischen Glaubens sein mussten.[426] Den Vorsitz hatte ein Kadi

---

416 Siehe hierzu S. 78.

417 *Ekinci*, Osmanlı Mahkemeleri, S. 160.

418 *Ekinci*, Osmanlı Mahkemeleri, S. 160

419 *Üçok/Mumcu/Bozkurt*, Türk Hukuk Tarihi, S. 363. Gemeint sind hier mit dem Begriff des Personalstatuts das Personenstands-, Familien- und Erbrecht.

420 Dabei wurden die Verwaltungsbezirke des Reiches neugegliedert. Es bestand fortan aus folgenden Verwaltungsbezirken (nach Größe aufsteigend): *Köy („Dorf"), Nahiye („Gemeinde"), Kazâ („Landkreis"), Liva („Bezirk") und Vilayet („Provinz").*

421 *Ekinci*, Osmanlı Mahkemeleri, S. 163 f.

422 *Ekinci*, Osmanlı Mahkemeleri, S. 164.

423 *Ekinci*, Osmanlı Mahkemeleri, S. 164.

424 Diese Bezeichnung stand ursprünglich mit den *Scharia-Gerichten* in Zusammenhang. Ein *Kazâ* bildete dabei den kleinsten Gerichtsbezirk. Da der *Kadi* Judikativ- und Exekutivfunktionen in seiner Person vereinte, bezeichnete der Begriff *Kazâ* zugleich auch den entsprechenden Verwaltungsbezirk. Siehe zu alldem auch S. 47 ff.

425 *Ekinci*, Osmanlı Mahkemeleri, S. 165.

426 *Ekinci*, Osmanlı Mahkemeleri, S. 165.

inne.[427]

Hierauf folgte in der Bezirkshierarchie das sog. *Meclis-i Temyiz-i Hukuk ve Cinâyet* auf *Sancak*-Ebene und in größerer Form auf Provinzebene.[428] Die Besetzung beider Gerichte ähnelte dabei großteilig derjenigen der *Meclis-i Deâvi*: Den Vorsitz führte ein Kadi.[429] Die Hälfte der gewählten lokalen Vertreter musste nichtmuslimischen Glaubens sein.[430]

Die beiden letzteren Gerichte waren dabei in bestimmten Fällen als erste Instanz zuständig. Darüber hinaus fungierten sie in bestimmten Fällen auch als Berufungsinstanz des jeweils rangniedrigeren Bezirks.[431]

Der *Meclis-i Vâlâ-i Ahkâm-ı Adliyye*, dem 1861 die Legislativfunktion des zwischenzeitig neu geschaffenen *Meclis-i Âli-yi Tanzimat* rückübertragen wurde und der nunmehr beide Funktionen in sich vereinend die Bezeichnung *Meclis-i Ahkâm-ı Adliye* trug,[432] agierte in diesem System sowohl als Berufungs- als auch als Revisionsinstanz.[433] Im Jahre 1868 wurde diese Institution sodann abermals aufgeteilt in zwei Organe, dem *Şûrâ-yı Devlet* und dem *Divan-ı Ahkâm-ı Adliye*.[434] Das nach dem Vorbild des französischen *Conseil d'État* ausgestaltete *Şûrâ-yı Devlet* war fortan für die Ausarbeitung von Gesetzentwürfen und Streitigkeiten zwischen Verwaltung und Untertanen zuständig.[435] Es bildet den Vorläufer des heutigen *Danıştay*[436] in der Türkei.[437] Das *Divan-ı Ahkâm-ı Adliye* wurde ausschließlich mit judikativer Tätigkeit betraut und bildete damit das höchste *Nizâmiye-Gericht* im Osmanischen Reich.[438] Letzteres legte damit den Grundstein des heutigen *Yargıtay*[439] in der Türkei.[440]

---

427 *Ekinci*, Osmanlı Mahkemeleri, S. 165.

428 *Ekinci*, Osmanlı Mahkemeleri, S. 165 f.

429 *Ekinci*, Osmanlı Mahkemeleri, S. 165 f.

430 *Ekinci*, Osmanlı Mahkemeleri, S. 165 f.

431 Siehe zu alldem *Ekinci*, Osmanlı Mahkemeleri, S. 165 ff.

432 *Ekinci*, Osmanlı Mahkemeleri, S. 145.

433 *Ekinci*, Osmanlı Mahkemeleri, S. 143.

434 *Üçok/Mumcu/Bozkurt*, Türk Hukuk Tarihi, S. 362.

435 *Aydın*, İslâm ve Osmanlı Hukuku, S. 423.

436 Der *Danıştay* ist hauptsächlich für die Revision von Urteilen der Verwaltungs- und Steuergerichtsbarkeit zuständig. Daneben bestehen auch bestimmte erstinstanzliche Zuständigkeiten. Siehe hierzu ausführlich *Rumpf*, Türkisches Recht, S. 46 f.

437 *Ekinci*, Osmanlı Hukuku, S. 567.

438 *Üçok/Mumcu/Bozkurt*, Türk Hukuk Tarihi, S. 362.

439 Der *Yargıtay* ist als Kassationshof die letzte Instanz in Zivil- und Strafsachen. Siehe hierzu ausführlich *Rumpf*, Türkisches Recht, S. 47 f.

440 *Ekinci*, Osmanlı Hukuku, S. 567.

Die *Nizâmiye-Gerichte* waren fortan für alle rechtlichen Streitigkeiten zuständig, die nicht in die Zuständigkeit der *Scharia-Gerichte*, der *Handelsgerichte*, der *Konfessionsgerichte* und der *Konsulargerichte* fielen.[441] Im Jahre 1879 wurde diese Struktur ein weiteres Mal einer größeren Reform unterzogen.[442] Vorbild war dabei die französische Justizorganisation.[443] Mit dieser Reform fanden die Institution der Staatsanwaltschaft und das Notarwesen Einzug in das osmanische Justizsystem.[444] Diese Änderungen legten damit endgültig den Grundstein für das heutige Justizsystem der Türkei.[445]

(2) Handelsrecht

Um den Beginn des 19. Jahrhunderts ist bedingt durch die abgeschlossenen Kapitulationen, deren manche den beteiligten europäischen Staaten weitreichende wirtschaftliche Freiheiten im Osmanischen Reich gewährten, ein starker Anstieg der Handelsbeziehungen zwischen europäischen und osmanischen Kaufleuten zu verzeichnen.[446] Mit diesem Anstieg fanden auch vermehrt europäische Handelsbräuche Eingang in das kaufmännische Treiben im Osmanischen Reich, dessen Rechtssystem bis dahin keine handelsspezifischen Regelungen kannte.[447]

Da den *Kadis* die besagten Handelsbräuche in der Regel nicht geläufig waren,[448] ging die Handelspraxis relativ früh dazu über, rechtliche Streitigkeiten zwischen europäischen und osmanischen Kaufleuten vor selbst eingesetzten Ausschüssen auszutragen, deren Mitglieder sich aus gewählten europäischen und osmanischen Kaufleuten zusammensetzten.[449]

1800 wurde ein solcher Ausschuss staatlicherseits unter dem Vorsitz des Leiters des osmanischen Zollamtes eingesetzt.[450] Dem Ausschuss gehörten neben dem Leiter des Zollamtes in gleicher Anzahl osmanische und europäische Kaufleute an.[451] Entschieden wurde überwiegend nach europäischen Handelsbräuchen.[452]

---

441 *Üçok/Mumcu/Bozkurt*, Türk Hukuk Tarihi, S. 362.
442 *Ekinci*, Osmanlı Mahkemeleri, S. 203.
443 *Ekinci*, Osmanlı Mahkemeleri, S. 203.
444 *Ekinci*, Osmanlı Mahkemeleri, S. 353.
445 *Ekinci*, Osmanlı Mahkemeleri, S. 203.
446 *Bozkurt*, Batı Hukukunun Türkiye'de Benimsenmesi, S. 155.
447 *Ekinci*, Osmanlı Mahkemeleri, S. 99.
448 *Gayretli*, Kanunlaştırma, S. 305.
449 *Bozkurt*, Batı Hukukunun Türkiye'de Benimsenmesi, S. 155.
450 *Ekinci*, Osmanlı Mahkemeleri, S. 99.
451 *Ekinci*, Osmanlı Mahkemeleri, S. 99.
452 *Ekinci*, Osmanlı Mahkemeleri, S. 99.

1838 wurde dieser Ausschuss durch einen beim Handelsministerium angesiedelten Ausschuss abgelöst (sog. *Ticaret Meclisi*).[453] Diesem gehörte zusätzlich auch ein *Mufti* an.[454] 1847 wurde das Gremium einigen Änderungen unterzogen.[455] Zwei Jahre darauf wurden an weiteren wichtigen Handelsplätzen im Osmanischen Reich entsprechende Ausschüsse eingerichtet.[456]

Die Entwicklung zeigt, dass im besagten Zeitabschnitt ein generelles Bedürfnis nach handelsbezogener Spezialisierung sowohl auf materieller als auch auf justizieller Ebene bestand.[457] Zudem übten die europäischen Staaten Druck dahingehend aus, europäisches Handelsrecht zu rezipieren, um ihren eigenen Kaufleuten durch gewohntes Recht den Handel im Osmanischen Reich zu erleichtern.[458]

Die Hohe Pforte reagierte hierauf 1850 mit dem Erlass eines Handelsgesetzes.[459] Das Gesetz war eine Übersetzung des ersten und dritten Buches des französischen *Code de commerce* von 1807 und damit eine Totalrezeption.[460] Ausschlaggebend für die abermalige Orientierung am französischen Recht war dabei vermutlich die damalige weite Verbreitung des Gesetzeswerkes auch außerhalb Frankreichs.[461]

Zehn Jahre darauf wurde auch eine Übersetzung des vierten Buches des *Code de commerce* als Annex zum Handelsgesetz von 1850 erlassen.[462] Der Erlass dieses die Organisation der Handelsgerichte betreffenden Buches besiegelte damit endgültig die Entstehung einer eigenständigen Handelsgerichtsbarkeit

453 *Gayretli*, Kanunlaştırma, S. 305.
454 *Gayretli*, Kanunlaştırma, S. 305 f.
455 *Gayretli*, Kanunlaştırma, S. 306.
456 *Bozkurt*, Batı Hukukunun Türkiye'de Benimsenmesi, S. 156.
457 Vgl. *Gayretli*, Kanunlaştırma, S. 303 f.
458 Vgl. *Gayretli*, Kanunlaştırma, S. 303.
459 *Üçok/Mumcu/Bozkurt*, Türk Hukuk Tarihi, S. 357.
460 *Gayretli*, Kanunlaştırma, S. 308. *Bozkurt* führt an, dass das zweite Buch des *Code de commerce* im Jahre 1855 rezipiert und als osmanisches Konkursgesetz veröffentlicht worden sei. Siehe insoweit *dies.*, Batı Hukukun Türkiye'de Benimsenmesi, S. 151. Diese Angabe kann nicht zutreffend sein, da die Bestimmungen über den Konkurs im dritten Buch des *Code de commerce* von 1807 geregelt waren. Siehe zu Letzterem das dritte Buch des *Code de commerce* von 1807, abrufbar unter http://gallica.bnf.fr/ark:/12148/bpt6k56629t (zuletzt abgerufen am 25.04.2022). Diese Unstimmigkeit ebenfalls feststellend *Gayretli*, Kanunlaştırma, S. 308. Dieselben Ausführungen wie *Bozkurt* machend *Aydın*, Türk Hukuk Tarihi, S. 428; *Cin/Akgündüz*, Türk Hukuk Tarihi, S. 731.
461 Vgl. *Gayretli*, Kanunlaştırma, S. 306.
462 *Bozkurt*, Batı Hukukunun Türkiye'de Benimsenmesi, S. 151.

im Osmanischen Reich, die im weiteren Verlauf durch die Provinzordnung von 1864 in eine erste Instanz und eine Berufungsinstanz unterteilt wurde.[463]

1863 erfolgte schließlich der Erlass eines Seehandelsgesetzes auf Grundlage des zweiten Buches des *Code de commerce*, wobei im Rahmen der Ausarbeitung auch auf das niederländische, das sardinische und das preußische Seehandelsrecht zurückgegriffen wurde.[464]

Die häufig monierten Übersetzungsfehler der verabschiedeten Gesetze veranlassten die Führung des Osmanischen Reiches während der zweiten konstitutionellen Periode zur Einsetzung einer Kommission zur Ausarbeitung eines neuen Handelsgesetzes.[465] Der Entwurf, der unter Heranziehung deutschen, italienischen, portugiesischen, spanischen und chilenischen Handelsrechts und den Bestimmungen der schafiitischen Rechtsschule ausgearbeitet wurde, wurde jedoch nicht verabschiedet.[466] Die erlassenen Handelsgesetze blieben daher mit einigen Änderungen bis zum Erlass des Handelsgesetzes der türkischen Republik von 1926 bestehen.[467]

(3) Bodenrecht

Auch auf dem Gebiet des Bodenrechts erfolgte im Zuge der *Tanzimat*-Ära mit dem Bodengesetz von 1858 eine Kodifizierung (sog. *Arazi Kanunnâmesi*).[468]

Vor der Reformära waren die Bestimmungen des osmanischen Bodenrechts stark verstreut.[469] Neben einem islamisch-rechtlich geregelten Bereich war der Großteil der Materie durch Erlasse des Sultans geregelt.[470] Zwar erfolgten nach der Verkündung des *Edikts von Gülhane* insbesondere im Zusammenhang mit Änderungen im Steuerrecht auch Änderungen und Neuerungen im Bodenrecht.[471] Jedoch erzielten die Maßnahmen nicht die erwünschte Ordnung der betreffenden Materie.[472]

Insbesondere diesem Ziel diente der Erlass des Bodengesetzes von 1858. Es fasste im Kern den durch sultanische Erlasse geregelten Großteil des Bodenrechts

---

463 *Bozkurt*, Batı Hukukunun Türkiye'de Benimsenmesi, S. 158.
464 *Üçok/Mumcu/Bozkurt*, Türk Hukuk Tarihi, S. 357.
465 *Üçok/Mumcu/Bozkurt*, Türk Hukuk Tarihi, S. 357 f.
466 *Üçok/Mumcu/Bozkurt*, Türk Hukuk Tarihi, S. 358.
467 *Üçok/Mumcu/Bozkurt*, Türk Hukuk Tarihi, S. 358.
468 *Bozkurt*, Batı Hukukunun Türkiye'de Benimsenmesi, S. 150.
469 *Gayretli*, Kanunlaştırma, S. 246.
470 *Gayretli*, Kanunlaştırma, S. 246.
471 *Bozkurt*, Batı Hukukunun Türkiye'de Benimsenmesi, S. 150.
472 Vgl. *Gayretli*, Kanunlaştırma, S. 250.

unter Verwendung europäischer Gesetzgebungstechnik in einem einzigen Gesetz zusammen.[473] Die hierfür gesichteten Bestimmungen des bis dahin bestehenden Bodenrechts wurden dabei teilweise aktualisiert, abgeändert oder ergänzt.[474] Die islamisch-rechtlich geregelten Bereiche des *mülk arazi* überließ der Erlass aber weiterhin der islamischen Jurisprudenz.[475] Der Erlass war somit der Form nach europäisch, dem Inhalt nach jedoch national.[476]

Daneben erhoffte sich die Hohe Pforte durch eine Neuregelung des Bodenrechts auch ein Wiedererstarken ihrer Zentralmacht in den Provinzen.[477]

Die von den europäischen Staaten geforderte Regelung der Zulässigkeit des Erwerbs von Grundstücken durch Ausländer fand trotz des ausgeübten Drucks in diesen Erlass keinen Eingang; sie erfolgte jedoch 9 Jahre später durch eine ergänzende Verordnung.[478]

Von einigen Änderungen abgesehen, blieb auch dieses Gesetz bis in die Zeit der türkischen Republik hinein bestehen.[479]

(4) Allgemeines Zivilrecht

Eine rechtsgeschichtlich so bedeutende Reformperiode wie die *Tanzimat*-Ära konnte selbstverständlich für das allgemeine Zivilrecht des Osmanischen Reiches nicht ohne Folgen bleiben.

Anders als es aufgrund der späten Ergebnisse auf diesem Feld erscheinen mag, wurden schon kurz nach Beginn der *Tanzimat*-Ära Forderungen nach einem Entwurf eines allgemeinen Zivilgesetzbuches laut.[480]

Grund hierfür waren allen voran die neu entstandenen *Nizâmiye-Gerichte*. Diesen stand zwar in der Regel ein Kadi vor. Die übrigen Mitglieder setzten sich jedoch hauptsächlich aus gewählten Vertretern der lokalen Anwohnerschaft zusammen, die häufig juristische Laien waren.[481] Letzteren war eine Urteilsfindung auf Grundlage der bis dahin bestehenden Rechtsquellen des osmanischen Zivilrechts in den meisten Fällen schon aufgrund fehlender Sprachkenntnisse nicht möglich: Viele faktische Rechtsquellen der damaligen osmanischen

---

473 *Bozkurt*, Batı Hukukunun Türkiye'de Benimsenmesi, S. 150.
474 Vgl. *Bozkurt*, Batı Hukukunun Türkiye'de Benimsenmesi, S. 150.
475 *Aydın*, Türk Hukuk Tarihi, S. 426.
476 *Gayretli*, Kanunlaştırma, S. 254.
477 Vgl. *Gayretli*, Kanunlaştırma, S. 251 f.
478 *Gayretli*, Kanunlaştırma, S. 252.
479 *Gayretli*, Kanunlaştırma, S. 253 f.
480 *Aydın*, Türk Hukuk Tarihi, S. 427.
481 Zur Entstehung und Besetzung der Nizâmiye-Gerichte siehe S. 85 ff.

Rechtspraxis waren nämlich in arabischer Sprache verfasst.[482] Die beschriebenen Probleme weckten deshalb das Bedürfnis nach einem europäisch ausgestalteten und in einfach gehaltener, türkischer Sprache verfassten Zivilgesetzbuch, um eine Befähigung auch dieser Laienrichter zur Urteilsfindung zu erreichen.[483]

Mit ähnlichen Schwierigkeiten waren auch die Handelsgerichte konfrontiert. Zwar stand diesen mit dem Handelsgesetzbuch ab 1850 eine moderne Kodifikation zur Verfügung.[484] Diese regelte aber gerade allgemeine Fragen des Zivilrechts nicht und bedurfte daher der Ergänzung durch ein Zivilgesetzbuch.[485] In Frankreich erfüllte diese Aufgabe der *Code civil*. Im Osmanischen Reich fehlte es an einem entsprechenden Gesetzeswerk. Auch insoweit entstand daher ein Bedürfnis nach einem modernen Zivilgesetzbuch.[486]

Darüber hinaus bereitete aber auch schon die Befähigung der beteiligten Kadis zur Urteilsfindung Schwierigkeiten. Die allmähliche Degeneration des Osmanischen Reiches hatte mit der Zeit auch die Justiz und die juristische Ausbildung erfasst, sodass es an gut ausgebildeten Kadis mangelte.[487] Eine systematische und verständliche Kodifikation war deshalb auch zur Kompensation dieses personellen Defizits innerhalb der Richterschaft erforderlich.[488]

Unter den Befürwortern einer Zivilrechtskodifikation setzte sich insbesondere Großwesir *Âlî Paşa* vehement für die Totalrezeption des franz. *Code civil* von 1804 ein und gab vor diesem Hintergrund auch eine Übersetzung und Tauglichkeitsprüfung des Gesetzeswerkes in Auftrag.[489] Ausschlaggebend für die Wahl dieses auch *Code Napoléon* genannten Werkes waren dabei neben einem vermutlich bestehenden äußeren Druck insbesondere die hohe Reputation und weite Verbreitung des Gesetzeswerkes,[490] das im Verlauf des 19. Jahrhunderts

482 *Gayretli*, Kanunlaştırma, S. 331.

483 Vgl. *Gayretli*, Kanunlaştırma, S. 332.

484 Siehe dazu S. 90.

485 Vgl. *Gayretli*, Kanunlaştırma, S. 330 f.

486 Vgl. *Gayretli*, Kanunlaştırma, S. 330 f.

487 Vgl. *Gayretli*, Kanunlaştırma, S. 333 f.

488 Vgl. *Gayretli*, Kanunlaştırma, S. 333 f.

489 *Bozkurt*, Batı Hukukunun Türkiye'de Benimsenmesi, S. 160.

490 *Gayretli* ist der Auffassung, dass *Âlî Paşas* Engagement maßgeblich auf Druck Frankreichs erfolgte, welches sich durch eine Rezeption mehr Ansehen und Einfluss in der Region erhoffte. Vgl. zu alldem *ders.*, Kanunlaştırma, S. 340 f.

beispielsweise auch in der faktisch unabhängigen osmanischen Provinz Ägypten rezipiert wurde.[491]

Den Befürwortern einer Rezeption des *Code civil* stand dabei das Lager rund um den konservativen Staatsmann, Juristen und Historiker *Ahmed Cevdet Paşa* gegenüber.[492] Letzterer sah in der Rezeption des allgemeinen Zivilrechts eines abendländischen Staates eine Gefahr für den Bestand der größtenteils muslimischen Gesellschaft des Osmanischen Reiches und setzte sich daher stattdessen für eine Kodifizierung des allgemeinen islamischen Zivilrechts ein.[493] Besonders deutlich wird seine Haltung im folgenden, vielzitierten Ausspruch:

> *„Manche Personen sind der Auffassung, dass französische Gesetze ins Türkische übersetzt und durch die Nizâmiye-Gerichte angewandt werden sollten. Jedoch käme eine solche elementare Umwandlung der fundamentalen Gesetze einer Gesellschaft der Ausrottung derselben gleich, wäre daher unzulässig und würde zu einer Bezichtigung der Apostasie dieser Frankophilen durch die Geistlichkeit führen."*[494]

In der darauffolgenden, knapp 30 Jahre andauernden Auseinandersetzung obsiegte schlussendlich das konservative Lager um *Ahmed Cevdet Paşa*.[495] Unter seinem Vorsitz wurde eine Kommission (sog. *Mecelle Cemiyeti*) eingesetzt, die in der Folge das erste Zivilgesetzbuch der islamischen Rechtsgeschichte, die sog. *Mecelle-i Ahkâm-ı Adliyye* (kurz *Mecelle*), ausarbeitete.[496]

(a) Mecelle-i Ahkâm-ı Adliyye

Die *Mecelle* wurde in einem Zeitraum von knapp acht Jahren jeweils buchweise ausgearbeitet und verkündet und umfasst 16 thematisch gegliederte Bücher mit insgesamt 1851 Bestimmungen.[497] Das erste Buch wurde im Jahre 1869, das letzte im Jahre 1876 verkündet.[498]

---

491 Siehe hierzu *Yassari*, Ausstrahlung des europäischen Privatrechts auf islamische Länder, in: *Basedow/Hopt/Zimmermann*, Handwörterbuch des Europäischen Privatrechts, S. 151 f.

492 *Bozkurt*, Batı Hukukunun Türkiye'de Benimsenmesi, S. 160. Siehe zur Person *Ahmed Cevdet Paşas* Fn. 388.

493 *Bozkurt*, Batı Hukukunun Türkiye'de Benimsenmesi, S. 160.

494 Zitiert nach *Gayretli*, Kanunlaştırma, S. 326. Übersetzung durch den Autor.

495 *Şimşirgil/Ekinci*, Ahmed Cevdet Paşa, S. 50.

496 *Şimşirgil/Ekinci*, Ahmed Cevdet Paşa, S. 50.

497 *Bozkurt*, Batı Hukukunun Türkiye'de Benimsenmesi, S. 161.

498 *Şimşirgil/Ekinci*, Ahmed Cevdet Paşa, S. 54.

Das Gesetzeswerk deckt inhaltlich das gesamte Obligationenrecht und in Teilen das Sachen- und das Zivilverfahrensrecht ab.[499] Die Bereiche des Familien- und Erbrechts wurden ausgelassen.[500] Hieran wird sichtbar, dass sich das Gesetzeswerk den oben geschilderten Bedürfnissen entsprechend konzeptionell ausschließlich an die *Nizâmiye-Gerichte* richtete, die für familien- und erbrechtliche Streitigkeiten gerade nicht zuständig waren.[501] Grundlage der Regelungen bildete das islamische Recht hanafitischer Prägung, wobei jedoch erstmals auch schwach indizierten Normenableitungen Raum gegeben wurde, sofern dies der Lebenswirklichkeit zum Zeitpunkt der Ausarbeitung gerechter wurde.[502] Das Werk enthält dennoch wenig inhaltliche Neuerungen.[503] Verfahrensrechtlich flankiert wurde es ab 1879 durch das erlassene Zivilverfahrensgesetz (sog. *Usul-ü Muhakeme-i Hukukiye Kanun-u Muvakkat*), das inhaltlich eine Synthese islamischen und französischen Zivilverfahrensrechts darstellt.[504]

Gesetzgebungstechnisch erfolgte eine Orientierung an modernen europäischen Kodifikationen, wobei die Bestimmungen selbst in Fortführung islamischrechtlicher Tradition kasuistisch ausgestaltet waren.[505] Teilweise folgten den Bestimmungen zur Erklärung Anwendungsbeispiele.[506] Die große Detailtiefe stellt dabei vermutlich nicht lediglich ein typisches Charakteristikum faktischer Rechtsquellen des islamischen Rechts dar, sondern auch den Versuch, den Spielraum insbesondere der Laienrichter an den *Nizâmiye-Gerichten* einzudämmen, um damit eine höhere Qualität der Urteilsfindung zu gewährleisten.

Vor Gründung der türkischen Republik ist im Rahmen der Zweiten konstitutionellen Periode 1916 eine Kommission eingesetzt worden, um die *Mecelle* zu überarbeiten und zu ergänzen.[507] Die damit betraute Unterkommission schloss diesen Arbeitsauftrag jedoch niemals ab.[508] Lediglich die familien- und

---

499 *Bozkurt*, Batı Hukukunun Türkiye'de Benimsenmesi, S. 161.
500 *Şimşirgil/Ekinci*, Ahmed Cevdet Paşa, S. 54.
501 So auch *Gayretli*, Kanunlaştırma, S. 332. Andere Stimmen meinen hingegen, dass eine Vervollständigung in dieser Hinsicht geplant gewesen sei. Dagegen spricht jedoch, dass die von der Kommission gewählte Aufteilung der Rechtsgebiete das Familienrecht gerade außerhalb des allgemeinen Zivilrechts einordnete. Siehe zu alldem m.w.N *Gayretli*, Kanunlaştırma, S. 362 f.
502 *Şimşirgil/Ekinci*, Ahmed Cevdet Paşa, S. 56.
503 *Bozkurt*, Batı Hukukunun Türkiye'de Benimsenmesi, S. 162.
504 *Bozkurt*, Batı Hukukunun Türkiye'de Benimsenmesi, S. 103 f.
505 Vgl. *Bozkurt*, Batı Hukukunun Türkiye'de Benimsenmesi, S. 162.
506 *Gayretli*, Kanunlaştırma, S. 354.
507 *Gayretli*, Kanunlaştırma, S. 356.
508 *Gayretli*, Kanunlaştırma, S. 356.

erbrechtliche Unterkommission beendete ihre Tätigkeit erfolgreich mit dem Entwurf eines Familiengesetzes, das im Jahr darauf verkündet wurde und in Kraft trat (sog. *Hukûk-ı Âile Kararnâmesi*).[509]

Trotz einiger Kritik und dem für ein Zivilgesetzbuch untypischen Fehlen familien- und erbrechtlicher Regelungen hat die *Mecelle* über die Grenzen der heutigen türkischen Republik hinaus viel Anerkennung erfahren. So galt sie nach dem Zusammenbruch des Osmanischen Reiches weiterhin in vielen ehemaligen Reichsgebieten fort: in Jordanien bis 1970, im Irak bis 1951, im Libanon partiell bis 1934, in Syrien partiell bis 1949, in Palästina bis zur Staatsgründung Israels und nach Staatsgründung Israels bis in die 1970er Jahre in dann israelischem Gebiet, auf Zypern bis 1960, in Bosnien und Herzegowina bis 1945, in Albanien partiell bis 1928,[510] im Nord-Jemen bis 1918 und im Süd-Jemen bis 1992.[511] Im Gazastreifen und im Westjordanland ist sie bis heute die am häufigsten herangezogene faktische Rechtsquelle.[512] Auch im Libanon wird noch heute auf sie zurückgegriffen.[513]

Daneben erfuhr die *Mecelle* nach Zusammenbruch des Osmanischen Reiches Teilrezeptionen in Tunesien, Marokko, dem Irak, Israel und Montenegro.[514]

Im Jahre 1926 wurde sie nach nur 57 Jahren Gültigkeit auf Anordnung der türkischen Republik auf türkischem Staatsgebiet außer Kraft gesetzt.[515]

(b) Hukûk-ı Âile Kararnâmesi

Ein weiteres Gesetz auf dem Gebiet des allgemeinen Zivilrechts wurde erst zu Zeiten der *Zweiten Konstitutionellen Periode* erlassen. Die damalige Regierung hatte 1916 eine Kommission eingesetzt, die sich in drei Unterkommissionen jeweils mit Reformen der *Mecelle*, des Handelsrechts und des Familienrechts befassen sollte.[516] Zum erfolgreichen Abschluss gelangte jedoch lediglich die Familienrechtskommission, die der Regierung im weiteren Verlauf einen Entwurf eines Familienrechtsgesetzbuches vorlegte.[517] Dieser Entwurf wurde

---

509 Vgl. *Gayretli*, Kanunlaştırma, S. 356.
510 Zu alldem *Gayretli*, Kanunlaştırma, S. 358 f.
511 Zur Anwendung im Jemen siehe *Şimşirgil/Ekinci*, Ahmed Cevdet Paşa, S. 58.
512 *Gayretli*, Kanunlaştırma, S. 359.
513 *Şimşirgil/Ekinci*, Ahmed Cevdet Paşa, S. 58.
514 *Gayretli*, Kanunlaştırma, S. 359 f.
515 *Şimşirgil/Ekinci*, Ahmed Cevdet Paşa, S. 57.
516 *Bozkurt*, Batı Hukukunun Türkiye'de Benimsenmesi, S. 167.
517 Vgl. *Gayretli*, Kanunlaştırma, S. 373 f.

sodann im Jahre 1917 in Form eines vorläufigen Gesetzes verkündet (sog. *Hukûk-ı Âile Kararnâmesi*).[518]

Obgleich nur eine Kommission ihre Tätigkeit erfolgreich beenden konnte, markieren die Reformarbeiten insgesamt in vielerlei Hinsicht einen bedeutenden Wendepunkt in der Reformgeschichte des Osmanischen Reiches. Ab dem Jahre 1908, dem Beginn der *Zweiten Konstitutionellen Periode*, dominierten die sog. *Jungtürken* das Osmanische Reich politisch.[519] Es handelte sich bei diesen zumeist um Absolventen der höheren Bildungseinrichtungen des Reiches, die modernistisch geprägt waren und spätestens nach Beginn der Balkankriege mehr und mehr türkisch-nationalistische Tendenzen entwickelten.[520] Ihre Einstellung blieb dabei freilich nicht ohne Auswirkungen auf die Reformarbeiten. So wurde versucht, durch Aufkündigung justizieller und rechtlicher Privilegien die Rechtseinheit innerhalb des Osmanischen Reiches wiederherzustellen, um die Zentrifugalkräfte der Balkan-Kriege und des unmittelbar darauffolgenden *Ersten Weltkrieges* zu stoppen. Beispielhaft hierfür sei die einseitige Aufkündigung der Kapitulationen im Jahre 1914 genannt, mit der die juristische Extraterritorialität ausländischer Staatsangehöriger beendet und somit die justizielle und rechtliche Einheit des Osmanischen Reiches insoweit wiederhergestellt werden sollte.[521] Zudem sollten sich die Reformarbeiten nicht mehr nur am islamischen Recht hanafitischer Prägung orientieren, sondern die Ansichten aller Rechtsschulen auf der Suche nach einer passenden Regelung miteinbeziehen.[522] Darüber hinaus sollten im Falle des Fehlens einer Regelung im islamischen Recht Regelungen anderer Rechtsordnungen zum Vergleich herangezogen werden.[523] Der Fokus wurde somit von den vorherigen Totalrezeptionen auf eine noch stärker rechtsvergleichende Vorgehensweise gerichtet.

Dieser Linie entsprach auch das Familiengesetzbuch von 1917. Es regelte in zwei Büchern unter Verwendung moderner Gesetzgebungstechnik die Schließung und Auflösung der Ehe nach islamischem Recht,[524] wobei auch den

518 *Gayretli*, Kanunlaştırma, S. 374.

519 *Kreiser/Neumann*, Geschichte der Türkei, S. 351 ff.

520 Vgl. *Kreiser/Neumann*, Geschichte der Türkei, S. 351 ff. Diese türkisch-nationalistischen Tendenzen gipfelten schließlich in den teilweise paranoid-präventiven Deportationen der armenischen Bevölkerung des Osmanischen Reiches, die unter anderem auch auf Anraten deutscher Generäle erfolgten.

521 Vgl. *Gayretli*, Kanunlaştırma, S. 370.

522 *Bozkurt*, Batı Hukukunun Türkiye'de Benimsenmesi, S. 167.

523 *Bozkurt*, Batı Hukukunun Türkiye'de Benimsenmesi, S. 167 f.

524 *Gayretli*, Kanunlaştırma, S. 375 f.

Ansichten der anderen Rechtsschulen Raum gegeben wurde, sofern dies der Lebenswirklichkeit zum Zeitpunkt der Ausarbeitung gerechter wurde.[525] Das Gesetzeswerk blieb jedoch hierbei nicht stehen und kodifizierte darüber hinaus auch die insofern bestehenden Bestimmungen des christlichen und jüdischen Rechts, sofern sie von den islamischen abwichen.[526] Auf diesem Wege sollten die ehelichen Verhältnisse aller Untertanen mit demselben Gesetz erfasst werden und, unter Aufhebung der justiziellen Privilegien der Konfessionsgruppen, nur noch in die Zuständigkeit der *Scharia-Gerichte* fallen.[527] Die Maßnahme zielte ersichtlich auf die Herstellung justizieller und rechtlicher Einheit.

Das Gesetzeswerk hatte jedoch nur zwei Jahre bestand. Aufgrund großen Widerspruchs der verschiedenen Konfessionsgruppen und konservativer islamischer Kreise musste die Regierung das Gesetz im Jahre 1919 zurücknehmen.[528]

Trotz dieser äußerst kurzen Gültigkeitsdauer bestand auch dieses Gesetz in manchen Gebieten nach der Abtrennung vom Osmanischen Reich im Zuge des Ersten Weltkrieges fort. So galt das Gesetz in Syrien bis 1953 und in Jordanien bis 1951.[529] Letzteres Land rezipierte im weiteren Verlauf auch Teile dieser Kodifikation.[530] Im Libanon wird im Hinblick auf die sunnitische Bevölkerung bis heute auf das Werk zurückgegriffen.[531] Auch auf israelischem Gebiet findet es noch heute ergänzende Anwendung.[532]

dd) Würdigung der Maßnahmen

Die Hohe Pforte wurde zum Ende des 18. Jahrhunderts der akuten Reformbedürftigkeit ihrer Reichsstrukturen gewahr. Endogene und exogene Faktoren hatten Zentrifugalkräfte ausgelöst, die die territoriale Integrität des Osmanischen Reiches bedrohten. Besonders der um sich greifende Nationalismus und die schleichende Dezentralisierung des Reiches durch lokale Potentaten setzten die Reichsführung unter Druck.

Als Reaktion auf diese Entwicklungen verkündete *Abdülmecid I.* 1839 das Edikt von Gülhane. Das Edikt enthielt bewusst Elemente der *Erklärung der*

---

525 *Gayretli*, Kanunlaştırma, S. 377.
526 *Gayretli*, Kanunlaştırma, S. 376.
527 Vgl. *Bozkurt*, Batı Hukukunun Türkiye'de Benimsenmesi, S. 172.
528 *Aydın*, Türk Hukuk Tarihi, S. 428.
529 *Gayretli*, Kanunlaştırma, S. 380.
530 *Gayretli*, Kanunlaştırma, S. 380.
531 *Gayretli*, Kanunlaştırma, S. 380.
532 *Gayretli*, Kanunlaştırma, S. 380.

Menschen- und Bürgerrechte vom 26. August 1789, insbesondere die Betonung eines egalitären Grundansatzes. Ziel war es dabei augenscheinlich weitere Separationsbestrebungen zu dämpfen.

Wie an den nachfolgenden Maßnahmen jedoch deutlich wird, war diese Rezeption europäischen Verfassungsrechts lediglich formaler Natur. Sie spiegelte weder zum damaligen Zeitpunkt in der Staatsführung und im Volk bestehende einflussreiche intellektuelle Strömungen wider noch führte sie in der Staatsführung und im Volk zu einer parallelen inhaltlichen Übernahme oder einem zumindest allmählichen Umdenken im Sinne der rezipierten Ideen. Damit war sie zum Scheitern verurteilt.

So ging die Hohe Pforte, die die theokratisch-segregative Grundhaltung des Reiches intellektuell nicht im Geringsten in Frage stellte, dazu über, in erster Linie auf dem Gebiet des Sultansrechts, welches unter Beachtung bestimmter islamisch-rechtlicher Grenzen ohnehin grundsätzlich zur freien Disposition des Sultans stand, egalitäre Kodifikationen zu erlassen, um auf diesem Wege die angekündigte egalitäre Grundhaltung zu „verwirklichen". Entsprechend einzuordnen sind die Kodifikationen des Strafrechts und des Bodenrechts. Und auch das Handelsrecht ist in diese Art von Maßnahmen einzuordnen, da es sich inhaltlich um islamisch-rechtlich nicht geregeltes und zulässiges Gewohnheitsrecht handelt und damit ebenfalls einen islamisch-rechtlich wenig sensiblen Bereich darstellt.[533]

Da die theokratisch-segregative Grundhaltung der Staatsführung jedoch gerade vorhanden blieb, wurden die sensiblen Kernbereiche des islamischen Rechts nicht nivelliert, sodass sich mit der Zeit neben der klassischen Rechtsordnung eine weitere, egalitär geprägte Rechtsordnung und damit ein Dualismus herausbildete.[534]

Ob für die mangelnde inhaltliche Übernahme der rezipierten Ideen das Fehlen eines entsprechenden intellektuellen Nährbodens oder schlicht und ergreifend der Widerstand konservativer Kräfte im Reich ursächlich war, lässt sich dabei nicht so eindeutig bestimmen. Die beteiligten Kreise und das dominierende Gesellschaftsbild sprechen jedoch eher dafür, dass eine Infragestellung

---

533 Vgl. *Ekinci*, Osmanlı Mahkemeleri, S. 85 f.

534 Diesen Dualismus ebenfalls hervorhebend etwa *Ekinci*, Osmanlı Hukuku, S. 579; *Gayretli*, Kanunlaştırma, S. 146; *Üçok/Mumcu/Bozkurt*, Türk Hukuk Tarihi, S. 372; *Bandak*, Rezeption, S. 40.

der theokratisch-segregativen Strukturen zum damaligen Zeitpunkt intellektuell schlicht undenkbar war.[535]

Die Herausbildung dieser „egalitären" Rechtsordnung führte im weiteren Verlaufe sodann auch zur Entstehung eines eigenen Gerichtszweigs, den sog. *Nizâmiye-Gerichten*. Die Zuständigkeit der klassischen *Scharia-Gerichte* wurde in diesem Zuge sukzessive zugunsten der neuen Gerichte abgebaut und beschränkte sich letzten Endes nur noch auf das Personalstatut.[536]

Diese Entwicklung hatte damit insgesamt zur Folge, dass statt einer Nivellierung des Rechtssystems vielmehr die materielle und justizielle Zersplitterung desselben vorangetrieben wurde. Folge waren insbesondere bis zur Republik anhaltende Zuständigkeitsstreitigkeiten zwischen den Justizzweigen.[537] Zudem

535 Höchst spekulativ sind vor diesem Hintergrund folgende Ausführungen *Bandaks*: „Aus diesen Worten Abdülmecits [Anm.: im Edikt von Gülhane] wird bereits in dieser frühen Phase der Reformperiode deutlich, dass die Einsicht über die real bestehende Gefahr vorhanden war, dass bei einer weiterhin unveränderten Handhabe der staatlichen Angelegenheiten und *der konsequenten Beibehaltung des islamischen Rechts* [Hervorhebung durch den Autor] der Zerfall des Osmanischen Reichs unweigerlich Ergebnis dieses Zustands sein würde." (*dies.*, Rezeption, S. 38).
Es lassen sich keinerlei Anhaltspunkte dafür finden, dass es (zumindest unterschwellig) Ziel des Reformprogramms war „[…] mit dem bisherigen Rechtssystem vollends zu brechen". Dagegen spricht rein formal zunächst einmal der Wortlaut des Edikts, der gerade vergangene Stärke und Wohlstand an die frühere Beachtung des islamischen Rechts knüpft. Doch auch materiell lässt sich im weiteren Verlauf keine Vorgehensweise oder Maßnahme finden, mit der das islamische Recht offen in Frage gestellt worden wäre. Dies gilt selbst für die kurze Phase der jungtürkischen Diktatur und sogar für die Anfangsphase der türkischen Republik. Freilich gab es Einzelpersonen, die insbesondere auf Druck europäischer Diplomaten islamisch-rechtlich fragwürdige Forderungen erfolglos artikulierten. Eine Einsicht, dass bei „[…] konsequente[r] Beibehaltung des islamischen Rechts der Zerfall des Osmanischen Reichs" drohe, bestand jedoch mitnichten. Die historischen Ereignisse deuten im Gegenteil lediglich auf die Einsicht hin, dass ohne Formalrezeption zur Dämpfung des außenpolitischen Drucks und zur Anbiederung eine Zerteilung des Reiches durch die imperialen Bestrebungen der europäischen Mächte drohe. Die historischen Umstände und die verabschiedeten Maßnahmen sprechen daher gegen die Interpretation *Bandaks*. In diese Richtung ebenfalls *Ekinci*, Osmanlı Mahkemeleri, S. 82 ff.

536 Eine Beobachtung, die auch in anderen islamischen Rechtsordnungen, insbesondere in der Phase ihrer Kolonisierung, gemacht werden kann und zu dem weitverbreiteten Fehlschluss führte, dass den Kern des islamischen Rechts der Bereich des Personalstatuts ausmache.

537 Vgl. *Bozkurt*, Batı Hukukunun Türkiye'de Benimsenmesi, S. 124 f.

wurde mit den Maßnahmen nicht nur die angestrebte Rechtseinheit nicht erreicht, sondern auch die Dämpfung der Separationsbestrebungen verfehlt, die im weiteren Verlauf, insbesondere zu Beginn des 20. Jahrhunderts, in den Balkankriegen ihre extremsten Ausprägungen erreichten.[538]

Auch die Kodifizierungen des islamischen Rechts widersprechen nicht dieser Gesamteinschätzung der Reformmaßnahmen. Die *Mecelle* als bedeutendste Kodifikation in diesem Bereich war gerade eine Konsequenz der Entstehung der *Nizâmiye-Gerichte* und damit Sinnbild der Zersplitterung der Justiz.[539] Das *Hukûk-ı Âile Kararnâmesi* war zwar der Justizeinheit dienlich, hatte aber aufgrund des großen Widerstands keinen Bestand. Zudem erhielt es die interpersonale Rechtsspaltung aufrecht. Die theokratisch-segregative Struktur wurde daher von keiner dieser Maßnahmen beendet.

Die bisher geschilderten Einschätzungen zeigen somit deutlich, dass die durch exogene Faktoren ausgelöste reine *Formal*rezeption europäischen Verfassungsrechts eine systematisch-logische Integration der einzelnen Elemente der Rechtsordnung in ein einheitliches Gesamtkonzept unmöglich machte. Verhindert wurde eine Integration dabei teilweise aber auch schon durch die Wahl des ausführenden Ministeriums: Kam diesem keine allgemeine justizielle Zuständigkeit zu, wie es bei einem klassischen Justizministerium der Fall ist, waren die Wahl eines Sonderwegs und die fehlende gesamtkonzeptionelle Integration häufig vorprogrammiert. Dies lässt sich insbesondere im Zusammenhang mit der Ausarbeitung der *Mecelle* beobachten, die nicht unter Leitung des *şeyhülislâm* als höchstem islamischen Juristen und seines Mitarbeiterstabes, sondern unter dem Dach des zum damaligen Zeitpunkt noch relativ jungen „Justizministeriums" entworfen wurde, dass eben nicht für die gesamte Rechtsordnung zuständig war.[540] Mithin war die Ausarbeitung eines umfassenden Zivilgesetzbuches unter Einbeziehung insbesondere auch des Personalstatuts mit der Wahl dieses Ministeriums aufgrund seines begrenzten Verantwortungsbereichs von vornherein ausgeschlossen. Solche schon auf Ministerialebene bestehenden Spaltungen verhinderten daher zusätzlich die Ausarbeitung eines ganzheitlichen Konzepts. Auswirkungen der Wahl des ausführenden Ministeriums auf die Integration des Rechtsaktes in das Gesamtsystem der Rechtsordnung lassen sich bis heute in der Türkei beobachten, wie im weiteren Verlauf der Arbeit noch festzustellen sein wird.

---

538 Siehe hierzu ausführlich *Matuz*, Das Osmanische Reich, S. 254 ff.

539 Siehe dazu S. 94 ff.

540 Vgl. *Gayretli*, Kanunlaştırma, S. 348.

Allerdings ist nicht nur die Formalrezeption europäischen Verfassungsrechts ursächlich für den Misserfolg der Reformen ab der Zeit des *Tanzimat*. Auch die Totalrezeptionen, zu denen das Reich mit zunehmendem äußeren Druck vermehrt griff, waren von erheblichen Mängeln geprägt. Evident ist allen voran schon die Mangelhaftigkeit der Vorgehensweise im Vorfeld der Rezeptionen. Ein Blick auf Äußerungen im Zusammenhang mit rezipierten europäischen Gesetzeswerken zeigt, dass bei der Auswahl des Rezeptionsgegenstands häufig die hohe Reputation des Werkes, die Sympathie für oder Abhängigkeit vom betreffenden Staat oder die Zufälligkeit des Studienortes von Teilen der staatlichen Elite ausschlaggebend waren. Die Vornahme einer ernstzunehmenden rechtsvergleichenden Tauglichkeitsprüfung wird nicht wirklich erkennbar. So kann beispielsweise die Frage gestellt werden, wieso nicht in England, dessen Recht aufgrund seines kasuistischen Charakters dem klassischen islamischen Recht nahekommt, oder in Österreich-Ungarn, das wie das Osmanische Reich ein zentralistischer Vielvölkerstaat war, rechtliche Anleihen genommen wurden. Eine solche Vorgehensweise hätte möglicherweise den Erfolg der Rezeptionen erhöhen können.[541] Ein Umdenken im Sinne einer solchen stärker rechtsvergleichenden Vorgehensweise wird erst in der Phase der Zweiten Konstitutionellen Periode erkennbar.

Des Weiteren wird in historischen Quellen im Hinblick auf die rezipierten Gesetzestexte häufig die Mangelhaftigkeit der Übersetzungen moniert. Ein Phänomen, das sich ebenfalls bis in die heutige Zeit beobachten lässt. Verstärkt wurde die Mangelhaftigkeit der erlassenen Gesetzeswerke zudem dadurch, dass spätere Reformen der rezipierten Gesetzeswerke durch das Mutterland teilweise nicht nachvollzogen wurden.[542]

Es lässt sich über all diese Dinge hinaus generell die Frage aufwerfen, wieso nicht zuvörderst eine Reform des bestehenden Rechtssystems angestrebt wurde, statt eine „Rechtsordnung neben der Rechtsordnung“ zu importieren.[543] Vermutlich war hierfür ausschlaggebend, dass die auf diesem Wege neu geschaffenen Institutionen stärker an die Staatsführung gebunden werden konnten, als man dies zum damaligen Zeitpunkt mit den schon bestehenden über eine Reform hätte erreichen können. Die Maßnahmen waren damit dem Ziel einer

---

541 In diese Richtung ebenfalls *Ekinci*, Osmanlı Hukuku, S. 545 f.

542 Vgl. bspw. in Bezug auf das Handelsgesetzbuch *Bozkurt*, Batı Hukukunun Türkiye'de Benimsenmesi, S. 153.

543 In diese Richtung ebenfalls *Gayretli*, Kanunlaştırma, S. 394.

stärkeren Zentralisierung förderlich. Zudem dürfte auch insoweit der immense außenpolitische Druck eine wesentliche Rolle gespielt haben.

2. *Epoche der Republik Türkei*

Die moderne türkische Rechtsordnung ist zeitlich betrachtet ein Produkt der türkischen Republik, wenngleich die Wurzeln ihrer Entstehung in den Strukturen und Umwälzungen des osmanischen Rechtssystems[544] zu finden sind. Unmittelbarer Auslöser dieser historisch weltweit einmaligen „Rechtsreform" war die *Friedenskonferenz von Lausanne*, die im Anschluss an den Türkischen Befreiungskrieg stattfand.

a) *Der Türkische Befreiungskrieg und die Friedenskonferenz von Lausanne*

aa) *Reziprozität von Verhandlungsverlauf und Reformarbeiten*

Im Verlaufe des Türkischen Befreiungskrieges gelang es der türkischen Befreiungsbewegung unter Führung von *Mustafa Kemal Atatürk*[545] durch militärische Zurückdrängung insbesondere der griechischen Invasion und politische Etablierung einer Alternativregierung in Ankara die Durchsetzung des Diktatfriedens von Sèvres vom 10. August 1920[546] zu vereiteln und Bedingungen für neue Friedensverhandlungen zu schaffen.[547] Militärische Erfolge und die Abschaffung des Sultanats am 1. November 1922 garantierten ihr dabei eine deutlich stärkere Verhandlungsposition als dem *Ancien Régime* in Sèvres.[548] Die Friedenskonferenz begann am 20. November 1922 in Lausanne.

---

544 Zu den Strukturen des osmanischen Rechtssystems siehe S. 36 ff. Zu den Umwälzungen dieses Systems siehe S. 65 ff.

545 Im Folgenden nur noch Atatürk. Genau genommen wurde Mustafa Kemal der Name Atatürk erst im Nachhinein durch ein Gesetz aus dem Jahre 1934 verliehen. Der Einfachheit halber soll hier aber auch schon im Kontext der Darstellung früherer Zeitabschnitte dieser heute geläufige Name verwendet werden.

546 Der *Vertrag von Sèvres* hätte im Falle seiner Durchsetzung wesentliche Einbußen territorialer Natur und den beinahe vollständigen Verlust politischer Souveränität des Osmanischen Reiches zur Folge gehabt. Mehr zu diesem Vertrag, der das Osmanische Reich „[…] faktisch zu einem halbkolonialen asiatischen *de-facto*-Kondominium Großbritanniens, Frankreichs und Italiens degradiert" hätte, *Banken*, Die Verträge von Sèvres 1920 und Lausanne 1923, S. 373 ff.

547 Siehe zu alldem *Kreiser*, Atatürk, S. 150 ff.

548 Vgl. *Kreiser*, Atatürk, S. 173.

Noch während der Fortdauer dieser Friedenskonferenz und dementsprechend noch vor der Ausrufung der Republik beschloss die Große Nationalversammlung in Ankara die Einsetzung mehrerer Kommissionen zur Novellierung und Reformierung des bestehenden Rechts.[549] Die Arbeitsmethode innerhalb der Kommissionen sollte sich dabei an derjenigen der 1916 eingesetzten Reformkommission orientieren und basierte damit auf einem islamisch-rechtlichen Grundansatz;[550] eine „Säkularisierung" des Rechts war daher nicht Ziel der Kommissionen.[551]

Derweil gestalteten sich die Verhandlungen in Lausanne erwartungsgemäß schwierig.[552] Neben vielen anderen Themen bildeten vor allem der rechtliche Status von Ausländern und von Minderheiten zwei immer wiederkehrende Streitpunkte.[553]

Im Hinblick auf den rechtlichen Status von Ausländern waren die Alliierten an einer Beibehaltung einer Sonderstellung ihrer Staatsangehörigen interessiert.[554] Schon die einseitige Aufhebung der Kapitulationen im Jahre 1914 war auf ihre Ablehnung gestoßen.[555] So sollten denn auch nach einem von ihnen im Verlaufe der Verhandlungen vorgelegten Entwurf für die Dauer von fünf Jahren fremde Richter an bestimmten Gerichten der Türkei beschäftigt werden, um sie bei Prozessen ausländischer Staatsangehöriger neben den im konkreten Einzelfall berufenen türkischen Richtern zusätzlich zum Einsatz zu bringen.[556]

549 *Bozkurt*, Batı Hukukunun Türkiye'de Benimsenmesi, S. 184; *Gayretli*, Kanunlaştırma, S. 381.

550 Vgl. *Bozkurt*, Batı Hukukunun Türkiye'de Benimsenmesi, S. 185; *Gayretli*, Kanunlaştırma, S. 382; *Turan*, ATAMD 11 (1995), Nr. 32, 477, 488. Siehe zur Arbeitsmethode der 1916 eingesetzten Reformkommission S. 96 ff.

551 So auch *Bozkurt*, Batı Hukukunun Türkiye'de Benimsenmesi, S. 185.

552 Vgl. *Kreiser*, Atatürk, S. 175.

553 Vgl. *Bilsel*, in: *İstanbul Üniversitesi*, Medenî Kanunun XV. Yıl Dönümü, S. 31; *Aydın*, İslâm ve Osmanlı Hukuku, S. 300.

554 Vgl. nur die in Anhang D enthaltene „Vorlage der Delegationen der Alliierten an die türkische Delegation vom 14. Dezember 1922 bezüglich der justiziellen Zuständigkeit in nicht das Personalstatut betreffenden Fällen", in: *Meray*, Lozan Barış Konferansı, Sammlung I, Band 2, S. 47 f.; *Aydın*, İslâm ve Osmanlı Hukuku, S. 301.

555 Vgl. *Matuz*, Das Osmanische Reich, S. 264; *Lehmann*, Die Aufhebung der Kapitulationen in der Türkei, S. 43.

556 Siehe hierzu die in Anhang F enthaltene „Vorlage einer Deklaration betreffend die Justizverwaltung der Türkei", in: *Meray*, Lozan Barış Konferansı, Sammlung I, Band 1, Buch 2, S. 120 f.

Überdies sollten ebenjene Richter an der Ausgestaltung von Entwürfen zur Reform des türkischen Rechts- und Justizwesens beteiligt werden.[557]

Die türkische Seite sah in diesem Vorstoß nichts anderes als den Versuch der europäischen Mächte, die früheren Kapitulationen unter anderer Bezeichnung fortzuführen.[558] Die Beseitigung der Kapitulationen war indessen spätestens seit dem 19. Jahrhundert eines der wichtigsten außenpolitischen Ziele des Osmanischen Reiches und dominierte insbesondere die Außenpolitik der jungtürkischen Ära ab 1908.[559] Sie gestaltete sich jedoch außerordentlich schwierig.

Die Praxis der Einräumung von Schutz und Privilegien für bestimmte Gruppen Gebietsfremder ist wesentlich älter als die damals in Frage stehenden osmanischen Kapitulationen.[560] Sie wurzelt im Personalitätsprinzip, als dessen Ausfluss Gebietsfremde nicht in den Genuss des Rechts ihres jeweiligen Aufenthaltsortes kamen.[561] Diese Rechtlosstellung war jedoch mit zunehmendem Handel zwischen verschiedenen Gebieten nicht mehr hinnehmbar.[562] An ihre Stelle trat deshalb die einseitige Einräumung von Schutz und Privilegien durch die jeweiligen Machthaber als eine Art Gnadenakt, um den fremden Kaufleuten die notwendige Sicherheit für den auch von Machthaberseite gewünschten Außenhandel zu gewährleisten.[563] Solche Gnadenakte lassen sich hierbei bis in frühere Zeit zurückverfolgen und bestanden beispielsweise schon zwischen einigen wichtigen italienischen Handelsstädten und dem Byzantinischen Reich.[564] Letztere enthielten schon typische Elemente der osmanischen Kapitulationen wie beispielsweise rechtliche und justizielle Autonomie.[565]

Diese Praxis bestand aber nicht nur zwischen den christlich geprägten Staaten, sondern gerade auch im Verhältnis zu muslimischen Staaten. Nach den Bestimmungen des islamischen Rechts enthält die Einreiseerlaubnis für

---

557 Siehe hierzu die in Anhang F enthaltene „Vorlage einer Deklaration betreffend die Justizverwaltung der Türkei“, in: *Meray*, Lozan Barış Konferansı, Sammlung I, Band 1, Buch 2, S. 120 f.

558 Vgl. *Aydın*, İslâm ve Osmanlı Hukuku, S. 303; *Bozkurt*, Batı Hukukunun Türkiye'de Benimsenmesi, S. 178 f.

559 *Berchtold*, Recht und Gerechtigkeit in der Konsulargerichtsbarkeit, S. 47.

560 Vgl. die Darstellungen „[z]ur Vorgeschichte der Kapitulationen“ bei *Kunke*, Die Kapitulationen der Türkei, S. 5 ff.

561 *Berchtold*, Recht und Gerechtigkeit in der Konsulargerichtsbarkeit, S. 42.

562 *Nebioglu*, Die Auswirkungen der Kapitulationen, S. 4.

563 Vgl. *Nebioglu*, Die Auswirkungen der Kapitulationen, S. 5.

564 Vgl. *Berchtold*, Recht und Gerechtigkeit in der Konsulargerichtsbarkeit, S. 42.

565 Vgl. *Berchtold*, Recht und Gerechtigkeit in der Konsulargerichtsbarkeit, S. 42.

nichtmuslimische Gebietsfremde ein Schutzversprechen.[566] Dieses entspricht inhaltlich im Wesentlichen dem Schutzvertrag, den die Herrscherautorität nach islamischen Recht mit den nichtmuslimischen Untertanen abschließt.[567] Unterschiedlich ist alleine die Gültigkeitsdauer: das Schutzversprechen bei Einreise ist zeitlich begrenzt.[568] Dabei kann das Schutzversprechen sowohl für Einzelpersonen als auch für bestimmte Gruppen von Personen erteilt werden.[569]

Vor dem Hintergrund dieser islamisch-rechtlichen Grundlagen verwundert es nicht, dass die osmanischen Herrscher aus Interesse an der Fortführung des Außenhandels in der Regel schon bestehende Kapitulationen in eroberten Gebieten, die aus ihrer Sicht letztlich nichts anderes als ein solches gruppenbezogenes Schutzversprechen waren, entsprechend bestätigten.[570] So wurden denn auch die byzantinischen Kapitulationen nach der Eroberung Konstantinopels durch *Mehmed II.* bestätigt.[571] Auch insoweit geschah die Bestätigung der Sonderrechte in Form eines Gnadenaktes des Sultans.[572]

Die Erteilung war allerdings immer nur für die Herrschaftsdauer des jeweiligen Sultans gültig und musste daher durch den nachfolgenden Sultan bestätigt werden, um weiterhin Gültigkeit beanspruchen zu können.[573] Diese Praxis wurde mit der allmählichen Degeneration insbesondere der militärischen Fähigkeiten des Osmanischen Reiches durch die europäischen Mächte dazu instrumentalisiert, die Sonderrechte sukzessive auszubauen.[574] Im Verlaufe der Zeit wandelten sich die einseitigen Gnadenakte auf diese Weise zu weitreichenden Teilbestimmungen zweiseitiger Handelsverträge und sonstiger zweiseitig bindender Instrumente.[575] Bemerkenswerterweise stellt dieser Wandel dabei im Kontext der kontinentaleuropäischen Entwicklung einen Anachronismus dar. Die Entstehung von Flächenstaaten führte in Kontinentaleuropa im selben

566 Vgl. *Ekinci*, Osmanlı Hukuku, S. 325.

567 *Ekinci*, Osmanlı Hukuku, S. 325. Siehe zum rechtlichen Status von Nichtmuslimen ausführlich S. 57 ff.

568 Vgl. *Özel*, MÜSTE'MEN, in: *Türkiye Diyanet Vakfı*, TDV İslâm Ansiklopedisi, Band 32, Stand 2006, S. 141.

569 *Ekinci*, İslâm Hukuku, S. 289.

570 Vgl. *Nebioglu*, Die Auswirkungen der Kapitulationen, S. 15.

571 *Nebioglu*, Die Auswirkungen der Kapitulationen, S. 15.

572 *Berchtold*, Recht und Gerechtigkeit in der Konsulargerichtsbarkeit, S. 43.

573 *Kunke*, Die Kapitulationen der Türkei, S. 89, der insofern von „pacta personalia" spricht.

574 Vgl. *Berchtold*, Recht und Gerechtigkeit in der Konsulargerichtsbarkeit, S. 45 ff.

575 *Berchtold*, Recht und Gerechtigkeit in der Konsulargerichtsbarkeit, S. 45.

Zeitraum nämlich gerade zu einer Ablösung des Personalitätsprinzips durch das Territorialitätsprinzip.[576]

Die Ausweitung der Sonderrechte zeitigte im Zusammenspiel mit den veränderten wirtschaftlichen Umständen in Europa verheerende wirtschaftliche Folgen im Osmanischen Reich, die die ohnehin fortschreitende Degeneration des Reiches weiter verschärften: Allen voran die Aufhebung der Binnenzölle führte dazu, dass der Osmanische Markt infolge der industriellen Revolution in Großbritannien mit Billigwaren aus Europa überflutet wurde.[577] Dies wiederum führte zum Niedergang des Handwerksgewerbes im Osmanischen Reich und verhinderte letztlich die Entstehung einer auch nur in Ansätzen vorhandenen osmanischen Industrie.[578] Das Osmanische Reich degenerierte somit zu einem Absatzmarkt europäischer Industriestaaten.[579] Gleichzeitig blieben aufgrund der Steuerbefreiungen entsprechende Einnahmen des Staates aus und verlagerten die Hauptsteuerlast auf die ohnehin ärmliche Landbevölkerung.[580]

---

576 *Berchtold*, Recht und Gerechtigkeit in der Konsulargerichtsbarkeit, S. 42 f.

577 Vgl. *Nebioglu*, Die Auswirkungen der Kapitulationen, S. 50 ff.

578 Vgl. *Nebioglu*, Die Auswirkungen der Kapitulationen, S. 50 ff.

579 In diese Richtung ebenfalls *Nebioglu*, Die Auswirkungen der Kapitulationen, S. 23: „[...] wurde durch die Kapitulationen das Osmanische Reich aus einem gesunden Gewerbe- und Handelsstaat in einen wirtschaftlich versklavten Absatzmarkt und Rohstofflieferanten verwandelt."; *Berchtold*, Recht und Gerechtigkeit in der Konsulargerichtsbarkeit, S. 47: „Weite Teile der osmanischen Ökonomie standen gegen Ende des 19. Jahrhunderts unter der direkten oder indirekten Kontrolle der Großmächte, die zu günstigen Handelsverträgen gekommen waren und deren Kaufleute von niedrigen Zolltarifen und vorteilhaften Steuersätzen profitierten."; *Déligeorges*, Die Kapitulationen der Türkei, S. 38: „Die politischen Interessen der Mächte in der Türkei stützen sich rechtlich auf anderen völkerrechtlichen Erscheinungen, jedoch haben sich wichtige Staatsinteressen unter dem Schutze der Kapitulationen entwickelt; denn die Türkei ist und will kein industrielles Land sein; sie ist daher die natürliche Ablage der europäischen Ueberproduktion."

580 Vgl. *Nebioglu*, Die Auswirkungen der Kapitulationen, S. 64. Dieser Effekt wurde dadurch verstärkt, dass die europäischen Vertretungen Inländer zu Schutzgenossen erklären konnten. Siehe zu Letzterem *Lehmann*, Die Aufhebung der Kapitulationen in der Türkei, S. 27. *Berchtold* hält jedoch die von *Lehmann* a.a.O. ohne Angabe einer Quelle in den Raum gestellte Zahl von 7 Mio. russischen Schutzgenossen unter Verweis auf die Anzahl statistisch erfasster britischer Schutzgenossen in den Jahren 1856, 1870 und 1886 für übertrieben, widerspricht aber letztlich dem von *Lehmann* behaupteten Missbrauch dieses Instituts nicht. Siehe zu den Ausführungen *Berchtolds* in, *ders.*, Recht und Gerechtigkeit in der Konsulargerichtsbarkeit, S. 75 ff. Dieselbe Anzahl

Neben diesen Souveränitätsverlust in der Wirtschaft trat bedingt durch die übrigen Bestimmungen der Kapitulationen ein Souveränitätsverlust im Rechts- und Justizwesen. Die Angehörigen fremder Staaten genossen auf osmanischem Staatsgebiet dank der Kapitulationen nahezu Exterritorialität.[581] So unterstanden Rechtsstreitigkeiten zwischen fremden Staatsangehörigen desselben Staates mit Ausnahme von Immobiliarstreitigkeiten ihrer eigenen Konsulargerichtsbarkeit und damit ihrem Heimatrecht.[582] Bei Streitigkeiten zwischen fremden Staatsangehörigen unterschiedlicher Staaten stand den Beteiligten ein Wahlrecht hinsichtlich des anzurufenden Konsulargerichts zu, dessen *lex fori* dann wiederum maßgeblich war.[583] Lediglich Streitigkeiten zwischen fremden Staatsangehörigen und osmanischen Inländern unterstanden der osmanischen Gerichtsbarkeit und damit inländischem Recht, wobei zeitweilig in einigen Gebieten insoweit auch der Grundsatz *actor sequitur forum rei* galt, bei höheren Streitwerten der *divan-ı hümâyun*[584] zuständig war und später gemischte Gerichte eingesetzt wurden.[585] An den Verfahren vor inländischen Gerichten musste allerdings immer ein *Dragoman*[586] teilnehmen, der als Gerichtsbeobachter und Gerichtsbeistand des fremden Staatsangehörigen während des Verfahrens zugunsten des Gebietsfremden intervenieren konnte.[587] Diese Grundsätze galten hierbei sowohl für zivilrechtliche Streitigkeiten als auch für strafrechtliche Verfahren, einzig mit dem Unterschied, dass im Falle strafrechtlicher Verfahren gegen fremde Staatsangehörige der *Dragoman* nicht nur als Gerichtsbeobachter und Gerichtsbeistand des fremden Staatsangehörigen auftrat, sondern alternativ zum Konsul als zusätzlicher Richter zur Entscheidung berufen war.[588] Das System der Konsulargerichtsbarkeit bot damit insgesamt ein großes Missbrauchspotenzial, das von

---

russischer Schutzgenossen, diesmal jedoch unter Angabe einer Quelle, nennt dagegen *Nebioglu* in, *ders.*, Die Auswirkungen der Kapitulationen, S. 58.

581 *Déligeorges*, Die Kapitulationen der Türkei, S. 1.

582 *Antonopoulos*, Ueber die Exterritorialität der Ausländer in der Türkei, S. 17, 22.

583 *Antonopoulos*, Ueber die Exterritorialität der Ausländer in der Türkei, S. 28 f.

584 Siehe zu diesem Fn. 168.

585 *Antonopoulos*, Ueber die Exterritorialität der Ausländer in der Türkei, S. 35, 37, 41.

586 Siehe hierzu S. 63.

587 *Antonopoulos*, Ueber die Exterritorialität der Ausländer in der Türkei, S. 35 f., 39. *Berchtold* hält die tatsächlichen Einflussmöglichkeiten der *Dragomane* für wesentlich geringer, als sie in der Literatur häufig beschrieben werden. Nichtsdestotrotz bezeichnet er sie ebenfalls als „einflussreich." Siehe zu alldem *Berchtold*, Recht und Gerechtigkeit in der Konsulargerichtsbarkeit, S. 258 ff.

588 *Antonopoulos*, Ueber die Exterritorialität der Ausländer in der Türkei, S. 63.

Seiten der europäischen Vertretungen und Staatsangehörigen nach Auffassungen in der Literatur auch genutzt wurde.[589]

Angesichts vorgebrachter Missbrauchsfälle und der beschriebenen verheerenden Folgen drängte die Hohe Pforte daher im Verlaufe der Geschichte mehrfach erfolglos auf eine Aufhebung der Kapitulationen.[590] 1914 schließlich – ermutigt durch die Wirren des *Ersten Weltkrieges* – erklärte die jungtürkische Regierung die Bestimmungen einseitig für aufgehoben.[591] Die Alliierten widersprachen dieser einseitigen Aufhebung jedoch unter Verweis auf den Vertragscharakter der Kapitulationen und bestanden somit weiterhin auf den vormals eingeräumten Sonderrechten.[592] Nach dem Ende des *Ersten Weltkrieges* strebten sie mit dem *Vertrag von Sèvres* gar einen weiteren Ausbau derselben an.[593]

Die türkische Verhandlungsdelegation konnte daher einem Vorschlag, den sie als Versuch der Fortführung der früheren Kapitulationen begriff, unmöglich zustimmen. Sie lehnte deshalb den oben genannten Vorschlag der Alliierten ab.[594] In der Folge kam es alsdann zu einer zweimonatigen Unterbrechung der Verhandlungen.[595]

Nach Wiederaufnahme der Verhandlungen konnten sich die Parteien schließlich auf eine Kompromisslösung in Form einer Zusatzerklärung verständigen, in der sich die Türkei bereit erklärte, für eine Dauer von fünf Jahren ausländische Rechtsberater als Beamte im Justizministerium einzustellen.[596] Aufgabe dieser Berater sollte es dabei sein, das türkische Rechts- und Justizwesen – ausdrücklich ohne ein Recht auf Intervention – zu beobachten, dem Justizministerium in diesem Zusammenhang Bericht zu erstatten und an Kommissionen zur Reform

589 Vgl. bspw. die Ausführungen von *Kunke*, Die Kapitulationen der Türkei, S. 99: „Bei der Betrachtung der verschiedenen Kapitulationen konnten wir immer wieder die Einmischung der Fremden in die türkische Gerichtsbarkeit beobachten, die sich aber ins Unerträgliche steigern musste, wenn die Türken den gefährlichsten Verbrecher nur deshalb entweichen zu lassen gezwungen waren, weil er ein Fremder war."

590 Vgl. *Nebioglu*, Die Auswirkungen der Kapitulationen, S. 26 ff.

591 *Berchtold*, Recht und Gerechtigkeit in der Konsulargerichtsbarkeit, S. 50 f.

592 *Berchtold*, Recht und Gerechtigkeit in der Konsulargerichtsbarkeit, S. 51.

593 *Berchtold*, Recht und Gerechtigkeit in der Konsulargerichtsbarkeit, S. 52.

594 *Bozkurt*, Batı Hukukunun Türkiye'de Benimsenmesi, S. 178 f.

595 *Bozkurt*, Batı Hukukunun Türkiye'de Benimsenmesi, S. 179; *Aydın*, İslâm ve Osmanlı Hukuku, S. 305.

596 Siehe hierzu die „Deklaration betreffend die Justizverwaltung", in: *Meray*, Lozan Barış Konferansı, Sammlung II, Band 2, S. 105 f.

des Rechts- und Justizwesens teilzunehmen.[597] Als Gegenleistung für diese auch *Montagna-Formel* genannte Erklärung wurden die Kapitulationen schließlich mit Art. 28 des Lausanner Friedensvertrages für aufgehoben erklärt.[598]

Ähnlich beharrlich zeigten sich die Alliierten mit Blick auf den rechtlichen Status von Minderheiten. Auch in dieser Hinsicht befürworteten sie eine Beibehaltung insbesondere der vor dem Jahre 1914 geltenden rechtlichen und justiziellen Privilegien der nichtmuslimischen Minderheiten.[599] Die türkische Seite lehnte diese Forderung allerdings gleichermaßen vehement ab.[600] Sie sah in der Beibehaltung der justiziellen Privilegien vermutlich ein Hindernis auf dem Weg zu einer einheitlichen Justiz, die sie – ganz in jungtürkischer Tradition[601] – als wesentliches Charakteristikum des von ihr angestrebten unabhängigen Nationalstaates betrachtete.[602] Entsprechend wollte die Regierung in Ankara auch ihre Legislativgewalt nicht dadurch beschränken lassen, dass sie einer Perpetuierung der vor 1914 geltenden rechtlichen Privilegien per völkerrechtlichem Vertrag zustimmt. Sie sah den Bestand der *„christlichen Bräuche"* durch die bestehende Rechtslage als hinreichend gesichert an.[603] Insbesondere die griechischen Delegierten vermochte dies aber nicht zu überzeugen. Sie verwiesen auf einen Vorstoß der jungtürkischen Regierung aus dem Jahre 1917[604], der ihrer Ansicht nach in die Bestimmungen des kirchlichen Rechts abändernd eingegriffen und

---

597 Siehe hierzu die „Deklaration betreffend die Justizverwaltung", in: *Meray*, Lozan Barış Konferansı, Sammlung II, Band 2, S. 105 f.

598 Die Formel ist benannt nach dem Abgesandten der italienischen Delegation *Montagna*.

599 Vgl. hierzu die Äußerungen der Delegierten in der betreffenden Unterkommission, in: *Meray*, Lozan Barış Konferansı, Sammlung I, Band 1, Buch 2, S. 200 ff.; so auch *Aydın*, İslâm ve Osmanlı Hukuku, S. 305. Zu den rechtlichen und justiziellen Privilegien siehe S. 41 ff.

600 Vgl. die Ausführungen der türkischen Delegierten, in: *Meray*, Lozan Barış Konferansı, Sammlung I, Band 1, Buch 2, S. 201.

601 Vgl. insoweit auf S. 97 den Vorstoß der jungtürkischen Regierung im Jahre 1917, die ehelichen Verhältnisse aller Untertanen mit demselben Gesetz zu erfassen und, unter Aufhebung der justiziellen Privilegien der Konfessionsgruppen, nur noch in die Zuständigkeit der *Scharia-Gerichte* fallen zu lassen.

602 Vgl. hierzu insbesondere die Ausführungen des maßgeblichen türkischen Justizministers *Mahmut Esat Bozkurt* in der amtlichen Begründung zum ZGB von 1926, abgedruckt in: *İstanbul Barosu Yayınları*, Mahmut Esat Bozkurt Anısına Armağan, S. 117 f.

603 Vgl. die Ausführungen der türkischen Delegierten, in: *Meray*, Lozan Barış Konferansı, Sammlung I, Band 1, Buch 2, S. 194.

604 Siehe Fn. 601.

damit großen Unmut innerhalb der nicht-muslimischen Bevölkerung ausgelöst habe.[605]

Wohl vor dem Hintergrund dieser Einwände kündigte die türkische Delegation im Verlaufe der Verhandlungen an, zur Verfolgung ausschließlich staatlicher Regelungsinteressen im Bereich der familiären Verhältnisse ein auf alle Einwohner gleichermaßen anwendbares Recht zu schaffen.[606] Das Gesetz solle dementsprechend weltlichen Charakter haben und mit Rücksicht auf die bestehenden christlichen Bräuche ausgestaltet werden.[607] Dieses Vorhaben wurde von den Delegierten der anderen Staaten jedoch schlichtweg für nicht umsetzbar erklärt.[608] Ob für die Ablehnung Zweifel am Erfolg einer Säkularisierung des türkischen Rechts maßgeblich waren, wie manche Autoren vermuten,[609] oder ob sich die Alliierten tatsächlich Wege der Einmischung und der Intervention offenhalten wollten, wie es andere Autoren[610] und seiner Zeit insbesondere auch die türkische Regierung[611] vermuteten, kann nicht eindeutig beantwortet werden. Irritierend wirkt aber, dass die Einführung eines einheitlichen Gesetzes gerade aufgrund der christlichen und jüdischen Minderheiten in der Türkei durch die Delegierten der Alliierten für nicht umsetzbar erklärt wurde, obgleich sie selbst

605 Vgl. die Ausführungen der Delegierten, in: *Meray*, Lozan Barış Konferansı, Sammlung I, Band 1, Buch 2, S. 200 ff.

606 Vgl. die Ausführungen der türkischen Delegierten, in: *Meray*, Lozan Barış Konferansı, Sammlung I, Band 1, Buch 2, S. 229 ff.

607 Vgl. die Ausführungen der türkischen Delegierten, in: *Meray*, Lozan Barış Konferansı, Sammlung I, Band 1, Buch 2, S. 231 f.

608 Vgl. die Ausführungen der Delegierten, in: *Meray*, Lozan Barış Konferansı, Sammlung I, Band 1, Buch 2, S. 230 ff. Der Delegierte *M. Ryan* führte in diesem Zusammenhang aus, dass er „[...] in Sachen Eheschließung und Scheidung keine Prinzipien [kenne], die ohne Unterscheidung gleichermaßen sowohl auf Muslime als auch auf Christen anwendbar sind"; „Es scheint so, als würde die türkische Delegation versuchen, einen Zustand herzustellen, der in keinem anderen Land besteht."

609 So bspw. *Banken*, Die Verträge von Sèvres 1920 und Lausanne 1923, S. 456.

610 So bspw. *Bozkurt*, Batı Hukukunun Türkiye'de Benimsenmesi, S. 181, die hinter den Forderungen der Alliierten die Absicht vermutet, die Rechtszersplitterung aufrechtzuerhalten und sich dadurch „[...] den Weg der Intervention in die Innenpolitik offenzuhalten"; *Bilsel*, in: *İstanbul Üniversitesi*, Medenî Kanunun XV. Yıl Dönümü, S. 31, spricht sogar von zwei wesentlichen Zielen: der politischen Intervention und der moralischen Vereinnahmung der christlichen Minderheit durch die allierten Staaten.

611 Vgl. beispielsweise die Äußerung des damaligen türkischen Ministerpräsidenten *Hüseyin Rauf Bey*, wiedergegeben bei *Bozkurt*, Batı Hukukunun Türkiye'de Benimsenmesi, S. 178.

ein ebensolches trotz größerer jüdischer Minderheiten in ihren eigenen Staatsgebieten problemlos eingeführt hatten.[612] Die auch für die Zukunft geforderten Privilegien der religiösen Minderheiten in der Türkei bestanden darüber hinaus zu diesem Zeitpunkt in kaum einem der alliierten Staaten. Mehr noch haben sie in der Mehrheit dieser Staaten auch vor diesem Zeitpunkt niemals bestanden. Dies alles und die Tatsache, dass Minderheitenpolitik in der Vergangenheit von einigen europäischen Staaten zur Durchsetzung imperialer Interessen instrumentalisiert worden ist,[613] spricht eher dafür, dass die Zweifel an der Einführung eines auf alle Einwohner anwendbaren Gesetzes nur ein Vorwand waren, um sich über die Beibehaltung der rechtlichen und justiziellen Privilegien von Minderheiten weiterhin Wege der Einmischung und Intervention offen zu halten.[614]

Anders als bei den Kapitulationen konnte die türkische Verhandlungsdelegation im Hinblick auf den Status von Minderheiten eine komplette Tilgung der zurückgewiesenen Forderungen nicht erreichen.[615] Stattdessen ging in den Vertrag mit Art. 42 Abs. 1 die Verpflichtung ein, Vorschriften zu erlassen, die religiösen Minderheiten eine Regelung von Fragen des Personalstatuts gemäß ihren Sitten und Gebräuchen gewährleisten. Zur Feststellung dieser Vorschriften sollten nach Abs. 2 mit Vertretern der Regierung und der jeweiligen Minderheit besetzte Kommissionen eingesetzt werden. Für den Fall, dass in diesen Kommissionen keine Einigung erzielt wird, war die Einsetzung eines Schiedsrichters durch die türkische Regierung und den Völkerbund vorgesehen. In Art. 44 Abs. 1

612 Vgl. den insofern berechtigten Einwand des türkischen Delegierten *Münir Bey*, in: *Meray*, Lozan Barış Konferansı, Sammlung I, Band 1, Buch 2, S. 231. Dabei muss insbesondere bedacht werden, dass die Bevölkerungsstruktur der Türkei zum besagten Zeitpunkt infolge der Zerteilung der Reichsgebiete, der Zurückdrängung der griechischen Invasion, der Bekämpfung armenischer Separatistengruppen, der Deportation armenischer Einwohner und der Emigration von Minderheiten eine weitestgehende Homogenisierung erfahren hatte. Vgl. zu Letzterem *Hanioğlu*, Atatürk, S. 146.

613 Siehe hierzu beispielsweise S. 75 ff.

614 So auch *Bozkurt*, Batı Hukukunun Türkiye'de Benimsenmesi, S. 181; *Bilsel*, in: *İstanbul Üniversitesi*, Medenî Kanunun XV. Yıl Dönümü, S. 31.

615 Dennoch hat die türkische Delegation auch in dieser Hinsicht im Vergleich zu den Bestimmungen des *Vertrages von Sèvres* deutlich mehr „Eigeninteressen" durchsetzen können. Beispielsweise wurde nur ein beschränkter Minderheitenbegriff festgeschrieben, der ethnische und sprachliche Minderheiten völlig außen vor ließ. Diese Beschränkung des Minderheitsbegriffs bot der Republik Türkei in den Folgejahren einen argumentativen „Freifahrtsschein" für ihre rigide Assimilierung ethnischer und sprachlicher Minderheiten. Vgl. zu alldem *Banken*, Die Verträge von Sèvres 1920 und Lausanne 1923, S. 459 f.

wurden die Bestimmungen unter völkerrechtliche Garantie gestellt. Die anderen Vertragsparteien wurden berechtigt, die Verletzung oder auch nur die Gefahr einer Verletzung anzuzeigen (Abs. 2) und den Internationalen Gerichtshof in Den Haag als ausschließlich zur Entscheidung berufenes Gericht anzurufen (Abs. 3). Art. 42 barg in Verbindung mit Art. 44 daher eine solche Möglichkeit der politischen Einmischung und Intervention, die die türkische Verhandlungsdelegation über die gesamten Verhandlungen hinweg gerade tunlichst zu vermeiden versuchte. Das Ziel der türkischen Delegation, eine Internationalisierung innenpolitischer Angelegenheiten wie zu Zeiten des Osmanischen Reiches zu verhindern, wurde mit den Verhandlungen damit letztlich nicht vollständig erreicht.

Die zwischenzeitlich eingesetzten Kommissionen zur Novellierung und Reformierung des bestehenden Rechts kamen währenddessen unterschiedlich schnell voran. Nach Abschluss der Friedenskonferenz von Lausanne hatte die das Personalstatut betreffende Unterkommission den Entwurf eines Familienrechtsgesetzbuches vorgelegt, der dem Familienrechtsgesetzbuch von 1917 stark ähnelte.[616] Der Entwurf wurde am 30. Dezember 1923 durch den damaligen Justizminister *Seyyid Bey* in die Nationalversammlung eingebracht und den entsprechenden Ausschüssen zugeleitet.[617]

Zu einer Verabschiedung dieses Entwurfs kam es allerdings nicht. Die Regierung in Ankara vollzog im Kontext des Abschlusses des Friedensvertrages von Lausanne und des „Erdrutschsieges" der parlamentarischen Gruppe[618] *Atatürks* Mitte des Jahres 1923[619] einen Kurswechsel, der die erste Vorwehe der späteren *kemalistischen Reformen*[620] sein sollte. *Atatürk* ließ diesen Kurswechsel bereits am 17. Oktober 1923 in einem Gespräch mit Pressevertretern in Izmit anklingen:

---

616 *Bozkurt*, Batı Hukukunun Türkiye'de Benimsenmesi, S. 186. Siehe zum Familienrechtsgesetzbuch von 1917 S. 97 f.

617 *Bozkurt*, Batı Hukukunun Türkiye'de Benimsenmesi, S. 186.

618 In der ersten Legislaturperiode der Nationalversammlung hatten sich innerhalb des Parlaments sog. „Gruppen" herausgebildet, in denen sich Abgeordnete ähnlicher politischer Überzeugung zusammenfanden. Erst in der zweiten Legislaturperiode erfolgte die formale Gründung einer Partei durch *Atatürk*.

619 Der Wahlsieg brachte das Parlament bei einer Wahlbeteiligung von etwa 60 % fast vollständig unter die Kontrolle *Atatürks*. Siehe hierzu *Hanioğlu*, Atatürk, S. 155.

620 Mit den *kemalistischen Reformen* sind hier die unter der Präsidentschaft *Atatürks* erfolgten Reformen der 20er und 30er Jahre gemeint, die maßgeblich die moderne Türkei geprägt haben. Beispielhaft seien hier die Latinisierung der türkischen Sprache und die Europäisierung der Kleiderordnung im öffentlichen Dienst genannt. Siehe zu alldem *Kreiser/Neumann*, Geschichte der Türkei, S. 409 ff.

> *„Ja, wir haben in diesem Parlament im Zusammenhang mit Entscheidungen viel Opferbereitschaft gezeigt und mussten dies vielleicht auch tun. Aus diesem Grund sind in die Artikel der Teşkilat-ı Esasiye (Anm.: der Verfassung) Artikel eingegangen, die nicht notwendig sind. Vielleicht haben wir auch deshalb Schwierigkeiten dabei die Kapitulationen abzuschaffen. Die Kerle sagen, die Gesetze, die wir machen wollen, seien Bücher des fıkıh*[621] *usw. Wenn heute der neuen Türkei auf der Konferenz von Lausanne oder auf der Weltbühne Vertrauen entgegengebracht wird, dann nur aufgrund der Abschaffung der Formen der Vergangenheit, der Schöpfung durch Vernichtung. Wenn unsere Umwälzung gewesen wäre wie die konstitutionelle Umwälzung oder die ihr vorangegangenen Umwälzungen, hätte uns niemand Vertrauen entgegengebracht.“*[622]

Ähnlich äußerte sich *Atatürk* auch in seiner Parlamentsansprache vom 1. März 1924:

> *„Egal wie sehr betont würde, welche Wichtigkeit wir der Justizorganisation und der Reform der Justiz beimessen – es wäre zu wenig. Wenn auch der Justiz mit dem derzeitigen Budget bedeutende Ressourcen bereitgestellt worden sind und diese Ressourcen auch kontinuierlich steigen werden. Ein viel wichtigerer Punkt ist jedoch, unsere Rechtsauffassungen, Rechtsvorschriften und Justiz von Bindungen zu befreien, die uns bis heute – bewusst, unbewusst – beeinflusst haben und den Erfordernissen unserer Zeit nicht entsprechen. Die Nation verlangt von der Fortentwicklung des Rechts, die in jedem zivilisierten Staat stattfindet, diejenigen Grundsätze, die ihren Bedürfnissen entspricht. Die Nation will rechtliche Verfahren, die schnell und endgültig für Gerechtigkeit sorgen. Es sollte nicht damit gezaudert werden, in Abhängigkeit von den Wünschen und Bedürfnissen der Nation Einflüsse jeglicher Art von unserem Rechtswesen zu entfernen und sich einem schnellen Fortschritt zu widmen. Im Zivilrecht und im Familienrecht wird der Weg, den wir beschreiten werden, nur der Weg der Zivilisation sein. Ein Vorgehen aufs Geratewohl und die Bindung an abergläubische Vorstellungen sind schwere Beklemmungen, die es verhindern, dass die Menschen erwachen. Die türkische Nation darf sich keiner Beklemmung aussetzen.“*[623]

Die bevorstehenden Umwälzungen, die sich in den zitierten Äußerungen schon andeuteten, wurden kurze Zeit später in die Tat umgesetzt. Am 3. März 1924 beschloss die Nationalversammlung die Abschaffung des Kalifats.[624] Am 8. April 1924 folgte die Abschaffung der *Scharia-Gerichtsbarkeit.*[625] Wie so häufig in

---

621 Die Disziplin des *fıkıh* beschäftigt sich mit der Gesamtheit der aus der göttlichen Botschaft abgeleiteten Normen. Siehe hierzu S. 38.

622 *İnan*, Atatürk'ün 1923 Eskişehir – İzmit Konuşmaları, S. 81 f. Übersetzt ins Deutsche durch den Autor. Als Beleg für einen Kurswechsel zieht diese Passage auch heran *Aydın*, İslâm ve Osmanlı Hukuku, S. 304.

623 *Türk İnkılâp Tarihi Enstitüsü Yayınları*, Atatürk'ün Söylev ve Demeçleri I, S. 347 f. Übersetzt ins Deutsche durch den Autor.

624 *Bozkurt*, Batı Hukukunun Türkiye'de Benimsenmesi, S. 187.

625 *Bozkurt*, Batı Hukukunun Türkiye'de Benimsenmesi, S. 187.

den Jahren der frühen Republik rechtfertigte die parlamentarische Gruppe um *Atatürk* auch diesmal ihren Vorstoß mit islamisch-rechtlichen Argumenten.[626] *Seyyid Bey*, der damalige Justizminister, verteidigte die Maßnahme mit der Auffassung, dass das Kalifat ausschließlich politischer Natur und damit islamisch-rechtlich nicht zwingend sei.[627] Zugleich betonte er die Notwendigkeit einer türkisch-nationalen Gesetzgebung.[628] Ironischerweise führte er dabei als Beispiel für eine gerade nicht zur türkischen Nation passende Gesetzgebung das schweizerische Zivilgesetzbuch von 1912 an, welches zwei Jahre darauf mit nur geringfügiger Modifizierung totalrezipiert wurde.[629]

Ob die Haltung *Seyyid Beys* in letzterer Frage aus Sicht *Atatürks* nicht revolutionär genug war, kann nicht abschließend geklärt werden. Jedenfalls wurde er drei Tage nach dieser Debatte vom Posten des Justizministers entlassen.[630] Sein nur für einige Monate tätiger Nachfolger *Necati Bey* zog hierauf am 3. April 1924 den zuvor durch seinen Vorgänger eingebrachten Entwurf eines Familienrechtsgesetzbuches zurück und setzte die Kommissionen zur Novellierung und Reformierung, die zwischenzeitlich ihre Arbeit unterbrochen hatten, am 19. Mai 1924 erneut ein.[631] Diesmal wurde die in den Kommissionen zu befolgende Arbeitsmethode jedoch abgeändert: Sie enthielt keinen Verweis mehr auf das islamische Recht.[632] Ausschließliche Orientierungspunkte bei der Ausgestaltung der Entwürfe sollten nur noch der „*Begriff und [die] Grundsätze eines zivilisierten Staates*" und die „*Bedürfnisse der Nation*" bilden.[633] Zur Erfüllung dieser Anforderungen sollten dabei die Rechtsordnungen aller „*Staaten, die die Hochzivilisation repräsentieren*" herangezogen werden.[634]

---

626 Vgl. *Hanioğlu*, Atatürk, S. 161 f.

627 *Hanioğlu*, Atatürk, S. 161.

628 *Hanioğlu*, Atatürk, S. 161. Diese Gesetzgebung, die *Seyyid Bey* zur Reform des bestehenden Rechts anstrebte, sollte sich weiterhin am islamischen Recht orientieren. Siehe dazu und zu den Auffassungen *Seyyid Beys* im Übrigen *Plagemann*, in: *Kieser/Meier/Stoffel*, Revolution islamischen Rechts, S. 23 f.

629 *Hanioğlu*, Atatürk, S. 161.

630 *Hanioğlu*, Atatürk, S. 161.

631 *Bozkurt*, Batı Hukukunun Türkiye'de Benimsenmesi, S. 187 f.

632 *Gayretli*, Kanunlaştırma, S. 383.

633 Zitiert nach *Bozkurt*, Batı Hukukunun Türkiye'de Benimsenmesi, S. 188. Übersetzt ins Deutsche durch den Autor.

634 Zitiert nach *Bozkurt*, Batı Hukukunun Türkiye'de Benimsenmesi, S. 188. Übersetzt ins Deutsche durch den Autor.

Auf Grundlage dieser Arbeitsmethode erarbeiteten die Kommissionen alsdann neue Entwürfe. Hervorgingen hieraus ein 142 Artikel umfassender Entwurf eines Familienrechtsgesetzbuches und ein 251 Artikel umfassender Entwurf eines Obligationenrechtsgesetzbuches.[635]

Der Entwurf des Familienrechtsgesetzbuches wich stärker von dem Familienrechtsgesetzbuch von 1917 ab als noch der vorherige, zurückgezogene Entwurf.[636] So waren seine Bestimmungen auf die Angehörigen aller Religionsgruppen gleichermaßen anwendbar.[637] Bewerkstelligt wurde dies, indem die religionsspezifischen Bestimmungen für bestimmte Institute wie bspw. die Mitgift[638] in einer für alle Religionsgruppen gleichermaßen geltenden Bestimmung „zusammengeführt" wurden.[639] Zudem wurde durch die Ausweitung der Scheidungsgründe das Scheidungsrecht der Frau demjenigen des Mannes weitestgehend angeglichen.[640] Polygamie blieb jedoch, wenn auch unter bestimmten Einschränkungen, gestattet.[641]

Der Entwurf des Obligationenrechtsgesetzbuches wiederum setzte sich aus Bestimmungen der *Mecelle*[642] und des schweizerischen Obligationenrechts zusammen.

Allerdings war auch diesen Entwürfen kein Erfolg beschieden. Der Nachfolger *Necati Beys* im Amt des Justizministers, *Mahmut Esat Bozkurt*, löste kurzerhand die Kommissionen auf und kündigte an, nunmehr die Totalrezeption westlicher Kodifikationen zu beabsichtigen. In seinem bekannten Aufsatz über die Entstehung des türkischen Zivilgesetzbuches (ZGB) beschrieb er seine Eindrücke jener Zeit folgendermaßen:

> *„Es war notwendig die Angelegenheit, die wir mit dem Vertrag von Lausanne auf uns genommen hatten, möglichst schnell erfolgreich durchzuführen. Während des Ersten Weltkrieges*

---

635 *Bozkurt*, Batı Hukukunun Türkiye'de Benimsenmesi, S. 188; *Gayretli*, Kanunlaştırma, S. 357, 383.

636 Vgl. *Aydın*, İslâm ve Osmanlı Hukuku, S. 310.

637 *Gayretli*, Kanunlaştırma, S. 357, 383 f.

638 Das Institut der Mitgift besteht auch im jüdischen Familienrecht und ist wohl aus dem *Mohar* (Brautpreis) hervorgegangen. Wirtschaftlich dient die Mitgift vermutlich dazu, den Verlust des Erbanspruchs gegenüber dem eigenen Vater, den die Braut mit ihrer Heirat erfährt, zu kompensieren. Vergleiche hierzu *Cohn*, Mitgift, in: *ders.*, Wörterbuch des jüdischen Rechts.

639 *Gayretli*, Kanunlaştırma, S. 357, 384.

640 *Gayretli*, Kanunlaştırma, S. 357, 384.

641 *Gayretli*, Kanunlaştırma, S. 357, 384.

642 Siehe ausführlich zur *Mecelle* S. 94 ff.

wurden einige Kommissionen unter dem Namen, Gesetzgebungskommissionen' eingesetzt und zur Aufnahme ihrer Tätigkeit veranlasst. 1924 wurde ihr Ertrag überprüft. Was sie in 7–8 Jahren erreicht hatten war Folgendes: 200 Artikel des Obligationenrechtsgesetzbuches, im Zivilgesetzbuch die Bereiche Vormundschaft, Eheschließung und Scheidung, 70–80 Artikel des Strafgesetzbuches, das Landhandelsgesetzbuch ist nicht fertiggestellt!... Was ihre Arbeitsmethode anbelangt, war dies eine sehr bittere Sache: Beispielsweise waren die soeben erwähnten Kapitel des Zivilgesetzbuches folgendermaßen verfasst: eine Bestimmung aus dem deutschen Recht, eine Bestimmung der hanbalitischen Rechtsschule, eine Bestimmung aus dem französischen Recht, eine Bestimmung der Schafiiten, der Hanafiten, eine andere Bestimmung aus der Schweiz!... Die anderen Gesetze waren auch so... Eine Kohärenz zwischen den Normen bestand nicht. Man hätte sie auch den Turmbau zu Babel im Rechtssystem nennen können. Genauso wie nach der Sage sich die Menschen eine Zeit lang beim Turmbau zu Babel nicht verständigen konnten, waren auch die Richter in diesem System geschriebener Regeln dazu verurteilt, sich nicht wiederzufinden, und die Bürger dazu verurteilt, ihre Rechte und Pflichten nicht zu verstehen."[643]

In der Folge gestalteten die von *Atatürks* Partei (damals noch den Namen *Cumhuriyet Halk Fırkası* tragend) gestellten Kabinette innerhalb weniger Jahre das gesamte türkische Rechtswesen im Wesentlichen durch die Totalrezeption westlicher Kodifikationen um. Triebfeder dieser Entwicklung blieb dabei vermutlich der bereits erwähnte *Mahmut Esat Bozkurt*, der noch bis in das Jahr 1930 hinein den Posten des Justizministers besetzen sollte. So wurde am 17.02.1926 das schweizerische ZGB vom 10.12.1907 mit geringfügigen Änderungen angenommen.[644] Es folgte hierauf am 22.04.1926 die Annahme der ersten und zweiten Abteilung des schweizerischen Obligationenrechts vom 30.03.1911 (ausgelassen wurden die in der Schweiz zu dieser Zeit vor einer Reform stehenden drei weiteren Abteilungen betreffend die Handelsgesellschaften und die Genossenschaft, das Handelsregister, Geschäftsfirmen und kaufmännische Buchführung sowie die Wertpapiere).[645] Des Weiteren wurde am 29.05.1926 ein Handelsgesetzbuch (HGB) verabschiedet, das sich aus den Bestimmungen französischen, belgischen,

643 *M. Bozkurt*, in: *İstanbul Üniversitesi*, Medenî Kanunun XV. Yıl Dönümü İçin, S. 8 f. Übersetzt ins Deutsche durch den Autor.

644 *Pritsch*, ZVglRWiss 59 (1957), 123, 140. Gesetz Nr. 743, verkündet am 04.04.1926 im türkischen Amtsblatt (Nr. 339). Zu den Modifikationen im Zusammenhang mit der Rezeption des ZGB siehe S. 133 ff.

645 *Pritsch*, ZVglRWiss 59 (1957), 123, 141. Gesetz Nr. 818, verkündet am 08.05.1926 im türkischen Amtsblatt (Nr. 366).

italienischen, deutschen und chilenischen Handelsrechts zusammensetzte.[646] Alle drei Gesetze traten am 04.10.1926 in Kraft.[647]

Dieser ersten Rezeptionswelle folgten die Annahme der Zivilprozessordnung des Schweizer Kantons Neuenburg am 18.06.1927[648], die Annahme des schweizerischen Bundesgesetzes über Schuldbeitreibung und Konkurs am 18.04.1929[649] und die Annahme des IV. Buches des deutschen HGB betreffend den Seehandel und weiterer seehandelsrechtlicher Regelungen des deutschen Rechts zusammengeführt im zweiten Buch des türkischen HGB am 13.05.1929[650].[651]

Außerhalb des Zivilrechts erfolgten am 01.03.1926 die Annahme des italienischen Strafgesetzbuches vom 30.06.1889[652] und am 04.04.1929 die Annahme der deutschen StPO[653].[654]

Die türkische Republik leistete nichtsdestotrotz der im Vertrag von Lausanne vorgesehenen Anstellung ausländischer Rechtsberater für eine Dauer von fünf Jahren Folge, auch wenn nach der beschriebenen Umgestaltung der Rechtsordnung durch Totalrezeption wohl kein Beratungsbedarf in gesetzgeberischer Hinsicht mehr bestand.[655] Auch wurden gem. Art. 42 II des Lausanner Vertrages am 23. Mai 1925 Kommissionen zur Feststellung von Vorschriften, die den religiösen

---

646 *Pritsch*, ZVglRWiss 59 (1957), 123, 141. Gesetz Nr. 865, verkündet am 28.06.1926 im türkischen Amtsblatt (Nr. 406). Das Gesetzbuch wurde im Jahre 1956 durch ein neues Handelsgesetzbuch mit der Nr. 6762 ersetzt, verkündet am 09.07.1956 im türkischen Amtsblatt (Nr. 9353). Siehe zu Letzterem *Bozkurt*, Batı Hukukunun Türkiye'de Benimsenmesi, S. 205.

647 *Pritsch*, ZVglRWiss 59 (1957), 123, 140 f.

648 Gesetz Nr. 1108, verkündet am 2., 3. und 04.07.1927 im türkischen Amtsblatt (Nr. 622, 623, 624).

649 Gesetz Nr. 1424, verkündet am 04.05.1929 im türkischen Amtsblatt (Nr. 1183).

650 Gesetz Nr. 1440, verkündet am 20.05.1929 im türkischen Amtsblatt (Nr. 1197). Auch dieses wurde im Jahre 1956 durch das neue Handelsgesetzbuch ersetzt. Siehe zu Letzterem *Bozkurt*, Batı Hukukunun Türkiye'de Benimsenmesi, S. 205.

651 Siehe zu alldem *Pritsch*, ZVglRWiss 59 (1957), 123, 141 f.

652 Gesetz Nr. 765, verkündet am 13.03.1926 im türkischen Amtsblatt (Nr. 320). Einige Bestimmungen des Gesetzbuches wurden modifiziert. Vgl. dazu die Ausführungen *Yusuf Kemal Beys* im Namen des Justizausschusses, wiedergegeben bei *Bozkurt*, Batı Hukukunun Türkiye'de Benimsenmesi, S. 201 f. Im Jahre 1936 erfolgte eine Anpassung an das italienische Strafgesetzbuch vom 19.10.1930. Siehe zu Letzterem ebenfalls *Bozkurt*, Batı Hukukunun Türkiye'de Benimsenmesi, S. 203.

653 Gesetz Nr. 1412, verkündet am 20.04.1929 im türkischen Amtsblatt (Nr. 1172).

654 Siehe zu beidem *Pritsch*, ZVglRWiss 59 (1957), 123, 142.

655 Vgl. *Aydın*, İslâm ve Osmanlı Hukuku, S. 305.

Minderheiten der Griechen, Armenier und Juden eine Regelung von Fragen des Personalstatuts gemäß ihren Sitten und Gebräuchen gewährleisten sollten, eingesetzt.[656] Die eingesetzten Kommissionen erklärten jedoch kurze Zeit später, dass die Festlegung von Sonderbestimmungen aufgrund der geplanten Totalrezeption des schweizerischen ZGB nicht mehr erforderlich sei und beendeten damit ihre Tätigkeit.[657] Die türkische Seite interpretierte diese Erklärungen als Verzicht auf die in Art. 42 Abs. 2 des Lausanner Vertrages vorgesehenen Rechte und betrachtet seither die genannte Bestimmung als gegenstandslos.[658] Die geschilderten Geschehnisse blieben jedoch nicht unwidersprochen. Griechenland sah in den Vorgängen insbesondere einen Verstoß gegen Art. 44 Abs. 1 Satz 2 des Lausanner Vertrages, der vorsieht, dass die vorangehenden Bestimmungen nicht ohne Zustimmung des Völkerbundrates abgeändert werden dürfen.[659] Sie stünden demnach auch nicht zur Disposition der Minderheiten, die sie schützen wollten.[660] Zudem wurde konkret in Bezug auf die Kommission der griechischen Minderheit die Art und Weise der Zusammensetzung bemängelt und kritisiert, dass im Vorfeld der Verzichtserklärung sechs Kommissionsmitglieder verhaftet worden seien.[661] Tatsächlich berichtet beispielsweise auch *Banken* davon, dass aus der bestehenden Kommission der griechischen Minderheit heraus ein „Initiativkommitee" gegründet worden sei, welches besetzt mit *„überwiegend ‚loyalen' Griechen"* letztlich die Verzichtserklärung durchgesetzt haben solle.[662] Außerdem seien Mitglieder durch Polizeigewalt unter Druck gesetzt worden.[663]

---

656 *Bozkurt*, Batı Hukukunun Türkiye'de Benimsenmesi, S. 182, dort Fn. 18.

657 Vgl. die entsprechenden Erklärungen der einzelnen Kommissionen, wiedergegeben bei *Bilsel*, in: *İstanbul Üniversitesi*, Medenî Kanunun XV. Yıl Dönümü, S. 62 ff.

658 Vgl. *Banken*, Die Verträge von Sèvres 1920 und Lausanne 1923, S. 463. *Hirsch* nennt in diesem Zusammenhang die lateinische Formel *cessante ratione legis cessat lex ipsa* („Fällt der Sinn eines Gesetzes weg, so fällt das Gesetz selbst weg"), die seither habe vorgebracht werden können.

659 Vgl. die Mitteilungen Griechenlands an den Völkerbund, abgedruckt bei *Bilsel*, in: *İstanbul Üniversitesi*, Medenî Kanunun XV. Yıl Dönümü, S. 41 ff. Die entsprechende Stelle findet sich auf S. 41.

660 Vgl. die Mitteilungen Griechenlands an den Völkerbund, abgedruckt bei *Bilsel*, in: *İstanbul Üniversitesi*, Medenî Kanunun XV. Yıl Dönümü, S. 41 ff. Die entsprechende Stelle findet sich auf S. 45.

661 Vgl. die Mitteilungen Griechenlands an den Völkerbund, abgedruckt bei *Bilsel*, in: *İstanbul Üniversitesi*, Medenî Kanunun XV. Yıl Dönümü, S. 41 ff. Die entsprechende Stelle findet sich auf S. 43 f.

662 *Banken*, Die Verträge von Sèvres 1920 und Lausanne 1923, S. 463.

663 *Banken*, Die Verträge von Sèvres 1920 und Lausanne 1923, S. 463.

Schlussendlich wurde die Beschwerde Griechenlands jedoch vom Völkerbund zurückgewiesen und blieb damit im Ergebnis erfolglos.[664]

bb) Analyse des Vorgehens der türkischen Seite

Anders als man es bei einer Friedenskonferenz erwarten würde, spielten Fragen des Rechts- und Justizwesens in Lausanne eine zentrale Rolle. Das diplomatische Ziel der damaligen türkischen Regierung war es dabei, völkervertragsrechtlich verankerte Wege der Intervention und damit letztlich eine souveränitätseinschränkende Internationalisierung der türkischen Innenpolitik – wie sie die *Kapitulationen* und die Minderheitenpolitik des *Ancien Régime* gerade zur Folge hatten – tunlichst zu verhindern. Die türkische Verhandlungsdelegation unterstrich diese „rote Linie" unentwegt, nahm im Übrigen aber eine flexible Haltung an. In der ersten Phase der Verhandlungen verteidigte sie die bestehende türkische Rechtsordnung, um den Argumenten, die von Seiten der Alliierten für eine Fortführung der justiziellen und rechtlichen Privilegien ausländischer Staatsangehöriger vorgebracht wurden, den Boden zu entziehen. Jedoch kristallisierte sich im Verlaufe der Verhandlungen relativ schnell heraus, dass sich die Gegenseite im Falle eines Beharrens auf der bestehenden Rechtsordnung nicht zur Abschaffung jener Kapitulationen bereiterklären würde. Daher passte die türkische Verhandlungsdelegation ihre Position diesem Umstand an und erklärte sich zu einer Reform ihres Rechts- und Justizwesens unter Zuhilfenahme ausländischer Berater ohne Interventionsbefugnisse bereit. Die Alliierten akzeptierten dieses Kompromissangebot und ließen von der entsprechenden Forderung ab. Die Kapitulationen wurden somit im Gegenzug für die Verpflichtung zu einer durch ausländische Rechtsberater begleiteten Reform des Rechts- und Justizwesens abgeschafft.

Ähnlich verliefen die Verhandlungen zur Frage der rechtlichen Stellung religiöser Minderheiten. Auch hier verfolgte die damalige türkische Regierung das Ziel der Herstellung vollständiger nationaler Souveränität. Als unverrückbare Grundlage dieser Souveränität im Inneren betrachtete sie dabei die Einheit von Rechtsordnung und Justiz und das uneingeschränkte Gesetzgebungsmonopol der Nationalversammlung. Entsprechend wehrte sie sich gegen eine Rückkehr zu der vor 1914 geltenden rechtlichen und justiziellen Zersplitterung und beharrte auf ihrem Recht, uneingeschränkt auch im Bereich des Personalstatuts – freilich unter Berücksichtigung der Bräuche und Sitten religiöser Minderheiten – einheitliche nationale Kodifikationen zu erlassen. Insbesondere der griechischen

664 *Bilsel*, in: *İstanbul Üniversitesi*, Medenî Kanunun XV. Yıl Dönümü, S. 53.

Delegation waren diese Beteuerungen, religiöse Minderheiten hinreichend zu berücksichtigen, vor dem Hintergrund der negativen Erfahrungen mit dem einheitlichen Familienrechtsgesetzbuch aus dem Jahre 1917 jedoch nicht ausreichend. Auch die übrigen Verhandlungsteilnehmer verlangten insoweit weitere Sicherungsmechanismen. Als Reaktion hierauf kündigte die türkische Verhandlungsdelegation im Verlaufe der Verhandlungen an, im Bereich des Personalstatuts ausschließlich weltliche Bestimmungen zur Verfolgung staatlicher Regelungsinteressen zu erlassen, die unter Berücksichtigung der Bräuche und Sitten religiöser Minderheiten entworfen und auf alle Einwohner gleichermaßen anwendbar sein würden. Allerdings genügte diese Anpassung der türkischen Haltung an die Umstände diesmal nicht, um die Alliierten zum vollständigen Abrücken von ihren Forderungen zu bringen. So wurde dennoch eine Beschränkung des Gesetzgebungsmonopols der Nationalversammlung durch zwingende Beteiligung von Minderheitenkommissionen im Gesetzgebungsverfahren festgelegt und durch die zusätzliche Absicherung in Form der Zuständigkeit des Völkerbundes bei Streitfragen letztlich ein innenpolitischer Themenkomplex internationalisiert.

Diese Herausarbeitung der im Laufe der Verhandlungen bestehenden Interessenlagen lässt schließlich auch die Abläufe im Inneren der Republik in einem klareren Licht erscheinen. Die ersten Reformkommissionen des Nachfolgestaates des Osmanischen Reiches wurden noch während der Verhandlungen von Lausanne und vor Ausrufung der Republik eingesetzt. Die zu diesem Zeitpunkt noch nicht vollständig unter die Kontrolle *Atatürks* und seiner Reformer geratene Nationalversammlung suchte im Hinblick auf das Rechtssystem keinen offenen Bruch mit der Vergangenheit, sondern setzte Kommissionen ein, die gewissermaßen als Fortsetzung der schon während des ersten Weltkrieges eingesetzten Kommissionen verstanden wurden. Solches Gewährenlassen der konservativen Kräfte im Parlament ist wohl denn auch gemeint gewesen, als *Atatürk* davon sprach, dass seine Gruppe „[…] *in diesem Parlament im Zusammenhang mit Entscheidungen viel Opferbereitschaft gezeigt*" habe. Spätestens im weiteren Verlauf der Friedensverhandlungen wurde *Atatürk* und seinen Reformern jedoch schlussendlich klar, dass die Erlangung vollständiger Souveränität einen radikaleren Bruch erforderte. Die Kapitulationen konnten zwar abgeschafft werden. Jedoch musste hierzu im Gegenzug eine Reform des Rechts- und Justizwesens erfolgen. Welcher Art sollte diese aber sein? Der von der Familienrechtskommission vorgelegte erste Entwurf eines Gesetzbuches betreffend die Ehe und die Scheidung war stark an das Familienrechtsgesetzbuch von 1917 angelehnt. Die schon während der Verhandlungen geäußerte vehemente Kritik an diesem alten Gesetz machte klar, dass der Entwurf nicht ohne Widerspruch hätte umgesetzt werden können und somit wieder die Gefahr einer politischen Einmischung bot. Der Entwurf wurde daher nach einem personellen Wechsel im Justizministerium zurückgezogen und die Arbeitsmethode der Kommissionen per Anweisung angepasst. Das auszuarbeitende Gesetz sollte sich nunmehr vorrangig am Standard der „Zivilisation" messen und nicht mehr – wie vorher ausdrücklich angeordnet – am islamischen Recht, um innen- und außenpolitisch möglichst wenig Angriffsfläche zu bieten. Die daraufhin entstandenen Entwürfe wiesen jedoch weiterhin einen die Gefahr politischer Einmischung bergenden islamisch-rechtlichen Einschlag auf; zudem kamen die Kommissionen zeitlich nicht wie erhofft voran. Denn auch in zeitlicher Hinsicht bestand aufgrund der für fünf Jahre vorgesehenen Entsendung rechtlicher Berater die Gefahr politischer Einmischung. Angesichts dieser Umstände entschloss sich die türkische Regierung unter Federführung des neuen Justizministers *Mahmut Esat Bozkurt* kurzerhand für einen radikalen Kurswechsel. Sie entschloss sich die Rechtsordnung durch die Totalrezeption westlicher Gesetzbücher umzugestalten.

Dieser Entschluss, allen voran ein westliches Zivilgesetzbuch durch Totalrezeption zu übernehmen, bot zwei Vorteile. Zum einen erfüllte eine solche Rezeption zweifelsohne in einem schnellen und zufriedenstellenden Maße die Verpflichtung, das Rechts- und Justizwesen zu reformieren. Zum anderen machte die Rezeption des Zivilgesetzbuches eines mehrheitlich christlich geprägten europäischen Staates die Festlegung von Sonderbestimmungen durch die Minderheitenkommissionen überflüssig, da die alliierten Staaten und die religiösen Minderheiten der Türkei evidentermaßen einem Gesetz nicht aus Gründen des Schutzes der christlichen und jüdischen Minderheit widersprechen konnten, das zivilisatorisches Produkt eines gerade christlich-jüdisch geprägten Gemeinwesens ist. Dass die türkischen Minderheitenkommissionen trotz dieser Tatsache dennoch nicht sämtlich freiwillig einen Verzicht auf ihre in Art. 42 Abs. 2 gewährten Rechte erklären wollten, lässt sich bei Berücksichtigung ihrer privilegierten Stellung und ihres Gebarens in der Vergangenheit vermuten, sodass der von der damaligen griechischen Regierung und heutigen Autoren beschriebene Druck von Seiten der türkischen Regierung realistisch erscheint.[665] Der radikale Bruch, den die türkische Regierung mit der Totalrezeption beging, ließ jedoch den Widerspruch der opponierenden Mitglieder der Minderheitenkommissionen verhallen und die Handlungen der türkischen Regierung, selbst

665 Vgl. hierzu die Reaktion der religiösen Minderheiten auf die im Verlauf der *Tanzimat*-Ära und der nachfolgenden konstitutionellen Periode vorgenommenen Beschränkungen ihrer rechtlichen und justiziellen Autonomie.

wenn sie völkerrechtswidrig waren, folgenlos bleiben. So war die Totalrezeption westlichen Rechts in der Türkei ein außenpolitischer Befreiungsschlag historischen Ausmaßes und stellt in Zusammenschau mit dem Vertrag von Lausanne einen der größten diplomatischen Erfolge der jüngeren türkischen Geschichte dar. Allerdings wischte er auch mit einem Handstreich eine über Jahrhunderte gewachsene Rechtskultur und -tradition der Bevölkerungsmehrheit beiseite, indem er einen offenen Kulturbruch betrieb und eine Synthese dieser Tradition mit der Moderne für die Zukunft unmöglich machte.[666]

Folgende Worte *Mahmut Esat Bozkurts* aus der Begründung zum türkischen ZGB von 1926 bestätigen diese Analyse:

> *„Allen voran in Staaten, die verschiedenen Religionen angehörende Staatsangehörige besitzen, ist es auch ein zwingendes Erfordernis der nationalen Souveränität, dass ein Gesetz, um eine Anwendbarkeit auf die gesamte Gesellschaft zu erreichen, seine Beziehung zur Religion beendet. Denn wenn Gesetze sich an die Religion anlehnen, wird es für den Staat, für den es zwingend erforderlich ist die Gewissensfreiheit anzuerkennen, vonnöten, für seine Staatsangehörigen, die verschiedene Religionen angenommen haben, verschiedene Gesetze zu machen. Diese Situation widerspricht der politischen, gesellschaftlichen und nationalen Einheit völlig, die Grundbedingungen des zeitgenössischen Staates sind. Es sollte daran erinnert werden, dass der Staat nicht nur in Beziehung zu seinen Staatsangehörigen, sondern auch zu Ausländern steht. Für Letztere ergibt sich dann das zwingende Erfordernis, unter der Bezeichnung Kapitulationen gesonderte Bestimmungen anzuerkennen. Der wichtigste Teil der Begründung, die von den Ausländern für die Beibehaltung der mit dem Vertrag von Lausanne aufgehobenen Kapitulationen in unserem Land vorgebracht wurde, ist dieser Punkt. Ferner war es insbesondere dieser religiöse Umstand, der die gesonderten Bestimmungen, die von der Zeit Fatih Sultan Mehmets an bis in die jüngste Zeit auf nichtmuslimische Staatsangehörige angewandt wurden, verursacht hat. Jedoch haben die in unserer Heimat befindlichen Minderheiten in Anbetracht der Vorbereitung des Entwurfs des neuen türkischen Zivilgesetzbuches dem Justizministerium ihren Verzicht auf die ihnen im Vertrag von Lausanne gewährten Rechte erklärt.“*[667]

---

666 So auch *Aydın*, İslâm ve Osmanlı Hukuku, S. 312.

667 *M. Bozkurt*, in: *İstanbul Barosu Yayınları*, Mahmut Esat Bozkurt Anısına Armağan, S. 117 f. Übersetzt ins Deutsche durch den Autor.
In der Tat wurden die bestehenden Kapitulationen von europäischer Seite hauptsächlich unter Verweis auf das als archaisch und diskriminierend empfundene islamische Rechtssystem des Osmanischen Reiches gerechtfertigt. Wie die obigen Ausführungen zur Entstehungsgeschichte der Kapitulationen insgesamt aber gezeigt haben, ist dies nur die „halbe Wahrheit“. Denn der entstehungsgeschichtliche Kontext der Einräumung von Sonderrechten an Gebietsfremde war das ehemals vorherrschende Verständnis von der Personalität der Rechte und daher gerade der *Ausschluss* vom Aufenthaltsrecht. Deshalb ergingen Kapitulationen ebenso zwischen christlich

Vor dem Hintergrund dieser Analyse lässt sich ferner die Frage aufwerfen, ob die Erfüllung der Pflicht zur Reformierung des Rechts- und Justizwesens und die Überwindung der in Art. 42 i.V.m. Art. 44 vorgesehenen Internationalisierung türkischer Innenpolitik die einzigen Motive der vollzogenen Totalrezeptionen waren. Insbesondere *Bozkurt* sieht in der Reduzierung der Motive auf diese Aspekte eine Übergehung des hinter den Reformen steckenden revolutionären Gedankengutes.[668] In der Tat darf nicht verkannt werden, dass die kemalistischen Reformen, zu denen auch die Umgestaltung des türkischen Rechts- und Justizwesens gehört, insgesamt getragen waren durch den „unbedingten" und „unbeschränkten" Willen, sich die Errungenschaften der westlichen Zivilisation zu eigen zu machen.[669] Die Grundannahme *Atatürks* und der ihn umgebenden Reformer war dabei, dass eine formelle Verwestlichung schlussendlich auch

---

geprägten Staaten wie beispielsweise zwischen den italienischen Handelsstädten und dem Byzantinischen Reich. Und letztere waren es gerade, die durch die Bestätigung Mehmed II. auf das Osmanische Reich „übergingen". Ihre Entstehung hing daher weniger mit dem konkreten Rechtssystem des jeweiligen Staates zusammen. Die erwähnten Rechtfertigungsgründe hingegen dienten später lediglich als Argument für die Aufrechterhaltung ebenjener Kapitulationen – wobei der verbreitete Eindruck vom osmanischen Rechtssystem oftmals auf einer selektiven und daher insgesamt verzerrten Wahrnehmung beruhte und hinter diesen Argumenten vermutlich häufig auch handfeste wirtschaftliche Interessen standen. Dies kommt in den zitierten Äußerungen *Mahmut Esat Bozkurts* nicht zum Ausdruck und könnte daher ein falsches Verständnis von den Existenzbedingungen der Kapitulationen vermitteln. Vgl. zu alldem *Berchtold*, Recht und Gerechtigkeit in der Konsulargerichtsbarkeit, S. 48 ff. Allerdings handelt es sich bei dieser „Ungenauigkeit" um keinen Einzelfall, wie im weiteren Verlauf noch zu sehen sein wird. Im Kontext der angeführten Äußerungen sei an dieser Stelle nur so viel gesagt: Auch in den generellen Äußerungen *Mahmut Esat Bozkurts* in Bezug auf das Verhältnis von Staat und Religion in zivilisierten (europäischen) Staaten wird der irrige Eindruck vermittelt, eine radikale Trennung, wie sie infolge der Jakobinerherrschaft in Frankreich erfolgt ist, sei all diesen Staaten eigen. Führt man sich vor Augen, dass *Mahmut Esat Bozkurt* sein Studium und seine Promotion in der Schweiz absolviert hat und deshalb mit den europäischen Verhältnissen bestens hätte vertraut sein müssen, drängt sich dem Leser unweigerlich der Eindruck auf, dass die Argumente den eigenen Intentionen angepasst wurden. Vgl. zu Letzterem *Kieser*, Vorkämpfer der „Neuen Türkei", S. 107.

668 Vgl. *Bozkurt*, Batı Hukukunun Türkiye'de Benimsenmesi, S. 183 ff.

669 Siehe nur die entsprechende Äußerung *Mahmut Esat Bozkurts* in der Begründung zum türkischen ZGB von 1926, abgedruckt in: *İstanbul Barosu Yayınları*, Mahmut Esat Bozkurt Anısına Armağan, S. 115.

eine materielle Modernisierung der Gesellschaft nach sich ziehe.[670] Dass dieses Axiom gerade bei der Übernahme familienrechtlicher Bestimmungen virulent wird, dürfte einleuchtend sein. Zudem lässt sich in Bezug auf *Mahmut Esat Bozkurt* schon Jahre zuvor in zeithistorischen Dokumenten eine ablehnende Haltung gerade gegenüber der Polygamie, den islamischen Bekleidungsvorschriften für Frauen und dem islamischen Scheidungsrecht des Mannes feststellen.[671] Genauso sprach das politische Milieu, dem er entstammte und deren Angehörige in der frühen Republik bedeutenden Einfluss ausübten – die sog. *Foyer Turc* –, schon ein Jahrzehnt vor Republikgründung von sog. „sozialen Revolutionen" zur Neugestaltung der künftigen türkischen Gesellschaft.[672] Daher ist anzunehmen, dass solche Motive bei der Entscheidung zugunsten einer Totalrezeption auch eine Rolle spielten. Nichtsdestotrotz zeigt der Ablauf der Geschehnisse und die Genese des Gedankens, eine Totalrezeption durchzuführen, dass zunächst die Ausarbeitung nationaler Kodifikationen beabsichtigt war – auch wenn insoweit ebenfalls die Bestimmungen des westlichen Rechts in den Blick genommen werden sollten.[673] Der radikale Kurswechsel hin zu einer Totalrezeption ganzer Gesetzbücher vollzog sich erst im Verlaufe der Friedensverhandlungen von Lausanne und in deren Nachgang. Eine Analyse des Verhandlungsverlaufes und der Verhandlungsergebnisse zeigt dabei ganz deutlich, dass der vollzogene Kurswechsel nicht nur zeitlich mit diesen zusammenfällt, sondern auch inhaltlich, sodass letztlich doch festzustellen bleibt, dass die Entscheidung zugunsten einer Übernahme westlicher Gesetzbücher durch Totalrezeption im Wesentlichen außenpolitischer Dimension war.

---

670 Vgl. *Hanioğlu*, Atatürk, S. 208 ff.

671 *Kieser*, Vorkämpfer der „Neuen Türkei", S. 89. Bezeichnend für diese Haltung *Mahmut Esat Bozkurts* ist, dass er das ihm schon in der Entstehungsphase der türkischen Republik angebotene Amt des Justizministers deshalb ablehnte, weil er eine Umsetzung seines revolutionären Gedankengutes aufgrund des situativen Kontextes noch nicht für möglich erachtete. Siehe zu Letzterem *Kieser*, in: *Kieser/Meier/Stoffel*, Revolution islamischen Rechts, S. 53.

672 *Kieser*, Vorkämpfer der „Neuen Türkei", S. 62 f.

673 In diese Richtung ebenfalls *Aydın*, İslâm ve Osmanlı Hukuku, S. 302, 312.

b) Die Totalrezeption des schweizerischen ZGB

aa) Motive der Rezeption

Mahmut Esat Bozkurt führt als Beweggründe für die Totalrezeption des schweizerischen ZGB in seinem bekannten Aufsatz über die Entstehung des türkischen Zivilgesetzbuches Folgendes an:

> *„Warum wurde das schweizerische Zivilgesetzbuch zum türkischen Zivilgesetzbuch erkoren?*
> *Die Antwort auf diese Frage könnte folgendermaßen lauten:*
> *Die Übernahme des schweizerischen Zivilgesetzbuches in der Türkei war nicht die Folge einer plötzlich in den Sinn gelangten, zufälligen Entscheidung.*
> *Erst nachdem die Angelegenheit eingehend mit all ihren Einzelheiten durchdacht war, fiel die Entscheidung zugunsten dieses Zivilgesetzbuches.*
> *Das französische Zivilgesetzbuch war sehr alt. Heute genießt es Reputation.*
> *Die Wahrheit ist allerdings, dass es am Leben erhalten wird durch Juristen und Gerichtsurteile, durch die Jurisprudenz.*
> *Es kann nicht bestritten werden, dass das französische Zivilgesetzbuch eine große Rolle dabei gespielt hat, die westlichen Nationen zu einer zivilisierten Familie zu formen. [...] Richtig. Jedoch ist es – wie ein Greis, der seine Rolle gespielt und beendet hat – ein großer, geehrter Greis, der Epoche gemacht hat!... Mehr nicht.*
> *Es wurde auch viel über das deutsche Zivilgesetzbuch nachgedacht. Allerdings ist den Blicken nicht entgangen, dass selbst die Deutschen über dieses Gesetz klagen. Dieses Gesetz war sehr abstrakt (Abstrait) und von seinem Charakter her sehr philosophisch. Es war nicht praktisch. Selbst von deutscher Seite wurde überlegt, es funktionaler auszugestalten.*
> *Das schweizerische Zivilgesetzbuch war unter den Zivilgesetzbüchern der Welt das neueste, das am leichtesten verständliche, das demokratischste und das praktischste. Daneben wurde von Seiten der größten Juristen anerkannt, dass es auch das erhabenste aller Zivilgesetzbücher ist. Insbesondere dass es demokratisch ist, ließ uns dieses Gesetzbuch sehr passend erscheinen. Denn genauso demokratisch wie die Seele der türkischen Nation ist, war auch der Charakter der letzten türkischen Revolution. Wegen alldem wurde das schweizerische Zivilgesetzbuch bevorzugt und übernommen.“*[674]

In der amtlichen Begründung zum türkischen ZGB aus dem Jahre 1926 finden sich ähnliche Äußerungen *Mahmut Esat Bozkurts* im Hinblick auf das schweizerische ZGB:

> *„Die Republik hat es notwendig gemacht, die türkische Justiz von diesem Durcheinander, Mangel und sehr primitiven Zustand zu befreien, ein den Bedürfnissen der Revolution und der Zivilisation unseres Jahrhunderts entsprechendes neues türkisches Zivilgesetzbuch*

674 *M. Bozkurt*, in: *İstanbul Üniversitesi*, Medenî Kanunun XV. Yıl Dönümü İçin, S. 11 f. Übersetzt ins Deutsche durch den Autor.

schleunig zu schaffen und zur Anwendung zu bringen. Das zu diesem Zwecke geschaffene türkische Zivilgesetzbuch wurde dem neuesten, vollkommensten und volkstümlichsten[675] *aller Zivilgesetzbücher, dem schweizerischen Zivilgesetzbuch, entlehnt.*"[676]

Zudem betont *Mahmut Esat Bozkurt* im Verlaufe der amtlichen Begründung die besondere „Elastizität", die das schweizerische Zivilgesetzbuch auf Grund der Tatsache aufweise, dass es auf die traditionell, kulturell und historisch so unterschiedlichen Bevölkerungsteile der Schweiz gleichermaßen schaffe Anwendung zu finden.[677] Schließlich führt er aus, dass es notwendig sei, sich in Anbetracht wandelnder nationaler Bedürfnisse von Bräuchen und Traditionen zu trennen, und dass genau dies in der Schweiz bei der Schaffung des ZGB ebenfalls geschehen sei, wie auch in Frankreich bei Schaffung des *Code Civil* und in Deutschland bei Schaffung des *Bürgerlichen Gesetzbuches* (BGB).[678]

Wie ausschlaggebend die angeführten Beweggründe letztlich tatsächlich waren, ist in der Literatur umstritten. Einige Autoren sind der Auffassung, dass – in weitestgehender Übereinstimmung mit den vorstehenden Ausführungen des damaligen Justizministers – die Qualitäten des schweizerischen ZGB, wie insbesondere seine einfache Sprache, seine rechtstechnische Elastizität und sein demokratischer Charakter, im Rahmen der Auswahlentscheidung ausschlaggebend waren.[679] Wieder andere betonen die Autorität des rezipierten Gesetzes als zumindest wesentlichen, wenn nicht sogar einzigen Beweggrund der erfolgten

---

675 Hinsichtlich des Begriffs „*halkçı*" im Originaltext ist der Auffassung *Pritschs* zu folgen, dass entgegen der häufigen Übersetzung durch den Begriff „demokratisch" das hier gebrauchte „volkstümlich" den Charakter des schweizerischen ZGB und damit den Inhalt der Äußerungen besser trifft. Siehe hierzu *Pritsch*, ZVglRWiss 59 (1957), 123, 142 dort Fn. 30.

676 *M. Bozkurt*, in: *İstanbul Barosu Yayınları*, Mahmut Esat Bozkurt Anısına Armağan, S. 114. Übersetzt ins Deutsche durch den Autor. Auf S. 115 wiederholt *Mahmut Esat Bozkurt*, dass es sich bei dem schweizerischen Zivilgesetzbuch um das „neueste" und „entwickeltste" Zivilgesetzbuch handele.

677 *M. Bozkurt*, in: *İstanbul Barosu Yayınları*, Mahmut Esat Bozkurt Anısına Armağan, S. 114.

678 *M. Bozkurt*, in: *İstanbul Barosu Yayınları*, Mahmut Esat Bozkurt Anısına Armağan, S. 115 ff.

679 So *Bozkurt*, Batı Hukukunun Türkiye'de Benimsenmesi, S. 190; *Ayiter*, in: *Kunkel*, Studi in memoria di Paolo Koschaker, S. 147; die „einfache, anschauliche und leichtverständliche Sprache" in den Vordergrund rückend *Pritsch*, ZVglRWiss 59 (1957), 123, 144 ff.; die enthaltenen „modernen Ideen" und den sozialen Charakter zusätzlich betonend *Velidedeoğlu*, ZSR 81 (1962), Nr. 1, 51, 53.

Rezeption.[680] Schließlich sehen einige Autoren den zufälligen Umstand, dass *Mahmut Esat Bozkurt* ein Studium der Rechte in der Schweiz an der Universität Fribourg absolviert hat,[681] als ausschlaggebenden Grund für die Rezeption des schweizerischen ZGB und auch der sonstigen rezipierten schweizerischen Gesetze an.[682]

Dass *Mahmut Esat Bozkurt* als Justizminister auf die Auswahlentscheidung großen Einfluss gehabt haben wird, ist nicht von der Hand zu weisen. Dies lassen frühere Gesetzesvorhaben, wie insbesondere das ebenfalls im Jahre 1926 verabschiedete türkische HGB, erahnen. Letzteres Gesetzeswerk, das auf einen Entwurf der vormals eingesetzten Reformkommissionen[683] zurückgeht,

---

680 *Koschaker* stellt generell die These auf, „[...] dass die Rezeption eines Rechtssystems keine Qualitätsfrage ist; mit anderen Worten, man rezipiert ein fremdes Recht nicht, weil man es für das beste hält". Er führt weiter aus: „Vielmehr ist die Rezeptibilität eines fremden Rechtssystems eine Machtfrage, die Folge einer wenigstens geistigen und kulturellen Machtstellung des rezipierten Rechtes, einer Machtstellung, die wiederum dadurch bedingt ist, dass dieses Recht dasjenige einer starken politischen Macht ist, sei es dass diese Macht noch aktuell besteht, sei es dass wenigstens eine lebendige Erinnerung an sie und ihre Kultur vorhanden ist. Insofern ist jede Rezeption eines fremden Rechtssystems ein durch Autorität oder wenigstens den Glauben an eine solche bedingter Vorgang." Dabei sieht er seine These unter anderem auch durch die Rezeption des schweizerischen ZGB in der Türkei im Jahre 1926 bestätigt und stellt die Vermutung auf, dass die Auswahlentscheidung in der Türkei, wäre sie 15 Jahre früher erfolgt, zugunsten des BGB ausgefallen wäre. Siehe zu alldem *Koschaker*, Europa und das römische Recht, S. 138 f. *Atamer* hält die These *Koschakers* ebenfalls im Hinblick auf die Rezeptionsvorgänge in der Türkei im Jahre 1926 für belastbar, wobei ausschlaggebend „[...] zwar nicht die politische Machtstellung eines bestimmten Landes, sondern die geistige und kulturelle Führungsposition von Europa im Ganzen" gewesen sein soll. Siehe dazu *dies.*, RabelsZ, Band 72, Nr. 4, S. 723, 732. Anders dagegen ausdrücklich *Ayiter*, der die These im Hinblick auf die Türkei unter anderem deshalb nicht bestätigt sieht, da im Zuge der Totalrezeptionen auch das 4. Buch des deutschen HGB betreffend den Seehandel rezipiert worden ist, obgleich die deutschen Gesetzbücher *Koschaker* zufolge nach dem Ersten Weltkrieg deutlich an Autorität verloren hätten. Siehe zu Letzterem *Ayiter*, in: *Kunkel*, Studi in memoria di Paolo Koschaker, S. 131, 147.

681 Im Anschluss promovierte er an derselben Universität zum Thema Kapitulationen. Siehe dazu *Kieser*, in: *Kieser/Meier/Stoffel*, Revolution islamischen Rechts, S. 49, 52.

682 So *Lipstein*, ADFI 5 (1956), Nr. 6, 11, 12 f.; *Hirsch*, ZHK 116 (1953), Nr. 1, 201, 206, der sogar die Vermutung äußert, dass *Mahmut Esat Bozkurt*, hätte er statt in der Schweiz in Deutschland studiert, „[...] genau mit der gleichen Verve die Übernahme des deutschen BGB empfohlen hätte".

683 Siehe dazu S. 96 f.

verdeutlicht nämlich, wie sehr individuelle Eigenschaften der beteiligten Juristen insbesondere sprachlicher Natur Einfluss auf die legislative Tätigkeit haben. Im Falle der Ausarbeitung des türkischen HGB wurden beispielsweise die verschiedenen Abschnitte jeweils einem Juristen überantwortet, was im Ergebnis vor allem aufgrund der unterschiedlichen sprachlichen Fähigkeiten zu einer Kompilation des Handelsrechts unterschiedlichster Nationen führte (enthalten waren Bestimmungen des französischen, belgischen, italienischen, deutschen und chilenischen Handelsrechts).[684] Auch unterschied sich die verwendete Terminologie jeweils von Abschnitt zu Abschnitt.[685] Verdeutlicht wird mit diesem Beispiel allerdings auch die Rolle des Zufalls im Auswahlprozess, denn eine Rezeption des dritten Teils des schweizerischen OR betreffend Handelsgesellschaften, Wertpapiere und Handelsregister unterblieb stattdessen lediglich, weil dieser zum damaligen Zeitpunkt vor einer Reform stand.[686]

Jedoch kann nicht mit Gewissheit gesagt werden, dass ein etwaiges Dafürhalten *Mahmut Esat Bozkurts* maßgeblich auf seinem Studienaufenthalt beruhte. Die erstmalige Übersetzung des schweizerischen ZGB in die osmanische Sprache erfolgte schon zu *Mahmut Esat Bozkurts* Istanbuler Studienzeiten im Jahre 1912 durch einen seiner Rechtslehrer, dem ehemaligen Gerichtspräsidenten von Thessaloniki *Haçeriyan Efendi*.[687] *Kieser* macht in diesem Zusammenhang darauf aufmerksam, dass sich der Autor in der Einleitung zur Veröffentlichung dieser Übersetzung in ähnlichen Worten über das schweizerische ZGB äußerte wie *Mahmut Esat Bozkurt* mehr als ein Jahrzehnt später.[688] Zudem darf nicht außer Acht gelassen werden, dass sich die Schweiz im letzten Jahrzehnt des Osmanischen Reiches als Standort für ein Auslandsstudium großer Beliebtheit erfreute.[689] Möglicherweise waren es daher auch die Absolventen Schweizer Rechtsfakultäten, die nach ihrer Rückkehr erfolgreich für die Rezeption des schweizerischen ZGB warben.[690] Es kann deshalb nicht ausgeschlossen werden, dass sich *Mahmut Esat Bozkurt* auch ohne Studienaufenthalt in der Schweiz für eine Rezeption dieses Gesetzeswerkes ausgesprochen hätte.[691]

---

684 Vgl. *Hirsch*, ZHK 116 (1953), Nr. 1, 201, 206 ff.
685 Vgl. *Hirsch*, ZHK 116 (1953), Nr. 1, 201, 206 ff.
686 *Hirsch*, ZHK 116 (1953), Nr. 1, 201, 206.
687 *Kieser*, in: *Kieser/Meier/Stoffel*, Revolution islamischen Rechts, S. 49, 50.
688 *Kieser*, in: *Kieser/Meier/Stoffel*, Revolution islamischen Rechts, S. 49, 50. Siehe zum Inhalt der Einleitung *Bozkurt*, Batı Hukukunun Türkiye'de Benimsenmesi, S. 164 ff.
689 *Pritsch*, ZVglRWiss 59 (1957), 123, 144.
690 Diese Überlegung äußernd *Pritsch*, ZVglRWiss 59 (1957), 123, 144.
691 So *Pritsch*, ZVglRWiss 59 (1957), 123, 144.

Auch eine Analyse der durch den damaligen Justizminister vorgebrachten Beweggründe vermittelt kein eindeutiges Ergebnis. Auffallend ist zunächst einmal, wie häufig und pauschal die Prädikate „erhaben" und „vollkommen" – dazu fast immer in superlativer Form – als Motiv der Rezeption angeführt werden. Diese auf den ersten Blick qualitativen Werturteile entpuppen sich bei Zusammenschau mit anderen Äußerungen jedoch vielmehr als autoritäre: Beispielsweise spottet *Mahmut Esat Bozkurt* in seinem berühmten Aufsatz über die Entstehung des türkischen ZGB darüber, dass im Rahmen der aufgelösten Reformkommissionen[692] strafrechtliche Bestimmungen des Staates Siam[693] „[…] *und eines anderen nicht ernst zu nehmenden Staates* […]" in den strafrechtlichen Entwurf aufgenommen worden seien.[694] Zudem bezeichnet er im weiteren Verlauf das schweizerische ZGB als „[…] *das reinste Filtrat der westlichen Zivilisation*".[695] Daher ist der Auffassung *Atamers* zuzustimmen, dass sich die Autorität in diesem Falle zwar nicht auf einen bestimmten Staat, aber auf „[…] *die geistige und kulturelle Führungsposition von Europa im Ganzen*"[696] stützte. Dass die türkische Republik sich als junge aufstrebende Nation dabei gerade die neueste Errungenschaft dieser *„westlichen Zivilisation"* zu eigen machen wollte und daher die Auswahlentscheidung nicht zugunsten der älteren europäischen Kodifikationen wie dem *Code Civil* oder dem *Allgemeinen Bürgerlichen Gesetzbuch* (ABGB) ausfiel, wird vor diesem Hintergrund verständlich. Die Rezeption eines Teils des deutschen HGB, die von *Ayiter* zur Widerlegung der Autoritätsthese *Koschakers*[697] in Bezug auf die Türkei angeführt wird,[698] widerspricht den vorstehenden Gedanken nicht, da sie zum einen auf einen Entwurf zurückgeht, der noch während des *Ersten Weltkrieges* und damit vor der Erschütterung der Autorität Deutschlands verfasst worden ist und zweitens auf dem schon erwähnten zufälligen Umstand beruhte, dass der dritte Teil des schweizerischen OR betreffend Handelsgesellschaften, Wertpapiere und Handelsregister just zum Zeitpunkt der Auswahlentscheidung vor einer Reform stand.[699] Es ist

692 Siehe dazu S. 113 ff.

693 Siam ist der alte Name Thailands.

694 *M. Bozkurt*, in: *İstanbul Üniversitesi*, Medenî Kanunun XV. Yıl Dönümü İçin, S. 7, 9.

695 *M. Bozkurt*, in: *İstanbul Üniversitesi*, Medenî Kanunun XV. Yıl Dönümü İçin, S. 7, 13.

696 *Atamer*, RabelsZ 72 (2008), 723, 732.

697 Siehe dazu Fn. 680.

698 *Ayiter*, in: *Kunkel*, Studi in memoria di Paolo Koschaker, S. 131, 147. Siehe zu alldem Fn. 680.

699 Vgl. *Hirsch*, ZHK 116 (1953), Nr. 1, 201, 206.

daher anzunehmen, dass schlicht aus Zeitgründen an diesen früheren Entwurf angeknüpft wurde.

Hinsichtlich der angeführten leichten Verständlichkeit des schweizerischen ZGB stellt sich zunächst die Frage, aus welcher Perspektive dieses Werturteil überhaupt formuliert wurde. Eine leichte Verständlichkeit aus Sicht der türkischen Bevölkerung erschien zum Zeitpunkt der Rezeption und auch noch Jahrzehnte danach aufgrund der niedrigen Alphabetisierungsrate und der noch geringeren Anzahl an Personen, die der größtenteils durch islamisch-rechtliche Fachtermini geprägten türkischen Rechtssprache mächtig waren, unrealistisch.[700] Aber auch aus Sicht der Übersetzer und Rechtsanwender konnte nicht ohne weiteres von einer leichten Verständlichkeit die Rede sein. Zwar war die Sprache des schweizerischen ZGB nicht abstrakt und komplex wie diejenige des damals ebenfalls relativ jungen BGB; sie war dafür aber stark idiomatisch geprägt.[701] Eine solche untechnische Sprache erschwert das Auffinden passender Begriffe durch den Übersetzer und erschwert zudem auch die richtige Anwendung des Gesetzes durch die Rechtsanwender, da die Zielsprache letztlich weiterhin in einen anderen kulturellen Kontext gebettet bleibt.[702] Daher hätte die technische und abstrakte Sprache des BGB möglicherweise sogar eher eine richtige Anwendung der rezipierten rechtlichen Bestimmungen gewährleistet. Außerdem entsprach auch die Präzision der Bestimmungen des BGB eher der Vorprägung der türkischen Juristen durch die Gesetze des Osmanischen Reiches als die weit und offen formulierten Bestimmungen des schweizerischen ZGB[703] – die häufig hervorgehobenen Vorzüge dieser Flexibilität der Schweizer Kodifikation hätten daher mit der vorhandenen Richterschaft zum Zeitpunkt der Rezeption und auch viele Jahre danach gar nicht nutzbar gemacht werden können.[704] Nichtsdestotrotz hätte die Schaffung eines dem BGB entsprechenden Systems an technischen Begrifflichkeiten deutlich mehr Zeit und Ressourcen in Anspruch genommen als die Übersetzung des schweizerischen ZGB.[705] Dies wird noch virulenter bei einem Vergleich der Anzahl der zum damaligen

700 Vgl. *Kieser/Meier/Stoffel*, in: *Kieser/Meier/Stoffel*, Revolution islamischen Rechts, S. 9, 13.

701 *Pritsch*, ZVglRWiss 59 (1957), 123, 146.

702 Vgl. *Lipstein*, ADFI 5 (1956), Nr. 6, 11, 12.

703 So auch *Hirsch*, ZHK 116 (1953), Nr. 1, 201, 206; *Pritsch*, ZVglRWiss 59 (1957), 123, 146. Siehe zu den Gesetzen des Osmanischen Reiches S. 47 ff.

704 Die Flexibilität hervorhebend *Bozkurt*, Batı Hukukunun Türkiye'de Benimsenmesi, S. 190.

705 So auch *Pritsch*, ZVglRWiss 59 (1957), 123, 146.

Zeitpunkt in den beiden Kodifikationen enthaltenen, für eine Rezeption in Betracht kommenden Bestimmungen: Das ZGB und OR der Schweiz zählten gemeinsam 1528, das BGB hingegen 2385 Bestimmungen.[706] Obendrein waren die türkischen Juristen aufgrund der vorangegangenen Rezeptionen französischer Gesetze auch vertrauter mit der französischen Rechtssprache als mit der deutschen, so wie auch generell die französische Sprache verbreiteter war unter den türkischen Intellektuellen als die deutsche.[707] Die leicht verständliche Sprache wird deshalb vermutlich im Rahmen der Auswahlentscheidung zwischen den beiden jungen Kodifikationen tatsächlich mitentscheidend gewesen sein, um der im Vertrag von Lausanne festgelegten Verpflichtung zur Reform des Rechts- und Justizwesens möglichst schnell nachzukommen und damit einer potenziellen politischen Intervention zuvorzukommen.[708] Dass mit dem schweizerischen ZGB auch die Rechtsordnung eines Staates gewählt wurde, der grundsätzlich politisch neutral war, wird die maßgeblichen Personen in ihrer Entscheidung nur bestärkt haben.[709]

Absurd erscheinen dagegen die sonstigen Ausführungen *Mahmut Esat Bozkurts*. Dass das schweizerische ZGB einer Gesellschaft entstammt, die pluralistisch verfasst ist, dürfte vor dem Hintergrund der Homogenisierungspolitik des ab 1925 bestehenden Einparteienregimes, dessen Justizminister *Mahmut Esat Bozkurt* bis 1930 selbst war, nicht entscheidend gewesen sein.[710] Aus demselben Grunde dürfte auch die mehrfache Betonung des demokratischen Charakters des Gesetzbuches – was auch immer damit gemeint war – nicht entscheidend gewesen sein. Schließlich entsprechen auch die Ausführungen zur Entstehung des schweizerischen ZGB nicht den historischen Tatsachen. Das schweizerische ZGB abrogierte nämlich nicht die überkommenen rechtlichen Bräuche und Gewohnheiten der Schweizer Bevölkerung, sondern fasste sie zusammen.[711] Völlig anders verfuhr die türkische Regierung dagegen in der Türkei: Die Totalrezeption europäischer Gesetzbücher abrogierte innerhalb kürzester Zeit beinahe sämtliche rechtlichen Gewohnheiten und Bräuche der türkischen Bevölkerung in einer historisch beispiellosen Art und Weise.

---

706 *Pritsch*, ZVglRWiss 59 (1957), 123, 145.

707 *Oğuz*, AÜHFD 55 (2006), Nr. 1, 195, 202.

708 In diese Richtung auch *Pritsch*, ZVglRWiss 59 (1957), 123, 146.

709 Hierauf weist ebenfalls hin *Pritsch*, ZVglRWiss 59 (1957), 123, 144.

710 Vgl. *Kieser*, in: *Kieser/Meier/Stoffel*, Revolution islamischen Rechts, S. 49, 57.

711 Vgl. die Ausführungen zur Entstehung des schweizerischen ZGB bei *Veldet*, in: *İstanbul Üniversitesi*, Medenî Kanunun XV. Yıl Dönümü İçin, S. 339, 340 ff.

Zusammenfassend lässt sich damit feststellen, dass sich ein alleine ausschlaggebender Grund für die Rezeption des schweizerischen ZGB nicht ausmachen lässt. Vielmehr handelt es sich um ein Bündel von Faktoren, die für die Wahl des schweizerischen ZGB entscheidend gewesen sind: Dass sich der Blick – wie schon zur *Tanzimat*-Zeit – gen Europa richtete, beruhte auf der Autorität der westlichen Zivilisation in den Augen der türkischen Regierung. Der von den Verpflichtungen des Vertrages von Lausanne ausgehende zeitliche Druck wiederum machte eine schnelle Durchführung der Reformen erforderlich, wofür sich das schweizerische ZGB insbesondere aufgrund seiner untechnischen Sprache, Kürze und seiner Verfügbarkeit in französischer Fassung gut eignete. Zufälle spielten allen voran bei der konkreten Umsetzung der Auswahlentscheidung schließlich ebenfalls eine Rolle.

bb) Modifikationen im Zuge des Gesetzgebungsverfahrens[712]

Das schweizerische ZGB wurde in der Türkei mit einigen Modifikationen verkündet, deren manche willentlich, andere hingegen unwillentlich erfolgten.

(1) Willentliche Modifikationen

Hinsichtlich der willentlichen Modifikationen kann grob unterschieden werden zwischen strukturell, finanziell, kontextuell, traditionell und intentionell bedingten Änderungen, wobei die Übergänge teilweise fließend sind und sich nicht alle Änderungen klar zuordnen lassen.

(a) Strukturell bedingte Modifikationen

Die strukturell bedingten Änderungen betrafen all jene Elemente in den Normen des schweizerischen ZGB, die auf der Staats- und Behördenstruktur der schweizerischen Eidgenossenschaft beruhten und aufgrund abweichender Strukturen in der türkischen Republik nicht unverändert übernommen werden konnten. Dies waren in erster Linie die zahlreichen Verweise auf und Vorbehalte zugunsten kantonaler Regelungen, die mit der föderalistischen Struktur der schweizerischen Eidgenossenschaft zusammenhingen. Sie wurden vor dem Hintergrund der zentralistischen Struktur der türkischen Republik größtenteils ersatzlos gestrichen.[713] Mitunter wurde der Verweis auf kantonale Regelungen auch durch einen Verweis auf ausgelagerte Regelungen ersetzt.[714] Daneben

---

712 Die folgende Darstellung beschränkt sich auf die beispielhafte Aufführung wesentlicher Modifikationen.

713 *Pritsch*, ZVglRWiss 59 (1957), 123, 158; *Velidedeoğlu*, ZSR 81 (1962), Nr. 1, 51, 54.

714 *Pritsch*, ZVglRWiss 59 (1957), 123, 158.

wurden alle Normen, die Behördenbezeichnungen enthielten, den Zuständigkeiten und Behördenbezeichnungen der türkischen Republik angepasst.[715] Selbiges geschah im Hinblick auf Verfassungsorgane, auf die in manchen Normen Bezug genommen wurde.[716]

(b) Finanziell bedingte Modifikationen

Finanziell bedingt wurde im Gesetzestext die schweizerische Währung durch diejenige der türkischen Republik ersetzt. Zudem wurden die im Gesetz enthaltenen Geldbeträge an die finanzielle Situation des Landes angepasst.[717]

(c) Kontextuell bedingte Modifikationen

Mit kontextuell bedingten Modifikationen sind all diejenigen Änderungen gemeint, die aufgrund der andersartigen Lebensumstände und Lebenswirklichkeiten in der Türkei als nötig empfunden wurden. So wurden die im Gesetz festgelegten Altersgrenzen herabgesetzt: Das Mündigkeitsalter wurde von 20 Jahren auf 18 Jahre und die Altersgrenze für eine Mündigkeitserklärung auf 15 Jahre herabgesetzt.[718] Im Hinblick auf das Ehefähigkeitsalter wurde eine Herabsetzung der ursprünglichen Altersgrenze von 20 Jahren beim Mann und 18 Jahren bei der Frau auf 18 Jahre beim Mann und 17 Jahre bei der Frau vorgenommen.[719] Ebenso wurde die Altersgrenze für eine Ehemündigkeitserklärung von 18 Jahren beim Mann und 17 Jahren bei der Frau auf 15 Jahre für beide Geschlechter herabgesetzt.[720] Hinter diesen Modifikationen steckte wohl die Annahme, dass die Lebensumstände und -wirklichkeit in der Türkei zu einer früheren Reife der Menschen führen würden. Vermutlich mag aber auch der traditionelle Umstand eine Rolle gespielt haben, dass in muslimisch geprägten Gesellschaften der damaligen Zeit für gewöhnlich schon im jüngeren Alter geheiratet wurde. Gestützt wird letztere Beobachtung durch die Tatsache, dass im Jahre 1938 aufgrund der hohen Anzahl von Anträgen auf Ehemündigkeitserklärung[721] die Altersgrenzen

---

715 *Pritsch*, ZVglRWiss 59 (1957), 123, 159 f.

716 *Pritsch*, ZVglRWiss 59 (1957), 123, 159.

717 Zu den finanziell bedingten Änderungen siehe *Pritsch*, ZVglRWiss 59 (1957), 123, 160.

718 *Hirsch*, SJZ 1954, 337, 339.

719 *Velidedeoğlu*, ZSR 81 (1962), Nr. 1, 51, 55.

720 *Velidedeoğlu*, ZSR 81 (1962), Nr. 1, 51, 55.

721 Gesetz Nr. 3453, verkündet am 28.06.1938 im türkischen Amtsblatt (Nr. 3945). Laut der amtlichen Begründung des Änderungsgesetzes ist die Anzahl im Jahre 1937 auf 61 806 Anträge angestiegen. Siehe dazu auch *Hirsch*, SJZ 1954, 337, 339, Fn. 5.

nochmals auf 17 Jahre beim Mann und 15 Jahre bei der Frau hinsichtlich der Ehefähigkeit und auf 14 Jahre bei der Frau hinsichtlich der Ehemündigkeitserklärung herabgesetzt wurden.[722] Außerdem wurde die Altersgrenze für die Testierfähigkeit von 18 auf 15 Jahre herabgesetzt, wobei auch insoweit die Annahme einer früheren Reife ausschlaggebend gewesen sein dürfte.[723] Ebenso mag vermutlich der Umstand eine Rolle gespielt haben, dass das islamische Recht die Altersgrenze für die Testierfähigkeit gleichfalls niedrig ansetzt.[724]

Neben diesen Modifikationen der Altersgrenzen wurden kontextuell bedingt auch einige der im Gesetz enthaltenen Fristen angepasst. Ein Teil der Fristen wurde verlängert. Dies waren allen voran Fristen, die in Zusammenhang mit der Führung von Personenstandsbüchern (Geburtenregister, Sterberegister etc.) standen. So wurde die Frist zur Anzeige von Geburten von drei Tagen auf einen Monat und die Frist zur Anzeige von Todesfällen von zwei Tagen auf zehn Tage verlängert.[725] Die Verlängerungen waren notwendig, da gerade in ländlichen Regionen häufig größere Distanzen zur nächstgelegenen Behörde zurückgelegt werden mussten. Aus demselben Grund dürften wohl auch die Frist zur Anfechtung von Löschungen dinglicher Rechte im Grundbuch von 10 auf 30 Tage und die Widerspruchsfrist im Falle eines Überbaus auf 30 Tage verlängert worden sein.[726] Andere Fristen wurden hingegen verkürzt. Dabei ist als kontextuell bedingte Modifikation insbesondere die Verkürzung der Frist für außerordentliche Ersitzungen von 30 auf 20 Jahre hervorzuheben.[727] Diese Änderung war dem Umstand geschuldet, dass zum Zeitpunkt der Rezeption vor allem in ländlichen Regionen die Veräußerungen von Liegenschaften weiterhin häufig durch mündliche Absprache und reine Besitzübergabe vollzogen wurden.[728]

---

722 *Hirsch*, SJZ 1954, 337, 339.

723 Vgl. *Pritsch*, ZVglRWiss 59 (1957), 123, 162.

724 Nach Ansicht einiger Rechtsgelehrter genügt insoweit – freilich neben anderen Voraussetzungen – die Erreichung der Pubertät (sog. *bulûğ*). Siehe zu den verschiedenen Ansichten *Arı*, VASİYET, in: *Türkiye Diyanet Vakfı*, TDV İslâm Ansiklopedisi, Band 42, Stand 2012, S. 554.

725 *Velidedeoğlu*, ZSR 81 (1962), Nr. 1, 51, 55.

726 Vgl. *Pritsch*, ZVglRWiss 59 (1957), 123, 160 f.

727 *Pritsch*, ZVglRWiss 59 (1957), 123, 161.

728 *Velidedeoğlu*, ZSR 81 (1962), Nr. 1, 51, 70 f. Zu den Schwierigkeiten im Zusammenhang mit den rezipierten immobiliarsachenrechtlichen Vorschriften siehe S. 154 f.

(d) Traditionell bedingte Modifikationen

Wissenschaftlich höchst interessant sind die traditionell bedingten Modifikationen. Gemeint sind hiermit alle Änderungen, die bei genauerer Betrachtung Ausdruck überkommener Rechtsauffassungen und Moralvorstellungen waren. Sie stellen einen Gradmesser für die Kontinuität der alten Rechts- und Moralordnung dar. Dabei sind nicht nur diejenigen Änderungen interessant, die sich durchgesetzt haben, sondern auch diejenigen, die dies gerade nicht geschafft haben. Im Folgenden sollen nun einige wichtige Beispiele angeführt werden.

Erwähnenswert im Hinblick auf Änderungen, die sich nicht durchgesetzt haben, sind die folgenden zwei Modifikationen: Erstens sollte der Kreis der Personen, mit denen eine Eheschließung verboten ist, auf die sog. Milchmutter, d.h. die Amme einer Person, und die sog. Milchgeschwister, d.h. Personen, die von derselben Amme gestillt wurden, ausgeweitet werden.[729] Diese Modifikation war nicht nur im ursprünglichen Entwurf des türkischen ZGB enthalten, sondern findet sich auch in der daraufhin im türkischen Amtsblatt verkündeten Fassung des türkischen ZGB.[730] Die entsprechende Passage wurde allerdings noch vor Inkrafttreten des Gesetzes gestrichen. Unklar ist, aus welchem Grund und insbesondere auf welchem Wege sie gestrichen wurde.[731]

Zweitens sollte den Eltern des Erblassers im Falle des Zusammentreffens mit Nachkommen des Erblassers ebenfalls ein Erbrecht zugestanden werden.[732] Diese Modifikation war ebenfalls im ursprünglichen Entwurf des türkischen ZGB enthalten. In der im türkischen Amtsblatt verkündeten Fassung fehlte sie hingegen schon. Auch insoweit sind die Gründe unklar. Klar ist hingegen, dass beide rechtlichen Wertungen ihrem Ursprung nach dem überkommenen

---

729 *Pritsch*, ZVglRWiss 59 (1957), 123, 157.

730 Gesetz Nr. 743, verkündet am 04.04.1926 im türkischen Amtsblatt (Nr. 339).

731 Vgl. *Fındıkoğlu*, İÜHFM 13 (1947), Nr. 2, 684, 685. Grundsätzlich hätte eine solche Änderung nach Verkündung im türkischen Amtsblatt nur durch ein Abänderungsgesetz erfolgen können. Der sonst in solchen Fällen vorhandene Hinweis auf eine Änderung der Bestimmung durch ein Änderungsgesetz findet sich jedoch in der vom türkischen Justizministerium herausgegebenen digitalen Fassung des türkischen ZGB nicht. Die gestrichene Passage findet sich zudem auch nicht in der vom türkischen Justizministerium in digitaler Fassung herausgegebenen Zusammenstellung abgeänderter Bestimmungen.

732 *Pritsch*, ZVglRWiss 59 (1957), 123, 157 f. Zu den späteren Versuchen, diese Rechtsauffassung im Zuge einer Reform des türkischen ZGB zu implementieren, siehe S. 161.

islamischen Recht entsprangen.[733] Möglicherweise war dies auch der Grund ihrer Streichung.

Durchgesetzt haben sich hingegen folgende traditionell bedingte Änderungen: Anstelle der Güterverbindung wurde in Übereinstimmung mit den islamisch-rechtlichen Ehebestimmungen die Gütertrennung als gesetzlicher Güterstand festgelegt.[734] Die Zustimmung zum Ehebruch als Ausschließungsgrund für eine Scheidungsklage wegen Ehebruchs wurde nicht übernommen, da eine solche Zustimmung der herrschenden Moralvorstellung widersprach.[735] Auch die im Falle eines Ehebruchs für den schuldigen Ehegatten vorgesehene Verschärfung des zeitlichen Verbotes auf Eingehung einer neuen Ehe, die dem islamischen Recht fremd ist, wurde nicht übernommen.[736] Des Weiteren wurde die Möglichkeit der Ehetrennung auf unbestimmte Zeit gestrichen. Übrig blieb dadurch lediglich die Möglichkeit, eine solche für ein bis drei Jahre auszusprechen. Die Trennungsdauer überstieg damit zwar immer noch diejenige, die das islamische Recht im Falle der insoweit vergleichbaren *widerrufbaren Scheidung* vorsieht – diese *iddet* genannte Wartefrist beträgt nämlich nur drei Menstruationszyklen der Ehegattin –,[737] stellte aus traditioneller Sicht aber zumindest keinen Fremdkörper dar, wie die katholisch gefärbte Ehetrennung auf unbestimmte Zeit es tat. Ferner wurde der im schweizerischen ZGB zeitlich unbegrenzt vorgesehene Unterhaltsanspruch desjenigen Ehegatten, dem im Hinblick auf die Ehescheidung keine Schuld zur Last fällt, der aber durch ebenjene Scheidung in Bedürftigkeit geraten ist, auf ein Jahr begrenzt. Diese Modifikation dürfte gleichermaßen traditionell bedingt gewesen sein, da sie der zeitlich kurz bemessenen Unterhaltspflicht des geschiedenen Mannes im islamischen Recht entgegenkam und damit die dem islamischen Recht fremde unbegrenzte Unterhaltspflicht strich.[738] Schließlich dürfte auch die Erhöhung der Gültigkeitsdauer einer mündlichen letztwilligen Verfügung von 14 Tagen auf einen Monat traditionell bedingt gewesen sein,[739] weil auf diese Weise dem in allen Rechtsgebieten

733 *Pritsch*, ZVglRWiss 59 (1957), 123, 157 f.

734 *Pritsch*, RabelsZ 24 (1959), 686.

735 *Pritsch*, ZVglRWiss 59 (1957), 123, 163.

736 *Pritsch*, ZVglRWiss 59 (1957), 123, 163.

737 Vgl. *Reidegeld*, Handbuch Islam, S. 758, 760.

738 Siehe zur Unterhaltspflicht des geschiedenen Ehegatten im islamischen Recht die unterschiedlichen Ansichten der Gelehrten aufgeführt bei *Erbay*, NAFAKA, in: *Türkiye Diyanet Vakfı*, TDV İslâm Ansiklopedisi, Band 32, Stand 2006, S. 283.

739 *Pritsch*, ZVglRWiss 59 (1957), 123, 160.

des islamischen Rechts geltenden Grundsatz der mündlichen Form entgegengekommen wurde.[740]

Neben diesen Modifikationen enthielt das türkische ZGB in der Fassung vom 04.10.1926 auch Vorschriften, die sich mit Bestimmungen des islamischen Rechts zwar deckten, deren Deckungsgleichheit allerdings nur zufälliger Natur war. So entsprachen die in den Artt. 129 bis 133 des türkischen ZGB aufgezählten Scheidungsgründe denjenigen, die das islamische Recht nach Auffassung einiger Rechtsgelehrter für eine Scheidungsklage der Ehegattin vorsieht. Ebenso sah Art. 95 im Falle der Scheidung entsprechend den Bestimmungen des islamischen Rechts eine Wartefrist der Frau zur Feststellung einer etwaigen Vaterschaft vor. Schließlich lag den allgemeinen Bestimmungen zu den Ehewirkungen ein patriarchalisches Familienbild zugrunde, wie es auch das islamische Familienrecht skizziert. So erklärte beispielsweise Art. 160 den Ehemann zum Haupt der Gemeinschaft. Nichtsdestotrotz handelte es sich bei all diesen Bestimmungen um unveränderte Übernahmen aus dem schweizerischen ZGB.[741]

(e) Intentionell bedingte Modifikationen

Unter intentionell bedingten Modifikationen sind all jene Änderungen zu verstehen, die zwar willentlich erfolgten, aber nicht strukturell, finanziell, kontextuell oder traditionell bedingt waren und deren Zuordnung auch nicht unklar ist. Es handelt sich daher um Änderungen, die weitestgehend auf einer autonomen rechtlichen Wertung der damaligen türkischen Regierung beruhten. Zu nennen sind hier insofern zwei Maßnahmen, die zwar zusammenhängen, von

---

740 Siehe zum islamisch-rechtlichen Grundsatz der mündlichen Form *Reidegeld*, Handbuch Islam, S. 809, Fn. 24.

741 Die entsprechenden Bestimmungen zu den Scheidungsgründen finden sich in den Artt. 137 bis 141, zur Wartefrist in Art. 103 und zu den Rechten und Pflichten des Ehemannes in Art. 160 des schweizerischen ZGB. Nicht richtig sind daher die Ausführungen *Ritters*, der diese Bestimmungen in einem Atemzug mit traditionell bedingten Modifikationen nennt. Siehe dazu *ders.*, Das islamische Familienrecht, S. 157 f. Ebenfalls nicht richtig sind die Ausführungen *Yildirims*, die den Ausschluss der Ungültigkeit einer Ehe im Falle der Missachtung der gesetzlichen Wartefrist der Frau in Art. 122 des türkischen Gesetzbuches als Beleg für „[…] das Dilemma einer Rechtsrevolution, die versucht, ausländisches Rechts zu adaptieren und gleichzeitig versucht, religiös geprägte soziale Normen beizubehalten" sieht (übersetzt ins Deutsche durch den Autor). Bei dem Ausschluss der Ungültigkeit handelt es sich nämlich ebenfalls um eine unveränderte Übernahme des Art. 130 des schweizerischen ZGB. Siehe zu den Ausführungen *Yildirims*, *dies.*, Pace Int'l L. Rev. 17 (2005), 347, 362.

denen aber lediglich die erste eine Änderung des schweizerischen Gesetzestextes beinhaltete: So wurde in Art. 1 Abs. 3 des ZGB, der in seiner Originalfassung bestimmt, dass der Richter im Rahmen der Lückenfüllung bewährter Lehre und Überlieferung zu folgen habe, das Wort „bewährter" im Zuge der Rezeption gestrichen.[742] Des Weiteren wurde mit Art. 43 des Anwendungsgesetzes dekretiert, dass das bisherige Recht fortan großenteils außer Kraft gesetzt sei.[743] Offensichtliches Ziel dieser Maßnahmen war es, mit der bisherigen Rechtsordnung zu brechen und künftige Verbindungen zwischen dieser und der anvisierten neuen Rechtsordnung (zumindest theoretisch) unmöglich zu machen.

(f) Nicht zuordenbare Modifikationen

Bei einigen Modifikationen erscheint die Zuordnung schwierig bis unklar. So wurden im Erbrecht die Maximalfristen für die Verjährung einer Ungültigkeitsklage und für die Verjährung einer Herabsetzungsklage von zehn Jahren auf fünf Jahre, die Zeitspanne für herabsetzbare Schenkungen des Erblassers vor seinem Tode von fünf Jahren auf ein Jahr, die Meldefrist unbekannter Erben zum Erbgange von einem Jahr auf drei Monate und die Frist zur Anfechtung der Ausschlagung einer Erbschaft durch einen überschuldeten Erblasser von sechs Monaten auf drei Monate verkürzt.[744] Um kontextuell bedingte Modifikationen handelt es sich dabei nicht, da die häufig große Distanz zu den entsprechenden Behörden in ländlichen Gebieten eher eine Verlängerung der Fristen gefordert hätte. Auch eine Zuordnung zu der Gruppe traditionell bedingter Modifikationen erscheint schwierig, da das islamische Erbrecht – trotz der erwähnten Modifikationen – bedeutende Unterschiede zu diesen rezipierten Bestimmungen des schweizerischen ZGB aufweist.[745] Möglicherweise sind es aber auch gerade diese Unterschiede, die die Modifikation der Fristen bedingt haben. Denn die

742 *Atamer*, RabelsZ 72 (2008), 723, 733.

743 *Hirsch*, ZSR 95 (1976), Nr. 1, 223, 232.

744 *Pritsch*, ZVglRWiss 59 (1957), 123, 161.

745 So kennt das islamische Erbrecht keine dem deutschen Rechtskreis entsprechende Möglichkeit des Erblassers, durch letztwillige Verfügung von Todeswegen grundsätzlich frei über sein gesamtes Vermögen zu verfügen. Vielmehr beschränkt sich die Möglichkeit freier Verfügung des Erblassers ausnahmslos nur auf 1/3 seines Vermögens. Siehe dazu *Reidegeld*, Handbuch Islam, S. 758, 794. Das schweizerische Erbrecht rückt somit die individuelle Verfügung in den Mittelpunkt seines Erbrechtsregimes, wohingegen das zentrale Element des islamischen Erbrechts ein verpflichtender gesetzlicher Erbgang ist. Zu diesem und weiteren Unterschieden siehe *Yazıcı*, EAD 17 (2013), Heft 55, 167, 170.

Verkürzungen scheinen darauf abgezielt zu haben, relativ schnell klare rechtliche Verhältnisse in Bezug auf den Erbgang zu schaffen und damit längere Erbstreitigkeiten zu verhindern.

Des Weiteren wurde die Zeitspanne, ab der eine böswillige Verlassung als Scheidungsgrund gilt, von zwei Jahren auf drei Monate verkürzt.[746] Zwar statuiert auch die islamische Jurisprudenz die Verlassung als Scheidungsgrund, sodass insoweit eine traditionell bedingte Modifikation vermutet werden könnte. Jedoch unterschreitet die Verkürzung selbst die in der islamischen Literatur vertretenen kurzen Zeitspannen und ist damit den islamischen Bestimmungen nicht eindeutig entgegengekommen.[747] Weshalb eine solche geringe Zeitspanne gewählt wurde, ist deshalb unklar.

Unklar ist ebenfalls, aus welchem Grund die Frist zur Anfechtung der Ehelichkeit eines Kindes von drei Monaten auf einen Monat verkürzt wurde.[748]

(2) Unwillentliche Modifikationen

Neben den willentlichen Modifikationen erfuhr das schweizerische ZGB im Zuge des Gesetzgebungsverfahrens auch akzidentiell bedingte Änderungen. So enthielt die türkische Fassung des Gesetzes zahlreiche Übersetzungsfehler, die den Inhalt der betreffenden Normen abänderten. Prominentes Beispiel dafür ist der Art. 255 des schweizerischen ZGB, der die Frage der Anfechtung der Ehelichkeit eines Kindes im Falle der Zeugung vor der Ehe oder während der Trennung regelt.[749] Abs. 2 dieser Norm bestimmt, dass die Vermutung der Ehelichkeit auch in diesem Falle bestehe, „[…] *wenn glaubhaft gemacht wird, dass der Ehemann um die Zeit der Empfängnis der Mutter beigewohnt habe*“. Die türkische Fassung der Norm spricht stattdessen von einem „[…] *Zusammenwohnen mit dem Ehemann im Zeitpunkt der Empfängnis*“ und weicht damit inhaltlich vollkommen von der Mutternorm ab. Darüber hinaus fehlen mitunter Absätze und Vorschriften, wobei unklar bleibt, ob ihr Fehlen akzidentiell bedingt war oder auf einer willentlichen Entscheidung des türkischen Gesetzgebers beruhte.[750]

---

746 *Pritsch*, ZVglRWiss 59 (1957), 123, 161.

747 Die Spannweite der Ansichten reicht dabei von sechs Monaten bis zu drei Jahren. Siehe hierzu Ritter, Das islamische Familienrecht, S. 67.

748 Vgl. *Pritsch*, ZVglRWiss 59 (1957), 123, 161.

749 Zu diesem Beispiel siehe *Pritsch*, ZVglRWiss 59 (1957), 123, 155.

750 Vgl. *Pritsch*, ZVglRWiss 59 (1957), 123, 156. Eine Auflistung der fehlenden Vorschriften findet sich ebenfalls bei *Pritsch*, ZVglRWiss 59 (1957), 123, 162 f. So umfasste das türkische ZGB am Ende nur 933 Artikel statt der im schweizerischen Original enthaltenen 977. Siehe zu Letzterem *Bandak*, Rezeption, S. 96.

(3) Würdigung

Die schweizerische Vorlage des türkischen ZGB wurde an vielen Stellen im Gesetzgebungsverfahren modifiziert. Jedoch handelte es sich dabei größtenteils um strukturell und kontextuell bedingte Modifikationen. Traditionell bedingte Modifikationen finden sich nur ganz vereinzelt. Dabei fällt auf, dass der türkische Gesetzgeber auch im Zuge der traditionell bedingten Änderungen keine substanziellen Eingriffe an den Instituten des schweizerischen ZGB vorgenommen hat, sondern die Anpassungen alleine durch Änderungen variabler Elemente der jeweiligen Institute vollzog, ohne die Institute oder die ihnen zugrundeliegenden rechtlichen Grundwertungen zu berühren oder diesen erkennbar fremde Institute hinzuzufügen. So wurde mit der Gütertrennung ein damals schon im System des schweizerischen ZGB vorgesehenes und somit nach dessen Wertungen rechtlich legitimes Güterrechtsregime lediglich zum gesetzlichen Regelfall bestimmt, von dem folglich zugunsten der Güterverbindung weiterhin ehevertraglich abgewichen werden konnte. Des Weiteren wurde die Ehetrennung beibehalten und alleine die katholisch gefärbte Möglichkeit gestrichen, sie auf unbestimmte Zeit auszusprechen. Auch wurde die Unterhaltspflicht des schuldlos geschiedenen Ehegatten beibehalten und einzig ihre Dauer auf ein Jahr begrenzt. Ferner wurden die Verschärfung des zeitlichen Verbots auf Eingehung einer neuen Ehe im Falle des Ehebruchs und die Zustimmung zum Ehebruch als Ausschließungsgrund für eine Scheidungsklage gestrichen. Der Ehebruch als Scheidungsgrund wurde allerdings unverändert beibehalten. Schließlich wurde die Gültigkeitsdauer einer mündlichen letztwilligen Verfügung erhöht und somit gerade die letztwillige Verfügung als Grundpfeiler des türkischen Erbrechts bestätigt. Die vorgenommenen Beispiele zeigen, dass das Vorgehen der türkischen Regierung bei ihren traditionell bedingten Modifikationen nicht von dem Gedanken getragen war, das Gesetz den traditionellen Gewohnheiten der Bevölkerung weitestmöglich anzupassen oder diese zu implementieren, sondern das Gesetz in seiner Substanz weitestmöglich unverändert und ohne erkennbar fremde Hinzufügungen zu übernehmen. Denn trotz der in wesentlichen Teilen starken Abweichungen des neu eingeführten Gesetzestextes von den bisherigen islamischen Regelungen sah sich der türkische Gesetzgeber nicht veranlasst, weitergehende Eingriffe am Normtext vorzunehmen. So wurde beispielsweise mit der Verkündung des türkischen ZGB sowohl im Erbrecht als auch im Scheidungsrecht ein kompletter Systemwechsel vollzogen.[751] Selbst die Milchverwandtschaft[752], die

751 Siehe in Bezug auf das Erbrecht S. 161.
752 Siehe dazu S. 136.

über Jahrhunderte rechtlich als *absolutes* Ehehindernis galt, wurde letzten Endes nicht implementiert. Einer der maßgeblichen Gründe für diese Zurückhaltung wird – neben eigenen Überzeugungen der beteiligten Personen – vermutlich die Absicht gewesen sein, tunlichst den Vorwurf religiös motivierter Gesetzgebung durch die europäischen Staaten und damit die erneute Öffnung einer Hintertür für innenpolitische Interventionen zu vermeiden.

Deshalb wurden lediglich dort, wo eine Anpassung ohne Hinzufügung oder Änderung der Grundgedanken der jeweiligen Regelung vorgenommen werden konnte, minimalinvasive Eingriffe vorgenommen. Trotz der zahlreichen Modifizierungen ist das schweizerische ZGB daher im Grunde nahezu unverändert im Rahmen des Gesetzgebungsverfahrens übernommen worden.

cc) Modifikationen im Zuge der Anwendung

Modifikationen erfuhr das schweizerische ZGB in der Türkei nicht nur im Zuge des Gesetzgebungsverfahrens. Auch seine Anwendung bzw. Fortbildung durch die Gerichte der Türkei hatte zur Folge, dass das Gesetz in Teilen einen von der Praxis der Mutterrechtsordnung abweichenden Inhalt erhielt. Dazu einige Beispiele:

Während das schweizerische Bundesgericht im Jahre 1928 im Hinblick auf die Frage, ob dem Großvater gegenüber dem Schwiegersohn das Recht zustehe, seinen Enkel zu besuchen und bei sich in den Ferien aufzunehmen, entschied, dass das Gesetz diese Frage bewusst der „*Sitte und den sittlichen Gepflogenheiten des Volkes überlassen*“ habe,[753] ging der türkische Kassationshof in dieser Frage in mehreren Urteilen von einer Gesetzeslücke aus und sprach dem Großvater in Anwendung der Lückenfüllungsermächtigung des Art. 1 ZGB aufgrund der Blutbande und zwecks der Entstehung einer persönlichen Beziehung das subjektive Recht auf Besuch und Aufnahme des Enkels zu.[754] Diese Rechtsprechung knüpfte erkennbar an die unterschiedliche Familienstruktur türkischer Familien der damaligen Zeit an und war damit traditionell bedingt.[755]

Des Weiteren urteilte das schweizerische Bundesgericht in mehreren Fällen, dass eine Vertretung eines urteilsunfähigen Ehegatten durch seinen Vormund

---

753 BGE 54 II 4, 7.

754 Türkischer Kassationshof, 2. Zivilkammer, Entscheidung Nr. 3144/4361 vom 09.03.1944; Türkischer Kassationshof, 2. Zivilkammer, Entscheidung Nr. 6134/6501 vom 11.12.1947; Türkischer Kassationshof, 2. Zivilkammer, Entscheidung Nr. 4937/4475 vom 02.09.1956. Siehe zu alldem *Aytekin*, ADFI 12 (1962), Nr. 18, 1, 14 f.

755 Vgl. *Pritsch*, RabelsZ 24 (1959), 686, 691.

bei der Ausübung seines Klagerechts auf Scheidung aufgrund des höchstpersönlichen Charakters dieses Rechts nicht möglich sei.[756] Der türkische Kassationshof entschied hingegen, dass es in Fällen, in denen der andere Ehegatte einen unehrenhaften Lebenswandel führt und im Konkubinat lebt, *„rechtlich notwendig“* sei, dem Vormund die Vertretung des urteilsunfähigen Ehegatten bei der Ausübung des Klagerechts auf Scheidung zuzugestehen.[757] Die Vermutung liegt nahe, dass auch diese Rechtsprechung traditionell bedingt war, denn der rechtlichen Vertretung wird im islamischen Recht viel Raum eingeräumt. Insbesondere ist eine Vertretung – anders als im deutschen Rechtskreis – sowohl bei der Eheschließung als auch bei der Ausübung des Scheidungsrechts zulässig.[758]

Ferner erfuhr auch das gesetzliche Vorkaufsrecht in seiner Anwendung Modifikationen. Das übernommene schweizerische ZGB widmete diesem Institut, welches im islamischen Recht umfangreich geregelt ist, streng genommen nur einen Artikel (Art. 681 im schweizerischen ZGB), was dazu führte, dass sich der Kassationshof relativ oft mit selbigem zu beschäftigen hatte.[759] Nicht selten nahm er dabei in Abweichung zur schweizerischen Praxis Anleihen bei der überkommenen islamischen Rechtsordnung.[760] Mit der Zeit näherte sich die türkische Rechtsprechung der schweizerischen insoweit jedoch an.[761]

Die Beispiele zeigen, dass auf Ebene der Rechtsanwendung eine intensivere Anpassung an die traditionellen Gewohnheiten der Bevölkerung erfolgte, als auf Ebene der Gesetzgebung.[762] Gleichwohl blieben auch diese Maßnahmen letzten Endes oberflächlich und flickenhaft.

---

756 BGE 68 II 144, 145 ff.; 78 II 99, 101 f. Siehe dazu *Pritsch*, RabelsZ 24 (1959), 686, 691 f.

757 Türkischer Kassationshof, 2. Zivilkammer, Entscheidung Nr. 5923/1219 vom 03.03.1947.

758 Vgl. zur Zulässigkeit der Vertretung bei der Ausübung des Scheidungsrechts *Yaman*, İslâm Aile Hukuku, S. 78.

759 *Pritsch*, RabelsZ 24 (1959), 686, 709 f.

760 *Pritsch*, RabelsZ 24 (1959), 686, 709.

761 *Pritsch*, RabelsZ 24 (1959), 686, 711.

762 Vgl. auch *Pritsch*, RabelsZ 24 (1959), 686, 718: „Interessant ist dabei, daß gelegentlich altüberkommene einheimische Anschauungen die Auslegung des neuen Gesetzes beeinflußt haben, wenn auch die in dieser Hinsicht dem Richter sich bietenden Möglichkeiten naturgemäß beschränkt sind; immerhin zeigt dies, wie die türkische Rechtsprechung bemüht ist, das fremde Recht nach Möglichkeit dem einheimischen Empfinden anzupassen.“

dd) Schwierigkeiten im Zusammenhang mit der Rezeption

Dass die Rezeption des schweizerischen ZGB nicht alleine mit der Verkündung der türkischen Fassung dieses Sprachwerks getan sein würde, war den Beteiligten bewusst. Schon während der Übersetzungsarbeiten am schweizerischen ZGB wurde die Neugründung einer Justizfachschule für Recht in Ankara in die Diskussion im Parlament eingebracht und kurze Zeit darauf am 05.11.1925 eröffnet.[763] Später wurde die Institution in „Rechtsfakultät" umbenannt und schließlich mit Gründung der Universität von Ankara im Jahre 1946 dieser angeschlossen.

Ziel der Neugründung war dabei nicht nur, eine Ausbildungsstätte für das neue Recht zu schaffen – die bis dahin landesweit einzige Rechtsfakultät der Istanbuler *Darülfünun*[764] wurde im ausgehenden 19. Jahrhundert gegründet und stand daher in Tradition des *Ancien Régime* und seiner überkommenen Rechtsordnung –, sondern durch die Heranziehung einer neuen, im Geiste der Republik stehenden Juristenelite den bereits erfolgten Teil der sog. kemalistischen Reformen[765] abzusichern und zugleich den Unterbau für weitere Reformen zu schaffen. Deutlich wird dies insbesondere in der Rede *Atatürks* zur feierlichen Eröffnung der oben erwähnten Justizfachschule, deren prägnanter Schlusssatz in der Literatur häufig wörtlich wiedergegeben wird.[766] Bemerkenswert ist in

763 *Hirsch*, ZSR 95 (1976), Nr. 1, 223, 234.

764 Der Name *Darülfünun* bedeutet übersetzt „Haus der Wissenschaften" und wurde in der Epoche des Osmanischen Reiches als begriffliches Äquivalent zu den in Kontinentaleuropa gebräuchlichen Hochschulbezeichnungen – wie dem *studium generale*, der *universitas literarum* oder dem französischen *université* – gebraucht. Nachdem die erste als *Darülfünun* bezeichnete Institution in Istanbul nicht von langem Bestand war, wurde zu Beginn des 20. Jahrhunderts wiederum in Istanbul ein erneuter Anlauf mit der Gründung der *Darülfünun-ı Şâhâne* unternommen, in die mit Beginn der *Zweiten konstitutionellen Periode* 1908 die schon bestehende Istanbuler Fachschule für Recht (sog. *Mekteb-i Hukuk*) eingegliedert wurde. Nach Gründung der Republik folgte eine Umbenennung der einzelnen Fachschulen in „Fakultäten". Die Zweitgründung bestand mit ihren Untergliederungen bis zu ihrer Auflösung im Jahre 1933 fort. Siehe zu alldem ausführlich *Hirsch*, Als Rechtsgelehrter im Lande Atatürks, S. 53 f., der fälschlicher Weise den Namen *Darülfünun* mit „Tor der Wissenschaften" ins Deutsche übersetzt. Das im Ursprung arabische Wort دار („dar") bedeutet jedoch Haus.

765 Siehe zu den sog. kemalistischen Reformen S. 113.

766 So beispielsweise bei *Hirsch*, ZSR 95 (1976), Nr. 1, 223, 235; *Oğuz*, AÜHFD 55 (2006), Nr. 1, 195, 203; *Bandak*, Rezeption, S. 125.

diesem Zusammenhang aber auch der sonstige Inhalt seiner Rede. So sagte *Atatürk* unter anderem:

> *„Glauben sie nicht, dass das alte Recht weit entfernt und sehr alt sei und ich eine Periode, die für eine Rückkehr nicht stark genug ist, und die Juristen dieser Periode [Anm.: als Thema meiner Rede] gewählt hätte. Wenn ich damit beginnen würde, ihnen Beispiele dafür zu geben, welche Schwierigkeiten das alte Recht und seine Juristen mir in unserer Reformperiode bereiten, würde ich Gefahr laufen, bei ihnen Kopfschmerzen auszulösen. Es sei ihnen jedoch gesagt, dass zum Zeitpunkt der Gründung der Großen Nationalversammlung der Türkei an der Spitze derjenigen, die seine heutigen Eigenschaften und seinen heutigen Status als Verstoß gegen die Grundlagen des Rechts und der Wissenschaft bewerteten, berühmte Rechtsgelehrte standen. Als ich in der Großen Nationalversammlung das Gesetz vorschlug, welches bestimmte, dass die Souveränität bedingungslos der Nation zustehe, waren an der Spitze derjenigen, die sich gegen diesen Grundsatz wegen Verstoßes gegen die osmanische Verfassung auflehnten, wiederum die alten, die Nation mit ihren Fähigkeiten betrügenden, bekannten Rechtsgelehrten.*
> *Geehrte Herren,*
> *lassen sie mich gar einen Vorfall, der sich nach Ausrufung der Republik zugetragen hat, vor ihren wachen Augen zum Leben erwecken. Der Rat der Rechtsanwaltskammer unserer größten Stadt in diesem Land, der sich womöglich aus in Europa ausgebildeten Spezialisten zusammensetzt, hat eine Person zum Vorsitzenden ernannt, die offen zu erkennen gibt, Kalifatist zu sein und stolz darauf ist. Genügt dieser Vorfall nicht, um die das republikanische Verständnis innerlich und wahrhaftig ablehnende Haltung und Neigung der dem veralteten Recht folgenden veralteten Juristen aufzuzeigen. All diese Vorfälle zeigen, dass der größte und dabei hinterhältigste Feind der Reformer das verfaulte Recht und seine unverbesserlichen Juristen sind. Die alten gesetzlichen Bestimmungen, die alten Juristen, die sich während der inbrünstigen Reforminitiativen verkriechen müssen, warten nur auf die Gelegenheit, sich im Augenblick des Nachlassens der Wirksamkeit und des Eifers derjenigen, die sich auf dem Weg des Guten befinden, zu reaktivieren, um die Grundsätze der Reformen und derjenigen, die ihnen innerlich folgen, und deren wertvolle Ideale zu verdammen. Diese Gelegenheit wird mit der Existenz der alten Gesetze und der Gültigkeit der alten Rechtsgrundsätze und durch Richter und Anwälte, die bei der innerlichen und im Herzen erfolgenden Bewahrung ihres alten Verständnisses trotzig Widerstand leisten, verschafft.“*[767]

Wie aus dem Gesagten ersichtlich wird, speiste sich die Opposition besonders aus Juristen, die noch in der Tradition der überkommenen Rechtsordnung standen, und konzentrierte sich nicht selten auch auf bekannte Rechtsgelehrte

767 Der Wortlaut der Eröffnungsrede *Atatürks* ist auf der Internetseite der juristischen Fakultät der Universität von Ankara abrufbar (http://www.law.ankara.edu.tr/wp-content/uploads/sites/190/2019/10/Atatürkün-konusması.pdf, zuletzt abgerufen am 25.04.2022). Übersetzt ins Deutsche durch den Autor.

ebenjener Tradition. Vermöge dieser Neugründung sollten daher die „Altrechtler" allmählich durch eine junge Generation von ausschließlich im neuen Recht ausgebildeten Juristen verdrängt werden, um – unter anderem – auf diese Weise zugleich die Opposition zu schwächen.

Mit dem Ziel, diesen *„Geist der Medresse"*, wie *Hirsch* prägnant die Haltung der noch in alter Tradition stehenden Juristen bezeichnete,[768] auch an der Istanbuler Rechtsfakultät zu beseitigen, und in dem treffenden Glauben, dass demgegenüber der Geist der neuen Rechtsordnung am ehesten durch ausschließlich in diesem Geiste ausgebildete Rechtsgelehrte vermittelt werden kann, wurde durch ein Gesetz aus dem Jahre 1933[769] die *Darülfünun* aufgelöst und die bis heute noch bestehende *Universität Istanbul* mit dem Vorsatz gegründet, eine zuvor festgelegte Anzahl der Ordinariate mit ausländischen Professoren zu besetzen.[770] Ein Zufall der Geschichte war es dabei, dass just am 07.04.1933 – infolge der Machtergreifung Adolf Hitlers, dessen NSDAP ab der Reichstagswahl vom Juli 1932 die mit Abstand stärkste Partei im Reichstag war – das sog. Gesetz zur Wiederherstellung des Berufsbeamtentums verkündet wurde.[771] Das Gesetz sah in seinem § 3 vor, dass Beamte *„nicht arischer Abstammung"* in den Ruhestand zu versetzen sind, woraufhin im universitären Bereich zahlreiche Professoren insbesondere jüdischer Herkunft ihr Ordinariat verloren. Als Reaktion hierauf wurde in der Schweiz unter Federführung von *Philipp Schwartz*[772] die sog. *Notgemeinschaft deutscher Wissenschaftler im Ausland* mit dem Ziel gegründet, diesen durch das nationalsozialistische Regime verfolgten und in Anbetracht dessen emigrierten Wissenschaftlern Anstellungen im Ausland zu vermitteln.[773] Infolge dieses zufälligen zeitlichen Zusammentreffens der notgedrungenen Emigration deutscher Professoren mit der beabsichtigen Anwerbung ausländischer Professoren durch die Türkei, konnte Letztere vermittels der Schweizer „Notgemeinschaft" ad hoc eine Gruppe ausländischer Professoren anwerben. Unter den Vermittelten befanden sich dabei auch Rechtsprofessoren wie der Völkerrechtler *Karl Strupp*, der Strafrechtler *Richard Honig* und der Handelsrechtler *Ernst E.*

---

768 *Hirsch*, Als Rechtsgelehrter im Lande Atatürks, S. 71; *Hirsch*, ZSR 95 (1976), Nr. 1, 223, 235.

769 Gesetz Nr. 2252, verkündet am 06.06.1933 im türkischen Amtsblatt (Nr. 2420).

770 *Hirsch*, Als Rechtsgelehrter im Lande Atatürks, S. 55.

771 RGBl. I S. 175.

772 *Schwartz* war ab 1927 Professor für Pathologie an der Johann Wolfgang Goethe-Universität in Frankfurt am Main, bis er 1933 infolge des Gesetzes zur Wiederherstellung des Berufsbeamtentums seine Anstellung verlor und in die Schweiz emigrierte.

773 *Hirsch*, Als Rechtsgelehrter im Lande Atatürks, S. 31 f.

Hirsch, die in der Türkei alsdann jeweils einen Lehrstuhl an der neugegründeten Universität übernahmen.[774] Ihnen wurden junge türkische Assistenten, die ihre bisherige Ausbildung in Europa absolviert hatten, zur Seite gestellt, um eine ausschließlich im Geiste der neuen Rechtsordnung ausgebildete Generation an eigenen Dozenten zur künftigen Besetzung von Lehrstühlen heranzuziehen.[775] Von der *Darülfünun* übernommen wurden dagegen lediglich diejenigen Lehrkräfte, denen eine dem „kontinentaleuropäischen Wissenschaftsverständnis" entsprechende Geisteshaltung attestiert wurde.[776] Flankiert wurden diese Maßnahmen durch die Förderung von Studienaufenthalten türkischer Studenten vor allem in der Schweiz und der Einsetzung akademischer Austauschprogramme.[777]

Allerdings waren diese Maßnahmen allesamt langfristiger Natur. Die türkische Fassung des schweizerischen ZGB hingegen trat schon wenige Monate nach seiner Verkündung in Kraft.[778] Es mussten daher auch Maßnahmen ergriffen werden, die kurzfristig Wirkung zeigten. Zu diesem Zwecke ließ die türkische Regierung Übersetzungen von Schweizer Kommentaren anfertigen und stellte sie Richtern und Anwälten kostenlos bis stark vergünstigt zur Verfügung.[779] Auch wurden in das Periodikum des Justizministeriums Übersetzungen von Urteilen des schweizerischen Bundesgerichts aufgenommen.[780] Jedoch glichen diese kurzfristigen Maßnahmen allenfalls dem berühmten „Tropfen auf den heißen Stein" in Anbetracht der großen Schwierigkeiten – ja vielleicht sogar Unmöglichkeiten –, denen die türkischen Richter dadurch ausgesetzt waren, dass sie innerhalb kürzester Zeit einen abrupten und vollständigen Wechsel zum schweizerischen Zivilrecht vollziehen mussten, in dem sie niemals ausgebildet wurden und das sowohl technisch als auch inhaltlich starke Abweichungen vom bisherigen Zivilrecht aufwies.[781]

---

774 *Hirsch*, Als Rechtsgelehrter im Lande Atatürks, S. 75.

775 *Hirsch*, Als Rechtsgelehrter im Lande Atatürks, S. 55. Dass es sich bei den genannten Personen um *deutsche* Rechtsprofessoren handelte, war dem Anliegen der türkischen Regierung insofern nicht abträglich, als auch deutsche Gesetze (teil-)rezipiert worden waren und im Übrigen auch die schweizerische Rechtsordnung ihrem Charakter nach dem deutschen Rechtskreis zugehörig ist.

776 *Hirsch*, Als Rechtsgelehrter im Lande Atatürks, S. 55.

777 *Oğuz*, AÜHFD 55 (2006), Nr. 1, 195, 203.

778 *Hirsch*, ZSR 95 (1976), Nr. 1, 223, 238.

779 *Oğuz*, AÜHFD 55 (2006), Nr. 1, 195, 203.

780 *Pritsch*, ZVglRWiss 59 (1957), 123, 151.

781 Siehe zu den technischen Unterschieden insbesondere S. 47 ff.

Die abrupte Inkraftsetzung stellte indes nicht die einzige Schwierigkeit im Zusammenhang mit der Rezeption des schweizerischen ZGB in der Türkei dar. Im Folgenden sollen daher nun weitere Problemfelder des Rezeptionsprozesses aufgezeigt werden.

(1) Sprache, Sprachreform und Sprachlosigkeit

Grundlage der türkischen Fassung des schweizerischen ZGB bildete *ausschließlich* die französische Fassung desselben,[782] womit auch schon ein sprachliches Problem der Rezeption angesprochen wäre. Denn die in den verschiedenen Amtssprachen veröffentlichten Fassungen des schweizerischen ZGB wichen (und weichen weiterhin) partiell voneinander ab, was aus Sicht der Schweizer Rechtsanwender jedoch weniger problematisch und sogar insofern vorteilhaft ist, als die verschiedenen Fassungen sich nach der Schweizer Rechtslehre gegenseitig ergänzen und erklären.[783] Eine ergänzende oder erklärende Heranziehung abweichender amtlicher Fassungen kann demgegenüber ersichtlicherweise dort nicht erfolgen, wo nur eine der amtlichen Fassungen in Kraft ist – wie in der Türkei. Dieser Umstand erschwerte daher die richtige Anwendung des Gesetzes.

Dies war freilich nicht das einzige sprachliche Problem. So wiesen die übernommenen Kodifikationen sowohl im Verhältnis zueinander als auch innerhalb der jeweiligen Kodifikation keine einheitliche Terminologie auf.[784] Grund hierfür war, dass die zu übersetzenden Werke aufgeteilt und die jeweiligen Teile verschiedenen Personen zur Übersetzung überantwortet wurden, ohne im Anschluss eine Abstimmung der Begrifflichkeiten vorzunehmen.[785] Für manche der technischen Begriffe fehlten dabei in der türkischen Sprache die entsprechenden Äquivalente,[786] sodass zu umständlichen Umschreibungen gegriffen[787] oder Wortneuschöpfungen vorgenommen wurden.[788] Fanden sich dagegen passende Termini des bisherigen islamischen Rechts, wurden sie zum Teil mit derselben Bedeutung weitergeführt.[789] Mitunter erhielten die alten Termini im Kontext des türkischen ZGB aber auch eine abweichende Bedeutung, wodurch

782 *Bandak*, Rezeption, S. 86.
783 *Bandak*, Rezeption, S. 86.
784 *Hirsch*, ZSR 95 (1976), Nr. 1, 223, 241.
785 *Oğuz*, AÜHFD 55 (2006), Nr. 1, 195, 203.
786 *Hirsch*, ZSR 95 (1976), Nr. 1, 223, 241.
787 *Pritsch*, ZVglRWiss 59 (1957), 123, 154.
788 *Hirsch*, ZSR 95 (1976), Nr. 1, 223, 241.
789 *Hirsch*, ZSR 95 (1976), Nr. 1, 223, 241.

Begriffsverwirrungen entstanden.[790] Erschwerend hinzu kamen zudem die zahlreichen Übersetzungsfehler der türkischen Fassung des ZGB.[791]

Ein weiteres „retardierendes" Moment, wie *Hirsch* treffend formulierte,[792] bildete die sog. *Sprachreform*. Mit ihr wurde zum 01.01.1929 das Schriftzeichensystem der türkischen Sprache von – den Bedürfnissen der türkischen Sprache leicht angepassten – arabischen Schriftzeichen auf – ebenfalls den Bedürfnissen der türkischen Sprache leicht angepasste – lateinische Schriftzeichen umgestellt.[793] Hiermit nicht genug, kam es in der Folge dieser sog. *Sprachrevolution* zu einem regelrechten sprachlichen Sterilisierungs- und Säuberungswahn: Alle nichttürkischen Begriffe sollten aus der türkischen Sprache ausgelöscht und durch (nicht selten angebliche) urtürkische Begriffe oder Wortneuschöpfungen ersetzt werden.[794] Die neuen Schriftzeichen wurden in allen Bereichen

790 *Hirsch*, ZSR 95 (1976), Nr. 1, 223, 241. Als Beispiel für bedeutungsgleich weitergeführte Begriffe zählt *Yildirim* in diesem Zusammenhang den Begriff *zina*, der in Art. 129 terminologisch weiterhin den Ehebruch bezeichnete, und *nafaka*, der unter anderem in Art. 306 terminologisch weiterhin den Unterhalt bezeichnete, auf. Siehe dazu *dies.*, Pace Int'l L. Rev. 17 (2005), 347, 360. Die beiden Begriffe sind freilich nicht die einzigen Beispiele für bedeutungsgleich weitergeführte Begrifflichkeiten des islamischen Rechts. Insbesondere in der türkischen Fassung des OR finden sich zahlreiche weitere Beispiele, wie bspw. der Begriff *beyi*, der zur Bezeichnung des gewöhnlichen Kaufvertrags genutzt wird. Dabei beschreibt die Bezeichnung *Bai' mutlaq* in der islamisch-rechtlichen Terminologie ebenfalls einen Vertragstyp, bei dem ein Sachgegenstand gegen Geld ausgetauscht wird. Siehe zu den Vertragstypen im islamischen Recht *Reidegeld*, Handbuch Islam, S. 689 f.

791 Siehe zu diesen und anderen unwillentlichen Modifikationen S. 140.

792 *Hirsch*, ZSR 95 (1976), Nr. 1, 223, 239.

793 *Hirsch*, ZSR 95 (1976), Nr. 1, 223, 239.

794 Vgl. *Hanioğlu*, Atatürk, S. 179 ff., 181: „Wie auf etlichen anderen Gebieten entschied sich Mustafa Kemal jedoch auch beim Thema Sprachreform für die radikalste Vorgehensweise, die zu haben war. In einer Notiz zu einer 1930 verfassten Studie zur Frage der Sprachreform hob er hervor, dass ‚die türkische Sprache vom Joch fremder Zungen befreit' werden müsse. Zweifellos ging sein tatsächliches Ziel noch weit über eine bloße Sprachreform hinaus. In seinen eigenen Worten beabsichtigte er, ‚die osmanische [Sprache] vernichtend zu schlagen'." In den Jahren darauf entwickelte *Hermann Feoder Kvergić* eine Theorie zur türkischen Sprache, die unter der Bezeichnung *Sonnensprachtheorie* Bekanntheit erlangte und ab 1936 an der Ankaraer Fakultät für Sprache, Geschichte und Geografie unterrichtet wurde. Der Theorie zufolge seien alle anderen Sprachen aus dem Urtürkischen entstanden, dass daher die „Mutter aller Sprachen" sei. Sie verlief damit parallel zur kemalistischen Geschichtsthese, nach der auch alle Zivilisationen aus der türkischen Zivilisation entstanden seien.

verpflichtend angeordnet, auch im Recht. So kam es, dass das übernommene ZGB, das im türkischen Amtsblatt noch in arabischen Schriftzeichen verkündet worden war, fortan auch nur noch in transkribierter Form verfügbar gemacht wurde.[795] Dies führte dazu, dass diese eh mit einer schier unlösbaren Aufgabe konfrontierten Richter und Anwälte der alten Rechtsordnung nunmehr neben einem „Hochgeschwindigkeitsumstieg" auf die Gesetze einer anderen Rechtsordnung, ja eines anderen Rechtskreises, nunmehr auch ein anderes Schriftzeichensystem erlernen mussten. Die Sprachrevolution führte dazu, dass die für Altrechtler nicht leicht verständlichen neuen Gesetze gewissermaßen von einem Tag auf den anderen unverständlich wurden – im wahrsten Sinne des Wortes.[796]

Verschont blieb zumindest das Recht, auch wenn es mitunter Vorstöße in dieser Richtung gab, von einer weitgehenden begrifflichen Erneuerung.[797] Die auch für den osmanischen Untertanen nicht einfach verständliche osmanische Kanzleisprache, die die alte Rechtsordnung prägte, blieb auch weiterhin sprachliche Grundlage der neuen Rechtsordnung – wenn auch in transkribierter Form.[798] Dieser nur auf den ersten Blick als Vorteil anmutende Umstand entpuppte sich mit der Zeit als eine weiteres, den Rezeptionsprozess erschwerendes Hemmnis: Die mit dem Sterilisierungs- und Säuberungswahn vollzogene begriffliche Erneuerung führte nämlich dazu, dass sich die in sämtlichen sonstigen Bereichen gesprochene und geschriebene türkische Sprache noch weiter von der Sprache des Rechts entfernte, sodass mit der Zeit jüngere Studentengenerationen die Gesetzestexte nicht mehr ohne weiteres verstehen konnten.[799] Heutzutage sind die türkischen Studierenden daher alleine zum sprachlichen Verstehen dieser Rechtstexte auf einschlägige Wörterbücher angewiesen.

(2) Imam-Ehe und Polygamie

Mit der Verkündung des türkischen ZGB wurden in der Türkei die Prinzipien der Einehe und der obligatorischen Zivilehe gesetzlich eingeführt. Eine Ehe konnte fortan gem. Artt. 108, 109 des türkischen ZGB wirksam nur noch bei persönlicher Anwesenheit der zukünftigen Ehepartner und im Beisein zweier volljähriger Zeugen vor einem Standesbeamten geschlossen werden. Religiöse

795 Siehe in Bezug auf das türkische ZGB Gesetz Nr. 743, verkündet am 04.04.1926 im türkischen Amtsblatt (Nr. 339).

796 In diese Richtung ebenfalls *Hirsch*, ZSR 95 (1976), Nr. 1, 223, 239.

797 *Hirsch*, ZSR 95 (1976), Nr. 1, 223, 241 f.

798 *Hirsch*, ZSR 95 (1976), Nr. 1, 223, 241 f.

799 *Hirsch*, ZSR 95 (1976), Nr. 1, 223, 242.

Trauungen durften gem. Art. 110 des türkischen ZGB nicht ohne Vorlage eines Ehescheines und damit nicht vor der zivilrechtlichen Trauung vorgenommen werden. Dieses Primat der obligatorischen Zivilehe wurde zudem strafrechtlich „abgesichert“: Das türkische Strafgesetzbuch in der Fassung von 1926 sah für den Fall eines Verstoßes im Hinblick auf den durchführenden Geistlichen gem. Art. 237 Abs. 3 eine Freiheitsstrafe von einem bis drei Monate vor. Im Jahre 1936 wurde sodann infolge einer Gesetzesänderung[800] auch im Hinblick auf die Eheschließenden in Art. 237 Abs. 4 jeweils eine Freiheitsstrafe von zwei bis sechs Monaten vorgesehen. Für den Fall, dass der gegen dieses Primat verstoßende Mann im Zeitpunkt der religiösen Trauung schon zivilrechtlich wirksam mit einer anderen Frau verheiratet war, galt zudem ebenfalls ab dem Jahre 1936 gem. Art. 237 Abs. 5 ein höherer Strafrahmen von sechs Monaten bis drei Jahre Freiheitsstrafe; für die Frau galt der höhere Strafrahmen, sofern sie Kenntnis von der bestehenden Ehe des Mannes hatte.

Demgegenüber ist die obligatorische Mitwirkung eines Beamten zur wirksamen Eingehung einer Ehe dem über Jahrhunderte im Osmanischen Reich angewandten islamischen Recht fremd. Die Ehe ist im islamischen Recht ein Vertrag zwischen Mann und Frau, der ohne staatliche Mitwirkung vor den Augen von mindestens zwei Zeugen durch Angebot und Annahme abgeschlossen wird, wobei Männer unter gewissen Voraussetzungen mit bis zu vier Frauen gleichzeitig jeweils einen solchen Vertrag eingehen können.[801] Sie ist, wie auch die

800 Gesetz Nr. 3038, verkündet am 23.06.1936 im türkischen Amtsblatt (Nr. 3337).

801 Vgl. *Pritsch*, ZVglRWiss 59 (1957), 123, 171. Der Autor schreibt weiterhin auf S. 172 seines Beitrages: „Vom scheriatrechtlichen Standpunkt der Muslime aus konnten mithin gegen die vom schweizerischen Recht vorgeschriebene Eheschließungsform keine Bedenken erhoben werden […].“ Dem ist insofern nicht zuzustimmen, als das schweizerische Recht lediglich zwei Zeugen verlangt, während das islamische Recht die Anzahl von zwei Zeugen nur akzeptiert, wenn beide Zeugen männlich sind. In anderen Fällen bedarf es nach islamischem Recht folglich einer höheren Zeugenanzahl. Hinzu kommt, dass die Beschränkung auf die Ähnlichkeit der *Form* zur Bewertung der schweizerischen Bestimmungen aus islamisch-rechtlicher Sicht – gelinde gesagt – dürftig ist. Umso schwerer als die Form wiegen nämlich die bestehenden inhaltlichen Abweichungen: So darf der Standesbeamte nach schweizerischem Recht eine Ehe zwischen sog. Milchverwandten (dazu oben S. 136) schließen und wird dies daher auch tun, während die Milchverwandtschaft aus islamisch-rechtlicher Sicht ein *absolutes Ehehindernis* darstellt und daher eine solche Ehe unheilbar ungültig wäre. Und dies ist nur eines der augenfälligsten Beispiele dafür, inwieweit das schweizerische Eherecht materiell vom islamischen Eherecht abweicht.

Scheidung, im Wesentlichen Privatsache.[802] Zwar wurde gegen Ende des Osmanischen Reiches gesetzlich die Pflicht statuiert, die Eingehung der Ehe dem Personenregister anzuzeigen, jedoch war eine solche Anzeige und die hieraus folgende Vermerkung im Personenregister keine Wirksamkeitsvoraussetzung für den Vertrag selbst.[803] Darüber hinaus bedarf es nach dem islamischen Recht für die wirksame Eingehung einer Ehe auch keiner Mitwirkung durch einen islamischen Geistlichen.[804] Allerdings entstand mit der Zeit insbesondere im Raum der heutigen Türkei die Tradition, den Geistlichen der örtlichen Moschee (sog. *imam*) in den Ablauf miteinzubeziehen (sog. *Imam-Ehe*, türk. *imam nikâhı*).[805]

Imam-Ehe und Polygamie hielten sich noch lange nach Inkrafttreten des türkischen ZGB allen voran in ländlichen Regionen und stellten damit zwei der größten Problemfelder des Rezeptionsprozesses dar.[806] Denn die in dieser Form geschlossenen „Ehen" waren nach den übernommenen gesetzlichen Bestimmungen nichtig und somit die aus ihnen hervorgegangenen Kinder unehelich.[807] Ohne eine Anerkennung der Vaterschaft gem. den Artt. 291 f. des türkischen ZGB oder ohne eine gerichtliche Zusprechung des Kindes mit Standesfolge infolge einer Vaterschaftsklage gem. Art. 310 des türkischen ZGB konnten diese Kinder weder den Nachnamen und die Staatsangehörigkeit des biologischen Vaters erhalten noch standen sie gegenüber den Eltern in den Rechten und Pflichten der außerehelichen Verwandtschaft, was sie insbesondere vom Erbe vollständig ausschloss. Hinzu kam, dass Kinder, die im Ehebruch des Vaters gezeugt wurden, gem. Art. 292 nicht anerkannt und gem. Art. 310 Abs. 2 des türkischen ZGB nicht gerichtlich mit Standesfolge zugesprochen werden konnten, womit diese schlussendlich nicht mal die abstrakte Möglichkeit hatten, einen besseren rechtlichen Status zu erlangen. Letzteres betraf gerade Kinder, die im Rahmen einer „Zweitehe" gezeugt wurden, welche wiederum während

---

802 *Pritsch*, ZVglRWiss 59 (1957), 123, 174.

803 *Pritsch*, ZVglRWiss 59 (1957), 123, 172 f.

804 *Pritsch*, ZVglRWiss 59 (1957), 123, 171.

805 Siehe ausführlicher zu dieser Entwicklung *Pritsch*, ZVglRWiss 59 (1957), 123, 172.

806 Vgl. *Krüger*, ZSR 95 (1976), Nr. 1, 287, 288. In der amtlichen Begründung zum Amnestiegesetz Nr. 1826 vom 20.06.1974 heißt es: „Trotzdessen, dass seit dem Inkrafttreten des Zivilgesetzbuches ein halbes Jahrhundert vergangen ist, haben sich die Bestimmungen betreffend Heirat und Abstammung immer noch nicht durchsetzen können." (übersetzt ins Deutsche durch den Autor). Näheres zu den Amnestiegesetzen weiter unten.

807 *Velidedeoğlu*, ZSR 81 (1962), Nr. 1, 51, 62.

einer bestehenden zivilrechtlichen „Erstehe" eingegangen wurde – d.h. also in bestimmten Konstellationen der Polygamie.

In Anbetracht des immensen Ausmaßes der Missachtung der übernommenen gesetzlichen Bestimmungen sah sich der türkische Gesetzgeber bisher in den Jahren 1933[808], 1934[809], 1945[810], 1950[811], 1956[812], 1965[813], 1974[814], 1981[815] und 1991[816] dazu veranlasst, entsprechende Amnestiegesetze zu erlassen.[817] Diese inhaltlich im Wesentlichen deckungsgleichen Gesetze sahen im Kern Folgendes vor: Eheähnliche Verhältnisse, die in einem bestimmten Zeitraum unter Missachtung der Bestimmungen des türkischen ZGB eingegangen wurden und aus denen ein Kind hervorgegangen ist, können bis zu einem bestimmten Stichtag straffrei und ohne Pflicht zur Nachholung der zivilrechtlichen Trauung als Ehe eingetragen werden. Die aus dieser Paarbeziehung hervorgegangenen Kinder werden als eheliche Kinder der Ehegatten eingetragen. Dabei gilt weiterhin der Grundsatz der Einehe, sodass lediglich *ein* eheähnliches Verhältnis als Ehe eingetragen werden kann. Kinder aus nicht eintragungsfähigen „Zweitehen" können allerdings als eheliche Kinder der in dem eheähnlichen Verhältnis lebenden Eltern eingetragen werden; eine Eintragung des eheähnlichen Verhältnisses selbst als Ehe erfolgt in diesem Fall aber weiterhin nicht. Der rechtliche Status der Paarbeziehung und der rechtliche Status des Kindes fallen im letztgenannten Fall somit auseinander.[818]

Schließlich erklärte das türkische Verfassungsgericht – unter ausdrücklicher Berücksichtigung der beschriebenen Problemfelder – die das im Ehebruch gezeugte Kind diskriminierende Bestimmung des Art. 310 Abs. 2 Anfang der 1980er Jahre[819] und die das im Ehebruch gezeugte Kind diskriminierende

808 Gesetz Nr. 2330, verkündet am 28.10.1933 im türkischen Amtsblatt (Nr. 2540).
809 Gesetz Nr. 2576, verkündet am 15.07.1934 im türkischen Amtsblatt (Nr. 2752).
810 Gesetz Nr. 4727, verkündet am 08.05.1945 im türkischen Amtsblatt (Nr. 6000).
811 Gesetz Nr. 5524, verkündet am 07.02.1950 im türkischen Amtsblatt (Nr. 7426).
812 Gesetz Nr. 6652, verkündet am 07.02.1956 im türkischen Amtsblatt (Nr. 9227).
813 Gesetz Nr. 554, verkündet am 08.04.1965 im türkischen Amtsblatt (Nr. 11974).
814 Gesetz Nr. 1826, verkündet am 28.06.1974 im türkischen Amtsblatt (Nr. 14929).
815 Gesetz Nr. 2526, verkündet am 22.09.1981 im türkischen Amtsblatt (Nr. 17466).
816 Gesetz Nr. 3716, verkündet am 16.05.1991 im türkischen Amtsblatt (Nr. 20873).
817 *Atamer*, RabelsZ 72 (2008), 723, 736.
818 Vgl. zum Inhalt der Amnestiegesetze und damit zu den vorangehenden Ausführungen *Pritsch*, ZVglRWiss 59 (1957), 123, 177; *Krüger*, ZSR 95 (1976), Nr. 1, 287, 292 ff.; *Atamer*, RabelsZ 72 (2008), 723, 736 f.
819 Türkisches Verfassungsgericht, Hauptsache Nr. 1980/29, Entscheidung Nr. 1981/22 vom 21.05.1981, verkündet am 18.08.1981 im türkischen Amtsblatt (Nr. 17432).

Wendung des Art. 292 des türkischen ZGB Anfang der 1990er Jahre[820] jeweils wegen Verstoßes gegen die Grundrechte für nichtig.

(3) Außergrundbuchliche Übertragung von Grundstücken

Nach dem Liegenschaftsrecht des Osmanischen Reiches bildete lediglich ein sehr geringer Teil der Liegenschaften den Gegenstand von privatem Grundeigentum; der Großteil der Liegenschaften befand sich im Eigentum des Staates.[821] Bis zum Jahre 1874 existierte zudem kein Grundbuch.[822] Die Übertragung von Grundeigentum erfolgte durch einfache Besitzübergabe.[823] Dies änderte sich auch nicht durch die Einführung eines Grundbuches samt dazugehöriger Eintragungspflicht im Jahre 1874: Mangels flächendeckender katastermäßiger Erfassung und geringem Vorkommen von Grundbuchämtern gerade in entlegenen Teilen des Osmanischen Reiches blieb die bisherige Praxis allen voran in ländlichen Gebieten erhalten und setzte sich auch zum Zeitpunkt des Inkrafttretens des türkischen ZGB fort.[824] So waren zum besagten Zeitpunkt weiterhin viele Liegenschaften grundbuchlich nicht erfasst und auch die Eigentumsverhältnisse in Teilen unklar.[825] Entsprechend vollzogen sich auch viele Grundstücksveräußerungen weiterhin außergrundbuchlich durch Abschluss privatschriftlicher oder sogar mündlicher Verträge und anschließender Besitzübertragung.[826] Dieser Umstand stellte Lehre und Rechtsprechung vor große Probleme. Denn die neu eingeführten Bestimmungen des türkischen ZGB sahen vor, dass das Grundeigentum durch Eintragung in das Grundbuch erworben wird (Art. 633 Abs. 1) und ein Vertrag über die Übertragung von Grundeigentum zu seiner Verbindlichkeit der öffentlichen Beurkundung bedarf (Art. 634), für die nach Art. 26 des türkischen Grundbuchgesetzes wiederum die Grundbuchbeamten zuständig

---

820 Türkisches Verfassungsgericht, Hauptsache Nr. 1990/15, Entscheidung Nr. 1991/5 vom 28.02.1991, verkündet am 27.03.1992 im türkischen Amtsblatt (Nr. 21184).

821 *Velidedeoğlu*, ZSR 81 (1962), Nr. 1, 51, 70.

822 *Velidedeoğlu*, ZSR 81 (1962), Nr. 1, 51, 70 f.

823 *Velidedeoğlu*, ZSR 81 (1962), Nr. 1, 51, 70.

824 *Velidedeoğlu*, ZSR 81 (1962), Nr. 1, 51, 70 f.

825 *Atamer*, RabelsZ 72 (2008), 723, 737: „Obwohl manche Arten von Grundstückseigentum in verschiedenen Registern eingetragen waren, waren für den größten Teil der Grundstücke in der Türkei die Eigentumsverhältnisse unklar."; *Pritsch*, RabelsZ 24 (1959), 686, 704: „Nun waren aber bei Inkrafttreten des neuen türkischen Zivilgesetzbuchs mehr als die Hälfte und sind noch heute sehr viele der ländlichen Grundstücke nicht im Grundbuch eingetragen.".

826 *Velidedeoğlu*, ZSR 81 (1962), Nr. 1, 51, 71 f.

waren. Den vielen außergrundbuchlichen privatschriftlichen Grundstücksverkäufen fehlte es aber gerade an all diesen Voraussetzungen, sodass sich die Frage ihrer rechtlichen Behandlung dringend stellte. Der Kassationshof – vom Gesetzgeber alleingelassen in dieser Frage – vertrat zunächst den Standpunkt, dass entsprechende Kaufverträge unwirksam seien und zur Rückabwicklung berechtigten,[827] entschied sich dann aber im weiteren Verlauf für eine gegensätzliche Lösung,[828] indem er die vertraglich vereinbarte Eigentumsübertragung in eine Besitzübergabe umdeutete und ausführte, dass der Besitz ein dingliches Recht [sic] und damit seine Übertragung rechtlich möglich sei, sie jedoch anders als die des Grundeigentums keiner besonderen Form unterliege.[829] Daneben führte das Problemfeld der außergrundbuchlichen privatschriftlichen Übertragung von Grundstücken zu einer im Vergleich zur Schweizer Praxis viel häufigeren Anwendung des die außerordentliche Ersitzung regelnden Art. 639 des türkischen ZGB, der im weiteren Verlauf durch eine Gesetzesänderung aus dem Jahre 1954[830] sodann auch inhaltliche Ergänzungen erfuhr.[831]

(4) „Totes" Recht

Manche Institute des übernommenen schweizerischen ZGB haben lange Zeit keine oder nur geringe Anwendung erfahren.[832] Ursächlich hierfür war in der Regel, dass es sich um Institute handelte, die vor dem Hintergrund der Gewohnheiten und der bestehenden familiären, gesellschaftlichen und wirtschaftlichen Strukturen von Land und Bevölkerung einen Fremdkörper bildeten.[833] So fanden beispielsweise im Bereich des Familienrechts die Bestimmungen zu Eheverträgen, Familienstiftungen und Gemeinderschaften und im Bereich des Sachenrechts die Bestimmungen zu Schuldbriefen und der Gült kaum Anwendung.[834]

---

827 Türkischer Kassationshof, Plenum, Hauptsache Nr. 1944/27, Entscheidung Nr. 1944/32 vom 22.11.1944.

828 Türkischer Kassationshof, Plenum, Hauptsache Nr. 1946/6, Entscheidung Nr. 1946/12 vom 09.10.1946.

829 Siehe zu alldem auch *Pritsch*, RabelsZ 24 (1959), 686, 704.

830 Gesetz Nr. 6333, verkündet am 17.03.1954 im türkischen Amtsblatt (Nr. 8660).

831 *Atamer*, RabelsZ 72 (2008), 723, 737 Fn. 55.

832 *Pritsch*, ZVglRWiss 59 (1957), 123, 167.

833 *Pritsch*, ZVglRWiss 59 (1957), 123, 167.

834 *Atamer*, RabelsZ 72 (2008), 723, 736. *Velidedeoğlu*, ZSR 81 (1962), Nr. 1, 51, 69 merkt jedoch an, dass seinem Kenntnisstand nach die aufgezählten sachenrechtlichen Bestimmungen auch in der Schweiz nicht besonders häufig angewandt würden, wobei sich die Anmerkung vor dem Hintergrund des Veröffentlichungszeitpunkts des Beitrages auf den Beginn der 1960er Jahre bezieht.

Unterschiede zwischen dem bis dahin bestehenden und dem neueingeführten Erbrechtssystem führten dazu, dass auch zentrale Institute wie Testament, Erbvertrag und Willensvollstrecker ebenfalls kaum Beachtung fanden.[835] Das ausschließliche Augenmerk des islamischen Rechts auf das *gesetzliche* Vorkaufsrecht hatte zur Folge, dass die schweizerischen Bestimmungen über das *vertragliche* ins Hintertreffen gerieten.[836] Schließlich fanden auch die Bestimmungen des Namensrechts selten Anwendung, bis durch Gesetz aus dem Jahre 1934[837] die Pflicht zur Führung eines Familiennamens eingeführt wurde.[838] Die Beispiele zeigen deutlich, dass über lange Zeit Teile des türkischen ZGB nicht mehr als „totes" Recht waren.[839]

II. Änderungen, Reformen und Reformversuche

Seit der Totalrezeption überwiegend schweizerischer Gesetze wurden in der Türkei im Bereich des Zivilrechts verschiedentlich Änderungen, Reformen und Reformversuche unternommen. Die wichtigsten Eckpunkte sollen im Folgenden dargestellt werden.[840]

1. *Phase bis 1994*

Auffallend ist, dass – trotz der beschriebenen Schwierigkeiten im Zusammenhang mit der Rezeption – bis auf die Herabsetzung der Altersgrenzen für die Ehefähigkeit und die Ehemündigkeitserklärung im Jahre 1938[841] beinahe drei Jahrzehnte keine direkten Änderungen sowohl am Text des türkischen ZGB als auch am Text des türkischen OR vorgenommen wurden. Insofern wird man der Aussage *Atamers* zustimmen können, dass es in dieser „*ersten Phase*" der Rezeption hauptsächlich darum ging „*[…] das Gesetz zu verstehen, richtig zu deuten*

835 *Pritsch*, ZVglRWiss 59 (1957), 123, 167.

836 *Pritsch*, RabelsZ 24 (1959), 686, 710.

837 Gesetz Nr. 2525, verkündet am 02.07.1934 im türkischen Amtsblatt (Nr. 2741).

838 *Velidedeoğlu*, ZSR 81 (1962), Nr. 1, 51, 71 f.

839 *Atamer*, RabelsZ 72 (2008), 723, 736 gibt insoweit auch einen Bericht *Hilmi Ziya Ülkens* wieder, nach dem eine Umfrage des türkischen Justizministeriums ergeben hätte, dass von „[…] 937 Artikeln des tZGB nur 335 bis in die fünfziger Jahre hinein Anwendung gefunden hätten".

840 Die folgende Darstellung zielt darauf ab, die groben Entwicklungslinien nachzuzeichnen und für wesentlich erachtete Änderungen und Neuerungen zu beleuchten. Sie erhebt daher keinen Anspruch auf Vollständigkeit.

841 Ausführlich hierzu S. 134 f.

und in der Praxis den Gegebenheiten des Landes anzupassen.“[842] Ob diese „*erste Phase*“ bei einer Periodisierung des türkischen Rezeptionsvorgangs wirklich bis in die Anfänge der 1980er Jahre erstreckt werden sollte,[843] erscheint hingegen zweifelhaft, kann allerdings offengelassen werden.

Die ersten drei Änderungsgesetze zum türkischen ZGB nach 1938 ergingen zwischen 1954 und 1960 und betrafen allesamt Regelungen des Immobiliarsachenrechts.[844] Es schlossen sich hieran ein Änderungsgesetz aus dem Jahre 1967,[845] mit dem das Stiftungsrecht novelliert wurde, und ein Änderungsgesetz aus dem Jahre 1983 an,[846] mit dem die Voraussetzungen der Adoption abgeändert wurden. Nennenswert sind weiterhin zwei umfangreichere Teilrevisionen aus den Jahren 1988[847] und 1990[848]. Eine umfassende Reform des türkischen ZGB blieb hingegen während dieser Zeit aus und erfolgte erst im Jahre 2001 mit der Einführung des neuen ZGB.[849]

Noch weniger Eingriffe als das türkische ZGB erfuhr das türkische OR während dieser Zeit. Das erste Änderungsgesetz zum Obligationenrecht erging erst 1956 und enthielt allen voran Anpassungen im Hinblick auf das im selben Jahr eingeführte Handelsgesetzbuch.[850] Aber auch im Bereich des Obligationenrechts blieb eine umfangreiche Reform aus und erfolgte erst im Jahre 2011 mit der Einführung des neuen OR.[851]

Nichtsdestotrotz erfuhren das türkische ZGB und das türkische OR in der Phase bis 1994 Ergänzungen und mittelbare Abänderungen durch zahlreiche Sondergesetze.[852] Allen voran zu nennen sind in diesem Zusammenhang die schon angesprochenen Amnestiegesetze, die die Möglichkeit schufen, formunwirksame *Imam-Ehen* durch einfache Registrierung in wirksame Ehen

---

842 *Atamer*, RabelsZ 72 (2008), 723, 735.

843 So *Atamer*, RabelsZ 72 (2008), 723, 735.

844 Gesetz Nr. 6333, verkündet am 17.03.1954 im türkischen Amtsblatt (Nr. 8660); Gesetz Nr. 6763, verkündet am 09.07.1956 im türkischen Amtsblatt (Nr. 9353); Gesetz Nr. 138, verkündet am 28.11.1960 im türkischen Amtsblatt (Nr. 10666).

845 Gesetz Nr. 903, verkündet am 24.07.1967 im türkischen Amtsblatt (Nr. 12655).

846 Gesetz Nr. 2846, verkündet am 18.06.1983 im türkischen Amtsblatt (Nr. 18081).

847 Gesetz Nr. 3444, verkündet am 12.05.1988 im türkischen Amtsblatt (Nr. 19812).

848 Gesetz Nr. 3678, verkündet am 23.11.1990 im türkischen Amtsblatt (Nr. 20704).

849 Ausführlich hierzu S. 169 ff.

850 Gesetz Nr. 6763, verkündet am 09.07.1956 im türkischen Amtsblatt (Nr. 9353). Zum Handelsgesetzbuch von 1956 sogleich mehr.

851 Ausführlich hierzu S. 177 ff.

852 *Hirsch*, SJZ 1954, 337, 343.

umzuwandeln.[853] Bedeutend sind daneben aber auch das Grundbuchgesetz von 1934[854], das Vereinsgesetz von 1938[855], das Gesetz über die schutzbedürftigen Kinder von 1949[856] und das Gesetz über die Abwehr verbotener Eigenmacht von 1952[857]. Insbesondere für den Bereich der freiwilligen Gerichtsbarkeit wurden auf diese Weise die Bestimmungen des türkischen ZGB ergänzt, wenn nicht sogar mittelbar abgeändert.[858]

Eine wesentliche Neuerung hat in der Phase bis 1994 lediglich das Handelsrecht erfahren. Das auf diesem Gebiet seit 1926 geltende Handelsgesetzbuch, welches auf die Arbeiten einer im letzten Jahrzehnt des Osmanischen Reiches eingesetzten Reformkommission zurückging, war ein *compositum mixtum* aus handelsrechtlichen Bestimmungen unterschiedlichster Nationen, die weder untereinander inhaltlich und terminologisch abgestimmt waren noch im Verhältnis zu den Bestimmungen der übernommenen schweizerischen Gesetzbücher abgestimmt sein konnten, deren Übernahme ja erst knapp ein Jahrzehnt später erfolgte. Ähnlich gelagert war die Situation im Hinblick auf das im Jahre 1929 als zweites Buch des türkischen HGB in Kraft getretene Seehandelsrecht, das eine in Teilen fehlerhafte Übersetzung des IV. Buches des deutschen HGB betreffend den Seehandel und weiterer seehandelsrechtlicher Regelungen des deutschen Rechts war.[859] Angesichts dieser erheblichen Mängel wurde im Jahre 1936 im Justizministerium eine Kommission zur Revision beider Bücher eingesetzt, die im weiteren Verlauf erfolglos zwei türkische Professoren mit der Ausarbeitung von Vorentwürfen beauftragte.[860] Im Jahre 1944 folgte eine weitere Kommission unter Beteiligung *Ernst. E. Hirschs*, die kurze Zeit später jedoch auch ihre Tätigkeit beendete.[861] Im Anschluss hieran erteilte das Justizministerium *Hirsch* den Auftrag, einen Entwurf für ein neues türkisches HGB auszuarbeiten.[862] Der von ihm verfasste Entwurf wurde in der Folge vom Parlament im Jahre 1956 mit einigen Modifikationen angenommen und trat am 1. Januar

853 Siehe ausführlich zu diesen S. 150 ff.
854 Gesetz Nr. 2644, verkündet am 29.12.1934 im türkischen Amtsblatt (Nr. 2892).
855 Gesetz Nr. 3512, verkündet am 14.07.1938 im türkischen Amtsblatt (Nr. 3959).
856 Gesetz Nr. 5387, verkündet am 27.05.1949 im türkischen Amtsblatt (Nr. 7217).
857 Gesetz Nr. 5917, verkündet am 24.04.1952 im türkischen Amtsblatt (Nr. 8093).
858 *Hirsch*, SJZ 1954, 337, 343.
859 *Hirsch*, Rezeption als sozialer Prozeß, S. 93.
860 *Hirsch*, Als Rechtsgelehrter im Lande Atatürks, S. 232.
861 *Hirsch*, Als Rechtsgelehrter im Lande Atatürks, S. 232.
862 *Hirsch*, Als Rechtsgelehrter im Lande Atatürks, S. 233.

1957 in Kraft.[863] Dieses neue türkische HGB beinhaltete eine vollkommen überarbeitete und in das bestehende Privatrechtsgefüge eingepasste handelsrechtliche Kodifikation und beendete damit den seit der Tanzimat-Ära bestehenden Dualismus zwischen Handels- und Zivilrecht.[864] Inhaltlich neu waren in etwa ein Drittel der Bestimmungen.[865] Orientierungspunkt bildete dabei für den Bereich des Landhandelsrechts vorrangig das Recht der Schweiz.[866] Im Seehandelsrecht blieben die Bestimmungen des deutschen Seehandelsrechts wesentliche Vorlage.[867]

Anders aber als die geschilderten späten Gesamtrevisionen sowohl des türkischen ZGB als auch des türkischen OR vermuten lassen, wurden auch auf diesem Feld schon relativ früh Kommissionen für eine umfassende Reform eingesetzt. Inhalt und Schicksal der in diesen Kommissionen erzielten Ergebnisse sollen im Folgenden daher näher betrachtet werden.

a) Entwurf von 1971

Im Jahre 1951 setzte das türkische Justizministerium eine Kommission zur Revision des türkischen ZGB ein.[868] Diese aus Praktikern und Theoretikern besetzte Kommission sollte auf Grundlage der bis dahin mit dem Gesetzbuch in der Türkei gesammelten Erfahrungen einen Reformentwurf erarbeiten.[869] Die Kommission nahm ihre Tätigkeit entsprechend auf und führte sie in den folgenden Jahren fort.[870] Infolge des Militärputsches im Jahre 1960 wurden die Arbeiten jedoch unterbrochen und erst im Jahre 1967 durch den Rechtsprofessor *Velidedeoğlu* wieder aufgenommen, der im Jahre 1971 den Entwurf schließlich vorlegte.[871]

Getreu der erteilten Arbeitsanweisung konzentrierte sich der Entwurf ausschließlich auf die schon erwähnten Problemfelder der Rezeption im Bereich des Ehe-, Erb-, Kindschafts- und Sachenrechts.

Im Bereich des Eherechts bildeten nach wie vor die *Imam-Ehen* das Hauptproblem der Rezeption. Der Entwurf sollte dieser Problematik von verschiedenen Seiten begegnen. Erstens wurde das Ehefähigkeitsalter im Entwurf endgültig

863 *Hirsch*, ZHR 119 (1956), 157, 159.
864 Vgl. *Hirsch*, Rezeption als sozialer Prozeß, S. 117.
865 *Hirsch*, ZHR 119 (1956), 157, 163.
866 *Hirsch*, Rezeption als sozialer Prozeß, S. 117.
867 *Hirsch*, Rezeption als sozialer Prozeß, S. 117.
868 *Atamer*, RabelsZ 72 (2008), 723, 738.
869 *Gören-Ataysoy*, ZSR 95 (1976), Nr. 1, 263, 266.
870 *Gören-Ataysoy*, ZSR 95 (1976), Nr. 1, 263, 266 f.
871 *Gören-Ataysoy*, ZSR 95 (1976), Nr. 1, 263, 266 f.

für Männer auf 15 und für Frauen auf 14 Jahre herabgesetzt, um im Hinblick auf die gerade auch bei konservativ-religiösen Kreisen bestehende Tendenz zur frühen Heirat durch die Legalisierung früher Zivilehen Anreize für *Imam-Ehen* zu beseitigen.[872] Zweitens wurde im Entwurf die Möglichkeit der Scheidung im Falle der Zerrüttung erleichtert. Gem. Art. 134 Abs. 2 des türkischen ZGB stand nämlich das Recht auf Scheidung zu klagen nur dem weniger schuldigen Ehegatten zu, falls für die Zerrüttung vorwiegend der andere Ehegatte verantwortlich war. Der vorwiegend verantwortliche Ehegatte konnte demnach die Scheidung auch dann nicht verlangen, wenn er faktisch die zerrüttete Ehe nicht mehr aufrechterhalten wollte. Diese im Gegensatz zum islamischen Scheidungsrecht, dass eine Scheidung der Ehe durch den Ehemann zumindest unter formal-rechtlich minimalen Voraussetzungen zuließ, ungleich restriktivere Regelung, setzte daher weitere Anreize zur Eingehung von *Imam-Ehen*.[873] Der Entwurf fügte aus diesem Grund dem Art. 134 einen dritten Absatz hinzu, der eine Berücksichtigung des Verschuldens von Amts wegen durch das Gericht verbot.[874] Des Weiteren führte er einen Art. 134 A ein, der für den Fall, dass fünf Jahre nach einem rechtskräftigen Urteil in einem Scheidungsprozess die Ehe nicht wiederhergestellt worden ist, beiden Ehegatten das Recht zusprach, die Scheidung zu verlangen.[875] Das angerufene Gericht musste in diesem Fall sodann auf Scheidung erkennen.[876] Zum Ausgleich wurde im Entwurf die zeitliche Beschränkung des Unterhaltsanspruchs des weniger schuldigen bedürftigen Ehegatten von einem Jahr aufgehoben.[877] Drittens wurde im Entwurf Art. 142 des türkischen ZGB getilgt, der dem im Hinblick auf die Scheidung schuldigen Ehegatten die Eingehung einer neuen Ehe für eine bestimmte Zeitspanne untersagte;[878] ebenfalls eine Bestimmung, die der bisherigen Rechtstradition fremd war und daher einen Anreiz für die Eingehung von *Imam-Ehen* setzte. Neben diesen Maßnahmen zur Durchsetzung der obligatorischen Zivilehe wurde im Entwurf zudem – wie schon einmal im ursprünglichen Gesetzgebungsverfahren zum türkischen

872 *Gören-Ataysoy*, ZSR 95 (1976), Nr. 1, 263, 273.
873 Vgl. die Ausführungen im Entwurf, abgedruckt bei *Gören-Ataysoy*, ZSR 95 (1976), Nr. 1, 263, 276.
874 *Gören-Ataysoy*, ZSR 95 (1976), Nr. 1, 263, 279.
875 *Atamer*, RabelsZ 72 (2008), 723, 739.
876 *Atamer*, RabelsZ 72 (2008), 723, 739.
877 *Atamer*, RabelsZ 72 (2008), 723, 739.
878 *Gören-Ataysoy*, ZSR 95 (1976), Nr. 1, 263, 279.

ZGB[879] – die Zeitdauer, für die eine Ehetrennung ausgesprochen werden kann, auf sechs Monate bis ein Jahr herabgesetzt.[880]

Im Kindschaftsrecht suchten die Verfasser des Entwurfs – ebenfalls vor dem Hintergrund des Problems der *Imam-Ehe* – die rechtliche Stellung außerehelicher Kinder zu verbessern. So wurde im Entwurf dem natürlichen Vater über den Weg der Adoption die Möglichkeit gegeben, zu einem im Ehebruch gezeugten Kind rechtlich ein Kindesverhältnis herzustellen.[881] Zudem wurde die erbrechtliche Benachteiligung von außerehelichen Kindern, zu denen ein Kindesverhältnis bestand, aufgehoben.[882]

Letzteres blieb nicht die einzige Änderung, die der Entwurf im Bereich des Erbrechts enthielt. So griff der Entwurf die schon während des Gesetzgebungsverfahrens zum türkischen ZGB aufgekommene Frage auf, ob den Eltern im Falle des Zusammentreffens mit den Nachkommen des Erblassers ebenfalls ein Anteil an der Erbschaft zuzusprechen sei.[883] Diese vom islamischen Recht bejahte Frage wurde vom Parentelensystem des schweizerischen ZGB verneint, welches schließlich unverändert in die türkische Fassung des ZGB übernommen wurde.[884] Nichtsdestotrotz wurde der Ausschluss der Eltern in der Bevölkerung aufgrund der bis dahin bestehenden islamischen Tradition als sehr unbefriedigend empfunden.[885] Dies veranlasste die Verfasser des Entwurfs dazu, das Recht der Eltern auf einen Anteil an der Erbschaft im Falle des Zusammentreffens mit den Nachkommen des Erblassers schließlich doch aufzunehmen.[886] Um jedoch das bestehende Parentelensystem nicht in Frage zu stellen, erhielten die Eltern ihren Anteil von 1/16 der Erbschaft nach dem Entwurf nicht zu Eigentum, sondern lediglich zur Nutznießung.[887] Des Weiteren regelte der Entwurf zwei erbrechtliche Bestimmungen abweichend, deren Annahme durch die Bevölkerung aufgrund ihrer Fremdartigkeit bisher ausgeblieben war: das Nutznießungsrecht des überlebenden Ehegatten und die Ausgestaltung der Erbengemeinschaft als Gesamthand. Im Falle des überlebenden Ehegatten wurde die Möglichkeit zur

879 Siehe hierzu S. 137.
880 *Gören-Ataysoy*, ZSR 95 (1976), Nr. 1, 263, 278.
881 *Gören-Ataysoy*, ZSR 95 (1976), Nr. 1, 263, 282. Siehe zur damaligen rechtlichen Stellung von außerehelichen Kindern, die im Ehebruch gezeugt wurden, S. 150 ff.
882 *Atamer*, RabelsZ 72 (2008), 723, 739.
883 *Atamer*, RabelsZ 72 (2008), 723, 739 f.
884 Zur ursprünglichen Fassung im Entwurf des türkischen ZGB siehe S. 136 f.
885 Vgl. *Hirsch*, SJZ 1954, 337, 340.
886 *Gören-Ataysoy*, ZSR 95 (1976), Nr. 1, 263, 283.
887 *Gören-Ataysoy*, ZSR 95 (1976), Nr. 1, 263, 283 f.

Wahl eines Nutznießungsrechts an der Erbschaft vor diesem Hintergrund gänzlich abgeschafft.[888] Im Hinblick auf die Erbengemeinschaft wurde dagegen die Möglichkeit eingeführt, die Gesamthand in Miteigentum umzuwandeln.[889]

Im Sachenrecht legte der Entwurf den Streit um die Frage der Kausalität des Verfügungsgeschäfts bei der Übertragung von Eigentum an Immobilien bei, indem er auch für Mobilien die Kausalitätslehre festschrieb.[890]

Auch erfuhr das Institut des Vorkaufsrechts, das im vormals geltenden islamischen Recht ausgiebig geregelt ist, eine detaillierte Ausgestaltung.[891]

Schließlich suchte der Entwurf insgesamt die Gesetzessprache an die sprachlichen Folgen der Sprachrevolution anzupassen, um das Gesetzeswerk insbesondere auch den jüngeren Juristengenerationen leichter verständlich zu machen.[892]

Die nähere Betrachtung des Entwurfsinhalts zeigt damit ganz deutlich, dass der Entwurf – wie letztlich schon in der Arbeitsanweisung an die Kommission angelegt – ausschließlich auf die Anpassung des Gesetzeswerkes an die türkischen Verhältnisse abzielte. Zu einer Verabschiedung gelangte er allerdings nie. Nichtsdestotrotz bildete er eine wesentliche Vorlage für spätere Reformen und Reformversuche.[893]

b) *Entwurf von 1984*

In den auf den Entwurf von 1971 folgenden Jahren wurden zwei weitere Reformkommissionen gegründet, die sich jedoch beide innerhalb kürzester Zeit ohne Resultate wieder auflösten.[894] Erst nach dem Militärputsch des Jahres 1980 setzte der Nationale Sicherheitsrat, der mit dem Putsch die Macht im Staat übernommen hatte, eine weitere Kommission zur Revision des türkischen ZGB ein.[895]

Der Entwurf griff ebenfalls die bekannten Problemfelder der Rezeption auf und übernahm dabei größtenteils die schon im Vorgängerentwurf von 1971 enthaltenen Lösungswege.

So suchte der Entwurf im Bereich des Eherechts ebenfalls die Scheidungsmöglichkeit im Falle der Zerrüttung der Ehe zu erleichtern, indem dem vorwiegend

888 *Atamer*, RabelsZ 72 (2008), 723, 740.

889 *Atamer*, RabelsZ 72 (2008), 723, 740.

890 *Gören-Ataysoy*, ZSR 95 (1976), Nr. 1, 263, 268.

891 *Atamer*, RabelsZ 72 (2008), 723, 740.

892 Vgl. *Atamer*, RabelsZ 72 (2008), 723, 738. Siehe zur Sprachrevolution und ihren Folgen S. 149 f.

893 *Atamer*, RabelsZ 72 (2008), 723, 739 f.

894 *Bandak*, Rezeption, S. 105 f.

895 *Atamer*, RabelsZ 72 (2008), 723, 741.

schuldigen Ehegatten auch ein Klagerecht eingeräumt wurde.[896] Der andere Ehegatte erhielt dafür die Möglichkeit, Widerspruch gegen eine solche Klage des vorwiegend schuldigen Ehegatten zu erheben.[897] Der Widerspruch sollte jedoch nur Wirkung entfalten, sofern seine Erhebung nicht rechtsmissbräuchlich war.[898] Darüber hinaus führte der Entwurf die Möglichkeit einer einverständlichen Scheidung ein.[899] Im Gegenzug zu diesen erleichterten Scheidungsmöglichkeiten hob der Entwurf – wie schon sein Vorgänger – die Begrenzung des Unterhaltsanspruches des weniger schuldigen bedürftigen Ehegatten von einem Jahr auf.[900]

Im Bereich des Kindschaftsrechts schaffte der Entwurf die in Art. 297 Abs. 1 des türkischen ZGB vorgesehene Zweispurigkeit der Vaterschaftsklage ab, nach der das Kind dem Vater mit Standesfolge nur zugesprochen werden konnte, wenn dieser der Mutter die Ehe versprochen, sich mit der Beiwohnung an ihr eines Verbrechens schuldig gemacht oder die ihm über sie zustehende Gewalt missbraucht hatte; andernfalls konnte der Vater nur zu Vermögensleistungen an die Mutter und das Kind verurteilt werden.[901] Vorlage für diese Änderung, die eine deutliche Verbesserung der rechtlichen Stellung außerehelicher Kinder bedeutete, waren dabei im Jahre 1978 in der Schweiz in Kraft getretene Änderungen.[902]

Die Änderungen im Bereich des Erbrechts waren fast vollständig mit denjenigen des Vorgängerentwurfs identisch. So hob der Entwurf ebenfalls das Nutznießungsrecht des überlebenden Ehegatten auf und räumte überlebenden Eltern im Falle des Zusammentreffens mit Nachkommen des Erblassers einen Erbschaftsanteil von 1/16 ein.[903] Ebenso sah der Entwurf die Möglichkeit vor, Gesamthandseigentum an der Erbschaft in Miteigentum umzuwandeln.[904]

Desgleichen sah der Entwurf eine detailliertere Neuregelung des Vorkaufsrechts vor[905] und passte das Gesetzbuch sprachlich an die Folgen der Sprachreform an.[906]

896 *Atamer*, RabelsZ 72 (2008), 723, 743.
897 *Atamer*, RabelsZ 72 (2008), 723, 743.
898 *Atamer*, RabelsZ 72 (2008), 723, 743.
899 *Atamer*, RabelsZ 72 (2008), 723, 743.
900 *Atamer*, RabelsZ 72 (2008), 723, 743.
901 *Atamer*, RabelsZ 72 (2008), 723, 743.
902 *Atamer*, RabelsZ 72 (2008), 723, 743.
903 *Atamer*, RabelsZ 72 (2008), 723, 743.
904 *Atamer*, RabelsZ 72 (2008), 723, 743.
905 *Atamer*, RabelsZ 72 (2008), 723, 744.
906 *Atamer*, RabelsZ 72 (2008), 723, 742.

Neben diesen Änderungen, die weitestgehend an den Vorgängerentwurf anknüpften, berücksichtigte der Entwurf zudem auch Änderungen, die derweil in der Schweiz am ZGB vorgenommen wurden, wobei jedoch teilweise nicht eindeutig gesagt werden kann, inwieweit ähnliche Änderungen in der Schweiz tatsächlich eine Vorlage bildeten, da explizite Bezugnahmen in manchen Fällen fehlen.

So regelte der Entwurf den Schutz der Persönlichkeit detaillierter und orientierte sich dabei allem Anschein nach an dem entsprechenden schweizerischen Änderungsgesetz aus dem Jahre 1983.[907]

Zudem wurden die allgemeinen Ehewirkungen den Anforderungen des Gleichberechtigungsgrundsatzes angepasst, wobei nicht eindeutig gesagt werden kann, ob insoweit die ebenfalls aus dem Jahre 1984 stammenden entsprechenden Änderungen in der Schweiz tatsächlich als Vorbild gedient haben.[908]

Eindeutig dem schweizerischen Diskurs jener Zeit entnommen ist allerdings die sog. Errungenschaftsbeteiligung, die in den Entwurf als weiterer vertraglicher Güterstand aufgenommen wurde.[909]

Weiterhin enthielt der Entwurf eine umfassende Reform des Baurechts, die sich an Änderungen in der Schweiz aus dem Jahre 1965 orientierte.[910]

Schließlich enthielt der Entwurf zwei neue Besitzkategorien, die dem deutschen BGB entlehnt waren: den unmittelbaren und den mittelbaren Besitz.[911]

Die vorstehenden Ausführungen zeigen, dass der Entwurf von 1984 wiederum auf die Anpassung des Gesetzeswerkes an die türkischen Verhältnisse abzielte. Daneben vollzog er aber auch zwischenzeitlich in der Schweiz erfolgte Änderungen nach. Die Auffassung hingegen, dass die im Entwurf enthaltenen Änderungen im Bereich des Ehe- und Kindschaftsrechts insbesondere auf die Vorgaben der neuen Verfassung von 1982 zurückgingen, erscheint nicht ganz überzeugend.[912] Familie, Mutter und Kind standen auch unter der Vorgängerverfassung explizit unter dem Schutz derselben.[913] Insoweit brachte die neue Verfassung ihrem Wortlaut nach keine Neuerung.[914] Lediglich der amtlichen

907 *Atamer*, RabelsZ 72 (2008), 723, 742.

908 *Atamer*, RabelsZ 72 (2008), 723, 742.

909 *Atamer*, RabelsZ 72 (2008), 723, 742 f.

910 *Atamer*, RabelsZ 72 (2008), 723, 744.

911 *Atamer*, RabelsZ 72 (2008), 723, 744.

912 So aber *Öztan*, in: *Scholler/Tellenbach*, Westliches Recht in der Republik Türkei 70 Jahre nach der Gründung, S. 85, 90.

913 Vgl. Art. 35 Abs. 2 der türkischen Verfassung von 1961.

914 Vgl. Art. 41 Abs. 2 der türkischen Verfassung von 1982.

Begründung zum neuen Artikel 41 der Verfassung von 1982 lässt sich entnehmen, dass fortan das Prinzip der Gleichbehandlung ehelicher und außerehelicher Kinder gelten solle, sodass insoweit tatsächlich ein Einfluss der neuen Verfassung möglich erscheint.[915] Im Hinblick auf die Anpassung an die Anforderungen des Gleichberechtigungsgrundsatzes kann dagegen von solch einem Einfluss keine Rede sein, denn ein geschlechterspezifischer Gleichheitssatz war auch in der neuen Verfassung nicht enthalten. Erst im Jahre 2001 wurde der den Schutz der Familie bezweckende Art. 41 der Verfassung von 1982 durch den Zusatz ergänzt, dass die Familie „[...] *auf dem Grundsatz der Gleichheit der Ehegatten fußt*". Ein besonderer, geschlechterspezifischer Gleichheitssatz folgte hierauf im Jahre 2004 als neuer Abs. 2 des den allgemeinen Gleichheitssatz regelnden Art. 10. Aufgrund der offensichtlichen Nähe zu in der Schweiz vollzogenen Änderungen ist auch nicht davon auszugehen, dass die Änderungen überwiegend Folge eines gesellschaftlichen Umdenkens waren.[916] Vielmehr ist davon auszugehen, dass der vergleichende Blick in die Schweiz ursächlich war. Den Entwurf von 1984 ereilte schlussendlich jedoch das gleiche Schicksal wie seinen Vorgänger: Er gelangte nie zu einer Verabschiedung.[917]

c) Teilrevisionen

Da die schon erwähnten Probleme im Zusammenhang mit der Rezeption sich nicht verringerten, das mit der Verfassung von 1961 eingeführte und mit der Nachfolgeverfassung von 1982 fortgeführte Verfassungsgericht durch vereinzelte judikative Eingriffe in den Normenbestand des türkischen ZGB[918] den Reformdruck auf den Gesetzgeber noch erhöhte und in der Schweiz zwischenzeitlich mehrfach Änderungen am ZGB vollzogen wurden, bestand das Bedürfnis nach einer Revision des türkischen ZGB unvermindert fort. Wohl angesichts der schon beschriebenen gescheiterten Versuche einer Gesamtrevision des türkischen ZGB schlug der türkische Gesetzgeber in der Folge den Weg der Teilrevision ein und brachte zwei solcher Teilrevisionen im Jahre 1988 und im Jahre 1990 auf den Weg. Diese Teilrevisionen sollen im Folgenden näher betrachtet werden.

---

915 Vgl. amtliche Begründung zum Art. 41 der türkischen Verfassung von 1982.

916 In diese Richtung aber ebenfalls *Öztan*, in: *Scholler/Tellenbach*, Westliches Recht in der Republik Türkei 70 Jahre nach der Gründung, S. 85, 92, der die Forderungen solcher „Anhänger moderner Strömungen" ebenfalls als Grund der Reformen nennt.

917 *Bandak*, Rezeption, S. 106.

918 Siehe dazu S. 153 f.

aa) Teilrevision von 1988

Mit der Teilrevision von 1988[919] wurden zuvörderst die Probleme der Rezeption im Bereich des Eherechts angegangen. So wurde für den Fall der Zerrüttung der Ehe die schon im Entwurf von 1984 vorgeschlagene verschuldensunabhängige Möglichkeit beider Ehegatten auf Scheidung zu klagen in Art. 134 Abs. 1 des türkischen ZGB eingeführt.[920] Damit war fortan auch der vorwiegend schuldige Ehegatte berechtigt auf Scheidung zu klagen.[921] Angesichts dieser verschuldensunabhängigen Klagemöglichkeit wurde dem anderen Ehegatten im Gegenzug das Recht zuerkannt, Widerspruch gegen die Scheidungsklage zu erheben.[922] Dieser sollte aber weiterhin nur insofern Wirkung entfalten, als er nicht rechtsmissbräuchlich war.[923] Ebenso wurde mit der Teilrevision die im Entwurf von 1984 vorgesehene Möglichkeit der einverständlichen Scheidung übernommen und in das türkische ZGB eingeführt.[924] Beschränkt wurde die Möglichkeit durch die Voraussetzung eines Mindestbestandes der Ehe von einem Jahr.[925] Darüber hinaus übernahm die Teilrevision die im Entwurf von 1971 vorgesehene Möglichkeit die Scheidung zu verlangen, falls eine bestimmte Zeitspanne nach einer abgewiesenen Scheidungsklage die eheliche Lebensgemeinschaft immer noch nicht wiederhergestellt worden ist.[926] Statt der ursprünglich im Entwurf vorgesehenen fünf Jahre bestimmte die Teilrevision eine Zeitspanne von drei Jahren.[927] In Anbetracht dieser erleichterten Scheidungsmöglichkeiten hob die Teilrevision wie beide Entwürfe vor ihr die Beschränkung des Unterhaltsanspruches des weniger schuldigen bedürftigen Ehegatten von einem Jahr auf.[928] Gleichfalls folgte die Teilrevision dem Entwurf von 1971 insoweit, als sie

---

919 Gesetz Nr. 3444, verkündet am 12.05.1988 im türkischen Amtsblatt (Nr. 19812).

920 *Öztan*, in: *Scholler/Tellenbach*, Westliches Recht in der Republik Türkei 70 Jahre nach der Gründung, S. 85, 114 f.

921 *Öztan*, in: *Scholler/Tellenbach*, Westliches Recht in der Republik Türkei 70 Jahre nach der Gründung, S. 85, 114 f.

922 *Atamer*, RabelsZ 72 (2008), 723, 745.

923 *Atamer*, RabelsZ 72 (2008), 723, 745.

924 *Öztan*, in: *Scholler/Tellenbach*, Westliches Recht in der Republik Türkei 70 Jahre nach der Gründung, S. 85, 115.

925 *Öztan*, in: *Scholler/Tellenbach*, Westliches Recht in der Republik Türkei 70 Jahre nach der Gründung, S. 85, 115.

926 *Atamer*, RabelsZ 72 (2008), 723, 745.

927 *Atamer*, RabelsZ 72 (2008), 723, 745.

928 *Öztan*, in: *Scholler/Tellenbach*, Westliches Recht in der Republik Türkei 70 Jahre nach der Gründung, S. 85, 118.

Art. 142 des türkischen ZGB, der dem im Hinblick auf die Scheidung schuldigen Ehegatten die Eingehung einer neuen Ehe für eine bestimmte Zeitspanne untersagte, strich.[929] Die Teilrevision suchte damit im Wege einer gemischten Lösung aus beiden Vorentwürfen durch die Entschärfung einiger Bestimmungen des Eherechts Anreize für die Eingehung von *Imam-Ehen* zu beseitigen.

Daneben wurden durch die Teilrevision die Bestimmungen zum Schutze der Persönlichkeit in Orientierung am Entwurf von 1984 detaillierter geregelt.[930] Die Teilrevision nimmt dabei explizit Bezug auf entsprechende Änderungen in der Schweiz aus dem Jahre 1985.[931]

Schließlich wurde die Möglichkeit der Korrektur des Personenstandsregisters im Falle einer Geschlechtsumwandlung eingeführt.[932]

Die Teilrevision zielte damit zum einen darauf ab, das Gesetzeswerk im Hinblick auf das Eherecht den türkischen Verhältnissen anzupassen, und zum anderen darauf, jüngere Entwicklungen in der Schweiz nachzuvollziehen.

bb) Teilrevision von 1990

Die Teilrevision von 1990[933] konzentrierte sich im Kern auf das Problemfeld des Erbrechts. Wie schon in den beiden vorhergehenden Entwürfen gefordert, hob sie das Nutznießungsrecht des überlebenden Ehegatten auf und führte die Möglichkeit ein, Gesamthandseigentum an Erbschaftsgegenständen in Miteigentum umzuwandeln.[934] Daneben beschnitt sie die Erbberechtigung des großelterlichen Stammes im Falle des Zusammentreffens mit dem überlebenden Ehegatten, dessen Erbberechtigung auch insgesamt angehoben wurde.[935] Die Erbberechtigung der Urgroßeltern wurde hingegen gänzlich gestrichen.[936] Zudem füllte die Revision die Lücke in Art. 443 Abs. 3 des türkischen ZGB, der vormals einen geringeren Erbteil außerehelicher Kinder an der Erbmasse des verstorbenen Vaters vorsah und im Jahre 1987 durch das Verfassungsgericht für nichtig erklärt wurde, indem sie nunmehr – wie ebenfalls schon in dem Entwurf

---

929 *Öztan*, in: *Scholler/Tellenbach*, Westliches Recht in der Republik Türkei 70 Jahre nach der Gründung, S. 85, 107.
930 *Atamer*, RabelsZ 72 (2008), 723, 744.
931 *Atamer*, RabelsZ 72 (2008), 723, 744.
932 *Atamer*, RabelsZ 72 (2008), 723, 745.
933 Gesetz Nr. 3678, verkündet am 23.11.1990 im türkischen Amtsblatt (Nr. 20704).
934 *Atamer*, RabelsZ 72 (2008), 723, 746.
935 *Atamer*, RabelsZ 72 (2008), 723, 746.
936 *Atamer*, RabelsZ 72 (2008), 723, 746.

von 1971 vorgesehen – ausdrücklich gleiche Erbteile für eheliche und außereheliche Kinder festschrieb.[937]

Da das Eherecht die für erforderlich gehaltenen Änderungen schon in der vorangegangenen Teilrevision von 1988 erfahren hatte, beschäftigte sich die Teilrevision von 1990 in diesem Zusammenhang lediglich noch mit dem Verlöbnisrecht. Reuegeld und Vertragsstrafe für den Fall der Nichterfüllung des Verlöbnisversprechens wurden ausdrücklich als Naturalobligationen ausgestaltet, indem neben der Uneinklagbarkeit derselben die Rückforderung schon getätigter Zahlungen ausgeschlossen wurde.[938] Zudem wurde das Recht zur Rückforderung von Geschenken an die türkischen Verhältnisse angepasst, indem es auf Eltern und elternähnliche Personen ausgeweitet wurde.[939]

Im Sachenrecht wurde vor dem Hintergrund der damaligen wirtschaftlichen Situation der Türkei die Möglichkeit geschaffen, Grundpfandrechte auch zur Sicherung von Fremdwährungsschulden einzutragen.[940]

Neben diesen Änderungen wurden mit der Teilrevision von 1990 zudem die baurechtlichen Bestimmungen in Orientierung am Entwurf von 1984 und damit letztlich nach Vorbild der entsprechenden schweizerischen Änderungen neugeregelt.[941]

Wie auch schon die Teilrevision zuvor zielte die Teilrevision von 1990 somit zum einen darauf ab, das Gesetzeswerk insbesondere im Bereich des Erbrechts an die türkischen Verhältnisse anzupassen, und zum anderen darauf, jüngere Entwicklungen in der Schweiz nachzuvollziehen.

2. *Phase ab 1994*

Seit etwa Mitte der 1990er Jahre ist ein Anstieg der gesetzgeberischen Tätigkeit der Großen Nationalversammlung zu verzeichnen, die im Zuge der Erlangung der Beitrittsperspektive und der damit verbundenen Übernahme des *acquis communautaire* noch weiter an Fahrt aufgenommen hat.[942] Diese Periode hat

---

937 Türkisches Verfassungsgericht, Hauptsache 1987/1, Entscheidung Nr. 1987/18 vom 11.09.1987, verkündet am 29.03.1988 im türkischen Amtsblatt (Nr. 19769); siehe zu alldem *Atamer*, RabelsZ 72 (2008), 723, 746.

938 *Öztan*, in: *Scholler/Tellenbach*, Westliches Recht in der Republik Türkei 70 Jahre nach der Gründung, S. 85, 96.

939 *Atamer*, RabelsZ 72 (2008), 723, 746.

940 *Atamer*, RabelsZ 72 (2008), 723, 747.

941 *Atamer*, RabelsZ 72 (2008), 723, 747.

942 Vgl. *Yancı Özalp*, AÜSBFD 61 (2006), Nr. 1, 267, 268.

neben einer Zunahme von Gesetzen und umfangreichen Gesetzespaketen insbesondere zu einer Revision der großen privatrechtlichen Kodifikationen geführt. Letztere sollen im Folgenden näher betrachtet werden.

a) Das neue ZGB von 2001

Im Jahre 1994 wurde durch das Justizministerium erneut eine sog. „Zivilgesetzbuchkommission" zur Revision des türkischen ZGB eingesetzt.[943] Die mit Wissenschaftlern und Praktikern besetzte Kommission legte nach vierjähriger Tätigkeit einen Entwurf vor, der im Anschluss als Regierungsentwurf in das Parlament eingebracht wurde.[944] Aufgrund der anstehenden Wahl zur Großen Nationalversammlung des Jahres 1999 wurde das Gesetzesvorhaben jedoch zunächst nicht weiterverfolgt.[945] Am 22.11.2001 der darauffolgenden Legislaturperiode nahm das Parlament schließlich den Entwurf an. Das Gesetz trat hierauf zum 01.01.2002 in Kraft.[946]

Das neue türkische ZGB ist nicht als ein sog. Rahmengesetz (*çerçeve kanun*) zur Änderung des bis dahin bestehenden türkischen ZGB erlassen worden, sondern als ein eigenständiges Gesetz mit eigener Gesetzesnummer.[947] Dies darf jedoch nicht zu der Annahme verleiten, dass es sich bei ihm um eine originär türkische Neuschöpfung handeln würde. Ziel der Kommissionsarbeiten war es laut der amtlichen Begründung, das alte türkische ZGB im Hinblick auf moderne Bedürfnisse zu revidieren.[948] Hierfür seien die Entwürfe der Jahre 1971 und 1984, das schweizerische ZGB, das deutsche BGB, der französische *Code*

---

943 *Atamer*, RabelsZ 72 (2008), 723, 749.

944 *Büyüktanır*, ABD 2002, Nr. 2, 55, 56 f.

945 *Büyüktanır*, ABD 2002, Nr. 2, 55, 60.

946 Gesetz Nr. 4721, verkündet am 08.12.2001 im türkischen Amtsblatt (Nr. 24607). *Atamer*, RabelsZ 72 (2008), 723, 749.

947 Vgl. *Büyüktanır*, ABD 2002, Nr. 2, 55, 61 f. Dies ermöglichte es, das Gesetz als sog. Grundlagengesetz (*temel kanun*) nach dem in Art. 91 der Satzung der Großen Nationalversammlung vorgesehenen vereinfachten Verfahren zu verabschieden. Bei diesem Verfahren wird nicht über jede einzelne Norm, sondern ganze Blöcke von Normen beraten und damit das Verfahren entscheidend beschleunigt. In letzter Zeit ist Kritik an diesem Verfahren aufgekommen, da es in der Praxis zu einer Inflation von sog. Sammelgesetzen (*torba yasası*) geführt habe, die eine Vielzahl von miteinander nicht in Zusammenhang stehenden Änderungen unterschiedlichster Gesetze enthalten, jedoch nur blockweise beraten werden und daher nach Auffassung der Kritiker nicht mehr durchsichtig seien. Siehe zur Kritik bspw. *İba*, ABD 2011, Nr. 1, 195 ff.

948 Allgemeine amtliche Begründung zum Gesetz Nr. 4721, Einleitung.

civil und der italienische *Codice civile* in den Blick genommen worden.[949] Auch seien während der Entwurfsarbeiten Rechtsauffassungen berücksichtigt worden, die sich zwischenzeitlich in Lehre und Rechtsprechung herausgebildet hatten.[950]

In Übereinstimmung mit der vorgenannten Intention wurden Struktur und Aufbau des alten türkischen ZGB beibehalten.[951] Obgleich auch die Beibehaltung der bisherigen Paragraphenzählung von der Kommission beabsichtigt und innerhalb der türkischen Juristenschaft vehement gefordert worden war,[952] fiel die Entscheidung schlussendlich doch zugunsten einer vollständigen Neuzählung.[953] Grund hierfür war zum einen, dass die ursprüngliche Idee, neuen Artikeln bei gleicher Zählung lateinische Großbuchstaben anzuhängen, aufgrund der Fülle an neuen Normen in manchen Bereichen die Verwendung aller Buchstaben des Alphabets notwendig gemacht hätte und damit der Ordnung und Übersichtlichkeit des Gesetzes abträglich gewesen wäre.[954] Zum anderen hätten die vielfachen Streichungen bisheriger Normen teilweise große Lücken im Gesetz hinterlassen.[955] Ebenfalls einer veränderten Zählung unterzogen wurden die Titel: Um die systematische Zugehörigkeit derselben stärker zu verdeutlichen, erfolgt ihre Zählung nicht mehr fortlaufend, sondern beginnt in jeder Abteilung neu.[956] Vollständig abgeändert wurde zudem die Sprache des Gesetzes, indem sämtliche Bestimmungen in einer zeitgemäßeren Sprache neuverfasst und begrifflich – soweit möglich – an die Folgen der Sprachrevolution angepasst wurden.[957] Das so entworfene neue türkische ZGB enthielt in der Fassung des Jahres 2001 somit 1027 Artikel statt der zwischenzeitlich auf die Anzahl von 958 gestiegenen Artikel des alten türkischen ZGB.[958] Neu hinzugefügt wurden dabei 184 Artikel.[959] Nicht übernommen aus dem alten türkischen ZGB wurden 115 Artikel.[960]

---

949 Allgemeine amtliche Begründung zum Gesetz Nr. 4721, Einleitung.

950 Allgemeine amtliche Begründung zum Gesetz Nr. 4721, Einleitung.

951 *Büyüktanır*, ABD 2002, Nr. 2, 55, 61.

952 Vgl. Allgemeine amtliche Begründung zum Gesetz Nr. 4721, Einleitung; *Büyüktanır*, ABD 2002, Nr. 2, 55, 61.

953 Allgemeine amtliche Begründung zum Gesetz Nr. 4721, Einleitung.

954 Allgemeine amtliche Begründung zum Gesetz Nr. 4721, Einleitung.

955 Allgemeine amtliche Begründung zum Gesetz Nr. 4721, Einleitung.

956 Allgemeine amtliche Begründung zum Gesetz Nr. 4721, Einleitung.

957 Allgemeine amtliche Begründung zum Gesetz Nr. 4721, I. Eine Auflistung der erneuerten Begriffe ist enthalten im Abschnitt I. A) der allgemeinen amtlichen Begründung.

958 *Büyüktanır*, ABD 2002, Nr. 2, 55, 61.

959 *Büyüktanır*, ABD 2002, Nr. 2, 55, 61.

960 *Büyüktanır*, ABD 2002, Nr. 2, 55, 61.

Im Einleitungsteil wurden die bisherigen Artikel beibehalten und insbesondere sprachlich genauer gefasst.[961] Art. 5 wurde inhaltlich ausgeweitet und bestimmt seitdem, dass das ZGB und die allgemeinen Bestimmungen des OR, soweit angemessen, auf alle zivilrechtlichen Verhältnisse Anwendung finden.[962]

Im Bereich des Personenrechts wurden die Bestimmungen betreffend Geschlechtsumwandlungen nochmals detaillierter geregelt und einige Bestimmungen des Vereinsgesetzes integriert.[963] Daneben wurden sämtliche Artikel an die Anforderungen des Gleichberechtigungsgrundsatzes angepasst.[964]

Der Bereich des Familienrechts markiert den eigentlichen Schwerpunkt der Revision. Ein Hauptaugenmerk lag in diesem Bereich darauf, allen voran die Bestimmungen zu den allgemeinen Ehewirkungen an den Grundsatz der Gleichberechtigung von Mann und Frau anzupassen.[965] Orientierungspunkt

961 Allgemeine amtliche Begründung zum Gesetz Nr. 4721, II. A).

962 Allgemeine amtliche Begründung zum Gesetz Nr. 4721, II. A).

963 *Atamer*, RabelsZ 72 (2008), 723, 750.

964 Allgemeine amtliche Begründung zum Gesetz Nr. 4721, II. B) 1).

965 Insbesondere türkische Frauenrechtsorganisationen beklagen jedoch regelmäßig im öffentlichen Diskurs, dass auch im neuen türkischen ZGB weiterhin diskriminierende Regelungen enthalten seien. Augenfälligstes Beispiel hierfür ist der trotz Revision unverändert übernommene erste Absatz des Art. 153 des alten türkischen ZGB, der sich nunmehr als einziger Absatz des neuen Art. 187 im revidierten Gesetzbuch wiederfindet. Die Norm regelt die Frage des Nachnamens der Frau im Falle ihrer Heirat und bestimmt, dass die Frau in diesem Falle grundsätzlich den Nachnamen ihres Ehemannes annimmt. Eine Möglichkeit, den Nachnamen der Frau als gemeinsamen Nachnamen der Ehegatten zu wählen, ist dagegen nicht vorgesehen. Seit einer Änderung im Jahre 1997 sieht der neu hinzugefügte zweite Halbsatz des ersten Satzes für die Frau lediglich die Möglichkeit vor, ihren bisherigen Nachnamen dem neuen Familiennamen voranzustellen (Gesetz Nr. 4248, verkündet am 22.05.1997 im türkischen Amtsblatt [Nr. 22996]). Die Bestimmung wurde mehrfach rechtlich angegangen. Im Jahre 1998 wies das türkische Verfassungsgericht den Antrag eines Gerichts auf Nichtigerklärung der entsprechenden Norm wegen Grundrechtsverstoßes mit der Begründung ab, dass die Norm dem öffentlichen Interesse und der öffentlichen Ordnung diene (Türkisches Verfassungsgericht, Hauptsache Nr. 1997/61, Entscheidung Nr. 1998/59 vom 29.09.1998, verkündet am 15.11.2002 im türkischen Amtsblatt [Nr. 24937]). Im Jahre 2004 entsprach der EGMR der Beschwerde einer türkischen Staatsbürgerin, die eine Verletzung von Art. 8 EMRK alleine und i.V.m. Art. 14 EMRK durch den betreffenden Artikel des türkischen ZGB rügte (Ünal Tekeli ./. TR, Nr. 29865/96, 16.11.2004, ECHR 2004-X [Auszüge], erschienen in FamRZ 2005, 427). Der Gerichtshof sah in dem Vorbringen der türkischen Regierung, in dem diese im Kern die Argumente des Verfassungsgerichtsurteils des Jahres 1998 wiederholte, keine zwingenden Gründe, die eine unterschiedliche Behandlung rechtfertigen

bildeten dabei entsprechende Änderungen in der Schweiz, die im Jahre 1988 in Kraft getreten sind.[966] Weiteres Hauptaugenmerk bildete die Revision des Güterrechtsregimes. Der im alten türkischen ZGB vorgesehene gesetzliche Güterstand der Gütertrennung hatte aufgrund der sozioökonomischen Struktur der Türkei in vielen Fällen zu einer Benachteiligung der Ehefrau geführt.[967] Vor diesem Hintergrund wurde die im Jahre 1988 in der Schweiz eingeführte Errungenschaftsbeteiligung übernommen und als neuer gesetzlicher Güterstand verankert.[968] Daneben wurde eine Art abgeschwächte Form der Errungenschaftsbeteiligung

---

würden und sprach der Beschwerdeführerin eine Entschädigung nach Art. 41 EMRK zu. Einige Jahre später reichten erneut mehrere Instanzgerichte mit Verweis auf das bereits erwähnte Urteil des EGMR und die im Jahre 2004 erfolgte Änderung des Art. 90 der türkischen Verfassung von 1982, der seitdem in seinem Abs. 5 S. 2 im Falle der Unvereinbarkeit nationaler Regelungen mit dem Inhalt unterzeichneter Menschenrechtsabkommen letzteren den Vorzug gibt, Anträge auf Nichtigerklärung beim türkischen Verfassungsgericht ein, die im Jahre 2011 mit gleichlautender Begründung wiederum abgewiesen wurden (Türkisches Verfassungsgericht, Hauptsache Nr. 2009/85, Entscheidung Nr. 2011/49 vom 10.03.2011, verkündet am 21.10.2011 im türkischen Amtsblatt [Nr. 28091]). Eine der Klägerinnen durchlief hierauf den weiteren Instanzenzug und legte Individualverfassungsbeschwerde beim türkischen Verfassungsgericht ein. Dieses stellte die Unvereinbarkeit der nationalen Regelung mit der Europäischen Menschenrechtskonvention fest, weshalb letztere gem. Art. 90 Abs. 5 S. 2 als Entscheidungsgrundlage heranzuziehen sei (Türkisches Verfassungsgericht, Beschwerde Nr. 2013/2187 vom 19.12.2013, verkündet am 07.01.2014 im türkischen Amtsblatt [Nr. 28875]). Da die Gerichte dies nicht getan hätten, sei der Eingriff schon ohne gesetzliche Grundlage erfolgt und habe die Beschwerdeführerin damit in ihren Grundrechten verletzt (vgl. Art. 90 Abs. 5 S. 1 der türkischen Verfassung von 1982, nach dem völkerrechtliche Verträge den Rang eines einfachen Gesetzes genießen). Der Kassationshof schloss sich dieser Auffassung schrittweise an. Jüngst urteilte er, dass auch ohne berechtigtes Interesse durch Klage die Wiederannahme des bisherigen Nachnamens der Ehefrau zur Führung als gemeinsamer Familienname verlangt werden könne (Türkischer Kassationshof, Großer Zivilsenat, Hauptsache Nr. 2014/2-889, Entscheidung Nr. 2015/2011 vom 30.09.2015). Der Hergang zeigt, dass die in der Türkei seit dem 23.09.2012 bestehende Möglichkeit der Individualverfassungsbeschwerde zu einer effektiveren Durchsetzung der in der EMRK verbürgten Menschenrechte beigetragen hat. Eine Revision des Art. 187 des türkischen ZGB durch den türkischen Gesetzgeber steht allerdings weiterhin aus.

966 *Oktay-Özdemir*, in: *Çivi*, 80 Jahre Schweizerisches ZGB und OR in der Türkei, S. 53, 55 f.

967 Allgemeine amtliche Begründung zum Gesetz Nr. 4721, II. C) 1) d).

968 Allgemeine amtliche Begründung zum Gesetz Nr. 4721, II. C) 1) d).

als weiterer vertraglicher Güterstand eingeführt.[969] Ferner wurde das Ehefähigkeitsalter für beide Geschlechter auf 17 Jahre heraufgesetzt. Ebenso wurde die Altersgrenze für die Ehemündigkeitserklärung für beide Geschlechter auf 16 Jahre heraufgesetzt. Die amtliche Begründung verweist insoweit auf die negativen Folgen sowohl biologischer als auch psychologischer Natur, die eine Ehe unterhalb dieser Altersgrenzen zur Folge haben könne.[970] Heraufgesetzt wurde dazu die Zeitspanne, ab der eine Verlassung als Scheidungsgrund gilt. Um die Chance der Wiederherstellung der ehelichen Gemeinschaft zu erhöhen, beträgt diese seither 6 Monate.[971]

Erwogen wurde während der Kommissionsarbeiten neben diesen Neuerungen, die bisherigen Scheidungsgründe in Anlehnung an das deutsche Scheidungsrecht durch einen einzigen Scheidungsgrund der Zerrüttung des ehelichen Verhältnisses zu ersetzen.[972] Jedoch sahen die Verfasser einen solchen schon in dem 1988 abgeänderten Art. 134 des türkischen ZGB verwirklicht und ließen daher von entsprechenden Änderungen ab.[973] In der amtlichen Begründung heißt es hierzu außerdem, dass eine Aufhebung insbesondere des Ehebruches als eigenständiger Scheidungsgrund innerhalb der Bevölkerung Anlass zu falschen Interpretationen geboten hätte.[974] Eine Auseinandersetzung mit der in der Schweiz im Jahre 1998 verabschiedeten Reform des Scheidungsrechts fehlt hingegen völlig. Somit blieb es bei zwei kleineren Anpassungen: Erstens wurde dem nunmehr in Art. 162 geregelten Scheidungsgrund der Nachstellung und Misshandlung die im ursprünglichen schweizerischen Original enthaltene weitere Alternative der schweren Ehrkränkung hinzugefügt. Zweitens wurde innerhalb des nunmehr in Art. 163 geregelten Scheidungsgrundes des Verbrechens und des unehrenhaften Lebenswandels das Erfordernis der Unzumutbarkeit der

969 Allgemeine amtliche Begründung zum Gesetz Nr. 4721, II. C) 1) d). *Rumpf* übersetzt dieses Institut, für das es im schweizerischen Recht keine Entsprechung gibt, als „Gütertrennung mit Aufteilgut". Siehe dazu *ders.*, StAZ 2002, 97, 98. Im ursprünglichen Kommissionsentwurf war dieses Institut noch als gesetzlicher Güterstand vorgesehen, wurde im weiteren Verlauf sodann aber durch die Errungenschaftsbeteiligung nach Schweizer Vorbild ersetzt. Siehe zu Letzterem *Büyüktanır*, ABD 2002, Nr. 2, 55, 57 f.

970 Allgemeine amtliche Begründung zum Gesetz Nr. 4721, II. C) 1) a).

971 Allgemeine amtliche Begründung zum Gesetz Nr. 4721, II. C) 1) b).

972 Allgemeine amtliche Begründung zum Gesetz Nr. 4721, II. C) 1) b).

973 Allgemeine amtliche Begründung zum Gesetz Nr. 4721, II. C) 1) b).

974 Allgemeine amtliche Begründung zum Gesetz Nr. 4721, II. C) 1) b).

Fortsetzung der ehelichen Lebensgemeinschaft auch auf die Alternative des entehrenden Verbrechens des Ehepartners erstreckt.

Ebenfalls eine umfänglichere Umgestaltung erfahren hat der Bereich des Kindschaftsrechts. Hier wurde in Anlehnung an entsprechende Änderungen in der Schweiz im Jahre 1978 die Unterteilung in eheliche und uneheliche Kindschaftsverhältnisse aufgehoben.[975] Gleichzeitig wurde die Unterteilung in eine Vaterschaftsklage auf Vermögensleistungen des Vaters und eine Vaterschaftsklage auf Zusprechung des Kindes mit Standesfolge aufgehoben.[976] Zudem wurde das Adoptionsrecht in Orientierung an dem „Haager Übereinkommen über den Schutz von Kindern und die Zusammenarbeit auf dem Gebiet der internationalen Adoption" revidiert.[977]

Im Bereich des Erbrechts wurden hauptsächlich die Pflichtteile herabgemindert.[978] Daneben wurde die mit der Teilrevision von 1990 eingeführte Beschränkung des großelterlichen Stammes im Falle des Zusammentreffens mit dem überlebenden Ehepartner aufgehoben.[979] In der amtlichen Begründung heißt es hierzu, dass diese vormals eingeführte Beschränkung der familiären Bindung innerhalb der türkischen Gesellschaft nicht entspreche.[980]

Im Sachenrecht wurde das Miteigentum in Orientierung an den in der Schweiz im Jahre 1965 erfolgten Änderungen neugeregelt.[981] Darüber hinaus wurde in Anlehnung an entsprechende Regelungen des BGB die Unterteilung

975 Allgemeine amtliche Begründung zum Gesetz Nr. 4721, II. C) 2). Auch insoweit scheint jedoch eine vollständige Bereinigung der unterschiedlichen Behandlung durch den Gesetzgeber nicht restlos gelungen zu sein. So bestimmte der Art. 321 des türkischen ZGB nach der Revision weiterhin, dass selbst in dem Falle, dass ein außerhalb der Ehe geborenes Kind durch den Vater anerkannt oder durch Vaterschaftsklage diesem zugesprochen wird, es anders als innerhalb der Ehe geborene Kinder nur den Nachnamen der Mutter trägt. Die in Frage stehende Wendung wurde im Jahre 2009 durch das türkische Verfassungsgericht wegen ihrer Unvereinbarkeit mit der Verfassung gestrichen (Türkisches Verfassungsgericht, Hauptsache Nr. 2005/114, Entscheidung Nr. 2009/105 vom 02.07.2009, verkündet am 07.10.2009 im türkischen Amtsblatt [Nr. 27369]).

976 *Büyüktanır*, ABD 2002, Nr. 2, 55, 90.

977 *Rumpf*, StAZ 2002, 97, 99.

978 *Atamer*, RabelsZ 72 (2008), 723, 751. Der Pflichtteil der Geschwister des Erblassers wurde im Jahre 2007 per Gesetz vollständig aufgehoben (Gesetz Nr. 5650, verkündet am 10.05.2007 im türkischen Amtsblatt [Nr. 26518]).

979 Siehe dazu S. 167.

980 Allgemeine amtliche Begründung zum Gesetz Nr. 4721, II. D) 1) a).

981 Allgemeine amtliche Begründung zum Gesetz Nr. 4721, II. E) 1) a).

des Besitzes in mittelbaren und unmittelbaren Besitz eingeführt.[982] Ansonsten konzentrierte sich die Revision in diesem Bereich im Wesentlichen auf die Korrektur von bestehenden Übersetzungsfehlern und die Anpassung der Terminologie an die Folgen der Sprachrevolution.[983] Dem auch schon früher öfters vorgebrachten Vorschlag, sondergesetzliche Bestimmungen wie diejenigen des Wohnungseigentumsgesetzes vollständig in das ZGB zu integrieren, wurde weiterhin nicht gefolgt, da solche relativ schnell und häufig einer Änderung bedürften und damit jedes Mal das türkische ZGB abgeändert werden müsste.[984]

Schließlich wurde das Vorkaufsrecht in Anlehnung an entsprechende Änderungen in der Schweiz aus dem Jahre 1965 revidiert.[985]

Wie an den vorstehenden Ausführungen erkennbar wird, wurden mit der Revision des türkischen ZGB im Jahre 2001 – anders als die Ausführungen in der amtlichen Begründung vermuten lassen – hauptsächlich Entwicklungen nachvollzogen, die das ZGB in der Schweiz zwischenzeitlich erfahren hat.[986] Die beiden Schwerpunkte der Revision, die Anpassung sämtlicher Bestimmungen an die Anforderungen des Gleichberechtigungsgrundsatzes und die Aufhebung der Unterteilung von Kindschaftsverhältnissen in eheliche und uneheliche, gehen dabei genetisch betrachtet zwar auf den Entwurf von 1984 zurück, jedoch orientierte sich auch dieser schon an den erwähnten schweizerischen Reformen.[987] Gleichwohl wird im Rahmen der Revision nicht ohne Einfluss gewesen sein, dass die Türkei am 20. Dezember 1985 der UN-Konvention zur Beseitigung jeder Form von Diskriminierung der Frau und am 4. April 1995 der UN-Konvention über die Rechte des Kindes beigetreten ist.

Mit dieser somit größtenteils fortdauernden Kontinuität in der Herkunft der Bestimmungen des türkischen ZGB ist jedoch an einer nicht unbedeutenden Stelle gebrochen worden: dem Scheidungsrecht. Dieses wurde in der Fassung, die es mit der Teilrevision von 1990 erfahren hat, beinahe unverändert übernommen. Der in der Schweiz mit der Reform aus dem Jahre 1998 vollzogene Systemwechsel hin zu einem verschuldensunabhängigen Scheidungsrecht wurde dagegen nicht nachvollzogen. Seit dem Inkrafttreten der entsprechenden

982 Allgemeine amtliche Begründung zum Gesetz Nr. 4721, II. E) 3) a).
983 *Atamer*, RabelsZ 72 (2008), 723, 752.
984 Vgl. *Büyüktanır*, ABD 2002, Nr. 2, 55, 61.
985 Allgemeine amtliche Begründung zum Gesetz Nr. 4721, II. E) 1) a).
986 So schon *Atamer*, RabelsZ 72 (2008), 723, 752.
987 Siehe dazu S. 164.

schweizerischen Regelungen im Jahre 2000 bestehen daher zwischen beiden Rechtsordnungen in Fragen des Scheidungsrechts deutliche Unterschiede.[988]

Daneben wurde mit der Revision die schon in beiden Vorgängerentwürfen vorgesehene sprachliche Neufassung und terminologische Anpassung sämtlicher Bestimmungen des türkischen ZGB nebst Korrektur der bis dahin bekannt gewordenen Übersetzungsfehler vollzogen.

Keine Regelung erfahren hat hingegen die Frage des Erbrechts der Eltern im Falle ihres Zusammentreffens mit den Nachkommen des Erblassers, obgleich diese in den Vorgängerentwürfen aufgrund der in der Bevölkerung vorherrschenden großen Unzufriedenheit mit den bestehenden Regelungen jeweils positiv beantwortet worden war.[989] Auch in der amtlichen Begründung findet sich hierzu nichts Näheres. Eine Gesamtbetrachtung der Revision lässt allerdings vermuten, dass dies kein Zufall ist, sondern durchaus dem Charakter der Revision und auch der generellen Tendenz im Umgang mit dem übernommenen schweizerischen ZGB entspricht. Das aus der Schweiz entlehnte türkische ZGB wird seit jeher von der republikanischen Staatselite und Juristenschaft als zivilisatorischer Grundstein der türkischen Republik und als Motor der beabsichtigten gesellschaftlichen Modernisierung begriffen. Die mit seiner Übernahme einhergehende offizielle Abschaffung des islamischen Rechts stellt daher eine der wichtigsten Komponenten der sog. kemalistischen Reformen dar. Aufgrund dieses fundamentalen Stellenwertes, der dem türkischen ZGB zugemessen wird, genießt dieses Gesetzeswerk innerhalb der republikanischen Staatselite und Juristenschaft eine Art intellektuellen und legislativen „Denkmalschutz". Dies wird beispielhaft daran deutlich, dass nicht nur auf die Beibehaltung seiner Struktur und seines Aufbaus, sondern selbst auf die Beibehaltung seiner ursprünglichen Paragraphenzählung äußerster Wert gelegt wird, auch wenn Letzteres im Rahmen der Revision schlussendlich nicht durchgehalten werden konnte. Ebenso wird diese Mentalität an der Haltung deutlich, eine Integration der etlichen zivilrechtlichen Sondergesetze abzulehnen, weil eine hieraus möglicherweise resultierende häufigere Änderungsbedürftigkeit des ZGB dem Charakter dieses grundlegenden Gesetzes widersprechen könne. Diese sich bereits in solcherart formellen Fragen niederschlagende Geisteshaltung kommt bei materiellen Fragen selbstverständlich erst recht zur Geltung und wurde schlussendlich sogar in der Verfassung verankert. So bestimmt Art. 174 der Verfassung

---

988 *Oktay-Özdemir*, in: *Çivi*, 80 Jahre Schweizerisches ZGB und OR in der Türkei, S. 53, 61 f.

989 Siehe hierzu S. 161 und S. 163.

von 1982, dass der mit dem türkischen ZGB von 1926 eingeführte Grundsatz der Zivilehe nicht für verfassungswidrig erklärt werden kann.[990] Die Bestimmung soll damit ganz offensichtlich verhindern, dass durch Nichtigerklärung der entsprechenden familienrechtlichen Bestimmungen der Weg zurück zur religiösen Trauung und damit insbesondere zum islamischen Recht bereitet wird. Dieser bewusst gewollte endgültige Bruch mit der bisherigen Rechtstradition ist Grund dafür, dass weder mit den vorherigen Änderungen noch mit der Revision im Jahre 2001 substanzielle Eingriffe an den Instituten des schweizerischen ZGB vorgenommen wurden, sondern etwaige Anpassungen alleine durch Änderungen variabler Elemente der jeweiligen Institute vollzogen wurden, ohne die Institute oder die ihnen zugrundeliegenden rechtlichen Grundwertungen zu berühren oder diesen erkennbar fremde Institute hinzuzufügen. Das Erbrecht der Eltern im Falle ihres Zusammentreffens mit Nachkommen des Erblassers stellt dagegen eine fremde, dem bisherigen islamischen Recht entspringende rechtliche Wertung dar, deren Vereinbarkeit mit dem schweizerischen Parentelensystem schon in den Vorgängerentwürfen – letztlich bejahend – kontrovers diskutiert wurde. Anders als die Vorgängerentwürfe zielte die Revision von 2001 allerdings fast ausschließlich auf einen Nachvollzug schweizerischer Entwicklungen ab. Die nach vorherrschender Sicht der Bevölkerung unbefriedigend gelöste Frage des Erbrechts der Eltern neben den Nachkommen des Erblassers wurde im Rahmen der Kommissionsarbeiten deshalb womöglich aufgrund ihres substanziellen Charakters unbeantwortet gelassen.

Somit lässt sich festhalten, dass das neue türkische ZGB im Kern eine nach Schweizer Vorbild aktualisierte Fassung des alten Gesetzbuches ist und deshalb weiterhin – bzw. gewissermaßen geradezu wieder – eine große inhaltliche Nähe zu seiner Schweizer Mutterrechtsordnung aufweist.

b) Das neue OR von 2011

Nach Abschluss der Entwurfsarbeiten zur Revision des türkischen ZGB setzte das Justizministerium im Jahre 1998 eine weitere Kommission zur Revision des türkischen OR ein (sog. „Obligationengesetzbuchkommission").[991] Diese aus Wissenschaftlern und Praktikern besetzte Kommission veröffentlichte nach etwa

990 Diese Bestimmung war erstmals in Art. 153 der Verfassung von 1961 enthalten. Grund für die Einführung war, dass mit der Verfassung von 1961 das türkische Verfassungsgericht geschaffen wurde und damit erstmals die Möglichkeit bestand, Gesetzesbestimmungen auf ihre Vereinbarkeit mit der Verfassung prüfen zu lassen.

991 *Buz*, in: *Sirmen/Kırca/Buz*, Symposium anlässlich des 80. Jahrestages, S. 31, 32.

siebenjähriger Tätigkeit einen Entwurf, der öffentlich zur Diskussion gestellt wurde.[992] Auf Grundlage der ergangenen Reaktionen wurde ein zweiter Entwurf erarbeitet und dem Präsidium des Ministerpräsidenten übersandt, welches diesen nach einiger Zeit der Untätigkeit zur weiteren Überarbeitung wieder an das Justizministerium zurückverwies.[993] Am 22.01.2008 schließlich wurde der Entwurf dem Präsidium der Nationalversammlung übergeben und nach einer abermaligen Überarbeitung im Rechtsausschuss am 11.01.2011 vom Parlament angenommen.[994] Das Gesetz ist zum 01.07.2012 in Kraft getreten.[995]

Auch das neue türkische OR von 2011 wurde als eigenständiges Gesetz mit eigener Gesetzesnummer (6098) verabschiedet. Gleichwohl handelt es sich bei ihm ebenfalls nicht um eine originär türkische Neuschöpfung. Die diesbezüglichen Ausführungen des allgemeinen Teils der amtlichen Begründung weisen dabei große Ähnlichkeit mit denjenigen des neuen türkischen ZGB von 2001 auf.[996] So ist auch diesen zu entnehmen, dass das Leitbild der Revision davon geprägt war, Struktur und Systematik des alten Gesetzes unberührt zu lassen.[997] Als Motiv der Revision wird die Notwendigkeit angeführt, das Gesetz an veränderte Umstände und aktuelle Bedürfnisse anzupassen.[998] Zudem wird auf das Bedürfnis verwiesen, Anpassungen im Hinblick auf das neue türkische ZGB von 2001 vorzunehmen.[999]

Interessanter jedoch als die Ausführungen zum Leitbild und den Motiven der Revision sind die in der amtlichen Begründung enthaltenen Ausführungen zu den in Betracht gezogenen Rechtsquellen. So weist die amtliche Begründung auf verschiedene „*wichtige*" Rechtsvereinheitlichungsprojekte und deren Ergebnisse hin und erwähnt dabei ausdrücklich die *Principles of International Commercial Contracts* (PICC), die *United Nations Convention on Contracts for the International Sale of Goods* (CISG), die *Principles of European Contract Law* (PECL) und die *Principles of European Tort Law* (PETL).[1000] Im weiteren Verlauf relativiert sie hingegen ebenjene in ihrem Stellenwert als Rechtsquelle wieder, indem

992 *Buz*, in: *Sirmen/Kırca/Buz*, Symposium anlässlich des 80. Jahrestages, S. 31. 32.
993 *Buz*, in: *Sirmen/Kırca/Buz*, Symposium anlässlich des 80. Jahrestages, S. 31, 32.
994 Gesetz Nr. 6098, verkündet am 04.02.2011 im türkischen Amtsblatt (Nr. 27836). Siehe zu alldem *Başpınar*, in: *Badur*, 6098 Sayılı Türk Borçlar Kanunu Sempozyumu, S. 3, 4.
995 *Kara*, TBBD 2013, Nr. 107, 353, 355 Fn. 2.
996 Vgl. Allgemeine amtliche Begründung zum Gesetz Nr. 6098, I.
997 Allgemeine amtliche Begründung zum Gesetz Nr. 6098, I.
998 Allgemeine amtliche Begründung zum Gesetz Nr. 6098, I.
999 Allgemeine amtliche Begründung zum Gesetz Nr. 6098, I.
1000 Allgemeine amtliche Begründung zum Gesetz Nr. 6098, I.

sie ausführt: „*Genauso wenig jedoch, wie die Existenz und sogar der erfolgreiche Abschluss dieser Arbeiten das Verfügen über ein nationales Obligationengesetzbuch erübrigen, zwingen sie zu der Auffassung, dass ein nationales Obligationengesetzbuch als Produkt dieser Regelwerke aus ebendiesen hervorgehen müsse. Während der Arbeiten am Entwurf des Obligationengesetzbuchs* [Anm.: am Revisionsentwurf] *wurden diese Regelwerke nicht als Grundlage herangezogen, sondern von diesen Regelwerken profitiert.*"[1001] Eine Erwähnung des *Draft Common Frame of Reference* (DCRF), der *Acquis Principles* und des Verordnungsvorschlags über ein *Gemeinsames Europäisches Kaufrecht* (GEK; engl.: *Common European Sales Law* [CESL]) erfolgt dagegen nicht, wobei letzterer auch erst nach Verabschiedung des Revisionsentwurfs am 11.10.2011 dem Parlament der Europäischen Union (EU) zugeleitet wurde. Neben diesen Rechtsvereinheitlichungsprojekten verweist die amtliche Begründung zudem auf „*wichtige*" jüngere Reformen des Schuldrechts im Ausland.[1002] Ausdrücklich hervorgehoben werden dabei die jüngeren Reformen in Deutschland und den Niederlanden.[1003] Allerdings erfolgt auch hier eine Relativierung des Stellenwertes dieser Reformen als Grundlage bzw. Leitlinie der Revision, indem in der Begründung ausgeführt wird, dass „[…] *von diesen Arbeiten nicht in einer die Struktur und Kernsubstanz des Obligationengesetzes Nr. 818 angreifenden Weise Nutzen gezogen* [wurde]".[1004] Nichtsdestotrotz gibt die amtliche Begründung an, dass die mit der Revision neu eingeführten Rechtsinstitute und Einzelbestimmungen allen voran von jüngeren Rechtsentwicklungen in Deutschland und der Schweiz inspiriert worden seien.[1005] Eine Erwähnung des in der Schweiz im Herbst 2007 gestarteten Forschungsprojektes „*Schweizer Obligationenrecht 2020 – Entwurf für einen neuen allgemeinen Teil*" fehlt dagegen vollständig, wobei wiederum zu berücksichtigen ist, dass der endgültige viersprachige Modellentwurf erst im Herbst 2013 sowohl in Buchform als auch in digitaler Form veröffentlicht wurde.[1006] Wie sich diese aus den amtlichen Materialien ergebende Haltung letztlich auf den Inhalt der Revision ausgewirkt hat, wird im Folgenden noch beleuchtet werden.

1001 Allgemeine amtliche Begründung zum Gesetz Nr. 6098, I.
1002 Allgemeine amtliche Begründung zum Gesetz Nr. 6098, I.
1003 Allgemeine amtliche Begründung zum Gesetz Nr. 6098, I.
1004 Allgemeine amtliche Begründung zum Gesetz Nr. 6098, I.
1005 Allgemeine amtliche Begründung zum Gesetz Nr. 6098, VI. 1.
1006 Der Entwurf ist abrufbar unter http://or2020.ch (zuletzt abgerufen am 30.12.2019).

Den Ausführungen der amtlichen Begründung entsprechend wurde die bisherige Aufteilung des Gesetzes in zwei Abteilungen aufrechterhalten.[1007] Auch ist die bisherige Unterteilung der Abteilungen in Titel samt den dazugehörigen Bezeichnungen im Wesentlichen beibehalten worden.[1008] Wie schon im Rahmen der Vorgängerrevision wurde dabei allerdings die fortlaufende Zählung der Titel aus Gründen der besseren systematischen Zuordenbarkeit aufgegeben und durch eine in jeder Abteilung neu beginnende Zählung ersetzt.[1009] Zwar wurde zu Beginn der Revisionsarbeiten gleichermaßen eine Beibehaltung der bisherigen Artikelzählung gefordert.[1010] Hiervon wurde jedoch im weiteren Verlauf aufgrund der damit verbundenen Schwierigkeiten ebenfalls Abstand genommen, sodass schlussendlich eine vollständige Neuzählung der Artikel durchgeführt wurde.[1011] Vollständig revidiert wurde zudem die Sprache des Gesetzes, indem sämtliche Bestimmungen in einer zeitgemäßeren Sprache neuverfasst und begrifflich – soweit möglich – an die Folgen der Sprachrevolution angepasst wurden.[1012] Besonderer Wert wurde in diesem Zusammenhang laut der amtlichen Begründung auf die Verwendung einer einheitlichen Terminologie gelegt.[1013] Dies scheint jedoch nicht gelungen zu sein: Viele Autoren bemängeln die teilweise Ersetzung bewährter technischer Fachtermini durch vage, beschreibende Wendungen und Begrifflichkeiten.[1014] Auch wird in diesem Zusammenhang bemängelt, dass an anderen Stellen wiederum technische Termini untechnisch und damit unkorrekt gebraucht würden.[1015] Zudem wird moniert, dass zur Beschreibung einiger wiederkehrender Merkmale im Gesetz jeweils verschiedene Begriffe verwendet würden.[1016] Das so entworfene neue türkische OR enthielt in der Fassung des Jahres 2012 649 Artikel statt der im alten Gesetz enthaltenen 544 Artikel.[1017]

1007 1. Abteilung: Allgemeine Bestimmungen; 2. Abteilung: Besondere Schuldverhältnisse. Siehe dazu die Allgemeine amtliche Begründung zum Gesetz Nr. 6098, II.

1008 Allgemeine amtliche Begründung zum Gesetz Nr. 6098, II.

1009 Allgemeine amtliche Begründung zum Gesetz Nr. 6098, II.

1010 Siehe hierzu beispielsweise die Kritik *Başpınars*, in: *Badur*, 6098 Sayılı Türk Borçlar Kanunu Sempozyumu, S. 3, 11.

1011 Allgemeine amtliche Begründung zum Gesetz Nr. 6098, II.

1012 Vgl. Allgemeine amtliche Begründung zum Gesetz Nr. 6098, VI. 2.

1013 Allgemeine amtliche Begründung zum Gesetz Nr. 6098, VI 2.

1014 Siehe zu dieser Kritik beispielsweise *Atamer*, HPD 6 (2006), 8, 10; *Başpınar*, in: *Badur*, 6098 Sayılı Türk Borçlar Kanunu Sempozyumu, S. 3, 11.

1015 Siehe bspw. *Atamer*, HPD 6 (2006), 8, 10.

1016 Siehe bspw. *Atamer*, HPD 6 (2006), 8, 10.

1017 Allgemeine amtliche Begründung zum Gesetz Nr. 6098, VI. 3. b).

aa) Allgemeine Bestimmungen

Der ersten Abteilung des Gesetzes („*Allgemeine Bestimmungen*") wurden im Zuge der Revision einige neue Bestimmungen hinzugefügt. So hat die Zusendung unbestellter Waren in Art. 7 des neuen türkischen OR eine Regelung erfahren. Anders aber, als vermutet werden könnte, geschah dies nicht in Orientierung an Art. 9 der RL 97/7/EG. Die neue Regelung ist vielmehr eine wörtliche Übersetzung von Art. 6a Absatz 1 des schweizerischen OR – einer Regelung, die älter als ihr europäisches Pendant ist.[1018] Entsprechend dem schweizerischen Vorbild umfasst der sachliche Anwendungsbereich der neuen Bestimmung dementsprechend auch nur „Sachen" und nicht auch Dienstleistungen. Obgleich die Einführung einer solchen Bestimmung grundsätzlich begrüßenswert ist, manifestieren sich an ihr zugleich einige wesentliche Defizite der Revision insgesamt. So stellt sich die Frage, wieso eine solche Regelung trotz des seit 1995 bestehenden alten türkischen Verbraucherschutzgesetzes[1019] im OR verortet wurde. Zudem wirft diese Verortung die Frage nach dem Verhältnis der beiden Gesetze zueinander auf.[1020] Diese Frage stellt sich seit Kurzem sogar noch dringlicher, denn Art. 7 des neuen türkischen Verbraucherschutzgesetzes von 2013[1021] regelt nunmehr auch die Zusendung unbestellter Waren. Hinweise zu all diesen Fragen finden sich in der amtlichen Begründung nicht. In Anbetracht dessen entsteht unweigerlich der Verdacht, dass eine Abstimmung mit den in der Türkei bestehenden sondergesetzlichen Verbraucherschutzbestimmungen im Zuge der Revisionsarbeiten nicht erfolgt ist. Das Schweigen der amtlichen Begründung zu den vorstehenden Fragen spricht zugleich ein weiteres wesentliches Defizit der Revision an: Die amtliche Begründung ist in weiten Teilen unzureichend. Schlimmer noch als diese inhaltliche Unzulänglichkeit ist indes, dass sie darüber hinaus in vielen Fällen nicht dem letzten Stand der Gesetzesvorlage vor der erfolgten parlamentarischen Beschlussfassung entspricht und damit schlichtweg falsch ist. So spricht die amtliche Begründung von einem Absatz 2 des neuen Art. 7, der inhaltlich dem Absatz 3 des Art. 6a des schweizerischen OR entspreche.[1022] Dieser erwähnte Absatz ist allerdings ohne Angabe von Gründen im Zuge des Gesetzgebungsverfahrens aus dem Entwurf gestrichen worden, sodass

---

1018 Vgl. Amtliche Begründung zu den einzelnen Bestimmungen, Art. 7. Die Regelung wurde eingefügt durch Bundesgesetz vom 5. Oktober 1990 (AS 1991 846).

1019 Gesetz Nr. 4077, verkündet am 23.02.1995 im türkischen Amtsblatt (Nr. 22221).

1020 Vgl. insoweit auch die Kritik von *Atamer*, HPD 6 (2006), 8, 9.

1021 Gesetz Nr. 6502, verkündet am 28.11.2013 im türkischen Amtsblatt (Nr. 28835).

1022 Vgl. Amtliche Begründung zu den einzelnen Bestimmungen, Art. 7.

die amtliche Begründung Ausführungen über einen Absatz enthält, der in der Gesetzesfassung gar nicht existiert.

Eine weitere wesentliche Neuerung innerhalb der ersten Abteilung des Gesetzes stellt die Einführung von Bestimmungen zu Allgemeinen Geschäftsbedingungen (AGB) in den Artt. 20 bis 25 dar. Die neu eingeführten Bestimmungen regeln dabei in sechs Artikeln die Fragen der Einbeziehung, der Auslegung und der Inhaltskontrolle von AGB, wobei ein starker Einfluss der §§ 305 ff. BGB unübersehbar ist, auf die in der amtlichen Begründung zu den einzelnen Artikeln auch ausdrücklich verwiesen wird.[1023] Bei der Regelung der Inhaltskontrolle in Art. 25 des neuen türkischen OR handelt es sich dagegen allenfalls um eine rudimentäre Entlehnung aus dem deutschen Recht, wenngleich in der amtlichen Begründung zum Artikel ebenfalls ausdrücklich auf den § 307 BGB verwiesen wird.[1024] So begnügt sich die Bestimmung nämlich damit, in einem einzigen Satz das Gebot von Treu und Glauben zum Maßstab der inhaltlichen Zulässigkeit von benachteiligenden Geschäftsbedingungen zu bestimmen. Eine Konkretisierung dieses Maßstabs, wie sie in § 307 Absatz 2 BGB enthalten ist, fehlt hingegen leider völlig. Im Rahmen ihrer Ausführungen zur Notwendigkeit einer gesetzlichen Regelung von AGB nimmt die amtliche Begründung darüber hinaus auch Bezug auf die entsprechende Richtlinie der Europäischen Wirtschaftsgemeinschaft (EWG).[1025] Nur scheinbar durchdacht erscheint in diesem Kontext die Frage des Verhältnisses zum alten türkischen Verbraucherschutzgesetz, das in seinem Art. 6 seit der Gesetzesrevision von 2003 in Entsprechung der RL 93/13/EWG (ausschließlich) die Frage der Inhaltskontrolle missbräuchlicher Klauseln in Verbraucherverträgen ebenfalls regelt. So spricht die amtliche Begründung davon, dass in Deutschland mit der Implementierung der Regelungen des AGBG in das BGB der Themenbereich der AGB auch eine generelle – und damit über den Bereich des Verbrauchervertrages hinausgehende – Regelung erfahren habe.[1026] Dabei wurde von den Verfassern anscheinend übersehen, dass gem. § 310 Absatz 1 Satz 1 BGB einige der Bestimmungen im Verhältnis zu Unternehmern gerade keine Anwendung finden. Unter anderem betrifft dies § 305 Absatz 2 BGB, der sich gleichwohl zum Teil in Art. 21 des neuen türkischen OR wiederfindet. Auch hier drängt sich deshalb wiederum der Eindruck auf, dass

1023 Vgl. Amtliche Begründung zu den einzelnen Bestimmungen, Artt. 20, 21, 22, 23 und 25.

1024 Vgl. Amtliche Begründung zu den einzelnen Bestimmungen, Art. 25.

1025 Amtliche Begründung zu den einzelnen Bestimmungen, Art. 20.

1026 Amtliche Begründung zu den einzelnen Bestimmungen, Art. 20.

die Abstimmung der verschiedenen Regelungen nicht wirklich durchdacht worden ist – auch wenn die amtliche Begründung insofern sogar ausdrücklich das türkische Verbraucherschutzgesetz erwähnt.[1027] Eine gesetzliche Regelung von AGB ist in dem Entwurf zum Forschungsprojekt *„Schweizer Obligationenrecht 2020"* in den Artt. 32 f. ebenfalls vorgesehen.

Im Bereich der unerlaubten Handlungen, der sich sowohl im alten als auch im neuen türkischen OR innerhalb der allgemeinen Bestimmungen befindet, ist es ebenfalls zu einigen Neuerungen gekommen. Unübersehbar ist hier – auch wenn eine ausdrückliche Bezugnahme in der amtlichen Begründung fehlt – der starke Einfluss des von den Schweizer Rechtsprofessoren *Widmer* und *Wessner* im Auftrag des Schweizer Bundesamtes für Justiz ausgearbeiteten Vorentwurfs eines Bundesgesetzes zur Revision und Vereinheitlichung des Haftpflichtrechts,[1028] der freilich seit 2009 in der Schweiz von Seiten des Bundesrates nicht mehr weiterverfolgt wird.[1029] So wurde beabsichtigt, eine dem Art. 50 des erwähnten schweizerischen Vorentwurfs entsprechende generelle Gefährdungshaftung für besonders gefährliche Tätigkeiten mit dem neuen Art. 70 in das türkische OR einzuführen.[1030] Abweichend vom schweizerischen Vorentwurf wurde der Wortlaut des ersten Absatzes im Verlaufe des Gesetzgebungsverfahrens jedoch dahingehend geändert, dass der Schaden durch den Betrieb einer *„besonders gefährlichen Anlage"* verursacht worden sein muss, und damit der Anwendungsbereich in Widerspruch zum verfolgten Zweck verengt.[1031] Nichtsdestotrotz ist die in Absatz 2 enthaltene Definition besonders gefährlicher Anlagen auch in der Gesetzesfassung weiterhin dem Art. 50 Abs. 2 des schweizerischen Vorentwurfs entlehnt. Haftungsadressaten sind der Inhaber und der Betreiber der jeweiligen Anlage in gesamtschuldnerischer Haftung. Der Art. 50 des nicht mehr weiterverfolgten schweizerischen Vorentwurfs findet sich im Übrigen mittlerweile in sprachlich leicht abgewandelter Form in Art. 60 des Entwurfs zum Forschungsprojekt *„Schweizer Obligationenrecht 2020"* wieder, der damit ebenfalls eine generelle Gefährdungshaftung vorschlägt. Die Einführung einer der RL 85/374/

1027 Vgl. Amtliche Begründung zu den einzelnen Bestimmungen, Art. 24.

1028 *Inceoğlu*, in: *Werro/Baysal/Heckendorn Urscheler*, Einfluss des Europarechts, S. 89, 93. Der Vorentwurf ist abrufbar unter https://www.bj.admin.ch/dam/data/bj/wirtschaft/gesetzgebung/archiv/haftpflicht/vn-ve-d.pdf (zuletzt abgerufen am 25.04.2022).

1029 Medienmitteilung des Eidgenössischen Justiz- und Polizeidepartements (EJPD) vom 21.01.2009, abrufbar unter https://www.bj.admin.ch/bj/de/home/aktuell/news/2009/ref_2009-01-21.html (zuletzt abgerufen am 25.04.2022).

1030 *Atamer*, HPD 6 (2006), 8, 22.

1031 *Atamer*, HPD 6 (2006), 8, 22.

EWG entsprechenden allgemeinen Produkthaftung, die zum damaligen Zeitpunkt nur unbefriedigend über das türkische Verbraucherschutzgesetz samt einer dazugehörigen Verordnung und ansonsten allenfalls über die höchstrichterliche Modifikation des allgemeinen Tatbestands der unerlaubten Handlung gewährleistet wurde, ist trotz der im Rahmen der Revision zu beobachtenden Tendenz zur Ausweitung der Gefährdungshaftung durch den türkischen Gesetzgeber hingegen nicht erfolgt.[1032] Neben dieser generellen Gefährdungshaftung für besonders gefährliche Tätigkeiten wurde mit Art. 60 eine Bestimmung zur Regelung der Anhäufung von Haftungsgründen in das neue türkische OR eingeführt. Diese dem Art. 53 des schweizerischen Vorentwurfs entnommene Regelung bestimmt, dass im Falle der Anhäufung von Haftungsgründen das Gericht diejenigen Bestimmungen anzuwenden habe, „[...] *welche der geschädigten Person den bestmöglichen Ersatz verschaffen*". Zudem kann das Gericht gem. Art. 76 des türkischen OR auf Antrag des Geschädigten fortan den Beklagten zu einer vorläufigen Zahlung verurteilen, sofern der Anspruch glaubhaft gemacht wurde und die wirtschaftlichen Verhältnisse des Geschädigten dies erfordern. Auch diese Regelung ist dem Art. 56h des schweizerischen Vorentwurfs entnommen.[1033] Schließlich wurde die Verjährungsfrist für Ansprüche aus unerlaubten Handlungen in Art. 72 von einem auf zwei Jahre erhöht und die Frage der Verjährung von Rückgriffsansprüchen nach Vorbild des Art. 55c Absatz 1 des schweizerischen Vorentwurfs erstmalig in Art. 73 geregelt. Auch im Hinblick auf Letzteres wurde eine Verjährungsfrist von zwei Jahren vorgesehen. Wie an vielen weiteren Stellen entsprechen die in der amtlichen Begründung insoweit gemachten Angaben nicht dem letzten Stand des Gesetzgebungsverfahrens und stimmen dementsprechend mit der Gesetzesfassung nicht überein.[1034]

Abgesehen von diesen Neuerungen wurden in das neue türkische OR einige in der türkischen Literatur und Rechtsprechung schon seit geraumer Zeit anerkannte Rechtsinstitute und -bestimmungen aufgenommen. So wurde in Art. 138 der Wegfall der Geschäftsgrundlage einer gesetzlichen Regelung zugeführt – wenn auch unter anderer Bezeichnung als diejenige, die sich bislang in der türkischen Literatur und Rechtsprechung durchgesetzt hatte.[1035] Auch diese

---

1032 *Atamer*, HPD 6 (2006), 8, 9 f.

1033 *Inceoğlu*, in: *Werro/Baysal/Heckendorn Urscheler*, Einfluss des Europarechts, S. 89, 94.

1034 Vgl. Amtliche Begründung zu den einzelnen Bestimmungen, Art. 72.

1035 Bisher hatte sich in der türkischen Rechtsprechung und Literatur die Bezeichnung *„işlem temelinin çökmesi"* (deutsch: Wegfall der Geschäftsgrundlage) durchgesetzt. Siehe hierzu Türkischer Kassationshof, 13. Zivilkammer, Hauptsache Nr. 1981/147, Entscheidung Nr. 1981/932 vom 12.02.1981; Türkischer Kassationshof,

Norm weist große Ähnlichkeit mit seinem deutschen Pendant, insbesondere dem ersten und letzten Absatz von § 313 BGB auf, weicht jedoch in einigen nicht unwesentlichen Punkten von seinem Vorbild ab: Wie schon im Rahmen der eingeführten Inhaltskontrolle wurde die in der deutschen Norm enthaltene Konkretisierung des Beurteilungsmaßstabes – gemeint ist die Berücksichtigung der vertraglichen oder gesetzlichen Risikoverteilung – nicht übernommen. Stattdessen stellt die Norm ganz allgemein darauf ab, dass sich die Umstände aufgrund eines vom Schuldner nicht zu vertretenden Ereignisses, welches von den Parteien bei Vertragsschluss weder vorhergesehen wurde noch hätte vorhergesehen werden müssen, „[…] *dergestalt zuungunsten des Schuldners geändert haben, dass eine Erfüllung nach Treu und Glauben nicht mehr verlangt werden kann*". Diese Modifikation ist auf den Einfluss des BG zurückzuführen, welches in ständiger Rechtsprechung ebenfalls recht allgemein gefasst eine derartige Störung des Verhältnisses von Leistung und Gegenleistung infolge einer außerordentlichen Änderung der Umstände verlangt, „[…] *dass das Beharren des Gläubigers auf seinem Vertragsanspruch geradezu eine wucherische Ausbeutung des Missverhältnisses und damit einen offenbaren Rechtsmissbrauch darstellt, der nach Art. 2. Abs. 2 ZGB keinen Rechtsschutz findet.*"[1036] In der Folge ähnelt der Art. 138 des neuen türkischen OR inhaltlich damit auch mehr dem Art. 19 des Entwurfs zum Forschungsprojekt „*Schweizer Obligationenrecht 2020*", der ebenso eine derartige Veränderung der Umstände zulasten einer Partei verlangt, „[…] *dass ihr nach Treu und Glauben die Erfüllung der Verpflichtung nicht mehr zumutbar ist*". Darüber hinaus statuiert die türkische Regelung abweichend von ihrer deutschen Vorlage, dass der in der Rechtsfolge eingeräumte Anspruch auf Vertragsanpassung oder -aufhebung vom Schuldner *gerichtlich* geltend gemacht werden muss. Auch dies entspricht der Rechtsprechung des BG.[1037] Entsprechend fordert auch der Art. 19 des Entwurfs zum Forschungsprojekt „*Schweizer Obligationenrecht 2020*" eine solche gerichtliche Geltendmachung.

Außer dem Wegfall der Geschäftsgrundlage wurden zudem die Aufhebung einer Forderung durch Übereinkunft (Art. 132), der Schuldbeitritt (Art. 201), die Vertragsübernahme (Art. 205) und der Vertragsbeitritt (Art. 206) einer

---

13. Zivilkammer, Hauptsache Nr. 1990/5697, Entscheidung Nr. 1990/8708 vom 14.12.1990; *Oğuzman/Öz*, Borçlar Hukuku, 4. Auflage, S. 155 f. m.w.N. Die eingeführte Norm trägt hingegen die Überschrift „*Übermäßige Erfüllungsschwierigkeit.*"

1036 BGE 107 II 343, 348. Siehe auch BGE 68 II 169, 173; BGE 67 I 277, 300 f.; BGE 62 II 42, 45; BGE 59 II 372, 378 f.

1037 Siehe Fn. 1036.

positiven gesetzlichen Regelung zugeführt. Hinsichtlich der Aufhebung einer Forderung durch Übereinkunft ist freilich anzumerken, dass diese nicht nur in der türkischen Lehre[1038] und Rechtsprechung[1039] anerkannt, sondern auch im Schweizer OR von 1911 enthalten war und auch weiterhin enthalten ist (Art. 115 des schweizerischen OR). Nur wurde sie seinerzeit ohne erkennbaren Grund nicht in das türkische OR übernommen.[1040]

bb) Besondere Schuldverhältnisse

Innerhalb der 18 Titel der zweiten Abteilung des Gesetzes („*Besondere Schuldverhältnisse*") ist es ebenfalls zu einigen Änderungen und Neuerungen gekommen.

(1) Kaufrecht

(a) Neuerungen und Änderungen

Im Bereich des Kaufrechts wurde zum einen der Übergang der Preisgefahr neugeregelt. Der bis dahin in Art. 183 des alten türkischen OR festgeschriebene Grundsatz, dass die Preisgefahr mit Abschluss des Vertrages auf den Käufer übergeht, sah sich seit längerem schon scharfer Kritik ausgesetzt.[1041] Die Neuregelung in Art. 208 Abs. 1 bestimmt dagegen, dass den Zeitpunkt des Übergangs der Preisgefahr fortan bei beweglichen Sachen die Übertragung des Besitzes und bei unbeweglichen Sachen die Eintragung in das Grundbuch markiert. Die amtliche Begründung verweist dabei insbesondere auf „[…] *Regelungen zum internationalen Warenkauf*", die ebenfalls den erstgenannten Zeitpunkt für maßgeblich erklären würden.[1042] Ausnahmen zu diesem Grundsatz sind in Absatz 2 und 3 der Vorschrift geregelt: Gem. Absatz 2 wird der Zeitpunkt des Gefahrübergangs vorverlagert, sobald der Käufer hinsichtlich der Inbesitznahme der Kaufsache in Gläubigerverzug gerät. Die Regelung erinnert unweigerlich an § 446 S. 3 BGB, auf den die amtliche Begründung auch ausdrücklich verweist.[1043] Gemäß Abs. 3 der Regelung wird der Zeitpunkt des Gefahrübergangs zudem

---

1038 *Oğuzman/Öz*, Borçlar Hukuku, 4. Auflage, S. 431 ff. m.w.N.

1039 Türkischer Kassationshof, Plenum, Hauptsache Nr. 1976/10-3435, Entscheidung Nr. 1978/23 vom 25.01.1978.

1040 Vgl. *Oğuzman/Öz*, Borçlar Hukuku, 4. Auflage, S. 431.

1041 Siehe hierzu beispielsweise die Kritik von *Zevkliler*, Borçlar Hukuku, 10. Auflage, S. 57; *Aral*, Borçlar Hukuku, 7. Auflage, S. 76 f.; *Atamer*, in: *Inceoğlu*, Türk Borçlar Kanunu Sempozyumu, S. 187, 190 m.w.N.

1042 Amtliche Begründung zu den einzelnen Bestimmungen, Art. 207.

1043 Vgl. Amtliche Begründung zu den einzelnen Bestimmungen, Art. 207.

bei Versendungskäufen vorverlagert. In diesen Fällen geht die Preisgefahr mit Übergabe der Kaufsache an den Transporteur auf den Käufer über. Auch diese Norm erinnert an eine deutsche Bestimmung, auf die die amtliche Begründung gleichermaßen verweist: § 447 Abs. 1 BGB.[1044] Daneben rekurriert die amtliche Begründung insoweit auf Art. 67 CISG.[1045]

Zum anderen wurden die zuvor in zwei eigenständigen Vorschriften geregelten Gewährleistungsrechte des Käufers im Falle der Lieferung einer mangelhaften Kaufsache (Nachlieferung, Minderung und Rücktritt) in einer zentralen Vorschrift, dem Art. 227, zusammengefasst und um das Recht des Käufers auf Nachbesserung erweitert. Anders als bei Art. 4 des alten Verbraucherschutzgesetzes besteht das Recht auf Nachbesserung jedoch nur unter dem Vorbehalt, dass die Nachbesserung keine übermäßigen Kosten verursacht. Auch in der Schweiz wurde die Einführung eines solchen Nachbesserungsrechts mit dem Vorentwurf des Bundesgesetzes über den elektronischen Geschäftsverkehr beabsichtigt,[1046] welcher jedoch seit 2005 von Seiten der Regierung nicht mehr weiterverfolgt wird.[1047] Das Schweizer OR sieht daher – nunmehr im Unterschied zur türkischen Rechtslage – nach wie vor kein Nachbesserungsrecht des Käufers im Falle der Lieferung einer mangelhaften Kaufsache vor. Mit Art. 125 des Entwurfs zum Forschungsprojekt „*Schweizer Obligationenrecht 2020*" wird die Einführung eines solchen allerdings wiederholt vorgeschlagen. Im Zuge der türkischen Neuregelung wurde außerdem der Anwendungsbereich des Rechts auf Nachlieferung erweitert: Während die alte Regelung in Art. 203 Abs. 1 dieses nur für Gattungsschulden vorsah,[1048] verlangt die neue Regelung lediglich die „*Möglichkeit*", die Kaufsache „*mit einer ihr ähnelnden*" austauschen zu können.[1049]

1044 Vgl. Amtliche Begründung zu den einzelnen Bestimmungen, Art. 207.

1045 Vgl. Amtliche Begründung zu den einzelnen Bestimmungen, Art. 207.

1046 Der Vorentwurf ist abrufbar unter https://www.bj.admin.ch/dam/data/bj/wirtschaft/gesetzgebung/archiv/e-geschaeftsverkehr/vn-ve-d.pdf (zuletzt abgerufen am 25.04.2022).

1047 Medienmitteilung des Eidgenössischen Justiz- und Polizeidepartements (EJPD) vom 09.11.2005, abrufbar unter https://www.bj.admin.ch/bj/de/home/aktuell/news/2005/ref_2005-11-091.html (zuletzt abgerufen am 25.04.2022).

1048 So jedenfalls die wohl herrschende Auffassung über den diesbezüglich nicht ganz eindeutigen Wortlaut. Siehe hierzu beispielsweise BGE 94 II 26, 34; *Honsell*, in: BSK OR I, Art. 206 N 1; *Okur*, Rechtsbehelfe im alten und neuen türkischen Warenkaufrecht, S. 151; Atamer, in: Inceoğlu, Türk Borçlar Kanunu Sempozyumu, S. 187, 205; *Aral*, Borçlar Hukuku, 7. Auflage, S. 145 m.w.N.

1049 Auch *Okur* geht davon aus, der türkische Gesetzgeber wolle damit „[…] zum Ausdruck bringen, dass er an [der] dogmatische[n] Unterscheidung zwischen Stück und

Die hiermit einhergehende teilweise Aufhebung der Unterscheidung zwischen Stück- und Gattungsschulden ist wiederum ebenso im Wortlaut von Art. 125 Abs. 2 des Entwurfs zum Forschungsprojekt „*Schweizer Obligationenrecht 2020*" angelegt. Schließlich wurde die Auffassung, dass der Käufer neben allen Gewährleistungsrechten auch Schadensersatz verlangen kann,[1050] in Art. 227 Abs. 2 mit einem Verweis auf die allgemeinen Bestimmungen der ersten Abteilung einer positiven gesetzlichen Regelung zugeführt. Art. 118 Abs. 1 lit. e. i.V.m. Abs. 2 des Entwurfs zum Forschungsprojekt „*Schweizer Obligationenrecht 2020*" schlägt ebenfalls eine solche Klarstellung vor.

Des Weiteren wurden die im Jahre 1962 ins Schweizer OR eingefügten Bestimmungen zur Regelung von Abzahlungsverträgen (Artt. 226a bis 226d, 226f bis 226k und 216e des schweizerischen OR von 1962) und zur Regelung von Vorauszahlungsverträgen (Artt. 227a bis 227i und 228 des schweizerischen OR von 1962) mit den Artt. 253 bis 273 teilweise leicht modifiziert ins neue türkische OR übernommen. Insbesondere die Übernahme der Regelungen zu Abzahlungsverträgen ist dabei auf viel Kritik gestoßen.[1051] Beide Regelungskomplexe dienen nämlich im Kern dem Schutz des Verbraucherkäufers, sodass sich die Frage stellt, wieso die Bestimmungen im allgemeinen OR und nicht im alten Verbraucherschutzgesetz verortet wurden.[1052] So hat auch die Schweiz die erwähnten Regelungen aus dem allgemeinen OR entfernt und aufgrund der funktionalen Nähe zu Verbraucherkrediten im Bundesgesetz über den Konsumkredit vom 23. März 2001 einer ganzheitlichen Regelung zugeführt.[1053] Die Übernahme der Bestimmungen zu Abzahlungsverträgen erscheint umso erstaunlicher, wenn man bedenkt, dass zum damaligen Zeitpunkt in Art. 6/A des alten Verbraucherschutzgesetzes schon entsprechende – und teilweise sogar in Widerspruch zu den übernommenen Vorschriften stehende – Regelungen bestanden

---

Gattungskauf nicht mehr festhalten will". Siehe dazu *ders.*, Rechtsbehelfe im alten und neuen türkischen Warenkaufrecht, S. 154.

1050 Siehe dazu beispielsweise BGE 108 II 102, 104; Türkischer Kassationshof, 13. Zivilkammer, Hauptsache Nr. 1983/8918, Entscheidung Nr. 1984/2052 vom 16.03.1984; *Honsell*, OR BT, S. 130 f.; *Aral*, Borçlar Hukuku, 7. Auflage, S. 157 f. m.w.N. Es herrschte insofern Unklarheit, weil die Möglichkeit, neben der Geltendmachung eines Gewährleistungsrechts auch Schadensersatz zu verlangen, sowohl nach dem schweizerischen als auch nach dem alten türkischen OR ausdrücklich nur für den Rücktritt geregelt war.

1051 Siehe zu dieser Kritik beispielsweise *Atamer*, HPD 6 (2006), 8, 35.

1052 In diese Richtung auch *Atamer*, HPD 6 (2006), 8, 34 f.

1053 Vgl. BBl 1999 3155, 3164 ff.

und auch im neuen Verbraucherschutzgesetz weiterhin in den Artt. 17 bis 21 bestehen.[1054] Tatsächlich nimmt die amtliche Begründung sogar ausdrücklich Bezug auf diese Regelungen. Dort heißt es, dass die bestehenden Bestimmungen während der Entwurfsarbeiten berücksichtigt worden seien.[1055] Die Gemengelage der Bestimmungen zu Abzahlungsverträgen, die mit der Übernahme der Schweizer Vorschriften entstanden ist, wirft jedoch große Zweifel daran auf, dass die Übernahme auf Grundlage eines schlüssigen Konzepts erfolgt ist. Denn der Anwendungsbereich der in das allgemeine OR eingefügten Bestimmungen kann sich neben den entsprechenden Bestimmungen im Verbraucherschutzgesetz rechtlich nur noch auf Verträge zwischen Verbrauchern (Consumer-to-Consumer) und Verträge zwischen Unternehmern (Business-to-Business) erstrecken.[1056] Von der Frage der Notwendigkeit eines Schutzes in solchen Konstellationen abgesehen,[1057] gelten die meisten dieser Bestimmungen bei Verträgen zwischen Unternehmern *gem. den übernommenen Regelungen* (Art. 263 Abs. 4 und Art. 272 des türkischen OR) aber gerade nicht. Mittlerweile wurden im Jahre 2013 in Ermangelung eines praktischen Vorkommens auch sämtliche Bestimmungen zu den Vorauszahlungsverträgen ersatzlos aus den allgemeinen Bestimmungen des Schweizer OR gestrichen. Außer den vorerwähnten Bestimmungen zur Regelung von Teilzahlungsgeschäften wurden zudem die im Zuge einer Teilrevision im Jahre 1991 ins Schweizer OR eingefügten Bestimmungen zu Vorkaufs-, Rückkaufs- und Kaufrechten (Artt. 216a bis 216e Schweizer OR) mit den Artt. 238 bis 242 teilweise leicht modifiziert in das neue türkische OR übernommen.

Zuletzt wurde auch die Verjährung von Klagen auf Gewährleistung wegen Mängeln der Kaufsache neugeregelt. Gem. Art. 231 Abs. 1 des neuen türkischen OR verjähren diese fortan im Hinblick auf bewegliche Sachen innerhalb von zwei Jahren seit Übergabe der Kaufsache. Die amtliche Begründung verweist insoweit auf das alte Verbraucherschutzgesetz, das ebenfalls eine Verjährungsfrist von zwei Jahren vorsah.[1058] Dieselbe Erhöhung ist in der Schweiz Anfang der 2000er Jahre wiederum mit dem Vorentwurf des Bundesgesetzes über den elektronischen Geschäftsverkehr beabsichtigt gewesen, wurde jedoch – wie schon

---

1054 Vgl. *Inceoğlu*, in: *Werro/Baysal/Heckendorn Urscheler*, Einfluss des Europarechts, S. 89, 97.

1055 Amtliche Begründung zu den einzelnen Bestimmungen, Art. 252.

1056 *Atamer*, HPD 6 (2006), 8, 34 f.

1057 Diese Frage aufwerfend *Atamer*, HPD 6 (2006), 8, 34 f.

1058 Amtliche Begründung zu den einzelnen Bestimmungen, Art. 230.

erwähnt – nicht mehr weiterverfolgt.[1059] Nichtsdestotrotz ist diese Erhöhung mittlerweile mit einem Gesetz aus dem Jahre 2012 verwirklicht worden.[1060] Der in diesem Zuge neugeregelte Art. 210 des Schweizer OR sieht in seinem Abs. 4 darüber hinaus vor, dass diese Frist aus Konsumentenschutzgründen beim Konsumentenkauf nicht auf weniger als zwei Jahre bei neuen und nicht auf weniger als ein Jahr bei gebrauchten Sachen verkürzt werden darf. Anders als in der Schweiz, in der es bis zu dieser Änderung an verbraucherschützenden Vorschriften im Bereich der kaufrechtlichen Verjährung gänzlich fehlte, stellt sich in der Türkei, in der eine Verjährungsfrist von zwei Jahren bei Konsumentenkäufen in Art. 4 Abs. 4 des alten Verbraucherschutzgesetzes zum damaligen Zeitpunkt schon enthalten war, die Frage, welchem Zweck die Erhöhung im OR dienen soll. Letztlich würde sie die bestehende Rechtslage nur im Hinblick auf Kaufverträge zwischen Verbrauchern (Consumer-to-Consumer) und Kaufverträgen zwischen Unternehmern (Business-to-Business) ändern. Da das Bedürfnis, eine der Vertragsparteien zu schützen, gerade bei letzteren nicht besteht, kann dem Verweis auf das Verbraucherschutzgesetz in der amtlichen Begründung rechtspolitisch kaum eine nachvollziehbare Bedeutung beigemessen werden. Am wahrscheinlichsten erscheint es, dass mit der Erhöhung eine Harmonisierung der Regelungen bezweckt war. Positiver Nebeneffekt der Änderung ist zumindest, dass mit der Erhöhung ein Gleichlauf mit der in Art. 39 II CISG geregelten zweijährigen Präklusionsfrist erreicht wurde.

(b) Einordnung im Licht der jüngeren europäischen Rechtsentwicklung

Neben der Frage, welche einzelnen Neuerungen im Zuge der Revision in das Gesetz eingeführt worden sind, stellt sich zudem die Frage, wie die Revision im Lichte der jüngeren europäischen Rechtsentwicklung einzuordnen ist. Besonders geeignet zur Beantwortung dieser Frage ist dabei gerade das Gebiet des Kaufrechts, weil auf diesem mit dem CISG ein Regelwerk im Bereich des internationalen Einheitsrechts geschaffen wurde, das wesentlichen Einfluss auf die jüngeren Reformen des Schuldrechts in Deutschland und den Niederlanden hatte und die Grundlage diverser Rechtsvereinheitlichungsprojekte in Europa bildet.[1061] So knüpfen beispielsweise die PECL in vielerlei Hinsicht an das System des CISG an.[1062] Der DCFR wiederum baut auf den PECL auf und ist

---

1059 Siehe hierzu Fn. 1047.

1060 BG vom 16. März 2012 (AS 2012 5415).

1061 *Okur*, Rechtsbehelfe im alten und neuen türkischen Warenkaufrecht, S. 7.

1062 *Zimmermann*, Principles of European Contract Law, in: *Basedow/Hopt/Zimmermann*, Handwörterbuch des Europäischen Privatrechts, S. 1178 f.

damit mittelbar ebenfalls durch Elemente des CISG geprägt.[1063] Darüber hinaus ist auch die bedeutende Verbrauchsgüterkaufrichtlinie der EU (RL 1999/44/EG) wesentlich durch das CISG beeinflusst worden.[1064] Diese bildet ihrerseits wiederum die Grundlage für das CESL.[1065] Die Frage wird umso bedeutender, wenn man sich vergegenwärtigt, dass die Türkei dem CISG mit Wirkung ab dem 01.08.2011 beigetreten ist und im Rahmen der Beitrittsverhandlungen für eine Vollmitgliedschaft in der EU den *acquis communautaire* vollständig übernehmen muss.

Betrachtet man aus dieser Perspektive die Revision im Hinblick auf den Bereich des Kaufrechts, fällt zunächst einmal auf, dass die Pflicht zur mangelfreien Lieferung der Ware im türkischen OR weiterhin nicht als Hauptleistungspflicht des Verkäufers ausgestaltet ist – mit weitreichenden Konsequenzen für das Leistungsstörungsrecht insgesamt.[1066] Denn ohne die Aufnahme der mangelfreien Lieferung in das Hauptleistungspflichtenprogramm bleibt das Verhältnis von allgemeinem Leistungsstörungsrecht und kaufrechtlicher Gewährleistung weiterhin ungeklärt und der Meinungsstreit zwischen den Anhängern der Erfüllungs- und der Gewährleistungstheorie weiterhin aktuell.[1067] Diese Aufrechterhaltung der historisch auf die *Ädizilischen Edikte* des römischen Rechts zurückzuführenden inkohärenten Sonderstellung der kaufrechtlichen Gewährleistung behindert eine Integration der kaufrechtlichen Gewährleistung in das allgemeine Leistungsstörungsrecht.[1068] So wurde denn auch mit der Revision weder ein einheitlicher Tatbestand der Leistungsstörung noch eine einheitliche Regelung des Schadensersatzes innerhalb der allgemeinen Bestimmungen geschaffen, an die die kaufrechtliche Gewährleistung anknüpft.[1069] Das türkische Leistungsstörungsrecht basiert deshalb weiterhin auf dem tradierten

---

1063 Vgl. *Zimmermann*, Common Frame of Reference, in: *Basedow/Hopt/Zimmermann*, Handwörterbuch des Europäischen Privatrechts, S. 278.

1064 Vgl. *Rösler*, Verbrauchsgüterkauf, in: *Basedow/Hopt/Zimmermann*, Handwörterbuch des Europäischen Privatrechts, S. 1621 f.

1065 *Schmidt-Kessel*, in: *Schmidt-Kessel*, Gemeinsames Europäisches Kaufrecht, Einleitung Rn. 37 ff.

1066 *Okur*, Rechtsbehelfe im alten und neuen türkischen Warenkaufrecht, S. 304.

1067 Vgl. *Okur*, Rechtsbehelfe im alten und neuen türkischen Warenkaufrecht, S. 304.

1068 Ausführlicher zu den Ädizilischen Edikten und ihren Eingang in die europäischen Kodifikationen siehe *Chiusi*, JURA 2003, 217, 221.

1069 *Buz*, in: *Sirmen/Kırca/Buz*, Symposium anlässlich des 80. Jahrestages, S. 31, 36; *Atamer*, HPD 6 (2006), 8, 29; *Okur*, Rechtsbehelfe im alten und neuen türkischen Warenkaufrecht, S. 304.

tatbestandsorientierten System der Leistungsstörung und ist durch die historisch zufällige Zweigleisigkeit von allgemeinem Leistungsstörungsrecht und kaufrechtlicher Gewährleistung geprägt.[1070]

Innerhalb der kaufrechtlichen Gewährleistung unterscheidet das türkische Recht entsprechend der römisch-rechtlichen Tradition nach wie vor zwischen Rechts- und Sachmängeln, für die es jeweils unterschiedliche Rechtsfolgen bereithält.[1071] Eine Gleichstellung von Schlecht-, Falsch- und Zuweniglieferung fehlt bislang.[1072] Ein Vorrang der Nacherfüllung existiert nur in beschränktem Maße.[1073] Zum einen besteht er in der Form, dass der Verkäufer gem. Art. 227 Abs. 3 des türkischen OR (nur) durch sofortige Nach*lieferung* und Kompensation des entstandenen Schadens den Käufer an der Ausübung seines Wahlrechts im Hinblick auf die Gewährleistungsrechte hindern kann.[1074] Zum anderen besteht er in der Form, dass im Falle eines Rücktritts durch den Käufer das zuständige Gericht gem. Art. 227 Abs. 4 des türkischen OR trotzdem (nur) auf Nach*besserung* oder Minderung erkennen kann, sofern es einen Rücktritt im konkreten Fall für nicht gerechtfertigt hält.[1075] Dies ist insbesondere der Fall, wenn dem Verkäufer durch den Rücktritt schwerwiegende Nachteile drohen, die außer Verhältnis zu den hiermit für den Käufer verbundenen Vorteilen stehen.[1076] Ein generelles Nachfristsetzungserfordernis wie es das BGB kennt ist dem türkischen OR fremd.[1077] Der Käufer kann daher in allen übrigen Fällen frei zwischen den in Art. 227 des türkischen OR aufgezählten Gewährleistungsrechten wählen.[1078]

Sowohl die Einführung einheitlicher Tatbestände der Leistungsstörung und des Schadensersatzes, das heißt der Wechsel vom tatbestandsorientierten zum rechtsfolgenorientierten System, als auch die Integrierung der kaufrechtlichen Gewährleistung in das allgemeine Leistungsstörungs- und Schadensersatzrecht bilden indes zwei wesentliche Tendenzen der jüngeren europäischen

1070 *Okur*, Rechtsbehelfe im alten und neuen türkischen Warenkaufrecht, S. 326.

1071 *Okur*, Rechtsbehelfe im alten und neuen türkischen Warenkaufrecht, S. 304.

1072 Siehe für die weiterhin bestehende Unterscheidung beispielsweise die Ausführungen bei *Eren*, BH Özel Hükümler, 5. Auflage, S. 103 m.w.N.

1073 *Okur*, Rechtsbehelfe im alten und neuen türkischen Warenkaufrecht, S. 307.

1074 *Okur*, Rechtsbehelfe im alten und neuen türkischen Warenkaufrecht, S. 307; *Eren*, BH Özel Hükümler, 5. Auflage, S. 131 f.

1075 *Eren*, BH Özel Hükümler, 5. Auflage, S. 132 f.

1076 *Eren*, BH Özel Hükümler, 5. Auflage, S. 132 f.

1077 *Vgl. Eren*, BH Özel Hükümler, 5. Auflage, S. 128 ff.

1078 *Eren*, BH Özel Hükümler, 5. Auflage, S. 128 ff.

Rechtsentwicklung.[1079] So geht schon das CISG vom einheitlichen Begriff der *Vertragsverletzung* aus, an den es die verschiedenen Rechtsbehelfe des Käufers knüpft (Art. 45 CISG). Diesem System folgend sehen auch die PECL in Teil I und II einen einheitlichen Tatbestand der Leistungsstörung vor (Art. 8:101), der auf die einzelnen Rechtsbehelfe in Kapitel 9 verweist. Den zentralen Begriff bildet hier die *Nichterfüllung* (Art. 1:301 Abs. 4). Gleiches gilt für die *Acquis Principles* (Artt. 8:101 ff. AP), den DCFR (Artt. III.-3:101 ff.) und das CESL (Art. 87, Artt. 106 ff.). In Deutschland wurde mit dem Schuldrechtsmodernisierungsgesetz der Streit um die rechtliche Einordnung der kaufrechtlichen Gewährleistung mit der Aufnahme der Pflicht zur sach- und rechtsmangelfreien Lieferung in das Hauptleistungspflichtenprogramm des Verkäufers in § 433 Abs. 1 S. 2 BGB zugunsten der Erfüllungstheorie entschieden.[1080] Dies ermöglichte es sodann, die kaufrechtliche Gewährleistung über die Verteilungsnorm des § 437 BGB in das allgemeine Leistungsstörungsrecht zu integrieren.[1081] Zudem wurde mit § 280 BGB ein einheitlicher Schadensersatztatbestand geschaffen, dessen zentralen Begriff die *Pflichtverletzung* bildet.[1082]

Zudem ist in der jüngeren europäischen Rechtsentwicklung eine Tendenz hin zu einer weitestgehenden Aufrechterhaltung des Vertrages im Wege der Eindämmung des Rechts auf Vertragsaufhebung zu verzeichnen.[1083] Im CISG wird dieser Vorrang der Nacherfüllung zum einen durch ein im Vergleich zur türkischen Rechtslage umfassenderes Recht des Verkäufers zur Nacherfüllung verwirklicht (Art. 48 CISG). Zum anderen kann die Vertragsaufhebung nach den Bestimmungen des CISG nur verlangt werden, wenn die Vertragsverletzung wesentlich ist (Art. 49 Abs. 1 lit. a) CISG) oder im Falle der Nichtlieferung eine gesetzte Nachfrist erfolglos verstrichen ist bzw. der Verkäufer die Erfüllung innerhalb dieser endgültig verweigert (Art. 49 Abs. 1 lit. b) CISG). Im Wesentlichen gleich ausgestaltet ist der Vorrang der Nacherfüllung in den PECL, dem DCRF und dem CESL. Insbesondere setzen auch diese Instrumente für eine Vertragsaufhebung voraus, dass die Nichterfüllung wesentlich war oder eine gesetzte Nachfrist erfolglos verstrichen ist (Art. 9:301 PECL, Art. III.-3:502 f. DCFR, Art. 114 f. CESL). Die *Acquis Principles* verwirklichen den Vorrang der Nacherfüllung auf die Weise, dass der Gläubiger vom Vertrag nur zurücktreten kann, wenn nach

1079 *Okur*, Rechtsbehelfe im alten und neuen türkischen Warenkaufrecht, S. 5 ff., 325.
1080 Vgl. *Okur*, Rechtsbehelfe im alten und neuen türkischen Warenkaufrecht, S. 51.
1081 Vgl. *Okur*, Rechtsbehelfe im alten und neuen türkischen Warenkaufrecht, S. 51.
1082 Vgl. *Okur*, Rechtsbehelfe im alten und neuen türkischen Warenkaufrecht, S. 50.
1083 Vgl. *Okur*, Rechtsbehelfe im alten und neuen türkischen Warenkaufrecht, S. 171, 182.

den Bestimmungen von Abschnitt 2 des Kapitels 8 kein Recht auf Nacherfüllung besteht oder die Nacherfüllung nicht innerhalb einer angemessenen Frist geleistet wird (Art. 8:301 Abs. 1 AP). Das BGB erreicht den Vorrang der Nacherfüllung über ein generelles Erfordernis zur Nachfristsetzung (§§ 281 Abs. 1, 323 Abs. 1 BGB).

Vor dem Hintergrund dieser Ausführungen lässt sich feststellen, dass der türkische Gesetzgeber mit der Revision des OR die wesentlichen Tendenzen der jüngeren europäischen Rechtsentwicklung weder aufgegriffen noch verarbeitet hat.[1084] Vielmehr ist er sogar noch über das im allgemeinen Teil der amtlichen Begründung enthaltene Menetekel hinausgeschossen, indem er mit Ausnahme von einem einzigen Fall[1085] die jüngeren europäischen Rechtsentwicklungen an den entsprechenden Stellen der amtlichen Begründung nicht einmal andiskutiert hat. Das türkische OR hat sich folglich mit der Revision im Jahre 2012 dem CISG, den PECL, dem DCFR und dem CESL nicht angenähert.[1086] Zahlreiche historisch bedingte Zufälligkeiten und Fehlentwicklungen des übernommenen Schweizer OR sind auf diese Weise erhalten geblieben. Häufig genanntes und vermutlich augenscheinlichstes Beispiel hierfür ist Art. 27 des türkischen OR, der weiterhin bestimmt, dass ein Vertrag, der einen (anfänglich) unmöglichen Inhalt hat, nichtig ist (*impossibilium nulla obligatio est*).[1087] Die Revision wird damit dem in der amtlichen Begründung benannten Ziel, das OR zu modernisieren, in den Bereichen des allgemeinen Leistungsstörungsrechts und des Kaufrechts in keinster Weise gerecht. Wie stattdessen eine umfassende Revision hätte ausgestaltet sein können, lässt eine abermalige Betrachtung des Entwurfs zum Forschungsprojekt „*Schweizer Obligationenrecht 2020*" erahnen. So enthält dieser sowohl einen einheitlichen Tatbestand der Leistungsstörung (Art. 118) als auch einen einheitlichen Schadensersatztatbestand (Art. 128). Den zentralen Begriff des Leistungsstörungsrechts bildet auch hier insoweit die Nichterfüllung, über die eine Integrierung der kaufrechtlichen Gewährleistung in das allgemeine

---

1084 So auch *Buz*, in: *Sirmen/Kırca/Buz*, Symposium anlässlich des 80. Jahrestages, S. 31, 32 f.; *Atamer*, HPD 6 (2006), 8, 9; *Inceoğlu*, in: *Werro/Baysal/Heckendorn Urscheler*, Einfluss des Europarechts, S. 90; *Okur*, Rechtsbehelfe im alten und neuen türkischen Warenkaufrecht, S. 328.

1085 Es handelt sich hierbei um die Erwähnung von Art. 67 CISG im Zusammenhang mit der Änderung der Bestimmungen zum Gefahrübergang im Kaufrecht. Siehe hierzu die amtliche Begründung zu den einzelnen Bestimmungen, Art. 207.

1086 So auch *Okur*, Rechtsbehelfe im alten und neuen türkischen Warenkaufrecht, S. 328.

1087 So beispielsweise *Buz*, in: *Sirmen/Kırca/Buz*, Symposium anlässlich des 80. Jahrestages, S. 31, 35; *Atamer*, HPD 6 (2006), 8, 18.

Leistungsstörungsrecht möglich wird. Der Vorrang der Nacherfüllung wird im Falle der Nichtlieferung über ein Nachfristsetzungserfordernis verwirklicht (vgl. Art. 130 Abs. 1, 126 Abs. 1). In Fällen „anderer Pflichtverletzungen" verlangt Art. 131 Abs. 1 des Entwurfs dagegen eine Art Wesentlichkeit der Pflichtverletzung, die lediglich abweichend als „Schwere der Pflichtverletzung" bezeichnet wird. Eine Bestimmung, die Verträge mit (anfänglich) unmöglichem Inhalt für nichtig erklärt, sucht man vergebens. Der Einfluss der jüngeren europäischen Rechtsentwicklungen auf den Entwurf ist vor diesem Hintergrund nicht zu übersehen. Im Vergleich dazu hat der türkische Gesetzgeber zumindest im Hinblick auf die vorstehend betrachteten Bereiche die Chance einer umfassenden Modernisierung des türkischen OR verpasst.[1088]

(c) Verhältnis zum Handelsgesetzbuch

Der türkische Gesetzgeber hat es aber nicht nur verpasst, historisch bedingte Zufälligkeiten und Fehlentwicklungen des übernommenen schweizerischen OR zu revidieren, er hat es ebenso verpasst, historisch bedingte Zufälligkeiten und Fehlentwicklungen des eigenen Rechtssystems zu korrigieren. Dies lässt sich wiederum am deutlichsten mit dem Kaufrecht illustrieren. Wie bereits erwähnt wurde, übernahm die türkische Republik im Jahre 1926 nur die ersten zwei Abteilungen des schweizerischen OR, da die spezifisch handelsrechtlichen Abteilungen zu diesem Zeitpunkt in der Schweiz vor einer Revision standen. Ersatzweise wurde ein noch auf das letzte Jahrzehnt des Osmanischen Reiches zurückgehendes *compositum mixtum* aus handelsrechtlichen Bestimmungen unterschiedlichster Nationen im Jahre 1926 als türkisches HGB verkündet. Die daraus resultierende fehlende Abstimmung zwischen dem türkischen OR und dem türkischen HGB setzte auf diese Weise den schon seit der Totalrezeption des *Code de commerce* im Jahre 1850 bestehenden Dualismus von Handelsrecht und allgemeinem Zivilrecht in der Republik fort. Eine klare Einpassung des Handelsrechts in das bestehende Privatrechtsgefüge erfolgte erst mit dem HGB von 1956, das in seinem Art. 1 fortan bestimmte, dass „[d]*as türkische Handelsgesetzbuch* […] *ein untrennbarer Teil des türkischen Zivilgesetzbuches* [ist]."[1089] Letzteres reichte aber zur Beseitigung der Spuren dieses Dualismus nicht aus: Da die schweizerische Rechtsordnung kein gesondertes Handelsgesetzbuch kennt, enthält das schweizerische OR auch außerhalb seiner letzten drei Abteilungen

1088 In diese Richtung auch *Atamer*, in: *Inceoğlu*, Türk Borçlar Kanunu Sempozyumu, S. 187, 221.

1089 Siehe hierzu S. 158 f.

handelsrechtliche Regelungen, die mit der Totalrezeption im Jahre 1926 auch in das türkische OR übernommen wurden.[1090] Solche handelsrechtlichen Normen finden sich dabei gerade auch im Kaufrecht.[1091] Vor diesem Hintergrund bot die Revision die Chance, diese historisch bedingte Fehlverortung einiger handelsrechtlicher Normen außerhalb der bestehenden handelsrechtlichen Kodifikation zu beseitigen. Auch hätten die gleichermaßen historisch bedingten inhaltlichen Doppellungen im Zuge der Revision einer kritischen Prüfung unterzogen werden können.[1092] So stellt sich gerade in Anbetracht der jüngeren europäischen Rechtsentwicklung beispielsweise die Frage, ob die im türkischen OR enthaltene kaufrechtliche Rügeobliegenheit neben der spezifisch handelsrechtlichen Rügeobliegenheit des Art. 23 Abs. 1 lit. c) des türkischen HGB weiterhin ihre Berechtigung hat.[1093] Der türkische Gesetzgeber hat allerdings auch diese Chancen ungenutzt verstreichen lassen.

(2) Mietrecht

Das Mietrecht bildete einen Schwerpunkt der Revision des türkischen OR.[1094] Dementsprechend sind zahlreiche Änderungen in diesem Bereich erfolgt.[1095] Diese lassen sich grob in zwei Punkten zusammenfassen.

Zum einen wurden Bestimmungen des *Sondergesetzes betreffend die Miete von Immobilien*[1096] in das türkische OR implementiert.[1097] Dieses aus dem Jahre 1955 stammende Gesetz sah ergänzende mietrechtliche Bestimmungen vor.[1098] Der Anwendungsbereich war unter anderem eröffnet, wenn das Mietobjekt im Gebiet einer Stadtverwaltung belegen war.[1099] Mit der Implementierung wurde das Sondergesetz aufgehoben.[1100]

1090 *Atamer*, in: *Inceoğlu*, Türk Borçlar Kanunu Sempozyumu, S. 187, 202.
1091 *Atamer*, in: *Inceoğlu*, Türk Borçlar Kanunu Sempozyumu, S. 187, 202.
1092 Insgesamt in diese Richtung auch *Atamer*, in: *Inceoğlu*, Türk Borçlar Kanunu Sempozyumu, S. 187, 202 f.
1093 So auch *Atamer*, in: *Inceoğlu*, Türk Borçlar Kanunu Sempozyumu, S. 187, 202 f.
1094 Vgl. *Inceoğlu*, in: *Werro/Baysal/Heckendorn Urscheler*, Einfluss des Europarechts, S. 89, 90.
1095 Vgl. *Kara*, TBBD 2013, Nr. 107, 353, 370 ff.
1096 Gesetz Nr. 6570, verkündet am 27.05.1955 im türkischen Amtsblatt (Nr. 9013).
1097 *Ceran*, in: *Badur*, 6098 Sayılı Türk Borçlar Kanunu Sempozyumu, S. 139, 140.
1098 *Ceran*, in: *Badur*, 6098 Sayılı Türk Borçlar Kanunu Sempozyumu, S. 139, 140.
1099 Vgl. Art. 1 des Gesetzes Nr. 6570.
1100 *Ceran*, in: *Badur*, 6098 Sayılı Türk Borçlar Kanunu Sempozyumu, S. 139, 140.

Zum anderen wurden zahlreiche Vorschriften zum Schutze des Mieters in das Gesetz eingefügt.[1101] Es handelt sich hierbei jedoch nicht um originär türkische Mieterschutzvorschriften, sondern im Wesentlichen um größtenteils wörtliche Übernahmen entsprechender schweizerischer Vorschriften, die im Zuge einer Revision in der Schweiz aus dem Jahre 1990 in das dortige OR eingefügt wurden.[1102] Der türkische Gesetzgeber hat insofern im Ergebnis lediglich die schweizerische Rechtsentwicklung mit größerer Verzögerung nachvollzogen. So wurde mit Art. 300 erstmals eine Grundvorschrift über die Dauer von Mietverhältnissen (befristet/unbefristet) eingeführt. Die Vorschrift ist eine Übersetzung von Art. 255 des Schweizer OR. Die bisherige Regelung über die Folgen eines Eigentumsübergangs an der Mietsache in Art. 254 a.F. wurde dergestalt geändert, dass der neue Eigentümer bedingungslos Partei des Mietverhältnisses wird (Art. 310 Abs. 1 des türkischen OR). Die Neuregelung ist angelehnt an Art. 261 Abs. 1 des Schweizer OR. Änderungen und Neuerungen an der Mietsache durch den Mieter wurden gem. Art. 321 Abs. 1 des türkischen OR an die Zustimmung des Vermieters geknüpft. Im Gegenzug kann der Vermieter gem. Art. 321 Abs. 2 bei Vorliegen einer solchen nicht mehr die Wiederherstellung des früheren Zustands verlangen. Beide Regelungen sind wörtliche Übernahmen von Art. 260a Abs. 1 und 2 des schweizerischen OR. Anders als die schweizerische Vorlage, kann nach Art. 321 Abs. 3 des türkischen OR der Mieter jedoch keine Entschädigung für den durch etwaige Änderungen und Neuerungen entstandenen Mehrwert vom Vermieter verlangen. Neugeregelt wurde in Art. 323 des türkischen OR zudem die Frage der Übertragung des Mietverhältnisses. Diese hängt in Orientierung an Art. 263 des schweizerischen OR fortan von der Zustimmung des Vermieters ab, die dieser bei Geschäftsraummieten jedoch nur aus wichtigem Grund verweigern darf. Daneben wurden zum Schutz des Mieters das in Art. 265 des schweizerischen OR enthaltene Verbot eines im Voraus erklärten Verzichts, Forderungen und Schulden aus dem Mietverhältnis zu verrechnen (Art. 326 des türkischen OR), die in Art. 267a des schweizerischen OR enthaltene Rügeobliegenheit des Vermieters für Mängel an der zurückgegebenen Mietsache (Art. 335 des türkischen OR), das in Art. 254 des schweizerischen OR enthaltene Verbot von Koppelungsgeschäften (Art. 340 des türkischen OR) und die in Art. 257e des schweizerischen OR enthaltene Bestimmung über Sicherheitsleistungen durch den Mieter – insbesondere die Beschränkung auf maximal

---

1101 *Başpınar*, in: *Badur*, 6098 Sayılı Türk Borçlar Kanunu Sempozyumu, S. 3, 10.

1102 Vgl. amtliche Begründung zu den einzelnen Bestimmungen, Art. 298 ff.; *Inceoğlu*, in: *Werro/Baysal/Heckendorn Urscheler*, Einfluss des Europarechts, S. 89, 98.

drei Monatsmieten (Art. 342 des türkischen OR) – wörtlich mit der Revision ins türkische Recht übernommen.

Über diese beiden Punkte hinaus wurden unter anderem die gerichtliche Praxis zu Mietzinsfeststellungsklagen in Art. 345 des türkischen OR gesetzlich verankert[1103] und in Anpassung an Art. 194 des türkischen ZGB ein Zustimmungserfordernis des Ehepartners zur wirksamen Kündigung der Familienwohnung in Art. 349 Abs. 1 festgeschrieben.[1104] Außerdem wurde mit Art. 346 ein Verbot eingeführt, dem Mieter neben Miete und Nebenkosten andere Zahlungsverpflichtungen aufzuerlegen, insbesondere ihn mit Vertragsstrafen für den Fall der Nichtzahlung der Miete zu belasten.

(3) Dienstvertragsrecht

Ebenfalls zu Änderungen und insbesondere zahlreichen Neuerungen ist es im Bereich des Dienstvertragsrechts gekommen, der einen weiteren Schwerpunkt der Revision bildete.[1105] Dabei handelt es sich bei den hinzugefügten Bestimmungen – wie auch im Bereich des Mietrechts – nicht um originär türkische Neuschöpfungen, sondern im Wesentlichen um größtenteils wörtliche Übernahmen entsprechender schweizerischer Vorschriften, die im Zuge einer Revision in der Schweiz aus dem Jahre 1971 in das dortige OR eingefügt wurden.[1106] Der türkische Gesetzgeber hat damit auch im Bereich des Dienstvertragsrechts im Ergebnis lediglich die schweizerische Rechtsentwicklung mit größerer Verzögerung nachvollzogen.

Dieser Nachvollzug geschah allerdings selektiv. So wurde mit der Revision entsprechend der schweizerischen Rechtsentwicklung der Titel über Dienstverträge des türkischen OR in Abschnitte untergliedert. Aus dem schweizerischen Recht wurden dabei die beiden mit der Revision aus dem Jahre 1971 in das schweizerische OR eingefügten Abschnitte *„Der Handelsreisendenvertrag"* und *„Der Heimarbeitsvertrag"* mit gleichbleibender Bezeichnung und inhaltlich im Grunde unverändert in das türkische OR übernommen. Nicht übernommen wurden hingegen die Abschnitte über die sog. *Gesamt- und Normalarbeitsverträge*, was wohl damit zusammenhängen dürfte, dass das kollektive Arbeitsrecht

---

1103 *Kara*, TBBD 2013, Nr. 107, 353, 374.

1104 *Kara*, TBBD 2013, Nr. 107, 353, 375.

1105 Vgl. *Inceoğlu*, in: *Werro/Baysal/Heckendorn Urscheler*, Einfluss des Europarechts, S. 89, 90.

1106 Vgl. die amtliche Begründung zu den einzelnen Bestimmungen, Art. 392 ff.; *Inceoğlu*, in: *Werro/Baysal/Heckendorn Urscheler*, Einfluss des Europarechts, S. 89, 99.

in der Türkei zum damaligen Zeitpunkt mit dem Gesetz Nr. 2822 schon einer sondergesetzlichen Regelung unterlag.[1107] Ebenfalls nicht übernommen wurde der mit einer Revision aus dem Jahre 1964 in das schweizerische OR eingeführte Abschnitt über den Lehrvertrag. Dieser wurde seinerzeit in das schweizerische OR eingeführt, weil das Verhältnis des Dienstvertragsrechts zum schweizerischen Berufsbildungsgesetz unklar war.[1108] Wohl in Ermangelung eines solchen Kontextes blieb seine Übernahme in das türkische OR aus.

Übernommen wurden dagegen zahlreiche Regelungen des ebenfalls mit der Revision aus dem Jahre 1971 eingefügten Abschnitts über Einzelarbeitsverträge des schweizerischen OR. Sie wurden mit allen anderen allgemeinen Bestimmungen unter dem mit der Revision des türkischen OR in den Titel über Dienstverträge gleichermaßen neu eingefügten Titel „*Allgemeine Dienstverträge*“ zusammengefasst. Wörtlich eingeführt wurden auf diese Weise in das türkische Dienstvertragsrecht insbesondere die in Art. 321d des schweizerischen OR enthaltene Bestimmung über die Befolgung von Anordnungen und Weisungen des Arbeitgebers (Art. 399 des türkischen OR), die in Art. 322b und 322c des schweizerischen OR enthaltenen Bestimmungen über die Entstehung und Abrechnung von Provisionen (Art. 404 des türkischen OR), die in Art. 327a des schweizerischen OR enthaltene Bestimmung über Auslagen des Arbeitnehmers (Art. 414 des türkischen OR), die in Art. 327b des schweizerischen OR enthaltene Bestimmung über die Benutzung von Motorfahrzeugen im Zusammenhang mit der Tätigkeit (Art. 415 des türkischen OR) und die in Art. 328b des schweizerischen OR enthaltene Bestimmung über die Bearbeitung von Personendaten des Arbeitnehmers (Art. 419 des türkischen OR).

Daneben wurden in Orientierung an den Artt. 329a bis 329d des schweizerischen OR Bestimmungen über Dauer (Art. 422 des türkischen OR), Kürzung (Art. 423 des türkischen OR), Zusammenhang (Art. 424 des türkischen OR), Zeitpunkt (Art. 424 des türkischen OR) und Lohn (Art. 425 des türkischen OR) der Urlaubszeit des Arbeitnehmers in das türkische OR eingeführt.

Die mit den drei Absätzen des Art. 425 eingeführten Regelungen finden sich inhaltlich identisch in den Artt. 53 Abs. 2, Art. 57 Abs. 1 und Art. 59 Abs. 1 des türkischen Arbeitsgesetzes von 2003.[1109] Selbiges gilt für die in Orientierung

1107 Das Gesetz ist mittlerweile durch das Gesetz Nr. 6570, verkündet am 18.10.2012 im türkischen Amtsblatt (Nr. 9013), ersetzt worden.

1108 BBl 1967 II 241, 245 f.

1109 *Kara*, TBBD 2013, Nr. 107, 353, 382. Bei dem türkischen Arbeitsgesetz von 2003 handelt es sich um das Gesetz Nr. 4857, verkündet am 10.06.2003 im türkischen Amtsblatt (Nr. 25134).

an Art. 333 des schweizerischen OR eingeführte Bestimmung zur Regelung des Schicksals der Dienstverhältnisse im Falle eines Betriebsübergangs (Art. 428).[1110] Dessen drei Absätze finden sich inhaltlich identisch in den ersten drei Absätzen des Art. 6 des türkischen Arbeitsgesetzes wieder.[1111] Auch das mit Art. 430 Abs. 2 S. 2 des türkischen OR eingeführte Verbot grundloser Kettenbefristungen findet sich inhaltlich identisch in Art. 11 Abs. 2 S. 1 des türkischen Arbeitsgesetzes.[1112] Genauso wie die mit Art. 410 Abs. 1 des türkischen OR eingeführte Bestimmung über die Abtretung und Verpfändung von Lohnforderungen ihr Pendant in Art. 35 Abs. 1 des türkischen Arbeitsgesetzes findet.[1113] Bei den letzten zwei Regelungen handelt es sich zudem ebenfalls um Entlehnungen aus dem schweizerischen OR (Art. 334 und Art. 325 des schweizerischen OR).

Diese durch die Revision erzeugten inhaltlichen Kongruenzen mit dem türkischen Arbeitsgesetz von 2003, aber auch die hierbei erzeugten Divergenzen bspw. im Bereich der Kündigungsfristen, offenbaren abermals ein ganz wesentliches Problem des türkischen Gesetzgebers im Umgang mit dem rezipierten OR. In der Schweiz wurden die vormals in Sondergesetzen enthaltenen Bestimmungen des Arbeitsvertragsrechts mit der Revision von 1971 im Titel zum Dienstvertragsrecht zusammengeführt, der in diesem Zuge auch die Überschrift *„Der Arbeitsvertrag"* erhielt.[1114] Das Arbeitsvertragsrecht ist seither in der Schweiz nicht mehr sondergesetzlich geregelt. Das bestehende Arbeitsgesetz enthält lediglich Arbeitsschutzvorschriften.[1115] Anders dagegen stellt sich die Situation in der Türkei dar. Obgleich mit dem türkischen Arbeitsgesetz von 2003, mit dem insbesondere auch europäische Richtlinien umgesetzt wurden,[1116] ein Gesetz zur Regelung sowohl des Arbeitsschutz- als auch des Arbeitsvertragsrechts besteht, wurden mit der Revision von 2012 arbeitsvertragliche Bestimmungen des schweizerischen OR, die im Zuge der dortigen Revision aus dem Jahre 1971 in das Gesetz eingefügt worden sind, in das türkische OR übernommen. Wie sich schon im Rahmen der Allgemeinen Bestimmungen und des Kaufrechts die Frage nach dem Verhältnis zum türkischen Verbraucherschutzgesetz und zum türkischen Handelsgesetzbuch stellte, so stellt sich damit auch im Bereich des

1110 *Kara*, TBBD 2013, Nr. 107, 353, 383.
1111 *Kara*, TBBD 2013, Nr. 107, 353, 383.
1112 Amtliche Begründung zu den einzelnen Bestimmungen, Art. 429.
1113 *Kara*, TBBD 2013, Nr. 107, 353, 378 f.
1114 Vgl. BBl 1967 II 241, 260 ff.
1115 Vergleiche hierzu das Bundesgesetz über die Arbeit in Industrie, Gewerbe und Handel (AS 1966 57).
1116 Vgl. Allgemeine amtliche Begründung zum Gesetz Nr. 4857.

Dienstvertragsrechts die Frage nach dem Verhältnis zum türkischen Arbeitsgesetz. Die amtliche Begründung führt dazu aus, dass den Bestimmungen zum Dienstvertrag all diejenigen Arbeitnehmer unterfielen, auf die das türkische Arbeitsgesetzbuch nicht anwendbar sei und das versucht worden sei, zwischen diesen beiden Gruppen nicht allzu große Unterschiede zu erzeugen.[1117] Sonderlich überzeugend erscheint es aus gesetzgebungstechnischer Perspektive allerdings nicht, inhaltlich kongruente Bestimmungen sowohl in allgemeinen als auch in sondergesetzlichen Bestimmungen zu verankern. Das äußere System weist somit auch in diesem Bereich Inkonsistenzen auf, die nicht ohne Folgen für das innere System bleiben können.

(4) Bürgschaftsrecht

Auch im Bürgschaftsrecht ist es zu einigen Neuerungen gekommen. Orientierungspunkt bildete insoweit wiederum eine Revision in der Schweiz, diesmal aus dem Jahre 1941, mit der Vorschriften zum Schutze des Bürgen in das schweizerische OR eingeführt wurden.[1118] So wurden unter anderem Art. 494 Abs. 1 und Abs. 2 des schweizerischen OR wörtlich übernommen (Art. 584 Abs. 1 und Abs. 2 des türkischen OR), die eine Zustimmung des Ehegatten für den Fall vorsehen, dass der Bürge verheiratet ist. Auch wurde das in Art. 510 Abs. 1 S. 1 und Abs. 2 des schweizerischen OR geregelte Recht, Bürgschaften für künftige Forderungen zu widerrufen, falls sich vor Entstehung der Forderung die Vermögenslage des künftigen Schuldners wesentlich verschlechtert oder sich herausstellt, dass sie schlechter war, als der Bürge nach Treu und Glauben angenommen hatte, in das türkische OR übernommen (Art. 599 des türkischen OR). Im Wesentlichen wurde insoweit ebenfalls lediglich die schweizerische Rechtsentwicklung mit größerer Verzögerung nachvollzogen.

(5) Die einfache Gesellschaft

Innerhalb der Bestimmungen des türkischen OR zur einfachen Gesellschaft fehlte es bis zur Revision an Regelungen über das Ausscheiden und den Ausschluss eines Gesellschafters.[1119] Das hieraus entstandene Bedürfnis konnte allerdings nicht – wie in den zuvor behandelten Bereichen – durch den Nachvollzug der schweizerischen Rechtsentwicklung befriedigt werden, da es der

1117 Vgl. Allgemeine amtliche Begründung zum Gesetz. Nr. 6098, sechster Titel.

1118 Vgl. die amtliche Begründung zu den einzelnen Bestimmungen, Art. 581 ff.; Zur Reform in der Schweiz siehe BBl 1939 II 841, 845 ff.

1119 Vgl. *Kara*, TBBD 2013, Nr. 107, 353, 386.

schweizerischen Rechtsordnung nach wie vor an entsprechenden Regelungen innerhalb der Bestimmungen zur einfachen Gesellschaft mangelt. Wohl deshalb richtete der türkische Gesetzgeber bei dieser Frage den Blick auf die deutsche Rechtsordnung. Mit Blick auf die §§ 736, 737 BGB wurde eine Bestimmung über das Ausscheiden und den Ausschluss eines Gesellschafters in das türkische OR eingeführt (Art. 633 des türkischen OR). Allerdings weist die auf den ersten Blick ähnlich erscheinende türkische Regelung wesentliche Unterschiede auf. Zum einen führen die in § 633 des türkischen OR aufgezählten Ereignisse nicht *ipso iure* zu einem Ausscheiden des betreffenden Gesellschafters, sondern schaffen lediglich die Voraussetzung für ein solches.[1120] Zum anderen berechtigen sie zugleich die übrigen Gesellschafter, den betreffenden Gesellschafter auszuschließen.[1121] Die eingeführte türkische Bestimmung vermengt damit die §§ 736 und 737 BGB.

Hieran anknüpfend wurde durch wörtliche Übernahme des § 738 Abs. 1 BGB eine Bestimmung über die Auseinandersetzung im Falle des Ausscheidens oder des Ausschlusses eines Gesellschafters eingefügt (Art. 634 des türkischen OR). Daneben wurden der § 739 BGB über die Haftung für Fehlbeträge bei Ausscheiden eines Gesellschafters und der § 740 BGB über die Beteiligung des ausgeschiedenen Gesellschafters am Ergebnis schwebender Geschäfte im Wesentlichen wörtlich in das türkische OR übernommen (Art. 635 und Art. 636 des türkischen OR).

cc) Würdigung

Betrachtet man die Revision des türkischen OR im Ganzen, lässt sich – soweit überhaupt von einem irgendwie gearteten Konzept gesprochen werden kann – folgende Vorgehensweise erkennen:

Erstens wurden wichtige, durch die türkische Rechtsprechung anerkannte Rechtsinstitute wie die Störung der Geschäftsgrundlage, der Schuldbeitritt oder die Vetragsübernahme einer positiven gesetzlichen Regelung zugeführt. Orientierungspunkte bildeten dabei entsprechende gesetzliche Verankerungen im BGB. Die fehlende gesetzliche Verankerung entsprechender Institute im schweizerischen OR hingegen darf nicht zu der Fehlannahme verleiten, dass es sich bei diesen um originäre Produkte der türkischen Rechtsordnung handeln würde. All diese Rechtsinstitute sind gleichermaßen in der schweizerischen Rechtsprechung und Literatur anerkannt und wurden gerade auch mit Verweis auf diese

---

1120 *Eren*, BH Özel Hükümler, 5. Auflage, S. 850 ff.
1121 *Eren*, BH Özel Hükümler, 5. Auflage, S. 850 ff.

von der türkischen Rechtsprechung und Literatur übernommen.[1122] Im Ergebnis besteht materiell-rechtlich daher insoweit ein Gleichlauf zwischen beiden Rechtsordnungen. Dieser geht dabei so weit, dass selbst bei der Übernahme entsprechender deutscher Regelungen Modifikationen im Sinne der Schweizer Rechtsprechung und Literatur vorgenommen wurden.[1123]

Zweitens wurden die zwischenzeitlich in der Schweiz erfolgten Änderungen des OR nachvollzogen. Dieser Nachvollzug mutet dabei eher reflexartig als durchdacht an.[1124] So wurden Bestimmungen, die längst wieder aus dem schweizerischen OR ausgegliedert wurden, trotzdem mit der Revision übernommen. Außerdem wurden Rechtsentwicklungen teilweise in Bereichen nachvollzogen, die in der Türkei sondergesetzlich geregelt sind. Selbst in Bereichen, in denen eine Revision des schweizerischen OR ausgeblieben ist, hat sich der türkische Gesetzgeber bei Änderungen an entsprechenden, in der Schweiz gescheiterten Vorentwürfen zu Bundesgesetzen orientiert. An diesem Beispiel wird deutlich, dass der türkische Gesetzgeber das türkische OR weitestgehend im Sinne und im Geiste der schweizerischen Rechtsentwicklung revidiert hat. Dieser aus der Totalrezeption der schweizerischen Gesetzbücher in der Türkei resultierende Reflex lässt sich auch an vielen anderen Stellen der türkischen Rechtsordnung beobachten.

Drittens wurde bei spezifischen Bedürfnissen, die weder von der türkischen Rechtsprechung noch von der schweizerischen Rechtsentwicklung noch von gescheiterten schweizerischen Vorentwürfen zu Bundesgesetzen befriedigt werden konnten, der Blick auf die deutsche Rechtsordnung gerichtet. Da auch in der schweizerischen Doktrin der Blick nicht selten in diese Richtung geht, handelt es sich hierbei nicht um einen Bruch, sondern um ein weiteres Vorgehen im Geiste der schweizerischen Rechtstradition. Die als Vorlage dienenden deutschen

1122 Siehe beispielsweise in Bezug auf die Störung der Geschäftsgrundlage die Verweise in Türkischer Kassationshof, 13. Zivilkammer, Hauptsache Nr. 1981/147, Entscheidung Nr. 1981/932 vom 12.02.1981; Türkischer Kassationshof, 13. Zivilkammer, Hauptsache Nr. 1990/5697, Entscheidung Nr. 1990/8708 vom 14.12.1990; *Oğuzman/Öz*, Borçlar Hukuku, 4. Auflage, S. 155. In Bezug auf den Schuldbeitritt siehe die Verweise in *Oğuzman/Öz*, Borçlar Hukuku, 4. Auflage, S. 845; *Eren*, BH Genel Hükümler, 13. Auflage, S. 1155 f. In Bezug auf die Vertragsübernahme siehe die Verweise in *Oğuzman/Öz*, Borçlar Hukuku, 4. Auflage, S. 921 f.; *Eren*, BH Genel Hükümler, 13. Auflage, S. 1206 f.

1123 Siehe hierzu beispielsweise S. 184 f.

1124 *Atamer* spricht in diesem Zusammenhang gar von *„blinder Loyalität“*. Siehe dazu *dies.*, in: *Inceoğlu*, Türk Borçlar Kanunu Sempozyumu, S. 187, 221.

Bestimmungen wurden dabei sogar entsprechend der schweizerischen Rechtskultur modifiziert, indem die für die deutsche Rechtsordnung typischen inhaltlichen Konkretisierungen durch weit gefasste Tatbestände ersetzt wurden.[1125]

Alldem ist zu entnehmen, dass den Takt für die Entwicklung des türkischen OR weiterhin die schweizerische Mutterrechtsordnung vorgibt. Aus diesem Grund ist mit den Änderungen des OR aus dem Jahre 2011 eine umfassende Revision ausgeblieben.[1126] Zudem bildet dies die Ursache dafür, dass sich das türkische OR und die türkischen Sondergesetze im Bereich des OR zueinander unproportional entwickeln. Wie eine umfassende Revision des OR stattdessen hätte aussehen können, lässt sich insbesondere am Entwurf zum Forschungsprojekt „*Schweizer Obligationenrecht 2020*" ablesen. Möglicherweise hätte eine Verwirklichung dieses Entwurfs in der Schweiz auch entsprechende Arbeiten in der Türkei auslösen können. Die schweizerische Regierung hat jedoch mittlerweile verkündet, dass Vorhaben nicht mehr weiterzuverfolgen.[1127]

c) *Das neue HGB von 2011*

Der Bereich des Handels- und Gesellschaftsrechts hat mit dem neuen türkischen HGB im Jahre 2011 ebenfalls eine Revision erfahren. Der am 13.01.2011 vom Parlament angenommene Entwurf ist – mit Ausnahme einiger Bestimmungen – zum 01.07.2012 in Kraft getreten.[1128]

Im Vergleich zum Vorgängergesetz enthält das neue türkische HGB zahlreiche wesentliche Neuerungen. So legt das Gesetz einen konkreten Ordnungsrahmen für die Leitung und Überwachung von Unternehmen fest (*Corporate Governance*).[1129] Zudem sorgen neue Bestimmungen zur Rechnungslegung und Unternehmensprüfung für mehr Transparenz durch Angleichung an internationale Standards. Mehr Transparenz wird darüber hinaus über zahlreiche

1125 Siehe hierzu beispielsweise S. 182.

1126 Auch in diese Richtung, nur schärfer *Atamer*, in: *Inceoğlu*, Türk Borçlar Kanunu Sempozyumu, S. 187, 221.

1127 Medienmitteilung des Bundesrates vom 31.01.2018, abrufbar unter https://www.ejpd.admin.ch/ejpd/de/home/aktuell/news/2018/2018-01-310.html (zuletzt abgerufen am 25.04.2022).

1128 Gesetz Nr. 6102, verkündet am 13.01.2011 im türkischen Amtsblatt (Nr. 27846). Siehe zu alldem *Güçlü*, in: *Ankara Barosu*, 6102 Sayılı Yeni Türk Ticaret Kanunu Sempozyumu, S. 29, 30.

1129 *Güçlü*, in: *Ankara Barosu*, 6102 Sayılı Yeni Türk Ticaret Kanunu Sempozyumu, S. 29, 34.

Informationspflichten der Unternehmen im Internet geschaffen.[1130] Außerdem wird versucht dem technischen Fortschritt dadurch Rechnung zu tragen, dass viele Bestimmungen auch die Möglichkeit des Einsatzes digitaler Technologien bei Unternehmenshandlungen vorsehen.[1131]

Neben internationalen Standards diente die Revision des türkischen Handels- und Gesellschaftsrechts auch einer Annäherung an entsprechende Bestimmungen des *acquis communautaire*.[1132]

d) Sonstige Reformen

Als weitere Reformen der Phase ab 1994 sind zu nennen die Verabschiedung des neuen türkischen IPRG im Jahre 2007[1133] und die Revision der türkischen ZPO ebenfalls im Jahre 2011.[1134]

III. Islamisches Roll-back durch Gesetzgeber und Rechtsprechung?

Die Totalrezeption westlicher Gesetzbücher und die damit einhergehende Abschaffung des islamischen Rechts bilden zweifellos zwei der folgenreichsten Einschnitte in der jüngeren türkischen Geschichte. Wie aus den vorstehenden Ausführungen ersichtlich wird, führte die formale Inkraftsetzung dieser aus einer völlig anders strukturierten und kulturell geprägten Gesellschaft stammenden Rechtstexte nicht unwillkürlich zu einer Änderung der real existierenden Rechtslage. Mit anderen Worten: Die formale Inkraftsetzung dieser (Rechts-) Texte machte aus ihnen noch kein geltendes Recht. Allen voran die faktische Fortgeltung bestimmter Teile des bisherigen Rechts innerhalb der Gesellschaft erschwerte den durch die Inkraftsetzung angestoßenen sozialen Prozess der Rezeption.[1135] Doch handelte es sich hierbei nicht nur um einen Prozess der Rezeption, sondern zeitgleich auch um einen Prozess der Säkularisierung des türkischen Rechts in Form seiner Abnabelung von seinen über Jahrhunderte

---

1130 *Güçlü*, in: *Ankara Barosu*, 6102 Sayılı Yeni Türk Ticaret Kanunu Sempozyumu, S. 29, 34.

1131 *Güçlü*, in: *Ankara Barosu*, 6102 Sayılı Yeni Türk Ticaret Kanunu Sempozyumu, S. 29, 34.

1132 Vgl. Allgemeine amtliche Begründung zum Gesetz Nr. 6102, B) II.

1133 Gesetz Nr. 5718, verkündet am 27.11.2007 im türkischen Amtsblatt (Nr. 26728).

1134 Gesetz Nr. 6100, verkündet am 12.01.2011 im türkischen Amtsblatt (Nr. 27836).

1135 Siehe zu dieser Thematik im Allgemeinen und in Bezug auf den türkischen Rezeptionsprozess *Hirsch*, Rezeption als sozialer Prozeß, *passim*.

hinweg stets vorausgesetzten religiösen Legitimationsgrundlagen. Diese in ihrer Radikalität innerhalb der islamischen Welt beispiellose Umgestaltung der rechtlichen, politischen und weltanschaulichen Ordnung gilt heute gemeinhin als „geglückt" und damit der mit der Inkraftsetzung der Rechtstexte in Gang gesetzte soziale Prozess als erfolgreich abgeschlossen.[1136]

Entgegen der vorgenannten Entwicklung hat Religion innerhalb der türkischen Gesellschaft indessen nicht an Bedeutung verloren.[1137] Und auch politisch stellt islamischer Konservatismus innerhalb der politischen Landschaft gerade in jüngerer Zeit eine der einflussreichsten politischen Strömungen innerhalb der Türkei dar.[1138] In Anbetracht dieser Tatsachen soll daher im Folgenden beleuchtet werden, ob möglicherweise ein islamisches Roll-back durch den Gesetzgeber oder die Rechtsprechung in der Türkei zu verzeichnen ist. Da eine Analyse der gesamten türkischen Rechtsordnung den Rahmen dieser Ausarbeitung sprengen und auch nicht ihrer Zielsetzung entsprechen würde, beschränkt sich die anschließende Betrachtung dabei auf das türkische ZGB – als zentrale Kodifikation des Privatrechts – und die mit ihm zusammenhängenden Vorschriften anderer Gesetze. Die Frage einer generellen Reislamisierung der Türkei im rechtlichen, politischen und gesellschaftlichen Sinne kann und soll mit den nachstehenden Ausführungen daher nicht beantwortet werden.[1139]

1136 Vgl. *Scholler*, in: *Scholler/Tellenbach*, Westliches Recht in der Republik Türkei 70 Jahre nach der Gründung, S. 7, 12.

1137 Siehe dazu beispielsweise die Ergebnisse des von der Bertelsmann Stiftung herausgegebenen Religionsmonitors 2013, Religiosität im internationalen Vergleich, abrufbar unter https://www.bertelsmann-stiftung.de/fileadmin/files/BSt/Publikationen/GrauePublikationen/GP_Religionsmonitor_verstehen_was_verbindet_Religioesitaet_im_internationalen_Vergleich.pdf (zuletzt abgerufen am 30.12.2020).

1138 Vgl. *Agai*, ApuZ B 33–34/2004, 18, 20 ff.

1139 *Dreßler* schreibt dazu: „Dass die Islamisierungspolitik der AKP System hat und das politische Projekt der AKP in diesem Sinne als, islamistisch' bezeichnet werden kann, ist kaum mehr von der Hand zu weisen." Er führt hierzu allerdings weiter aus: „Auch in Bezug auf den Laizismus lässt sich feststellen, dass dieser von der AKP in bestimmten wichtigen Aspekten umdefiniert, keineswegs aber gänzlich abgeschafft wurde. So ist die Türkei zumindest insofern auch heute noch ein säkulares Land, als der Staat weiterhin ohne Bezug auf Religion legitimiert wird und trotz der Islamisierungspolitik unter der AKP die Religion bisher prinzipiell dem Politischen untergeordnet bleibt." Siehe zu alldem *ders.*, *Dreßler*, APuZ 9–10/2017, 23, 27, 29.
Historisch lassen sich generell drei unterschiedliche Phasen des Umgangs des Staates mit dem Islam in der modernen Türkei ausmachen: Die erste Phase beginnt mit der Republiksgründung und ist geprägt von einem Interpretationsmonopol des Staates über den Islam, um zum Zwecke des *nation building* einen türkisierten,

1. *Das Primat der Ziviltrauung und die standesamtlichen Befugnisse der Muftis*

Als Indizien für ein islamisches Roll-back werden aktuell allen voran die jüngeren Entwicklungen auf dem Gebiet der Ziviltrauung angeführt. Dabei ist es kein Zufall, dass sich gerade auf diesen Bereich die Blicke verdichten: So gelten die Grundsätze der Einehe und der obligatorischen Zivilehe buchstäblich als Grundsteine der *kemalistischen Reformen.*[1140] Entsprechend regelt die Verfassung von 1982 in ihrem Art. 174 Nr. 4 unter anderem, dass der mit der Annahme des Zivilgesetzbuches von 1926 (Gesetz Nr. 743) eingeführte Grundsatz der vor dem Standesbeamten zu schließenden obligatorischen Zivilehe und der in Art. 110 desselben Gesetzes geregelte zeitliche Vorrang der Ziviltrauung vor der religiösen Trauung nicht für verfassungswidrig erklärt werden können. Den Stellenwert dieser Grundsätze in den Augen der Gründungselite der modernen Republik verdeutlichen auch folgende Worte des ehemaligen türkischen Justizministers *Mahmut Esat Bozkurt*:

> *„Es wurde auch Widerspruch dagegen erhoben, dass die Eheschließung mit einigen Fesseln verbunden wurde. Beispielsweise wurde geschwätzt: ‚Warum sollte zur Stadtverwaltung gegangen werden?' oder ‚Warum sollte vor dem Beamten der Stadtverwaltung geheiratet werden?'*
> *Wir wissen, dass es früher solche Akte nicht gab. Es wurde ein Imam ins Haus gerufen, die Trauung vorgenommen und damit alles als erledigt betrachtet.*
> *Schließlich meldete der Gemeindevorsteher die Verheirateten noch an das Personenstandsamt. Jedoch untersteht heutzutage in zivilisierten Staaten selbst der Handel von Vieh einer*

---

säkularisierten, öffentlich zurückgedrängten und damit letztlich staatlich kontrollierten Islam zu schaffen. Die zweite Phase beginnt mit dem Übergang zum demokratischen Mehrparteiensystem im Jahre 1950. Diese Phase ist geprägt von einer durch den Erfolg konservativer Parteien ausgelösten Reintegration des Islam in die gesellschaftliche Wirklichkeit. Den Beginn der dritten Phase markiert der Militärputsch von 1980 und ist geprägt von einer durch die Militärjunta initiierten Reislamisierung von Staat und Gesellschaft im Sinne der sog. *Türkisch-islamischen-Synthese*, einer Ideologie, die türkischen Nationalismus und Islam historisch verknüpft. Siehe zum Verhältnis von Staat und Islam in der Türkei bspw. *Karakas*, Türkei: Islam und Laizismus, HSFK-Report 1/2007; *Seufert*, Staat und Islam in der Türkei, SWP-Studie.

1140 Vgl. beispielsweise die Presseerklärung der Anwaltskammer von Izmir in Bezug auf das Gesetzesvorhaben zur Änderung des Personenstandsgesetzes, abrufbar unter https://www.hukukhaber.com.tr/izmir-barosundan-muftuluklere-nikah-yetkisi-aciklamasi-242668.html (zuletzt abgerufen am 30.12.2019). Zu den kemalistischen Reformen im Allgemeinen siehe S. 113.

solch marginalen Prozedur. Der Stadtverwaltung oder dem Gemeindevorsteher wird ein solches Geschäft mitgeteilt! Ist des Menschen Heirat ein tierischer Deckakt?“[1141]

Abgesichert wurde das in Art. 110 des alten türkischen ZGB enthaltene Primat der Ziviltrauung durch Art. 273 des alten türkischen StGB. Dieser sah in seiner Fassung von 1936 vor, dass ein Geistlicher, der eine religiöse Trauung ohne vorherige Vorlage eines standesamtlichen Trauscheins durchführt, mit Freiheitsentzug von einem bis drei Monate zu bestrafen ist (Abs. 3). Ebenso zu bestrafen mit Freiheitsentzug von zwei bis sechs Monaten waren zudem die Partner, die eine solche religiöse Trauung ohne vorhergehende standesamtliche Trauung durchführen ließen (Abs. 4). Letzterer Absatz wurde im Jahre 1999 durch ein Strafgericht wegen behaupteten Verstoßes gegen Grundrechte auf dem Wege einer konkreten Normenkontrolle dem türkischen Verfassungsgericht mit dem Verlangen auf Ungültigerklärung vorgelegt. Das türkische Verfassungsgericht verneinte allerdings die behaupteten Grundrechtsverstöße *einstimmig* und wies das Verlangen entsprechend ab.[1142]

Art. 110 des alten türkischen ZGB wurde im Zuge der Revision des Jahres 2001 ins neue türkische ZGB übernommen und findet sich dort seitdem im gleichlautenden Art. 143 Abs. 2. Auch wurden die beiden hieran anknüpfenden Bestimmungen des alten türkischen StGB im Zuge der Revision dieses Gesetzes im Jahre 2004 in das neue türkische StGB übernommen und finden sich dort seitdem mit leicht modifizierten Strafrahmen (fortan zwei bis sechs Monate in beiden Fällen) in Art. 230 Abs. 5 (bzgl. der Partner) und Abs. 6 (bzgl. des Geistlichen). Obschon im Wesentlichen gleichlautend, wurden im Jahre 2014 beide Bestimmungen durch ein Strafgericht wegen behaupteten Verstoßes gegen Grundrechte wiederum auf dem Wege einer konkreten Normenkontrolle dem türkischen Verfassungsgericht mit dem Verlangen auf Ungültigerklärung vorgelegt. In Abkehr von seiner im Jahre 1999 *einstimmig* erfolgten Beurteilung entschied das türkische Verfassungsgericht im Jahre 2015 mit *zwölf zu vier Stimmen* nunmehr, dass die Bestimmungen wegen Verletzung der persönlichen und familiären Intimsphäre (Art. 20 der Verfassung von 1982) und der Glaubens- und Gewissensfreiheit (Art. 24 der Verfassung von 1982) für ungültig zu erklären seien.[1143] Dabei begründete das Gericht den Grundrechtsverstoß – nach

1141 *M. Bozkurt*, in: *İstanbul Üniversitesi*, Medenî Kanunun XV. Yıl Dönümü İçin, S. 7, 15 f. Übersetzt ins Deutsche durch den Autor.

1142 Türkisches Verfassungsgericht, Hauptsache Nr. 1999/27, Entscheidung Nr. 1999/42 vom 24.11.1999, verkündet am 02.05.2002 im türkischen Amtsblatt (Nr. 24743).

1143 Türkisches Verfassungsgericht, Hauptsache Nr. 2014/36, Entscheidung Nr. 2015/51 vom 27.05.2015, verkündet am 10.06.2015 im türkischen Amtsblatt (Nr. 29382).

Verweisen auf den weit gefassten sachlichen Schutzbereich der betroffenen Grundrechte auch in der Rechtsprechung des EGMR – mit der fehlenden Erforderlichkeit des Eingriffs. Die beiden strafrechtlichen Bestimmungen dienten dem Schutz der Familie davor, durch die alleinige Vornahme einer religiösen Trauung rechtlos gestellt zu werden. Allerdings bestehe eine *„rechtliche Sanktion“* solchen Verhaltens schon darin, dass sich lediglich religiös getraute Partner eben nicht auf die aus einer Ehe resultierenden Rechte berufen können. Für eine zusätzliche *„strafrechtliche Sanktion“* bestehe keine Notwendigkeit. Deshalb sei eine solche auch nicht erforderlich. Das Gericht führt weiter aus:

> *„Im Grunde genommen bringt die strafrechtliche Bewehrung der auf intimen Präferenzen und religiösen Überzeugungen beruhenden Durchführung der religiösen Zeremonie der Eheschließung, wohingegen das tatsächliche Zusammenleben oder Kinderbekommen von Personen ohne irgendeine religiöse Trauung oder Eheschließung nicht als Straftat qualifiziert und bestraft wird, die erwähnte Unverhältnismäßigkeit offen zu Tage.“*[1144]

Anders noch als im Urteil aus dem Jahre 1999 geht das Verfassungsgericht in seiner jüngsten Entscheidung damit davon aus, dass nichteheliche Lebensgemeinschaften – ob mit oder ohne religiöse Trauung – rechtlich gleich zu bewerten sind.[1145] Zudem nimmt das Urteil kein einziges Mal Bezug auf den in Art. 2 der Verfassung festgeschriebenen Grundsatz des Laizismus – ganz anders dagegen die zwei angehängten Gegenvoten und insbesondere das Urteil aus dem Jahre 1999, auf das die Gegenvoten auch verweisen.[1146]

Diese judikative Kehrtwende entspricht der generellen Beobachtung, dass die Rechtsprechung des türkischen Verfassungsgerichts schon seit einigen Jahren eine Tendenz hin zu einem weniger restriktiven Umgang mit der Religionsfreiheit aufweist.[1147] Als Ausgangspunkt dieser Entwicklung werden gemeinhin die Verfassungsänderungen aus dem Jahre 2010 genannt, mit denen unter anderem auch Anzahl, Auswahl und Eignung der Verfassungsrichterinnen und -richter neugeregelt wurden.[1148] Während das türkische Verfassungsgericht mit seiner Rechtsprechung bis dahin gerade gegenüber Maßnahmen rechtsorientierter Regierungen häufig Stellung bezog, ist nach diesem Wendepunkt eine deutliche

1144 Türkisches Verfassungsgericht, Hauptsache Nr. 2014/36, Entscheidung Nr. 2015/51 vom 27.05.2015, verkündet am 10.06.2015 im türkischen Amtsblatt (Nr. 29382).

1145 Dies kritisierend *Özbudak*, TBBD 121 (2015), 89, 104 f.

1146 *Özbudak*, TBBD 121 (2015), 89, 106.

1147 So *Özbudak*, TBBD 121 (2015), 89, 106; *Oder*, VerfBlog, 2017/5/02; *Tecimer*, VerfBlog, 2017/9/26.

1148 *Oder*, VerfBlog, 2017/5/02; *Tecimer*, VerfBlog, 2017/9/26.

Achsenverschiebung innerhalb seiner Rechtsprechung zu verzeichnen.[1149] Als grundsätzlichster Ausdruck dieses Paradigmenwechsels gilt dabei ein von viel öffentlichem Interesse begleitetes Verfahren vor dem türkischen Verfassungsgericht aus dem Jahre 2012 zur Frage der Rechtmäßigkeit zusätzlicher fakultativer Islamkurse in bestimmten Klassenstufen, in dem das türkische Verfassungsgericht die Möglichkeit eines *„liberalen Verständnisses von Laizismus"* aufzeigt. In den betreffenden Passagen des Urteils heißt es:

> *„Eine Untersuchung der historischen Entwicklung des Laizismus zeigt, dass, abhängig von den unterschiedlichen Annäherungen an das Phänomen der Religion, zwei unterschiedliche Interpretationen und Handhabungen des Begriffes bestehen.*
> *Unter diesen ist Religion nach dem strengen Verständnis von Laizismus ein Phänomen, das sich ausschließlich im Gewissen der Individuen abspielt und keinesfalls hierüber hinausgehend in den gesellschaftlichen und öffentlichen Raum ausstrahlen darf.*
> *Die flexiblere bzw. freiheitlichere Interpretation des Laizismus geht hingegen von der Feststellung aus, dass Religion neben ihrer individuellen Dimension auch ein gesellschaftliches Phänomen ist. Dieses Verständnis von Laizismus sperrt Religion nicht nur in das Innenleben des Individuums ein, sondern sieht sie als wichtigen Bestandteil der individuellen und kollektiven Identität und räumt ihr die Möglichkeit gesellschaftlicher Sichtbarkeit ein."*[1150]

Im weiteren Verlauf des Urteils schließt sich das türkische Verfassungsgericht sodann in Abkehr von seiner bisherigen Rigidität in Religionsfragen diesem *„liberalen Verständnis"* an:

> *„In diesem Sinne bürdet Laizismus dem Staat negative und positive Verpflichtungen auf. Die negative Verpflichtung verlangt, dass sich der Staat eine Religion oder einen Glauben nicht zu eigen macht und in die Religions- und Gewissensfreiheit der Individuen nicht eingreift, solange keine zwingenden Gründe bestehen. Mit der positiven Verpflichtung geht dagegen die Aufgabe einher, dass der Staat Behinderungen der Religions- und Gewissensfreiheit beseitigt und für die Menschen einen Rahmen, in dem sie ihrem Glauben entsprechend leben können, samt der hierfür erforderlichen Möglichkeiten schafft."*[1151]

Betrachtet man die Nichtigerklärung der an das zeitliche Primat der obligatorischen Zivilehe anknüpfenden strafrechtlichen Bestimmungen und die generelle Achsenverschiebung insbesondere in der Rechtsprechung des Verfassungsgerichts im Lichte der eingangs gestellten Frage nach einem potenziellen

---

1149 *Oder* spricht für die Zeit vor 2010 deshalb vom türkischen Verfassungsgericht in der Rolle des *„Game Broker"*. Siehe hierzu *dies.*, VerfBlog, 2017/5/02.

1150 Türkisches Verfassungsgericht, Hauptsache Nr. 2012/65, Entscheidung Nr. 2012/128 vom 20.09.2012, verkündet am 18.04.2013 im türkischen Amtsblatt (Nr. 28622).

1151 Türkisches Verfassungsgericht, Hauptsache Nr. 2012/65, Entscheidung Nr. 2012/128 vom 20.09.2012, verkündet am 18.04.2013 im türkischen Amtsblatt (Nr. 28622).

islamischen Roll-back im Kernbereich des Zivilrechts, so stellt sich die äußerst schwierige Aufgabe einer Unterscheidung zwischen rechtspolitischer Liberalisierung auf der einen und tatsächlicher Reislamisierung auf der anderen Seite.[1152] Die alleinige Nichtigerklärung der erwähnten strafrechtlichen Bestimmungen betreffend das zeitliche Primat der Ziviltrauung führt formal jedenfalls nicht zu einer Infragestellung des Grundsatzes der obligatorischen Zivilehe. Eine ähnliche Entwicklung ist zudem in anderen Staaten mit säkularer Rechtsordnung ebenfalls zu beobachten: So wurde beispielsweise in Deutschland das in § 67 PStG a.F. enthaltene ordnungswidrigkeitenrechtliche Verbot der religiösen Voraustrauung im Jahre 2007 mit dem Personenstandsreformgesetz[1153] aufgehoben. Darüber hinaus ist festzuhalten, dass der Grundsatz der obligatorischen Zivilehe nicht nur formal-rechtlich weiterhin besteht, sondern auch die gegenwärtige gesellschaftliche Realität beherrscht.[1154] Dass durch die Nichtigerklärung der Strafbewehrung zumindest mittelbar eine Umkehrung dieser Verhältnisse angestrebt werden soll, um den Grundsatz der obligatorischen Zivilehe letztendlich sukzessive auszuhöhlen, lässt sich gegenwärtig schwerlich begründen: Zum einen zeitigen religiöse Trauungen nach wie vor keine rechtlichen Wirkungen und werden damit von der Rechtsordnung weiterhin nicht anerkannt. Zum anderen steht das Prinzip der obligatorischen Zivilehe unter dem besonderen Schutz der Verfassung, sowohl in Form der konkreten Normen des türkischen ZGB[1155] als auch mittelbar über die in Art. 4 i.V.m. Art. 3 der türkischen Verfassung von 1982 festgeschriebene Unabänderlichkeit des Laizismus als Staatsstrukturprinzip. Daneben lässt sich auch sonst innerhalb der Rechtsprechung des türkischen Verfassungsgerichts zum Kernbereich des Zivilrechts schwerlich ein Urteil finden, dass als eindeutiges Indiz einer Reislamisierung herangezogen

---

1152 Auf die Notwendigkeit einer solchen Unterscheidung hinweisend *Tecimer*, VerfBlog, 2017/9/26.

1153 Gesetz vom 19. Februar 2007, BGBl. I S. 122.

1154 Im Rahmen einer Studie der Hacettepe-Universität Ankara aus dem Jahre 2015 gaben nur 2,8 % der befragten Frauen, die nach dem 18. Lebensjahr geheiratet hatten, an, lediglich religiös getraut zu sein. Bei den Befragten, die vor dem 18. Lebensjahr geheiratet hatten, lag die Zahl bei nur 1,9 %. Siehe hierzu „Türkiye'de Kadına Yönelik Aile İçi Şiddet Araştırması", S. 76. Die Studie ist abrufbar unter http://www.hips.hacettepe.edu.tr/KKSA-TRAnaRaporKitap26Mart.pdf (zuletzt abgerufen am 30.12.2020).

1155 Siehe dazu den oben schon erwähnten Art. 174 Nr. 4 der türkischen Verfassung von 1982.

werden kann.[1156] Feststellen lässt sich insoweit daher nur eine Liberalisierung der Rechtsprechung in Fragen der Religionsfreiheit.

Allerdings handelt es sich bei dieser judikativen Kehrtwende nicht um die einzige bemerkenswerte Entwicklung auf dem Gebiet der Ziviltrauung. Besonders viel Aufsehen erregt hat auf diesem Gebiet ein jüngst von der Regierung beschlossenes Gesetz zur Durchführung von Änderungen am Gesetz über das Personenstandswesen und anderer Gesetze.[1157] Dieses bestimmt in seinem Art. 6, dass die in Art. 22 Abs. 2 des Gesetzes über das Personenstandswesen[1158] enthaltene Aufzählung der zur Durchführung von Ziviltrauungen befugten Personen dahingehend ergänzt werden soll, dass das Innenministerium zusätzlich auch die Ämter der Provinz- und der Bezirks*muftis* mit der Aufgabe der Durchführung von Ziviltrauungen betrauen und entsprechend ermächtigen kann. Die Ämter der Provinz- und Bezirksmuftis bilden die maßgeblichen

1156 *Tecimer* kann im Hinblick auf den Kernbereich des Zivilrechts insoweit lediglich ein Zitat aus einem Gegenvotum anführen, das ein türkischer Verfassungsrichter jüngst im Rahmen eines Verfahrens auf Ungültigerklärung von Teilen des türkischen Güterrechtsregimes verfasst hat (Türkisches Verfassungsgericht, Hauptsache Nr. 2016/36, Entscheidung Nr. 2016/187 vom 14.12.2016, verkündet am 13.01.2017 im türkischen Amtsblatt [Nr. 29947]). Anders als die Mehrheit der Richter hielt letzterer die betreffenden Bestimmungen des türkischen ZGB für verfassungswidrig und begründete dies – neben anderen verletzten Rechtspositionen – mit einem Verstoß gegen das – so wörtlich – *„kul hakkı"*. Problematisch hieran erscheint, dass es sich bei diesem Begriff um einen Fachterminus des islamischen Rechts handelt, der sich in etwa als „Rechte eines Menschen als Untertan Gottes" übersetzen lässt. Laut *Tecimer* habe der Autor des Gegenvotums damit einen Terminus des islamischen Rechts zur Quelle einer verfassungsrechtlichen Bewertung gemacht. Dieses und einige weitere Beispiele anführend kommt *Tecimer* daher zu dem Schluss, dass die aufgezählten Beispiele aus Justiz und Politik über eine Liberalisierung hinausgingen und die jüngere Verfassungswirklichkeit der Türkei deshalb von einem *„Unofficial Islamic Constitutionalism"* geprägt sei.
Ein wirklich eindeutiges Indiz für eine Islamisierung des Kernbereichs des Zivilrechts stellt das angeführte Zitat aus dem Gegenvotum allerdings nicht dar. Wie *Tecimer* nämlich selbst auch einräumt, steht die Wendung *„kul hakkı"* im alltäglichen Sprachgebrauch generell für „Billigkeit" und „Gerechtigkeit". Und auch die anderen als Indizien aufgeführten Beispiele vermögen nicht wirklich zu überzeugen, da wirklich eindeutig nur die angeführten Zitate einiger Politiker sind. Äußerungen von Politikern sind jedoch nicht gleichzusetzen mit der Realität des herrschenden politischen und rechtlichen Systems. Siehe zu alldem *Tecimer*, VerfBlog, 2017/9/26.

1157 Gesetz Nr. 7039, verkündet am 03.11.2017 im türkischen Amtsblatt (Nr. 30229).

1158 Gesetz Nr. 5490, verkündet am 29.04.2006 im türkischen Amtsblatt (Nr. 26153).

Untergliederungen der Provinzorganisation des türkischen *Präsidiums für Religionsangelegenheiten.*[1159] Dieses wurde im Jahre 1924 gegründet zum Zwecke der *„Durchführung von Handlungen im Zusammenhang mit den Glaubensgrundsätzen, dem Kultus und den ethischen Grundsätzen des Islam, der Aufklärung der Bevölkerung in Religionsfragen und der Verwaltung der Gebetsstätten"* und ist als integraler Teil der Staatsverwaltung unmittelbar dem Präsidenten unterstellt.[1160] Die Ämter der Provinz- und Bezirksmuftis repräsentieren das Präsidium auf Provinz- und Bezirksebene, verwalten die religiösen Stätten und üben die Aufsicht über die vom Präsidium beschäftigten Religionsbeauftragten aus,[1161] die überwiegend als verbeamtete Staatsbedienstete tätig sind. Den Ämtern steht jeweils ein *Mufti* vor, der als Einstellungsvoraussetzung mindestens eine theologische Ausbildung an einer Hochschule abgeschlossen haben muss.[1162]

Die vorgenannte Ausweitung der zur Durchführung einer Ziviltrauung befugten öffentlichen Ämter ist auf scharfe Kritik gestoßen. Da es sich bei dem *Mufti* – obgleich verbeamteter Staatsbediensteter – um einen islamischen Geistlichen handelt und Geistliche anderer Religionen nicht entsprechend ermächtigt werden können, wurde angeführt, dass die Änderung gegen das in Art. 10 der türkischen Verfassung von 1982 enthaltene Gleichheitsgebot verstoße.[1163] Zudem wahre der Staat mit ihr nicht mehr die gebotene Äquidistanz gegenüber den verschiedenen Religionen, was wiederum gegen den in Art. 2 der Verfassung niedergelegten Grundsatz des Laizismus verstoße.[1164] Außerdem sei eine

---

1159 Art. 8 Abs. 1 des Gesetzes über Gründung und Befugnisse des *Präsidiums für Religionsangelegenheiten* (Gesetz Nr. 633, verkündet am 02.07.1965 im türkischen Amtsblatt (Nr. 12038).

1160 Art. 1 Abs. 1 des Gesetzes über Gründung und Befugnisse des *Präsidiums für Religionsangelegenheiten.*

1161 Art. 8 Abs. 2 S. 2 des Gesetzes über Gründung und Befugnisse des *Präsidiums für Religionsangelegenheiten.*

1162 Art. 8 Abs. 2 S. 1 und Art. 22 Abs. 1 lit. e) des Gesetzes über Gründung und Befugnisse des *Präsidiums für Religionsangelegenheiten.* Siehe zu alldem mehr Karakas, Türkei: Islam und Laizismus, HSFK-Report 1/2007, S. 10 ff.

1163 Siehe insoweit bspw. die Kritik von *Çitil*, abrufbar unter http://www.hukukihaber.net/muftulere-nikah-kiyma-yetkisi-verilmesi-makale,5471.html (zuletzt abgerufen am 25.04.2022) und von *Şen*, abrufbar unter http://www.hukukihaber.net/resmi-nikah-makale,5462.html (zuletzt abgerufen am 25.04.2022).

1164 Siehe insoweit Fn. 1163.

Ausweitung der befugnisfähigen Stellen auch nicht erforderlich, da sich mittlerweile fast allerorts entsprechend befugte Ämter fänden.[1165]

Die amtliche Begründung des Änderungsgesetzes äußert sich hingegen nur sehr knapp zu der umstrittenen Ausweitung. Dort heißt es, dass die Befugnisse auf die Provinz- und Bezirksmuftis ausgeweitet würden, um die Vorgänge der Eheschließung zugunsten der Bürger zu vereinfachen und zu beschleunigen. Inwiefern eine solche „*Vereinfachung*" und „*Beschleunigung*" mit der beschlossenen Ausweitung erreicht werden soll, wird erst unter Hinzuziehung betreffender mündlicher Statements aus Kreisen der Regierungspartei verständlich: Gedanke hinter der Regelung sei es, denjenigen Bürgern, die neben einer standesamtlichen auch eine religiöse Trauung durchführen wollen, beides in derselben Behörde zu ermöglichen.[1166] In der Tat sollen im Rahmen einer Studie der Hacettepe-Universität Ankara aus dem Jahre 2015 in etwa 95 % aller befragten Frauen angegeben haben, sowohl standesamtlich als auch religiös getraut zu sein.[1167] Der Studie zufolge gaben dabei 47,3 % der Frauen, die nach dem 18. Lebensjahr geheiratet hatten, an, die religiöse Trauung vor der standesamtlichen Trauung durchgeführt zu haben.[1168] Bei denjenigen, die vor dem 18. Lebensjahr geheiratet hatten, betrug diese Zahl 62,7 %.[1169]

Im Hinblick auf eine Bewertung dieses jüngeren Vorstoßes der Regierung unter dem Aspekt der eingangs gestellten Frage nach einer potenziellen Reislamisierung des Kernbereichs des Zivilrechts stellt der von den Kritikern geäußerte Vorwurf eines Verstoßes gegen das Gleichheitsgebot und den Grundsatz des Laizismus durch die alleinige Privilegierung der islamischen Geistlichen und damit der islamischen Trauung einen wichtigen Gradmesser dar. Betrachtet man das Verhältnis von Staat und Religion in der modernen Türkei und die jüngeren Entscheidungen des türkischen Verfassungsgerichts zum Prinzip des Laizismus, vermag die angeführte Kritik allerdings insoweit nicht zu überzeugen. Der türkische Laizismus ist seit jeher inkonsistent.[1170] Obschon bis zum Übergang zum demokratischen Mehrparteiensystem ab 1950 ein besonders rigides,

---

1165 Diesen Einwand erhebend bspw. der Abgeordnete der CHP *Rıza Yalçınkaya*. Siehe dazu http://www.hukukihaber.net/kamu-hukuku/muftuye-nikah-yetkisine-tbmm-den-onay-h99386.html (zuletzt abgerufen am 25.04.2022).

1166 So beispielsweise der Abgeordnete der AKP *Orhan Deligöz*. Siehe dazu https://www.bbc.com/turkce/haberler-turkiye-40768127 (zuletzt abgerufen am 25.04.2022).

1167 „Türkiye'de Kadına Yönelik Aile İçi Şiddet Araştırması", S. 76. Siehe hierzu Fn. 1154.

1168 „Türkiye'de Kadına Yönelik Aile İçi Şiddet Araştırması", S. 76. Siehe hierzu Fn. 1154.

1169 „Türkiye'de Kadına Yönelik Aile İçi Şiddet Araştırması", S. 76. Siehe hierzu Fn. 1154.

1170 In diese Richtung auch *Göztepe*, APuZ B 33–34/2004, 32, 38.

gar religionsfeindliches Laizismusverständnis herrschte, wurde 1924 – parallel zur Abschaffung des Kalifats – mit dem *Präsidium für Religionsangelegenheiten* eine *staatliche* Behörde als integraler Bestandteil der Staatsverwaltung geschaffen, die gem. ihren gesetzlichen Grundlagen ausschließlich religiöse Dienstleistungen für die *„Religion Islam“* erbringt und sich dabei seither faktisch auf den *sunnitischen* Islam beschränkt.[1171] Der *sunnitische* Islam wurde damit zur de-facto Staatsreligion der modernen Türkei erhoben.[1172] Die weitestgehend allen Laizismusverständnissen gemeinsame Äquidistanz des Staates gegenüber allen Religionen bestand in der modernen Türkei damit zu keinem Zeitpunkt – was aus Sicht des türkischen Staates jedoch nie ein Problem darstellte. Zwar wird insbesondere von Seiten der türkischen *Aleviten*[1173] immer wieder beklagt, dass die ausschließliche Finanzierung *sunnitischer* Geistlicher und Gebetsstätten gegen das Gleichheitsgebot und das Laizismusverständnis verstoße, doch blieb dies bisher folgenlos.[1174] Das türkische Verfassungsgericht führte in diesem Zusammenhang jüngst aus:

> *„Zudem kann bei ganzheitlicher Betrachtung auch nicht gesagt werden, dass das Prinzip des Laizismus in der Türkei von Beginn an auf Ebene der Verfassung und in der Praxis die institutionelle Verbindung zwischen Staat und Islam kategorisch ausgeschlossen hätte. Die Verfassung hat, ohne einer offiziellen Religion Raum zu geben, für die Angehörigen der Mehrheitsreligion offizielle Mechanismen vorgesehen, um Bedürfnissen wie Glauben, Kultus und Bildung entgegenzukommen. Art. 136 der Verfassung hat das Präsidium für Religionsangelegenheiten als eine zur generellen Verwaltung gehörende verfassungsrechtliche Institution definiert, die ‚im Einklang mit dem Prinzip des Laizismus‘ ihre sondergesetzlich zugewiesenen Aufgaben erfüllt. Gem. Art. 1 des Gesetzes Nr. 633 von 1965 wird der Zweck dieser verfassungsrechtlichen Institution als die ‚Durchführung von Handlungen im Zusammenhang mit den Glaubensgrundsätzen, dem Kultus und den ethischen Grundsätzen des Islam, der Aufklärung der Bevölkerung in Religionsfragen und der Verwaltung der Gebetsstätten‘ definiert.“*[1175]

1171 Vgl. *Göztepe*, APuZ B 33–34/2004, 32, 38.

1172 *Dreßler*, APuZ 9–10/2017, 23, 24; *Agai*, ApuZ B 33–34/2004, 18, 20.

1173 Das Alevitentum ist eine heterodoxe Lesart des Islam, die infolge einer anatolisch geprägten Vulgarisierung des safawidischen Schiitentums entstanden ist.

1174 Siehe beispielsweise die jüngst geäußerte Empörung des Vorsitzenden der alevitischen Kulturvereine der Türkei über die Äußerung des Vorsitzenden des Präsidiums für Religionsangelegenheiten, dass die Gebetsstätte sowohl für Sunniten als auch für Aleviten die Moschee sei. Siehe hierzu http://www.cumhuriyet.com.tr/haber/turkiye/943359/Alevi_orgutlerinden_Diyanet_e_tepki___ibadet_yerimiz_cemevidir_.html (zuletzt abgerufen am 25.04.2022).

1175 Türkisches Verfassungsgericht, Hauptsache Nr. 2012/65, Entscheidung Nr. 2012/128 vom 20.09.2012, verkündet am 18.04.2013 im türkischen Amtsblatt (Nr. 28622).

In der Tat kommt die Ausweitung der Befugnisfähigkeit auf die Ämter der Provinz- und Bezirksmuftis lediglich äußerlich „[…] *wie eine administrative Befugniserteilung daher*“[1176]. Die hierdurch bewirkte faktische Privilegierung des Mehrheitsglaubens reiht sich gleichwohl in die Tradition des türkischen Laizismus ein. Zudem geht auch mit dieser Maßnahme keine Änderung des geltenden Rechts einher. Religiöse Trauungen werden nach wie vor rechtlich nicht anerkannt und zeitigen somit auch keine Rechtsfolgen. Der Grundsatz der obligatorischen Zivilehe steht ebenso weiterhin unter dem besonderen Schutz der Verfassung. Ein eindeutiges Indiz für eine Reislamisierung des Kernbereichs des Zivilrechts ist deshalb auch hierin nicht zu erblicken. Allerdings könnte die Gesetzesänderung trotz der nach wie vor unverändert bestehenden zivilrechtlichen Grundlagen zumindest zu einer veränderten Wahrnehmung der Eheschließung führen. Der Standesbeamte kann nämlich gem. Art. 141 S. 2 des türkischen ZGB von 2001 auf Verlangen der Heiratswilligen die Trauung an einem anderen, ihm passend erscheinenden Ort durchführen. Die Annahme liegt nahe, dass sich bei Trauungen durch *Muftis* in der Praxis die Moschee als ein solcher abweichender Ort etablieren wird. Zudem liegt die Annahme nahe, dass bei solchen Trauungen die Grenze zwischen Ziviltrauung und religiöser Trauung aufgrund der im Wesentlichen gleichen Voraussetzungen zumindest verschwimmen wird, wenn nicht sogar der zuständige Beamte beide Trauungen der Einfachheit halber durch ein und dieselbe Zeremonie durchführen wird.[1177] Eine Änderung der Rechtsfolgen hätte dies nicht zur Folge. Es wäre aber ein Verstoß gegen das verfassungsrechtlich geschützte zeitliche Primat der Ziviltrauung und liefe in der Wahrnehmung auf eine faktische Anerkennung der islamischen Eheschließung durch den Staat hinaus.

2. Nachträgliche Ziviltrauung als Strafaufhebungsgrund bei sexuellem Missbrauch von Kindern

Fragen nach einer möglichen Reislamisierung wirft auch eine jüngst im Jahre 2016 ins türkische Parlament eingebrachte Gesetzesvorlage auf, die unter anderem eine Änderung der Bestimmungen zum sexuellen Missbrauch von Kindern enthielt. Dieser Vorlage wurde im Laufe des Gesetzgebungsverfahrens auf Initiative einiger Abgeordneter der Regierungspartei eine Bestimmung

1176 So *Şen*, abrufbar unter http://www.hukukihaber.net/resmi-nikah-makale,5462.html (zuletzt abgerufen am 25.04.2022).

1177 Diese Gefahren aufzeigend *Şen*, abrufbar unter http://www.hukukihaber.net/resmi-nikah-makale,5462.html (zuletzt abgerufen am 25.04.2022).

hinzugefügt, der zufolge in Fällen von sexuellem Missbrauch von Kindern eine nachträgliche Eheschließung zwischen Täter und Opfer die Aussetzung des Strafverfahrens bzw. der schon angetretenen Haftstrafe zur Folge haben sollte. Da das Ehemündigkeitsalter im islamischen Recht im Vergleich zu den seit 2001 im türkischen Recht geltenden Altersgrenzen sehr niedrig angesetzt ist, stellt sich die Frage, ob mit diesem Vorstoß nicht mittelbar eine faktische Legalisierung bzw. Förderung solcher besonders jung eingegangener Paarbeziehungen bezweckt werden sollte. Um dies zu ermitteln, ist insbesondere die Genese der Vorlage in die Betrachtung miteinzubeziehen.

Das türkische StGB von 1926 bestimmte in seinem Art. 434, dass eine nachträgliche Eheschließung in entsprechenden Fällen einen Strafaufhebungsgrund darstellt. Die Regelung wurde mit dem neuen türkischen StGB von 2004 aus dem Gesetz gestrichen. Fortan galt unter anderem jede sexuelle Handlung an Kindern unter 15 Jahren als sexueller Missbrauch von Kindern und wurde mit Freiheitsstrafe von drei bis acht Jahren bestraft (Art. 103 Abs. 1 S. 2 lit. a des türkischen StGB von 2004). Im Falle des Eindringens in den Körper war eine Freiheitsstrafe von acht bis fünfzehn Jahren vorgesehen (Art. 103 Abs. 2 des türkischen StGB von 2004). Hatte die Tat eine physische oder seelische Schädigung zur Folge, galt eine Mindestfreiheitsstrafe von fünfzehn Jahren (Art. 103 Abs. 6 des türkischen StGB von 2004). War das Opfer zwischen 15 und 18 Jahren alt und hatte den sexuellen Kontakt ohne Zwang, Drohung und Täuschung eingegangen, wurde die Tat nur auf Antrag verfolgt. Vorgesehen war insoweit wiederum eine Freiheitsstrafe von sechs Monaten bis zwei Jahren (Art. 104 I des türkischen StGB von 2004). Betrug der Altersunterschied zwischen Täter und Opfer mehr als fünf Jahre, musste die Tat von Amts wegen verfolgt werden. Es galt zudem der doppelte Strafrahmen (Art. 104 Abs. 2 des türkischen StGB von 2004).

Die Strafrahmen dieser Vorschriften wurden mit einem Änderungsgesetz aus dem Jahre 2014 deutlich erhöht. Der Strafrahmen für die Vornahme von sexuellen Handlungen an Kindern unter 15 Jahren wurde auf acht bis fünfzehn Jahre Freiheitsstrafe angehoben (Art. 103 Abs. 1 S. 1 i.V.m. S. 4 lit. a des türkischen StGB von 2004). Im Falle des Eindringens galt fortan eine Mindestfreiheitsstrafe von sechzehn Jahren (Art. 103 Abs. 2 des türkischen StGB von 2004). Ebenfalls angehoben wurde der Strafrahmen im Falle von sexuellem Kontakt mit Kindern zwischen 15 und 18 Jahren. Dieser betrug fortan zwei bis fünf Jahre Freiheitsstrafe (Art. 104 Abs. 1 des türkischen StGB von 2004).

Festzustellen ist damit zunächst einmal, dass die nachträgliche Eheschließung als Strafaufhebungsgrund abgeschafft und die Strafrahmen der Vorschriften im Jahre 2014 dazu deutlich erhöht wurden. Von einer faktischen Legalisierung bzw. Förderung besonders jung eingegangener Paarbeziehungen kann insoweit daher keine Rede sein.

Seit Inkrafttreten des neuen türkischen StGB im Jahre 2004 sind seine Vorschriften über sexuelle Handlungen an Minderjährigen allerdings Gegenstand mehrerer Verfahren vor dem türkischen Verfassungsgericht gewesen. Möglicherweise enthalten diese Verfahren Indizien für eine Reislamisierung im vermuteten Sinne.

So wurde Art. 104 Abs. 2 des türkischen StGB von 2004 über den sexuellen Kontakt mit Minderjährigen zwischen 15 und 18 Jahren, der ohne Zwang, Drohung und Täuschung zustande gekommen ist, im Jahre 2005 auf dem Wege einer konkreten Normenkontrolle mit dem Verlangen auf Ungültigerklärung dem türkischen Verfassungsgericht vorgelegt. Dieses folgte dem Antrag und begründete dies mit einem Verstoß gegen das in Art. 10 der türkischen Verfassung von 1982 enthaltene Gleichheitsgebot.[1178] Es bestehe kein Grund, ab einem Altersunterschied von mehr als fünf Jahren sowohl hinsichtlich des Antragserfordernisses als auch hinsichtlich des Strafrahmens zu differenzieren. Insbesondere bleibe die Beurteilungskraft des Opfers dieselbe. Zudem sei zu beachten, dass ab dem 16. Lebensjahr rechtlich die Ehemündigkeitserklärung durch ein Gericht möglich sei. Der Gesetzgeber habe mit der Regelung gerade zum Ausdruck bringen wollen, dass er die Einwilligung von Minderjährigen im Alter von 15 bis 18 Jahren zu sexuellem Kontakt respektiere.[1179] Indizien für eine faktische Legalisierung bzw. Förderung besonders jung eingegangener Paarbeziehungen bietet dieses Urteil seiner Begründung nach damit jedenfalls nicht.

Auch auf dem Wege einer konkreten Normenkontrolle wurde im Jahre 2015 die Ungültigerklärung von Art. 103 Abs. 2 des türkischen StGB von 2004 verlangt, der seit seiner Änderung im Jahre 2014 im Falle des Eindringens in den Körper des Opfers eine Mindestfreiheitsstrafe von sechzehn Jahren vorsah. Das türkische Verfassungsgericht entsprach auch diesem Verlangen und begründete dies mit einem Verstoß gegen das in Art. 2 der türkischen Verfassung von 1982 enthaltene Rechtsstaatsprinzip.[1180] Die vorgesehene Mindestfreiheitsstrafe von sechzehn Jahren sei unverhältnismäßig, da sie keinen Spielraum zur Differenzierung im konkreten Fall zulasse. So könnten beispielsweise das Alter des

1178 Türkisches Verfassungsgericht, Hauptsache Nr. 2005/103, Entscheidung Nr. 2005/89 vom 23.11.2005, verkündet am 25.02.2006 im türkischen Amtsblatt (Nr. 26091).

1179 Siehe zu alldem Fn. 1178.

1180 Türkisches Verfassungsgericht, Hauptsache Nr. 2015/26, Entscheidung Nr. 2015/100 vom 12.11.2015, verkündet am 11.12.2015 im türkischen Amtsblatt (Nr. 29559).

Opfers, das Alter des Täters und eine *nachträgliche Eheschließung* beim Strafrahmen nicht berücksichtigt werden.[1181] In der Tat lag dem Normenkontrollverfahren ein Fall zugrunde, in dem der Täter ebenfalls minderjährig war und der Geschlechtsverkehr einverständlich vollzogen wurde. Das vorlegende Gericht sah die insoweit zu verhängende Mindestfreiheitsstrafe von sechzehn Jahren als unverhältnismäßig hoch an.

In einem ähnlichen Fall wurden schließlich Abs. 1 (exklusive lit. b), 2 und 3 lit. a) des Art. 104 des türkischen StGB von 2004 wiederum auf dem Wege einer konkreten Normenkontrolle im Jahre 2015 mit dem Verlangen auf Ungültigerklärung dem türkischen Verfassungsgericht vorgelegt. Dieses entsprach (in Teilen) abermals dem Verlangen und begründete dies wiederum mit einem Verstoß gegen das Rechtsstaatsprinzip.[1182] In seiner Urteilsbegründung verwies das Gericht dabei größtenteils auf seine Ausführungen aus dem vorgenannten Urteil des Jahres 2015. So sehe das Gesetz für den Fall der Vornahme einer sexuellen Handlung an einem Kind unter 15 Jahren einzig den schon genannten Strafrahmen von acht bis fünfzehn Jahren Freiheitsstrafe vor. Auch insoweit könnte hinsichtlich des Strafrahmens keine Differenzierung nach Alter des Opfers, Alter des Täters oder *nachträglicher Eheschließung* vorgenommen werden. Damit verstoße die Regelung ebenso gegen das in der Verfassung enthaltene Rechtsstaatsprinzip.[1183]

Um die drohende Lücke im türkischen StGB zu schließen[1184], brachte die Regierungspartei im Jahre 2016 den eingangs genannten Gesetzentwurf in das türkische Parlament ein, mit dem unter anderem auch Änderungen an den für ungültig erklärten Bestimmungen vorgenommen werden sollten. Im Verlaufe dieses Gesetzgebungsverfahrens wurde auf Initiative einer Gruppe von Abgeordneten der Regierungspartei ein Vorschlag auf Hinzufügung der eingangs genannten Bestimmung über die Aussetzung des Verfahrens im Falle der nachträglichen Eheschließung eingebracht und von der Regierungsfraktion im weiteren Verlauf angenommen. Laut Angaben aus Regierungskreisen zielte diese Hinzufügung gerade auf die vom Verfassungsgericht beschriebenen Fälle ab,

1181 Siehe zu alldem Fn. 1180.

1182 Türkisches Verfassungsgericht, Hauptsache Nr. 2015/108, Entscheidung Nr. 2016/46 vom 26.05.2016, verkündet am 13.07.2016 im türkischen Amtsblatt (Nr. 29769).

1183 Siehe zu alldem Fn. 1182.

1184 Das türkische Verfassungsgericht erklärte die betreffenden Bestimmungen in den genannten Urteilen mit zeitlicher Verzögerung für ungültig, um dem Gesetzgeber in der Zwischenzeit die Schließung der drohenden Lücke zu ermöglichen.

in denen die Täter auch minderjährig, der Geschlechtsverkehr einverständlich gewesen und anschließend eine Ziviltrauung zwischen Täter und Opfer vollzogen worden sei. Diesen „Opfern" des bis dahin geltenden starren Strafrahmens sollte die Aussetzung des Verfahrens bzw. der angetretenen Haftstrafe zugutekommen. Daher bestimmte die Regelung auch einen Stichtag, um nur die Fälle zu erfassen, die sich in diesem Zeitrahmen zugetragen hatten. Zudem sah die Bestimmung zum Schutz der Opfer auch vor, dass für eine bestimmte Dauer eine schuldhaft durch den Täter verursachte Scheidung dazu führe, dass die Verfahren bzw. Haftstrafen fortgesetzt werden.[1185]

Betrachtet man die Urteile und den parlamentarischen Vorstoß im Lichte der eingangs gestellten Frage, lässt sich Folgendes feststellen: Das türkische Verfassungsgericht hat nicht gefordert, die nachträgliche Ehe als Strafaufhebungsgrund auszugestalten.[1186] Daher verweist das Gericht auch in keinem seiner Urteile auf den Art. 434 des alten türkischen StGB.[1187] Vielmehr forderte das Gericht einen Strafrahmen, der genügend Spielraum für eine Differenzierung im Einzelfall bietet.[1188] Es stellt in seinen Urteilen daher gerade nicht in Frage, dass der Täter auch im Falle einer nachträglichen Eheschließung zu bestrafen ist. Eine faktische Legalisierung bzw. Förderung besonders jung eingegangener Paarbeziehungen lässt sich hierin nicht erblicken. Letzteres gilt auch hinsichtlich des parlamentarischen Vorstoßes, für Fälle, die sich bis zu dem vorherbestimmten Stichtag ereignet haben, im Falle der nachträglichen Eheschließung die Verfahren bzw. Haftstrafen auszusetzen. Diese Übergangsregelung sollte lediglich die durch den starren Strafrahmen verursachten ungewollten Härten ausgleichen, die infolge dessen entstanden sind, dass Art. 434 des alten türkischen StGB mit der Revision des Jahres 2004 aus dem Gesetz gestrichen wurde. Denn schließlich wurden sowohl die Streichung des Art. 434 als auch die Verschärfung im Jahre 2014 von derselben Regierungspartei mitgetragen, deren Abgeordnete auch den parlamentarischen Vorstoß initiierten.

Nichtsdestotrotz hat letzterer in der Öffentlichkeit eine hitzige Debatte ausgelöst. Die Regierungspartei zog den Vorstoß deshalb zwischenzeitig zurück. Das

---

1185 Siehe zu alldem http://www.hurriyet.com.tr/gundem/meclisi-karistiran-duzenleme-40281088 (zuletzt abgerufen am 25.04.2022).

1186 So auch *Şen*, abrufbar unter http://www.haber7.com/yazarlar/prof-dr-ersan-sen/2217229-cinsel-istismar-sucunda-evlilikle-af-onerisi (zuletzt abgerufen am 25.04.2022).

1187 *Şen*, abrufbar unter http://www.haber7.com/yazarlar/prof-dr-ersan-sen/2217229-cinsel-istismar-sucunda-evlilikle-af-onerisi (zuletzt abgerufen am 25.04.2022).

1188 So auch *Şen*, abrufbar unter http://www.haber7.com/yazarlar/prof-dr-ersan-sen/2217229-cinsel-istismar-sucunda-evlilikle-af-onerisi (zuletzt abgerufen am 25.04.2022).

Änderungsgesetz ist in der Folge ohne die Übergangsbestimmung verabschiedet worden und in Kraft getreten.[1189] Hierdurch wurden unter anderem zusätzliche Strafrahmen zur Differenzierung in die Bestimmungen über den sexuellen Missbrauch von Kindern eingefügt. So ist für den Fall, dass die sexuelle Handlung an einem Kind *unter 12 Jahren* vorgenommen wird, nunmehr eine Mindestfreiheitsstrafe von zehn Jahren vorgesehen (Art. 103 Abs. 1 S. 3 des türkischen StGB von 2004). Ist das Opfer im Falle des Eindringens weniger als *12 Jahre* alt, gilt fortan eine Mindestfreiheitsstrafe von achtzehn Jahren. Die Bestimmungen wurden damit letztlich sogar verschärft.

3. *Vergleichender Blick auf die Rechtsentwicklungen in Japan und in Äthiopien*

Aufschluss über die Frage, ob und inwieweit im Hinblick auf die Türkei von einem islamischen – und damit rechtshistorischen – Roll-back gesprochen werden kann, könnte auch ein vergleichender Blick auf jüngere Entwicklungen in Staaten bieten, die eine ähnliche rechtsgeschichtliche Entwicklung durchlebt haben. In Betracht kommen hierfür Japan und Äthiopien. Parallelen bestehen dabei insofern, als dass europäische Mächte in beiden Staaten ebenfalls über Kapitulationen ein System der Konsulargerichtsbarkeit etabliert hatten, um die Anwendbarkeit des autochthonen Rechts für ihre Staatsbürger auszuschließen, und auf dieses System ebenfalls nur gegen die Verpflichtung verzichteten, das autochthone Recht zu modernisieren.[1190]

Japan verkündete zu diesem Zwecke 1898 ein auf Grundlage des französischen *Code Civil* verfasstes und im weiteren Verlauf insbesondere anhand des Ersten Entwurfs des deutschen BGB überarbeitetes Zivilgesetzbuch.[1191] Letzteres bildete auch die Ursache für die anschließend erfolgte massive Theorienrezeption aus Deutschland, die dem japanischen ZGB seine häufig hervorgehobene deutschrechtliche Prägung verlieh.[1192] In den darauffolgenden Jahren äußerten japanische Rechtsgelehrte jedoch vermehrt Kritik an der übernommenen deutschen Zivilrechtsdogmatik.[1193] Kritisiert wurde, dass sie zu abstrakt und theoretisch sei und der japanischen Lebenswirklichkeit nicht gerecht werde.[1194] Die

1189 Gesetz Nr. 6763, verkündet am 02.12.2016 im türkischen Amtsblatt (Nr. 29906).

1190 *Scholler*, in: *Scholler/Tellenbach*, Westliches Recht in der Republik Türkei 70 Jahre nach der Gründung, S. 8.

1191 *Rahn*, Rechtsdenken und Rechtsauffassung in Japan, S. 369 f.

1192 *Rahn*, Rechtsdenken und Rechtsauffassung in Japan, S. 370.

1193 *Rahn*, Rechtsdenken und Rechtsauffassung in Japan, S. 370 f.

1194 *Rahn*, Rechtsdenken und Rechtsauffassung in Japan, S. 370 f.

Äußerungen gaben Anstoß für langjährige und intensive Diskussionen insbesondere auf dem Feld der Zivilrechtsmethodik, die schließlich zur Entstehung einer den traditionellen Merkmalen der japanischen Denkart entsprechenden *japanischen* Zivilrechtsmethodik führten, mittels derer sodann die Kluft zwischen dem übernommenen Gedankengut und der japanischen Lebenswirklichkeit überwunden werden konnte.[1195] In einem Prozess der Akkulturation hat sich die japanische Rechtswissenschaft damit von ihrer deutschen Mutterrechtsordnung im Sinne der traditionellen Merkmale der japanischen Denkart „emanzipiert".[1196] Diese Entwicklung steht dabei in einem krassen Widerspruch zur türkischen Entwicklung, in der das übernommene schweizerische ZGB und OR bis heute eine Art intellektuellen und legislativen Denkmalschutz genießen und in der der Takt für die Fortentwicklung der beiden Gesetzbücher weiterhin von der schweizerischen Mutterrechtsordnung vorgegeben wird, ja die Lehrbuchliteratur sogar heute noch stark von der Mutterrechtsordnung geprägt ist.[1197] Ursächlich für die andersartige Entwicklung in Japan wird vermutlich gewesen sein, dass die traditionellen Merkmale der japanischen Denkart aufgrund der isolierten Insellage, ihrer staatlichen Propagierung bis zum Ende des *Zweiten Weltkrieges* und der mit dem enormen Wirtschaftswachstum einhergegangenen Selbstsicherheit der Bevölkerung hohe Beharrungskraft innerhalb der Gesellschaft gezeitigt haben,[1198] während in der Türkei von Seiten der republikanischen Staatselite und Juristenschaft gerade der Bruch mit der überkommenen Ordnung des besiegten Osmanischen Reiches intendiert und vor diesem Hintergrund das übernommene schweizerische Recht als zivilisatorischer Grundstein der neu gegründeten türkischen Republik betrachtet wurde.[1199] Abweichend von der Entwicklung in Japan, die ihren Ausdruck in der Parole *„Japanischer Geist mit westlichem Wissen"* fand,[1200] erblickte die frühe republikanische Staatselite

---

1195 *Rahn*, Rechtsdenken und Rechtsauffassung in Japan, S. 372 ff., 389.

1196 *Rahn*, Rechtsdenken und Rechtsauffassung in Japan, S. 27 ff., 168 f., 371.

1197 In diesem Zusammenhang *Rumpf*, Türkisches Recht, S. 13: „In keinem anderen Rechtsgebiet ist die Lehrbuchliteratur so stark von der Rechtswissenschaft des Ursprungslandes geprägt wie im Zivilrecht. Die Fußnotenapparate enthalten oft mehr Hinweise zu Lehre und Rechtsprechung in der Schweiz als zu Lehre und Rechtsprechung in der Türkei, auch Referenzen zum deutschen Recht findet man immer häufiger, eine Folge des regen Austauschs zwischen der Türkei und Deutschland." Siehe zu alldem S. 176 f. und S. 202 ff.

1198 Vgl. *Rahn*, Rechtsdenken und Rechtsauffassung in Japan, S. 402.

1199 Siehe zu Letzterem S. 176.

1200 *Rahn*, Rechtsdenken und Rechtsauffassung in Japan, S. 65.

der Türkei in der bedingungslosen Übernahme westlicher Zivilisation die Voraussetzung für die gleichwertige Aufnahme der Türkei in den Kreis der zivilisierten (d.h. europäischen) Staaten. Der vergleichende Blick auf die japanische Entwicklung verdeutlicht damit gerade die fortwährende Kontinuität der Verarbeitung schweizerischen Rechts in der Türkei.[1201]

In Äthiopien wurde zur Erfüllung der Verpflichtung zur Modernisierung der Rechtsordnung im Jahre 1960 eine vornehmlich auf französischem, schweizerischem, italienischem und griechischem Recht beruhende Zivilrechtskodifikation eingeführt.[1202] Allerdings verblieb es nicht bei dieser Übernahme fremden rechtlichen Gedankengutes. Mit Errichtung der sozialistischen Militärdiktatur unter *Mengistu Haile Mariam* kam es zudem zu einer Implementierung sozialistischen Rechts.[1203] Mittlerweile wurde nach dem Ende der sozialistischen Militärdiktatur im Jahre 1994 eine neue Verfassung verabschiedet, die die Möglichkeit vorsieht, für Fälle religiös oder gewohnheitsrechtlich getrauter Ehen religiöse und traditionelle Gerichte zu errichten oder anzuerkennen (Art. 78 Abs. 5 der äthiopischen Verfassung von 1994).[1204] Die damit in Äthiopien anerkannte Zersplitterung des Rechts- und Justizwesens bildete in den Augen der frühen republikanischen Staatselite der Türkei geradezu die Grundursache für den sukzessiven Souveränitätsverlust des *Ancien Régime* und sollte in der neu gegründeten Republik keine Wiederholung erfahren. Selbst die Schwierigkeiten bei den Verhandlungen auf der Friedenskonferenz von Lausanne waren diesem unbedingten Bestreben geschuldet, ein einheitliches Rechts- und Justizwesen als Voraussetzung für eine einheitliche und souveräne türkische Republik zu schaffen. Aus diesem Grund genießt der in der Türkei weiterhin bestehende Grundsatz der obligatorischen Zivilehe sogar verfassungsrechtlichen Schutz.[1205] Die äthiopische Entwicklung steht hierzu in starkem Kontrast und verdeutlicht damit einmal mehr die Kontinuität der Verarbeitung schweizerischen Rechts in der Türkei.

1201 So auch *Scholler*, in: *Scholler/Tellenbach*, Westliches Recht in der Republik Türkei 70 Jahre nach der Gründung, S. 8.

1202 Interessanter Weise enthält das äthiopische Zivilgesetzbuch daneben unter anderem auch rechtliche Anleihen aus der *Mecelle*. Siehe zu alldem *Scholler*, Recht und Politik in Äthiopien, S. 151.

1203 *Scholler*, in: *Scholler/Tellenbach*, Westliches Recht in der Republik Türkei 70 Jahre nach der Gründung, S. 8.

1204 *Scholler*, Recht und Politik in Äthiopien, S. 189.

1205 Siehe zu alldem S. 176 f.

Der vergleichende Blick auf die Rechtsentwicklungen beider Länder veranschaulicht somit noch einmal besonders die Geradlinigkeit und Konsequenz der türkischen Rechtsentwicklung im Kernbereich des Zivilrechts. Von einem islamischen – und damit rechtshistorischen – Roll-back kann insofern daher keine Rede sein.

IV. Zusammenfassende Würdigung

Die Entstehung der modernen türkischen Rechtsordnung geht auf Entwicklungen zurück, die ihren Ausgang im letzten Drittel des Osmanischen Reiches nahmen und schließlich in der Totalrezeption westlicher Gesetzbücher, allen voran des schweizerischen ZGB und OR im Jahre 1926, gipfelten.

Erste Einflüsse europäischen Rechts waren dabei schon im 19. Jahrhundert zu verzeichnen. Unter dem Eindruck der akuten Reformbedürftigkeit des Osmanischen Reiches und zur Dämpfung sowohl des innen- als auch des außenpolitischen Drucks stieß *Abdülmecid I.* mit dem Edikt von Gülhane ein umfangreiches Reformprogramm an, in dessen Zuge rechtliches Gedankengut europäischer Staaten, vornehmlich aus Frankreich, übernommen wurde. Allerdings ging diese Übernahme nicht mit einer Abkehr von der theokratisch-segregativen Grundhaltung des Staates einher und mündete damit letztlich in einem aussichtslosen Dualismus des Rechts- und Justizwesens.

Im Anschluss an die Niederlage des Osmanischen Reiches im *Ersten Weltkrieg* gelang es der türkischen Befreiungsbewegung unter Führung von *Mustafa Kemal Atatürk* durch militärische Erfolge die Durchsetzung des Diktatfriedens von Sèvres zu verhindern. In den sich anschließenden Verhandlungen auf der Friedenskonferenz von Lausanne erreichte die türkische Delegation zudem eine Aufhebung der Kapitulationen. Im Gegenzug verpflichtete sie sich zu einer Reform des Rechts- und Justizwesens.

Schon während der Verhandlungen setzte die türkische Führung in Ankara Kommissionen zur Reform des Rechts ein. Diese zeitigten jedoch sowohl in zeitlicher als auch in inhaltlicher Hinsicht nicht die gewünschten Ergebnisse. Um ein Eingreifen der Alliierten in den Reformprozess zu verhindern und der Möglichkeit einer Internationalisierung der Innenpolitik vorzubeugen, entschloss sich der neueingesetzte Justizminister *Mahmut Esat Bozkurt* daher kurzerhand zu einer Totalübernahme westlicher Gesetzbücher und erklärte die Arbeiten der Kommissionen für beendet.

In der Folge gestaltete die Führung in Ankara beinahe die gesamte türkische Rechtsordnung durch Übernahme westlicher Gesetzbücher, allen voran dem schweizerischen ZGB und OR, um. Diese in ihrer Radikalität weltweit einzigartige Maßnahme[1206] wurde dabei von weiteren – teilweise schon zeitlich davor liegenden – einschneidenden Maßnahmen wie beispielsweise der Abschaffung des Kalifats, der Latinisierung der türkischen Sprache und der Europäisierung der Kleiderordnung im öffentlichen Dienst begleitet.

Der türkische Gesetzgeber nahm dabei an den Instituten des schweizerischen ZGB und OR keine substanziellen Eingriffe vor, sondern vollzog lediglich leichte Anpassungen durch Änderungen variabler Elemente der jeweiligen Institute. An den auf diese Weise im Grunde nahezu unverändert übernommenen Gesetzestexten wurden in den folgenden drei Jahrzehnten mit wenigen Ausnahmen keine direkten Änderungen vorgenommen.

Ab den 1950er Jahren setzte das türkische Justizministerium mehrfach Kommissionen zur Revision des türkischen ZGB ein. Im Mittelpunkt der entstandenen Entwürfe standen dabei die Anpassung der Bestimmungen im Hinblick auf die Problemfelder der obligatorischen Zivilehe und der außerehelichen Kinder und der Nachvollzug zwischenzeitlich in der Schweiz erfolgter Änderungen des ZGB. Die entstandenen Entwürfe gelangten jedoch nie zur Verabschiedung, woraufhin der türkische Gesetzgeber sich zu Teilrevisionen in den Jahren 1988 und 1990 entschloss, in denen die erwähnten Themenbereiche in kleinerem Umfang abgearbeitet wurden.

Die erste größere Revision dieser Gesetzeswerke erfolgte mit dem neuen ZGB von 2001. Den Schwerpunkt dieser Revision bildete dabei der Nachvollzug von zwischenzeitlich in der Schweiz erfolgten Änderungen des ZGB. Hierauf folgte mit größerem Abstand der Bereich des Obligationenrechts mit dem neuen OR von 2011. Mit dieser Revision wurden wiederum hauptsächlich in der Schweiz erfolgte Änderungen des OR nachvollzogen. Zudem wurden Rechtsinstitute, die sowohl in der türkischen als auch in der Schweizer Rechtsprechung Anerkennung gefunden hatten, einer positiven gesetzlichen Regelung zugeführt. Die Revisionen zeigen damit deutlich, dass auch für die Fortentwicklung des türkischen OR weiterhin die schweizerische Mutterrechtsordnung den Takt vorgibt. Eine umfassende Revision des OR wie in den Niederlanden oder Deutschland ist aus diesem Grund mit den Änderungen des Jahres 2011 ausgeblieben. Der türkische Gesetzgeber hat somit die wesentlichen Tendenzen der jüngeren

1206 Zwar kam es auch in Japan mit der Übernahme fremden rechtlichen Gedankengutes zu einem abrupten Bruch mit der bisherigen Ordnung. Jedoch wurden hiervon gerade die besonders sensiblen Bereiche des Familien- und Erbrechts nicht umfasst, die weiterhin auf dem traditionellen japanischen Familiensystem fußten. Siehe hierzu *Rahn*, Rechtsdenken und Rechtsauffassung in Japan, S. 108.

europäischen Rechtsentwicklung weder aufgegriffen noch verarbeitet. Als weitere Reformen dieser Phase ab 1994 sind daneben noch zu nennen die Verabschiedung des neuen türkischen IPRG im Jahre 2007 und die Revision der türkischen ZPO ebenfalls im Jahre 2011.

Die türkische Rechtsordnung weist vor diesem Hintergrund weiterhin eine große Nähe zu ihrer Schweizer Mutterrechtsordnung auf. Wie stark diese Nähe ist, macht ein Vergleich mit Japan und Äthiopien deutlich, die sich ebenfalls im Gegenzug für eine Abschaffung der Kapitulationen zu einer Modernisierung ihrer Rechtsordnungen verpflichteten. So hat das Recht in Japan seit seiner Übernahme eine Akkulturation im Sinne der traditionellen Merkmale der japanischen Denkart erfahren. Äthiopien wiederum ist mit der Verfassung von 1994 zu einem *legal pluralism* und damit insbesondere zu einer Re-Islamisierung des Rechts übergegangen. Auch wenn die Übernahme fremden rechtlichen Gedankenguts in beiden Ländern in ähnlicher Weise abrupt erfolgt ist, weist damit keines der beiden Länder weiterhin eine so große Nähe zur Mutterrechtsordnung auf wie die Türkei. Vielleicht ist es gerade auch das, was die Übernahme westlicher Gesetzbücher durch die Republik Türkei in den 1920er Jahren so einzigartig macht: Die Kontinuität und Konsequenz in der Verarbeitung schweizerischen Rechts.

C. Beziehungen der Türkei zur EU

Wie im vorangehenden Abschnitt dargestellt, setzte das *Edikt von Gülhane* im 19. Jahrhundert einen bedeutenden Impuls für die darauffolgende Übernahme europäischen rechtlichen Gedankenguts durch das Osmanische Reich in einem bis dahin unbekannten Ausmaß und leitete damit eine Zäsur innerhalb der türkischen Rechtsgeschichte ein, die mit der Totalrezeption vorwiegend schweizerischer Gesetzbücher in den 1920er Jahren der türkischen Republik ihren Abschluss fand. Diese radikale Umgestaltung des Rechts- und Justizwesens prägt bis heute die moderne Türkei, was besonders an der Kontinuität und Konsequenz der Verarbeitung Schweizer Rechts in der Türkei deutlich wird.

Mittlerweile ist allerdings eine zweite „Übernahmewelle" europäischen rechtlichen Gedankenguts durch die Türkei angelaufen, deren ebenfalls prägende Wirkung für die gesamte türkische Rechtsordnung nicht unterschätzt werden darf: Gemeint ist die Übernahme von EU-Recht im Zuge der wachsenden Beziehungen der Türkei zur EU. Bevor diese Übernahme jedoch im 3. Kapitel am Beispiel des autonomen Nachvollzugs von Richtlinien zum Verbrauchervertragsrecht näher beleuchtet werden soll, sollen an dieser Stelle die verschiedenen Formen der Zugehörigkeit zur EU samt ihren Voraussetzungen und

Rechtsfolgen dargestellt werden. Dabei soll ein Augenmerk insbesondere auf die Frage gerichtet werden, inwieweit mit der jeweiligen Form der Zugehörigkeit die Übernahme von EU-Recht durch die Drittstaaten verbunden ist. Vor diesem Hintergrund soll im Anschluss sodann die Entwicklung der Beziehungen zwischen der Türkei und der EU bis zu dem Punkt, an den sie aktuell gelangt sind, nachgezeichnet werden.

I. Formen der Zugehörigkeit[1207]

Hinsichtlich der möglichen Formen der Zugehörigkeit zur EU kann grob unterschieden werden zwischen der Vollmitgliedschaft, der Assoziation und den besonders in jüngerer Zeit aufgekommenen alternativen Integrationsmodellen.[1208]

1. Vollmitgliedschaft

Die intensivste Form der Beziehung zur EU bildet die Vollmitgliedschaft. Sie steht am Ende eines erfolgreichen Beitrittsverfahrens. Erforderlich hierfür – aufgrund des großen politischen Einschätzungsspielraums bei ihrer Bewertung durch die beteiligten Organe jedoch nicht ausreichend[1209] – ist die Erfüllung der in Art. 49 EUV genannten Beitrittskriterien.[1210]

1207 Dieser Unterabschnitt orientiert sich hinsichtlich seines Titels und Aufbaus an dem Beitrag von *Streinz*, in: *Stiftung Gesellschaft für Rechtspolitik, Trier/ Institut für Rechtspolitik an der Universität Trier*, Bitburger Gespräche: Jahrbuch 2005/II, S. 111 ff.

1208 Siehe zu alldem *Streinz*, in: *Stiftung Gesellschaft für Rechtspolitik, Trier/ Institut für Rechtspolitik an der Universität Trier*, Bitburger Gespräche: Jahrbuch 2005/II, S. 111 ff.

1209 Str.; so wie hier die überwiegende Meinung, siehe bspw. *Streinz*, in: *Stiftung Gesellschaft für Rechtspolitik, Trier/ Institut für Rechtspolitik an der Universität Trier*, Bitburger Gespräche: Jahrbuch 2005/II, S. 112 f.; *Ohler*, in: *Grabitz/Hilf/Nettesheim*, EUV, Art. 49 Rn. 28; *Cremer*, in: *Callies/Ruffert*, EUV, Art. 49 Rn. 4; *Meng*, in: *von der Groeben/Schwarze/Hatje*, EUV, Art. 49 Rn. 37.

1210 Aufgrund der Fülle und Unterschiedlichkeit der mit einer Erweiterung verfolgbaren *politischen* Ziele, ist ein *politischer Einschätzungsspielraum* der zuständigen Organe im Hinblick auf die Erfüllung der Merkmale des Art. 49 EUV schon konzeptionell in der Norm angelegt. Vor diesem Hintergrund scheint es passender von Beitritts*kriterien* als von Beitrittsvoraussetzungen zu sprechen, da Ersteres die Flexibilität ihrer Handhabung besser zum Ausdruck bringt. Vgl. zu alldem *Ohler*, in: *Grabitz/Hilf/Nettesheim*, EUV, Art. 49 Rn. 3 f., 9. *Hanschel* spricht im Hinblick auf das Kriterium des Europäischen Staates gar von einem „kaum justiziablen Beurteilungsspielraum". Siehe dazu *ders.*, NVwZ 2012, 995, 996.

a) Beitrittskriterien

aa) Europäischer Staat

Zunächst muss es sich bei dem antragstellenden Staat gem. Art. 49 Abs. 1 S. 1 EUV um einen *europäischen Staat* handeln. Über die Definition dieses Begriffs herrscht in der Literatur keine Einigkeit.[1211] Weitgehende Übereinstimmung besteht nur dahingehend, dass eine objektiv-geographische Definition desselben abgelehnt wird;[1212] eine Auffassung, der auch die europäische Praxis mit der Verleihung des Kandidatenstatus für die Türkei, welche sich nur zu einem Bruchteil auf das geographische Europa erstreckt, eine Absage erteilt hat.[1213] Überwiegend wird daher die gemeinsame Heranziehung sämtlicher im Diskurs genannter Gesichtspunkte wie Geographie, Religion, Historie, Kultur und Politik vertreten.[1214] Aufgrund des großen politischen Einschätzungsspielraums hängt die Definition letztlich jedoch stark von der Einschätzung der betrauten Organe und schließlich der Mitgliedstaaten ab.[1215] Die genannten Gesichtspunkte dienen daher eher noch einer negativen Begriffsbestimmung solcherart, dass ein *europäischer Staat* zumindest zu verneinen ist, wenn keiner der Gesichtspunkte dafürspricht.[1216]

bb) Achtung und Förderung der in Art. 2 EUV genannten Werte

Gem. Art. 49 Abs. 1 S. 1 EUV muss der antragstellende Staat die in Art. 2 EUV genannten Werte achten und fördern. Als solche benennt Art. 2 EUV dabei *„die Achtung der Menschenwürde, Freiheit, Demokratie, Gleichheit, Rechtsstaatlichkeit und die Wahrung der Menschenrechte einschließlich der Rechte der Personen, die Minderheiten angehören"*. Dieses Kriterium verlangt somit im Kern, dass der antragstellende Staat nicht nur seine Verfassungsordnung freiheitlich-demokratisch ausgestaltet, sondern sich zu diesen Strukturprinzipien auch aktiv bekennt.[1217] Die genannten Werte stellen indes nur Mindeststandards dar.[1218]

1211 *Ohler*, in: *Grabitz/Hilf/Nettesheim*, EUV, Art. 49 Rn. 14.

1212 Siehe bspw. *Cremer*, in: *Callies/Ruffert*, EUV, Art. 49 Rn. 8; *Ohler*, in: *Grabitz/Hilf/Nettesheim*, EUV, Art. 49 Rn. 14.

1213 *Blanke*, EuR 2005, 787, 798.

1214 Siehe bspw. *Hanschel*, NVwZ 2012, 995, 996; *Šarčević*, EuR 2002, 461, 466.

1215 Vgl. *Meng*, in: *von der Groeben/Schwarze/Hatje*, EUV, Art. 49 Rn. 11; *Ohler*, in: *Grabitz/Hilf/Nettesheim*, EUV, Art. 49 Rn. 14.

1216 Dies wird beispielsweise wohl in Bezug auf Marokko anzunehmen sein, dessen Antrag im Jahre 1987 gerade wegen der Verneinung der Qualifizierung als europäischer Staat abgelehnt wurde. In diese Richtung auch *Hanschel*, NVwZ 2012, 995, 996.

1217 *Ohler*, in: *Grabitz/Hilf/Nettesheim*, EUV, Art. 49 Rn. 15.

1218 *Ohler*, in: *Grabitz/Hilf/Nettesheim*, EUV, Art. 49 Rn. 15.

Eine Homogenität der Verfassungsordnungen wird nicht angestrebt.[1219] Das Kriterium spielte in der Praxis bisher insofern eine besondere Rolle, als dass die Eröffnung der Beitrittsverhandlungen an seine Erfüllung geknüpft wird.[1220]

cc) Kopenhagener Kriterien

Daneben bestimmt Art. 49 Abs. 1 S. 4 EUV, dass die *„vom Europäischen Rat vereinbarten Kriterien"* bei der Entscheidung des Rates zu berücksichtigen sind. Gemeint sind hiermit zuvörderst die sog. *Kopenhagener Kriterien*, die der Europäische Rat im Jahre 1993 bei seiner Zusammenkunft in Kopenhagen anlässlich der EU-Osterweiterung formuliert hatte.[1221] Der mit dem Lissabonner Vertrag in Art. 49 Abs. 1 S. 4 EUV eingeführte Verweis bindet zum einen diese nach wie vor gültigen Kriterien formell in das Verfahren ein und ermächtigt zum anderen den Europäischen Rat zur Formulierung dynamischer Beitrittsbedingungen.[1222]

Die *Kopenhagener Kriterien* werden in der Literatur – wie schon in den Schlussfolgerungen des Vorsitzes angelegt – häufig in ein politisches, ein wirtschaftliches, ein Acquis- und ein Aufnahmefähigkeits-Kriterium unterteilt.[1223]

Politisch *„[…] muss der Beitrittskandidat eine institutionelle Stabilität als Garantie für demokratische und rechtsstaatliche Ordnung, für die Wahrung der Menschenrechte sowie die Achtung und den Schutz von Minderheiten verwirklicht haben."*

Wirtschaftlich erfordert die Mitgliedschaft sonach *„[…] eine funktionsfähige Marktwirtschaft sowie die Fähigkeit, den Wettbewerbsdruck und den Marktkräften innerhalb der Union standzuhalten."*

Zudem wird verlangt, *„[…] dass die einzelnen Beitrittskandidaten die aus einer Mitgliedschaft erwachsenden Verpflichtungen übernehmen und sich auch die Ziele der politischen Union sowie der Wirtschafts- und Währungsunion zu eigen machen können."* Gemeint ist hiermit die Fähigkeit zur Übernahme des *acquis communautaire*.[1224]

1219 *Ohler*, in: *Grabitz/Hilf/Nettesheim*, EUV, Art. 49 Rn. 15.

1220 *Šarčević*, EuR 2002, 461, 469 f.

1221 *Hanschel*, NVwZ 2012, 995, 997.

1222 *Hanschel*, NVwZ 2012, 995, 997.

1223 Siehe bspw. *Meng*, in: *von der Groeben/Schwarze/Hatje*, EUV, Art. 49 Rn. 13; *Cremer*, in: *Callies/Ruffert*, EUV, Art. 49 Rn. 10. Die hier gebrauchte Bezeichnung der Untergliederungen entstammt *Ohler*, in: *Grabitz/Hilf/Nettesheim*, EUV, Art. 49 Rn. 17.

1224 *Meng*, in: *von der Groeben/Schwarze/Hatje*, EUV, Art. 49 Rn. 13.

Schließlich muss auch die *„[...] Fähigkeit der Union, neue Mitglieder aufzunehmen, dabei jedoch die Stoßkraft der europäischen Integration zu erhalten"* gewährleistet sein.[1225]

Diese praxisrelevanten Kriterien stellen nicht lediglich Konkretisierungen der in Art. 49 EUV enthaltenen Elemente dar,[1226] sondern sind Ausfluss der autoritativen Interpretation des Primärrechts durch den Europäischen Rat.[1227] Hingegen scheint gerade das politische Kriterium mit dem Vertrag von Amsterdam in Form der Achtung und Förderung der in Art. 2 EUV genannten Werte Eingang in den Art. 49 Abs. 1 S. 1 gefunden zu haben.[1228]

Die Kriterien sind zwischenzeitlich um *„[d]ie Achtung der Grundsätze des Völkerrechts und die Verpflichtung, territoriale Streitigkeiten mit friedlichen Mitteln, insbesondere mit Hilfe des IGH zu lösen"*, erweitert worden.[1229]

b) Ablauf des Verfahrens

Das Beitrittsverfahren hat in Art. 49 EUV lediglich eine rudimentäre Ausgestaltung erfahren, um die politische Notwendigkeit einer jeweils angepassten, flexiblen Handhabung zu gewährleisten.[1230] Der genaue Ablauf des Verfahrens geht daher maßgeblich auf die bisherige Beitrittspraxis zurück.[1231]

Das Verfahren wird formell mit dem Antrag des Bewerberstaates eingeleitet, der gem. Art. 49 Abs. 1 S. 3 EUV an den Rat zu richten ist. Gem. Art. 49 Abs. 1 S. 2 werden das Europäische Parlament und die nationalen Parlamente über diesen Antrag unterrichtet. Dies soll eine möglichst frühe Einbindung des demokratisch legitimierten Parlaments und der späteren Unterzeichnerstaaten des Beitrittsvertrages sichern.[1232] Daneben erfolgt eine Unterrichtung der Kommission, der gem. Art. 49 Abs. 1 S. 3 HS. 2 EUV ein Recht auf Anhörung zusteht.[1233] Anders als vertraglich geregelt gibt die Kommission nach ihrer Unterrichtung zunächst einmal eine vorläufige Stellungnahme zum Beitrittsersuchen des Bewerberstaates

1225 Siehe zu alldem Schlussfolgerungen des Vorsitzes der Regierungskonferenz des Europäischen Rates von Kopenhagen vom 21. und 22.06.1993, Abschnitt 7. A) iii).

1226 So auch *Hanschel*, NVwZ 2012, 995, 997.

1227 *Šarčević*, EuR 2002, 461, 467.

1228 In diese Richtung auch *Šarčević*, EuR 2002, 461, 467.

1229 *Šarčević*, EuR 2002, 461, 469.

1230 *Ohler*, in: *Grabitz/Hilf/Nettesheim*, EUV, Art. 49 Rn. 23.

1231 Vgl. *Ohler*, in: *Grabitz/Hilf/Nettesheim*, EUV, Art. 49 Rn. 26.

1232 Vgl. *Meng*, in: *von der Groeben/Schwarze/Hatje*, EUV, Art. 49 Rn. 35.

1233 *Meng*, in: *von der Groeben/Schwarze/Hatje*, EUV, Art. 49 Rn. 26.

ab.[1234] Auf deren Grundlage verleiht der Europäische Rat unter Zustimmung des Europäischen Parlaments dem Bewerberland den Kandidatenstatus[1235] und entscheidet sodann der Rat über die Aufnahme von Beitrittsverhandlungen.[1236] Im Falle der Entscheidung zugunsten der Verhandlungseröffnung entwirft der Rat einen sog. Verhandlungsrahmen.[1237] Es handelt sich hierbei lediglich um eine Art unverbindlichen Ablaufplan, mit dem die Verhandlungen gegliedert und die Kommission mit der Führung der Verhandlungen mandatiert wird.[1238] Die Untergliederung erfolgt in Form von Kapiteln, die jeweils einen Politikbereich der Union samt des dazugehörigen Rechtsbestandes abdecken.[1239] Auf diese Weise kann im Zuge der Beitrittsverhandlungen systematisch abgeglichen werden, ob der im jeweiligen Kapitel enthaltene Rechtsbestand durch die nationale Rechtsordnung implementiert wurde (sog. Screening).[1240] Kommen Kommission, Rat, Mitgliedstaaten und Bewerberstaat zu dem Ergebnis, dass hinsichtlich eines Kapitels die Erfüllung der aus dem Primär- und Sekundärrecht folgenden Verpflichtungen zu erwarten ist, wird dieses Kapitel geschlossen.[1241] Zur Unterstützung des Bewerberstaates bei diesen Vorbereitungen im Hinblick auf einen angestrebten Beitritt verfolgt die EU verschiedene Heranführungsstrategien in Form von Assoziationen, Partnerschaften und Finanzhilfen.[1242]

Wurden die Beitrittsverhandlungen nach Übereinkunft der Beteiligten erfolgreich abgeschlossen, beschließt gem. Art. 49 Abs. 1 S. 3 HS. 2 EUV der Rat einstimmig nach Anhörung der endgültigen Stellungnahme der Kommission und nach Zustimmung des Europäischen Parlaments, das mit der Mehrheit seiner Mitglieder beschließt, über das Beitrittsersuchen.

1234 *Meng*, in: *von der Groeben/Schwarze/Hatje*, EUV, Art. 49 Rn. 26.

1235 Siehe hierzu die wichtigen Eckpunkte des Beitrittsprozesses, abrufbar unter https://eur-lex.europa.eu/legal-content/DE/TXT/?uri=LEGISSUM%3Al14536 (zuletzt abgerufen am 25.04.2022).

1236 *Meng*, in: *von der Groeben/Schwarze/Hatje*, EUV, Art. 49 Rn. 26.

1237 *Ohler*, in: *Grabitz/Hilf/Nettesheim*, EUV, Art. 49 Rn. 30.

1238 Vgl. *Ohler*, in: *Grabitz/Hilf/Nettesheim*, EUV, Art. 49 Rn. 30.

1239 *Meng*, in: *von der Groeben/Schwarze/Hatje*, EUV, Art. 49 Rn. 32. Der Verhandlungsrahmen für die Türkei gibt eine Unterteilung in 35 Kapitel vor. Das Dokument ist abrufbar unter https://ec.europa.eu/neighbourhood-enlargement/sites/near/files/pdf/turkey/st20002_05_tr_framedoc_en.pdf (zuletzt abgerufen am 30.12.2020).

1240 *Meng*, in: *von der Groeben/Schwarze/Hatje*, EUV, Art. 49 Rn. 33.

1241 *Meng*, in: *von der Groeben/Schwarze/Hatje*, EUV, Art. 49 Rn. 33.

1242 Vgl. *Ohler*, in: *Grabitz/Hilf/Nettesheim*, EUV, Art. 49 Rn. 34 f.

Der eigentliche Beitritt des Bewerberstaates zur EU erfolgt jedoch erst mit dem Abschluss des Beitrittsvertrages.[1243] Dieser wird gem. Art. 49 Abs. 2 S. 1 EUV zwischen den Mitgliedstaaten und dem antragstellenden Staat abgeschlossen und bedarf gem. Art. 49 Abs. 2 S. 2 EUV der Ratifikation der Unterzeichnerstaaten gemäß deren nationalen Ratifikationsverfahren. Integraler Bestandteil dieses Beitrittsvertrages ist die sog. Beitrittsakte, die die konkreten Beitrittsbedingungen wie bspw. vorübergehende Ausnahmen von den Verpflichtungen des *acquis communautaire* oder Schutzklauseln enthält.[1244]

c) Justiziabilität

Einigkeit besteht darüber, dass Art. 49 EUV keinen Anspruch auf Aufnahme eines Bewerberstaates in die EU gewährt.[1245] Strittig ist hingegen, inwieweit die im Rahmen des Beitrittsverfahrens durch die beteiligten Organe und Mitgliedstaaten gefällten Entscheidungen in sonstiger Hinsicht justiziabel sind. Dies hängt maßgeblich davon ab, ob letzteren bei der Beurteilung der Erfüllung der Beitrittskriterien ein politischer Einschätzungsspielraum zugesprochen wird. Nach teilweise vertretener Auffassung handele es sich bei diesen Entscheidungen aufgrund des angenommenen rechtlichen Charakters der Beitrittskriterien um Ermessensentscheidungen, die rechtlichen Bindungen unterlägen.[1246] Demnach bestehe ein Anspruch auf eine ermessensfehlerfreie Entscheidung über das Beitrittsersuchen.[1247] Ganz überwiegend wird dies jedoch aufgrund des auch hier angenommenen politischen Einschätzungsspielraums der Beteiligten bei der Beurteilung der Erfüllung der Beitrittskriterien abgelehnt.[1248] Demnach besteht lediglich die Möglichkeit, die formelle Einhaltung der in Art. 49 normierten

---

1243 *Cremer*, in: *Callies/Ruffert*, EUV, Art. 49 Rn. 4.

1244 Vgl. *Meng*, in: *von der Groeben/Schwarze/Hatje*, EUV, Art. 49 Rn. 41 ff.

1245 Einhellige Meinung, siehe bspw. *Šarčević*, EuR 2002, 461, 478; *Nettesheim*, EuR 2003, 36, 59; *Meng*, in: *von der Groeben/Schwarze/Hatje*, EUV, Art. 49 Rn. 6; *Streinz*, in: *Stiftung Gesellschaft für Rechtspolitik, Trier/ Institut für Rechtspolitik an der Universität Trier*, Bitburger Gespräche: Jahrbuch 2005/II, S. 112 f; *Ohler*, in: *Grabitz/Hilf/Nettesheim*, EUV, Art. 49 Rn. 3.

1246 *Šarčević*, EuR 2002, 461, 473 ff. In diese Richtung auch *Zeh*, Recht auf Beitritt?, S. 56 ff.

1247 *Šarčević*, EuR 2002, 461, 473 ff.

1248 Vgl. bspw. *Meng*, in: *von der Groeben/Schwarze/Hatje*, EUV, Art. 49 Rn. 37; *Cremer*, in: *Callies/Ruffert*, EUV, Art. 49 Rn. 4; *Ohler*, in: *Grabitz/Hilf/Nettesheim*, EUV, Art. 49 Rn. 28 f.

Verfahrensschritte – bspw. die Anhörung der Kommission vor der Ratsentscheidung – gerichtlich überprüfen zu lassen.[1249]

d) *Rechtsfolge des Beitritts*

Mit dem Inkrafttreten des Beitrittsvertrages erlangt der Bewerberstaat den Status eines Vollmitglieds der EU samt den hiermit verbundenen Rechten und Pflichten.[1250] So ist das Vollmitglied fortan zur Mitwirkung in den Institutionen der EU berechtigt.[1251] Aufgrund der hierfür notwendigen Anpassungen in den bestehenden Strukturen gelten insoweit jedoch häufig zunächst Übergangsregelungen.[1252] Daneben übernimmt das Vollmitglied mit dem Beitritt den gesamten in Geltung befindlichen *acquis communautaire*.[1253] Dieser umfasst dabei neben dem verbindlichen Primär- und Sekundärrecht auch sämtliche sonstige Handlungen der Organe der EU, die gesamte Rechtsprechung des EuGH und die von der EU abgeschlossenen völkerrechtlichen Verträge.[1254] Hinsichtlich bestehender gemischter Abkommen verpflichtet sich das Vollmitglied dabei einen Beitritt zu bewirken.[1255] Allerdings gelten auch im Hinblick auf die Übernahme des *acquis communautaire* regelmäßig vorübergehende Ausnahmen, die in den Beitrittsakten vereinbart sind.[1256]

2. *Assoziierung*

Eine weitere Form der Zugehörigkeit zur EU bildet die Assoziierung. Gem. Art. 217 AEUV kann die Union *„[...] mit einem oder mehreren Drittländern oder einer oder mehrerer internationaler Organisationen Abkommen schließen, die eine Assoziierung mit gegenseitigen Rechten und Pflichten, gemeinsamem Vorgehen und besonderen Verfahren herstellen"*. Bei diesen sog. Assoziierungsabkommen handelt es sich um völkerrechtliche Verträge, mit denen zwischen der EU und dem Drittland bzw. der internationalen Organisation eine besondere und

1249 So *Meng*, in: *von der Groeben/Schwarze/Hatje*, EUV, Art. 49 Rn. 37; *Ohler*, in: *Grabitz/Hilf/Nettesheim*, EUV, Art. 49 Rn. 28.
1250 *Ohler*, in: *Grabitz/Hilf/Nettesheim*, EUV, Art. 49 Rn. 40.
1251 *Ohler*, in: *Grabitz/Hilf/Nettesheim*, EUV, Art. 49 Rn. 40.
1252 *Ohler*, in: *Grabitz/Hilf/Nettesheim*, EUV, Art. 49 Rn. 40.
1253 *Ohler*, in: *Grabitz/Hilf/Nettesheim*, EUV, Art. 49 Rn. 44.
1254 Vgl. *Ohler*, in: *Grabitz/Hilf/Nettesheim*, EUV, Art. 49 Rn. 45 ff.
1255 *Ohler*, in: *Grabitz/Hilf/Nettesheim*, EUV, Art. 49 Rn. 46.
1256 *Cremer*, in: *Callies/Ruffert*, EUV, Art. 49 Rn. 6.

privilegierte Beziehung hergestellt wird.[1257] Die sich hieraus ergebende *vertragliche* Assoziierung ist dabei von der *konstitutionellen* Assoziierung der überseeischen Länder- und Hoheitsgebiete, die sich nach den Artt. 198 ff. AEUV richtet, zu unterscheiden.[1258]

Wesentliches Merkmal der vertraglichen Assoziierung bildet seine institutionelle Ausstattung mit eigenen Organen, die verbindliche Beschlüsse fassen können (Assoziationsrat) und der Beziehung damit ihren dauerhaften und auf eine prozesshafte Entwicklung ausgelegten Charakter verleihen.[1259] Dies unterscheidet die Assoziierung insbesondere von Kooperations- oder Handelsabkommen nach Artt. 207 oder 209 AEUV, deren Organbeschlüsse häufig nur über einen empfehlenden Charakter verfügen.[1260] Die Assoziierung ist damit weniger intensiv als eine Vollmitgliedschaft, jedoch weitreichender und intensiver als ein Handelsabkommen.[1261] Der EuGH statuierte in einer Rechtssache gar, dass das Drittland vermöge der Assoziation *„[...] zumindest teilweise am Gemeinschaftssystem teilhaben muß"*.[1262] Diese Auffassung ist innerhalb der Literatur jedoch auf Ablehnung gestoßen[1263] und blieb darüber hinaus auch ohne Auswirkungen auf die Praxis.[1264]

Sachlich kann sich die Assoziierung auf alle Tätigkeitsfelder der EU erstrecken.[1265] Ob die Vorschrift darüber hinaus eine originäre Kompetenzvorschrift bildet, ist umstritten,[1266] jedoch ohne Auswirkungen auf die Praxis, da eine Vielzahl der Assoziierungsabkommen als gemischte Abkommen zwischen der EU und den Mitgliedstaaten auf der einen und dem Drittland bzw. der internationalen Organisation auf der anderen Seite geschlossen werden.[1267]

1257 *Streinz*, in: *Stiftung Gesellschaft für Rechtspolitik, Trier/ Institut für Rechtspolitik an der Universität Trier*, Bitburger Gespräche: Jahrbuch 2005/II, S. 118.

1258 *Schmalenbach*, in: *Callies/Ruffert*, AEUV, Art. 217 Rn. 1.

1259 Vgl. *Schmalenbach*, in: *Callies/Ruffert*, AEUV, Art. 217 Rn. 4, 9; *Vöneky/Beylage-Haarmann*, in: *Grabitz/Hilf/Nettesheim*, AEUV, Art. 217 Rn. 9, 12.

1260 *Schmalenbach*, in: *Callies/Ruffert*, AEUV, Art. 217 Rn. 4, 9; *Vöneky/Beylage-Haarmann*, in: *Grabitz/Hilf/Nettesheim*, AEUV, Art. 217 Rn. 9, 12.

1261 *Vöneky/Beylage-Haarmann*, in: *Grabitz/Hilf/Nettesheim*, AEUV, Art. 217 Rn. 5.

1262 EuGH, Rs. 12/86, Slg. 1987, 3719, Rn. 9.

1263 So bspw. *Vöneky/Beylage-Haarmann*, in: *Grabitz/Hilf/Nettesheim*, AEUV, Art. 217 Rn. 8 m.w.N.

1264 *Schmalenbach*, in: *Callies/Ruffert*, AEUV, Art. 217 Rn. 8.

1265 *Mögele*, in: *Streinz*, AEUV, Art. 217 Rn. 3.

1266 Siehe dazu *Schmalenbach*, in: *Callies/Ruffert*, AEUV, Art. 217 Rn. 10 ff.; *Vöneky/Beylage-Haarmann*, in: *Grabitz/Hilf/Nettesheim*, AEUV, Art. 217 Rn. 15 ff.

1267 *Vöneky/Beylage-Haarmann*, in: *Grabitz/Hilf/Nettesheim*, AEUV, Art. 217 Rn. 21.

Bei Betrachtung der unterschiedlichen politischen Ziele, die mit einer Assoziierung verfolgt werden können, offenbart sich eine bestimmte Typologie von Assoziierungsabkommen, die im Weiteren nun näher beleuchtet werden soll.[1268] Dabei ist darauf hinzuweisen, dass sich die Assoziierungen der Vertragspraxis nicht immer eindeutig einem dieser Idealtypen zuordnen lassen, da teilweise Elemente verschiedener Typen in demselben Abkommen kombiniert werden und die Übergänge häufig fließend sind.[1269] Zudem kann sich der Typ einer Assoziierung im Laufe der Zeit auch wandeln.[1270] Beinahe allen Assoziierungen gemeinsam sind hingegen Regelungen zum Abbau von Marktzugangshürden, zur Annäherung der Rechtsstellung der Staatsangehörigen des Drittlandes an diejenigen der Unionsbürger und zum Schutze von Staatsangehörigen, die rechtmäßig einer erlaubten Tätigkeit im Staatsgebiet der jeweils anderen Vertragspartei nachgehen (sog. Diskriminierungsverbote).[1271]

a) Freihandelsassoziierung

Freihandelsassoziierungen dienen der Herstellung dauerhafter und enger Handelsbeziehungen mit Drittländern ohne Einräumung einer Beitrittsperspektive.[1272] Das Spektrum der mit ihnen vereinbarten Handelsregelungen reicht von der Herstellung einer Freihandelszone durch stufenweisen Abbau von Marktzugangshürden bis hin zur Schaffung einer Zollunion mit gemeinsamem Außenzolltarif.[1273] Zu nennen sind in diesem Zusammenhang die Abkommen mit Malta (1970) und Zypern (1972) vor ihrem Beitritt zur EU, das Abkommen über den Europäischen Wirtschaftsraum und die bilateralen Abkommen mit der Schweiz.[1274] Die beiden letzteren sollen aufgrund ihrer Bedeutung im Folgenden näher betrachtet werden.

1268 Siehe zu alldem auch *Streinz*, in: *Stiftung Gesellschaft für Rechtspolitik, Trier/ Institut für Rechtspolitik an der Universität Trier*, Bitburger Gespräche: Jahrbuch 2005/II, S. 119 ff.

1269 *Vöneky/Beylage-Haarmann*, in: *Grabitz/Hilf/Nettesheim*, AEUV, Art. 217 Rn. 70.

1270 *Bungenberg*, in: *von der Groeben/Schwarze/Hatje*, AEUV, Art. 217 Rn. 94.

1271 *Vöneky/Beylage-Haarmann*, in: *Grabitz/Hilf/Nettesheim*, AEUV, Art. 217 Rn. 71.

1272 *Schmalenbach*, in: *Callies/Ruffert*, AEUV, Art. 217 Rn. 40.

1273 *Schmalenbach*, in: *Callies/Ruffert*, AEUV, Art. 217 Rn. 40.

1274 *Streinz*, in: *Stiftung Gesellschaft für Rechtspolitik, Trier/ Institut für Rechtspolitik an der Universität Trier*, Bitburger Gespräche: Jahrbuch 2005/II, S. 118.

aa) Europäischer Wirtschaftsraum

Das Abkommen über den Europäischen Wirtschaftsraum (EWR) stellt die bislang umfassendste Freihandelsassoziierung mit der EU dar.[1275] Das mit 49 Protokollen und 22 Anhängen ausgesprochen komplexe Vertragswerk wurde im Jahre 1992 mit den Staaten der Europäischen Freihandelsassoziation (EFTA) mit Ausnahme der Schweiz abgeschlossen und ist zum 01.01.1994 in Kraft getreten.[1276] Infolge des Beitritts der damaligen EFTA-Staaten Österreich, Schweden und Finnland zur EU besteht die Assoziierung seit dem 01.01.1995 nur noch mit Liechtenstein, Norwegen und Island.[1277]

Das Abkommen stellt zwischen den Vertragsparteien eine vertiefte Freihandelszone her, in der Freiheiten gelten, die den vier Grundfreiheiten des AEUV nachgebildet sind.[1278] Zudem enthält es weitere, in diesem Zusammenhang stehende horizontale Bestimmungen. Hierzu wird allen voran in den Anhängen auf Sekundärrechtsakte der EU Bezug genommen, die hierdurch gem. Art. 7 des Abkommens für die Vertragsparteien verbindlich sind. Auf diese Weise umfasste das Abkommen zum Zeitpunkt seines Abschlusses in etwa zwei Drittel des gesamten zu diesem Zeitpunkt in Geltung befindlichen *acquis communautaire*;[1279] unter anderem auch die maßgeblichen Richtlinien des Verbrauchervertragsrechts. Allerdings umfasst die Assoziierung nicht alle Kompetenzfelder der EU. So schafft sie beispielsweise keine Zollunion.[1280]

Darüber hinaus weist das Abkommen einige Regelungen auf, die stark von sonstigen Handelsabkommen abweichen. So enthält das Abkommen zur Erreichung seines übergeordneten Zieles der Schaffung eines *„[...] homogenen europäischen Wirtschaftsraum[s]“*[1281] einen Mechanismus zur dynamischen Übernahme neuen EU-Rechts. Zu diesem Zwecke räumt Art. 98 des Abkommens dem zentralen Organ des EWR, dem Gemeinsamen EWR-Ausschuss, die Kompetenz ein, neue EU-Rechtsakte von Relevanz für den EWR durch Aufnahme in die Anhänge für verbindlich zu erklären. Auf diese Weise entscheiden

---

1275 *Streinz*, in: *Stiftung Gesellschaft für Rechtspolitik, Trier/ Institut für Rechtspolitik an der Universität Trier*, Bitburger Gespräche: Jahrbuch 2005/II, S. 120.

1276 Vgl. *Schmalenbach*, in: *Callies/Ruffert*, AEUV, Art. 217 Rn. 40.

1277 *Vöneky/Beylage-Haarmann*, in: *Grabitz/Hilf/Nettesheim*, AEUV, Art. 217 Rn. 73.

1278 Vgl. Art. 1 Abs. 2 sowie Artt. 8 ff. und Artt. 28 ff. des Abkommens.

1279 Circa 1600 Rechtsakte der EG mit einem Umfang von insgesamt 15000 Seiten. Siehe hierzu *Oesch*, AJP 2017, 638, 647.

1280 Siehe zu alldem *Streinz*, in: *Stiftung Gesellschaft für Rechtspolitik, Trier/ Institut für Rechtspolitik an der Universität Trier*, Bitburger Gespräche: Jahrbuch 2005/II, S. 120.

1281 Vgl. Art. 1 Abs. 1 des Abkommens.

die Vertreter der EFTA-Länder monatlich im Konsens mit den Vertretern der EU darüber, welche Rechtsakte in den Regelungsbestand des EWR aufgenommen werden sollen.[1282] Um im Interesse fortdauernder Homogenität die Konsensfähigkeit hinsichtlich neuer EU-Rechtsakte zu steigern, sehen Art. 99 ff. des Abkommens für die legislativen Vorarbeiten zum Erlass entsprechender Rechtsakte auf EU-Ebene eine Einbindung der EFTA-Staaten durch ein Informations- und Kosultationsverfahren vor. Zudem erzeugt das Abkommen „Konsensdruck“[1283], indem Art. 102 anknüpfend an den Zeitpunkt des Erlasses des jeweiligen Rechtsaktes auf EU-Ebene kurze Fristen für die Übernahmeentscheidung im Ausschuss bestimmt und für den Fall, dass innerhalb dieser Fristen über den EU-Rechtsakt kein Einvernehmen erzielt wird, gem. Abs. 5 der Vorschrift die Außerkraftsetzung des betroffenen Teils des Anhangs vorsieht.

Homogenität soll jedoch nicht lediglich auf Ebene des Rechtsbestands fortlaufend hergestellt werden. Vor dem Hintergrund dessen, dass auf dem Gebiet der EU der EuGH und auf den Gebieten der EFTA-Staaten der EFTA-Gerichtshof im Hinblick auf Rechtssachen im Zusammenhang mit den EWR-Bestimmungen jeweils zuständig sind (sog. Zwei-Säulen-Modell),[1284] sieht das Abkommen zudem Regelungen vor, die eine einheitliche Auslegung der inhaltsgleichen Regelungen des EU- und EWR-Rechts gewährleisten sollen. So bestimmt zunächst Art. 6 des Abkommens, dass die mit dem EU-Recht inhaltsgleichen Bestimmungen des Abkommens *„[…] bei ihrer Durchführung und Anwendung im Einklang mit den einschlägigen Entscheidungen ausgelegt [werden], die der Gerichtshof der Europäischen Gemeinschaften vor dem Zeitpunkt der Unterzeichnung des Abkommens erlassen hat.“* Für Rechtsprechung, die nach diesem Zeitpunkt ergangen ist, bestimmt Art. 3 Abs. 2 des Abkommens zwischen den EFTA-Staaten zur Errichtung einer Überwachungsbehörde und eines

1282 Siehe zu dieser Praxis http://www.europarl.europa.eu/ftu/pdf/de/FTU_5.5.3.pdf (zuletzt abgerufen am 25.04.2022). Ein Register zur EWR-Rechtssammlung mit den Titeln der übernommenen EU-Rechtsakte wird in regelmäßig aktualisierter Fassung von der Stabsstelle EWR der Regierung des Fürstentums Liechtenstein herausgegeben, abrufbar unter https://www.llv.li/files/sewr/pdf-llv-sewr-register_201204.pdf (zuletzt abgerufen am 25.04.2022). Zudem findet sich bei jüngeren Rechtsakten der EU in der im Amtsblatt der EU veröffentlichten Fassung unterhalb des Titels des jeweiligen Rechtsaktes der Hinweis „Text von Bedeutung für den EWR“, wenn der Rechtsakt auch für den EWR verbindlich ist.

1283 *Thürer*, Gutachten über mögliche Formen der Umsetzung und Anwendung der Bilateralen Abkommen, S. 5.

1284 *Baudenbacher*, in: *Kley/Vallender*, Grundrechtspraxis in Liechtenstein, S. 781.

Gerichtshofes (ÜGA), dass diese zumindest im Hinblick auf die Protokolle 1–4 und die Anhänge I und II gebührend zu berücksichtigen ist. Im Übrigen verfolgt gem. Art. 105 Abs. 2 des Abkommens der Gemeinsame EWR-Ausschuss die Entwicklung der Rechtsprechung des EuGH und des EFTA-Gerichtshofes und setzt sich für eine einheitliche Auslegung ein. Hierzu richtet der Gemeinsame EWR-Ausschuss gem. Art. 106 des Abkommens ein Informationssystem über Urteile der relevanten Gerichte und Gerichtshöfe ein. Für den Fall, dass die Einheitlichkeit der Auslegung dennoch nicht hergestellt werden kann, sieht Art. 105 Abs. 3 i.V.m. Art. 111 des Abkommens schließlich ein Streitbeilegungsverfahren vor, in dessen Rahmen die Parteien gem. Art. 111 Abs. 3 zur Klärung der Frage die Anrufung des EuGH vereinbaren können.[1285] Sollte auch insoweit kein Einvernehmen erreicht werden können, gestattet dieselbe Vorschrift die einseitige Ergreifung von Ausgleichsmaßnahmen.

Daneben sieht Art. 34 ÜGA zur Bewahrung einheitlicher Auslegung ein Vorlageverfahren vor, mittels dessen ein Gericht eines EFTA-Staates die Frage der Auslegung des EWR-Abkommens dem EFTA-Gerichtshof vorlegen kann. Der EFTA-Gerichtshof erstellt hierauf ein Gutachten zu der Frage.[1286] Schließlich wird im Interesse einer einheitlichen Auslegung die allgemeine Pflicht zur EWR-konformen Auslegung nationaler Umsetzungsmaßnahmen vertreten.[1287]

Diese Besonderheiten charakterisieren den EWR und bedingen, dass er unter den Formen der Zugehörigkeit zur EU den höchsten Integrationsgrad unterhalb der Schwelle einer Vollmitgliedschaft aufweist.[1288]

bb) Sektorielle Verträge mit der Schweiz

Weitere wichtige Freihandelsassoziierungen stellen die 1999 abgeschlossenen und 2002 in Kraft getretenen sieben sektoriellen Verträge mit der Schweiz dar (sog. Bilaterale I),[1289] die eines der wesentlichen Elemente des bilateralen Vertragsgeflechts zwischen der Schweiz und der EU ausmachen.

1285 Aufgrund des hierfür ebenfalls erforderlichen Einvernehmens ist es bisher allerdings in keinem Fall zu einer solchen Anrufung des EuGH gekommen. Siehe hierzu *Tobler*, in: *Lorenzmeier/Folz*, FS Vedder, S. 378, 389.

1286 Siehe zu alldem und insbesondere zur Normativität der Vorabentscheidungen *Baudenbacher*, in: *Kley/Vallender*, Grundrechtspraxis in Liechtenstein, S. 785 ff.

1287 *Baudenbacher*, in: *Kley/Vallender*, Grundrechtspraxis in Liechtenstein, S. 792.

1288 Vgl. *Reinhardt*, Die Auslegung der völkerrechtlichen Verträge der Europäischen Union, S. 63.

1289 *Schmalenbach*, in: *Callies/Ruffert*, AEUV, Art. 217 Rn. 40.

Ihren Ausgangspunkt genommen haben die bilateralen Beziehungen schon in den 1950er Jahren.[1290] Die erste wichtige Wegmarke stellt das 1972 mit der damaligen EG geschlossene Freihandelsabkommen dar.[1291] Im Zuge ihrer EFTA-Mitgliedschaft unterzeichnete die Schweiz sodann im Jahre 1992 ebenfalls das Abkommen über den EWR.[1292] Die Ratifizierung scheiterte jedoch an einem ablehnenden Referendum aus demselben Jahr.[1293] Um drohende Nachteile für die Wirtschaft infolge der ausgebliebenen Assoziierung mit der EU zu verhindern, begann die Schweiz sodann im Jahre 1993 Verhandlungen mit der EU über den Abschluss bilateraler Abkommen in einzelnen Sektoren zu führen.[1294] Die Verhandlungen gelangen schließlich erfolgreich zum Abschluss und führten zur Unterzeichnung und anschließenden Ratifizierung sieben sektorieller Verträge (Personenfreizügigkeit, Forschung, Öffentliches Beschaffungswesen, technische Handelshemmnisse, landwirtschaftliche Produkte, Luftverkehr und Landverkehr).[1295]

Die Schweiz initiierte in der Folge die Aufnahme von Vertragsverhandlungen über weitere Sektoren, die im Jahre 2004 zum Abschluss weiterer neun Abkommen führten (sog. Bilaterale II), welche alsdann zwischen 2005 und 2008 jeweils in Kraft traten (Schengen-Assoziierung, Dublin-Assoziierung, Zinsbesteuerung, Betrugsbekämpfung, verarbeitete Landwirtschaftsprodukte, Statistik, Ruhegehälter, Umwelt und MEDIA-Programm).[1296]

Neben diesen Hauptabkommen wurden über die Zeit zudem zahlreiche kleinere Abkommen bspw. im Bereich der zwischenstaatlichen Zusammenarbeit geschlossen.[1297] Das bilaterale Vertragsgeflecht zwischen der Schweiz und der EU ist damit mittlerweile auf 20 Haupt- und etwa 100 Sekundärabkommen angewachsen.[1298] Das Augenmerk soll im Weiteren auf den sektoriellen Abkommen liegen.

1290 *Tobler*, in: *Lorenzmeier/Folz*, FS Vedder, S. 378, 380.

1291 *Thürer*, Gutachten über mögliche Formen der Umsetzung und Anwendung der Bilateralen Abkommen, S. 8.

1292 *Oesch*, Die Europäisierung des schweizerischen Rechts, S. 5, abrufbar unter http://www.nccr-trade.org/fileadmin/user_upload/nccr-trade.ch/hi/Oesch%20Europaeisierung.pdf (zuletzt abgerufen am 30.12.2019).

1293 *Oesch*, Die Europäisierung des schweizerischen Rechts, S. 5.

1294 Vgl. *Oesch*, Die Europäisierung des schweizerischen Rechts, S. 6.

1295 *Schmalenbach*, in: *Callies/Ruffert*, AEUV, Art. 217 Rn. 40.

1296 *Vöneky/Beylage-Haarmann*, in: *Grabitz/Hilf/Nettesheim*, AEUV, Art. 217 Rn. 75.

1297 Vgl. *Oesch*, AJP 2017, 638, 638.

1298 *Oesch*, Die Europäisierung des schweizerischen Rechts, S. 3 f.

Die sektoriellen Abkommen weisen einen geringeren Integrationsgrad auf als das Abkommen über den EWR. Es handelt sich großteilig um Marktzugangsabkommen; die Schaffung eines einheitlichen Zollgebiets ist nicht vorgesehen.[1299] Einen höheren Integrationsgrad erreichen lediglich das Freizügigkeitsabkommen (FZA) und das Luftverkehrsabkommen von 1999 und die Schengen- und Dublin-Assoziierung von 2004.[1300]

Dabei führen auch die sektoriellen Abkommen durch inhaltsgleiche Bestimmungen und Verweise auf EU-Rechtsakte zu einer Übernahme von EU-Recht,[1301] dies allerdings nicht im Ansatz so umfassend wie das Abkommen über den EWR. Im Bereich des Verbrauchervertragsrechts wurden bspw. lediglich die Richtlinie über missbräuchliche Klauseln und die Pauschalreiserichtlinie mit dem FZA insoweit übernommen, als „[...] *sie den Luftverkehr oder unmittelbar damit zusammenhängende Angelegenheiten wie im Anhang aufgeführt betreffen*".[1302] Im Unterschied zum Abkommen über den EWR handelt es sich grundsätzlich allerdings um statische Übernahmen.[1303] Neue EU-Rechtsakte werden nicht automatisch übernommen.[1304] Die Übernahme setzt grundsätzlich eine Änderung der Abkommen voraus.[1305] Rechtsfolgen für den Fall, dass eine Übernahme ausbleibt, bestehen nicht. Zwar sehen einige wenige Abkommen wie das FZA die Kompetenz des jeweiligen Gemischten Ausschusses zu eigenständigen Übernahmeentscheidungen in bestimmten Bereichen vor.[1306] In der Praxis handelte es sich dabei jedoch überwiegend um technische Vorschriften.[1307] Nichtsdestotrotz darf die statische Ausgestaltung der Übernahme in den sektoriellen Abkommen nicht überbewertet werden. Aufgrund von Sachzwängen und politischen Notwendigkeiten relativiert sich der „statische" Charakter

1299 Vgl. *Vöneky/Beylage-Haarmann*, in: *Grabitz/Hilf/Nettesheim*, AEUV, Art. 217 Rn. 74.
1300 *Oesch*, AJP 2017, 638, 638.
1301 Vgl. *Oesch*, Die Europäisierung des schweizerischen Rechts, S. 14; *Oesch*, AJP 2017, 638, 638; *Cottier*, Die Rechtsbeziehungen der Schweiz und der Europäischen Union, Rn. 141.
1302 Siehe Anhang zum FZA, dort Nr. 7, und Art. 2 des FZA.
1303 *Seiler*, Auswirkungen des EU-Rechts auf Nicht-EU-Mitglieder, S. 7.
1304 *Seiler*, Auswirkungen des EU-Rechts auf Nicht-EU-Mitglieder, S. 7.
1305 *Seiler*, Auswirkungen des EU-Rechts auf Nicht-EU-Mitglieder, S. 7.
1306 *Tobler/Beglinger*, Tobler/Beglinger-Brevier zum institutionellen Abkommen Schweiz – EU, Ausgabe 2017-08.1, S. 13.
1307 *Tobler/Beglinger*, Tobler/Beglinger-Brevier zum institutionellen Abkommen Schweiz – EU, Ausgabe 2017-08.1, S. 13.

der Übernahme in der Praxis und lässt eine Übernahme häufig alternativlos erscheinen.[1308]

Eine Verpflichtung zur dynamischen Übernahme besteht dagegen lediglich im Rahmen der Schengen- und Dublinassoziierung.[1309] Als Rechtsfolge für das Ausbleiben der Übernahme ist dabei vorbehaltlich einer anderweitigen Entscheidung des jeweiligen Gemischten Ausschusses die Beendigung des betreffenden Abkommens vorgesehen.[1310]

Ähnlichkeiten mit dem Abkommen über den EWR bestehen im Hinblick auf die Übernahme neuer Rechtsvorschriften alleine insofern, als dass in einigen Abkommen der Schweiz ebenfalls die Möglichkeit eingeräumt wird, sich im Vorfeld der Arbeiten zu neuen Rechtsakten der EU, die im Hinblick auf die sektoriellen Abkommen von Relevanz sind, einzubringen.[1311]

Auch in Fragen einheitlicher Auslegung enthalten die sektoriellen Abkommen keine den Bestimmungen zum EWR entsprechenden Homogenitätsmechanismen.[1312] Die institutionelle Ausgestaltung ist schwach.[1313] Die Auslegung der Abkommen obliegt in der Schweiz letztinstanzlich dem Bundesgericht nach den allgemeinen Regeln des Völkerrechts (Art. 31 f. Wiener Vertragsrechtskonvention).[1314] Lediglich das FZA sieht in Art. 16 Abs. 2 vor, dass europarechtliche Grundbegriffe im Lichte der vor dem Zeitpunkt der Unterzeichnung ergangenen Rechtsprechung des EuGH anzuwenden sind.[1315] Eine Pflicht zur Berücksichtigung nachträglich ergangener Rechtsprechung besteht daher nicht.[1316] Eine solche Pflicht lässt sich in Bezug auf die Schweiz nur für das Luganer Übereinkommen bejahen, da dessen Art. 1 des Protokolls Nr. 2 keine entsprechende Einschränkung vorsieht.[1317] Nichtsdestotrotz hat das Bundesgericht in seiner Rechtsprechung in Sachen Familienzusammenführung eine allgemeine Pflicht zur Berücksichtigung der – auch nachträglich ergangenen – Rechtsprechung des

1308 Vgl. *Oesch*, Die Europäisierung des schweizerischen Rechts, S. 11.
1309 *Seiler*, Auswirkungen des EU-Rechts auf Nicht-EU-Mitglieder, S. 8.
1310 *Seiler*, Auswirkungen des EU-Rechts auf Nicht-EU-Mitglieder, S. 8.
1311 *Oesch*, AJP 2017, 638, 640.
1312 Siehe zu diesen S. 236 ff.
1313 Vgl. *Oesch*, Die Europäisierung des schweizerischen Rechts, S. 12 f.
1314 *Seiler*, Auswirkungen des EU-Rechts auf Nicht-EU-Mitglieder, S. 9.
1315 *Seiler*, Auswirkungen des EU-Rechts auf Nicht-EU-Mitglieder, S. 10.
1316 *Seiler*, Auswirkungen des EU-Rechts auf Nicht-EU-Mitglieder, S. 11.
1317 *Seiler*, Auswirkungen des EU-Rechts auf Nicht-EU-Mitglieder, S. 11.

EuGH aus Gründen der Homogenität bejaht, sofern kein triftiger Grund für eine Abweichung besteht.[1318]

Die Übernahme von EU-Recht durch inhaltsgleiche Bestimmungen und Verweise in den Abkommen stellt indessen nicht die einzige Art der Übernahme von EU-Recht dar, die im unmittelbaren Zusammenhang mit den sektoriellen Abkommen der Schweiz mit der EU steht. So wurden im Gefolge des Inkrafttretens der sektoriellen Abkommen auch direkte Übernahmen von EU-Recht im nationalen Recht vollzogen.[1319]

Daneben ist es insbesondere im Zusammenhang mit den sektoriellen Abkommen auch zu indirekten Übernahmen von EU-Recht in Form des sog. autonomen Nachvollzugs gekommen.[1320] Der autonome Nachvollzug bestimmt – veranlasst durch die sog. Politik der Europaverträglichkeit – schon seit 1988 die Rechtsetzungspraxis der Schweiz.[1321] Um sämtliche Integrationsmöglichkeiten offen zu halten und die Wettbewerbsfähigkeit des Wirtschaftsstandortes Schweiz zu sichern, werden seither Gesetzgebungsvorhaben auf ihre Europakompatibilität durchleuchtet.[1322] Gem. Art. 141 Abs. 2 lit. a ParlG müssen die Erläuterungen zu Vorlagen des Bundesrats in einem sog. „Europakapitel" Angaben über das Verhältnis zum EU-Recht enthalten.[1323] Infolge des negativen Ausgangs des Referendums zum Abkommen über den EWR entschied sich der schweizerische Gesetzgeber dazu, die im Hinblick auf dieses Abkommen entworfenen Gesetzesvorlagen zur Übernahme von EU-Recht trotz des Scheiterns des EWR-Referendums zu verabschieden (sog. „*Swisslex*"-Vorlagen)[1324] und damit das darin enthaltene EU-Recht autonom nachzuvollziehen.[1325] Die Verabschiedung dieses umfangreichen Gesetzespakets sollte dabei die Grundlage für die Verhandlungen über die sektoriellen Abkommen bilden.[1326] Im Zuge

---

1318 BGE 136 II 5, 12 f.; Siehe hierzu auch *Thürer*, Gutachten über mögliche Formen der Umsetzung und Anwendung der Bilateralen Abkommen, S. 11 f.

1319 *Oesch* zählt dabei 23 Gesetzesänderungen im Zusammenhang mit den Bilateralen I und 11 in Zusammenhang mit den Bilateralen II. Siehe zu alldem *ders.*, Die Europäisierung des schweizerischen Rechts, S. 14.

1320 Vgl. *Oesch*, Die Europäisierung des schweizerischen Rechts, S. 13 f.

1321 *Oesch*, Die Europäisierung des schweizerischen Rechts, S. 28 ff.

1322 *Oesch*, Die Europäisierung des schweizerischen Rechts, S. 28 ff.

1323 *Oesch*, Die Europäisierung des schweizerischen Rechts, S. 31 f.

1324 Die Gesamtheit der Gesetzesvorlagen wurde ursprünglich mit der Wortschöpfung „*Eurolex*" betitelt. Erst nach dem Scheitern des Referendums kam die Bezeichnung „*Swisslex*" auf.

1325 *Oesch*, Die Europäisierung des schweizerischen Rechts, S. 14.

1326 *Oesch*, Die Europäisierung des schweizerischen Rechts, S. 14.

dieser Anpassung haben insbesondere die Bestimmungen der Richtlinie über Produkthaftung[1327], der Pauschalreiserichtlinie[1328] und der Verbraucherkreditrichtlinie[1329] Eingang in das schweizerische Recht gefunden.[1330]

Die Rechtssetzungspraxis des autonomen Nachvollzugs ist in der Schweiz nach wie vor ungebrochen. Studien zeigen, dass in etwa 30 Prozent der schweizerischen Rechtsordnung auf EU-Recht zurückgeht.[1331] Mittlerweile gehen die Rechtsakte gar über die bisher praktizierte statische Übernahme hinaus: Die Schweiz hat im Zuge der Revision des Bundesgesetzes über die technischen Handelshemmnisse im Jahre 2010 mit den Art. 16a bis 16e eine Art *Cassis de Dijon-Prinzip* schweizerischer Ausprägung eingeführt, nach dem Produkte, die auf dem Gebiet der EU und des EWR nach den dort geltenden Bestimmungen rechtmäßig in den Verkehr gebracht wurden, fortan ohne weiteres auch in der Schweiz vertrieben werden dürfen.[1332] Die Regelung stellt damit einen dynamischen Verweis auf die betreffenden Bestimmungen her.[1333] Freilich blieb auch die Methodik von dieser Rechtssetzungspraxis des autonomen Nachvollzugs nicht unberührt. Laut dem schweizerischen Bundesgericht ist die Rechtsprechung des EuGH bei der Auslegung autonom nachvollzogener Bestimmungen des schweizerischen Rechts im Rahmen der Auslegung ebenfalls zu berücksichtigen (sog. europakonforme Auslegung).[1334]

Und auch der bilaterale Weg wird von Schweizer Seite weiterhin als der „Königsweg" begriffen. Mittlerweile wurde auch der seit dem Nein zum EWR „eingefrorene" Antrag auf Aufnahme von Beitrittsverhandlungen durch die Schweiz zurückgezogen.[1335] Allerdings hat der Rat der EU inzwischen deutlich gemacht, dass der bilaterale Weg nur im Falle einer übergeordneten

---

1327 Richtlinie 85/374/EWG des Rates vom 25. Juli 1985 zur Angleichung der Rechts- und Verwaltungsvorschriften der Mitgliedstaaten über die Haftung für fehlerhafte Produkte.

1328 Richtlinie 90/314/EWG des Rates vom 13. Juni 1990 über Pauschalreisen.

1329 Richtlinie 87/102/EWG des Rates vom 22. Dezember 1986 zur Angleichung der Rechts- und Verwaltungsvorschriften der Mitgliedstaaten über den Verbraucherkredit.

1330 *Oesch*, Die Europäisierung des schweizerischen Rechts, S. 36.

1331 Siehe bspw. neuere Zahlen bei *Jenni*, LeGes 24 (2013), 489, 492 f.

1332 *Oesch*, Die Europäisierung des schweizerischen Rechts, S. 39 f.

1333 *Oesch*, Die Europäisierung des schweizerischen Rechts, S. 43 f.

1334 BGE 129 III 335, 350.

1335 Siehe hierzu die Meldung der NZZ vom 15.06.2016, abrufbar unter https://www.nzz.ch/schweiz/aktuelle-themen/nach-26-jahren-schweiz-zieht-eu-beitrittsgesuch-zurueck-ld.89101 (zuletzt abgerufen am 25.04.2022).

institutionellen Ausgestaltung der bilateralen Beziehungen zwischen der Schweiz und der EU weiter beschritten können werde.[1336] Im Kern geht es hierbei um Fragen der dynamischen Übernahme neuen EU-Rechts, der einheitlichen Auslegung und der Streitbeilegung durch ein übergeordnetes Gericht, die ebenfalls bisher fehlt.[1337] Explizit Ausgenommen ist die Frage der Einsetzung einer überstaatlichen Überwachungsbehörde aufgrund der insoweit ablehnenden Haltung der Schweiz.[1338] Die Verhandlungen laufen seit Frühjahr 2014.[1339] Ob sie erfolgreich sein werden, bleibt abzuwarten.

b) Beitrittsassoziierung

aa) Generelle Charakteristika

Beitrittsassoziierungen dienen der wirtschaftlichen und politischen Annäherung von Drittländern an die Union zur Vorbereitung auf einen späteren Beitritt.[1340] Sie sehen hierzu – neben anderen Bestimmungen – in der Regel eine mit der Übernahme zusammenhängender Teile des *acquis communautaire* einhergehende schrittweise Liberalisierung des Warenverkehrs und anderer Teile des Wirtschaftsverkehrs (Dienstleistungsverkehr, Kapitalverkehr etc.) vor. Erstes Abkommen dieser Art bildete das 1961 mit Griechenland abgeschlossene Assoziationsabkommen, das dessen Beitritt im Jahre 1981 vorbereitet hatte.[1341] In den 1990er Jahren dienten diesem Zweck die mit den mittel- und osteuropäischen Ländern (MOEL) geschlossenen sog. Europaabkommen, die diesen mit den Beitrittsverträgen von 2003 und 2005 ebenfalls vollständig erreichten.[1342] Letzteren im Wesentlichen nachgebildet und um die Komponente der regionalen Stabilisierung ergänzt dienen die nach der Jahrtausendwende geschlossenen

---

1336 So jüngst etwa im Rahmen der Schlussfolgerungen des Rates zu den Beziehungen der EU zur Schweizerischen Eidgenossenschaft vom 28.02.2017, abrufbar unter http://www.consilium.europa.eu/de/press/press-releases/2017/02/28/conclusions-eu-swiss-confederation/ (zuletzt abgerufen am 25.04.2022).

1337 *Tobler/Beglinger*, Tobler/Beglinger-Brevier zum institutionellen Abkommen Schweiz – EU, Ausgabe 2017-08.1, S. 11.

1338 *Tobler/Beglinger*, Tobler/Beglinger-Brevier zum institutionellen Abkommen Schweiz – EU, Ausgabe 2017-08.1, S. 11.

1339 *Tobler/Beglinger*, Tobler/Beglinger-Brevier zum institutionellen Abkommen Schweiz – EU, Ausgabe 2017-08.1, S. 11.

1340 *Vöneky/Beylage-Haarmann*, in: *Grabitz/Hilf/Nettesheim*, AEUV, Art. 217 Rn. 78.

1341 *Streinz*, in: *Stiftung Gesellschaft für Rechtspolitik, Trier/ Institut für Rechtspolitik an der Universität Trier*, Bitburger Gespräche: Jahrbuch 2005/II, S. 122.

1342 *Vöneky/Beylage-Haarmann*, in: *Grabitz/Hilf/Nettesheim*, AEUV, Art. 217 Rn. 78.

Stabilisierungs- und Assoziierungsabkommen mit den Staaten des westlichen Balkans ebenfalls diesem Zweck, der bisher für Kroatien mit seinem Beitritt im Jahre 2013 verwirklicht werden konnte.[1343]

bb) Assoziationsabkommen mit der Türkei von 1963

Auch in die Kategorie der Beitrittsassoziierungen fällt das im Jahre 1963 mit der Türkei unterzeichnete Assoziationsabkommen (sog. Ankara-Abkommen, kurz AA).[1344] Wie sowohl die zeitliche Nähe des Vertragsschlusses als auch die geographische Nähe vermuten lassen, orientiert sich das Abkommen im Wesentlichen an dem zwei Jahre zuvor mit Griechenland abgeschlossenen Assoziationsabkommen.[1345] Ziel des Abkommens ist es laut Art. 2 „*[...] eine beständige und ausgewogene Verstärkung der Handels- und Wirtschaftsbeziehungen zwischen den Vertragsparteien [...] zu fördern*". Hierzu ist in Art. 2 Abs. 2 AA die Errichtung einer Zollunion in drei Phasen vorgesehen. Diese bestehen gem. Art. 2 Abs. 3 AA aus einer Vorbereitungsphase von fünf Jahren (Art. 3 Abs. 2 AA), einer Übergangsphase von zwölf Jahren (Art. 4 Abs. 2 AA) und einer zeitlich unbegrenzten Endphase der verwirklichten Zollunion (Art. 5 AA). Die Vereinbarung reicht dabei inhaltlich weiter als die vordringlich angestrebte Zollunion, was schon auf ihren über eine einfache wirtschaftliche Integration hinausgehenden Charakter hindeutet. Sie sieht nämlich nicht nur die Herstellung der Freiheit des Warenverkehrs als Grundlage der zu errichtenden Zollunion vor, sondern bestimmt auch die Herstellung von Arbeitnehmerfreizügigkeit (Art. 12 AA), Niederlassungsfreiheit (Art. 13 AA) und Dienstleistungsfreiheit (Art. 14 AA) in Orientierung an den entsprechenden Regelungen des Vertrags zur Gründung der Europäischen Wirtschaftsgemeinschaft (EWGV). Das übergeordnete Ziel der Vorbereitung eines späteren Beitritts wird – wie auch in den anderen Beitrittsassoziierungen – im Rahmen der Präambel erwähnt (Abs. 2 der Präambel). Daneben bestimmt Art. 28, dass „*[...] die Vertragsparteien die Möglichkeit eines Beitritts der Türkei zur Gemeinschaft prüfen*" werden, „*[s]obald das Funktionieren des Abkommens es in Aussicht zu nehmen gestattet, daß die Türkei die Verpflichtungen aus dem Vertrag zur Gründung der Gemeinschaft vollständig übernimmt*".

Die Vorbereitungsphase zielte auf eine Konsolidierung der türkischen Wirtschaft mithilfe europäischer Unterstützung (Art. 3 Abs. 1 AA). Sie endete mit

---

1343 *Vöneky/Beylage-Haarmann*, in: *Grabitz/Hilf/Nettesheim*, AEUV, Art. 217 Rn. 89 ff.

1344 *Vöneky/Beylage-Haarmann*, in: *Grabitz/Hilf/Nettesheim*, AEUV, Art. 217 Rn. 78.

1345 Vgl. *Streinz*, in: *Stiftung Gesellschaft für Rechtspolitik, Trier/ Institut für Rechtspolitik an der Universität Trier*, Bitburger Gespräche: Jahrbuch 2005/II, S. 129.

dem 1970 unterzeichneten Zusatzprotokoll, das mit seinem Inkrafttreten im Jahre 1973 verspätet die Übergangsphase einleitete.[1346] Während dieser Phase sollte die Zollunion schrittweise errichtet und die verschiedenen Wirtschaftspolitiken einander angenähert werden (Art. 4 Abs. 1 AA). Dazu bestimmte das Zusatzprotokoll die Herstellung der Warenverkehrsfreiheit durch den Abbau von Zöllen und mengenmäßigen Beschränkungen und die Annahme des Gemeinsamen Zolltarifs durch die Türkei.[1347] Die gegenseitigen Verpflichtungen wurden hierbei grundsätzlich asymmetrisch ausgestaltet: So verpflichtete sich die Gemeinschaft zur Beseitigung von Zöllen sowie Abgaben gleicher Wirkung und mengenmäßigen Beschränkungen im Zeitpunkt des Inkrafttretens des Protokolls (Artt. 8 und 24 AA), während sich die Türkei lediglich zu einem schrittweisen Abbau innerhalb von zwölf und in bestimmten Ausnahmebereichen von 22 Jahren verpflichtete (vgl. Artt. 10 f. und Art. 25 f. AA).[1348] Nichtsdestotrotz waren und sind von diesen Regelungen weiterhin – neben Kohle und Stahl – die für die türkische Exportwirtschaft wichtigen unverarbeiteten Landwirtschaftserzeugnisse ausgenommen.[1349] Auch im Hinblick auf die für die türkische Exportwirtschaft wichtigen Textilprodukte sah die Europäische Gemeinschaft bis zum Inkrafttreten der Zollunion weiterhin einfuhrbeschränkende Kontingente vor.[1350] Obgleich in Ausnahmebereichen ein Abbau innerhalb von 22 Jahren vorgesehen war, hielt das Protokoll in Art. 61 an der im eigentlichen Assoziationsabkommen festgelegten Dauer von zwölf Jahren für die Übergangsphase fest.

Im Bereich der übrigen Freiheiten wurden mit dem Zusatzprotokoll dagegen keine konkreten Maßnahmen ergriffen. So bestimmte dieses hinsichtlich der Arbeitnehmerfreizügigkeit im Wesentlichen lediglich, dass diese zwischen dem Ende des zwölften und dem Ende des 22. Jahres nach Inkrafttreten des eigentlichen Assoziationsabkommens hergestellt wird (Art. 36 Abs. 1 AA). In der Folge ergingen zu diesem Bereich drei Assoziationsratsbeschlüsse (2/76, 1/80 und 3/80), mit denen jedoch lediglich der Status von schon in der Gemeinschaft befindlichen Arbeitnehmern mit türkischer Staatsangehörigkeit verbessert wurde.[1351] Die eigentlich anvisierte Freizügigkeit der Arbeitnehmer wurde

1346 *Streinz*, in: *Stiftung Gesellschaft für Rechtspolitik, Trier/ Institut für Rechtspolitik an der Universität Trier*, Bitburger Gespräche: Jahrbuch 2005/II, S. 129.

1347 Vgl. Titel 1 des AA.

1348 Vgl. hierzu auch *Kramer*, Die Europäische Gemeinschaft und die Türkei, S. 47.

1349 *Tezcan*, in: *Akçay/Akgül Açıkmeşe*, Türkiye – Avrupa Birliği İlişkileri, S. 371, 379.

1350 *Yılmaz*, in: *Akçay/Akgül Açıkmeşe*, Türkiye – Avrupa Birliği İlişkileri, S. 273, 293.

1351 *Göçmen*, in: *Akçay/Akgül Açıkmeşe*, Türkiye – Avrupa Birliği İlişkileri, S. 117, 126 ff.

dagegen bis heute nicht hergestellt.[1352] Auch im Rahmen der seit 2005 laufenden Beitrittsverhandlungen ist es bislang nicht zu einer Eröffnung des Kapitels über die Freizügigkeit der Arbeitnehmer gekommen. Die Annahme des entsprechenden Screening-Reports durch den Rat steht weiterhin aus. Zudem blockiert die Republik Zypern unter anderem die Eröffnung dieses Kapitels.[1353] Hinsichtlich der Niederlassungsfreiheit und der Dienstleistungsfreiheit enthielt das Zusatzprotokoll gar nur eine Standstill-Vereinbarung (Art. 41 Abs. 1 AA). Eine weitere Entwicklung ist in letzteren Bereichen bisher nicht zu verzeichnen.[1354]

In großer Abweichung vom ursprünglich vorgesehenen Zeitplan wurde mit dem Assoziationsratsbeschluss 1/95 vom 6. März 1995[1355] schließlich die Zollunion zwischen der EU und der Türkei mit Ablauf des 31.12.1995 in Kraft gesetzt und damit die Endphase derselben eingeläutet.

Auch das Assoziationsrecht EU-Türkei führt durch inhaltsgleiche Bestimmungen und der Verbindlicherklärung von EU-Rechtsakten zu einer Übernahme von EU-Recht.[1356] Zudem legt Art. 54 des Beschlusses 1/95 für die *„Bereiche[.], die für das Funktionieren der Zollunion von unmittelbarer Bedeutung sind“*, eine Pflicht zur dynamischen Rechtsangleichung an die Bestimmungen des EU-Rechts fest. Gem. Abs. 2 der Vorschrift handelt es sich bei diesen Bereichen um *„die Handelspolitik und die mit Drittländern geschlossenen Abkommen, die eine handelspolitische Komponente für gewerbliche Waren umfassen, die Rechtsvorschriften über die Beseitigung technischer Hemmnisse im Handel mit gewerblichen Waren, das Wettbewerbsrecht, die Vorschriften über den Schutz der Rechte an geistigem und gewerblichem Eigentum sowie das Zollrecht.“* Gem. S. 2 desselben Absatzes kann diese Liste durch den Assoziationsrat noch erweitert werden. Um eine Übernahme durch die Türkei zum Zwecke des ordnungsgemäßen Funktionierens der Zollunion sicherzustellen, sehen die Artt. 55 und 56

1352 *Göçmen*, in: *Akçay/Akgül Açıkmeşe*, Türkiye – Avrupa Birliği İlişkileri, S. 117, 126 ff.

1353 Siehe zu alldem die vom früheren Ministerium für EU-Angelegenheiten der Republik Türkei bereitgestellte Übersicht, abrufbar unter https://www.ab.gov.tr/files/5%20Ekim/yatay_muzakere_tablosu__30_06_2016.pdf (zuletzt abgerufen am 25.04.2022). Mehr zum Verlauf und derzeitigen Stand der Beitrittsverhandlungen zwischen der EU und der Türkei siehe S. 260 ff.

1354 *Göçmen*, in: *Akçay/Akgül Açıkmeşe*, Türkiye – Avrupa Birliği İlişkileri, S. 117, 133 ff.

1355 ABl. L 35 vom 13.02.1996, S. 1.

1356 Siehe zur Verbindlicherklärung insbesondere Anhang II des Assoziationsratsbeschlusses 2/97 (ABl. L 191 vom 21. Juli 1997, S. 1) über die von der Türkei umzusetzenden gemeinschaftlichen Rechtsakte über die Beseitigung technischer Handelshemmnisse.

des Beschlusses 1/95 – wie auch das EWR-Abkommen – ein informelles Informations- und Kosultationsverfahren für den Fall vor, dass neue Vorschriften in den vorgenannten Bereichen auf europäischer Ebene ausgearbeitet und erlassen werden. Umgekehrt sieht Art. 57 des Beschlusses 1/95 ebenfalls ein informelles Informations- und Konsultationsverfahren für den Fall vor, dass wiederum die Türkei neue Rechtsvorschriften in einem Bereich plant, der für das Funktionieren der Zollunion von unmittelbarer Bedeutung ist, um das ordnungsgemäße Funktionieren der Zollunion zu gewährleisten. Im Falle von Divergenzen ist in beiden Fällen der Gemischte Ausschuss der Zollunion dafür zuständig, eine Lösung zu finden (Artt. 56 Abs. 2 und 57 Abs. 4 des Beschlusses 1/95). Sollte eine solche nicht erzielt werden können, kann gem. Art. 58 Abs. 1 S. 1 jede Vertragspartei, die der Auffassung ist, *„[…] daß Abweichungen in den betreffenden Rechtsvorschriften den freien Warenverkehr beeinträchtigen, Verkehrsverlagerungen verursachen oder zu wirtschaftlichen Problemen in ihrem Gebiet führen können*", den Gemischten Ausschuss mit dem Fall befassen. Darüber hinaus kann die Vertragspartei in einem solchen Fall gem. Abs. 2 derselben Vorschrift einseitig Schutzmaßnahmen ergreifen, sofern sie *„sofortige Maßnahmen für notwendig hält"*. Sie teilt diese Maßnahmen dem Gemischten Ausschuss der Zollunion mit, der eine Aufhebung oder Änderung beschließen kann. Streitigkeiten über den Geltungsbereich oder die Dauer solcher Schutzmaßnahmen können dem Assoziationsrat vorgelegt werden. Gelingt diesem binnen sechs Monaten keine Beilegung, kann jede Vertragspartei ein Schiedsverfahren nach Art. 62 des Beschlusses 1/95 beanspruchen (Art. 61 des Beschlusses 1/95). Somit sieht das Assoziationsrecht EU-Türkei – wie auch das EWR-Abkommen – Mechanismen vor, die die Übernahme von neuen EU-Bestimmungen durch den assoziierten Drittstaat erleichtern und einen gewissen Übernahmedruck erzeugen sollen, um durch eine fortdauernde Homogenität des Regelungsbestandes das ordnungsgemäße Funktionieren der Zollunion zu gewährleisten. Anders als das EWR-Abkommen, beschränken sich diese Mechanismen zur dynamischen Übernahme jedoch nur auf die Bereiche, die für das Funktionieren der Zollunion von unmittelbarer Bedeutung sind. Und auch die sonstigen Verweise beziehen sich im Wesentlichen nur auf den Bereich der Warenverkehrsfreiheit. Die aus dem Assoziationsrecht folgende Verpflichtung zur Übernahme von EU-Recht ist daher – ähnlich wie bei den Sektoriellen Verträgen mit der Schweiz – insgesamt nicht im Ansatz so umfassend wie im Rahmen des EWR-Abkommens. Die maßgeblichen Richtlinien zum Verbrauchervertragsrecht sind von den Übernahmepflichten beispielsweise gar nicht umfasst.

Das Assoziationsrecht EU-Türkei sieht dabei wie das EWR-Abkommen nicht nur Mechanismen zur dynamischen Übernahme neuer EU-Bestimmungen vor, sondern auch zur homogenen Auslegung derselben. So bestimmt Art. 66 des Beschlusses 1/95, dass mit den Vorschriften des Vertrags zur Gründung der Europäischen Gemeinschaft (EGV) im Wesentlichen inhaltsgleiche Bestimmungen dieses Beschlusses hinsichtlich der Zollunion im Einklang mit der Rechtsprechung des EuGH ausgelegt werden. Die Regelung reicht insoweit sogar weiter als die entsprechenden Homogenitätsmechanismen des EWR-Abkommens, als dass sie ihrem Wortlaut nach keinen Stichtag für die zu berücksichtigende Rechtsprechung vorsieht und damit einen dynamischen Verweis beinhaltet. Im Falle unterschiedlicher Anwendung von Vorschriften in Bereichen, die für das Funktionieren der Zollunion von unmittelbarer Bedeutung sind, kann ebenfalls das Verfahren nach Art. 58 des Beschlusses 1/95 angestrengt werden. Das heißt, dass gem. Art. 58 Abs. 1 S. 2 des Beschlusses 1/95 jede Vertragspartei den Gemischten Ausschuss der Zollunion mit der Problematik befassen kann, wenn die unterschiedliche Anwendung *„[...] eine Beeinträchtigung des freien Warenverkehrs, Verkehrsverlagerungen oder wirtschaftliche Probleme verursacht oder zu verursachen droht."* Hält die betreffende Vertragspartei sofortige Maßnahmen für notwendig, kann sie gem. Art. 58 Abs. 2 des Beschlusses 1/95 gleichermaßen die notwendigen Schutzmaßnahmen treffen. Zudem kann im Falle eines Streites über Dauer und Geltungsbereich dieser Schutzmaßnahmen gem. Art. 62 des Beschlusses 1/95 ebenso ein Schiedsverfahren in Anspruch genommen werden.

Neben diesen spezifischen Bestimmungen sieht Art. 25 Abs. 1 AA auch ganz allgemein vor, dass jede Vertragspartei *„[...] den Assoziationsrat mit jeder Streitigkeit in Bezug auf Anwendung oder Auslegung des Abkommens befassen"* kann. Dabei kann der Assoziationsrat die Streitigkeit entweder durch Beschluss beilegen oder *„[...] dem Gerichtshof der Europäischen Gemeinschaften oder irgendeinem anderen Gericht [...] unterbreiten."*[1357]

Anders als im EWR-Abkommen enthält das Assoziationsrecht EU-Türkei dagegen kein Informationssystem zum Abgleich der Rechtsprechung der verschiedenen Gerichtshöfe. Zudem existiert kein Vorlageverfahren.

Wie auch in der Schweiz stellt die direkte Übernahme von EU-Recht im unmittelbaren Zusammenhang mit dem Assoziationsverhältnis indessen nicht die einzige Form der Übernahme von EU-Recht dar. So wird auch in der Türkei seit geraumer Zeit und mit zunehmender Tendenz EU-Recht autonom nachvollzogen. Aus welchen Gründen und in welcher Form dies geschieht und ob

1357 Letzteres dürfte vor dem Hintergrund des ersten Gutachtens des EuGH zum ursprünglich angedachten Gerichtssystem des EWR heute nicht mehr möglich sein. Siehe zu alldem EuGH, Gutachten 1/91 (EWR I), Slg. 1991, I-6079.

sich das Ganze auf die Methodik ausgewirkt hat, soll im 3. Kapitel am Beispiel der Umsetzung von Richtlinien zum Verbrauchervertragsrecht näher untersucht werden und soll daher an dieser Stelle vorerst offenbleiben.

c) Entwicklungsassoziierung

Entwicklungsassoziierungen dienen der wirtschaftlichen Förderung durch asymmetrische Marktzugangsregelungen[1358] sowie der politischen Steuerung zur regionalen Stabilisierung und zum Schutz von Menschenrechten und Umwelt.[1359] Als Beispiele können insoweit die Abkommen mit den AKP- und den Mittelmeeranrainerstaaten genannt werden.[1360]

3. Alternative Integrationsmodelle

Neben den klassischen Zugehörigkeitsformen der Vollmitgliedschaft und der Assoziation sind in jüngerer Zeit zunehmend alternative Integrationsmodelle in den Fokus gerückt. Am prominentesten sind dabei wohl die sog. *privilegierte Partnerschaft* und die sog. *Differenzierte Integration*. Daneben findet sich in der Literatur noch die sog. *Erweiterte assoziierte Mitgliedschaft*.

a) Privilegierte Partnerschaft

Die sog. *Privilegierte Partnerschaft* ist in der ersten Hälfte der 2000er Jahre vor dem Hintergrund einer möglichen Eröffnung von Beitrittsgesprächen mit der Türkei als Gegenentwurf zur angestrebten Vollmitgliedschaft in den Diskurs eingebracht worden.[1361] Obgleich von der Türkei als Ungleichbehandlung missbilligt und trotz erfolgter Eröffnung der Beitrittsgespräche im Jahre 2005 blieb die sog. *Privilegierte Partnerschaft* insbesondere aufgrund der Befürwortung durch das Zweigespann *Merkel-Sarkozy* ab 2007 weiterhin im Gespräch und ist es – mitunter unausgesprochen – bis heute.[1362] Indes handelt es sich bei der *privilegierten Partnerschaft* weniger um ein konkretes Modell als um ein politisches Schlagwort.[1363] Hinter der Bezeichnung verbergen sich Vorschläge mit unterschiedlicher materieller und institutioneller Ausgestaltung, teilweise angelehnt an das Abkommen über den EWR, teilweise aber auch angelehnt an das

---

1358 *Mögele*, in: *Streinz*, AEUV, Art. 217 Rn. 7.

1359 *Bungenberg*, in: *von der Groeben/Schwarze/Hatje*, AEUV, Art. 217 Rn. 130.

1360 *Mögele*, in: *Streinz*, AEUV, Art. 217 Rn. 7.

1361 *Altay*, INSIGHT TURKEY 20 (2018), Nr. 3, 179, 184.

1362 Siehe dazu ausführlicher S. 270 ff.

1363 Vgl. *Schirmböck*, Der EU-Beitritt der Türkei, S. 82.

Assoziierungsabkommen zwischen der EU und der Ukraine.[1364] Gemein sind der Mehrheit der Vorschläge die Schaffung einer umfassenden Freihandelszone und die Einbindung der Türkei in die europäische Außen- und Sicherheitspolitik.[1365] Letzten Endes zielen die Vorschläge damit auf eine um Kooperationen in anderen Bereichen ergänzte Freihandelsassoziierung mit prononcierter Ablehnung einer Beitrittsperspektive ab. So gesehen bestünde eine Art *Privilegierte Partnerschaft* mit der Türkei deshalb jetzt schon, blendete man die formelle Beitrittsperspektive aus.

b) Erweiterte assoziierte Mitgliedschaft

Das Konzept der erweiterten assoziierten Mitgliedschaft wurde von *Steve Wood* und *Wolfgang Quaisser* entwickelt.[1366] Es beruht auf der Annahme, dass die sog. *Privilegierte Partnerschaft* aufgrund ihrer geringen inhaltlichen Schärfe keine attraktive Alternative zu einer Vollmitgliedschaft bilde und will diese deshalb zu einem klareren Konzept ausbauen.[1367] Es sieht in Anlehnung an den EWR eine wirtschaftliche Integration im Rahmen eines sog. *Erweiterten Europäischen Wirtschaftsraums* vor, der in gewisser Hinsicht über erstgenannten hinausgehen soll (Zollunion), in anderer Hinsicht aber hinter diesem zurücksteht (sektorale Beschränkungen, Personenfreizügigkeit).[1368] Institutionell soll dabei ebenso eine Orientierung an dem EWR erfolgen, dabei aber über diesen noch hinausgegangen werden.[1369] Mitentscheidungsrechte sind ebenso wenig wie bei der sog. *Privilegierten Partnerschaft* vorgesehen. Eine politische Integration soll hingegen über einen erweiterten Rat erfolgen, in dem die Mitglieder ihre Positionen kommunizieren können.[1370] Das Konzept soll sowohl auf Staaten mit Beitrittsperspektive als auch auf Staaten ohne Beitrittsperspektive Anwendung finden. Entsprechend kann die *Erweiterte assoziierte Mitgliedschaft* sowohl als Übergangsstadium zur Vollmitgliedschaft als auch als Endstadium der Integration fungieren.[1371] In Bezug auf die Türkei verneinen die Autoren nichtsdestotrotz

---

1364 Ein Überblick über die unterschiedlichen Vorschläge findet sich bei *Altay*, INSIGHT TURKEY 20 (2018), Nr. 3, 179, 184 ff.

1365 Vgl. *Altay*, INSIGHT TURKEY 20 (2018), Nr. 3, 179, 184 f.

1366 Siehe *Quaisser/Wood*, forost Arbeitspapier (2004), Nr. 25, passim.

1367 *Quaisser/Wood*, forost Arbeitspapier (2004), Nr. 25, S. 52.

1368 *Quaisser/Wood*, forost Arbeitspapier (2004), Nr. 25, S. 51.

1369 *Quaisser/Wood*, forost Arbeitspapier (2004), Nr. 25, S. 53.

1370 Siehe zu alldem *Quaisser/Wood*, forost Arbeitspapier (2004), Nr. 25, S. 53.

1371 *Quaisser/Wood*, forost Arbeitspapier (2004), Nr. 25, S. 51.

die gem. Art. 49 EUV geforderte Eigenschaft eines *europäischen Staates*.[1372] Für sie würde die sog. *Erweiterte assoziierte Mitgliedschaft* daher das finale Integrationsstadium darstellen.

c) *Differenzierte Integration*

Ähnlich wie bei der sog. *Privilegierten Partnerschaft* handelt es sich bei der *Differenzierten Integration* weniger um ein konkretes Integrationsmodell als um eine politische Idee.[1373] Angestoßen wurde die Diskussion um eine solche Mitte der 1970er Jahre mit Blick auf die unterschiedliche wirtschaftliche Leistungsfähigkeit der Mitgliedstaaten.[1374] Hintergrund war schon zum damaligen Zeitpunkt die Erweiterung der Gemeinschaft und die damit verbundene Gefahr einer Stagnation der Vertiefung.[1375] Seither wurden viele verschiedene Konzepte vorgeschlagen und diskutiert, die sich im Wesentlichen nur anhand ihres Differenzierungsmerkmals unterscheiden. So sieht eine Gruppe der Konzepte eine räumliche Differenzierung vor. In diese einzuordnen ist das Konzept eines Kerneuropas und im weitesten Sinne auch das Konzept eines Europas der konzentrischen Kreise, wobei letzteres nicht an eine feste Gruppe, sondern an variable Interessengruppen anknüpft. Eine andere Gruppe der Konzepte sieht eine zeitliche Differenzierung vor. Hierin einzuordnen ist das Konzept eines Europas der mehreren Geschwindigkeiten. Gemein ist beiden Gruppen an Konzepten, dass die einheitliche Integration nichtsdestotrotz als übergeordnetes Leitbild hochgehalten wird. Die letzte Gruppe schließlich sieht eine sachliche Differenzierung vor. Dieser zuzuordnen ist das eher negativ konnotierte Konzept eines Europas *à la carte*.[1376]

Lange hat es gedauert, bis die Möglichkeit einer differenzierten Integration schließlich als sog. *Verstärkte Zusammenarbeit* mit dem Vertrag von Amsterdam schriftlich verankert wurde.[1377] Nichtsdestotrotz bestanden schon vorher Anwendungsbeispiele einer differenzierten Integration bspw. im Hinblick auf die Sozialpolitik, die Währungsunion und den Schengen-Raum.[1378] Die

---

1372 *Quaisser/Wood*, forost Arbeitspapier (2004), Nr. 25, S. 52.

1373 *Ruffert*, in: *Callies/Ruffert*, EUV, Art. 20 Rn. 3.

1374 *Streinz*, in: *Stiftung Gesellschaft für Rechtspolitik, Trier/ Institut für Rechtspolitik an der Universität Trier*, Bitburger Gespräche: Jahrbuch 2005/II, S. 111, 126.

1375 *Pechstein*, in: *Streinz*, EUV, Art. 20 Rn. 3.

1376 Siehe zu alldem *Ruffert*, in: *Callies/Ruffert*, EUV, Art. 20 Rn. 3 ff.

1377 Ruffert, in: Callies/Ruffert, EUV, Art. 20 Rn. 7.

1378 Vgl. *Pechstein*, in: *Streinz*, EUV, Art. 20 Rn. 1.

geschaffenen Regelungen wurden ohne wesentliche Änderung mit dem Vertrag von Lissabon übernommen.[1379] Grundnorm bildet insoweit der Art. 20 EUV. Konzeptionell entspricht sie weitestgehend der Idee eines Europas der konzentrischen Kreise. Zudem ist die *Verstärkte Zusammenarbeit* ebenfalls der einheitlichen Integration als übergeordnetem Leitbild verpflichtet.[1380] Entsprechend voraussetzungsreich sind die Regelungen ausgestaltet und entsprechend sporadisch fiel deshalb auch ihre bisherige Inanspruchnahme aus.

Die Idee der differenzierten Integration wurde zwischenzeitlich – insbesondere mit Blick auf die Beitrittsverhandlungen der Türkei – auch als alternatives Erweiterungsmodell ins Spiel gebracht.[1381] Dabei soll der Beitrittsprozess in Form einer abgestuften Integration in drei Schritten erfolgen, wobei jeder Schritt eigene sektorale Teilintegrationen mit sich bringt. Abweichend von der Idee der sog. *Privilegierten Partnerschaft* und dem Konzept der *Erweiterten assoziierten Mitgliedschaft* sollen die sektoralen Teilintegrationen nicht nur in wirtschaftlicher, sondern auch in politischer Hinsicht in Gestalt entsprechender sektoraler Mitbestimmungsrechte ohne Veto-Möglichkeit erfolgen. Der Wechsel von einer Stufe in die nächste soll an Bedingungen geknüpft sein, um einen Automatismus zu verhindern und dadurch Anreize zu schaffen. Sowohl der Übergang in die nächste Stufe als auch die Vollmitgliedschaft nach dem erfolgreichen Durchlaufen der letzten Stufen hängen nichtsdestotrotz vom Willen der Beteiligten ab und bieten damit für alle Parteien ein Höchstmaß an Reaktionsmöglichkeiten bei wechselnden Umständen. Dies alles soll den Beitrittsprozess dynamischer gestalten und Anreize zur Demokratisierung schaffen.[1382] Allerdings würde gerade das Unterscheidungsmerkmal dieses Konzepts, die politische Teilintegration, eine umfangreiche und wohl nicht weniger umstrittene Änderung des Primärrechts erfordern, die aus heutiger Sicht zumindest mittelfristig nicht realisierbar erscheint.

II. Auswertung der Zugehörigkeitsformen im Hinblick auf die Übernahme von EU-Recht durch die Drittstaaten

Wie die vorangehenden Ausführungen zeigen, ist grundsätzlich mit allen dargestellten Zugehörigkeitsformen eine Übernahme von EU-Recht durch den Drittstaat verbunden. Allerdings gestalten sich die aus den vertraglichen Bindungen

1379 Ruffert, in: Callies/Ruffert, EUV, Art. 20 Rn. 10.
1380 Siehe zu alldem *Pechstein*, in: *Streinz*, EUV, Art. 20 Rn. 5.
1381 So durch *Karakas*, HSFK Standpunkte (2005), Nr. 4, passim.
1382 Vgl. zu alldem *Karakas*, HSFK Standpunkte (2005), Nr. 4, S. 5 f.

resultierenden Übernahmeverpflichtungen durchaus unterschiedlich. So lässt sich zunächst einmal ein Unterschied im Hinblick auf die Quantität der Übernahmeverpflichtungen feststellen: Während bspw. das EWR-Abkommen schon zur Zeit seines Abschlusses etwa 2/3 des gesamten *acquis communautaire* für verbindlich erklärte, umfassen die bilateralen Verträge der Schweiz mit der EU nur bestimmte Sektoren. Das Assoziationsabkommen mit der Türkei bezieht sich gar nur auf Bereiche mit unmittelbarer Auswirkung auf das Funktionieren der Assoziation bzw. von unmittelbarer Bedeutung für das Funktionieren der Zollunion. Zudem ergeben sich Unterschiede im Hinblick auf den zeitlichen Charakter der Übernahmeverpflichtung: Während das EWR-Abkommen und das Assoziationsabkommen mit der Türkei Mechanismen zur dynamischen Rechtsangleichung vorsehen, enthalten die bilateralen Verträge mit der Schweiz fast ausnahmslos nur statische Rechtsangleichungsverpflichtungen. Letztere Unterscheidung findet sich auch mit Blick auf die Verpflichtung zur Berücksichtigung zugehöriger EuGH-Rechtsprechung. Diese ist, mit Ausnahme der dynamischen Formulierung im Assoziationsrecht EU-Türkei, grundsätzlich in allen Abkommen statisch ausgestaltet. Allerdings sieht das EWR-Abkommen zumindest Mechanismen vor, um eine einheitliche Rechtsprechung zu erzeugen.[1383]

Die Auswertung zeigt, dass sich bestimmten Assoziierungstypen nicht bestimmte Arten von Übernahmeverpflichtungen zuordnen lassen. Innerhalb desgleichen Assoziierungstyps können durchaus unterschiedlich ausgestaltete Übernahmeverpflichtungen vorgefunden werden, wie ein Vergleich des EWR-Abkommens mit den bilateralen Verträgen mit der Schweiz zeigt. Zudem können typenübergreifende Gemeinsamkeiten bestehen wie zwischen dem Assoziationsabkommen mit der Türkei und dem EWR-Abkommen. Eine Typologisierung anhand der konkreten Ausgestaltung der Übernahmeverpflichtung, wie von *Appel* vorgeschlagen, ist deshalb abzulehnen.[1384]

1383 Insgesamt ähnliche Unterscheidungsmerkmale herausarbeitend *Appel*, Das internationale Kooperationsrecht der Europäischen Union, S. 173 f.

1384 Anders dagegen *Appel* für die von ihr hergeleitete Gruppe der sog. „Kooperationsverträge“, die die Assoziierungsabkommen mitumfasst. Fehlerhaft ist an ihren Ausführungen, dass sie im Hinblick auf die von ihr sog. „Acquis-eingliedernden (beitrittsvorbereitenden) Vorzimmer-Kooperationsabkommen“, unter die sie auch das Assoziierungsabkommen mit der Türkei subsumiert, von einer „vollständigen“ „acquis-Verbreitung“ ausgeht. Wie die obigen Ausführungen zu dem Assoziierungsabkommen mit der Türkei und den dazugehörigen Beschlüssen aber zeigen, besteht *rechtlich* gerade keine vollständige Übernahme*verpflichtung* für den gesamten *acquis communautaire*. Eine solche kann auch nicht aus der im Abkommen

III. Entwicklung und Stand der Türkei-EU-Beziehungen

1. *Auf dem Weg zur Zollunion*

Der Beginn der türkischen Integrationsgeschichte in das politische System Kontinentaleuropas kann rein formal mit dem Dritten Pariser Frieden von 1856 angesetzt werden.[1385] In diesem Friedensvertrag zwischen Großbritannien, Frankreich, dem Osmanischen Reich, Sardinien und Russland erklärten die europäischen Mächte in Art. 7 *„[...] the Sublime Porte admitted to participate in the advantages of the Public Law and System (Concert) of Europe.“*[1386] Die entscheidenden Weichen für die bislang noch bestehende Westbindung aber wurden nach dem Ende des Zweiten Weltkrieges gelegt.[1387] Während des Zweiten Weltkrieges wahrte die damals noch junge Republik eine neutrale Haltung, die sie kurz vor Ende des Krieges jedoch durch Kriegserklärung gegenüber Deutschland und Japan zugunsten der Alliierten beendete.[1388] In der Folge unterzeichnete die Türkei als eines der Gründungsmitglieder am 24. Februar 1945 die Charta der Vereinten Nationen.[1389] Im Zuge des aufkeimenden Ost-West-Konflikts positionierte sie sich sodann auf der Seite der Westmächte und nahm die mit der Truman-Doktrin versprochenen finanziellen Hilfen der USA in Anspruch, um einer drohenden Sowjetisierung entgegenzutreten.[1390] Derweil führte sie ihre

---

angelegten Beitrittsperspektive abgeleitet werden. Eine Pflicht den gesamten *acquis* zu übernehmen besteht allenfalls in politischer Hinsicht aufgrund der Eröffnung der Beitrittsverhandlungen im Jahre 2005 (*Güney* spricht in diesem Kontext von einer „völkerrechtlichen Obliegenheit“, aus der „allenfalls“ eine „politische Verpflichtung“ resultieren könne. Siehe hierzu *dies.*, GPR 3 (2006), 59, 60). Betrachtet man daher lediglich das Abkommen, ist der Umfang der Übernahmeverpflichtung sowohl geringer als im Vergleich zum EWR-Abkommen als auch im Vergleich zu den bilateralen Verträgen mit der Schweiz. Damit entfällt aber auch die angepriesene Trennschärfe der „acquis-Verbreitung“ als Unterscheidungskriterium. Siehe zu alldem *Appel*, Das internationale Kooperationsrecht der Europäischen Union, S. 174 ff.

1385 Auch *İnalcık* wirft die Frage auf, ob dieser Zeitpunkt nicht als Startpunkt der Integrationsgeschichte verstanden werden müsste. Siehe hierzu *ders.*, Osmanlı ve Avrupa, S. 131.

1386 Der Text des Friedensvertrages ist abrufbar unter https://content.ecf.org.il/files/M00934_TreatyOfParis1856English.pdf (zuletzt abgerufen am 25.04.2022).

1387 *Kreiser/Neumann*, Geschichte der Türkei, S. 444.

1388 *Kreiser*, Geschichte der Türkei, S. 68 ff.

1389 Vgl. *Kreiser*, Geschichte der Türkei, S. 70.

1390 Vgl. *Kreiser/Neumann*, Geschichte der Türkei, S. 445.

Politik der „Eingliederung in das ‚System der westlichen Welt'"[1391] fort, indem sie am 13. April 1950 dem Europarat beitrat und im Jahre 1954 die Europäische Menschenrechtskonvention (EMRK) ratifizierte.[1392] Vertieft wurde die Westbindung durch den proamerikanischen Kurs von Ministerpräsident *Adnan Menderes*, in dessen Amtszeit der Beitritt der Türkei zur NATO am 18. Februar 1952 erfolgte.[1393] Darüber hinaus wurde in der Ära *Menderes* auch der Grundstein für die Partizipation am Projekt der europäischen Integration gelegt: Am 31. Juli 1959 übermittelte die Türkei der damaligen EWG den Antrag auf Aufnahme von Verhandlungen über ein Assoziationsabkommen, der im weiteren Verlauf zum Abschluss des Ankara-Abkommens führte.[1394]

Die Interessen der Beteiligten waren dabei und sind weiterhin durchaus unterschiedlich gelagert.[1395] Die nur wenige Jahre nach der Gründung der NATO erfolgte Aufnahme der Türkei, die spätere Rolle derselben in der Kubakrise und die nach wie vor bestehende Stationierung von Atomwaffen sowie Nutzung sonstiger militärischer Infrastruktur auf türkischem Boden verdeutlichen ihre geostrategische Bedeutung für die USA und unterstreichen den primär sicherheitspolitischen Charakter der amerikanisch-türkischen Beziehungen.[1396] Ähnlich gestaltet sich das Verhältnis der EU zur Türkei. Auch hier dominieren sicherheitspolitische Interessen die Beziehungen.[1397] In jüngerer Zeit sind zudem zunehmend Fragen der (illegalen) Migration ins Zentrum der europäisch-türkischen Beziehungen gerückt. Ökonomische Interessen spielen dagegen auf Seiten der EU weniger und auf Seiten der USA kaum eine Rolle.

Aus türkischer Sicht sind sicherheitspolitische Interessen an den Beziehungen insbesondere zu den USA ebenfalls von hoher Relevanz. Daneben treten allerdings auch ökonomische Interessen, die im Hinblick auf den angrenzenden europäischen Binnenmarkt freilich größer sind als im Hinblick auf den

---

1391 *Kramer*, Die Europäische Gemeinschaft und die Türkei, S. 15.

1392 Siehe zur Mitgliedschaft der Türkei im Europarat die vom Europarat zur Verfügung gestellten Informationen, abrufbar unter https://www.coe.int/de/web/portal/turkey (zuletzt abgerufen am 25.04.2022).

1393 Vgl. *Kreiser/Neumann*, Geschichte der Türkei, S. 426 f.

1394 *Kramer*, Die Europäische Gemeinschaft und die Türkei, S. 30.

1395 *Kramer* spricht in diesem Zusammenhang von einer „Diskrepanz der Aspirationen" und einer Interessenkonstellation mit „asymmetrische[m] Muster". Siehe hierzu *ders.*, Die Europäische Gemeinschaft und die Türkei, S. 10, 27.

1396 Vgl. *Kreiser/Neumann*, Geschichte der Türkei, S. 446 f. In diese Richtung auch *Kramer*, Die Europäische Gemeinschaft und die Türkei, S. 21, 24, 29.

1397 Vgl. *Kramer*, Die Europäische Gemeinschaft und die Türkei, S. 24.

amerikanischen Markt. Und schließlich spielen politische Interessen auf türkischer Seite eine ungleich bedeutendere Rolle. So wird die Eingliederung in das System der westlichen Welt von den kemalistischen Eliten als eine Art Aufnahme in den Kreis der „zivilisierten Nationen“ und damit als Fortführung bzw. in gewisser Weise Vollendung des Reformwerks *Atatürks* begriffen. Entscheidend für den *konkreten* Zeitpunkt des Antrags der Türkei im Jahre 1959 dürfte jedoch der einige Wochen zuvor eingereichte Antrag Griechenlands auf Aufnahme von Verhandlungen über den Abschluss eines Assoziationsabkommens und damit das historisch und ökonomisch begründete Interesse der Türkei an einer Statusgleichheit mit Griechenland gewesen sein.[1398]

Die Entwicklung des Assoziationsverhältnisses verlief in der Folge wenig erfolgreich. Die EWG zeigte sich in Ermangelung nennenswerter ökonomischer Interessen zurückhaltend bei der Durchführung. Die Türkei traf demgegenüber kaum Maßnahmen zur Vorbereitung der eigenen Wirtschaft auf die angestrebte Zollunion.[1399] Trotzdem stellte die Türkei Ende der 1960er Jahre aus diversen (außen-)politischen Gründen die Forderung, die Übergangsphase mit dem Jahre 1970 beginnen zu lassen, der die EWG ebenfalls aus politischen Gründen durch Abschluss des Zusatzprotokolls entsprach.[1400]

Nichtsdestotrotz verschlechterte sich das Klima zwischen der EWG und der Türkei im Verlaufe der 1970er Jahre weiter. Ein wachsendes Defizit in der türkischen Außenhandelsbilanz und fehlende Fortschritte auf dem Gebiet der Arbeitnehmerfreizügigkeit führten zu Frustrationen sowohl auf Ebene der türkischen Staatsführung als auch auf Ebene der türkischen Bevölkerung. Zusätzlich belastet wurden die Beziehungen ab Mitte der 1970er Jahre durch den Zypernkonflikt, der vor allem zwischen Ankara und Washington zu Verstimmungen führte. Daneben mehrten sich auch die innenpolitischen Probleme der Türkei. Eine immer stärker werdende Links-Rechts-Polarisierung sowie instabile und häufig wechselnde Regierungen machten ein effektives Regieren zunehmend unmöglich.[1401] Dies alles hatte zur Folge, dass die Assoziation ab Mitte der 1970er Jahre stagnierte.[1402] Als schließlich das türkische Militär am 12. September 1980 die Regierung putschte, nahmen die Organe der EWG zunächst eine abwartende

1398 Siehe zu all diesen Interessen und Motiven der türkischen Seite ausführlich *Kramer*, Die Europäische Gemeinschaft und die Türkei, S. 13 ff.

1399 Siehe zu alldem *Kramer*, Die Europäische Gemeinschaft und die Türkei, S. 41 f.

1400 *Kramer*, Die Europäische Gemeinschaft und die Türkei, S. 43.

1401 Siehe zu alldem *Kramer*, Die Europäische Gemeinschaft und die Türkei, S. 54 ff.

1402 Vgl. *Tezcan*, in: *Akçay/Akgül Açıkmeşe*, Türkiye – Avrupa Birliği İlişkileri, S. 83, 101.

Haltung ein. Anhaltende Menschenrechtsverletzungen und eine nur schleppend ablaufende Rückkehr zu demokratischen Verhältnissen führten letztendlich aber dazu, dass die Assoziation faktisch zwischen 1980 und 1986 eingefroren wurde.[1403]

Ab 1985 wurden wieder Schritte zur Revitalisierung des Verhältnisses unternommen. Die Beziehungen zu den USA hatten ab 1985 abermals eine deutliche Abkühlung erfahren und Ministerpräsident *Özal* wollte vor dem Hintergrund des von ihm aufgesetzten Reformprogramms zur Liberalisierung der türkischen Wirtschaft eine noch stärkere ökonomische Integration in den europäischen Markt erreichen. Hierzu propagierte er unmittelbar nach der Revitalisierung der Verhältnisse einen Beitritt seines Landes zur EWG und versprach einen entsprechenden Antrag hierüber zeitnah in Brüssel einzureichen. Dabei versprach sich *Özal* durch diesen Schritt nicht nur einen ökonomischen, sondern auch einen innenpolitischen Erfolg in Anbetracht anstehender Wahlen.[1404] Maßgebend wird bei dieser Entscheidung wiederum aber der Gedanke der Statusgleichheit mit den Mittelmeeranrainerstaaten, allen voran Griechenland, gewesen sein. Dieses nutzt seit seinem Beitritt im Jahre 1981 nämlich die EWG-Organe zunehmend als *„Plattform zur Durchsetzung der eigenen nationalen Interessen"* gegenüber der Türkei.[1405] So verhinderte es über Jahre die Auszahlung von Finanzhilfen, die im vierten Finanzprotokoll vorgesehen waren.[1406] Am 14. April 1987 dann stellte die Türkei einen Antrag auf Aufnahme in die EWG.[1407]

Wie schon die Brüsseler Reaktionen im Vorfeld des Antrags vermuten ließen,[1408] lehnte die EWG nach zweieinhalbjähriger Bedenkzeit den Antrag mit der Begründung ab, dass vor dem Hintergrund der politischen und wirtschaftlichen Situation ein Beitritt der Türkei zum gegenwärtigen Zeitpunkt *„nicht nützlich"* sei.[1409] Die Kommission sprach im weiteren Verlauf von Alternativen und verwies auf die Zollunion, deren Verwirklichung stattdessen sehr wohl möglich bleibe.[1410] Um allgemein und insbesondere auch vor dem Hintergrund der Verleihung des Beitrittskandidatenstatus an die MOEL im Jahre 1993 nicht gänzlich ins Hintertreffen zu geraten, klammerte sich die Türkei nunmehr an die zunächst

1403 Siehe zu alldem *Kramer,* Die Europäische Gemeinschaft und die Türkei, S. 84 ff.
1404 Siehe zu alldem *Kramer,* Die Europäische Gemeinschaft und die Türkei, S. 120 ff.
1405 *Aydın-Düzgit/ Tocci,* Turkey and the European Union, S. 15.
1406 *Aydın-Düzgit/ Tocci,* Turkey and the European Union, S. 15.
1407 *Bacia,* in: *Steinbach,* Länderbericht Türkei, S. 431, 437.
1408 Siehe zu diesen *Kramer,* Die Europäische Gemeinschaft und die Türkei, S. 135.
1409 *Bacia,* in: *Steinbach,* Länderbericht Türkei, S. 431, 437.
1410 *Aydın-Düzgit/ Tocci,* Turkey and the European Union, S. 15.

greifbare Option der Verwirklichung der Zollunion.[1411] Im Eiltempo ergriff sie ab 1990 viele Maßnahmen zur Vorbereitung auf die Zollunion, die nach den Bestimmungen des Assoziationsverhältnisses eigentlich bis dahin schon hätten erfolgt sein müssen.[1412] Dabei erfuhren die Beziehungen auch institutionell sukzessive eine Aufwertung. 1986 wurden mit der Einsetzung eines Staatsministers ohne Geschäftsbereich zur Verfolgung und Koordinierung der Angelegenheiten mit der EWG die Beziehungen zu derselben institutionell erstmalig auf die Ministerebene gehoben.[1413] Dieses Amt des Staatsministers wurde im Jahre 1989 sodann nochmals dadurch aufgewertet, dass derselbe fortan auch stellvertretender Ministerpräsident war.[1414] Zudem wurden drei Ausschüsse ausgestaltet, die entsprechend der Aufteilung des *acquis communautaire* in Themenbereiche insgesamt 31 Unterausschüsse einsetzten. Aufgabe dieser Ausschüsse war es, im jeweiligen Themenbereich den *acquis communautaire* und den nationalen Regelungsbestand der Türkei abzugleichen und die Ergebnisse in einem Bericht festzuhalten. Auf Grundlage dieser Berichte wurden elf Bereiche ausgemacht, die nach Auffassung der Beteiligten als in unmittelbarem Zusammenhang mit der angestrebten Zollunion stehend betrachtet wurden. Hierauf wurden im neugegründeten *Fachausschuss für Rechtsangleichung Türkei-EG* elf entsprechende Unterausschüsse eingesetzt, die den Änderungsbedarf im jeweiligen Bereich aufzeigen sollten. Die Ergebnisse wurden sodann in einem Maßnahmenkatalog des *Fachausschusses für Rechtsangleichung Türkei-EG* zusammengefasst.[1415] Um die Verwirklichung der Zollunion zu erreichen und damit auch die Beziehungen mit Blick auf einen weiterhin verfolgten EU-Beitritt voranzubringen, wurden auf diese Weise auch Maßnahmen ergriffen, die über die Anforderungen des zu jenem Zeitpunkt geltenden Assoziationsrechts hinausgingen. So gehörte bspw. der Verbraucherschutz zu den elf Themenbereichen, die als unmittelbar im Zusammenhang mit der anvisierten Zollunion stehend betrachtet wurden. Eine Übernahme dieses Teils des *acquis communautaire* war im Assoziationsrecht zum damaligen Zeitpunkt – und ist es bis heute – jedoch nicht vorgesehen.[1416]

1411 *Bacia*, in: *Steinbach*, Länderbericht Türkei, S. 431, 439.

1412 Vgl. *Akçay*, in: *Akçay/Akgül Açıkmeşe*, Türkiye – Avrupa Birliği İlişkileri, S. 335, 340; *Tezcan*, in: *Akçay/Akgül Açıkmeşe*, Türkiye – Avrupa Birliği İlişkileri, S. 371, 416.

1413 *Tezcan*, in: *Akçay/Akgül Açıkmeşe*, Türkiye – Avrupa Birliği İlişkileri, S. 83, 109.

1414 *Tezcan*, in: *Akçay/Akgül Açıkmeşe*, Türkiye – Avrupa Birliği İlişkileri, S. 83, 109.

1415 Siehe zu alldem *Tezcan*, in: *Akçay/Akgül Açıkmeşe*, Türkiye – Avrupa Birliği İlişkileri, S. 83, 110.

1416 Die fehlende rechtliche Verpflichtung zur Übernahme des *acquis communautaire* im Bereich des Verbraucherschutzes wird auch im ersten „Nationalen Programm der

Dennoch hat die Türkei mit dem Erlass des alten Verbraucherschutzgesetzes im Jahre 1995 einen Großteil der bis zu diesem Zeitpunkt ergangenen maßgeblichen Richtlinien zum Verbrauchervertragsrecht mit Blick auf die angestrebte Zollunion autonom nachvollzogen.[1417]

Trotz der kurzzeitigen Annäherung zwischen Griechenland und der Türkei unter *Özal* instrumentalisierte Griechenland später auch die Entscheidung über die Verwirklichung der Zollunion als Druckmittel zur Durchsetzung der eigenen nationalen Agenda.[1418] Seit Anfang der 1990er Jahre drängte es nämlich darauf, mit der international als Gesamtvertretung der Insel Zypern anerkannten Republik Zypern Verhandlungen über einen EU-Beitritt aufzunehmen, was auf EU-Ebene wegen des ungelösten Konflikts zwischen der zypriotisch-türkischen und der zypriotisch-griechischen Bevölkerungsgruppen auf der Insel umstritten war.[1419] Im Gegenzug für ein Versprechen, dass die Verhandlungen mit der Republik Zypern auch trotz des nicht gelösten Konflikts zeitnah aufgenommen werden, gab Griechenland schließlich den Weg zur Beschließung der Verwirklichung der Zollunion frei,[1420] die in der Folge mit Ablauf des 31.12.1995 in Kraft trat; eine unglückliche Verknüpfung, die auch für den weiteren Verlauf – bzw. Stillstand – der Beziehungen zwischen der EU und der Türkei bestimmend bleiben sollte.[1421]

2. *Auf dem Weg zur Vollmitgliedschaft?*

Einen erneuten Tiefpunkt erreichten die Beziehungen der Türkei zur EU im Jahre 1997. Auf der Tagung des Europäischen Rates desselben Jahres in Luxemburg wurde der Beginn der Beitrittsverhandlungen mit Ungarn, Polen, Estland, Tschechien, Slowenien sowie Zypern für das Jahr 1998 festgelegt und für Rumänien, die Slowakei, Lettland, Litauen und Bulgarien die Vorbereitung entsprechender Verhandlungen beschlossen.[1422] Über die Türkei hieß es

---

Türkei betreffend die Übernahme des *acquis communautaire*" aus dem Jahr 2001, S. 375 (abrufbar unter https://www.ab.gov.tr/195.html, zuletzt abgerufen am 25.04.2022), hervorgehoben.

1417 Siehe hierzu ausführlich das 3. Kapitel.

1418 *Aydın-Düzgit/ Tocci*, Turkey and the European Union, S. 17.

1419 *Aydın-Düzgit/ Tocci*, Turkey and the European Union, S. 17.

1420 *Bacia*, in: *Steinbach*, Länderbericht Türkei, S. 431, 439.

1421 *Bacia* spricht insoweit von einem „folgenreiche[n], aber schließlich von allen Mitgliedstaaten akzeptierte[n] Koppelgeschäft." Siehe hierzu *ders.*, in: *Steinbach*, Länderbericht Türkei, S. 431, 439.

1422 *Bacia*, in: *Steinbach*, Länderbericht Türkei, S. 431, 440.

dagegen lediglich, dass sie *„[...] für einen Beitritt zur Europäischen Union in Frage kommt"*, aber *„[...] die politischen und wirtschaftlichen Voraussetzungen, aufgrund deren Beitrittsverhandlungen in Betracht gezogen werden könnten, nicht gegeben sind"*.[1423] Ministerpräsident *Mesut Yılmaz* reagierte hierauf verärgert und setzte kurzerhand sämtliche Gespräche mit der EU aus.[1424] Trotz expliziter Einladung der EU blieb die Türkei in der Folge der Europa-Konferenz des Jahres 1998 fern.[1425] Erst im Jahre 1999 kam es – sicherlich auch unter dem Eindruck des schrecklichen Erdbebens, das im Sommer desselben Jahres den Nordwesten der Türkei erfasste und vor dem Hintergrund des Eingreifens der NATO in den Kosovokrieg – wieder zu einer Annäherung zwischen der Türkei und der EU. Auf der Tagung des Europäischen Rates am 10. und 11. Dezember 1999 in Helsinki wurde schließlich der Türkei der Status eines Beitrittskandidaten zugesprochen, ohne allerdings einen Termin für die Aufnahme von Verhandlungen zu nennen.[1426] Erst auf der Tagung des Europäischen Rates von Kopenhagen im Jahre 2002 folgte dann der Beschluss, dass die EU die Beitrittsverhandlungen mit der Türkei *„[...] ohne Verzug eröffnen wird"*, wenn *„[...] der Europäische Rat im Dezember 2004 auf der Grundlage eines Berichts und einer Empfehlung der Kommission [entscheidet], dass die Türkei die politischen Kriterien von Kopenhagen erfüllt"*.[1427]

Die Türkei zog vor dem Hintergrund dieser Entwicklungen das Reformtempo deutlich an und verabschiedete alleine zwischen Oktober 2001 und Mai 2004 insgesamt acht sog. „Reformpakete" zur Umsetzung der politischen Kriterien von Kopenhagen.[1428] Zur Koordinierung dieser Beitrittsvorbereitungen wurde dabei mit dem *EU Generalsekretariat* eigens eine Abteilung gegründet, die der Staatskanzlei zugeordnet war.[1429] Zudem existiert seit 2003 der sog. *EU-Harmonisierungsausschuss* des türkischen Parlaments, zu dessen Aufgaben es unter anderem gehört auf Anfrage Gesetzesvorlagen auf ihre Vereinbarkeit mit

---

1423 Siehe Rn. 31 der Schlussfolgerungen des Vorsitzes vom Europäischen Rat am 12. und 13. Dezember 1997 in Luxemburg, abrufbar unter http://www.consilium.europa.eu/media/21106/luxemburg-europäischer-rat.pdf (zuletzt abgerufen am 25.04.2022).

1424 *Bacia*, in: *Steinbach*, Länderbericht Türkei, S. 431, 441.

1425 *Giannakopoulos*, Europa-Türkei-Identität, S. 20.

1426 *Bacia*, in: *Steinbach*, Länderbericht Türkei, S. 431, 442.

1427 Siehe Rn. 19 der Schlussfolgerungen des Vorsitzes vom Europäischen Rat am 12. und 13. Dezember in Kopenhagen, abrufbar unter http://www.consilium.europa.eu/media/20898/73845.pdf (zuletzt abgerufen am 25.04.2022).

1428 *Tezcan*, in: *Akçay/Akgül Açıkmeşe*, Türkiye – Avrupa Birliği İlişkileri, S. 371, 397.

1429 *Tezcan*, in: *Akçay/Akgül Açıkmeşe*, Türkiye – Avrupa Birliği İlişkileri, S. 371, 396.

dem EU-Recht zu überprüfen, die Entwicklungen der Beitrittsverhandlungen zu beobachten, einen jährlichen Abschlussbericht über diese zu verfassen und das Parlament zu informieren.[1430] Die Kommission bestätigte die vorstehenden Fortschritte auf dem Gebiet der politischen Kriterien von Kopenhagen, indem sie im weiteren Verlauf die Aufnahme von Beitrittsverhandlungen (unter einigen Bedingungen) empfahl.[1431] Auf Grundlage dieser Empfehlung legte der Europäische Rat von Brüssel des Jahres 2004 sodann für den Beginn der Beitrittsverhandlungen den 3. Oktober 2005 fest.[1432]

Freilich wurde auch diese Entscheidung, die obendrein kurz nach dem ablehnenden Votum der griechisch-zypriotischen Bevölkerung Zyperns über die Wiedervereinigung der Insel auf Grundlage des sog. Annan-Plans fiel,[1433] von der Zypernfrage überschattet, da die Türkei der zwischenzeitig der EU beigetretenen Republik Zypern die diplomatische Anerkennung verwehrt.[1434] Das drohende Scheitern der Entscheidung wurde lediglich verhindert, indem sich die Mitgliedstaaten mit der Türkei darauf verständigten, dass die Türkei das Ankara-Abkommen noch vor dem offiziellen Eröffnungsbeginn durch ein zu verabschiedendes Protokoll auf die zehn zwischenzeitig beigetretenen Mitgliedstaaten – und damit auch auf Zypern – auszuweiten habe.[1435] Dies tat die Türkei sodann auch, jedoch *„[…] auf dem denkbar niedrigsten diplomatischen Niveau“* und mit dem ausdrücklichen Hinweis, dass damit keinerlei Anerkennung der Republik Zypern verbunden sei.[1436] Die EU insistierte hierauf auf der Anwendung des Ankara-Abkommens auch gegenüber den zwischenzeitig beigetretenen Mitgliedstaaten und betonte, dass ein Beitritt ohne die Anerkennung aller Mitgliedstaaten nicht möglich sei.[1437]

Eine Öffnung sowohl der türkischen Häfen für Schiffe unter Flagge der Republik Zypern als auch des Luftraums für Flugzeuge mit Registrierung in der Republik Zypern blieb im weiteren Verlauf trotzdem aus.[1438] Etwa ein Jahr nach

---

1430 Siehe zu alldem die auf den Seiten der Großen Nationalversammlung bereitgestellten Informationen, abrufbar unter https://komisyon.tbmm.gov.tr/detay_aciklama.php?pKomKod=401 (zuletzt abgerufen am 30.12.2019).

1431 *Bacia*, in: *Steinbach*, Länderbericht Türkei, S. 431, 449 f.

1432 *Künnecke*, Türkei und EU, S. 16.

1433 Siehe hierzu *Bacia*, in: *Steinbach*, Länderbericht Türkei, S. 431, 450.

1434 *Bacia*, in: *Steinbach*, Länderbericht Türkei, S. 431, 450.

1435 *Bacia*, in: *Steinbach*, Länderbericht Türkei, S. 431, 450 f.

1436 *Bacia*, in: *Steinbach*, Länderbericht Türkei, S. 431, 451.

1437 *Bacia*, in: *Steinbach*, Länderbericht Türkei, S. 431, 450 f.

1438 *Bacia*, in: *Steinbach*, Länderbericht Türkei, S. 431, 452.

Eröffnung der Beitrittsverhandlungen stellte die Kommission deshalb fest, dass die Türkei das geforderte Protokoll nicht vollständig umsetze und schlug vor, bis zu einer vollständigen Umsetzung acht der Beitrittskapitel nicht zu eröffnen und keines zu schließen, was die EU-Außenminister hierauf auch beschlossen.[1439]

So kam es, dass etwa zeitgleich mit dem Abschluss des Screening-Verfahrens schon wesentliche Beitrittskapitel den Verhandlungen entzogen waren. Und selbst die hiervon nicht betroffenen Kapitel können nach ihrer Eröffnung zumindest nicht geschlossen werden. Eine Ausnahme bildet insoweit lediglich das Kapitel über Wissenschaft und Forschung, welches schon im Sommer 2006 vorläufig geschlossen wurde.[1440]

Bis 2009 wurden mehrere der politisch noch verfügbaren Beitrittskapitel eröffnet. Nichtsdestotrotz konnten in den auf die Eröffnung der Beitrittsverhandlungen folgenden Jahren keine großen Fortschritte erzielt werden.[1441] Die türkische Staatsführung steckte sich mit einem nationalen Reformplan im Jahre 2007 zwar das ehrgeizige Ziel, den *acquis communautaire* vollständig bis zum Jahre 2013 zu übernehmen.[1442] Allerdings konnte dieses Ziel nicht erreicht werden.[1443] Worauf dieses Abflauen des Reformprozesses zurückzuführen ist, lässt sich schwer sagen.[1444] Jedenfalls mehrten sich in diesen Jahren abermals innenpolitische Probleme. Die Wahl *Abdullah Güls* zum Staatspräsidenten im Jahre 2007 mündete in eine Verfassungskrise. Im Jahre 2008 wurde mit dem Scheitern des gegen die *Adalet ve Kalkınma Partisi* (AKP) gerichteten Parteiverbotsverfahrens nur knapp eine politische Krise verhindert.[1445] Hinzu kamen zudem weitere politische Blockaden des Beitrittsprozesses. So sprach sich der frisch gewählte Präsident Frankreichs *Nicolas Sarkozy* im Jahre 2007 offen gegen einen Beitritt der Türkei aus und warb – wie schon die deutsche Kanzlerin *Angela Merkel* – für eine sog. *„privilegierte Partnerschaft“*. Deshalb verkündete er, die Eröffnung von fünf inhaltlich spezifisch auf einen Beitritt gerichteten Kapiteln

---

1439 *Bacia*, in: *Steinbach*, Länderbericht Türkei, S. 431, 452 f. Es handelt sich hierbei um die Kapitel Freier Warenverkehr, Niederlassungsfreiheit und freier Dienstleistungsverkehr, Finanzdienstleistungen, Landwirtschaft und ländliche Entwicklung, Fischerei, Verkehrspolitik, Zollunion und Beziehungen nach Außen.

1440 *Bacia*, in: *Steinbach*, Länderbericht Türkei, S. 431, 455.

1441 Vgl. *Künnecke*, Türkei und EU, S. 18 f.

1442 *Tezcan*, in: *Akçay/Akgül Açıkmeşe*, Türkiye – Avrupa Birliği İlişkileri, S. 371, 399.

1443 *Künnecke*, Türkei und EU, S. 19.

1444 Vgl. hierzu die Ausführungen *Bacias*, in: *Steinbach*, Länderbericht Türkei, S. 431, 453 ff.

1445 Siehe zu alldem *Bacia*, in: *Steinbach*, Länderbericht Türkei, S. 431, 454 f.

zu blockieren.[1446] Daneben erklärte die Republik Zypern im Jahre 2009 ebenfalls, die Eröffnung von sechs Kapiteln bis auf weiteres zu blockieren.[1447]

Trotz allem versuchte die türkische Regierung ihrem Beitrittswillen weiterhin Ausdruck zu verleihen, um die Verhandlungen voranzubringen. So brachte sie im Jahre 2010 ein erfolgreiches Verfassungsreferendum auf den Weg, welches laut Angaben der Regierung auch der Anpassung an europäische Vorgaben diente.[1448] Zudem nahm das türkische Kabinett im selben Jahr eine vom *EU Generalsekretariat* entworfene neue Strategie für die Beitrittsverhandlungen an, mit der unter anderem eine Beschleunigung der Verhandlungen und eine Wiederbelebung der nationalen Umsetzungsprogramme erreicht werden sollte.[1449] Außerdem trieb die Regierung die institutionelle Aufwertung der Beziehungen zur EU weiter voran, indem sie im Jahre 2011 das *EU Generalsekretariat* zum Ministerium für EU-Angelegenheiten erhob.[1450] Dennoch gerieten die Verhandlungen fortan insbesondere aufgrund der zahlreichen politischen Blockaden ins Stocken.

Vor dem Hintergrund dieser Entwicklungen verständigte sich die Kommission im Jahre 2012 mit der Türkei auf eine sog. *„positive Agenda"*. Ziel war es dabei, in Ergänzung zu den Beitrittsverhandlungen die Beziehungen auf bestimmten Gebieten von gemeinsamem Interesse unabhängig von der Öffnung und Schließung von Beitrittskapiteln voranzubringen. Dabei geht es unter anderem um die Themenfelder Visa, Migration, Handel, Energie und Außenpolitik.[1451] Nichtsdestotrotz kam es in der zweiten Jahreshälfte des Jahres 2012

1446 Siehe zu alldem *Bacia*, in: *Steinbach*, Länderbericht Türkei, S. 431, 454 f. Es handelt sich hierbei um die Kapitel Wirtschafts- und Währungspolitik, Landwirtschaft und ländliche Entwicklung, Regionalpolitik und Koordination der strukturpolitischen Instrumente, Finanz- und Haushaltsbestimmungen und Institutionen.

1447 *Bacia*, in: *Steinbach*, Länderbericht Türkei, S. 431, 455. Es handelt sich hierbei um die Kapitel Freizügigkeit der Arbeitnehmer, Energie, Justiz und Grundrechte, Justiz, Freiheit und Sicherheit, Bildung und Kultur, Außenpolitik, Sicherheits- und Verteidigungspolitik.

1448 Vgl. hierzu den ausführlichen Artikel auf https://www.deutschlandfunk.de/tauziehen-um-eine-neue-verfassung.724.de.html?dram:article_id=99777 (zuletzt abgerufen am 25.04.2022).

1449 *Tezcan*, in: *Akçay/Akgül Açıkmeşe*, Türkiye – Avrupa Birliği İlişkileri, S. 371, 399.

1450 *Tezcan*, in: *Akçay/Akgül Açıkmeşe*, Türkiye – Avrupa Birliği İlişkileri, S. 83, 112.

1451 Vgl. zu alldem die Mitteilung auf der Internetpräsenz der Kommission, abrufbar unter http://europa.eu/rapid/press-release_MEMO-12-359_en.htm?locale=EN (zuletzt abgerufen am 25.04.2022).

zunächst einmal zu einer Unterbrechung der Beziehungen, da die Türkei aufgrund der in diesen Zeitraum fallenden Ratspräsidentschaft der Republik Zypern sämtliche Verhandlungen aussetzte.[1452] Bewegung kam in die Verhandlungen erst wieder im Zuge der darauffolgenden irischen Ratspräsidentschaft, in deren Rahmen sich die Mitgliedstaaten im Juni 2013 auf die Eröffnung des vormals durch Frankreich blockierten Kapitels über Regionalpolitik und Koordination der strukturpolitischen Instrumente einigten. Die damit wieder in Bewegung geratenen Verhandlungen erhielten jedoch sogleich wieder einen Dämpfer: Vor dem Hintergrund des Umgangs der türkischen Regierung mit den zeitgleich hauptsächlich auf dem Istanbuler Taksim-Platz stattfindenden regierungskritischen Protesten von Teilen der türkischen Bevölkerung desselben Jahres hatten die Mitgliedstaaten, insbesondere auf Drängen Deutschlands, die Eröffnung des Kapitels zunächst wieder ausgesetzt. Sie erfolgte schließlich im November desselben Jahres.[1453] Des Weiteren wurde Ende des Jahres ein Rücknahmeabkommen über illegale Migranten zwischen der EU und der Türkei unterzeichnet. Im Gegenzug einigten sich die Beteiligten auf die Aufnahme von Gesprächen über Visa-Erleichterungen für türkische Staatsbürger.[1454]

Weiter an Fahrt gewannen die Beitrittsverhandlungen im Zuge der Bewältigung der sog. Flüchtlingskrise in Europa ab 2015. So einigten sich die EU und die Türkei auf einem Sondergipfel im November 2015 auf einen Aktionsplan zur Begrenzung der Zuwanderung. Im Gegenzug versprach die EU, neben Finanzhilfen für die in der Türkei befindlichen Flüchtlinge und eine zeitnahe Abschaffung der Visum-Pflicht für den Schengenraum, eine Beschleunigung der Beitrittsverhandlungen.[1455] In diesem Zusammenhang einigten sich die Mitgliedstaaten im Dezember auf die Eröffnung des vormals ebenfalls durch Frankreich blockierten Kapitels über Wirtschafts- und Währungspolitik.[1456]

1452 https://www.welt.de/politik/ausland/article13884114/Zwischen-der-Tuerkei-und-Europa-liegt-Zypern.html (zuletzt abgerufen am 25.04.2022).

1453 Siehe zu alldem https://www.sueddeutsche.de/politik/beitrittsgespraeche-eu-eroeffnet-neues-kapitel-mit-tuerkei-1.1800359 (zuletzt abgerufen am 25.04.2022).

1454 http://www.spiegel.de/politik/ausland/eu-und-tuerkei-einigen-sich-bei-fluechtlingen-und-visa-politik-a-937244.html (zuletzt abgerufen am 25.04.2022).

1455 Siehe zu alldem die Informationen auf der Internetpräsenz der Bundesregierung, abrufbar unter https://www.bundesregierung.de/Content/DE/Infodienst/2015/11/2015-11-30-eu-tuerkei-gipfel/2015-11-30-tuerkei.html (zuletzt abgerufen am 30.12.2019).

1456 https://www.welt.de/politik/ausland/article149963623/EU-weitet-Beitrittsverhandlungen-mit-Tuerkei-aus.html (zuletzt abgerufen am 25.04.2022).

Anknüpfend an den Aktionsplan des Vorjahres trafen sich die Vertreter der EU und der Türkei im März des Jahres 2016 zwei weitere Male, um über die Durchführung des Aktionsplanes und zusätzliche Maßnahmen zu beraten. Ergebnis dieser Treffen war das EU-Türkei-Abkommen vom 18. März 2016. Wie schon im Rahmen der Vereinbarung des Aktionsplans versprach die EU als Gegenleistung eine Beschleunigung der Visaliberalisierung für türkische Staatsangehörige und die Beschleunigung der Beitrittsverhandlungen durch Eröffnung des vormals wiederum durch Frankreich blockierten Kapitels über Finanz- und Haushaltsbestimmungen. Zudem wurden die laufenden Arbeiten zum Ausbau der Zollunion ausdrücklich begrüßt.[1457] Das Beitrittskapitel wurde im Juni desselben Jahres eröffnet.[1458]

Allerdings sollte dies bis auf weiteres die vorläufig letzte Eröffnung eines Beitrittskapitels bleiben. Denn die zeitlich unmittelbar auf die Eröffnung folgenden innenpolitischen Entwicklungen in der Türkei sollten die Beziehungen im weiteren Verlauf an einen historischen Tiefpunkt führen. Am Abend des 15. Juni 2016 versuchten Teile des türkischen Militärs die Regierung gewaltsam zu stürzen. Der Versuch scheiterte.[1459] Die Regierung rief einen Ausnahmezustand aus, der insgesamt sieben Mal um drei Monate verlängert werden sollte.[1460] Als Drahtzieher machten die Regierung und türkische Sicherheitsbehörden das Netzwerk des Predigers *Fethullah Gülen* aus. Es kam zu Verhaftungs- und Entlassungswellen. Dutzende Medienhäuser wurden geschlossen und die bei ihnen beschäftigten Journalisten festgenommen und inhaftiert.[1461] Es mehrte sich Kritik aus Europa am Vorgehen der türkischen Regierung. Schließlich nahm das Europäische Parlament am 24. November 2016 in einer Entschließung die Forderung an, aufgrund der *„unverhältnismäßigen repressiven Maßnahmen"* die Beitrittsgespräche vorübergehend einzufrieren.[1462] Dem schlossen sich die EU-Außenminister auf

---

1457 Siehe zu alldem die Erklärung auf der Internetpräsenz des Europäischen Rates, abrufbar unter http://www.consilium.europa.eu/de/press/press-releases/2016/03/18/eu-turkey-statement/ (zuletzt abgerufen am 25.04.2022).

1458 http://www.consilium.europa.eu/de/press/press-releases/2016/06/30/turkey-accession-conference/ (zuletzt abgerufen am 25.04.2022).

1459 Siehe hierzu ausführlich https://www.zeit.de/politik/ausland/2016-07/militaer-putsch-tuerkei-was-wir-wissen-erdogan (zuletzt abgerufen am 25.04.2022).

1460 http://www.spiegel.de/politik/ausland/tuerkei-ausnahmezustand-nach-zwei-jahren-beendet-a-1219147.html (zuletzt abgerufen am 25.04.2022).

1461 Siehe zu alldem https://www.tagesschau.de/ausland/putsch-tuerkei-143.html (zuletzt abgerufen am 30.12.2019).

1462 http://www.europarl.europa.eu/news/de/press-room/20161117IPR51549/turkei-beitrittsgesprache-aussetzen-bis-die-repressiven-massnahmen-aufhoren (zuletzt

ihrem Treffen im Dezember mit Ausnahme des österreichischen Außenministers *Sebastian Kurz* allerdings nicht an. Stattdessen einigten sie sich darauf, dass die Beitrittsverhandlungen vor dem Hintergrund der aktuellen Entwicklungen in der Türkei vorerst nicht ausgeweitet werden.[1463]

Für weitere Abkühlung in den Beziehungen sorgte darauf das für die Regierung erfolgreiche Verfassungsreferendum in der Türkei vom 16. April 2017. Kritik sowohl am Inhalt als auch an der Durchführung des Referendums führten zu immer lauter werdenden Forderungen nach einem Abbruch der Beitrittsverhandlungen.[1464] Die Venedig-Kommission des Europarates monierte die mit der Verfassungsänderung einhergehende Machtkonzentration in der Person des Präsidenten und bewertete die geplanten Änderungen daher als einen *„gefährlichen Schritt rückwärts“*.[1465] Trotz allem beschlossen die Mitgliedstaaten am 28. April 2017 auf dem Treffen der EU-Außenminister auf Malta den Ausgang des Referendums anzuerkennen und die Beitrittsgespräche nicht auszusetzen.[1466] Gleichwohl forderte das EU-Parlament kurze Zeit später genau dies für den Fall der Umsetzung des Verfassungsreferendums.[1467] Ebenso hatte *Erdogan* kurze Zeit vorher mit einem Ende der Gespräche gedroht, falls keine Fortschritte erzielt würden.[1468] Sowohl die Forderung des EU-Parlaments als auch die Drohung des türkischen Präsidenten blieben indessen folgenlos.

abgerufen am 25.04.2022). Derartige Entschließungen in Bezug auf Beitrittsverhandlungen sind nicht bindend. Die Entscheidung über eine Suspendierung oder gar den Abbruch der Verhandlungen steht dem Rat zu. Siehe hierzu *Ohler*, in: *Grabitz/Hilf/Nettesheim*, EUV, Art. 49 Rn. 33.

1463 Siehe zu alldem https://www.sueddeutsche.de/politik/beitrittsverhandlungen-oesterreich-blockiert-tuerkei-erklaerung-der-eu-1.3293394 (zuletzt abgerufen am 25.04.2022).

1464 https://derstandard.at/2000056743229/Asselborn-Beitrittsprozess-mit-der-Tuerkei-ist-gestorben?ref=rec (zuletzt abgerufen am 25.04.2022).

1465 https://www.venice.coe.int/webforms/events/default.aspx?id=2369&lang=EN (zuletzt abgerufen am 25.04.2022).

1466 https://www.zeit.de/politik/ausland/2017-04/tuerkische-verfassungsreform-eu-beitritt-verhandlungen-venedig-kommission (zuletzt abgerufen am 25.04.2022).

1467 https://www.tagesspiegel.de/politik/tuerkei-eu-parlament-fordert-aussetzung-der-beitrittsgespraeche/20028216.html (zuletzt abgerufen am 25.04.2022). Auch diese Forderung ist – wie die vorangehende Entschließung – unverbindlich. Siehe dazu Fn. 1462.

1468 https://www.tagesspiegel.de/politik/tuerkei-eu-parlament-fordert-aussetzung-der-beitrittsgespraeche/20028216.html (zuletzt abgerufen am 25.04.2022).

Für eine weitere Belastung der Beziehungen sorgte kurze Zeit später die aufgrund der Verhaftung mehrerer deutscher Staatsangehöriger in der Türkei erfolgte drastische Verschlechterung der deutsch-türkischen Beziehungen. Seither unterbindet Deutschland die seit Ende 2016 geplanten Gespräche über eine Ausweitung der Zollunion auf (unverarbeitete) Agrarerzeugnisse, Dienstleistungen und das Beschaffungswesen im öffentlichen Sektor.[1469] Vor diesem Hintergrund und unter Vorhaltung andauernder Menschenrechtsverletzungen wurden im November 2017 zudem die Vorbeitrittshilfen um 100 Mio. gekürzt.[1470]

Anfang Januar 2018 unternahm die türkische Seite erste Wiederannäherungsversuche im Zuge eines Besuchs des türkischen Präsidenten *Erdogan* beim französischen Staatspräsidenten *Macron* in Paris.[1471] Diese erhielten allerdings sogleich einen Dämpfer, als *Macron* im Anschluss an den Besuch – wie schon sein Amtsvorgänger *Sarkozy* im Jahre 2007 – abermals die Alternative einer sog. „privilegierten Partnerschaft" ins Spiel brachte. Entsprechend entrüstet reagierte die türkische Seite auf diesen Vorstoß.[1472] Nichtsdestotrotz wurden die Wiederannäherungsversuche von beiden Seiten fortgesetzt und mündeten in ein Treffen der Spitzen der EU mit dem türkischen Präsidenten *Erdogan* im bulgarischen Varna am 26. März 2018. Allerdings konnten die Beteiligten auch bei diesem Treffen die bestehenden Differenzen nicht überwinden, wenngleich die türkische Seite nachdrücklich eine Wiederbelebung des Beitrittsprozesses forderte. Zentrale Streitpunkte bildeten insbesondere die Lage des Rechtsstaates und der Menschenrechte in der Türkei, die Verhinderung von Erdgasbohrungen vor der Küste Zyperns durch die Türkei und die türkische Militäroffensive im Norden Syriens.[1473]

Entsprechend der mangelnden Annäherung in diesen zentralen Streitpunkten fiel der hierauf im April veröffentlichte Fortschrittsbericht für die Türkei aus.

1469 https://www.deutschlandfunk.de/vor-dem-eu-gipfel-das-schwierige-verhaeltnis-zum.724.de.html?dram:article_id=398439 (zuletzt abgerufen am 25.04.2022).

1470 https://www.welt.de/politik/ausland/article172585091/EU-und-Tuerkei-Juncker-und-Tusk-wollen-Erdogan-im-Maerz-treffen.html (zuletzt abgerufen am 25.04.2022).

1471 Vgl. https://www.tagesspiegel.de/politik/tuerkische-aussenpolitik-vorsichtige-wiederannaeherung-an-europa/20924904.html (zuletzt abgerufen am 25.04.2022).

1472 Siehe zu alldem https://www.tagesspiegel.de/politik/eu-beitritt-der-tuerkei-in-weiter-ferne/20879508.html (zuletzt abgerufen am 25.04.2022).

1473 Siehe zu alldem https://www.tagesspiegel.de/politik/gipfeltreffen-erdogan-juncker-tusk-von-annaeherung-zwischen-eu-und-tuerkei-keine-spur/21116918.html (zuletzt abgerufen am 25.04.2022).

Mit dem Dokument wurde der Türkei ihr bis dahin schlechtestes Zeugnis seit Beginn der Beitrittsverhandlungen ausgestellt. Sie habe sich *„in großen Schritten von der EU wegbewegt"*. Eine Aussetzung oder ein Abbruch der Verhandlungen wurde trotz allem nicht gefordert. Dennoch spiegelt das Dokument zumindest den praktischen Stillstand Letzterer wider.[1474]

Im Anschluss an die viel kritisierte vorgezogene Präsidentschaftswahl am 24. Juni 2018 schließlich – aus der *Erdogan* nach regierungsnahen Angaben als Sieger hervorging – verkündeten die EU-Staaten in einer offiziellen Erklärung, vorerst keine weiteren Beitrittskapitel zu eröffnen oder zu schließen und auch keine Gespräche über eine Ausweitung der Zollunion zu führen. Eine Aussetzung oder Beendigung der Verhandlungen wurde dagegen erneut nicht beschlossen. Gleichwohl stellten die EU-Staaten fest, dass die Verhandlungen *„praktisch zum Stillstand gekommen"* sind.[1475] Dieselbe Vorgehensweise ist wohl auch für die von der Türkei geforderte Visa-Liberalisierung zu erwarten, die aufgrund der nach wie vor weit gefassten Terrordefinition der türkischen Anti-Terror-Gesetze ebenfalls schon seit Längerem auf sich warten lässt.

Gegenwärtig haben Spannungen in den türkisch-amerikanischen Beziehungen, die sich seit geraumer Zeit aufgrund verschiedener Streitpunkte aufgebaut haben, und die Währungskrise, die die Türkei und auch einige andere Schwellenländer in jüngerer Zeit erfasst hat, zu einer weiteren Verstärkung der Wiederannäherungsversuche der Türkei an die EU geführt.[1476] So tagte jüngst zum ersten Mal seit drei Jahren wieder die sog. *„Reform-Aktion-Gruppe"*. Die mit dem Außenminister, dem Justizminister, dem Finanzminister und dem Innenminister hochrangig besetzte Arbeitsgruppe verkündete auf ihrer von viel medialer Aufmerksamkeit begleiteten gemeinsamen Abschlusspressekonferenz, den *„politischen Reformprozess zu beschleunigen"* und enger mit dem Europarat zusammenarbeiten zu wollen. Die Arbeitsgruppe erklärte zudem, in nächster Zeit keine Eröffnung oder Schließung von Beitrittskapiteln zu erwarten und sich stattdessen auf erreichbare Ziele wie die Ausweitung der Zollunion und die

---

1474 Siehe zu alldem https://www.tagesspiegel.de/politik/eu-kommission-bruessel-aeussert-vernichtende-kritik-an-entwicklung-der-tuerkei/21184786.html (zuletzt abgerufen am 25.04.2022).

1475 Siehe zu alldem https://www.dw.com/de/kein-ausbau-der-eu-türkei-zollunion/a-44414110 (zuletzt abgerufen am 25.04.2022).

1476 https://www.dw.com/de/türkei-geht-wieder-verstärkt-auf-eu-zu/a-45284462 (zuletzt abgerufen am 25.04.2022).

Visa-Liberalisierung zu konzentrieren.[1477] Die Presseerklärung unterstreicht damit die in jüngerer Zeit zu verzeichnende Verschiebung des türkischen Interessenschwerpunktes weg von den Beitrittsverhandlungen hin zu einer Ausweitung der Zollunion und einer Visa-Liberalisierung.[1478]

Ebenfalls im Zusammenhang mit den verstärkten Versuchen der Verbesserung der Beziehungen zur EU zu sehen ist der Staatsbesuch Erdogans in Deutschland im September 2018. Der Besuch, dessen Format von vielen Seiten stark kritisiert wurde, hat jedoch vor allem die weiterhin bestehenden Differenzen verdeutlicht.[1479] Und auch eine Änderung der Haltung der EU ist bisher nicht zu verzeichnen. Zuletzt wurde eine Kürzung der Vorbeitrittshilfen im Zeitraum von 2018 bis 2020 um 40 % beschlossen.[1480]

3. Türkei-EU-Beziehungen: Quo vadis?

Vor dem Hintergrund dieser Entwicklungen stellt sich die Frage, in welche Richtung sich die Beziehungen zwischen der Türkei und der EU in der Zukunft bewegen werden. Die möglichen Szenarien – vom vollkommenen Bruch bis zur Vollmitgliedschaft – werden in der Literatur lebhaft diskutiert.[1481] Einige Szenarien erscheinen dabei aufgrund bestimmter Indikatoren wahrscheinlicher als andere. Nichtsdestotrotz bleiben Aussagen über die weitere Entwicklung ungewiss.

Relativ unwahrscheinlich erscheint aus heutiger Sicht, dass die Beziehungen sich mittelfristig in Richtung einer Vollmitgliedschaft der Türkei entwickeln werden. Und auch langfristig erscheint ein solches Szenario nicht sehr wahrscheinlich.[1482] Gründe hierfür sind – neben den allgemein bekannten Kritikpunkten

---

1477 http://www.hurriyet.com.tr/gundem/abye-uyelik-atagi-reformlar-hizlanacak-40940897 (zuletzt abgerufen am 25.04.2022).

1478 So auch https://www.tagesspiegel.de/politik/tuerkische-aussenpolitik-vorsichtige-wiederannaeherung-an-europa/20924904.html (zuletzt abgerufen am 25.04.2022).

1479 Vgl. https://www.tagesspiegel.de/politik/nach-staatsbesuch-in-berlin-erdogan-fuehlt-sich-von-deutschland-ungastlich-behandelt/23136420.html (zuletzt abgerufen am 25.04.2022).

1480 https://www.handelsblatt.com/politik/international/eu-beitrittsverhandlungen-europaeische-union-kuerzt-hilfszahlungen-fuer-tuerkei-deutlich/23124202.html?ticket=ST-5496265-73XADG3t2lM2fROJKhAo-ap4 (zuletzt abgerufen am 25.04.2022).

1481 Siehe bspw. das „Scenario building" bei *Tocci*, FEUTURE, Background Paper (2016), S. 4 ff.

1482 In diese Richtung auch *Künnecke*, in: *Neuss/Nötzold*, Türkei – Schlüsselakteur für die EU?, S. 39, 62; *Tröndle*, in: *Neuss/Nötzold*, Türkei – Schlüsselakteur für die EU?, S. 175, 178; *Altay*, INSIGHT TURKEY 20 (2018), Nr. 3, 179, 179; *Soler i Lecha/Tekin/*

Kultur, Demographie und Politik[1483] – insbesondere jüngere Entwicklungen in der EU selbst. Erstens schwindet immer mehr die Gruppe der Mitgliedstaaten, die einen EU-Beitritt der Türkei unterstützen. Dies ist ein wesentlicher Indikator, wenn man bedenkt, welch großen Einfluss alleine die jeweilige EU-Ratspräsidentschaft auf das Fortschreiten von Beitrittsverhandlungen mit einem Bewerberstaat haben kann. So haben Italien, Spanien und Portugal – bisherige Unterstützer eines EU-Beitritts der Türkei – weiterhin mit den Auswirkungen der Finanzkrise zu kämpfen. Dies wiederum führt zu Spannungen in den Beziehungen dieser Staaten zur EU. Ein Impuls für die Beitrittsverhandlungen ist daher aus dieser Richtung derzeit nicht zu erwarten. Und auch die skandinavischen Staaten – ebenfalls bisheriger Teil der Unterstützergruppe – haben vor dem Hintergrund der jüngeren politischen und rechtlichen Entwicklungen in der Türkei mittlerweile eine distanziertere Haltung eingenommen. Viel einschneidender ist jedoch der Verlust eines anderen Befürworters: Großbritannien. Das Land gehörte bisher zu den einflussreichsten Unterstützern eines EU-Beitritts der Türkei. Spätestens mit dem Vollzug des Austritts Großbritanniens aus der EU infolge des Brexit-Referendums wird sich dieser Einfluss indes erledigen. Aber auch schon im Vorfeld des Brexit-Referendums waren zunehmend andere Töne zu vernehmen. So versuchte das „*Leave*“-Lager zu Mobilisierungszwecken Ängste innerhalb der Wählerschaft zu schüren, indem es den Wählern suggerierte, dass die Türkei der EU beitreten und es hierauf zu einer massenhaften Migration von Türken nach Großbritannien kommen werde, sofern Großbritannien in der EU verbliebe.[1484]

Letzteres leitet auch schon zum zweiten Punkt über, der das Beitrittsszenario unwahrscheinlich erscheinen lässt: das Aufkommen des Rechtspopulismus

Sökmen, FEUTURE, Online Paper No. 17 (2018), S. 1; *Yabancı*, FEUTURE, Online Paper No. 1 (2016), S. 4; *Tekin*, APuZ 9–10/2017, 36, 41.

1483 Siehe zu diesen ausführlich *Künnecke*, Türkei und EU, S. 25 ff. Wirklich ausschlaggebend unter diesen Punkten dürfte für die Kritiker eines EU-Beitritts der Türkei wohl die mit dem Beitritt drohende signifikante Machtverschiebung innerhalb der EU-Institutionen zulasten einiger Gründungsmitglieder sein.

1484 Vgl. zu alldem *Tocci*, FEUTURE, Background Paper (2016), S. 6 f. Abgesehen davon, dass das Beitrittsszenario höchst unwahrscheinlich ist, ist im Verhandlungsrahmen EU-Türkei schon vorgesehen und damit vorweggenommen worden, dass der Beitrittsvertrag gerade im Hinblick auf die Personenfreizügigkeit lange Übergangsphasen und permanente Schutzklauseln enthalten würde. Das Szenario einer massenhaften türkischen Migration nach Großbritannien infolge eines Beitritts erscheint daher noch unwahrscheinlicher als der Beitritt selbst.

in Europa. Diese Entwicklung hat dazu geführt, dass mittlerweile in zahlreichen Mitgliedstaaten rechtspopulistische Parteien an den Regierungen beteiligt sind, die europaskeptische Positionen vertreten.[1485] Machte schon Mitte der 2000er Jahre der Begriff der „*Erweiterungsmüdigkeit*" in Publikationen die Runde,[1486] ist heute nicht mehr damit zu rechnen, dass die EU inmitten dieser schwersten Krise ihrer Geschichte eine weitere, dazu noch so umstrittene Erweiterung wie den Beitritt der Türkei anvisieren würde.

Drittens ist eine Lösung der Zypernfrage und damit ein Ende der politischen Blockaden durch Zypern innerhalb der EU weiterhin nicht in Sicht. Auch die vielversprechende Aufnahme von Verhandlungen über die Wiedervereinigung Zyperns im Sommer 2017 konnte zu keinem Fortschritt führen.[1487] Die großen Gasvorkommen vor der Insel[1488] und das gegenwärtige Bündnis in der Türkei zwischen der regierenden AKP und der ultranationalistischen MHP lassen eine Lösung in naher Zukunft nicht einfacher erscheinen.[1489] So zeigt sich, dass die EU aus internen Gründen genauso wenig für eine Erweiterung um die Türkei bereit ist, wie die Türkei aufgrund ihrer derzeitigen politischen und rechtsstaatlichen Verfassung selbst für einen Beitritt bereit wäre.

Dennoch erscheint auch ein vollkommener Bruch der Beziehungen durch formelle Suspendierung oder sogar Abbruch der Beitrittsverhandlungen gegenwärtig nicht sehr wahrscheinlich.[1490] Denn auf Seiten der EU wird die Gefahr gesehen, im Falle einer Suspendierung oder eines Abbruchs sowohl die laufende Zusammenarbeit in Fragen der Migration zu gefährden als auch insgesamt Einflussmöglichkeiten auf die Türkei zu verlieren.[1491] Zudem wäre es ungewiss, ob sich nach einer Suspendierung noch die nötige Stimmenzahl für eine Wiederaufnahme der Verhandlungen finden ließe. Eine Suspendierung könnte daher in der Folge aufgrund potenzieller politischer Blockaden einzelner Mitgliedstaaten einem faktischen Abbruch gleichkommen.

1485 *Tocci*, FEUTURE, Background Paper (2016), S. 6 f.

1486 *Soler i Lecha/Tekin/Sökmen*, FEUTURE, Online Paper No. 17 (2018), S. 3.

1487 *Tekin*, Jahrbuch der Europäischen Integration 2017, S. 443, 446.

1488 Vgl. http://www.spiegel.de/politik/ausland/gas-im-mittelmeer-streit-zwischen-tuerkei-und-zypern-israel-und-libanon-a-1193535.html (zuletzt abgerufen am 25.04.2022).

1489 Vgl. *Seufert*, SWP-Aktuell 2018, Nr. 38, S. 6.

1490 In diese Richtung auch *Künnecke*, in: *Neuss/Nötzold*, Türkei – Schlüsselakteur für die EU?, S. 39, 62; *Yabancı*, FEUTURE, Online Paper No. 1 (2016), S. 33.

1491 *Yabancı*, FEUTURE, Online Paper No. 1 (2016), S. 31.

Aber auch von türkischer Seite ist derzeit nicht mit einem Abbruch zu rechnen, selbst wenn Regierungsvertreter mit einem solchen gelegentlich drohen.[1492] Dies hat verschiedene Gründe. So dienen die Beitrittsverhandlungen der seit 2002 regierenden AKP als innenpolitisches Instrument. Einerseits rühmt sie sich nach Innen damit, dass in ihrer Regierungszeit die größten Reformfortschritte gemacht und die Beitrittsverhandlungen formell eröffnet wurden. Gerade in Zeiten, in denen der Türkei große Rückschritte in Bezug auf Demokratie und Rechtsstaatlichkeit attestiert werden, können die Beitrittsverhandlungen als Nachweis einer demokratischen und rechtsstaatlichen Gesinnung präsentiert werden. Andererseits kann sich die Regierung regelmäßig entlasten, indem sie hinsichtlich negativer Entwicklungen in den Beziehungen auf die EU als Schuldigen verweist. Würde sie die Verhandlungen abbrechen oder einen Abbruch mittelbar verursachen, würde dies auf internationaler Ebene gerade als Beleg für die angeprangerten Rückschritte im demokratischen und rechtsstaatlichen Bereich gewertet. Zudem wäre die Regierung der Möglichkeit einer innenpolitischen Instrumentalisierung beraubt.[1493] Häufig wird in diesem Zusammenhang auch auf das Interesse der Türkei verwiesen, weiterhin finanzielle Mittel in Form der Vorbeitrittshilfen zu empfangen[1494]. Diese wurden indes, wie bereits oben ausgeführt, mittlerweile empfindlich gekürzt.[1495]

Tatsächlich besteht aber dennoch ein finanzielles Interesse der Türkei, dass mit einem Abbruch gefährdet wäre. So hat die EU im Rahmen der Zusammenarbeit im Bereich der Migration finanzielle Zusagen in Höhe von 6 Mrd. Euro getätigt,[1496] von denen bisher nur ein Teil ausgezahlt wurde. Die Zusagen sind vor dem Hintergrund der über 3 Mio. Flüchtlinge, die sich gegenwärtig in der Türkei befinden, nicht im Ansatz ausreichend.[1497] Nichtsdestotrotz stellen sie

---

1492 In diese Richtung auch *Seufert*, SWP-Aktuell 2018, Nr. 38, S. 6; *Yabancı*, FEUTURE, Online Paper No. 1 (2016), S. 31; *Künnecke*, in: *Neuss/Nötzold*, Türkei – Schlüsselakteur für die EU?, S. 39, 55.

1493 Vgl. zu alldem *Yabancı*, FEUTURE, Online Paper No. 1 (2016), S. 31.

1494 Siehe bspw. *Künnecke*, in: *Neuss/Nötzold*, Türkei – Schlüsselakteur für die EU?, S. 39, 56.

1495 Siehe dazu S. 270.

1496 Siehe dazu https://www.welt.de/newsticker/dpa_nt/infoline_nt/brennpunkte_nt/article178443704/EU-gibt-der-Tuerkei-weitere-drei-Milliarden-Euro.html (zuletzt abgerufen am 25.04.2022).

1497 *Erdoğan* verdeutlicht anhand eines Vergleichs mit den durchschnittlichen jährlichen Kosten eines Flüchtlings in Deutschland, wie niedrig der zugestandene Betrag in Wahrheit ist. Unter Berücksichtigung der geringeren Aufwendungen, die in der Türkei erforderlich sind, kommt er dabei auf Kosten von mehr als 20 Mrd. Euro, die

einen Beitrag zu den immensen Kosten zur Bewältigung der Flüchtlingswelle in der Türkei dar. Ein Abbruch der Beitrittsverhandlungen durch die Türkei könnte auch eine Aufkündigung der derzeitigen Zusammenarbeit in Migrationsfragen und damit auch der finanziellen Zusagen zur Folge haben, die ohnehin nur in Form von rechtlich unverbindlichen Absichtsbekundungen getroffen wurden. Das Gefährdungspotenzial, dass mit einer solchen Aufkündigung der Zusammenarbeit eine erneute Migrationswelle einsetzen würde, ist gegenwärtig zudem viel geringer, da mittlerweile Maßnahmen zur Schließung der sog. Balkanroute erfolgt sind und in einem solchen Falle weitere Grenzschutzmaßnahmen ergriffen würden. Dies ist auch der türkischen Regierung bewusst, die sich daher, trotz gelegentlicher Aufkündigungsdrohungen, bis jetzt an die Abmachungen hält.[1498]

Nichtsdestotrotz wird in der Türkei eine Vollmitgliedschaft schon seit geraumer Zeit für nicht mehr möglich gehalten. Diese Haltung nahm im Prinzip schon im Verhandlungsrahmen ihren Ausgangspunkt, indem die Beitrittsverhandlungen als *„open-ended process"* türkeispezifisch modifiziert wurden und fand ihren Fortlauf in der ausdrücklichen Ablehnung eines Beitritts durch das Zweigespann *Merkel-Sarkozy* ab 2007 und den anschließenden Blockaden der Beitrittsverhandlungen durch ebendiese Staaten und die Republik Zypern, die trotz ablehnenden Votums über den Annan-Plan als Gesamtrepräsentantin einer durch einen ungelösten Konflikt gespaltenen Insel in die EU aufgenommen wurde.[1499]

Mittlerweile sind die Beitrittsverhandlungen insbesondere auf türkischer Seite zu einer leeren Worthülse verkümmert. Auch wenn bei keiner Gelegenheit die notorische Forderung nach einer Beschleunigung derselben fehlt, ist seit geraumer Zeit eine Diskursverschiebung auf beiden Seiten zu verzeichnen. Immer häufiger werden gemeinsame Interessen betont und in den Vordergrund der Beziehungen gestellt, neben denen die notorischen Statements zu den Beitrittsverhandlungen wie reine Lippenbekenntnisse wirken.[1500] So scheint es, als sei die *„positive Agenda"* der Kommission aus dem Jahre 2012, deren Ziel es war, *in Ergänzung* zu den Beitrittsverhandlungen die Beziehungen auf bestimmten

---

die 3,6 Mio. Flüchtlinge in der Türkei jährlich verursachen würden. Überspitzt hält er der EU daher vor, die Türkei in ein „Billig-Hotel" umwandeln zu wollen. Siehe zu alldem *ders.*, in: *Neuss/Nötzold*, Türkei – Schlüsselakteur für die EU?, S. 143, 158 ff.)

1498 Vgl. zu alldem *Künnecke*, Türkei und EU, S. 87 ff.

1499 Vgl. zu alldem *Dürkop*, in: *Neuss/Nötzold*, Türkei – Schlüsselakteur für die EU?, S. 17, 31 ff.

1500 Vgl. zu alldem *Yabancı*, FEUTURE, Online Paper No. 1 (2016), S. 11.

Gebieten von gemeinsamem Interesse unabhängig von der Öffnung und Schließung von Beitrittskapiteln voranzubringen, faktisch *an die Stelle* der Beitrittsverhandlungen getreten, welche nur noch als Feigenblatt dienen. In diesem Sinne ist es auch zu verstehen, dass nach der Präsidentschaftswahl am 24. Juni 2018 die Beziehungen zur EU institutionell erstmals abgewertet wurden, indem das Ministerium für EU-Angelegenheiten zu einem beim Außenministerium angesiedelten Präsidium für EU-Angelegenheiten herabgestuft wurde,[1501] während kurze Zeit später zum ersten Mal seit drei Jahren wieder die sog. „Reform-Aktion-Gruppe" tagte, um den *„politischen Reformprozess zu beschleunigen"*. Klarheit verschaffen insoweit die weiteren Ausführungen der Arbeitsgruppe. Diese erklärte auf der Abschlusspressekonferenz nämlich, keine Eröffnung oder Schließung von Beitrittskapiteln zu erwarten und sich stattdessen auf erreichbare Ziele wie die Ausweitung der Zollunion und die Visa-Liberalisierung zu konzentrieren.[1502] *Seufert* beschreibt dieses Verhalten treffend als *„[…] Bekenntnis zur Zusammenarbeit bei gleichzeitiger struktureller Distanzierung"* bzw. *„produktive Ambiguität"*.[1503]

Den Erklärungen der Arbeitsgruppe entsprechend drehen sich die Interessen der Türkei gegenwärtig um eine Ausweitung der Zollunion und die Visa-Liberalisierung, während für die EU die Themenfelder Migrationsbekämpfung, Diversifikation der Energieversorgung und Sicherheits- und Außenpolitik im Vordergrund stehen. Die künftigen Beziehungen werden daher am wahrscheinlichsten durch eine Kooperation in diesen Themenbereichen bei gleichzeitiger Konfrontation in Bereichen mit divergierenden Interessen geprägt sein. Die Beitrittsverhandlungen werden dabei aus oben genannten Gründen formell nebenher „weiterlaufen".

Welche Ausgestaltung die Zollunion dabei künftig erfahren wird, bleibt abzuwarten. Fest steht, dass sie in ihrer jetzigen Form asymmetrische Freihandelsabkommen zulasten der Türkei verursacht.[1504] Die Problematik ist derzeit nicht virulent, da mit der gegenwärtigen US-Administration kein TTIP-Abkommen zustande kommen wird. Endgültig vom Tisch ist das besagte Abkommen jedoch nicht, sodass die Türkei in naher Zukunft auf eine Lösung dieses Problems

---

1501 Siehe hierzu https://www.bloomberght.com/haberler/haber/2138818-avrupa-birligi-bakanligi-artik-yok (zuletzt abgerufen am 25.04.2022).

1502 Siehe dazu S. 269 f.

1503 *Seufert*, SWP-Aktuell 2018, Nr. 38, S. 7.

1504 Siehe zum Problem der Asymmetrie *Künnecke*, in: *Neuss/Nötzold*, Türkei – Schlüsselakteur für die EU?, S. 39, 60 f.; *Altay*, INSIGHT TURKEY 20 (2018), Nr. 3, 179, 187 f.

drängen könnte. Generell böten sich zwei Wege der künftigen Ausgestaltung der Zollunion an: Zum einen könnte die bestehende Zollunion modernisiert, auf Agrarprodukte ausgeweitet und um Freihandelsabkommen in Bezug auf Dienstleistungen und das öffentliche Beschaffungswesen ergänzt werden. Zum anderen könnte die bestehende Zollunion auch durch ein all diese Bereiche umfassendes Freihandelsabkommen ersetzt werden.[1505] Egal für welchen Weg sich die Beteiligten entscheiden werden, feststeht, dass sich die künftigen Beziehungen der Türkei zur EU auf lange Sicht von der ab Mitte der 2000er Jahre insbesondere in Deutschland und Frankreich propagierten sog. „Privilegierten Partnerschaft" nur dadurch unterscheiden werden, dass die Beitrittsverhandlungen nebenher dennoch formell „weiterlaufen".

1505 Siehe zu den verschiedenen Szenarien ausführlich *Altay*, INSIGHT TURKEY 20 (2018), Nr. 3, 179, 188 ff.

3. Kapitel: Autonomer Nachvollzug von Richtlinien zum Verbrauchervertragsrecht in der Türkei

A. Historische Entwicklung des Verbraucherschutzrechts in der Türkei

Genauso wie das Osmanische Reich kannte auch dessen offizieller Nachfolgestaat, die Republik Türkei, bis zum Jahre 1970 keine unmittelbare und eigenständige Verbraucherschutzgesetzgebung.[1506]

I. Epoche des Osmanischen Reiches

Im Osmanischen Reich wurden Verbraucher lange Zeit mittelbar durch ein dreigliedriges System, bestehend aus Zünften, der lokalen Verwaltungsbehörde und Notablen aus dem Kreis der Untertanen, geschützt. Die Zünfte spielten dabei eine bedeutende Rolle. Sie bildeten sich insbesondere auf Ebene des Einzelhandels aus und hatten zum Ziel, die Einhaltung von Sitte und Moral in ihrer Zunft zu gewährleisten. Den Impetus hierfür bildete dabei maßgeblich die islamische Normenlehre, die der Herausbildung von Schwarzmärkten und Monopolen ablehnend gegenübersteht. Durch eine strenge hierarchische Ordnung, dem Erlass zwingender Verhaltensregeln und effektiven Mechanismen der Selbstkontrolle trugen die Zünfte maßgeblich zum mittelbaren Schutz der Verbraucher auf dem Markt bei. Daneben bestand staatlicherseits eine Marktaufsicht durch den *Kadi* als lokaler Verwaltungsbehörde, der hierfür einen eigenständigen Marktaufseher (sog. *muhtesip*) einsetzte. Die Kontrollen dienten insbesondere der Standardisierung der Waren, dem Eichen der Maße und Messgeräte und der Hygiene. Darüber hinaus setzte der Marktaufseher in Absprache mit den örtlichen Notablen Höchstpreisgrenzen fest. Mit den übrigen Strukturen degenerierte aber auch dieses dreigliedrige System in den letzten zwei Jahrhunderten des Reiches zusehends. Die Zünfte wurden mit Beginn der Tanzimat-Ära schließlich abgeschafft und im weiteren Verlauf der *Kadi* als lokale Verwaltungsbehörde

1506 Vgl. *TÜSİAD*, AT'de Tüketiciyi Koruma Politikaları ve Türkiye'de Durum, S. 112.

durch eine Art Bürgermeistersystem abgelöst. Marktaufseher gab es fortan nicht mehr und auch die Praxis der Festsetzung von Höchstpreisgrenzen entfiel.[1507]

II. Epoche der Republik Türkei

In der formativen Phase der türkischen Republik bildete der Verbraucherschutz ebenfalls keinen unmittelbaren und eigenständigen Gesetzgebungsgegenstand. Das Hauptaugenmerk lag in dieser Zeit auf dem Aufbau und der Konsolidierung der neugegründeten Republik und ihrer Wirtschaft im Lichte der kemalistischen Reformen nach knapp einem Jahrzehnt fast pausenlosen Krieges.[1508] Erst in Folge der wirtschaftlichen Liberalisierungsbestrebungen in den 1950er Jahren und den späteren Wirtschaftsplänen wuchs allmählich eine heimische Konsumgüterproduktion heran und konnten signifikante Steigerungen der Konsumausgaben verzeichnet werden.[1509] Dies rückte den Verbraucherschutz als eigenständiges Thema immer mehr ins Blickfeld.[1510] Erstmalig aufgegriffen wurde das Thema schließlich auf einem Seminar betreffend *„Verbraucherprobleme"*, das vom 20.–22. Mai 1970 durch das Türkische Institut für Standardisierung (sog. *Türk Standardları Enstitüsü*, kurz *TSE*) in Zusammenarbeit mit der Union der Kammern und Börsen der Türkei (sog. *Türkiye Odalar ve Borsalar Birliği*, kurz *TOBB*) in Ankara veranstaltet wurde.[1511] Als Reaktion auf dieses Seminar richtete das Wirtschaftsministerium im selben Jahr eine *„Abteilung für Verbraucherprobleme"* ein, die allerdings schon im Jahre 1974 mangels Fachpersonals wieder geschlossen wurde.[1512] Zudem legte es einen Gesetzentwurf zum Schutze der Verbraucher bei Warenkäufen vor, der jedoch nie zur Verabschiedung gelangte. Das gleiche Schicksal ereilte hierauf mindestens zehn weitere Gesetzesvorschläge, die in der Folge entstanden.[1513] Erst mit dem Gesetz

---

1507 Vgl. zu alldem *TÜSİAD*, AT'de Tüketiciyi Koruma Politikaları ve Türkiye'de Durum, S. 112 f.; *TOBB*, Avrupa Topluluğu'nda Tüketiciyi Koruma Politikaları ve Türkiye'nin Uyumu, S. 62 ff.

1508 *Aslan*, Tüketici Hukuku, 1. Aufl., S. 30.

1509 *TÜSİAD*, AT'de Tüketiciyi Koruma Politikaları ve Türkiye'de Durum, S. 113.

1510 *TÜSİAD*, AT'de Tüketiciyi Koruma Politikaları ve Türkiye'de Durum, S. 113.

1511 *TÜSİAD*, AT'de Tüketiciyi Koruma Politikaları ve Türkiye'de Durum, S. 114.

1512 *TOBB*, Avrupa Topluluğu'nda Tüketiciyi Koruma Politikaları ve Türkiye'nin Uyumu, S. 65.

1513 Eine Auflistung aller Gesetzesentwürfe aus der Zeit von 1970 bis 1989 findet sich bei *TÜSİAD*, AT'de Tüketiciyi Koruma Politikaları ve Türkiye'de Durum, S. 114 f.

Nr. 4077[1514] konnte im Jahre 1995 das erste unmittelbare und eigenständige Verbraucherschutzgesetz der Türkei verabschiedet werden.

Nichtsdestotrotz enthielt die türkische Rechtsordnung Regelungen zum Verbraucherschutz. Allen voran zu nennen ist hier insoweit die Verankerung des Verbraucherschutzes als Verpflichtung des Staates in Art. 172 der türkischen Verfassung von 1982, der zufolge der Staat *„[...] Maßnahmen zum Schutz und zur Aufklärung der Verbraucher trifft und Initiativen der Verbraucher zum Eigenschutz fördert“*. In diesem Sinne wurde auch dem Wirtschaftsministerium im Jahre 1985 mit Art. 12 lit. b) des Gesetzes über die Organisation und die Aufgaben des Industrie- und Handelsministeriums[1515] die Aufgabe übertragen, *„Verbraucherfragen auszumachen und die für die Bildung, die Organisation und den Schutz der Verbraucher notwendigen Maßnahmen zu ergreifen.“* Zudem bestanden (und bestehen weiterhin) zahlreiche mittelbar verbraucherschützende Regelungen insbesondere in Form von Bestimmungen zur Preiskontrolle, zum Schutz vor unlauterem Wettbewerb, zur Verpackung und zur Etikettierung.[1516] Daneben trug das *TSE* mit seiner Tätigkeit im Bereich der Standardisierung durch die von ihm angebotenen Produktzertifizierungen viel zum mittelbaren Verbraucherschutz bei. Die vertragliche Zertifizierungsvereinbarung zwischen dem *TSE* und dem Unternehmer enthielt dabei gar die Verpflichtung des Unternehmers, ein von ihm vertriebenes Produkt im Falle eines Mangels auf Beschwerde des Verbrauchers hin zu reparieren oder den Kaufpreis gegen Rücknahme des Produktes zu erstatten.[1517] Mit der Pflicht zur Nachbesserung bot die Zertifizierungsvereinbarung den Verbrauchern damit mehr Rechte, als die kaufrechtliche Mängelgewährleistung des alten türkischen OR, die zu diesem Zeitpunkt als Form der Nacherfüllung lediglich die Nachlieferung bei Gattungsschulden vorsah. Zudem konnten (und können weiterhin) die kaufrechtlichen

---

1514 Gesetz Nr. 4077, verkündet am 08.03.1995 im türkischen Amtsblatt (Nr. 22221).

1515 Gesetz Nr. 3143, verkündet am 18.01.1985 im türkischen Amtsblatt (Nr. 18639).

1516 Eine Auflistung solcher Regelungen findet sich bei *TOBB*, Avrupa Topluluğu'nda Tüketiciyi Koruma Politikaları ve Türkiye'nin Uyumu, S. 67 ff.; *TÜSİAD*, AT'de Tüketiciyi Koruma Politikaları ve Türkiye'de Durum, S. 127 ff. Laut Aussage des zuständigen Ministers im Jahre 1990 bestanden zu diesem Zeitpunkt 58 Gesetze, fünf Rechtsverordnungen, zehn Dekrete, sieben Verwaltungsverordnungen und zehn Erlasse mit Bezug zum Verbraucherschutz. Siehe zu Letzterem *TÜSİAD*, AT'de Tüketiciyi Koruma Politikaları ve Türkiye'de Durum, S. 127.

1517 Siehe zu alldem *TÜSİAD*, AT'de Tüketiciyi Koruma Politikaları ve Türkiye'de Durum, S. 119.

Gewährleistungsrechte des alten türkischen OR für den Fall einfacher Fahrlässigkeit durch den Unternehmer vertraglich abbedungen werden.[1518]

Allerdings waren diese mittelbar verbraucherschützenden Regelungen veraltet und zusammenhanglos innerhalb der türkischen Rechtsordnung verstreut.[1519] Und auch ihre Anwendung wies Defizite auf. Diese beruhten einerseits auf mangelnden administrativen Kapazitäten zur Anwendung der Regelungen.[1520] Andererseits waren sie auf die zeit- und kostenaufwendige Geltendmachung dieser Rechte vor Gericht zurückzuführen.[1521] Insbesondere dürfte aber die mangelnde Verbraucherbildung und -aufklärung ursächlich für die Anwendungsdefizite gewesen sein.[1522] Denn nur ein Verbraucher, der seine Rechte kennt, kann sie einfordern. Nennenswerte Verbraucherschutzorganisationen im europäischen Sinne waren in dieser Phase so gut wie nicht vorhanden.[1523] Die wenigen vor 1980 gegründeten Organisationen wurden infolge des Militärputsches von 1980 wie alle sonstigen Vereinigungen der Zivilgesellschaft zwangsgeschlossen.[1524] Aber auch zwischen 1980 und 1995 waren insofern keine bedeutenden Entwicklungen zu verzeichnen.[1525] Ursächlich waren hierfür vor allen Dingen die zahlreichen rechtlichen Beschränkungen, die für die Vereinigungsfreiheit bestanden.[1526] Die 1982 erstmalig in der türkischen Verfassung verankerte Verpflichtung des Staates mit Blick auf den Verbraucherschutz hat daher zumindest in der Zeitspanne bis 1995 wenig bis gar nichts bewirkt.[1527]

1518 Vgl. dazu *Aral*, Borçlar Hukuku, 3. Auflage, S. 157 ff.

1519 *TÜSİAD*, AT'de Tüketiciyi Koruma Politikaları ve Türkiye'de Durum, S. 129 f.

1520 *TÜSİAD*, AT'de Tüketiciyi Koruma Politikaları ve Türkiye'de Durum, S. 133.

1521 *Aslan*, Tüketici Hukuku, 1. Aufl., S. 33.

1522 Vgl. zur mangelnden Verbraucherbildung in diesem Zeitraum *TOBB*, Avrupa Topluluğu'nda Tüketiciyi Koruma Politikaları ve Türkiyenin Uyumu, S. 89 f.

1523 *TÜSİAD*, AT'de Tüketiciyi Koruma Politikaları ve Türkiye'de Durum, S. 125; *TOBB*, Avrupa Topluluğu'nda Tüketiciyi Koruma Politikaları ve Türkiye'nin Uyumu, S. 90.

1524 *TÜSİAD*, AT'de Tüketiciyi Koruma Politikaları ve Türkiye'de Durum, S. 125.

1525 *Aslan*, Tüketici Hukuku, 1. Aufl., S. 32.

1526 *Aslan*, Tüketici Hukuku, 1. Aufl., S. 32.

1527 In diese Richtung auch *Aslan*, Tüketici Hukuku, 1. Aufl., S. 34.

B. Normativer Nachvollzug

I. Gesetz Nr. 4077

1. *Entstehungsgeschichte und Motive*

Die einleitenden Erklärungen zum alten Verbraucherschutzgesetz von 1995 (Gesetz Nr. 4077, im Folgenden nur noch aVerbSchG), die, gemeinsam mit den Erklärungen zu den einzelnen Artikeln, die amtliche Begründung des aVerbSchG bilden, erschöpfen sich einzig in knappen und allgemeinen Ausführungen zum Verbraucherschutz unter Nennung der zum damaligen Zeitpunkt maßgeblichen Vorschriften des türkischen Rechts. So werden im Rahmen der einleitenden Erklärungen in recht trivialer Manier die *„Probleme"* angesprochen, mit denen der Verbraucher sich auf den freien Märkten konfrontiert sehe und denen er eigenständig nichts entgegensetzen könne. Der hieraus resultierenden Schutzbedürftigkeit zu begegnen sei daher die erkannte und gebotene Aufgabe des Verbraucherschutzes. In diesem Zusammenhang rekurriert die amtliche Begründung sodann auch auf die Verpflichtung des Staates zum Schutz der Verbraucher in Art. 172 der türkischen Verfassung und die entsprechende Aufgabenübertragung an das Industrie- und Handelsministerium mit Art. 12 lit. b) des Gesetzes über die Organisation und die Aufgaben des Industrie- und Handelsministeriums, die in ebendiesem Dienste stünden.[1528]

Interessanterweise hebt die amtliche Begründung hervor, dass in zahlreichen innerstaatlichen Rechtsakten schon *„unmittelbar und mittelbar"* verbraucherschützende Regelungen bestünden, die aber keine Kohärenz aufwiesen, weshalb die Zusammenfassung solcher Regelungen in einem einheitlichen Gesetz diskutiert werde. Zugleich heißt es aber, dass eine Zusammenfassung aller verbraucherschützenden Vorschriften in einem Gesetz nicht möglich sei. Schlussendlich bestehe die Notwendigkeit, die türkischen Regelungen einer Revision zu unterziehen und neue Regelungen zu schaffen. Maßstab hierfür sei *„die Praxis der sich entwickelnden Staaten dieser Welt"* unter Berücksichtigung der türkischen Eigenheiten.[1529]

Ein Rekurs auf die Richtlinien der EWG zum Verbrauchervertragsrecht fehlt dagegen erstaunlicherweise vollständig. Stattdessen werden zur (ebenfalls äußerst kurzen) Schilderung der Entstehung der gemeinschaftlichen Verbraucherschutzpolitik auf europäischer Ebene die mit den ersten zwei

---

1528 Siehe zu alldem die Allgemeine amtliche Begründung zum Gesetz Nr. 4077.
1529 Siehe zu alldem die Allgemeine amtliche Begründung zum Gesetz Nr. 4077.

Verbraucherprogrammen der EWG angenommenen Rechte der Verbraucher aufgezählt. Es folgt ein kurzer Hinweis auf eine Zusammenarbeit im Rahmen des UN-Entwicklungsprogramms, mit der eine höhere Standardisierung (und damit auch Qualität) türkischer Industrieprodukte erreicht werden solle. Schließlich enden die allgemeinen Ausführungen der amtlichen Begründung mit der Erklärung, dass vor dem Hintergrund der vorerwähnten innerstaatlichen Rechtspflichten und der Zusammenarbeit mit der UN *„mit Blick auf die durch die EWG-Staaten im Rahmen der Verbraucherschutzpolitiken angenommenen und international akzeptierten 8 grundlegenden Verbraucherrechte"* das türkische Verbraucherschutzgesetz ausgearbeitet worden sei.[1530]

Liest man die amtliche Begründung, könnte man beinahe glauben, dass der türkische Gesetzgeber vor dem Hintergrund seiner innerstaatlichen verfassungsrechtlichen Verpflichtung und unter Einbeziehung von jüngeren internationalen und europäischen Entwicklungen im Bereich des Verbraucherschutzes ein originär türkisches Verbraucherschutzgesetz bestehend aus verbesserten Verbraucherschutzbestimmungen und neuen Vorschriften derselben Art geschaffen hätte. Die Entstehungsgeschichte des aVerbSchG zeichnet indessen ein anderes Bild. Obgleich die Verpflichtung des Staates zum Schutze der Verbraucher Maßnahmen zu ergreifen schon in der türkischen Verfassung von 1982 verankert wurde, konnte in den darauffolgenden 13 Jahren kein einziges Gesetz verabschiedet werden, das materielle Bestimmungen zum Verbraucherschutz enthielt.[1531] Nicht nur gelangten die zahlreichen Gesetzesvorschläge nicht zur Verabschiedung, sondern sie verweilten auch inhaltlich weiterhin auf der Stufe des bis anhin genutzten Instrumentariums.[1532] Das letztendlich verabschiedete aVerbSchG stellte – die Abänderung in den betreffenden Unterausschüssen mit inbegriffen – gewissermaßen den 14. Gesetzesentwurf dar, den alleine das Industrie- und Handelsministerium vorgebracht hatte.[1533] Und dennoch war der Entwurf aus dem Jahre 1992, der den Kern des daraufhin verabschiedeten aVerbSchG lieferte, eine der ersten Vorlagen überhaupt, die seit dem Übergang zur liberalen Marktwirtschaft Anfang der 1980er Jahre den Gegebenheiten derselben entsprechend ausgestaltet wurde.[1534] Und auch diese Vorlage wäre weder in der Form entstanden noch hätte sie die Aussicht auf eine Verabschiedung

1530 Siehe zu alldem die Allgemeine amtliche Begründung zum Gesetz Nr. 4077.
1531 Vgl. *Baykan*, İTO 1996-23, S. 194.
1532 Vgl. *Baykan*, İTO 1996-23, S. 194.
1533 *Baykan*, İTO 1996-23, S. 194.
1534 Vgl. *Baykan*, İTO 1996-23, S. 194.

in so kurzer Zeit gehabt, wenn die Türkei sich nach der erlebten Enttäuschung der Zurückweisung ihres Beitrittsersuchens nicht panisch daran gemacht hätte, zumindest die Verwirklichung der Zollunion möglichst rasch zu erreichen, um vor dem Hintergrund des Zerfalls der Sowjetunion und der hiermit verbundenen Aufbruchsstimmung in Kerneuropa politisch und wirtschaftlich nicht gänzlich ins Hintertreffen zu geraten.[1535] Zu den hierauf im Eiltempo ergriffenen Maßnahmen zur Erreichung der Eröffnung der Zollunion zählt auch die Ausarbeitung und der Erlass des aVerbSchG. Es sollte als Aushang dafür dienen, dass die Türkei den bis dahin verabschiedeten verbraucherschützenden Acquis übernommen habe, auch wenn dies in der amtlichen Begründung keine Erwähnung findet.[1536] Entsprechend schnell und diskussionslos wurde der Entwurf ausgearbeitet und verabschiedet.[1537] Wie eine Analyse seines Inhalts zeigen wird, ging das aVerbSchG auf diese Weise tatsächlich – im wahrsten Sinne des Wortes – nicht über den angestrebten Charakter eines „Aushangs" hinaus. *Serozan* schreibt in diesem Zusammenhang im Jahre 1996:

1535 Siehe hierzu S. 258 ff.

1536 Vgl. *Serozan*, Yasa HD 15 (1996), Nr. 173/4, 579. Eine Erwähnung staatlicherseits darüber, welche Richtlinien mit dem aVerbSchG umgesetzt worden sind, findet sich, soweit ersichtlich, erst im ersten „Nationalen Programm der Türkei betreffend die Übernahme des *acquis communautaire*" aus dem Jahr 2001. Dort heißt es, dass mit den Vorschriften über gewerbliche Werbung die Richtlinie 84/450/EWG des Rates vom 10. September 1984 zur Angleichung der Rechts- und Verwaltungsvorschriften der Mitgliedstaaten über irreführende Werbung, mit den Vorschriften über den Verbraucherkredit die Richtlinie 87/102/EWG des Rates vom 22. Dezember 1986 zur Angleichung der Rechts- und Verwaltungsvorschriften der Mitgliedstaaten über den Verbraucherkredit und mit den Vorschriften über Haustürgeschäfte die Richtlinie 85/577/EWG des Rates vom 20. Dezember 1985 betreffend den Verbraucherschutz im Falle von außerhalb von Geschäftsräumen geschlossenen Verträgen umgesetzt worden sei. Zudem seien auch Bestimmungen über die Haftung für fehlerhafte Produkte mit dem Gesetz eingeführt worden, die jedoch – wie sich herausgestellt habe – im Hinblick auf die Produkthaftungsrichtlinie Umsetzungsdefizite aufwiesen. Siehe zu alldem das Nationale Programm der Türkei betreffend die Übernahme des *acquis communautaire* aus dem Jahre 2001, Band I, 4.24.I.a) (zur Abrufbarkeit des Dokuments siehe Fn. 1416).

1537 *Deryal* verweist darauf, dass in Deutschland alleine der Einführung des Haustürwiderrufsgesetzes eine dreijährige Debatte vorangegangen sei, wohingegen das gesamte türkische Verbraucherschutzgesetz in kürzester Zeit verabschiedet wurde. Siehe hierzu *Deryal*, Tüketici Hukuku, 2. Aufl., S. 56.

„Mit der Oberflächenkosmetik dieses Gesetzes, das in der Vitrine, die für das zu eröffnende Tor zur Zollunion aufgestellt wurde, glanzvoll zur Schau gestellt wird, kann weder der Verbraucher noch der Westen getäuscht werden."[1538]

2. *Struktur und Inhalt des Gesetzes*

Der türkische Gesetzgeber hat sich im Bereich der Verbraucherschutzpolitik – und damit gleichzeitig in Fragen des autonomen Nachvollzugs der europäischen Richtlinien zum Verbrauchervertragsrecht – mit dem aVerbSchG zumindest äußerlich für eine *Kodifikationslösung* entschieden.[1539]

Der vornehmliche Grund für den gewählten Weg ist in der Entstehungsgeschichte des Gesetzes zu finden: Der Druck, schnellstmöglich diese und weitere europäische Richtlinien zur Erreichung der Zollunion umzusetzen, ließ die *Einheitslösung*, d.h. eine Integration der Normen in die nationale Zivilrechtskodifikation, als Alternative ausscheiden.[1540] Eine Reform des Obligationenrechts hätte Jahre beansprucht. Der lange Weg zur Reform des türkischen Obligationenrechts im Jahre 2011 zeugt hiervon.[1541]

Freilich bestanden daneben aber auch andere Faktoren, die die Wahl der Kodifikationslösung begünstigten. Zum einen bildete die innerstaatliche Zuständigkeitsverteilung einen solchen. Diese teilte zum damaligen Zeitpunkt mit Art. 12 lit. b) des *Gesetzes über die Organisation und die Aufgaben des Industrie- und Handelsministeriums* letzterem die Aufgabe zu, notwendige Maßnahmen zum Verbraucherschutz zu ergreifen. Die Zuständigkeitsverteilung determinierte damit im Grunde schon die Wahl der Umsetzungslösung, da die Einheitslösung eine Kooperation mit dem Justizministerium erfordert hätte, zu der es aber nicht kam.[1542] Zum anderen ist da der intellektuelle und legislative Denkmalschutz, der das gesamte türkische ZGB und OR umgibt. Sowie dieser ein Aufgreifen und Verarbeiten wesentlicher Tendenzen der jüngeren europäischen Rechtsentwicklung verhindert hat,[1543] hätte er auch einen türkischen

1538 *Serozan*, Yasa HD 15 (1996), Nr. 173/4, 579.

1539 Ebenso für eine Kodifikationslösung im Bereich des europäischen Verbrauchervertragsrechts haben sich entschieden – freilich in unterschiedlichem Umfang – Frankreich, Österreich, Griechenland, Spanien, Portugal und Finnland. Zu den verschiedenen Möglichkeiten der Umsetzung europäischer Richtlinien siehe *von Vogel*, GPR 2 (2005), 164, 165 ff.

1540 *Akdağ-Güney*, GPR 3 (2006), 59, 61.

1541 Sie hierzu ausführlich S. 177 ff.

1542 *Atamer*, ZEuP 2005, 566, 568.

1543 Sie hierzu ausführlich S. 194 f.

Alleingang bei der Integration des verbrauchervertragsrechtlichen *acquis* in das aus der Schweiz übernommene OR verhindert.

Alleingang deshalb, weil sich die Schweiz selbst im Wesentlichen für eine andere Lösung entschied. Mit Ausnahme der Vorschriften über Haustürgeschäfte in den Art. 40a ff. des schweizerischen OR, die im eigentlichen Sinne ohnehin kein Ergebnis autonomen Nachvollzugs, sondern autonomer Parallelgesetzgebung des schweizerischen Gesetzgebers Mitte der 1980er Jahre waren, hat die Schweiz die im Zuge von „*Swisslex*" umgesetzten verbraucherschützenden Richtlinien der EU in Form von einzelnen Sondergesetzen verabschiedet (sog. *Insellösung*).[1544] Trotz der bemerkenswerten Kontinuität und Konsequenz in der Verarbeitung schweizerischen Rechts,[1545] scheint der türkische Gesetzgeber damit zumindest in Fragen des autonomen Nachvollzugs europäischer Richtlinien einen anderen Weg eingeschlagen zu haben als seine schweizerische Mutterrechtsordnung.

Doch sind die Unterschiede geringer, als man zunächst annehmen mag. Denn wie eingangs schon erwähnt, hat sich der türkische Gesetzgeber *zumindest äußerlich* für die Kodifikationslösung entschieden. Das aVerbSchG stellt nämlich ein Rahmengesetz dar, das gem. Art. 31 aVerbSchG in den dafür vorgesehenen Bereichen durch vom Industrie- und Handelsministerium zu erlassende Verwaltungsverordnungen zu konkretisieren ist.[1546] Das Ministerium ist dieser Aufgabe umfänglich nachgekommen, indem es im weiteren Verlauf für zahlreiche Regelungen des Gesetzes spezifische Verwaltungsverordnungen und Erlasse beschloss.[1547] Ein Blick auf den für die vorliegende Untersuchung relevanten *Erlass über Anwendungsverfahren und -prinzipien bei Haustürverkäufen*[1548] und die weiteren, hierauf folgenden Verwaltungsverordnungen wird dabei noch zeigen, dass diese Erlasse und Verwaltungsverordnungen deutlich über eine reine Konkretisierung hinausgehen können.[1549] In einem solchen Fall unterscheiden

---

1544 Auf diese Weise entstanden unter anderem das *Bundesgesetz über Pauschalreisen (PRG)*, das *Bundesgesetz über den Konsumkredit (KKG)* und das *Bundesgesetz über die Produktehaftpflicht*. Siehe zu alldem ausführlich *Koller-Tummler*, in: *Kramer*, Schweizerisches Privatrecht, 10. Band, Konsumentenschutz im Privatrecht, S. 43 ff.

1545 Siehe hierzu ausführlich S. 221 ff.

1546 *Atamer*, ZEuP 2005, 566, 569.

1547 Die maßgeblichen Verwaltungsverordnungen und Erlasse zum aVerbSchG finden sich bspw. abgedruckt bei *Aslan*, Tüketici Hukuku, 1. Aufl., S. 314 ff.

1548 Erlass TRKGM-95/136–137, veröffentlicht am 21.12.1995 im türkischen Amtsblatt (Nr. 22500).

1549 Dazu ausführlicher unten S. 299 ff.

sie sich nur noch der Form nach von einzelnen Sondergesetzen im Rahmen der sog. *Insellösung*. Vor diesem Hintergrund kann nicht behauptet werden, dass sich der türkische Gesetzgeber ausschließlich und eindeutig für eine Kodifikationslösung entschieden hätte.

Dies bildet jedoch nicht den einzigen Grund dafür, warum es eingangs hieß, dass der türkische Gesetzgeber sich *zumindest äußerlich* für eine Kodifikationslösung entschieden hat. Ein Blick auf die Struktur des Gesetzes offenbart nämlich, dass es sich bei diesem mehr um eine *Kompilation* als um eine systematische Ordnung des Rechtsstoffes im Sinne einer echten *Kodifikation* handelt. Das Gesetz gliedert sich in fünf Teile mit insgesamt 34 Artikeln. Es beginnt im ersten Teil relativ vielversprechend mit einer Regelung des Zwecks (Art. 1), des Umfangs (Art. 2) und der Definition verschiedener im Gesetz verwendeter Begriffe (Art. 3). Hierauf folgt der zweite Teil mit dem Titel *„Schutz und Information des Verbrauchers"*.[1550] Dieser bildet das Herzstück des Gesetzes und enthält entsprechend den Großteil seiner Bestimmungen. Die fehlende Systematisierung des Rechtsstoffes lässt sich dabei bereits anhand dieses Titels erahnen, da er die Aspekte des Schutzes und der Information – überdies ohne weitere Untergliederung – zusammenfasst. So folgt denn auch eine willkürliche Aneinanderreihung und Vermischung von Schutzbestimmungen und Informationspflichten zu unterschiedlichsten Vertragstypen, allgemeinen Bestimmungen zur Produktinformation, -kontrolle und -sicherheit und die Regelung von Fragen der gewerblichen Werbung bis hin zu Fragen staatlicher Verbraucherbildung. Den Beginn markiert eine Regelung über mangelhafte Waren und Dienstleistungen (Art. 4). Hierauf folgen Vorschriften über Fragen der Verweigerung des Verkaufs (Art. 5), Teilzahlungsgeschäfte (Art. 6), Vorauszahlungsgeschäfte (Art. 7), Haustürgeschäfte (Artt. 8, 9), Verbraucherkredite (Art. 10), Periodika (Art. 11), Etikettierung (Artt. 12), Garantieerklärungen (Art. 13), Gebrauchsanweisungen (Art. 14), nachvertragliche Serviceleistungen (Art. 15), gewerbliche

1550 Die Wendung „Schutz und Information des Verbrauchers" entstammt unmittelbar den beiden Verbraucherprogrammen der EWG. In der deutschen Fassung ist zwar von einer Politik „[...] zum Schutz und zur *Unterrichtung* der Verbraucher" die Rede. In der englischen und französischen Fassung wird jedoch an den entsprechenden Stellen durchgängig der Begriff „information" verwendet. Siehe hierzu das erste Programm der Europäischen Wirtschaftsgemeinschaft für eine Politik zum Schutz und zur Unterrichtung der Verbraucher, ABl. Nr. C 092 vom 25.04.1975, S. 2 ff., und das zweite Programm der Europäischen Wirtschaftsgemeinschaft für eine Politik zum Schutz und zur Unterrichtung der Verbraucher, ABl. Nr. C 133 vom 03.06.1981, S. 1 ff.

Werbung und Anzeigen (16), die Errichtung eines Werbeausschusses (Art. 17), schädliche und gefährliche Waren und Dienstleistungen (Art. 18), Qualitätskontrollen (Art. 19) und staatliche Verbraucherbildung (Art. 20). Neben dieser willkürlichen Aneinanderreihung fällt zudem bei der Lektüre des Gesetzes auf, dass jedem Regelungsthema fast ausnahmslos nur eine Vorschrift gewidmet wurde – allem Anschein nach unbesehen der Komplexität des jeweils zu regelnden Lebenssachverhaltes.[1551] Das Gesetz fährt fort mit dem dritten Teil, der den Titel *„Verbraucherinstitutionen"* trägt. In diesem sind die Errichtung, Organisation und Aufgaben des Verbraucherrates (Art. 21) und der Verbraucherschiedsausschüsse (Art. 22) geregelt. Im Grunde genommen hätte an dieser Stelle auch die Regelung über die Errichtung des Werbeausschusses (Art. 17) verortet werden müssen.[1552] Stattdessen wurde die Vorschrift aber im zweiten Teil verankert, weil dort in Art. 16 Fragen der gewerblichen Werbung geregelt sind. Dies zeigt, dass der Systematisierungsgrad des aVerbSchG nicht nur gering ist, sondern die bestehenden Ansätze einer Systematisierung zudem auch nicht vollständig durchgehalten wurden. Der vierte Teil enthält *„Vorschriften über die gerichtliche Untersuchung und Strafen"*. Art. 23 sieht für die gerichtliche Untersuchung von Streitigkeiten, die aus der Anwendung des aVerbSchG folgen, die Zuständigkeit spezialisierter Verbrauchergerichte vor. Gem. Art. 14 können vor diesen unter anderem Verfahren über den Stopp der Produktion und des Verkaufs bestimmter Waren als auch über deren Rückruf geführt werden. Art. 25 legt Verwaltungsstrafen im Zusammenhang mit den in diesem Gesetz enthaltenen Ge- und Verboten fest. Die Zuständigkeit für, der Widerspruch gegen und die Verjährung derselben werden in Art. 26 geregelt. Der letzte Teil des Gesetzes enthält schließlich *„Verschiedene Bestimmungen"* wie die ministerielle Kontrolle der Anwendung dieses Gesetzes (Art. 27), die dafür nötigen Labore (Art. 28) und eine dahingehende Budgetierung (Art. 29), die Regelung des Verhältnisses der Bestimmungen des aVerbSchG zu den allgemeinen Bestimmungen des türkischen Zivilrechts (Art. 30) und die Rechtsgrundlage des Ministeriums für den Erlass von spezifischen Erlassen und Verwaltungsverordnungen (Art. 31). Das Gesetz trat gem. Art. 33 sechs Monate nach seiner Verkündung in Kraft.

Dabei stellten die aufgezählten Vorschriften des aVerbSchG zum Zeitpunkt ihrer Einführung mitnichten gänzlich eine Innovation dar: Die meisten Regelungen fanden sich in dieser oder ähnlicher Form bereits in anderen türkischen

1551 *Deryal*, Tüketici Hukuku, 2. Aufl., S. 56.
1552 So auch *Deryal*, Tüketici Hukuku, 2. Aufl., S. 56 f.

Gesetzen,[1553] waren Bestandteil der gängigen Rechtspraxis oder wurden durch einzelne Autoren in der Literatur aus den bestehenden Vorschriften methodisch abgeleitet. So verfügte der türkische Verbraucher nach dem alten OR schon über einen Großteil der mit Art. 4 aVerbSchG eingeführten Rechte bei Verbraucherkäufen. Der Fall der Verweigerung des Verkaufs war bereits in Art. 7 Abs. 3 des alten türkischen OR geregelt.[1554] Selbiges galt mit den Art. 222 ff. des alten türkischen OR für Teilzahlungsgeschäfte.[1555] Eine zwingende Form für Kreditgeschäfte war schon in einem Erlass der Türkischen Zentralbank aus dem Jahre 1986 enthalten.[1556] Zudem bestand auch schon nach der alten Rechtslage die Möglichkeit, Periodika im Falle eines Vertragsbruches zu kündigen.[1557] Die Pflicht zur Etikettierung war gar in einem eigenen Gesetz (Nr. 3489) geregelt; entsprechend trat dieses Gesetz mit der Verkündung des aVerbSchG außer Kraft.[1558] Leider wurden auf diese Weise bestehende Regelungen nicht nur wiederholt. Teilweise war die Parallelgesetzgebung im aVerbSchG mit einem deutlichen Rückschritt verbunden. So verschlechterte bspw. der Art. 7 Abs. 3 die rechtliche Situation des Käufers bei Teilzahlungsgeschäften im Vergleich mit der zum damaligen Zeitpunkt bestehenden Regelung des alten türkischen OR.[1559] Auch waren die Etikettierungspflichten in dem zitierten Sondergesetz teilweise klarer definiert.[1560]

Die größte Schwäche des aVerbSchG bildet allerdings ein anderer Punkt: Das Gesetz sieht keine ausdrückliche Regelung über den zwingenden Charakter, d.h. die Unabdingbarkeit und das Verbot der Umgehung der Verbraucherschutzbestimmungen, vor.[1561] Das Fehlen dieses essenziellen Instruments der Materialisierung zivilrechtlicher Bestimmungen, wie sie die Verbraucherschutzgesetzgebung im Privatrecht gerade darstellt und bezweckt, löst nicht nur größte Verwunderung bei der Lektüre des Gesetzes aus, sondern zeugt leider auch vom großen Unverständnis des türkischen Gesetzgebers von der Materie zum damaligen Zeitpunkt. In Bezug auf das aVerbSchG in seiner Fassung aus dem Jahre 1995 findet sich, soweit ersichtlich, zu dieser Frage auch kein Urteil des

1553 Vgl. *Serozan*, Yasa HD 15 (1996), Nr. 173/4, 579.
1554 *Baykan*, İTO 1996-23, S. 196.
1555 *Serozan*, Yasa HD 15 (1996), Nr. 173/4, 579, 585.
1556 *Serozan*, Yasa HD 15 (1996), Nr. 173/4, 579, 583.
1557 *Serozan*, Yasa HD 15 (1996), Nr. 173/4, 579, 584.
1558 *Baykan*, İTO 1996-23, S. 196.
1559 *Serozan*, Yasa HD 15 (1996), Nr. 173/4, 579, 585.
1560 *Baykan*, İTO 1996-23, S. 196.
1561 *Serozan*, Yasa HD 15 (1996), Nr. 173/4, 579, 586; *Akdağ-Güney*, GPR 3 (2006), 59, 65.

türkischen Kassationshofs. In der Literatur zur entsprechenden Gesetzesfassung finden sich im Wesentlichen zwei Ansichten. Einer Ansicht zufolge sind sämtliche Haftungsfreizeichnungen und -erleichterungen im Anwendungsbereich des aVerbSchG „*unwirksam*".[1562] Die Vertreter dieser Auffassung begründen diese damit, dass der türkische Gesetzgeber laut den Allgemeinen Ausführungen in der amtlichen Begründung das aVerbSchG unter Zugrundelegung der in den Verbraucherschutzprogrammen der EWG angenommenen Verbraucherrechte ausgearbeitet habe und die europäischen Richtlinien zum Verbraucherschutz – in diesem Zusammenhang wird pars pro toto auf die sog. Produkthaftungsrichtlinie[1563] verwiesen – Haftungsfreizeichnungen und -erleichterungen nicht erlauben würden.[1564] Die andere Auffassung beharrt hingegen darauf, dass es an einer ausdrücklichen Anordnung des zwingenden Charakters fehlt und hält deshalb – wenn auch unter zahlreichen Einschränkungen – Haftungsfreizeichnungen und -erleichterungen im Anwendungsbereich des aVerbSchG grundsätzlich für möglich.[1565]

3. *Anwendungsbereich*

Dem Zweck des Gesetzes, so wie er in Art. 1 aVerbSchG definiert wird, kann kaum eine Aussage über den Anwendungsbereich desselben entnommen werden. Denn die Zweckbestimmung erschöpft sich im Grunde in einer Wiederholung der in den Verbraucherprogrammen der EWG aufgezählten fünf fundamentalen Verbraucherrechte, zu deren Schutz mit dem aVerbSchG „*[...] entsprechend den Erfordernissen der Wirtschaft und des Gemeinwohls*" Vorkehrungen getroffen würden.

Konkretere Aussagen über den Anwendungsbereich enthält dagegen der hierauf folgende Art. 2. Die mit „*Umfang*" überschriebene Vorschrift bestimmt, dass das aVerbSchG „*[...] alle Rechtsgeschäfte auf den Waren- und Dienstleistungsmärkten*" umfasst, bei denen „*[...] der Verbraucher eine der Seiten darstellt*". Auch wenn diese Norm den Anspruch erhebt, die Anwendbarkeit aller

1562 So *Zevkliler*, TKHK, 1. Aufl., S. 35 f.; *Atasoy/Taşkın/Acar*, Tüketiciyi Koruma Hukuku, 2. Aufl., S. 112.

1563 Richtlinie 85/374/EWG des Rates vom 25. Juli 1985 zur Angleichung der Rechts- und Verwaltungsvorschriften der Mitgliedstaaten über die Haftung für fehlerhafte Produkte.

1564 Siehe hierzu *Zevkliler*, TKHK, 1. Aufl., S. 35 f.; *Atasoy/Taşkın/Acar*, Tüketiciyi Koruma Hukuku, 2. Aufl., S. 112.

1565 So insbesondere *Aslan*, Tüketici Hukuku, 1. Aufl., S. 115 ff.

im aVerbSchG enthaltenen Vorschriften – von den materiellrechtlichen über die institutionellen bis zu den prozessrechtlichen – mit einer einheitlichen Norm sowohl in persönlicher als auch in sachlicher Hinsicht hinreichend festzulegen, so gelingt ihr dies nicht.[1566] Eine deutlichere Bestimmung des Anwendungsbereichs ist erst unter Hinzuziehung der übrigen Bestimmungen, allen voran des Art. 3 aVerbSchG, möglich. Doch auch eine solche lässt wichtige Fragen ungeklärt, die nachfolgend in der Literatur diskutiert wurden. Da gem. Art. 23 Abs. 1 aVerbSchG für alle Streitigkeiten im Zusammenhang mit der Anwendung des aVerbSchG die eigens hierfür geschaffenen Verbrauchergerichte zuständig sind, hatten diese Unklarheiten bzgl. des Anwendungsbereichs in der Praxis zahlreiche Zuständigkeitsstreitigkeiten zur Folge.

a) Persönlicher Anwendungsbereich

Bemerkenswert an der Bestimmung des persönlichen Anwendungsbereichs durch Art. 2 aVerbSchG ist, dass die Norm einseitig auf das Vorhandensein eines Verbrauchers abstellt. Das Vorhandensein eines *„Unternehmers"* auf der anderen Seite des Rechtsgeschäfts wird nicht – wie es typischerweise in den europäischen Richtlinien zum Verbrauchervertragsrecht der Fall ist – ausdrücklich verlangt. Allenfalls implizit durch die Wendung „[…] *auf den Waren- und Dienstleistungsmärkten"* wird deutlich, dass die andere Seite des Rechtsgeschäfts ein professioneller Teilnehmer des Rechtsverkehrs darstellen muss. So fällt auch im weiteren Verlauf des Gesetzes weder der Begriff *„Unternehmer"* noch eine Definition dessen. Stattdessen führt Art. 3 g) den Begriff *„Verkäufer"* samt dazugehöriger Definition ein. Eine fälschliche sachliche Verengung, auf die sogleich noch näher einzugehen sein wird.

aa) Verbraucher

Der Begriff des *„Verbrauchers"* wird in Art. 3 f) definiert. Hiernach ist ein Verbraucher *„[e]ine natürliche oder juristische Person, die eine Ware oder Dienstleistung zu privaten Zwecken kauft und abschließend nutzt oder verbraucht"*. Vergleicht man diese Definition mit denjenigen, die in den umgesetzten Richtlinien zum Verbrauchervertragsrecht enthalten sind, fällt Folgendes auf: Der türkische Gesetzgeber bezweckte mit dem Erlass des aVerbSchG im Bereich des Verbrauchervertragsrechts die Umsetzung der Haustürwiderrufsrichtlinie und

1566 In diese Richtung auch *Serozan*, demzufolge es dem Gesetz nicht gelinge, seinen Anwendungsbereich klar zu regeln. Siehe hierzu *ders.*, Yasa HD 15 (1996), Nr. 173/4, 579, 580.

der Verbraucherkreditrichtlinie. Diese zwei Richtlinien, die die frühesten ihrer Art bilden, definieren den Verbraucher jeweils auf dieselbe Art und Weise und legten damit den Grundstein für den – gewissermaßen – „traditionellen" europäischen Verbraucherbegriff, der sich in der Folge in vielen weiteren Richtlinien zum Verbraucherschutz wiederfindet. Verbraucher ist hiernach *„[...] eine natürliche Person, die [...] zu einem Zweck handelt, der nicht ihrer beruflichen oder gewerblichen Tätigkeit zugerechnet werden kann."*[1567] Die Definition des Verbrauchers in Art. 3 f) aVerbSchG weicht hiervon zunächst in zweierlei Hinsicht ab: Zum einen definiert sie den Verbraucher nicht negativ, wie die „traditionelle" europäische Definition es tut, sondern positiv. Diese Vorgehensweise verengt den Begriff im Verhältnis zur „traditionellen" europäischen Definition und führte unweigerlich zu Streitigkeiten darüber, was unter *„privaten Zwecken"* zu verstehen ist.[1568] Einige Autoren stellten zur Abgrenzung auf das Kriterium des *Verbrauchs* ab. Hiernach sei ein *„privater Zweck"* gegeben, wenn der Vertragsgegenstand erworben werde, um seinen ökonomischen Wert unwiederbringlich zu verbrauchen. Es dürfe folglich keine Nutzung bezweckt werden, die eine ökonomische Wertschöpfung zur Folge hat.[1569] Einigkeit bestand jedoch darüber, dass berufliche und gewerbliche Zwecke nicht hierunter fallen würden,[1570] sodass die Abweichungen zu den europäischen Vorgaben letzten Endes nicht weiter groß ausfielen. Im Ergebnis legte der türkische Gesetzgeber dem aVerbSchG damit ebenfalls den rollenspezifischen Verbraucherbegriff zugrunde, nach dem Verbraucher ist, wer in der Rolle eines solchen agiert.[1571] Zum anderen erweitert die türkische Definition die „traditionelle" europäische, indem sie auch juristischen Personen zugesteht, in der Rolle eines Verbrauchers agieren zu können. Der türkische Gesetzgeber schlug insofern einen anderen Weg als der europäische Richtliniengeber ein, blieb in Europa hiermit aber nicht alleine.[1572]

1567 Art. 2 1. Spiegelstrich Haustürwiderrufsrichtlinie; Art. 1 Abs. 2 lit. a) Verbraucherkreditrichtlinie.

1568 *Atasoy/Taşkın/Acar*, Tüketiciyi Koruma Hukuku, 2. Aufl., S. 5; *Aslan*, Tüketici Hukuku, 2. Aufl., S. 3.

1569 Siehe zu alldem *Zevkliler*, TKHK, 1. Aufl., S. 24; *Atasoy/Taşkın/Acar*, Tüketiciyi Koruma Hukuku, 2. Aufl., S. 7 f.

1570 *Zevkliler*, TKHK, 2. Aufl., S. 51; *Atasoy/Taşkın/Acar*, Tüketiciyi Koruma Hukuku, 2. Aufl., S. 7 f.; *Aslan*, Tüketici Hukuku, 1. Aufl., S. 10 f.

1571 Siehe zur rollenspezifischen Ausgestaltung der Begrifflichkeiten *Heiderhoff*, Europäisches Privatrecht, Rn. 197.

1572 Diesen Weg schlugen im Rahmen ihrer Verbraucherschutzgesetzgebung ebenfalls ein Österreich, Spanien und Griechenland. Siehe hierzu *Atamer*, ZEuP 2005, 566, 573 Fn. 38.

Eine Begründung für diese Abweichung sucht man in der amtlichen Begründung hingegen vergebens. Handelsgesellschaften in der Form einer juristischen Person werden von dieser Vorschrift allerdings nicht umfasst, da die in Art. 21 Abs. 1 S. 1 des alten türkischen HGB enthaltene Vermutung, dass die von einem Kaufmann getätigten Geschäfte zu seinem Handelsgeschäft gehören, nach S. 2 derselben Vorschrift nur durch natürliche Personen mit Kaufmannseigenschaft widerlegt werden kann.[1573] Die Problematik des „dual-use" im Rahmen des rollenspezifischen Verbraucherbegriffs wird durch das aVerbSchG dagegen nicht aufgegriffen. Der türkische Kassationshof äußerte sich jedoch bereits relativ früh ablehnend gegenüber einer Annahme der Verbrauchereigenschaft in Fällen doppelter Zwecksetzung.[1574] Dieselbe Tendenz ist in der Literatur zum aVerbSchG vorzufinden.[1575]

Wirklich problematisch erscheint die einheitliche Definition des Verbrauchers in Art. 3 f) aVerbSchG hingegen aus einem anderen Grund: Ihr liegt offenbar die Fehlannahme zugrunde, dass sämtliche europäischen Richtlinien zum Verbraucherschutz von demselben persönlichen Anwendungsbereich ausgehen.[1576] Dies war jedoch schon im Hinblick auf die mit dem aVerbSchG umgesetzten Richtlinien nicht der Fall. So schützt bspw. die Produkthaftungsrichtlinie, deren Umsetzung mit dem aVerbSchG ebenfalls bezweckt war, nicht nur den Verbraucher als eine der Seiten des Rechtsgeschäfts, sondern – wie es von einer außervertraglichen Haftung zu erwarten ist – jeden kausal

---

1573 Die Anwendbarkeit des aVerbSchG auf solche Handelsgesellschaften ebenfalls verneinend der Türkische Kassationshof, Plenum, Hauptsache Nr. 2000/19-1255, Entscheidung Nr. 2000/1249 vom 11.10.2000; 13. Zivilkammer, Hauptsache Nr. 1997/1815, Entscheidung Nr. 1997/5112 vom 26.06.1997. Siehe zu alldem *Atamer*, ZEuP 2005, 566, 573; *Zevkliler*, TKHK, 2. Aufl., S. 49 f.

1574 Türkischer Kassationshof, 13. Zivilkammer, Hauptsache Nr. 1997/1815, Entscheidung Nr. 1997/5112 vom 26.06.1997. Interessant sind in diesem Zusammenhang die Argumente, die der Kassationshof gegen eine Annahme der Verbrauchereigenschaft hervorbringt. So würde eine Einordnung des Unternehmens als Verbraucher in Fällen doppelter Zwecksetzung „[...] sowohl mit Blick auf die Steuervorschriften als auch mit Blick auf die Bilanzierungsvorschriften das Potenzial in sich tragen, Verwirrung zu stiften".

1575 Vgl. *Zevkliler*, TKHK, 2. Aufl., S. 49 f.; *Atasoy/Taşkın/Acar*, Tüketiciyi Koruma Hukuku, 2. Aufl., S. 9; *Aslan*, Tüketici Hukuku, 2. Aufl., S. 5.

1576 In diese Richtung deutet auch die folgende Aussage *Akdağ-Güneys*: „Außerdem sieht der türkische Gesetzgeber das europäische Verbraucherschutzrecht als eine einheitliche in sich geschlossene Rechtsmaterie an, was es rechtfertigt, dieses in einem eigenen Gesetzbuch niederzulegen." Siehe hierzu *dies.*, GPR 3 (2006), 59, 61.

Geschädigten.[1577] Und auch die nachfolgenden Richtlinien zum Verbraucherschutz definieren ihren persönlichen Anwendungsbereich immer wieder von Neuem und weichen dabei mitunter voneinander ab.[1578] Insgesamt bilden die europäischen Richtlinien zum Verbraucherschutz keinen in sich konsistenten und kohärenten Rechtsbereich.[1579] Der Versuch, diese Richtlinien in einem Sondergesetz mit einheitlichem Anwendungsbereich zusammenzufassen, führte aufgrund dieser Inkonsistenzen damit unweigerlich zu einer teilweise europarechtswidrigen Ausgestaltung desselben – wie geschehen im Hinblick auf die Produkthaftungsrichtlinie.

bb) Verkäufer

Doch ist dies nicht die einzige europarechtswidrige Verengung, die sich im Hinblick auf den Anwendungsbereich des aVerbSchG feststellen lässt. Während Art. 2 aVerbSchG bestimmt, dass das Gesetz alle *Rechtsgeschäfte* umfasst, bei denen auf einer der Seiten ein Verbraucher steht, ist in der Definition des Verbrauchers in Art. 3 f) aVerbSchG dagegen von einer natürlichen oder juristischen Person die Rede, die eine *Ware* oder *Dienstleistung* zu privaten Zwecken *kauft*. Nicht nur, dass die Definition des Verbrauchers somit eine Beschränkung des sachlichen Anwendungsbereichs des Gesetzes auf Verträge vorgibt, deren Gegenstand eine *Ware* oder *Dienstleistung* bildet, sie geht fälschlicherweise sogar davon aus, dass es sich bei diesen Verträgen – und damit auch bei denen über *Dienstleistungen* – ausnahmslos um *Kaufverträge* handeln würde. Es handelt sich hierbei auch nicht um ein redaktionelles Versehen, da die fehlerhafte Annahme, dass Dienstleistungen ge*kauft* würden, das gesamte Gesetz durchzieht. Sie rührt möglicherweise aus den ersten beiden Verbraucherprogrammen der EWG her, in denen sich die Wendung *„Kauf von Waren und Dienstleistungen“* gleich an mehreren Stellen findet.[1580] Denn auch nach dem türkischen OR unterliegen Dienstleistungen selbstredend nicht dem Kaufvertragsrecht, sondern dem Recht

1577 Vgl. *Taschner/Frietsch*, Produkthaftungsgesetz und EG-Produkthaftungsrichtlinie, Richtl. Art. 9 Rn. 7.

1578 *Heiderhoff*, Europäisches Privatrecht, Rn. 199.

1579 *Micklitz/Rott*, in: *Dauses/Ludwigs*, EU-WirtschaftsR-HdB, Stand Oktober 2021, Abschnitt H. V. Rn. 85.

1580 Siehe bspw. Rn. 19 i) und iv) des ersten Programms der EWG zum Schutz und zur Unterrichtung der Verbraucher. In der deutschen Fassung ist vom „Käufer von Gütern und Dienstleistungen“, in der englischen vom „purchaser of goods or services“ bzw. „buyer of the product or service“ und in der französischen vom „acheteurs de biens ou de services“ die Rede.

eigenständiger Vertragstypen. Aus dieser Fehlannahme folgt für den persönlichen Anwendungsbereich, dass, auch wenn das Gesetz ausdrücklich nur einseitig auf das Vorhandensein eines Verbrauchers abstellt, auf der anderen Seite nicht allgemein ein *Unternehmer*, sondern speziell ein *Verkäufer* stehen muss. Diesen Folgefehler setzt das Gesetz sodann auch konsequent um, indem es explizit nur den *Verkäufer* in Art. 3 g) definiert und hierunter entsprechend *„[...] jede natürliche oder juristische Person, öffentliche Unternehmen und Institutionen mit inbegriffen, [versteht,] die den Verbrauchern Waren und Dienstleistungen anbietet"*. Bemerkenswert hieran ist, dass im Unterschied zur Definition des Verbrauchers die rollenspezifische Betrachtungsweise beim Begriff des Verkäufers nicht eindeutig zu Tage tritt. Denn auch eine Privatperson, die kein Unternehmer ist, kann einem Verbraucher bspw. im Rahmen des Verkaufs von gebrauchten privaten Gegenständen Waren anbieten, ohne sich in die Rolle eines Unternehmers im Sinne des europäischen Verbraucherschutzrechts zu begeben. Es fehlt daher an der ausdrücklichen Voraussetzung, dass zu einem Zweck gehandelt wird, der der beruflichen oder gewerblichen Tätigkeit zugerechnet werden kann, so wie es in den frühen Richtlinien schon der Fall ist.[1581] In der türkischen Literatur wurde vor diesem Hintergrund vorausgesetzt, dass das Angebot der Waren und Dienstleistungen dauerhaft und mit Gewinnerzielungsabsicht – und damit letztlich gewerblich – erfolgt, um die Verkäufereigenschaft bejahen zu können.[1582] Zudem fehlt es an einer Regelung über den Problembereich der Zurechnung dritter Personen, obgleich eine solche in Art. 2 2. Spiegelstrich der Haustürwiderrufsrichtlinie vorgegeben ist.

b) Sachlicher Anwendungsbereich

Die Unfähigkeit des Art. 2 aVerbSchG den Anwendungsbereich des Gesetzes hinreichend zu definieren wird am deutlichsten bei der Bestimmung seines sachlichen Anwendungsbereichs. Obwohl die Vorschrift vorsieht, dass das Gesetz alle *„Rechtsgeschäfte"* umfasst, ist der sachliche Anwendungsbereich ungleich beschränkter. Dabei ergeben sich diese Beschränkungen, wie die obigen Ausführungen deutlich machen, gerade aus dem persönlichen Anwendungsbereich, genauer aus der Definition des Verbrauchers. Dieser muss zu privaten Zwecken *Waren* und *Dienstleistungen „kaufen"*. Unter *Waren* sind gem. Art. 3 lit. c) *„[b] ewegliche Sachen, die Gegenstand des Handelsverkehrs sind"*, zu verstehen. Hierzu

---

1581 Art. 2 2. Spiegelstrich Haustürwiderrufsrichtlinie; Art. 1 Abs. 2 lit. a Verbraucherkreditrichtlinie.

1582 Vgl. *Zevkliler*, TKHK, 2. Aufl., S. 54.

zählen auch Strom, Wasser und Gas.[1583] In Ermangelung einer dahingehenden Einschränkung sind landwirtschaftliche Naturprodukte und Jagderzeugnisse ebenso umfasst.[1584] Damit geht der sachliche Anwendungsbereich über denjenigen der Produkthaftungsrichtlinie in ihrer grundsätzlichen Fassung hinaus,[1585] was aber gem. Art. 15 Abs. 1 lit. a) derselben zulässig ist. Die Beschränkung auf bewegliche Sachen entspricht sowohl den umgesetzten Richtlinien zum Verbrauchervertragsrecht[1586] als auch der Produkthaftungsrichtlinie.[1587] *Dienstleistungen* werden gem. Art. 3 lit. d) aVerbSchG definiert als *„[k]örperliche und/ oder geistige Tätigkeiten, die gegen eine Vergütung oder einen sonstigen Nutzen erbracht werden"*. Dabei ist es zum richtigen Verständnis sowohl der Definition als auch des sachlichen Anwendungsbereichs des Gesetzes wichtig zu erkennen, dass mit einer *Dienstleistung* im Sinne des Art. 3 lit. d) des aVerbSchG nicht der Gegenstand des *Dienst*vertrages nach den Artt. 313 ff. des alten türkischen OR gemeint ist.[1588] Ganz im Gegenteil: Dieser Vertragstyp wird nach einhelliger Meinung in der türkischen Literatur gerade nicht vom aVerbSchG umfasst.[1589] Bei dem Begriff *Dienstleistung* im Rahmen des aVerbSchG handelt es sich daher weniger um einen technischen Fachbegriff der türkischen Rechtssprache, als um einen Begriff mit ökonomischem Sinngehalt. So ist denn auch in der Literatur anerkannt, dass er im Prinzip jedes Tätigwerden für eine andere Person und damit beinahe alle Verträge und Vertragstypen, die dies zum Gegenstand haben, umfasst. Genannt werden in diesem Zusammenhang Werkverträge, Aufträge, Transportverträge, Kreditverträge, Reiseverträge, Versicherungsverträge,

---

1583 *Atamer*, ZEuP 2005, 566, 574; *Atasoy/Taşkın/Acar*, Tüketiciyi Koruma Hukuku, 2. Aufl., S. 34.

1584 *Atasoy/Taşkın/Acar*, Tüketiciyi Koruma Hukuku, 2. Aufl., S. 34 f.; *Aslan*, Tüketici Hukuku, 2. Aufl., S. 17 f. Zum Gegenteiligen Ergebnis vor dem Hintergrund des Art. 2 der Produkthaftungsrichtlinie kommt *Zevkliler*, TKHK, 2. Aufl., S. 57 f.

1585 Vgl. Art. 2 der Produkthaftungsrichtlinie.

1586 Art. 2 Abs. 1 lit. a) 1. Spiegelstrich der Verbraucherkreditrichtlinie; Art. 2 Abs. 2 lit. a) Haustürwiderrufsrichtlinie.

1587 Art. 2 Produkthaftungsrichtlinie.

1588 Vgl. *Zevkliler/Aydoğudu*, TKHK, 3. Aufl., S. 136; *Atasoy/Taşkın/Acar*, Tüketiciyi Koruma Hukuku, 2. Aufl., S. 36 f.; sowohl in Bezug auf das neue als auch für das alte VerbSchG *Aydoğudu*, in: *Tokbaş/Tüzüner*, Milli Şerh, S. 344 ff. m.w.N.

1589 *Zevkliler/Aydoğudu*, TKHK, 3. Aufl., S. 74 Fn. 15 m.w.N.; sowohl in Bezug auf das neue als auch für das alte VerbSchG *Aydoğudu*, in: *Tokbaş/Tüzüner*, Milli Şerh, S. 344 ff. m.w.N.

Lehrverträge, Handyverträge, Anwaltsverträge und Behandlungsverträge.[1590] In Zusammenschau mit dem Kaufvertrag und seinen unterschiedlichen Varianten, die entsprechend dem Warenbegriff ebenfalls in den Anwendungsbereich des aVerbSchG fallen, umfasst das Gesetz beinahe alle privatrechtlichen Verträge und Vertragstypen. Der Anwendungsbereich des Gesetzes wäre somit denkbar weit. Gleichermaßen umfassend wäre aufgrund des Art. 23 Abs. 1 aVerbSchG die Zuständigkeit der Verbrauchergerichte. Entsprechend nahmen die Verbrauchergerichte auch die ihnen vorgelegten Fälle unbesehen der zugrundeliegenden Vertragstypen an. Die Zuständigkeit derselben wurde dabei – freilich neben anderen Gründen – in einigen Fällen von der unterlegenen Partei gerügt und im Wege der Revision vor den türkischen Kassationshof gebracht. Dieser setzte sich in der Folge in einer Reihe von Entscheidungen der weiten Auslegung des Anwendungsbereichs durch die Literatur und die Verbrauchergerichte entgegen und engte den Anwendungsbereich des aVerbSchG gegenüber demjenigen der umgesetzten Haustürwiderrufsrichtlinie europarechtswidrig immer weiter ein. So unterfallen nach der ständigen Rechtsprechung des türkischen Kassationshofs zum aVerbSchG Werkverträge nicht dem Anwendungsbereich des aVerbSchG.[1591] Der Kassationshof begründet dies in seinen Urteilen in der Regel mit identischen Ausführungen, die wie folgt lauten:

> *„Der Verbraucher wird in Art. 3 lit. f) des Gesetzes Nr. 4077 zum Schutz der Verbraucher definiert als ‚eine natürliche oder juristische Person, die eine Ware oder Dienstleistung zu privaten Zwecken kauft, um sie abschließend zu nutzen und zu verbrauchen'.*
> *Wie diese Definition zu verstehen gibt, schützt das Gesetz die Person, die eine fertige Ware oder Dienstleistung „kauft" und diese in ihrem täglichen Leben gebraucht und verbraucht.[1592] Mit anderen Worten wurden in den Anwendungsbereich – auf den Verbrauch ausgerichtete – eng umgrenzte Beziehungen über Waren und Dienstleistungen, die den Gegenstand von Kaufverträgen bilden, aufgenommen. Anderenfalls müssten auch Hochtechnologie benötigende und den Gegenstand eines Werkvertrages bildende, langfristig angelegte Geschäfte wie der Bau eines Staudamms, eines Hafens, einer Autobahn, eines*

1590 Vgl. die Aufzählungen bei *Zevkliler/Aydoğudu*, TKHK, 3. Aufl., S. 74 f.; *Atasoy/Taşkın/Acar*, Tüketiciyi Koruma Hukuku, 2. Aufl., S. 36; *Aslan*, Tüketici Hukuku, 2. Aufl., S. 9 ff.

1591 Türkischer Kassationshof, Plenum, Hauptsache Nr. 2003/15-127, Entscheidung Nr. 2003/102 vom 26.02.2003; Türkischer Kassationshof, 15. Zivilkammer, Hauptsache Nr. 2002/3627, Entscheidung Nr. 2002/4107 vom 23.09.2002; Türkischer Kassationshof, 13. Zivilkammer, Hauptsache Nr. 2002/1401, Entscheidung Nr. 2002/2522 vom 15.05.2002.

1592 Die Unterstreichungen wurden durch den Autor zur Hervorhebung eingefügt.

Kraftwerks und eines Gebäudes als vom Anwendungsbereich des Gesetzes umfasst und in diesem Zusammenhang stehende Streitigkeiten als den Verbrauchergerichten zur Beurteilung zugeordnet betrachtet werden.“[1593]

Da Werklieferungsverträge im Sinne des deutschen Rechts der türkischen Rechtsordnung als eigener Vertragstyp fremd sind und als Werkverträge eingeordnet werden,[1594] sind diese nach ständiger Rechtsprechung des türkischen Kassationshofs ebenso wenig vom Anwendungsbereich des aVerbSchG umfasst.[1595] Die hierfür angeführte Begründung ist im Wesentlichen gleich mit der zitierten. Das Augenmerk liegt lediglich noch stärker darauf, dass es sich nach dem, was das Gesetz zu verstehen gebe, um eine *fertige* Ware oder Dienstleistung handeln müsse.

Es wird an den Ausführungen deutlich, dass wesentliches Motiv des türkischen Kassationshofes für den Ausschluss von Werkverträgen die hohen Vertragsvolumen sind, die insbesondere Werkverträge über den Bau von Gebäuden und Anlagen erreichen können. Würde der Anwendungsbereich weit ausgelegt, müssten solche aufgrund des aVerbSchG unabhängig von ihrem Streitwert und ihrer Komplexität vor den Verbrauchergerichten verhandelt werden und wären dann – dies spielt für den türkischen Kassationshof sicherlich auch keine unwesentliche Rolle – für den Verbraucher gebührenfrei. Allem Anschein nach hält der türkische Kassationshof die Verbrauchergerichte zur Beurteilung solcher Fälle nicht geeignet. Zur Begründung seiner Rechtsprechung stützt er sich auf den fehlerhaften Wortlaut des Gesetzes, das in Bezug auf Dienstleistungen ebenfalls von einem „Kauf“ spricht. Dies zeige, dass es sich um *fertige* Waren und Dienstleistungen des täglichen Bedarfs handele.

Allerdings ist dies nicht die einzige Beschränkung, die der türkische Kassationshof dem Anwendungsbereich des aVerbSchG gesetzt hat. So sei das aVerbSchG ebenfalls auf Streitigkeiten nicht anwendbar, die aus den im alten türkischen Handelsgesetzbuch geregelten Transportverträgen[1596] und

1593 Türkischer Kassationshof, 13. Zivilkammer, Hauptsache Nr. 2002/1401, Entscheidung Nr. 2002/2522 vom 15.05.2002.

1594 *Rumpf*, Türkisches Recht, S. 201 f.

1595 Türkischer Kassationshof, 15. Zivilkammer, Hauptsache Nr. 2001/5915, Entscheidung Nr. 2002/1689 vom 09.04.2002; Türkischer Kassationshof, 15. Zivilkammer, Hauptsache Nr. 2002/3627, Entscheidung Nr. 2002/4107 vom 23.09.2002.

1596 Türkischer Kassationshof, 11. Zivilkammer, Hauptsache Nr. 1999/5782, Entscheidung Nr. 1999/7900 vom 15.10.1999.

Versicherungsverträgen[1597] resultieren. Dies folge aus Art. 4 Abs. 1 des alten türkischen Handelsgesetzbuches, demzufolge – unabhängig vom Vorliegen der Kaufmannseigenschaft – Streitigkeiten, die auf der Anwendung des Handelsgesetzbuches beruhen, Handelsstreitigkeiten sind, welche gem. Art. 5 desselben Gesetzes in die Zuständigkeit der Handelsgerichte fallen.

Neben den geschilderten Beschränkungen des sachlichen Anwendungsbereichs, die aus der Rechtsprechung des türkischen Kassationshofs resultieren, finden sich weitere themenspezifisch bei den entsprechenden Vorschriften im Gesetz selbst. Zum Teil befinden sie sich aber auch in den dazugehörigen Erlassen und Verwaltungsverordnungen.

Schließlich ist zu erwähnen, dass unentgeltliche Verträge nach überwiegender Auffassung in der Literatur aufgrund der gesetzlichen Ausgestaltung nicht vom aVerbSchG umfasst sind.[1598] Intensive Auseinandersetzungen, wie sie in der deutschen Lehre und Rechtsprechung insoweit erfolgt sind, sind der türkischen Literatur und Rechtsprechung deshalb nicht zu entnehmen.

4. *Verhältnis zu anderen Vorschriften der türkischen Rechtsordnung*

Gemäß Art. 30 aVerbSchG kommen für die Fälle, für die im aVerbSchG keine Regelung vorgesehen ist, die *„allgemeinen Bestimmungen"* zur Anwendung. Grundgedanke der Vorschrift ist laut amtlicher Begründung die Auffassung, dass es sich bei dem aVerbSchG um ein Spezialgesetz handele.[1599] So gesehen wäre die Regelung in Art. 30 aVerbSchG aber eigentlich nicht notwendig gewesen, da sich der Vorrang spezieller Gesetze schon aus Art. 1 des alten türkischen ZGB ergibt.[1600]

Von der Wendung *„allgemeine Bestimmungen"* sind zweifelsohne die Vorschriften des alten türkischen ZGB und des alten türkischen OR umfasst, sofern diese nicht in Widerspruch zu den Bestimmungen des aVerbSchG stehen.[1601]

1597 Türkischer Kassationshof, 13. Zivilkammer, Hauptsache Nr. 2000/10656, Entscheidung Nr. 2000/197 vom 18.01.2001.

1598 Zur Begründung werden in der Literatur unterschiedliche Argumente angeführt. Bspw. aufgrund der Beschränkung des Anwendungsbereichs auf Waren und Dienstleistungen durch die Definition des Verbrauchers in Art. 3 lit. f) aVerbSchG die Anwendbarkeit ablehnend *Zevkliler*, TKHK, 2. Aufl., S. 40 f.; *Özel*, Geri Alma Hakkı, S. 35. Siehe zu alldem auch *Akdağ-Güney*, GPR 5 (2008), 20, 21 f. m.w.N.

1599 Amtliche Begründung zu den einzelnen Bestimmungen, Art. 30 aVerbSchG.

1600 *Zevkliler/Aydoğudu*, TKHK, 3. Aufl., S. 493.

1601 Vgl. Türkischer Kassationshof, Plenum, Hauptsache Nr. 1998/19-694, Entscheidung Nr. 1998/715 vom 14.10.1998; *Zevkliler/Aydoğudu*, TKHK, 3. Aufl., S. 493.

Laut *Zevkliler* umfasse die Wendung zudem auch das alte türkische HGB.[1602] Die Rechtsprechung des türkischen Kassationshofs über die Unanwendbarkeit des aVerbSchG bei Streitigkeiten über die im alten türkischen HGB geregelten Transportverträge und Versicherungsverträge erweckt jedoch den Eindruck, dass nach Auffassung des Kassationshofs im Verhältnis zum aVerbSchG eher das alte türkische HGB das speziellere Gesetz ist.[1603]

5. *Nachvollzug der Richtlinie 85/577/EWG*

Den Nachvollzug der Richtlinie 85/577/EWG betreffend den Verbraucherschutz im Falle von außerhalb von Geschäftsräumen geschlossenen Verträgen, auch Haustürwiderrufsrichtlinie genannt, bezweckte der türkische Gesetzgeber im aVerbSchG mit den Artt. 8 und 9. Bemerkenswert ist insoweit zunächst einmal, dass der türkische Gesetzgeber diesem Regelungsbereich gleich zwei Artikel widmete. Denn wie bereits dargestellt, begnügt sich das aVerbSchG in der Regel mit einem Artikel pro Regelungsbereich – unabhängig von der Komplexität der zu regelnden sozialen Erscheinung.

Art. 8 aVerbSchG ist überschrieben mit dem Titel *„Haustürverkäufe"*. Inhaltlich definiert die Vorschrift diesen Begriff und regelt das Recht, die Ausübung und die Folgen des Widerrufs. Art. 9 aVerbSchG trägt die Überschrift *„Verpflichtungen des Verkäufers bei Haustürverkäufen"*. Die Norm regelt die Pflicht, den Inhalt und die Ausgestaltung der Widerrufsbelehrung. Zudem enthält sie Beweisregelungen betreffend die Einhaltung der Belehrungspflicht.

Trotz der Erstreckung auf zwei Artikel und entsprechenden Vorgaben in der Haustürwiderrufsrichtlinie fehlt es den Vorschriften an der notwendigen Regelungstiefe. So bleiben wichtige Fragen ungeregelt. Beispielsweise enthalten die Vorschriften keine Angaben zur Bestimmung des Beginns der Widerrufsfrist. Zudem ist nicht geregelt, was die Folgen des Ausbleibens oder der Erteilung einer fehlerhaften Widerrufsbelehrung sind. Das aVerbSchG sieht in seinem Art. 25 für letztere Fälle lediglich die Möglichkeit der behördlichen Verhängung eines Bußgeldes vor. Dies alles hat zur Folge, dass ein Verbraucher durch Blick in das aVerbSchG nicht einmal bestimmen könnte, ob in seinem Fall ein fristgemäßer Widerruf noch möglich ist.

Ungleich detaillierter und umfassender als die Regelungen des aVerbSchG zu außerhalb von Geschäftsräumen geschlossenen Verträgen sind dagegen die

---

1602 *Zevkliler/Aydoğudu*, TKHK, 3. Aufl., S. 493.

1603 Siehe zu dieser Rechtsprechung S. 297 f.

Bestimmungen des hierzu ergangenen behördlichen Erlasses. Der *Erlass betreffend Prinzipien und Verfahren der Anwendung bei Haustürverkäufen*[1604] des türkischen Industrie- und Handelsministeriums geht dabei mit seinen 22 Artikeln deutlich über eine reine Konkretisierung der Bestimmungen des aVerbSchG hinaus und stellt auf diese Weise die durch den türkischen Gesetzgeber der formellen Ausgestaltung nach gewählte Kodifikationslösung in Frage. Dabei enthalten die Art. 8 und 9 des aVerbSchG nicht einmal eine Bestimmung darüber, dass weitere und detailliertere Bestimmungen in Form eines behördlichen Erlasses folgen. Das Industrie- und Handelsministerium stützte sich bei der Verabschiedung des Erlasses schlicht auf die allgemeine Befugnis zur delegierten Rechtsetzung in Art. 31 des aVerbSchG. Diese Art der Ausgestaltung der rechtlichen Regelungen zum Verbraucherschutz widerspricht damit aber ebenjenen Transparenzerfordernissen, die zum Schutz der Verbraucher gerade formuliert werden.

a) Anwendungsbereich

Art. 8 Abs. 1 aVerbSchG beschreibt *Haustürverkäufe* als *„Verkäufe auf Probe und Besicht mit einem Wert von über 1.000.000 türkischer Lira, die ohne vorherige Übereinstimmung außerhalb von Verkaufsräumen wie einem Geschäft, einer Messe oder einer Ausstellungsmesse geschlossen werden."* Anders als der europäische Gesetzgeber, der in der Haustürwiderrufsrichtlinie lediglich an die Vertragsschlussmodalitäten anknüpft, schaffte der türkische Gesetzgeber mit dieser Formulierung, die er unverändert aus einem Interimserlass des türkischen Industrie- und Handelsministeriums übernommen hatte,[1605] in gewissem Grade einen eigenen Vertragstyp. So wird der *Haustürverkauf* ausweislich seiner Definition unzutreffenderweise als eine Form des *Kaufs auf Probe und Besicht* qualifiziert.[1606] Bei einem solchen handelt es sich um eine besondere Art des Kaufs, die in den Art. 219 ff. des alten türkischen OR geregelt ist. Diese für das aVerbSchG charakteristische chronische Verengung des Anwendungsbereichs auf Kaufverträge widerspricht jedoch den Vorgaben der Haustürwiderrufsrichtlinie. Zwar unterliegen Dienstleistungen im Sinne des aVerbSchG aufgrund der in der Definition

---

1604 Erlass TRKGM-95/136–137, verkündet am 21.12.1995 im türkischen Amtsblatt (Nr. 22500).

1605 Erlass TRKGM-94/2-3, verkündet am 25.05.1994 im türkischen Amtsblatt (Nr. 21940).

1606 *Atasoy/Taşkın/Acar*, Tüketiciyi Koruma Hukuku, 2. Aufl., S. 163; *Zevkliler*, TKHK, 2. Aufl., S. 128.

des Verbrauchers in Art. 3 lit. f) aVerbSchG angelegten Fehlannahme, dass auch Verträge über Dienstleistungen Kaufverträge seien, gleichwohl dem Anwendungsbereich des Art. 8 aVerbSchG.[1607] Der türkische Kassationshof folgert aus dieser Fehlannahme in ständiger Rechtsprechung aber wiederum Beschränkungen des sachlichen Anwendungsbereichs des aVerbSchG, die gleichermaßen der Haustürwiderrufsrichtlinie widersprechen.[1608] Daneben beschränkt die Qualifizierung der *Haustürverkäufe* als Form des *Kaufs auf Probe und Besicht* richtlinienwidrig auch die Rechte der Verbraucher. Denn die Akzeptanz einer Ware im Rahmen eines *Kaufs auf Probe und Besicht* – bei *Haustürverkäufen* entsprechend die Nichtausübung des Widerrufsrechts – hat im türkischen Recht gleichzeitig auch einen Ausschluss der Gewährleistungsrechte in Bezug auf Mängel zur Folge, die nicht verdeckt sind. Zweck der Einräumung einer bestimmten Frist in der Haustürwiderrufsrichtlinie, innerhalb derer der Verbraucher den Vertrag widerrufen kann, ist jedoch nicht die Feststellung von Mängeln der Ware durch den Verbraucher, sondern der Schutz des Verbrauchers vor den speziellen Gefahren von Vertragsschlüssen außerhalb von Geschäftsräumen.[1609] Die unzutreffende Qualifizierung von *Haustürverkäufen* als *Käufe auf Probe und Besicht* widerspricht damit auch dem Zweck der Haustürwiderrufsrichtlinie.

Der Definition in Art. 8 Abs. 1 aVerbSchG zufolge wäre der situative Anwendungsbereich der Regelung sehr weit gefasst. *Haustürverkauf* wäre danach jeder Verkauf, der außerhalb von Geschäftsräumen erfolgt. Entgegen dieser weiten Formulierung im Gesetz schränkt der Erlass in seinem Art. 2 Abs. 1 den Anwendungsbereich durch mehrere Konkretisierungen ein. Demnach unterfallen dem Anwendungsbereich Verkäufe, die in der Wohnung oder am Arbeitsplatz des Verbrauchers (lit. a), auf Verkaufsveranstaltungen (lit. b) und auf Grundlage von Katalogen erfolgen (lit. c). Ebenfalls umfasst sind Distanzverkäufe (lit. c). Mit der uneingeschränkten Aufnahme von Katalogkäufen geht die türkische Regelung legitimerweise über den Anwendungsbereich der Haustürwiderrufsrichtlinie hinaus, die in ihrem Art. 3 Abs. 2 lit. c) insoweit unter bestimmten Voraussetzungen eine Ausnahme vorsieht. Erstaunlich ist dagegen, dass der Anwendungsbereich auch Distanzverträge umfasst. Gemäß Art. 4 lit. f) des Erlasses sind hierunter Verkäufe zu verstehen, bei denen das Angebot über schriftliche und visuelle Kanäle erfolgt und die Ware den Verbraucher auf Versandwegen

---

1607 Siehe zu dieser Fehlannahme S. 293.

1608 Siehe zu diesen Beschränkungen S. 296 ff.

1609 Siehe zu alldem *Atamer*, in: *Tekinalp*, Türk Hukukunun Avrupa Birliği Hukukuna Uyumu, S. 387.

erreicht. Letztendlich zielt die Regelung mit dieser Vorschrift auch auf Rechtsgeschäfte ab, die einige Jahre später den Regelungsgegenstand der Fernabsatzrichtlinie bilden sollten (sog. Fernabsatzverträge). Erscheint die Aufnahme solcher Rechtsgeschäfte in den Anwendungsbereich der Umsetzung der Haustürwiderrufsrichtlinie aufgrund der Unterschiedlichkeit der Schutzgründe (Überrumpelungssituation bei Haustürgeschäften und Unzugänglichkeit des Kaufgegenstands bei Fernabsatzverträgen) zunächst befremdlich, so wird sie verständlich, wenn man bedenkt, dass der türkische Gesetzgeber den Haustürverkauf als eine Form des *Kaufs auf Probe und Besicht* geregelt hat. Nichtsdestotrotz hätte eine solche, aufgrund des Wortlauts der Regelung im aVerbSchG schwerlich erahnbare Ausweitung des Anwendungsbereichs aus gesetzgebungstechnischen Gründen eher in das aVerbSchG gehört.[1610]

Trotz der einschränkenden Konkretisierungen des Anwendungsbereichs durch Art. 2 Abs. 1 des Erlasses legt der türkische Kassationshof den Anwendungsbereich nichtsdestotrotz relativ weit aus. So bejahte er die Anwendbarkeit in folgendem Fall: Ein Verbraucher besuchte seinen Bruder in dessen Unternehmen und schloss dort einen Kaufvertrag mit einem Verkäufer eines Drittunternehmens, der zufälligerweise ebenso dieses Unternehmen aufgesucht hatte, um dort seine Ware anzubieten.[1611] Ebenfalls bejahte der türkische Kassationshof die Anwendbarkeit in einem Fall, in dem der Verbraucher den Vertrag in einem Urlaubsressort abschloss.[1612] Aus den Urteilen ergibt sich auch, dass das Verhalten von Drittpersonen, die im Namen und für Rechnung eines Gewerbetreibenden handeln, letzterem im Rahmen des persönlichen Anwendungsbereichs zugerechnet wird, wenngleich eine explizite rechtliche Regelung über die Zurechnung von Drittpersonen fehlt.[1613]

Mit der Wendung *„ohne vorherige Übereinstimmung"* wollte der türkische Gesetzgeber alle Rechtsgeschäfte aus dem Anwendungsbereich ausschließen, die auf die Initiative des Käufers zurückgehen.[1614] Da es insoweit an einer dem Art. 1 Abs. 2 der Haustürwiderrufsrichtlinie entsprechenden Einschränkung fehlt, dürfte ein solcher allgemeiner Vorbehalt allerdings der Richtlinie widersprechen.

1610 So auch *Zevkliler*, TKHK, 2. Aufl., S. 120.

1611 Türkischer Kassationshof, 13. Zivilkammer, Nr. 1307–2212 vom 05.04.1999, abgedruckt in *Kadıoğlu*, TKHK, 2. Aufl., S. 410 f.

1612 Türkischer Kassationshof, 13. Zivilkammer, Nr. 8701–9525 vom 24.11.1997, abgedruckt in *Kadıoğlu*, TKHK, 2. Aufl., S. 412.

1613 Siehe dazu schon im Rahmen der Ausführungen zum persönlichen Anwendungsbereich des Gesetzes, S. 294.

1614 *Zevkliler*, TKHK, 2. Aufl., S. 121 f.

Zudem sind entgegen Art. 1 Abs. 3 und Abs. 4 der Haustürwiderrufsrichtlinie die Fälle nicht geregelt, in denen der Verbraucher bei Verhandlungen außerhalb von Geschäftsräumen – ob mit oder ohne Bindungswirkung – lediglich ein Angebot zum Vertragsschluss abgibt. Die Bestimmung einer Wertgrenze dagegen ist nach Art. 3 Abs. 1 der Haustürwiderrufsrichtlinie zulässig. Mit der Festlegung von 1.000.000 türkischer Lira, die zum damaligen Zeitpunkt umgerechnet etwa 20 DM entsprachen, lag die Wertgrenze auch weit unter dem durch Art. 3 Abs. 1 der Haustürwiderrufsrichtlinie festgelegten Oberwert von 60 ECU. Der Betrag wird gem. Art. 8 Abs. 7 jedes Jahr gegen Ende Oktober der durchschnittlichen Teuerungsrate angepasst.

Schließlich enthält der Erlass in Art. 19 noch einige bereichsspezifische Ausnahmen. So finden die Regelungen über *Haustürverkäufe* keine Anwendung auf Verträge über Nahrungsmittel (lit. a), auf Verträge, die auf die regelmäßige Befriedigung des täglichen Bedarfs der Verbraucher gerichtet sind (lit. b), auf Versicherungsverträge (lit. c), auf Verträge über Audiokassetten, Videokassetten und Ähnliches im Bereich der Bildung und Kultur (lit. d) und auf Waren und Dienstleistungen, deren Verkauf außerhalb von Verkaufsstellen den Gewohnheiten des Rechtsverkehrs entspricht (lit. e). Der pauschale Ausschluss von Verträgen über Nahrungsmittel dürfte der Haustürwiderrufsrichtlinie widersprechen. Diese sieht in Bezug auf Lebensmittel nur einen Ausschluss bei regelmäßiger Lieferung in kurzen Zeitabständen durch ambulante Einzelhändler vor (Art. 3 Abs. 2 lit b) der Haustürwiderrufsrichtlinie). Dem entspricht im Rahmen der türkischen Regelung lit b). Der Ausschluss von Versicherungsverträgen ist aufgrund der Rechtsprechung des türkischen Kassationshofs keine bereichsspezifische Ausnahme, sondern eine allgemeine Ausnahme vom Anwendungsbereich des aVerbSchG.[1615] Besonders problematisch erscheinen jedoch die beiden letzten Ausnahmen. Da sich eine entsprechende Ausnahme für Audiokassetten und Videokassetten im Bereich der Bildung und Kultur in der Haustürwiderrufsrichtlinie nicht findet, widerspricht diese dem europäischen Recht.[1616] Ebenfalls findet sich im Rahmen der Richtlinie keine Ausnahme für Waren und Dienstleistungen, deren Vertrieb außerhalb von Verkaufsstellen den Gewohnheiten des Rechtsverkehrs entspricht. Eine extensive Auslegung dieser Ausnahme dürfte daher ebenfalls zu richtlinienwidrigen Ergebnissen führen.[1617]

1615 Siehe hierzu ausführlich S. 297 f.

1616 So auch *Atasoy/Taşkın/Acar*, Tüketiciyi Koruma Hukuku, 2. Aufl., S. 165.

1617 Zudem merkt *Aslan* richtigerweise an, dass eine weite Auslegung dieser Ausnahme in Widerspruch zum Zweck der Gesamtregelung gerate. Siehe hierzu *ders.*, Tüketici Hukuku, 2. Aufl., S. 389.

Neben dieser teilweisen Inkompatibilität mit den Vorgaben der Richtlinie führen die bereichsausnahmen nochmals die systematische Schwäche des aVerbSchG vor Augen: So genügen die Definitionen zur Bestimmung des sachlichen Anwendungsbereichs des aVerbSchG am Anfang des Gesetzes gerade nicht, um denselben zu bestimmen. Nicht nur, dass bereichsspezifische Ausnahmen bestehen. Sie sind teilweise nicht einmal im Gesetz, sondern lediglich in Erlassen geregelt. Dies ist sowohl mit Blick auf die Gesetzgebungstechnik als auch mit Blick auf die gerade im Verbraucherschutz dringlichen rechtlichen Transparenzerfordernisse ungenügend.[1618]

b) Informationspflichten

Das aVerbSchG hat hinsichtlich der in der Richtlinie vorgegebenen Informationspflichten, allen voran der im siebten Erwägungsgrund enthaltenen Pflicht zur Sicherstellung der schriftlichen Unterrichtung des Verbrauchers über seine Überlegungsfrist, einen stark regulativen Ansatz gewählt. So legt Art. 9 aVerbSchG fest, dass dem Verbraucher zusammen mit den Vertragsunterlagen ein Dokument ausgehändigt werden muss, welches zwingend in schwarzer Farbe und mit einer Schriftgröße von 12 Punkten die Passage enthalten muss, dass

> *„der Verbraucher, ohne eine zivilrechtliche und strafrechtliche Haftung auf sich zu nehmen und ohne die Angabe von Gründen, innerhalb von sieben Tagen durch Ablehnung der Ware das Recht zum Widerruf des Kaufvorgangs hat und dass innerhalb von zehn Tagen ab Mitteilung der Widerrufserklärung an den Verkäufer das vom Verbraucher geleistete Entgelt, Wertpapier und jegliches den Verbraucher aufgrund dieses Vorgangs verpflichtende Dokument vom Verkäufer zurückgegeben wird“.*

Der Erlass wiederholt diese Verpflichtung in seinem Art. 7 und erweitert ihn in Abs. 2 derselben Vorschrift um die Vorgabe, dass in diese Widerrufsbelehrung zwingend eine weitere, im Erlass vorgegebene Passage aufgenommen werden muss, die den Verbraucher über seine Verpflichtungen und die Verpflichtungen des Unternehmers informiert. Es geht dabei insbesondere um die Form der Widerrufsausübung und um Fragen der Rückabwicklung. Zudem bestimmt Art. 7 Abs. 2 des Erlasses, entgegen dem klaren Wortlaut des Art. 9 aVerbSchG, dass diese Informationen auch als untrennbarer Bestandteil des Vertrages zur Verfügung gestellt werden können. Eine den Vorgaben entsprechende

---

1618 So auch aus gesetzgebungstechnischen Gründen *Zevkliler*, TKHK, 2. Aufl., S. 120; *Atasoy/Taşkın/Acar*, Tüketiciyi Koruma Hukuku, 2. Aufl., S. 165.

Musterwiderrufsbelehrung wurde durch das türkische Industrie- und Handelsministerium veröffentlicht.[1619]

Im Gegenzug soll der Unternehmer gem. Art. 9 Abs. 1 aVerbSchG den Verbraucher ein Protokoll darüber unterschreiben lassen, dass dieser über seine Rechte aufgeklärt, die Widerrufsbelehrung ihm ausgehändigt und ihm die Anschrift des Unternehmers mitgeteilt wurde. Gem. Art. 16 Abs. 2 des Erlasses erhalten der Unternehmer und der Verbraucher jeweils eine Ausfertigung dieses Protokolls. Gem. Art. 9 Abs. 2 S. 1 ist der Unternehmer verpflichtet, im Falle eines Rechtsstreits mit dem Verbraucher seine Ausfertigung des Protokolls dem Gericht vorzulegen. Andernfalls wird gem. S. 2 widerleglich vermutet, dass der Unternehmer die im Protokoll beschriebenen Verpflichtungen nicht erfüllt, d.h. insbesondere dem Verbraucher keine Widerrufsbelehrung ausgehändigt hat.[1620]

Der Erlass verknüpft diese Informationspflichten des Unternehmers mit gewerberechtlichen Vorschriften. So muss gem. Art. 5 des Erlasses jeder Verkäufer, der *Haustürverkäufe* vornimmt, organisiert, verwaltet oder unterstützt, seine Widerrufsbelehrung gem. dem in Art. 7 des Erlasses bestimmten Verfahren durch das beim Industrie- und Handelsministerium angesiedelte *Generalsekretariat zum Schutz der Verbraucher und des Wettbewerbs* bestätigen lassen. Die bestätigte Widerrufsbelehrung muss zudem gem. Art. 7 Abs. 4 des Erlasses dem Sekretariat jährlich zur Sichtung vorgelegt werden. Darüber hinaus bestimmt Art. 5 des Erlasses, entgegen der Definition des Verkäufers in Art. 3 lit. g) aVerbSchG, dass Unternehmen, die sich dieser Vertriebsform in der beschriebenen Weise bedienen, zwingend in Form einer Aktiengesellschaft oder eine GmbH organisiert sein müssen. Natürlichen Personen und anderen Unternehmensformen ist es damit untersagt, *Haustürverkäufe* vorzunehmen, zu organisieren, zu verwalten oder zu unterstützen. Bei anhaltenden Verstößen gegen die Bestimmungen des Erlasses trotz behördlicher Mahnung wird gem. Art. 8 des Erlasses die behördliche Bestätigung der erteilten Widerrufsbelehrung für ungültig erklärt. Es handelt sich bei diesen gewerberechtlichen Bestimmungen um eine Verschärfung gegenüber den Vorgaben der Haustürwiderrufsrichtlinie, die jedoch vor dem Hintergrund des zugrundeliegenden Konzepts der Mindestharmonisierung zulässig sein dürfte. Nichtsdestotrotz ist die Festlegung dieser Regelungen per Erlass des türkischen Industrie- und Handelsministeriums auf Kritik gestoßen.[1621] Denn es findet sich für die behördliche Festsetzung solcher

---

1619 Diese Musterwiderrufsbelehrung findet sich abgedruckt in *Zevkliler*, TKHK, 2. Aufl., S. 557 ff.

1620 *Zevkliler*, TKHK, 2. Aufl., S. 136.

1621 Siehe hierzu bspw. *Zevkliler*, TKHK, Aufl. 3, S. 245.

Vorschriften, allen voran der Beschränkung auf bestimmte Gesellschaftsformen, im aVerbSchG keine Rechtsgrundlage. Letztere Beschränkung wurde im weiteren Verlauf sodann auch vom türkischen Staatsrat wegen Verstoßes gegen die Normenhierarchie für nichtig erklärt.[1622]

Schließlich bestimmt Art. 9 des Erlasses, dass der Vertrag zwischen dem Verkäufer und dem Unternehmer in Schriftform verfasst sein und dem Verbraucher eine Ausfertigung desselben überlassen werden muss. Art. 10 des Erlasses legt hierfür die notwendigen Informationen fest, die der Vertrag enthalten muss.

Insgesamt lässt sich somit feststellen, dass die türkischen Regelungen in ausreichender Form sicherstellen, dass der Verbraucher von seiner Überlegungsfrist schriftlich informiert wird. Sie bedienen sich dabei zwingender Musterformulierungen und knüpfen die gewerberechtliche Zulassung der Vertriebsform an die Einhaltung dieser Informationspflichten. Zu bemängeln ist hingegen, dass die Regelungen zur Widerrufspflicht weder eine Datierungspflicht, wie sie in Art. 4 Abs. 2 der Haustürwiderrufsrichtlinie enthalten ist, noch die in dieser Norm ebenfalls geforderten ausreichenden Angaben vorsehen, um den Vertrag zu identifizieren. Das Fehlen dieser Vorgaben birgt ein nicht zu unterschätzendes Missbrauchspotenzial zulasten des Verbrauchers.

c) Widerrufsrecht

Gem. Art. 8 Abs. 2 aVerbSchG steht dem Verbraucher bei Haustürverkäufen ein siebentägiges Widerrufsrecht zu. Über die dogmatische Einordnung und die Rechtsnatur dieses Widerrufsrechts entbrannte in der Literatur im weiteren Verlauf ein Streit. Dabei erfuhr der im aVerbSchG zur Wiedergabe des Begriffs *Widerruf* verwendete Begriff *„cayma“* viel Kritik und Ablehnung.[1623] Vertreten wurden Einordnungen als Kündigungsrecht *(fesih)*, als Rücktrittsrecht *(dönme)* und als auflösende Bedingung *(bozucu şart)*.[1624] Durchgesetzt hingegen hat sich die Auffassung, der zufolge das Widerrufsrecht terminologisch richtigerweise als *„geri alma hakkı“* (wörtl.: Recht zur Zurücknahme) bezeichnet werden

1622 Türkischer Staatsrat, 10. Kammer, Hauptsache Nr. 1996/3388, Entscheidung Nr. 1998/5083 vom 20.10.1998.

1623 Siehe hierzu *Özdemir/Korkmaz*, in: *Tokbaş/Tüzüner*, Milli Şerh, S. 447 f. m.w.N. Laut *Özel* werde unter diesem Begriff in der Literatur eine Art des Rücktritts verstanden. *Ders.*, Geri Alma Hakkı, S. 168 Fn. 710 m.w.N.

1624 Siehe zu alldem *Kurt*, ABD 2011, Nr. 2, 43, 53 ff. m.w.N.

müsse.[1625] Es handele sich hierbei um ein Gestaltungsrecht, welches bei Ausübung den Vertrag ex tunc aufhebe.[1626] Der *Haustürverkaufsvertrag* selbst stehe unter der aufschiebenden *Rechts*bedingung (*conditio iuris*), dass der Widerruf nicht innerhalb der vorgegebenen Frist ausgeübt wird.[1627] Bis dahin entstünden zumindest für den Verbraucher keine Verpflichtungen.[1628] Der Vertrag sei deshalb bis zum Ablauf der Widerrufsfrist bzw. der Ausübung des Widerrufsrechts insoweit *schwebend unwirksam*.[1629] Letzterer Auffassung hat sich auch der türkische Kassationshof angeschlossen.[1630] Bemerkenswert ist in diesem Zusammenhang, dass in der Literatur zur Begründung und zum Nachweis der jeweiligen Auffassung hauptsächlich auf die damalige schweizerische und deutsche Literatur zum verbraucherschützenden Widerrufsrecht verwiesen wird.[1631]

Mit einer Frist von sieben Tagen räumt das aVerbSchG dem Verbraucher für die Ausübung des Widerrufs die in der Haustürwiderrufsrichtlinie vorgesehene zeitliche Mindestspanne ein. Wie eingangs schon moniert, enthält das aVerbSchG aber weder Regelungen zur Bestimmung des Beginns dieser Widerrufsfrist noch darüber, ob die Widerrufserklärung innerhalb dieser Zeitspanne schon zugegangen oder nur abgegeben sein muss. Regelungen hierzu sind nur im Erlass zu finden. Gem. Art. 13 Abs. 1 des Erlasses beginnt die Widerrufsfrist bei Zusammenfallen von Vertragsschluss und Übergabe der Ware zum Zeitpunkt des Vertragsschlusses (lit. a), im Falle einer dem Vertragsschluss nachfolgenden Übergabe zum Zeitpunkt der Übergabe (lit. b) und bei Distanzverträgen zum Zeitpunkt der Erlangung der Ware (lit. c). Die sich aus diesen Fällen herauskristallisierende Wahl des Übergabezeitpunktes als maßgebliches Moment für den Beginn der Widerrufsfrist widerspricht den Vorgaben der Haustürwiderrufsrichtlinie. Diese knüpft den Beginn der Widerrufsfrist in ihrem Art. 5 nämlich

---

1625 Vgl. *Özel*, Geri Alma Hakkı, S. 168; *Atamer*, in: *Tekinalp*, Türk Hukukunun Avrupa Birliği Hukukuna Uyumu, S. 388; *Özdemir/Korkmaz*, in: *Tokbaş/Tüzüner*, Milli Şerh, S. 448 m.w.N.

1626 *Özel*, Geri Alma Hakkı, S. 168; *Kurt*, ABD 2011, Nr. 2, 43, 57 m.w.N.; *Özdemir/Korkmaz*, in: *Tokbaş/Tüzüner*, Milli Şerh, S. 448 m.w.N.

1627 *Özel*, Geri Alma Hakkı, S. 172; *Kurt*, ABD 2011, Nr. 2, 43, 54 f. m.w.N

1628 *Kurt*, ABD 2011, Nr. 2, 43, 55.

1629 *Kurt*, ABD 2011, Nr. 2, 43, 55; *Zevkliler/Aydoğudu*, TKHK, 3. Aufl., S. 250.

1630 Türkischer Kassationshof, 13. Zivilkammer, Hauptsache Nr. 2003/1605, Entscheidung Nr. 2003/5635 vom 06.05.2003; Türkischer Kassationshof, 13. Zivilkammer, Hauptsache Nr. 2004/844, Entscheidung Nr. 2004/8276 vom 31.05.2004.

1631 Exemplarisch hierfür ist unter anderem der Fußnotenapparat bei *Özel*, Geri Alma Hakkı, *passim*.

an den Zeitpunkt der Erteilung der Widerrufsbelehrung. Dies entspricht auch dem Zweck der Regelung: Bei Vertragsschlüssen außerhalb von Geschäftsräumen, die auf Initiative des Unternehmers erfolgen, wird der Verbraucher mit dem Vertragsangebot überrascht und kann sich dem geschäftsgewandten Unternehmer aufgrund des situativen Kontextes meistens nur schwer entziehen. Diese „Überrumpelungssituation" führt dazu, dass der Verbraucher in der Regel einen Vertrag schließt, ohne über ausreichende Vergleichsinformationen zu verfügen oder solche einholen zu können. Das Widerrufsrecht soll in diesem Rahmen dem Verbraucher die Möglichkeit verschaffen, den Vertragsschluss nachfolgend in Abwesenheit des Unternehmers und außerhalb des vorgenannten situativen Kontextes rational zu überdenken.[1632] Dies setzt freilich voraus, dass der Verbraucher Kenntnis über das Bestehen und die Form der Ausübung seines Widerrufsrechts hat. Ist dies der Fall, ist es gerechtfertigt das Widerrufsrecht aus Gründen der Rechtssicherheit auf eine kurze Zeitspanne zu beschränken, um den Unternehmer nicht dauerhaft im Unklaren über das Schicksal des Rechtsverhältnisses verweilen zu lassen. Ist dies nicht der Fall, würde eine Frist von sieben Tagen den Schutz des Verbrauchers durch die Einräumung eines Widerrufsrechts aufgrund der Unkenntnis des Verbrauchers über das Bestehen eines solchen ins Leere laufen lassen. Aus diesen Gründen knüpft die Richtlinie den Beginn der Widerrufsfrist richtigerweise an die Erteilung der Widerrufsbelehrung.[1633]

Auf Grundlage der Regelung in Art. 13 des Erlasses würde die Widerrufsfrist von sieben Tagen hingegen auch ohne die Aushändigung der Widerrufsbelehrung beginnen zu laufen, sobald der Verbraucher die Ware mit dem Vertragsschluss oder nachfolgend erhält. Als alleinige Maßnahme zum Schutz des Verbrauchers im Falle der unterlassenen Belehrung, wie sie von Art. 4 Abs. 3 der Haustürwiderrufsrichtlinie gefordert wird, hat der türkische Gesetzgeber in Art. 25 Abs. 1 und 2 aVerbSchG i.V.m. Art. 20 des Erlasses lediglich die Verhängung einer Verwaltungsstrafe in Höhe von 5.000.000 bis 10.000.000 türkischer Lira vorgesehen. In Anbetracht der niedrigen Höhe der Geldstrafe, der fehlenden Kenntnis des konkret betroffenen Verbrauchers von seinen Rechten und der Tatsache, dass Verbraucher vor einem Beschreiten des Klageweges generell zurückschrecken und daher häufig eine resignative Haltung annehmen, hat der türkische Gesetzgeber mit den beschriebenen Regelungen keine geeigneten Maßnahmen zum Schutz des Verbrauchers im Falle einer unterlassenen Widerrufsbelehrung vorgesehen. Die rechtlichen Regelungen werden

1632 Siehe zu alldem *Arici*, in: *Dieckmann/Sorge*, Homo oeconomicus, S. 136, 144 f.
1633 So auch der EuGH, Rs. C-481/99 (Heininger), I-9945, Rn. 45.

den Anforderungen der Haustürwiderrufsrichtlinie insofern nicht gerecht. Die Ursache dieser Fehlkonzeption dürfte wohl in der Ausgestaltung des *Haustürverkaufs* als eine Form des Kaufs auf Probe und Besicht zu finden sein. Denn bei dieser Form des Kaufs bestimmt der Käufer einseitig über das Eintreten der Bindungswirkung aufgrund einer physischen Bewertung des Kaufgegenstandes. Die Inaugenscheinnahme und damit letztlich die Übergabe der Kaufsache zur Inaugenscheinnahme bilden bei dieser Art des Kaufs das maßgebliche Moment.

Nichtsdestotrotz beurteilte der türkische Kassationshof die alte Rechtslage anders. So vertritt er in ständiger Rechtsprechung zum aVerbSchG, dass im Falle einer unterlassenen ordnungsgemäßen Widerrufsbelehrung die Widerrufsfrist nicht zu laufen beginne und damit ein Widerruf dauerhaft möglich sei.[1634] Zur weiterführenden Frage, ob die Ausübung des Widerrufsrechts in einem solchen Fall Grenzen unterliegt, ist die Rechtsprechung des türkischen Kassationshofs dagegen widersprüchlich. In manchen Urteilen heißt es lediglich, dass der Verbraucher in diesen Fällen uneingeschränkt zurücktreten könne.[1635] In anderen

---

1634 Türkischer Kassationshof, 13. Zivilkammer, Hauptsache Nr. 1997/5242, Entscheidung Nr. 1997/5359 vom 12.06.1997; Türkischer Kassationshof, 13. Zivilkammer, Hauptsache Nr. 1997/10662, Entscheidung Nr. 1998/545 vom 22.01.1998; Türkischer Kassationshof, 13. Zivilkammer, Hauptsache Nr. 1997/10519, Entscheidung Nr. 1998/544 vom 22.01.1998; Türkischer Kassationshof, 13. Zivilkammer, Hauptsache Nr. 9257, Entscheidung Nr. 10075 vom 16.06.1998 (abgedruckt in *Zevkliler/Aydoğudu*, TKHK, 3. Aufl., S. 952 f.); Türkischer Kassationshof, 13. Zivilkammer, Hauptsache Nr. 1998/5790, Entscheidung Nr. 1997/7735 vom 13.10.1998; Türkischer Kassationshof, 13. Zivilkammer, Hauptsache Nr. 5943, Entscheidung Nr. 6613 vom 04.10.1999 (abgedruckt in *Zevkliler/Aydoğudu*, TKHK, 3. Aufl., S. 1027 f.); Türkischer Kassationshof, 13. Zivilkammer, Hauptsache Nr. 5581, Entscheidung Nr. 6609 vom 04.10.1999 (abgedruckt in *Zevkliler/Aydoğudu*, TKHK, 3. Aufl., S. 983 f.); Türkischer Kassationshof, 13. Zivilkammer, Hauptsache Nr. 540, Entscheidung Nr. 749 vom 26.06.2000 (abgedruckt in *Zevkliler/Aydoğudu*, TKHK, 3. Aufl., S. 952 f.); Türkischer Kassationshof, 13. Zivilkammer, Hauptsache Nr. 2002/2341, Entscheidung Nr. 2002/4683 vom 26.04.2002. Diese Auffassung wird auch in der Literatur vertreten. Siehe hierzu beispielsweise *Aslan*, Tüketici Hukuku, 1. Aufl., S. 238 f.; *Zevkliler*, TKHK, 2. Aufl., S. 136; *Özel*, Geri Alma Hakkı, S. 194.

1635 Türkischer Kassationshof, 13. Zivilkammer, Hauptsache Nr. 1997/5242, Entscheidung Nr. 1997/5359 vom 12.06.1997; Türkischer Kassationshof, 13. Zivilkammer, Hauptsache Nr. 1998/5790, Entscheidung Nr. 1997/7735 vom 13.10.1998; Türkischer Kassationshof, 13. Zivilkammer, Hauptsache Nr. 5943, Entscheidung Nr. 6613 vom 04.10.1999 (abgedruckt in *Zevkliler/Aydoğudu*, TKHK, 3. Aufl., S. 1027 f.); Türkischer Kassationshof, 13. Zivilkammer, Hauptsache Nr. 2002/2341, Entscheidung Nr. 2002/4683 vom 26.04.2002. Die Annahme einer uneingeschränkten Ausübung

Urteilen wiederum schränkt das Gericht die Ausübung des Widerrufsrechts dahingehend ein, dass sie nicht gegen Treu und Glauben verstoßen dürfe.[1636] Einen solchen Verstoß erblickte das Gericht beispielsweise in einem Fall, in dem ein Verbraucher bei einem außerhalb von Geschäftsräumen geschlossenen Time-Sharing-Vertrag erst den Widerruf erklärte, nachdem er 11 Monate lang Zahlungen geleistet hatte und einen im Vertrag versprochenen zusätzlichen „Gratisurlaub“ in Anspruch nehmen wollte.[1637] Da im erwähnten Fall vier weitere Zahlungen des Verbrauchers noch ausstanden, erscheint fraglich, inwieweit dieses Urteil mit der späteren Rechtsprechung des EuGH zu den Fällen *Heininger*[1638] und *Hamilton*[1639] vereinbar ist.[1640] Doch auch in Fragen des Verstoßes gegen Treu und Glauben lässt sich in der Rechtsprechung des türkischen Kassationshofes keine klare Linie erblicken.[1641] Auffällig ist jedenfalls, dass der

---

des Widerrufsrechts in solchen Fällen kritisierend *Zevkliler*, TKHK, 2. Aufl., S. 136 Fn. 2a.

1636 Türkischer Kassationshof, 13. Zivilkammer, Hauptsache Nr. 1997/10662, Entscheidung Nr. 1998/545 vom 22.01.1998; Türkischer Kassationshof, 13. Zivilkammer, Hauptsache Nr. 1997/10519, Entscheidung Nr. 1998/544 vom 22.01.1998; Türkischer Kassationshof, 13. Zivilkammer, Hauptsache Nr. 9257, Entscheidung Nr. 10075 vom 16.06.1998 (abgedruckt in *Zevkliler/Aydoğudu*, TKHK, 3. Aufl., S. 952 f.); Türkischer Kassationshof, 13. Zivilkammer, Hauptsache Nr. 5581, Entscheidung Nr. 6609 vom 04.10.1999 (abgedruckt in *Zevkliler/Aydoğudu*, TKHK, 3. Aufl., S. 983 f.); Türkischer Kassationshof, 13. Zivilkammer, Hauptsache Nr. 540, Entscheidung Nr. 749 vom 26.06.2000 (abgedruckt in *Zevkliler/Aydoğudu*, TKHK, 3. Aufl., S. 952 f.). Diese Rechtsprechung ausdrücklich begrüßend *Zevkliler/Aydoğudu*, TKHK, 3. Aufl., S. 952 f.

1637 Türkischer Kassationshof, 13. Zivilkammer, Hauptsache Nr. 1997/10662, Entscheidung Nr. 1998/545 vom 22.01.1998.

1638 EuGH, Rs. C-481/99 (Heininger), Slg. 2001, I-9945.

1639 EuGH, Rs. C-412/06 (Hamilton), Slg. 2008, I-2383.

1640 Siehe hierzu insbesondere EuGH, Rs. C-412/06 (Hamilton), Slg. 2008, I-2383, Rn. 47: „Was insbesondere das Urteil Heininger betrifft, so hat der Gerichtshof darin für Recht erkannt, dass der nationale Gesetzgeber durch die Richtlinie über Haustürgeschäfte daran gehindert ist, das Widerrufsrecht nach Art. 5 dieser Richtlinie für den Fall, dass der Verbraucher nicht gem. Art. 4 der Richtlinie belehrt wurde, auf ein Jahr ab Vertragsschluss zu befristen. Wie die Volksbank, die deutsche Regierung und die Kommission zu Recht ausgeführt haben, ist dies in der Ausgangsrechtssache nicht der Fall. Denn der nationale Gesetzgeber gibt hier eine Frist von einem Monat ab der vollständigen Erbringung der Leistungen aus einem Vertrag durch die Vertragsparteien vor.“

1641 Siehe beispielsweise die anderen Beispiele aus der Rechtsprechung bei *Aslan*, Tüketici Hukuku, 2. Aufl., S. 397 Fn. 29.

türkische Kassationshof in keinem der zitierten Urteile die Haustürwiderrufsrichtlinie, allen voran dessen Art. 4 Abs. 3 und Art. 5, zur Begründung heranzieht, geschweige denn auch nur erwähnt. Insgesamt fallen die Begründungen sehr kurz aus und lassen sowohl dogmatische als auch methodische Ausführungen vermissen.

Neben der Frist enthält das aVerbSchG zudem Vorgaben hinsichtlich der Art und Weise der Ausübung des Widerrufsrechts. So muss der Widerruf gem. Art. 8 Abs. 2 S. 2 aVerbSchG per Einschreiben mit Rückschein, Notar oder persönlich übermittelt werden. Für die Frage der Fristwahrung ist dabei gem. Art. 13 Abs. 3 des Erlasses auf das Datum der Aufgabe bei der Post, der Ausfertigung beim Notar oder der persönlichen Übergabe abzustellen. In der Literatur wird vertreten, dass diese Vorgabe keine Wirksamkeitsvoraussetzung sei, sondern lediglich dem Nachweis der fristgerechten Ausübung des Widerrufs diene.[1642] Dieser könne daher auch durch schriftliche Erklärung wirksam ausgeübt werden.[1643] Insgesamt entspricht die Ausgestaltung insoweit den Vorgaben der Haustürwiderrufsrichtlinie.

d) Rechtsfolgen des Widerrufs

Eine dem Art. 5 Abs. 2 der Haustürwiderrufsrichtlinie entsprechende Bestimmung dahingehend, dass der Verbraucher mit der wirksamen Erklärung des Widerrufs aller Vertragsverpflichtungen entbunden wird, findet sich in expliziter Form nicht innerhalb der türkischen Vorschriften. Stattdessen regeln letztere im Hinblick auf die Folgen des Widerrufs lediglich die Rückgewährpflichten. Gem. Art. 8 Abs. 2 S. 2 aVerbSchG und Art. 14 des Erlasses ist der Verkäufer im Falle des wirksamen Widerrufs verpflichtet, innerhalb von 10 Tagen ab Zugang der Widerrufserklärung jegliches erhaltenes Entgelt zurückzugewähren und innerhalb von 20 Tagen ab Zugang der Widerrufserklärung die Ware zurückzunehmen. Der Verbraucher ist gem. Art. 8 Abs. 3 S. 1 aVerbSchG verpflichtet, die Ware in dem Zustand zurückzugeben, indem er sie erhalten hat. Eine nutzungsbedingte Minderung des kommerziellen Wertes der Ware ist nach Art. 8 Abs. 2 S. 1 aVerbSchG durch den Verbraucher zu ersetzen. Was unter einer Nutzung im Sinne dieser Vorschrift zu verstehen ist, bleibt hingegen unklar. Art. 8 Abs. 2 S. 2 aVerbSchG gibt lediglich vor, dass eine Wertminderung jedenfalls nicht bereits deshalb angenommen werden kann, weil sich die Ware im Besitz des Verbrauchers befunden hat. Ob darüber hinaus schon die Probe der Ware

1642 *Aslan*, Tüketici Hukuku, 2. Aufl., S. 396 m.w.N.
1643 So *Zevkliler*, TKHK, 2. Aufl., S. 129 f.

durch den Verbraucher als Nutzung im Sinne dieser Vorschrift bewertet werden muss oder ob eine Nutzung erst in den Fällen vorliegt, indem der Umgang mit der Ware gerade über ebendiese hinaus geht, ist umstritten.[1644] Eine Nutzung in diesem Sinne in der alleinigen Probe der Ware zu erblicken, würde indes den mit der Einräumung des Widerrufsrechts verfolgten Gesetzeszweck letztlich konterkarieren, da der Verbraucher dann zur Vermeidung einer Wertersatzpflicht die Ware im Prinzip unangetastet lassen müsste.[1645] Darüber hinaus muss der Verbraucher gem. Art. 8 Abs. 4 aVerbSchG Nutzungsersatz leisten, wenn die Rückgewährung der Ware unmöglich geworden oder nicht mehr zweckdienlich ist. Problematisch hieran erscheint, dass der Verbraucher demnach auch dann Nutzungsersatz leisten muss, wenn er die Unmöglichkeit gar nicht zu vertreten hat.[1646] In der Literatur wird daher teilweise vertreten, dass in einem solchen Fall keine Ersatzpflicht entstehe.[1647] Neben diesem Nutzungsersatz sieht Art. 15 Abs. 1 des Erlasses zudem eine Schadensersatzpflicht für den Fall vor, dass die Ware infolge der Probe durch den Verbraucher beschädigt wird. Sachlich und örtlich zuständig ist gem. Art. 15 Abs. 2 und Abs. 4 des Erlasses sowohl im Falle von Streitigkeiten hinsichtlich des Wertersatzes als auch im Falle von Streitigkeiten hinsichtlich des Nutzungsersatzes das Verbraucherschiedsgericht am Aufenthaltsort des Verbrauchers. Auch diese Verortung von prozessualen Zuständigkeitsvorschriften im Erlass erscheint aus gesetzgebungstechnischen Gründen verfehlt.

e) Sonstige Bestimmungen

Hervorzuheben unter den Bestimmungen des türkischen Rechts zu den *Haustürverkäufen* ist noch Art. 12 des Erlasses. Dieser bestimmt in seinem S. 1, dass die vereinbarte Ware/Dienstleistung vertragskonform geleistet werden muss. Soweit wäre die Norm im Grunde redundant. In S. 2 allerdings legt sie erstaunlicherweise fest, dass im Falle einer Vertragsverletzung Verkäufer, Vertragshändler, Handelsvertreter, Produzent, Hersteller und Importeur gemeinschaftlich haften. Wieso aber bspw. der Hersteller einer Ware gemeinschaftlich für eine individuelle Vertragsverletzung des Letztverkäufers gegenüber dem Verbraucher

1644 Siehe zu alldem *Aslan*, Tüketici Hukuku, 2. Aufl., S. 399 m.w.N.

1645 So auch *Aslan*, Tüketici Hukuku, 2. Aufl., S. 399.

1646 Dies ebenfalls kritisierend *Serozan*, Yasa HD 15 (1996), Nr. 173/4, 579, 584.

1647 So bspw. *Aslan*, der zu diesem Ergebnis über die Gefahrtragung bei schwebend unwirksamen Rechtsgeschäften gelangt. Siehe hierzu *ders.*, Tüketici Hukuku, 2. Aufl., S. 400.

haften sollte, lässt sich weder überzeugend begründen noch entspricht dies dem Haftungssystem des türkischen Zivilrechts. Aus diesen Gründen erscheint die Haftungsregelung problematisch.

f) Zusammenfassende Würdigung

Genauso wie das aVerbSchG insgesamt weisen auch die Regelungen zur Umsetzung der Haustürwiderrufsrichtlinie gesetzgebungstechnisch Schwächen auf. Die Regelungen des Erlasses gehen trotz Fehlens einer hierfür hinreichenden Rechtsgrundlage im aVerbSchG weit über eine reine Konkretisierung bzw. Auslegung der gesetzlichen Bestimmungen hinaus. Die Rechtslage ist deshalb intransparent. Gerade Verbraucherschutzgesetzgebung sollte jedoch für den Verbraucher leicht einsehbar sein. Diesem Transparenzerfordernis entspricht die vorliegende Ausgestaltung nicht.

Inhaltlich verzerrt der Nachvollzug den materiellen Gehalt der Haustürwiderrufsrichtlinie. Obgleich letztere gerade keinen *Haustürvertrag* einführt, sondern unabhängig vom Vertragstyp an bestimmte Vertragsschlussmodalitäten anknüpft, formen die türkischen Vorschriften einen eigenen Vertragstyp, der obendrein als eine besondere Art des Kaufvertrags qualifiziert wird. Während die Richtlinie hinsichtlich der Fragen des Vertragsschlusses und des Besuchs auf ausdrücklichen Wunsch in den Art. 1 Abs. 2, Abs. 3 und Abs. 4 ins Detail geht und bezüglich des Inhalts der Widerrufsbelehrung lediglich abstrakte Vorgaben macht, erreichen die türkischen Regelungen materiell nicht die vorgegebene Regelungstiefe, sehen dafür aber zwingenden Formulierungen für die Widerrufsbelehrung vor. Obwohl der europäische Richtliniengeber zum Schutz der Verbraucher vor den Gefahren des Direktvertriebs in der Haustürwiderrufsrichtlinie einen vertraglichen Ansatz gewählt hat, ist der türkische Ansatz stark gewerberechtlich geprägt. So fungiert die Widerrufsbelehrung zugleich als eine Art administrative Zulassung zum Direktvertrieb. Die Nichterteilung derselben wiederum hat den geschriebenen Regelungen nach lediglich ein Bußgeld zufolge und keine Auswirkungen auf das vertragliche Widerrufsrecht.[1648] Ohnehin ist die Ausübung des letzteren erschwert, da es nach den geschriebenen Regelungen in bestimmten Formen übermittelt werden muss. Zudem wird der Verbraucher im Falle des Widerrufs mit einem Anspruch auf Ersatz der nutzungsbedingten Minderung des kommerziellen Wertes der Ware und im Falle der Unmöglichkeit der Rückgewähr der Ware oder Dienstleistung verschuldensunabhängig mit einem Anspruch auf Nutzungsersatz belastet. Die Ausgestaltung lässt deutlich

---

1648 Zu der hiervon abweichenden Rechtsprechung siehe S. 309.

erkennen, dass die Regelungen auf einen Vorschlag des Wirtschaftsministeriums zurückgehen – und nicht des Justizministeriums. Insgesamt bieten die schuldrechtlichen Regelungen viel Missbrauchspotenzial.

Im Hinblick auf die dogmatische Durchdringung der Normen in der Literatur ist neben dem gewohnten Blick in die Schweiz eine starke Orientierung an der deutschen Lehre und Rechtsprechung feststellbar.

6. *Nachvollzug der Richtlinie 87/102/EWG*

Der türkische Gesetzgeber ist dem modernen Ansatz der Verbraucherkreditrichtlinie, alle Formen des Verbraucherkredits einer einheitlichen Regelung zu unterstellen, nicht gefolgt. Art. 10 aVerbSchG, der die Überschrift *„Verbraucherkredit"* trägt, regelt lediglich das Verbraucherdarlehen im klassischen Sinne. Daneben findet sich gesondert in Art. 6 aVerbSchG eine Regelung zu Abzahlungsgeschäften. Weitere Vorschriften existieren weder im Gesetz selbst noch in einem dazugehörigen delegierten Rechtsakt. Dem aVerbSchG liegt somit kein funktionales Begriffsverständnis des *„Verbraucherkredits"* zugrunde.[1649] Es hält an der überkommenen Unterteilung der einzelnen Kreditformen fest.

a) Anwendungsbereich

Art. 10 aVerbSchG gibt keine wirkliche Definition des *„Verbraucherkredits"* vor.[1650] Die Norm legt lediglich einige Pflichten für den Fall fest, dass Verbraucher *„[…] zum Zwecke des Kaufs einer Ware oder einer Dienstleistung"* bei *„[…] Banken und vergleichbaren Finanzinstituten"* einen *„Verbraucherkredit"* anfragen. Nichtsdestotrotz begrenzt die Formulierung den Anwendungsbereich der Vorschrift sowohl in persönlicher als auch in sachlicher Hinsicht. In persönlicher Hinsicht muss es sich beim Kreditgeber um eine Bank oder ein vergleichbares Kreditinstitut handeln. Dies widerspricht der Verbraucherkreditrichtlinie, welche in ihrem Art. 1 Abs. 2 lit. b) lediglich voraussetzt, dass der Kredit in Ausübung einer gewerblichen oder beruflichen Tätigkeit gewährt wird und damit den Kreis der Kreditgeber viel weiter zieht.[1651] In sachlicher Hinsicht lässt sich der Vorschrift entnehmen, dass der türkische Gesetzgeber bei

---

1649 In der türkischen Literatur zum aVerbSchG findet sich dagegen ein solches Begriffsverständnis. Siehe bspw. *Aslan*, Tüketici Hukuku, 2. Aufl., S. 310 ff.; *Atasoy/Taşkın/Acar*, Tüketiciyi Koruma Hukuku, 2. Aufl., S. 171; *Zevkliler*, TKHK, 1. Aufl., S. 100.

1650 Anders *Atasoy/Taşkın/Acar*, Tüketiciyi Koruma Hukuku, 2. Aufl., S. 172 Fn. 83, die in dieser Formulierung eine klärende Definition des Verbraucherkredits erblicken.

1651 *Reich/Micklitz*, Europäisches Verbraucherrecht, S. 742.

ihrer Formulierung ein gewöhnliches Bankdarlehen vor Augen hatte, welches von einem Verbraucher in Anspruch genommen wird.[1652] Anforderungen an die Laufzeit stellt die Regelung entgegen Art. 2 Abs. 1 lit. g) der Verbraucherkreditrichtlinie nicht. Da Letztere ihrem Art. 15 zufolge aber nur eine Mindestharmonisierung anstrebt, ist das Fehlen einer Beschränkung des Anwendungsbereichs mit Blick auf die Laufzeit zulässig. Daneben wiederholt die Bedingung, dass das Darlehen zum Zwecke des *Kaufs* einer Ware oder einer Dienstleistung in Anspruch genommen werden muss, nochmals die generellen Beschränkungen des sachlichen Anwendungsbereichs des aVerbSchG, die freilich auch im Rahmen der Regelung des Verbraucherkredits zum Tragen kommen. So unterfallen dem Art. 10 aVerbSchG keine Kredite in Bezug auf Immobiliengeschäfte, was sich mit dem Anwendungsbereich der Verbraucherkreditrichtlinie deckt, die gem. Art. 2 Abs. 1 lit. a) insoweit ebenfalls unanwendbar ist. Die Beschränkung auf klassische Darlehen und die das Gesetz durchziehende fälschliche sachliche Verengung auf Kaufverträge führen allerdings auch dazu, dass Finanzierungsleasingverträge von Art. 10 aVerbSchG nicht umfasst werden, obgleich diese der Verbraucherkreditrichtlinie als eine Form des Kreditvertrages ebenfalls unterfallen.[1653] Auch Überziehungskredite auf laufenden Konten unterliegen nicht dem sachlichen Anwendungsbereich des aVerbSchG. Zwar entspricht dies den Vorgaben der Verbraucherkreditrichtlinie, die Überziehungskredite in ihrem Art. 2 Abs. 1 lit. e) S. 1 vom Anwendungsbereich ausschließt. Jedoch ist in S. 2 derselben Vorschrift der Richtlinie vorgesehen, dass in Bezug auf Überziehungskredite die in Art. 6 der Verbraucherkreditrichtlinie vorgesehenen Informationspflichten zur Anwendung kommen. An einer solchen Regelung fehlt es im aVerbSchG. Ebenso wenig unterfallen Kreditkartenverträge dem Anwendungsbereich des Art. 10 aVerbSchG, obwohl diese von der Verbraucherkreditrichtlinie als eine Form des Verbraucherkredits umfasst werden. Die Bedingung, dass das Darlehen zum Zwecke des *Kaufs* einer Ware oder einer Dienstleistung in Anspruch genommen werden muss, könnte überdies zu der Fehlannahme verleiten, dass bspw. Verbraucherdarlehen, die zur Tilgung von privaten Schulden in Anspruch genommen werden, nicht dem Anwendungsbereich des Art. 10 aVerbSchG unterfallen würden. Die Formulierung ist deshalb unglücklich gewählt.[1654]

1652 Vgl. *Aslan*, Tüketici Hukuku, 1. Aufl., S. 207.

1653 *Aslan*, Tüketici Hukuku, 1. Aufl., S. 207 f. Zum Leasing als sonstige Finanzierungshilfe im Sinne der Verbraucherkreditrichtlinie siehe *Reich/Micklitz*, Europäisches Verbraucherrecht, S. 744.

1654 Siehe zu alldem *Zevkliler/Aydoğudu*, TKHK, 3. Aufl., S. 283.

Art. 6 aVerbSchG regelt das Abzahlungsgeschäft. Eine Definition dieses Begriffs ist in dieser Vorschrift indes ebenso wenig enthalten wie in den entsprechenden Vorschriften der Art. 222 ff. des alten türkischen OR.[1655] In der Literatur wird das Abzahlungsgeschäft als ein Rechtsgeschäft definiert, bei dem der Verkäufer die Ware unmittelbar übergibt, der Käufer hingegen den Kaufpreis in Raten zahlt.[1656]

Eine dem Art. 2 Abs. 1 lit. f) der Verbraucherkreditrichtlinie entsprechende Wertgrenze für die Anwendbarkeit ist weder für Art. 10 noch für Art. 6 des aVerbSchG vorgesehen. Freilich ist auch diese Ausweitung des Anwendungsbereichs aufgrund der mit der Verbraucherkreditrichtlinie angestrebten Mindestharmonisierung zulässig.

b) Informationspflichten

Gem. Art. 10 Abs. 1 aVerbSchG unterliegt der Verbraucherkreditvertrag der Schriftform. Umstritten sind die Folgen eines Verstoßes. Grundsätzlich wird in der Literatur von einer Nichtigkeitsfolge ausgegangen.[1657] Teilweise wird jedoch darauf hingewiesen, dass im Falle eines schon ausgezahlten Darlehens die Nichtigkeitsfolge zulasten des Verbrauchers gehen würde, da dieser dann einem bereicherungsrechtlichen Anspruch auf unmittelbare Rückzahlung des gesamten Darlehensbetrags ausgesetzt sei. In einem solchen Fall sei deshalb von der Wirksamkeit des Vertrages auszugehen und etwaige Vertragslücken zugunsten des Verbrauchers zu füllen.[1658] Zudem ist gem. Art. 25 Abs. 1 aVerbSchG im Falle eines Verstoßes gegen Art. 10 Abs. 1 aVerbSchG eine Verwaltungsstrafe

---

1655 *Aslan*, Tüketici Hukuku, 1. Aufl., S. 217.

1656 *Aslan*, Tüketici Hukuku, 1. Aufl., S. 217; *Zevkliler*, TKHK, 1. Aufl., S. 100.

1657 In der Literatur werden zur Begründung der Nichtigkeit unterschiedliche Normen herangezogen. *Aslan* stützt diese auf Art. 19 Abs. 2 des alten türkischen OR, demzufolge eine Abweichung von den unabänderlichen Vorschriften des Gesetzes unzulässig ist. Siehe dazu *ders.*, Tüketici Hukuku, 1. Auflage, S. 209 f. *Zevkliler* stützt die Nichtigkeitsfolge dagegen auf Art. 20 des alten türkischen OR, demzufolge ein Vertrag, der einen unmöglichen oder widerrechtlichen Inhalt hat oder gegen die guten Sitten verstößt, nichtig ist. Siehe dazu *ders.*, TKHK, 2. Aufl., S. 139 f. Bemerkenswerterweise stellen beide Autoren nicht auf Art. 11 Abs. 2 des alten türkischen OR ab, demzufolge von der Beobachtung der gesetzlich vorgeschriebenen Form die Gültigkeit des Vertrags abhängt, wenn über die Bedeutung und Wirkung derselben nichts anderes bestimmt ist.

1658 Siehe zu alldem *Aslan*, Tüketici Hukuku, 1. Aufl., S. 209 f.

in Höhe von 5.000.000 türkischer Lira zu verhängen. Dem Verbraucher ist eine Ausfertigung des Vertrages auszuhändigen.

Daneben bestimmt Art. 10 Abs. 2 aVerbSchG zwingende Angaben, die der Verbraucherkreditvertrag enthalten muss. Diese entsprechen weitestgehend denjenigen, die in Art. 4 Abs. 2 S. 2 i.V.m. Art. 6 Abs. 1 2. Spiegelstrich, Art. 4 Abs. 3 der Verbraucherkreditrichtlinie vorgegeben sind. Allerdings fehlt eine Pflicht zur Angabe des effektiven Jahreszinses. Enthalten sein muss lediglich die Angabe des nominalen Jahreszinses. Da zum Zeitpunkt der Verabschiedung des aVerbSchG gem. der Änderungsrichtlinie 90/88/EWG die Angabe des effektiven Jahreszinses entweder nach der vorgegebenen oder nach einer im Mitgliedstaat bestehenden Formel zwingend war, werden die Informationspflichten des Art. 10 aVerbSchG den Richtlinienvorgaben insoweit nicht gerecht.[1659]

Die vorstehenden Bedingungen dürfen gem. Art. 10 Abs. 1 S. 2 aVerbSchG durch den Kreditgeber während der Vertragslaufzeit nicht zum Nachteil des Verbrauchers geändert werden.

Nach Art. 6 Abs. 3 aVerbSchG muss der Verkäufer bei Abzahlungsgeschäften dem Verbraucher die in lit. a) bis e) desselben Absatzes aufgezählten Angaben schriftlich mitteilen und ihm eine Ausfertigung des Vertrages überreichen. Im Falle eines Verstoßes gegen diese Pflichten ist gem. Art. 25 Abs. 1 aVerbSchG eine Verwaltungsstrafe in Höhe von 5.000.000 türkischer Lira zu verhängen. Anders als in der Regelung zum Verbraucherkreditvertrag verlangt die Vorschrift nicht ausdrücklich, dass diese Angaben im Vertrag selbst enthalten sein müssen. Nichtsdestotrotz hat der türkische Kassationshof in zwei Fällen, in denen die in Art. 6 Abs. 3 verlangten Angaben nicht in der Vertragsurkunde selbst enthalten waren, das Abzahlungsgeschäft wegen Verstoßes gegen unabänderliche Vorschriften des Gesetzes für nichtig erklärt.[1660] Ebenfalls bestimmt die Vorschrift nicht ausdrücklich, dass der Vertrag über das Abzahlungsgeschäft der Schriftform unterliegt. Gleichwohl wird dies in der Literatur angenommen und im Falle eines Verstoßes gegen diese Formvorschrift grundsätzlich von der Nichtigkeit des Vertrages ausgegangen.[1661] Jedoch wird auch insoweit in der

---

1659 Richtlinie 90/88/EWG des Rates vom 22. Februar 1990 zur Änderung der Richtlinie 87/102/EWG zur Angleichung der Rechts- und Verwaltungsvorschriften der Mitgliedstaaten über den Verbraucherkredit.

1660 Türkischer Kassationshof, 13. Zivilkammer, Hauptsache Nr. 2000/9364, Entscheidung Nr. 2000/10179 vom 17.11.2000; Türkischer Kassationshof, 13. Zivilkammer, Hauptsache Nr. 2000/8390, Entscheidung Nr. 2000/9258 vom 30.10.2000.

1661 *Atasoy/Taşkın/Acar*, Tüketiciyi Koruma Hukuku, 2. Aufl., S. 141 f.; *Aslan*, Tüketici Hukuku, 1. Aufl., S. 225 f.

Literatur teilweise darauf hingewiesen, dass die Nichtigkeitsfolge bei Verstoß gegen die Schriftform oder dem Fehlen zwingender Angaben in manchen Fällen zum Nachteil des Verbrauchers gereichen würde und vor diesem Hintergrund für eine einseitige Bindungswirkung plädiert.[1662]

Die in Art. 6 Abs. 3 aVerbSchG vorgesehenen zwingenden Angaben fallen geringer aus als diejenigen des Art. 10 Abs. 2 aVerbSchG. Insbesondere fehlt eine Angabe über die Rechte des Verbrauchers im Falle vorzeitiger Erfüllung. Die Informationspflichten entsprechen daher nicht uneingeschränkt den Richtlinienvorgaben.

Gem. Art. 6 Abs. 2 S. 2 aVerbSchG darf der schriftlich mitgeteilte Gesamtpreis der Ware oder Dienstleistung nach Vertragsschluss in keiner Weise erhöht werden.

c) Vorzeitige Erfüllung

Sowohl nach Art. 10 als auch nach Art. 6 aVerbSchG ist der Verbraucher berechtigt seine Verbindlichkeiten aus dem Vertrag vorzeitig zu erfüllen. In beiden Fällen ist eine entsprechende Zinsermäßigung vorzunehmen. Im Falle des Verbraucherkredits sind hinsichtlich der Ermäßigung auch etwaige Provisionen zu berücksichtigen. Ob darüberhinausgehend andere Gebühren und Kosten zu berücksichtigen sind, bleibt unklar, wird aber aufgrund des eindeutigen Wortlautes wohl abzulehnen sein. Die Regelungen werden in dieser Form den Vorgaben der Verbraucherkreditrichtlinie nicht gerecht, da diese in ihrem Art. 8 dem Verbraucher das Recht zuspricht, eine *„[…] angemessene Ermäßigung der Gesamtkosten des Kredits“* zu verlangen.

d) Erhalt von Einwendungen

Eine spezielle Regelung über den Erhalt von Einwendungen im Falle der Abtretung der Ansprüche des Kreditgebers an einen Dritten sieht das aVerbSchG nicht vor. Die dahingehend in Art. 9 der Verbraucherkreditrichtlinie enthaltenen Vorgaben sind dagegen schon mit den allgemeinen Vorschriften des türkischen Zivilrechts verwirklicht. Eine allgemeine Regelung zum Erhalt von Einwendungen im Falle der Abtretung findet sich dort in Art. 167 des alten türkischen OR.

1662 So *Aslan*, Tüketici Hukuku, 1. Aufl., S. 225 f.

e) *Rücknahme der Kaufsache und Wechselbegebung*

Eine Regelung über die Bedingungen der Rücknahme der Ware im Falle eines Kredits zum Erwerb derselben sowie zur Verhinderung einer unberechtigten Bereicherung in solchen Fällen, wie sie in Art. 7 der Verbraucherkreditrichtlinie vorgesehen ist, findet sich im aVerbSchG nicht.

Ebenso fehlt es an einer dem Art. 10 der Verbraucherkreditrichtlinie entsprechenden Regelung über die Verwendung von Wechseln als Zahlungsmittel oder Sicherheit im Rahmen von Verbraucherkrediten durch den Verbraucher.

f) *Einwendungsdurchgriff*

Die Verbraucherkreditrichtlinie sieht in ihrem Art. 11 Abs. 2 vor, dass Verbraucher bei verbundenen Krediten Rechte wegen Nichtlieferung oder nicht vertragsgemäßer Lieferung auch gegenüber dem Kreditgeber geltend machen können, überlässt die nähere Ausgestaltung dieses sog. Einwendungsdurchgriffs aber den Mitgliedstaaten. Im aVerbSchG findet sich hierzu eine Regelung in Art. 10 Abs. 4. Dort heißt es, dass „*[…] Banken oder Finanzinstitute, die Verbraucherkredite unter der Bedingung des Kaufs einer bestimmten Ware oder Dienstleistung oder der Vornahme eines Rechtsgeschäfts mit einem bestimmten Verkäufer vergeben, wegen Mängeln der verkauften Ware dem Verbraucher gegenüber mit dem Verkäufer gemeinschaftlich und gesamtschuldnerisch haften.*“ Diese Ausgestaltung durch den türkischen Gesetzgeber schießt nicht nur über die Vorgaben der Verbraucherkreditrichtlinie, sondern auch weit über ihr Ziel hinaus. Nicht nur, dass sie unmittelbar eine gesamtschuldnerische Haftung statuiert. Es fehlt auch an der in der Richtlinie vorgesehenen Voraussetzung einer Abmachung zwischen dem Kreditgeber und dem Lieferanten, der zufolge Kredite zum Zwecke des Erwerbs von diesem Lieferanten ausschließlich vom vorgenannten Kreditgeber bereitgestellt werden. Gerade diese Praxis der kreditgeförderten Absatzsteigerung ist es jedoch, die den verbundenen Kreditvertrag charakterisiert und einen Einwendungsdurchgriff rechtfertigt. Es ist nicht verständlich, warum Kreditgeber bei der Vergabe eines Kredites unter der Bedingung des Kaufs einer bestimmten Ware mit jedem beliebigen Verkäufer gesamtschuldnerisch haften sollten.[1663] Neben dieser zweckverfehlenden Ausweitung enthält die türkische Regelung gegenüber den europäischen Vorgaben gleichzeitig auch eine Einschränkung. So bezieht sich die gesamtschuldnerische Haftung nur auf

---

1663 *Aslan*, Tüketici Hukuku, 1. Aufl., S. 212. Der Autor nennt als Beispiele Automobil- oder Möbelkredite, die nicht an den Kauf bei bestimmten Lieferanten geknüpft sind.

die Mängelgewährleistung.[1664] Die Richtlinie dagegen sieht einen Einwendungsdurchgriff gerade auch für den die Interessen des Verbrauchers ebenso gefährdenden Fall der Nichtlieferung der Ware vor.

g) Gewerberechtliche Regelungen

Gewerberechtliche Regelungen, wie sie in Art. 12 Abs. 1 der Verbraucherkreditrichtlinie vorgesehen sind, finden sich im aVerbSchG nicht. Nichtsdestotrotz unterlagen Banken und Finanzinstitute nach der Rechtslage zum Zeitpunkt der Verabschiedung des aVerbSchG der Erlaubnispflicht und der Kontrolle durch staatliche Behörden, sodass insoweit die Richtlinienvorgaben schon verwirklicht waren.[1665]

h) Zusammenfassende Würdigung

Der türkische Gesetzgeber hat es verpasst, im Zuge des Nachvollzugs der Verbraucherkreditrichtlinie der modernen Entwicklung folgend eine einheitliche Regelung für alle Formen des Verbraucherkredits zu schaffen. Die Folge ist eine sachliche Verengung der zentralen Regelung in Art. 10 aVerbSchG auf Verbraucherdarlehensverträge. Einschließlich der Regelung zu Abzahlungsgeschäften in Art. 6 aVerbSchG deckt das aVerbSchG damit sachlich nur einen Teil der von der Verbraucherkreditrichtlinie geregelten Verbraucherkreditformen ab. Ebenso begrenzen die türkischen Vorschriften in Widerspruch zur Richtlinie den persönlichen Anwendungsbereich auf Abzahlungsverkäufer, Banken und vergleichbare Finanzinstitute. Gleichermaßen bilden die Informationspflichten nicht vollumfänglich die Richtlinienvorgaben ab. Zudem werden einige die Vertragsmodalitäten betreffenden Schutzvorschriften der Richtlinie erst gar nicht nachvollzogen. Im Rahmen des Einwendungsdurchgriffs verzerren die türkischen Vorschriften die Vorgaben der Richtlinie. Diese werden im Rahmen des Nachvollzugs sowohl zweckwidrig ausgeweitet als auch richtlinienwidrig eingeschränkt. Ein Widerrufsrecht, das zwar von der Verbraucherkreditrichtlinie nicht vorgesehen, aber in vielen Mitgliedstaaten in Bezug auf Verbraucherkredite eingeführt wurde, hat der türkische Gesetzgeber nicht statuiert. Der Nachvollzug geht daher nicht nur nicht über das Verbraucherschutzniveau der Richtlinie hinaus, er bleibt sogar hinter den Richtlinienvorgaben zurück.

1664 Dies kritisierend *Zevkliler*, TKHK, 2. Aufl., S. 145.

1665 Siehe hierzu bspw. das damalige Bankengesetz, Gesetz Nr. 3182, verkündet am 02.05.1985 im türkischen Amtsblatt (Nr. 18742).

7. Analyse der Maßnahmen

Der autonome Nachvollzug von Richtlinien zum Verbrauchervertragsrecht durch das aVerbSchG weist viele Parallelen mit den vorangegangenen Rezeptionen fremden Rechts in der Zeit des Tanzimat und in der Frühphase der türkischen Republik auf. Erstens beruhte dieser Nachvollzug gleichermaßen primär auf außenpolitischen Motiven. Zwar bestand durchaus in verschiedenen Bereichen ein Regelungsbedürfnis aufgrund bestimmter, den Verbraucher benachteiligender Handelspraktiken.[1666] Dennoch war dieser Nachvollzug hauptsächlich geprägt durch das Bestreben, nach der erlebten Enttäuschung der Zurückweisung des Beitrittsersuchens und im Hinblick auf die voranschreitende europäische Integration, die nach dem Untergang der Sowjetunion rapide an Fahrt gewonnen hatte, nicht ins Hintertreffen zu geraten. Hierzu sollten zunächst zum Zwecke einer schnellstmöglichen Verwirklichung der Zollunion betreffende europäische Rechtsakte in die türkische Rechtsordnung implementiert werden. Zu diesen wurden unter anderem auch die Richtlinien zum Verbrauchervertragsrecht gezählt. Langfristig sollte auf diese Weise auch der weiterhin verfolgte EU-Beitritt vorangebracht werden.

Zweitens geht diese erstmalige unmittelbare und eigenständige Verbraucherschutzgesetzgebung ebenso wenig wie die vorangegangenen Rezeptionen auf Tendenzen innerhalb der Bevölkerung zurück. Zum Zeitpunkt der Ausarbeitung und Verabschiedung des aVerbSchG bestand in der Türkei aufgrund der rechtlichen Einschränkungen der Vereinigungsfreiheit und des Nachwirkens der Repressionen des Militärputsches im kollektiven Gedächtnis der Bevölkerung keine relevante Verbraucherschutzbewegung.[1667]

Drittens fehlte es gleichermaßen an einer Abstimmung zwischen den durch Nachvollzug geschaffenen Verbraucherschutzbestimmungen und den Vorschriften der schon bestehenden türkischen Rechtsordnung, allen voran dem allgemeinen Zivilrecht. Das übereilt und fast diskussionslos verabschiedete aVerbSchG wies zudem in seiner Fassung aus dem Jahre 1995 erhebliche terminologische und systematische Schwächen auf, weshalb es insbesondere Gegenstand vehementer Kritik der Literatur wurde.[1668] Auch die Ausgestaltung entsprach weder

---

1666 Siehe hierzu bspw. die Ausführungen zu verbrauchergefährdenden Handelspraktiken bei Haustürgeschäften und Verbraucherkrediten in *Zevkliler*, TKHK, 2. Aufl., S. 124 ff., 138 f.

1667 *Aslan*, Tüketici Hukuku, 1. Aufl., S. 65 ff.

1668 Exemplarisch hierfür ist die vernichtende Kritik *Serozans*. Siehe hierfür *ders.*, Yasa HD 15 (1996), Nr. 173/4, 579 ff.

gesetzgebungstechnischen Erfordernissen noch der gerade im Bereich der Verbraucherschutzgesetzgebung gebotenen Transparenz. Im Übrigen boten die Bestimmungen viel Missbrauchspotenzial.

Das aVerbSchG ist geprägt von einer das gesamte Gesetz durchziehenden begrifflichen und sachlichen Verengung auf Kaufverträge. In Einzelpunkten geht es über die Vorgaben der nachvollzogenen Verbrauchervertragsrichtlinien hinaus, im Ganzen bleibt es aber an bedeutenden Punkten hinter den Richtlinienvorgaben zurück und verzerrt diese häufig. Interessant ist, dass dieser aus Sicht des türkischen Zivilrechts neuen Materie wie auch im Rahmen der Rezeptionen der Tanzimat-Ära eine spezialisierte Gerichtsbarkeit gewidmet wurde. Dies führte in gleichem Maße zu Abgrenzungsstreitigkeiten. Die Rolle des türkischen Kassationshofs bei der Auslegung des aVerbSchG ist dabei ambivalent: Einerseits ist sein Handeln geprägt von einer richtlinienwidrigen Zurückdrängung des sachlichen Anwendungsbereichs des aVerbSchG. Andererseits verhilft er dem zentralen Verbraucherschutzinstrument der Informationspflicht dort zur Durchsetzung, wo eine effektive Sanktionierung im Falle des Verstoßes richtlinienwidrig fehlt oder die Vorgaben fehlerhaft umgesetzt sind.

Bei vielen Formvorgaben des aVerbSchG bleibt aus Sicht der türkischen Literatur unklar, ob eine echte Form- oder lediglich eine Beweisvorschrift vorliegt und welche Sanktionen – von Verwaltungsstrafen abgesehen – im Falle eines Verstoßes drohen. Unklar bleiben ebenso die Folgen des Fehlens zwingender Vertragsangaben. Hinzu kommt, dass das aVerbSchG auch allgemein den zwingenden Charakter seiner Vorschriften nicht ausdrücklich anordnet und die Unwirksamkeit widersprechender vertraglicher Bestimmungen nicht vorsieht. Diese Ungenauigkeiten schwächen die Wirkkraft der betreffenden Regelungen deutlich ab und werden insbesondere dem Informationsparadigma, das den nachvollzogenen Richtlinien zugrunde liegt, nicht gerecht.

II. Änderungen und Ergänzungen mit der Gesetzesnovelle Nr. 4822

1. *Entstehungsgeschichte und Motive*

Nur wenige Jahre nach der Verabschiedung des aVerbSchG ordnete das türkische Industrie- und Handelsministerium Arbeiten zu einer Gesetzesnovelle an. Der hieraus hervorgegangene Gesetzesvorschlag wurde im Jahre 2000 zur Diskussion freigegeben.[1669] Obgleich im Nationalen Programm der Türkei

---

1669 *Atamer*, Milletlerarası Hukuk ve Milletlerarası Özel Hukuk Bülteni 21 (2001),

betreffend die Übernahme des *acquis communautaire* aus dem Jahre 2001 noch im selben Jahr mit einer Verabschiedung gerechnet wurde,[1670] konnte der Vorschlag in der laufenden Legislaturperiode, die im Jahre 2002 frühzeitig durch vorgezogene Neuwahlen endete, nicht verabschiedet werden. Die Gesetzesvorlage wurde allerdings durch die Nachfolgeregierung wiederaufgegriffen und am 6. März 2003 durch die Große Nationalversammlung angenommen. Sie trat am 14. Juli 2003 in Kraft.

Der allgemeine Teil der amtlichen Begründung zur Gesetzesnovelle wiederholt zunächst einige Passagen aus der amtlichen Begründung zum aVerbSchG. So sehe sich der Verbraucher aufgrund veränderter Bedingungen im wirtschaftlichen Bereich mit Problemen konfrontiert, vor denen er sich selbst nicht schützen könne. Aufgrund dieser Umstände habe der türkische Gesetzgeber nach Maßgabe des Art. 172 der türkischen Verfassung von 1982 das aVerbSchG geschaffen.[1671]

Infolge der sozialen und wirtschaftlichen Entwicklung seit Verabschiedung des aVerbSchG seien mittlerweile allerdings neue Bedingungen hinzugetreten. Ziel der Gesetzesnovelle sei es, diese zu verarbeiten. Zudem diene die Gesetzesnovelle gleichzeitig der Anpassung des türkischen Verbraucherrechts an die *„[…] 13 Richtlinien, die Ergebnis der ‚Verbraucherschutzpolitik' der Gemeinschaft [seien]“*.[1672]

Bemerkenswert an diesen Ausführungen ist, dass die *„13 Richtlinien“* nicht im Einzelnen aufgeführt werden, sodass bei der Lektüre der amtlichen Begründung letztlich unklar bleibt, welche Richtlinien genau die Grundlagen der Anpassungen bildeten. Mehr Aufschluss hierüber bietet das Nationale Programm der Türkei aus dem Jahre 2001. Dieses enthält eine Auflistung des *acquis communautaire* zum Beitrittskapitel *Verbraucher- und Gesundheitsschutz*, in der 14 Richtlinien aufgezählt werden.[1673] Darüber hinaus finden sich Ausführungen

Nr. 1–2, 1, 2 dort Fn. 1.

1670 Nationales Programm der Türkei betreffend die Übernahme des *acquis communautaire* aus dem Jahre 2001, Band I, 4.24.II.b).

1671 Siehe zu alldem die Allgemeine amtliche Begründung zum Gesetz Nr. 4822.

1672 Siehe zu alldem die Allgemeine amtliche Begründung zum Gesetz Nr. 4822.

1673 Nationales Programm der Türkei betreffend die Übernahme des *acquis communautaire* aus dem Jahre 2001, Band II, 7.23. Genannt werden folgende Richtlinien: Richtlinie 84/450/EWG des Rates vom 10. September 1984 zur Angleichung der Rechts- und Verwaltungsvorschriften der Mitgliedstaaten über irreführende Werbung, Richtlinie 85/374/EWG des Rates vom 25. Juli 1985 zur Angleichung der Rechts- und Verwaltungsvorschriften der Mitgliedstaaten über die Haftung für fehlerhafte Produkte, Richtlinie 85/577/EWG des Rates vom 20. Dezember 1985

über den bisherigen Umsetzungsstand und den weiteren Anpassungsbedarf in diesem Bereich. Dort heißt es, dass das aVerbSchG den betreffenden Richtlinien zum Verbraucherschutz schon in hohem Maße entspreche, zur vollständigen Anpassung aber Arbeiten an einer Gesetzesnovelle durch das türkische Industrie- und Handelsministerium begonnen worden seien, um die erforderlichen Änderungen und Neuerungen vorzunehmen.[1674] So fehlten im aVerbSchG unter anderem Regelungen zum Nachvollzug der Pauschalreise-, der AGB-, der Timesharing- und der Fernabsatzrichtlinie.[1675]

Erstaunlicherweise wird die Verbrauchsgüterkaufrichtlinie mit keinem Wort erwähnt. Es heißt insoweit lediglich, dass die „*Thematik der Haftung für mangelhafte Waren*" im aVerbSchG zwar eine Regelung erfahren habe, eine vollständige

betreffend den Verbraucherschutz im Falle von außerhalb von Geschäftsräumen geschlossenen Verträgen, Richtlinie 87/102/EWG des Rates vom 22. Dezember 1986 zur Angleichung der Rechts- und Verwaltungsvorschriften der Mitgliedstaaten über den Verbraucherkredit, Richtlinie 87/357/EWG des Rates vom 25. Juni 1987 zur Angleichung der Rechtsvorschriften der Mitgliedstaaten für Erzeugnisse, deren tatsächliche Beschaffenheit nicht erkennbar ist und die die Gesundheit oder die Sicherheit der Verbraucher gefährden, Richtlinie 90/314/EWG des Rates vom 13. Juni 1990 über Pauschalreisen, Richtlinie 92/59/EWG des Rates vom 29. Juni 1992 über die allgemeine Produktsicherheit, Richtlinie 93/13/EWG des Rates vom 5. April 1993 über mißbräuchliche Klauseln in Verbraucherverträgen, Richtlinie 94/47/EG des Europäischen Parlaments und des Rates vom 26. Oktober 1994 zum Schutz der Erwerber im Hinblick auf bestimmte Aspekte von Verträgen über den Erwerb von Teilzeitnutzungsrechten an Immobilien, Richtlinie 97/7/EG des Europäischen Parlaments und des Rates vom 20. Mai 1997 über den Verbraucherschutz bei Vertragsabschlüssen im Fernabsatz, Richtlinie 97/55/EG des Europäischen Parlaments und des Rates vom 6. Oktober 1997 zur Änderung der Richtlinie 84/450/EWG über irreführende Werbung zwecks Einbeziehung der vergleichenden Werbung, Richtlinie 98/6/EG des Europäischen Parlaments und des Rates vom 16. Februar 1998 über den Schutz der Verbraucher bei der Angabe der Preise der ihnen angebotenen Erzeugnisse, Richtlinie 98/27/EG des Europäischen Parlaments und des Rates vom 19. Mai 1998 über Unterlassungsklagen zum Schutz der Verbraucherinteressen und Richtlinie 1999/44/EG des Europäischen Parlaments und des Rates vom 25. Mai 1999 zu bestimmten Aspekten des Verbrauchsgüterkaufs und der Garantien für Verbrauchsgüter.

1674 Nationales Programm der Türkei betreffend die Übernahme des *acquis communautaire* aus dem Jahre 2001, Band I, 4.1.

1675 Nationales Programm der Türkei betreffend die Übernahme des *acquis communautaire* aus dem Jahre 2001, Band I, 4.24.I.a).

Anpassung an die Produkthaftungsrichtlinie aber nicht erreicht worden sei.[1676] Ursächlich für diese Ausführungen dürfte wohl sein, dass mit Art. 4 aVerbSchG in der Fassung von 1995 schon vor Erlass der Verbrauchsgüterkaufrichtlinie eine Regelung zur Mängelgewährleistung im Rahmen von Verbrauchsgüterkäufen bestand, die allerdings mit Fragen der verschuldensunabhängigen Produkthaftung vermengt war. Hierauf wird an entsprechender Stelle aber noch einzugehen sein.

Laut dem Nationalen Programm orientierte sich die Ausarbeitung der Gesetzesnovelle an den betreffenden EU-Richtlinien und den bisherigen Anwendungsergebnissen des aVerbSchG.[1677] In der amtlichen Begründung wird zudem die Erwartung geäußert, dass die Änderungen und Neuerungen bedeutende Auswirkungen mit Blick auf den Beitrittskandidatenstatus der Türkei haben werden.[1678] Berücksichtigt man, dass sowohl die Ausarbeitung der Gesetzesnovelle als auch ihre Verabschiedung zeitlich in die Phase fallen, in der das Reformtempo in der Türkei mit Blick auf die angestrebte Eröffnung der Beitrittsverhandlungen stark angezogen wurde, wird damit deutlich, dass letztlich auch der Novellierung des aVerbSchG hauptsächlich außenpolitische Motive zugrunde lagen. Freilich sollten daneben auch Defizite des aVerbSchG behoben werden, die teils schon kurz nach der Verabschiedung durch die Literatur moniert wurden oder sich im Laufe der folgenden Anwendung herausstellten. Letztere dürften wohl gemeint sein, wenn in der amtlichen Begründung von *„neuen Bedingungen"* die Rede ist.

2. *Inhalt und Struktur des Gesetzes*

Strukturell wurde mit der Gesetzesnovelle Nr. 4822 nichts am aVerbSchG verändert. Es gliedert sich weiterhin in fünf Teile, die auch dieselben Überschriften tragen wie zuvor. Selbst die nominelle Anzahl der Artikel ist gleichgeblieben. Neueinfügungen sind grundsätzlich durch die Kombination schon verwendeter Artikelnummern mit jeweils fortlaufenden Buchstabenzusätzen erfolgt.

Im ersten Teil wurden lediglich inhaltliche Änderungen an den schon bestehenden Artikeln vorgenommen. Neueinfügungen sind in diesem Teil nicht erfolgt.

1676 Nationales Programm der Türkei betreffend die Übernahme des *acquis communautaire* aus dem Jahre 2001, Band I, 4.24.I.a).

1677 Nationales Programm der Türkei betreffend die Übernahme des *acquis communautaire* aus dem Jahre 2001, Band I, 4.24.II.b).

1678 Siehe zu alldem die Allgemeine amtliche Begründung zum Gesetz Nr. 4822.

Anders verhält es sich dagegen im zweiten Teil: In diesem wurden neben zahlreichen inhaltlichen Änderungen auch diverse Neueinfügungen vorgenommen. Hierzu gehören Art. 4/A betreffend mangelhafte Dienstleistungen, Art. 6 betreffend missbräuchliche Klauseln, Art. 6/B betreffend Timesharing-Verträge, Art. 6/C betreffend Pauschalreiseverträge, Art. 9/A betreffend Fernabsatzverträge, Art. 10/A betreffend Kreditkartenverträge, Art. 11/A betreffend Abonnementverträge und Art. 24/A betreffend Erzeugnisse, deren tatsächliche Beschaffenheit nicht erkennbar ist.

Nicht alle Einfügungen stellen dabei inhaltliche Neuerungen dar. So galten schon in der Ursprungsfassung des aVerbSchG die Bestimmungen betreffend mangelhafte Waren gem. Art. 4 Abs. 5 genauso für Dienstleistungen. Die Auslagerung dieser Regelung durch Schaffung spezifischer Vorschriften über mangelhafte Dienstleistungen in Art. 4/A ist vielmehr Ausfluss des Bestrebens des türkischen Gesetzgebers, mit der Gesetzesnovelle auch die fälschliche begriffliche und sachliche Verengung des aVerbSchG auf Kaufverträge zu beheben.

Auffallend ist zudem, dass die Einfügung der Regelung betreffend missbräuchliche Klauseln nicht wie die übrigen Neueinfügungen durch Kombination einer schon verwendeten Artikelnummer mit einem Buchstabenzusatz, sondern anstelle der dort vorher befindlichen Regelung zu Abzahlungsgeschäften in Art. 6 aVerbSchG erfolgt ist. Die Regelung zu Abzahlungsgeschäften findet sich stattdessen seither im neu eingefügten Art. 6/A aVerbSchG. Möglicherweise wollte der türkische Gesetzgeber mit dieser umgekehrten Vorgehensweise der Bedeutung und Zentralität der neueingefügten Regelung zu missbräuchlichen Klauseln Ausdruck verleihen.

Interessant ist, dass die Platzierungen der Neueinfügungen im Gesetz allem Anschein nach einer gewissen Systematik folgen. Art. 9/A betreffend Fernabsatzgeschäfte folgt unmittelbar auf die Regelungen zu Haustürgeschäften in Artt. 8 und 9 aVerbSchG und führt deren letzte Artikelnummer mit Buchstabenzusatz fort. Selbiges gilt für Art. 10/A betreffend Kreditkarten, der unmittelbar auf die Regelung zu Verbraucherkrediten in Art. 10 aVerbSchG folgt und ebenfalls dessen Artikelnummer mit Buchstabenzusatz fortführt. Und auch Art. 11/A betreffend Abonnementverträge, der der Regelung zu Periodika in Art. 11 folgt, entspricht diesem Muster. Die Vorgehensweise lässt vermuten, dass der türkische Gesetzgeber eine inhaltliche Nähe zwischen diesen Regelungen gesehen hat. Umso bemerkenswerter ist es, dass Art. 6/A betreffend Ratenzahlungsgeschäfte, Art. 6/B betreffend Timesharing-Verträge und Art. 6/C betreffend Pauschalreiseverträge unmittelbar auf die Regelung zu missbräuchlichen Klauseln in Art. 6 aVerbSchG folgen und dessen Artikelnummer mit Buchstabenzusatz fortführen. Anscheinend sah der türkische Gesetzgeber auch hier eine gewisse inhaltliche Nähe als gegeben an.

Gleichgeblieben ist schließlich die Unentschlossenheit des türkischen Gesetzgebers in Bezug auf die gewählte Umsetzungslösung. Im Zusammenhang mit der Gesetzesnovelle sind wiederum umfassende Verwaltungsverordnungen zu einzelnen Regelungen des aVerbSchG ergangen.

3. Anwendungsbereich

Der Anwendungsbereich des aVerbSchG hat durch die Gesetzesnovelle Nr. 4822 bedeutende Modifikationen erfahren.

a) Persönlicher Anwendungsbereich

aa) Verbraucher

Die Definition des Verbrauchers findet sich in der novellierten Fassung des Gesetzes in Art. 3 lit. e). Anders als in der Ursprungsfassung wurde der Verbraucherbegriff negativ definiert und damit vollständig der Konzeption des „traditionellen" europäischen Verbraucherbegriffs angeglichen. Der Zweck des Handelns darf also weder gewerblicher noch beruflicher Natur sein. Die neue Definition ist infolgedessen auch sprachlich weiter gefasst als die alte. Allerdings dürfte vor dem Hintergrund des überwiegenden Verständnisses der alten Definition in der Literatur mit dieser sprachlichen Änderung keine bedeutende inhaltliche Änderung einhergegangen sein.[1679]

Zudem wurde im Zuge der Änderung die begriffliche und sachliche Verengung auf Kaufverträge bereinigt. Statt des Begriffs „kaufen" werden im Rahmen der neuen Definition die neutraleren Begriffe „erwerben", „verwenden" und „nutzen" gebraucht.

Mit diesen Änderungen ist somit in Teilen eine stärkere Angleichung an die europäischen Vorgaben gelungen. Wie aber auch schon in Bezug auf die Ursprungsfassung moniert wurde, führt der Versuch, den Anwendungsbereich aller nachvollzogenen Richtlinien im Rahmen eines Sondergesetzes mit einer einheitlichen Norm zu regeln, aufgrund der Inkonsistenz und Inkohärenz der europäischen Regelungen zum Verbraucherschutz unweigerlich gleichzeitig zu einer in Teilen europarechtswidrigen Ausgestaltung. Dies betraf im Kontext der Ursprungsfassung den Nachvollzug der Produkthaftungsrichtlinie. Seit der Novellierung betrifft es auch den Nachvollzug der Pauschalreiserichtlinie. Deren

1679 Vgl. hierzu S. 291.

Art. 2 Nr. 4 zufolge ist nämlich jede Person, die eine Pauschalreise bucht, Verbraucher im Sinne der Richtlinie. Der Anwendungsbereich ist damit nicht auf ein Handeln beschränkt, das weder gewerblich noch beruflich ist. Darüber hinaus umfasst der Schutz der Pauschalreiserichtlinie neben dem Vertragspartner noch weitere Personen. Die neue Verbraucherdefinition des aVerbSchG verengt den Anwendungsbereich insoweit daher europarechtswidrig.

bb) Verkäufer und Anbieter

Mit der Novellierung des Gesetzes wurde zur Bereinigung der begrifflichen und sachlichen Verengung auf Kaufverträge neben der Definition des Verkäufers, die sich seither in Art. 3 lit. f) befindet, zusätzlich eine Definition des Anbieters von Dienstleistungen in Art. 3 lit. g) geschaffen. Die Definitionen unterscheiden sich lediglich hinsichtlich ihres Gegenstandes. Während erstere auf das Anbieten von Waren abstellt, stellt letztere auf das Anbieten von Dienstleistungen ab.

Neu ist zudem, dass in den beiden Definitionen der rollenspezifische Ansatz deutlich zutage tritt. So müssen sowohl der Verkäufer als auch der Anbieter im Rahmen ihrer gewerblichen oder beruflichen Tätigkeit handeln. Die Definition der Unternehmerseite im aVerbSchG wurde auf diese Weise der Konzeption des „traditionellen" europäischen Unternehmerbegriffs vollständig angepasst. Aufgrund des überwiegenden Verständnisses der Ursprungsfassung in der Literatur dürfte mit der Hinzufügung aber keine inhaltliche Änderung einhergegangen sein.[1680]

Allerdings zeigt sich auch hier wieder, dass der Versuch, die mitunter unterschiedlichen Anwendungsbereiche der Verbraucherschutzrichtlinien mit einer einheitlichen Regelung zu erfassen, unweigerlich in Teilen zu europarechtswidrigen Ausgestaltungen führt. Denn der Veranstalterbegriff in Art. 2 Nr. 2 der Pauschalreiserichtlinie umfasst auch nicht-gewerbliche Veranstalter.[1681] Die rollenspezifische Ausgestaltung der Definitionen nähert das aVerbSchG damit einerseits einem Teil der Verbraucherschutzrichtlinien an, während sie andererseits den genannten Vorgaben der Pauschalreiserichtlinie widerspricht.

b) Sachlicher Anwendungsbereich

Im Rahmen des Art. 2 aVerbSchG ist im Zuge der Novellierung der Begriff *„Rechtsgeschäft"* durch den neu eingeführten Begriff *„Verbrauchergeschäft"*

1680 Vgl. hierzu S. 294.

1681 *Tonner*, in: *Gebauer/Wiedmann*, Zivilrecht unter europäischem Einfluss, Kap. 14 Rn. 12.

ersetzt worden. Das Gesetz findet folglich auf *„[...] alle Verbrauchergeschäfte“* Anwendung. In der Gesetzesbegründung dazu heißt es, dass dieser Begriff in der Lehre allgemein anerkannt sei.[1682] Zugleich wurde in Art. 3 lit. h) eine Definition dieses Begriffs verankert. Demnach ist ein Verbrauchergeschäft *„[...] jedes Rechtsgeschäft, das auf den Waren- und Dienstleistungsmärkten zwischen einem Verbraucher und einem Verkäufer/Anbieter getätigt wird.“* Die Neuregelung stellt demgemäß - anders als die Ursprungsfassung[1683] - nicht einseitig auf das Vorhandensein eines Verbrauchers ab, sondern definiert in Übereinstimmung mit den europäischen Verbraucherschutzrichtlinien ausdrücklich auch die Gegenseite des Rechtsgeschäfts.

Daneben wurde die Definition der Waren in Art. 3 lit c) aVerbSchG weiter gefasst. Sie umfasst seither auch Immobilien, die zu wohn- oder ferienzwecken genutzt werden und Immaterialgüter wie Software, Ton und Bilder für den elektronischen Gebrauch. Die neue Definition geht damit zugunsten der Verbraucher erheblich über den sachlichen Anwendungsbereich fast aller Richtlinien hinaus, deren Nachvollzug mit dem aVerbSchG angestrebt wurde. Denn anders als die Produkthaftungsrichtlinie[1684], die Haustürwiderrufsrichtlinie[1685], die Verbraucherkreditrichtlinie[1686], die Fernabsatzrichtlinie[1687] und die Verbrauchsgüterkaufrichtlinie[1688] umfasst sie Rechte an Immobilien. Die einzige Ausnahme bildet insoweit die Timesharing-Richtlinie, die gerade Rechte an Immobilien umfasst[1689] und deren Umsetzung an der Ausweitung des Anwendungsbereichs des aVerbSchG nicht ohne Anteil gewesen sein wird. Zudem umfasst die neue Definition - anders als die Verbrauchsgüterkaufrichtlinie - mit der Aufzählung von Immaterialgütern auch unkörperliche Gegenstände. Da Art. 762 des türkischen ZGB beherrschbare Naturkräfte zu den beweglichen Sachen zählt, gilt selbiges für Strom, Wasser und Gas, die die Verbrauchsgüterkaufrichtlinie lediglich in *„[...] einem begrenzten Volumen oder in einer bestimmten Menge abgefüllt umfasst“*.[1690]

1682 Vgl. die amtliche Begründung zu den einzelnen Bestimmungen, Art. 2.
1683 Siehe hierzu S. 289 ff.
1684 Vgl. Art. 2 der Produkthaftungsrichtlinie.
1685 Vgl. Art. 3 Abs. 2 lit a) der Haustürwiderrufsrichtlinie.
1686 Vgl. Art. 2 Abs. 1 lit. a) der Verbraucherkreditrichtlinie.
1687 Vgl. Art. 3 Abs. 1 4. Spiegelstrich der Fernabsatzrichtlinie.
1688 Vgl. Art. 1 Abs. 2 lit. b) der Verbrauchsgüterkaufrichtlinie.
1689 Siehe hierzu Art. 2 1. Spiegelstrich der Timesharing-Richtlinie.
1690 *Atamer*, ZEuP 2005, 566, 574.

Ebenfalls neu gefasst wurde die Definition der Dienstleistung in Art. 3 lit. d) aVerbSchG. Unter dieser sind seither „*[a]lle Tätigkeiten mit Ausnahme der Verschaffung von Waren, die gegen eine Vergütung oder einen Nutzen durchgeführt werden*“, zu verstehen.

Obgleich mit diesen Änderungen der Anwendungsbereich des aVerbSchG erheblich weiter gefasst wurde und in der Literatur vor diesem Hintergrund insbesondere auch vertreten wurde, dass die Beschränkungen des türkischen Kassationshofs zur Ursprungsfassung des aVerbSchG keinen Bestand mehr haben könnten,[1691] ist der Kassationshof auch in seiner Rechtsprechung zur novellierten Fassung des aVerbSchG nicht von seiner früheren Linie abgewichen. So unterfallen nach seiner Rechtsprechung weiterhin Werkverträge, Transportverträge und Versicherungsverträge nicht dem Anwendungsbereich des aVerbSchG.[1692] Insbesondere die Ausnahme von Werkverträgen widerspricht dabei der nachvollzogenen Verbrauchsgüterkaufrichtlinie, die gem. ihrem Art. 1 Abs. 4 auch Verbrauchsgüter, die noch herzustellen oder zu erzeugen sind, umfasst. Daneben widersprechen die Ausnahmen auch dem Anwendungsbereich der nachvollzogenen Richtlinie über missbräuchliche Klauseln in Verbraucherverträgen.[1693]

4. *Änderungen am bisherigen Nachvollzug durch die Gesetzesnovelle*

a) *Änderungen am Nachvollzug der Richtlinie 85/577/EWG*

aa) *Anwendungsbereich*

Der Anwendungsbereich der Regelungen zu Haustürgeschäften wurde mit der Gesetzesnovelle deutlich erweitert. Die in der Ursprungsfassung vorhandene Einschränkung, dass das Geschäft ohne vorherige Übereinstimmung zwischen dem Unternehmer und dem Verbraucher außerhalb von Verkaufsräumen

---

1691 So bspw. *Akdağ-Güney*, GPR 3 (2006), 59, 63.

1692 Bzgl. Versicherungsverträge: Türkischer Kassationshof, 17. Zivilkammer Nr. 2009/5219, 2009/4952 (abgedruckt in *Ünal/İlgün*, TKHK, S. 30 f.); Türkischer Kassationshof, 17. Zivilkammer Nr. 2009/5568, 2009/5188 (abgedruckt in *Ünal/İlgün*, TKHK, S. 33); bzgl. Werkverträge: Türkischer Kassationshof, 17. Zivilkammer Nr. 2011/12187, 2011/11820 (abgedruckt in *Ünal/İlgün*, TKHK, S. 31); Türkischer Kassationshof, 17. Zivilkammer Nr. 2011/13109, 2011/13386 (abgedruckt in *Ünal/İlgün*, TKHK, S. 33); bzgl. Transportverträge: Türkischer Kassationshof, 17. Zivilkammer Nr. 2011/9921, 2011/11806 (abgedruckt in *Ünal/İlgün*, TKHK, S. 33).

1693 Vgl. *Pfeiffer*, in: *Grabitz/Hilf/Nettesheim*, Das Recht der Europäischen Union, A 5 Art. 1 Rn. 13.

geschlossen worden sein muss, ist mit der Novellierung entfallen. Damit sind seither auch Konstellationen vom aVerbSchG umfasst, in denen der Besuch des Unternehmers auf ausdrücklichen Wunsch des Verbrauchers erfolgt. Die geänderte Regelung geht insoweit deutlich über das Schutzniveau der Richtlinie hinaus. Gestrichen wurde außerdem die Bagatellgrenze.

Entfernt wurde in Art. 8 Abs. 1 aVerbSchG auch die häufig kritisierte Qualifizierung der Haustürverkäufe als eine Art des Kaufs auf Probe und Besicht. Obgleich mit dieser Änderung Haustürverkäufe seither nicht mehr zu letzteren gezählt werden dürften, findet sich diese Einordnung aber nach wie vor in den Urteilen des türkischen Kassationshofs zum aVerbSchG.[1694] Die Änderung der gesetzlichen Regelung hatte daher keine Änderung der Rechtsprechungspraxis zur Folge.

Nicht geändert wurde hingegen die begriffliche und sachliche Verengung auf Kaufverträge. Art. 8 aVerbSchG trägt auch in der novellierten Fassung weiterhin die Überschrift „*Haustürverkäufe*" und enthält in seinem Abs. 3 S. 2 die fehlerhafte Formulierung „*Verkäufe von Dienstleistungen*". Dieselbe Verengung durchzieht auch die im Zusammenhang mit der Gesetzesnovelle erlassene *Verordnung betreffend Verfahren und Prinzipien der Anwendung bei Haustürverkäufen*[1695], die an die Stelle des vorherigen Erlasses getreten ist. Dies zeigt, dass eine konsequente Bereinigung dieser Fehlkonzeption der Ursprungsfassung des aVerbSchG im Zuge der Gesetzesnovelle nicht erfolgt ist.

Neu eingefügt wurde in Art. 8 Abs. 2 aVerbSchG schließlich eine Ermächtigung des türkischen Industrie- und Handelsministeriums, Zulassungskriterien, bereichsspezifische Ausnahmen und Verfahren und Prinzipien der Anwendung in Bezug auf Haustürverkäufe zu regeln. Der türkische Gesetzgeber hat mit dieser Neueinfügung auf das Urteil des Staatsrats und die Kritik der Literatur darüber, dass die betreffenden Regelungen im vorherigen Erlass gegen die Normenhierarchie verstießen,[1696] reagiert und eine eindeutige Ermächtigungsgrundlage geschaffen.

1694 Türkischer Kassationshof, 13. Zivilkammer, Hauptsache Nr. 2011/716, Entscheidung Nr. 2011/14368 vom 13.10.2011; Türkischer Kassationshof, 13. Zivilkammer, Hauptsache Nr. 2012/9060, Entscheidung Nr. 2012/11380 vom 26.04.2012; Türkischer Kassationshof, 13. Zivilkammer, Hauptsache Nr. 2012/9721, Entscheidung Nr. 2012/12726 vom 17.05.2012.

1695 Verkündet am 13.06.2003 im türkischen Amtsblatt (Nr. 25137).

1696 Siehe dazu S. 306.

bb) Informationspflichten

Anders als in der Ursprungsfassung muss die Widerrufsbelehrung seit der Novellierung gem. Art. 9 Abs. 1 aVerbSchG im Vertrag selbst enthalten sein. Sie muss sich dort gem. Art. 9 Abs. 1 VerbSchG und Art. 6 Abs. 2 lit. g), Abs. 5 der dazugehörigen Verordnung auf der ersten Seite des Vertrages in Schriftgröße 16 wiederfinden. Diese Verortung an exponierter Stelle mit größerer Schrift gewährleistet in noch höherem Maße die Unterrichtung des Verbrauchers von seiner Überlegungsfrist und geht in dieser Form weit über die betreffenden Vorgaben der Haustürwiderrufsrichtlinie hinaus. Durch die Aufnahme in das eigentliche Vertragsdokument können sich zudem keine Zuordnungsprobleme ergeben, sodass auch eine Identifizierung des Vertrages im Sinne von Art. 4 Abs. 2 der Haustürwiderrufsrichtlinie sichergestellt ist.

Wie auch zuvor muss der Verbraucher den Vertrag unterschreiben. Überdies ist seit der Gesetzesnovelle gem. Art. 9 Abs. 3 S. 1 aVerbSchG das Datum des Vertragsschlusses eigenhändig durch den Verbraucher in das Vertragsdokument einzutragen. Mit dieser Neueinfügung hat der türkische Gesetzgeber auf die zahlreichen Missbrauchsfälle reagiert, in denen Unternehmer durch Manipulation des Datums in der Vertragsurkunde faktisch die Widerrufsfrist des Verbrauchers zu verkürzen suchten. Das dahingehende Missbrauchspotenzial der Ursprungsfassung wurde mit der erwähnten Neueinfügung beseitigt.

Der türkische Gesetzgeber setzte auch im Rahmen der Gesetzesnovelle weiterhin auf einen stark gewerberechtlich geprägten Ansatz. Anders als in der Ursprungsfassung fungiert die vormals separate Widerrufsbelehrung jedoch nicht mehr als eine Art Zulassungsbescheinigung. Stattdessen muss seit der Novellierung gem. Art. 5 der dazugehörigen Verordnung eine eigenständige Zulassungsbescheinigung beantragt werden. Im Übrigen stimmt das Verfahren allerdings fast vollständig mit dem Verfahren nach der alten Rechtslage überein. Erneut können nur juristische Personen eine Zulassung erhalten. Darüber hinaus müssen diese seit der Novellierung ein Eigenkapital von mind. 25 Milliarden türkischer Lira nachweisen. Letzteres dürfte dem Umstand geschuldet sein, dass sich in der Vergangenheit Probleme häufiger gerade mit kleinen Direktvertriebsunternehmen ergeben hatten.[1697] Die gewerberechtlichen Einschränkungen dürften schließlich aufgrund der im Zuge der Gesetzesnovelle in Art. 8 Abs. 2 aVerbSchG eingefügten eindeutigen Ermächtigungsgrundlage nicht gegen die Normenhierarchie verstoßen.

1697 *Atamer/Micklitz*, in: *Atamer/Hopt*, Kompatibilität des türkischen und europäischen Wirtschaftsrechts, S. 201.

cc) Widerrufsrecht

In der novellierten Fassung des aVerbSchG steht den Verbrauchern gleichermaßen das Recht zu, Haustürgeschäfte innerhalb von sieben Tagen zu widerrufen. Neu ist, dass die Ausübung des Widerrufs nach Art. 11 Abs. 3 der dazugehörigen Verordnung an keinerlei Formvorgaben mehr gebunden ist. Zudem besteht seither nach Art. 11 Abs. 2 der Verordnung ein Anzahlungsverbot. Das heißt, dass der Unternehmer für die Dauer der Widerrufsfrist vom Verbraucher keinerlei Zahlung für die Ware oder Dienstleistung verlangen darf. Die Rechtsstellung des Verbrauchers wurde auf diese Weise im Vergleich zur Ursprungsfassung deutlich verbessert und geht insoweit deutlich über das Schutzniveau der Richtlinie hinaus. Dagegen findet sich weder in der novellierten Gesetzesfassung noch in der dazugehörigen Verordnung eine Regelung zu der Frage, ob die Widerrufserklärung innerhalb der siebentägigen Widerrufsfrist nur abgegeben oder auch zugegangen sein muss.[1698] Da der vorherige Erlass insoweit eine mit der Haustürwiderrufsrichtlinie in Einklang stehende Vorschrift vorsah, ist wohl davon auszugehen, dass die Aufnahme eine solcher Regelung in die Verordnung schlichtweg vergessen wurde.

Neu ist außerdem, dass mit der Gesetzesnovelle der Beginn der Widerrufsfrist im Gesetz selbst verankert wurde. Nach vorheriger Rechtslage war diese Thematik lediglich im dazugehörigen Erlass geregelt. Gem. Art. 8 Abs. 3 S. 1 aVerbSchG beginnt diese Widerrufsfrist bei Waren mit der Übergabe. Bei Dienstleistungen markiert gem. S. 2 der Zeitpunkt des Vertragsschlusses den Beginn. Wenngleich die Regelung dieser Thematik im Gesetz zu begrüßen ist, erscheinen die gewählten Anknüpfungspunkte nichtsdestotrotz fragwürdig. Denn in Bezug auf Waren wurde derselbe Anknüpfungspunkt gewählt, der auch schon nach dem vorherigen Erlass grundsätzlich maßgebend war. Diese frühere Anknüpfung beruhte jedoch auf der sachlich verfehlten Einordnung von Haustürgeschäften als Kauf auf Probe und Besicht. Bei letzteren bildet nämlich die physische Inaugenscheinnahme das maßgebliche Moment. Anders dagegen beim Haustürwiderruf: Dessen Schutzzweck erfordert es, dass der Verbraucher über sein Widerrufsrecht unterrichtet wird und rückt damit die Widerrufsbelehrung in den Mittelpunkt. Im Falle des Ausbleibens der Widerrufsbelehrung sahen die vorherigen Vorschriften dahingegen lediglich eine Verwaltungsstrafe vor, sodass mit ihnen der mit dem verbraucherschützenden Widerrufsrecht verfolgte Schutz der Verbraucher nicht hätte erreicht werden können. Erst der türkische Kassationshof

1698 *Atamer*, Milletlerarası Hukuk ve Milletlerarası Özel Hukuk Bülteni 21 (2001), Nr. 1–2, 1, 22.

half über diese zweckverfehlende Ausgestaltung hinweg, indem er in ständiger Rechtsprechung einen Beginn der Widerrufsfrist im Falle des Ausbleibens der Widerrufsbelehrung verneinte.[1699]

Zwar wurde mit der Gesetzesnovelle die fehlerhafte Einordnung von Haustürgeschäften als eine Art Kauf auf Probe und Besicht gestrichen. Gleichwohl scheint dieses Verständnis bei der Frage der Anknüpfung des Beginns der Widerrufsfrist nachgewirkt zu haben.[1700] Die novellierte Regelung dürfte aber dennoch als zulässige Verschärfung der Richtlinienvorgaben betrachtet werden.[1701] Denn Art. 9 Abs. 4 der novellierten Fassung des aVerbSchG bestimmt, dass der Verbraucher an die siebentägige Widerrufsfrist nicht gebunden ist, wenn der Unternehmer den ihm obliegenden Beweis über die inhalts- und formgerechte Erfüllung der Informationspflichten nicht erbringen kann. Der türkische Gesetzgeber hat damit letztlich die oben erwähnte Rechtsprechung des türkischen Kassationshofs in das aVerbSchG übernommen.[1702]

dd) Rechtsfolgen des Widerrufs

Im Rahmen der Rechtsfolgen des Widerrufs besteht nach wie vor die Pflicht des Unternehmers, die Waren innerhalb von 20 Tagen nach Zugang der Widerrufserklärung zurückzunehmen. Die vormals enthaltene Pflicht des Unternehmers, jegliche erhaltene Zahlungen innerhalb von zehn Tagen nach Zugang der Widerrufserklärung zurückzuerstatten, wurde vor dem Hintergrund des eingeführten Anzahlungsverbots dagegen gestrichen. In der Literatur wird Letzteres mit dem Argument kritisiert, dass der Gesetzgeber diese Pflicht für die Fälle hätte bestehen lassen müssen, in denen der Unternehmer entgegen dem Zahlungsverbot gleichwohl eine Zahlung des Verbrauchers angenommen hat.[1703]

Im Übrigen wurden die Rechtsfolgen auf eine Vorschrift reduziert: Gem. Art. 8 Abs. 4 der novellierten Fassung des aVerbSchG haftet der Verbraucher nicht für Schäden, die durch den gewöhnlichen Gebrauch der Ware entstanden sind. Im Vergleich mit der Ursprungsfassung wurde der Haftungsumfang auf

---

1699 Siehe zu alldem S. 309.

1700 In diese Richtung auch *Atamer*, Milletlerarası Hukuk ve Milletlerarası Özel Hukuk Bülteni 21 (2001), Nr. 1–2, 1, 22.

1701 In diese Richtung auch *Atamer/Micklitz*, in: *Atamer/Hopt*, Kompatibilität des türkischen und europäischen Wirtschaftsrechts, S. 205.

1702 *Atamer/Micklitz* nennen dies „[…] die türkische Variante der *Heiniger* Rechtsprechung des EuGH". Siehe *dies.*, in: *Atamer/Hopt*, Kompatibilität des türkischen und europäischen Wirtschaftsrechts, S. 206.

1703 *Zevkliler/Aydoğudu*, TKHK, 3. Aufl., S. 247.

diese Weise deutlich zugunsten des Verbrauchers vermindert. Allerdings fehlt es damit an einer ausdrücklichen Regelung sowohl der Fälle, in denen der Verbraucher über den gewöhnlichen Gebrauch der Ware hinausgegangen ist, als auch der Fälle, in denen die Rückgabe der Ware unmöglich geworden ist. Zudem existiert überhaupt keine Regelung darüber, wie die Rückabwicklung im Falle des Widerrufs erfolgt, wenn eine Dienstleistung den Vertragsgegenstand bildet. In der Literatur haben sich zu all diesen Themenkreisen unterschiedliche Auffassungen herausgebildet. Urteile des türkischen Kassationshofs zu diesen Themenkreisen finden sich – soweit ersichtlich – keine.

In Bezug auf Waren wird in der Literatur vertreten, dass der Verbraucher für Schäden haftet, die auf einen Gebrauch der Ware zurückzuführen sind, der über den gewöhnlichen Gebrauch hinausgegangen ist.[1704] Konkrete Haftungsnormen werden dabei nicht genannt; die Auffassung speist sich letztlich aus einem Umkehrschluss zur Regelung in Art. 8 Abs. 4 aVerbSchG. Teilweise wird dagegen aber auch vertreten, dass ein Gebrauch der Ware, der über eine Probe und Besicht hinausgeht, einer Bestätigung der Ware gleichkäme und in solchen Fällen deshalb kein Widerruf mehr möglich sei.[1705] Für den Fall der durch den Verbraucher verschuldeten Unmöglichkeit wird in der Literatur in Teilen eine Haftung nach den allgemeinen Haftungsregelungen der Artt. 96 und 117 des türkischen OR vertreten.[1706] Teilweise wird auch ohne Nennung einer konkreten Haftungsnorm die Auffassung vertreten, dass der Verbraucher Schadensersatz zu leisten habe, der letztendlich auf eine Leistung des Kaufpreises hinausliefe.[1707]

In Bezug auf Dienstleistungen wird vereinzelt vertreten, dass keine Pflicht zur Rückerstattung des Werts schon erbrachter Dienstleistungen bestehe.[1708] Die überwiegende Auffassung nimmt in diesem Fall aber eine Pflicht zur Rückerstattung der erhaltenen Vermögensvorteile an.[1709] Dabei werden in diesem Zusammenhang als Haftungsregime teilweise die Regelungen des Bereicherungsrechts genannt.[1710] Im Falle des Widerrufs nach vollständiger Erbringung

---

1704 *Aslan*, Tüketici Hukuku Dersleri, S. 239; *Kurt*, ABD 2011, Nr. 2, 43, 63.

1705 *Zevkliler/Aydoğudu*, TKHK, 3. Aufl., S. 253.

1706 *Akdağ-Güney*, GPR 5 (2008), 20, 28.

1707 *Aslan*, Tüketici Hukuku Dersleri, S. 239.

1708 *Akdağ-Güney*, GPR 5 (2008), 20, 28.

1709 *Zevkliler/Aydoğudu*, TKHK, 3. Aufl., S. 254; *Aslan*, Tüketici Hukuku Dersleri, S. 240; *Kurt*, ABD 2011, Nr. 2, 43, 64.

1710 *Kurt*, ABD 2011, Nr. 2, 43, 64.

der Dienstleistung durch den Unternehmer wird dagegen der Widerruf in der Literatur überwiegend für nicht mehr möglich gehalten.[1711]

ee) Zusammenfassende Würdigung

Die rechtliche Stellung des Verbrauchers im Rahmen von Haustürgeschäften wurde durch die Gesetzesnovelle deutlich verbessert und reicht in einigen Punkten seither sogar weit über das Schutzniveau der Haustürwiderrufsrichtlinie hinaus. Vormals bestehenden Missbrauchsmöglichkeiten wurde ein Riegel vorgeschoben. Auch sind aus gesetzgebungstechnischer Sicht einige Verbesserungen erfolgt. So wurde für den Bereich der Haustürgeschäfte eine eigenständige und eindeutige Ermächtigungsgrundlage geschaffen, von der das Industrie- und Handelsministerium sogleich auch durch den Erlass einer Verordnung Gebrauch gemacht hat. Zudem wurde durch die Aufnahme einiger Detailregelungen in das aVerbSchG, die vormals nur im Erlass enthalten waren, der Bereich der Haustürgeschäfte transparenter gestaltet. An anderen Stellen sind die Änderungen dagegen unvollständig geblieben.

Nicht behoben wurde im Zuge der Novellierung die fälschliche begriffliche und sachliche Verengung auf Kaufverträge. Und auch die Tilgung der sachlich fehlerhaften Einordnung von Haustürgeschäften als eine Art Kauf auf Probe und Besicht ist nicht mit der notwendigen Konsequenz erfolgt.

b) Änderungen am Nachvollzug der Richtlinie 87/102/EWG

Im Bereich der Verbraucherkreditverträge ist es im Zuge der Gesetzesnovelle ebenfalls zu einigen Änderungen gekommen. Die augenfälligste Änderung ist dabei die Neueinfügung einer Regelung über Kreditkartengeschäfte. Eine Zusammenfassung aller Formen des Verbraucherkredits in einer einheitlichen Regelung ist dagegen auch mit der Novellierung ausgeblieben, sodass die türkischen Regelungen weiterhin nicht dem modernen Ansatz der Verbraucherkreditrichtlinie folgen.

aa) Anwendungsbereich

Die Regelung über Verbraucherdarlehen findet sich weiterhin in Art. 10 aVerbSchG. Neu ist, dass die Regelung in Abs. 1 S. 1 seither eine Definition

---

1711 *Zevkliler/Aydoğudu*, TKHK, 3. Aufl., S. 254; *Aslan*, Tüketici Hukuku Dersleri, S. 240; *Kurt*, ABD 2011, Nr. 2, 43, 64.

des *„Verbraucherkredits“* enthält. Dieser zufolge ist ein Verbraucherkredit *„[…] ein Kredit in Form von Bargeld, den die Verbraucher zum Zwecke des Erwerbs von Waren oder Dienstleistungen bei dem Kreditgeber aufnehmen“*. Gleichzeitig wurde auf diese Weise der Begriff des *Kreditgebers* eingeführt. Dessen Definition findet sich in Art. 3 lit. k) aVerbSchG und beschränkt den persönlichen Anwendungsbereich wiederum richtlinienwidrig auf Banken, private Finanzinstitute und Finanzierungsunternehmen. Eine inhaltliche Änderung ist mit diesen Definitionen daher nicht einhergegangen. Vielmehr verdeutlichen sie die schon der Ursprungsfassung zu entnehmende Beschränkung des Anwendungsbereichs auf klassische Bankdarlehen zugunsten von Verbrauchern. Da aber der Warenbegriff in Art. 3 lit. c) aVerbSchG, an den die Regelung in Art. 10 aVerbSchG nach wie vor anknüpft, im Zuge der Novelle erweitert wurde, umfasst Art. 10 aVerbSchG seit der Novellierung dagegen auch Darlehen für den Erwerb von Wohn- oder Ferienimmobilien.[1712] Der Anwendungsbereich der novellierten Fassung geht damit weit über den Anwendungsbereich der Verbraucherkreditrichtlinie hinaus.

Ebenfalls definiert wurde im Zuge der Novellierung der Begriff des Abzahlungsgeschäfts in Art. 6/A Abs. 1 aVerbSchG. Demnach ist ein Abzahlungsgeschäft *„[…] eine Form des Kaufs, bei der der Kaufpreis mindestens in zwei Raten gezahlt und die Ware oder Dienstleistung im Zeitpunkt des Vertragsschlusses übergeben oder geleistet wird“*. Eine inhaltliche Änderung ging auch mit dieser Definition nicht einher. Gleichgeblieben ist insoweit auch die begriffliche Verengung auf Kaufverträge.

Neueingefügt wurde darüber hinaus eine Regelung über Kreditkartengeschäfte in Art. 10/A aVerbSchG. Dieser zufolge finden in Fällen, in denen sich die Bezahlung einer Ware oder Dienstleistung per Kreditkarte in ein Darlehen umwandelt, oder in denen durch Bargeldabhebung mittels Kreditkarte ein Darlehen aufgenommen wird, die Vorschriften des Art. 10 aVerbSchG über Verbraucherdarlehensverträge ebenfalls Anwendung. Da die Verbraucherkreditrichtlinie auch Kreditkartengeschäfte umfasst, wurde mit dieser Neueinfügung die türkische Regelung der europäischen weiter angenähert. In Ermangelung eines Ausschlusses von Krediten, die, wie es bei den meisten Kreditkarten der Fall ist, für maximal drei Monate gewährt werden, geht die türkische Regelung insoweit sogar über die europäischen Vorgaben hinaus.

1712 *Atamer/Micklitz*, in: *Atamer/Hopt*, Kompatibilität des türkischen und europäischen Wirtschaftsrechts, S. 215.

Nicht vorhanden ist hingegen nach wie vor eine Regelung über Überziehungskredite. In der Literatur wird vereinzelt dafür plädiert, Art. 10/A insoweit analog zur Anwendung zu bringen.[1713]

bb) Informationspflichten

Im Hinblick auf die Informationspflichten bei Verbraucherdarlehensverträgen ist es in Art. 10 aVerbSchG selbst nur zu kleineren Änderungen gekommen, die keine Annäherung an die Vorgaben der Verbraucherkreditrichtlinie beinhalten, sondern eine Reaktion auf verbraucherbenachteiligende Geschäftspraktiken in der Türkei darstellen. So wurde in Art. 10 Abs. 2 lit. f) aVerbSchG festgelegt, dass die Verzugszinsen den vertraglich vereinbarten Zinssatz nicht um mehr als 30 % übersteigen dürfen. Zudem wurde lit. ı) hinzugefügt, der bei Devisenkrediten den Kreditgeber dazu verpflichtet, anzugeben, welches Datum für den zugrunde zulegenden Wechselkurs maßgeblich ist. In Zusammenhang mit den Vorgaben der Verbraucherkreditrichtlinie steht dagegen die mit der Gesetzesnovelle verabschiedete *Verordnung über die Ermäßigung bei vorzeitiger Erfüllung und den effektiven Jahreszins bei Verbraucherkrediten*[1714]. Deren Art. 8 legt nämlich die Berechnungsmethode für den effektiven Jahreszins fest und bestimmt in seinem Abs. 1, dass dieser im Verbraucherkreditvertrag anzugeben ist. Die im Anhang 2 der Verordnung angegebene Formel entstammt dabei dem Anhang II der abgeänderten Verbraucherkreditrichtlinie.[1715] Damit wurde der Nachvollzug den Richtlinienvorgaben angenähert. Allerdings widerspricht die Verortung dieser Informationspflicht in der Verordnung abermals der Normenhierarchie.[1716]

Für Kreditkartengeschäfte gelten gem. Art. 10/A Abs. 1 aVerbSchG einige der zwingenden Angaben, die in Art. 10 Abs. 1 aVerbSchG vorgeben werden, nicht. Des Weiteren fehlen auch verpflichtende Angaben über eine etwaige Höchstgrenze des Kredits und Rückzahlungsbedingungen, die nach der Verbraucherkreditrichtlinie wesentliche Vertragsbestimmungen bei Kreditkartengeschäften darstellen. Der Nachvollzug der Verbraucherkreditrichtlinie fällt insoweit ungenügend aus.

1713 So *Aslan*, Tüketici Hukuku Dersleri, S. 217 f.

1714 Verkündet am 01.08.2003 im türkischen Amtsblatt (Nr. 25186).

1715 *Atamer/Micklitz*, in: *Atamer/Hopt*, Kompatibilität des türkischen und europäischen Wirtschaftsrechts, S. 216 f.

1716 *Atamer/Micklitz*, in: *Atamer/Hopt*, Kompatibilität des türkischen und europäischen Wirtschaftsrechts, S. 215 f.

Bei Abzahlungsgeschäften müssen die Pflichtangaben gem. Art. 6/A Abs. 2 S. 2 seit der Novellierung im Vertrag selbst enthalten sein. Dies entspricht der Rechtsprechungslinie, die der türkische Kassationshof schon zur Ursprungsfassung vertreten hat. Zudem bestimmt Art. 6/A Abs. 2 S. 1 ausdrücklich, dass der Vertrag der Schriftform unterliegt. Diese Ansicht wurde in der Literatur ebenfalls schon zur Ursprungsfassung vertreten. Der Abzahlungsverkäufer hat eine Ausfertigung des Vertrages gem. Art. 6/A Abs. 3 S. 1 aVerbSchG dem Verbraucher auszuhändigen.

Hinzugekommen als Pflichtangabe sind bei Abzahlungsgeschäften lediglich die in Art. 6/A Abs. 2 lit. a) aVerbSchG eingefügte Pflicht zur Angabe der Kontaktinformationen des Abzahlungsverkäufers und die in lit. g) eingefügte Pflicht zur Angabe der rechtlichen Folgen des Verzugs des Schuldners. Daneben wurde in lit. d) der Verzugszins auf 130 % des vertraglich vereinbarten Zinssatzes beschränkt.

cc) Vorzeitige Erfüllung

Die Regelungen über die Pflicht zur Ermäßigung im Falle der vorzeitigen Erfüllung durch den Verbraucher sind sowohl in Bezug auf Verbraucherkredite als auch in Bezug auf Abzahlungsgeschäfte gleichgeblieben. Neu ist, dass Art. 10 Abs. 4 aVerbSchG das türkische Industrie- und Handelsministerium im Hinblick auf Verbraucherdarlehen dazu ermächtigt, Verfahren und Prinzipien der Ermäßigung festzulegen. Das Ministerium hat von dieser Ermächtigung durch den Erlass der bereits erwähnten *Verordnung über die Ermäßigung bei vorzeitiger Erfüllung und den effektiven Jahreszins bei Verbraucherkrediten* sogleich Gebrauch gemacht.

Gem. Art. 10/A Abs. 1 S. 2 aVerbSchG ist die Pflicht zur Ermäßigung bei vorzeitiger Erfüllung nicht auf Kreditkartengeschäfte anzuwenden.

dd) Wechselbegebung

Der vormals ungeregelte Fall der Verwendung von Wechseln wurde im Zuge der Gesetzesnovelle durch den türkischen Gesetzgeber aufgegriffen.

Gem. Art. 10 Abs. 6 S. 1 aVerbSchG wurde im Rahmen von Verbraucherdarlehensverträgen sowohl die Verwendung von Wechseln als Zahlungsmittel als auch als Sicherheit vollständig verboten. Gem. S. 2 wurde für den Fall des Zuwiderhandelns ein Rückforderungsrecht des Verbrauchers statuiert. S. 3 schließlich sieht einen Schadensersatzanspruch für etwaige, durch die Zuwiderhandlung entstandene Schäden vor. Der türkische Gesetzgeber ist mit dieser Regelung weit über das Schutzniveau der Verbraucherkreditrichtlinie hinausgegangen, die in ihrem Art. 10 lediglich einen angemessenen Schutz des Verbrauchers bei der Verwendung dieser Papiere verlangt.

In Bezug auf Abzahlungsgeschäfte ist die Verwendung nach wie vor erlaubt. In Art. 6/A Abs. 3 S. 2 wurden lediglich einige Wirksamkeitsvoraussetzungen vorgesehen, die einen Schutz des Verbrauchers gewährleisten sollen.

ee) Einwendungsdurchgriff

Gem. der novellierten Fassung des Art. 10 Abs. 5 aVerbSchG liegt ein verbundener Vertrag vor, wenn das Darlehen durch den Kreditgeber unter der Bedingung gewährt wird, dass der Verbraucher eine Ware oder eine Dienstleistung einer bestimmten Marke erwirbt oder den Vertrag mit einem bestimmten Verkäufer oder Dienstleister abschließt. Die alleinige Bedingung, dass eine bestimmte Ware oder Dienstleistung erworben werden muss, genügt nach der novellierten Fassung folglich zur Annahme eines verbundenen Vertrages nicht mehr. *Atamer* sieht die Verengung auf eine bestimmte Marke positiv, da mit dieser der verbundene Vertrag trennschärfer vom reinen Bedarfskredit unterschieden werden könne.[1717]

Daneben wurden Änderungen an der Regelung zur gesamtschuldnerischen Haftung im Rahmen von verbundenen Verträgen vorgenommen. Während die Ursprungsfassung eine gesamtschuldnerische Haftung für den Fall der mangelhaften Lieferung vorsah, besteht eine solche nach der novellierten Fassung für die Fälle der Nichtlieferung und der verspäteten Lieferung. Die Haftung des Kreditgebers für den Fall der mangelhaften Lieferung findet sich dagegen seither in Art. 4 Abs. 3 aVerbSchG wieder. Die Regelung wurde in dieser Hinsicht somit den Vorgaben in Art. 11 Abs. 2 lit. d) der Verbraucherkreditrichtlinie angeglichen. Durch die unmittelbare gesamtschuldnerische Haftung geht sie im Ganzen sogar über das Schutzniveau der Richtlinie hinaus. Wie die gesamtschuldnerische Haftung in den verschiedenen Konstellationen konkret erfolgen soll, lässt die Regelung dagegen offen.[1718]

Seit der Gesetzesnovelle stellt sich im Zusammenhang mit der Regelung über verbundene Verträge zudem noch eine weitere Frage. Aufgrund der Verweisung in Art. 10/A Abs. 1 aVerbSchG gelten nämlich seit der Novellierung die Regelungen über Verbraucherdarlehen – und somit auch die in Art. 10 Abs. 5 aVerbSchG

1717 *Atamer*, Milletlerarası Hukuk ve Milletlerarası Özel Hukuk Bülteni 21 (2001), Nr. 1–2, 1, 10.

1718 *Atamer*, Milletlerarası Hukuk ve Milletlerarası Özel Hukuk Bülteni 21 (2001), Nr. 1–2, 1, 11 f.

enthaltenen Bestimmungen über verbundene Verträge – auch für Finanzierungen per Kreditkarte. Es stellt sich daher die Frage, ob und in welchen Konstellationen bei solchen Kreditkartengeschäften von einem verbundenen Vertrag auszugehen und damit eine gesamtschuldnerische Haftung des Kreditkartenunternehmens zu bejahen ist. Die Stimmen in der Literatur zu dieser Frage rufen zur Zurückhaltung auf. Solange es sich nicht um eine unternehmensspezifische Kundenkarte handele, die von dem Kreditkartenunternehmen ausgegeben wurde, liege zum einen die Bedingung des Kaufs bei einem bestimmten Verkäufer oder Dienstleister nicht vor. Zum anderen sei generell die Annahme einer gesamtschuldnerischen Haftung des Kreditkartenunternehmens bei allen Geschäftsvorfällen des Kunden aufgrund der widersprechenden Geschäftspraxis realistischerweise nicht annehmbar.[1719]

ff) Zusammenfassende Würdigung

Im Bereich der Verbraucherkredite wurden mit der Gesetzesnovelle zahlreiche Nachvollzugsdefizite behoben und fehlende Vorgaben der Verbraucherkreditrichtlinie in das aVerbSchG eingefügt. Dabei wurden die türkischen Regelungen nicht nur noch stärker den Richtlinienvorgaben angeglichen, sie gehen seither in vielen Punkten sogar weit über das Schutzniveau der Richtlinie hinaus.

Daneben hat der türkische Gesetzgeber im Zuge der Gesetzesnovelle mit richtlinienfremden Regelungen auf verbraucherbenachteiligende Geschäftspraktiken reagiert, die sich in der Türkei seit der Verabschiedung der Ursprungsfassung herauskristallisiert hatten. Zudem wurde in Bezug auf die Gesamtfälligstellung im Falle des Verzugs eine Angleichung an die Regelungen des türkischen OR erreicht.

Abermals nicht eingeführt wurde dagegen ein verbraucherschützendes Widerrufsrecht, das von der Verbraucherkreditrichtlinie zwar nicht gefordert wird, sich zwischenzeitlich aber in vielen Mitgliedstaaten etabliert und bewährt hatte.[1720]

1719 In diese Richtung *Aslan*, Tüketici Hukuku Dersleri, S. 223 f.; *Atamer*, Milletlerarası Hukuk ve Milletlerarası Özel Hukuk Bülteni 21 (2001), Nr. 1–2, 1, 19 f.

1720 Dies kritisierend *Serozan*, İÜHFM, Band 61 (2003), Nr. 1–2, 339, 352.

5. *Nachvollzug weiterer Richtlinien durch die Gesetzesnovelle*

a) Nachvollzug der Richtlinie 90/314/EWG

Vor der Gesetzesnovelle des Jahres 2003 fanden sich innerhalb der türkischen Rechtsordnung nur im *Gesetz betreffend Reiseagenturen und den Verband der Reiseagenturen* aus dem Jahre 1972 einige wenige reiserechtliche Bestimmungen.[1721] Diese waren jedoch unter dem Gesichtspunkt des Verbraucherschutzes unzulänglich.[1722] Eine Ratifizierung des Internationalen Übereinkommens über den Reisevertrag (CCV) vom 23.04.1970 ist – wie in den meisten anderen Staaten auch – nicht erfolgt.[1723]

Erst im Zuge besagter Gesetzesnovelle wurde versucht, diese Lücke durch den Nachvollzug der *Richtlinie 90/314/EWG über Pauschalreisen* (sog. Pauschalreiserichtlinie) zu schließen. Der Nachvollzug erfolgte dabei mehr auf Ebene delegierter Rechtssetzung denn auf Ebene des aVerbSchG. In letzteres wurde zwar Art. 6/C eingefügt. Dieser definiert in seinem ersten Absatz allerdings lediglich den *Pauschalreisevertrag*. Der zweite und gleichzeitig letzte Absatz enthält dagegen nur eine Ermächtigung an das türkische Industrie- und Handelsministerium, Verfahren und Prinzipien zum Regelungsgegenstand zu erlassen. Ursächlich für diese magere Ausgestaltung auf Gesetzesebene könnte gewesen sein, dass die Vorschrift des Art. 6/C im ursprünglichen Gesetzesvorschlag nicht enthalten war und erst im Laufe des Gesetzgebungsverfahrens kurzfristig eingefügt wurde.[1724]

Das Ministerium hat von der Ermächtigung zeitnah durch den Erlass der *Verordnung betreffend Verfahren und Prinzipien der Anwendung bei Pauschalreiseverträgen*[1725] Gebrauch gemacht. Die Richtlinienvorgaben wurden genau genommen durch diese Verordnung nachvollzogen. Aus Gründen der Normenhierarchie und der sich aus der türkischen Verfassung von 1982 ergebenden Vertragsfreiheit erscheint diese Vorgehensweise indes zweifelhaft.[1726] Die rechtliche Ausgestaltung ist daher sowohl mit Blick auf die Gesetzgebungstechnik als auch

---

1721 Gesetz Nr. 1618, verkündet am 28.09.1972 im türkischen Amtsblatt (Nr. 14320).

1722 Vgl. *Aslan*, Tüketici Hukuku, 2. Aufl., S. 511; *Zevkliler/Aydoğudu*, TKHK, 3. Aufl., S. 196.

1723 *Zevkliler/Aydoğudu*, TKHK, 3. Aufl., S. 197.

1724 Vgl. *Atamer/Micklitz*, in: *Atamer/Hopt*, Kompatibilität des türkischen und europäischen Wirtschaftsrechts, S. 196.

1725 Verkündet am 13.06.2003 im türkischen Amtsblatt (Nr. 25137).

1726 Hierauf hinweisend *Zevkliler/Aydoğudu*, TKHK, 3. Aufl., S. 196.

mit Blick auf die gerade im Verbraucherschutz dringlichen rechtlichen Transparenzerfordernisse ungenügend.

aa) Anwendungsbereich

Die Definition des *Pauschalreisevertrages* in Art. 6/C Abs. 1 aVerbSchG entspricht fast vollständig derjenigen, die in Art. 2 Nr. 1 der Pauschalreiserichtlinie vorgegeben ist.[1727] Abweichungen bestehen lediglich in zwei Punkten: Erstens fehlt die zusätzliche Einschränkung, dass andere touristische Dienstleistungen, die nicht Nebenleistung von Beförderung oder Unterbringung sind, auch einen beträchtlichen Teil der Gesamtleistung ausmachen müssen, um im Sinne der Richtlinie als eine von mindestens zwei Dienstleistungen einer Pauschalreise begriffen werden zu können. Die in der Literatur für das Merkmal der anderen touristischen Dienstleistungen angeführten Beispiele zeigen jedoch, dass mit dieser Auslassung kein abweichendes inhaltliches Verständnis einhergegangen ist. Zweitens spricht die Definition nicht von einer im Voraus festgelegten Verbindung von mindestens zwei Dienstleistungen, sondern von einem im Voraus abgefassten Vertrag und verfälscht damit in Abweichung zur Richtliniendefinition den Bezugspunkt des zeitlichen Kriteriums. Doch auch diese Verfälschung dürfte zu keiner inhaltlichen Abweichung geführt haben. Denn zum einen findet sich dieses Kriterium in der dazugehörigen Verordnung an keiner Stelle mehr wieder. Zum anderen ist das in der Richtlinie vorgegebene Kriterium der im Voraus festgelegten Verbindung durch den EuGH dergestalt relativiert worden, dass es selbst Verbindungen umfasst, die im unmittelbaren zeitlichen Zusammenhang mit dem Vertragsschluss auf Wunsch oder nach Vorgabe des Verbrauchers vorgenommen werden.[1728]

Die Ergänzung der Definition in Art. 2 Nr. 1 UAbs. 2 der Pauschalreiserichtlinie dahingehend, dass die Richtlinie auch bei getrennter Berechnung der einzelnen Leistungen einer Pauschalreise Anwendung findet, hat dagegen keinen Eingang in die türkische Regelung gefunden. Nichtsdestotrotz wird in der türkischen Literatur eine entsprechende Auslegung befürwortet.[1729]

Kritisiert wird in der türkischen Literatur, dass die Definition in Bezug auf ihren Regelungsgegenstand den Ausdruck *„verkaufen"* verwendet.[1730] Diese

1727 So auch *Atamer/Micklitz*, in: *Atamer/Hopt*, Kompatibilität des türkischen und europäischen Wirtschaftsrechts, S. 197.

1728 EuGH, Rs. C-400/00 (Club Tour), Slg. 2002, I-4051.

1729 So *Aslan*, Tüketici Hukuku, 2. Aufl., S. 515 f.; *Zevkliler/Aydoğudu*, TKHK, 3. Aufl., S. 206.

1730 *Zevkliler/Aydoğudu*, TKHK, 3. Aufl., S. 206.

fälschliche begriffliche Verortung des Rechtsgeschäfts als Kaufvertrag durchzieht zwar die gesamte Ursprungsfassung des aVerbSchG. Im Falle von Pauschalreiseverträgen findet sich dieselbe Formulierung allerdings auch in der zugrundeliegenden Richtlinie.[1731] Daneben wird generell vor dem Hintergrund des beabsichtigten Sinngehalts moniert, dass die Formulierung der türkischen Definition missverständlich, wenn nicht sprachlich fehlerhaft sei.[1732]

In persönlicher Hinsicht unterscheidet die türkische Regelung nicht zwischen Reiseveranstaltern und Reisevermittlern. Stattdessen hat der türkische Normgeber unter Rückgriff auf den schon existierenden rechtlichen Terminus der *Reiseagentur* eine eigene Begrifflichkeit in Art. 4 lit. c) der dazugehörigen Verordnung eingeführt. *Reiseagentur* meint demnach *„eine gewerbliche Gründung, die mit Gewinnerzielungsabsicht Touristen Beförderungs-, Übernachtungs-, Reise-, Sport- und Unterhaltungsmöglichkeiten anbietet, diesen Informationen betreffend Tourismus erteilt und in dieser Hinsicht alle Dienstleistungen erbringt"*. Der Begriff deckt sowohl Reiseveranstalter als auch Reisevermittler im Sinne der Pauschalreiserichtlinie ab.[1733] Abweichend von den Richtlinienvorgaben umfasst die türkische Definition demgegenüber lediglich gewerbliche Anbieter.[1734]

Die spezifische Verbraucherdefinition des Art. 2 Nr. 2 der Pauschalreiserichtlinie findet sich innerhalb der Verordnung nicht.[1735] Stattdessen wiederholt diese in Art. 4 lit. d) den Verbraucherbegriff des aVerbSchG. Entsprechend umfasst die türkische Regelung abweichend von der Richtlinie nur Verbraucher. Die zusätzlichen Personen, die in Art. 2 Nr. 2 der Richtlinie aufgezählt werden, sind gleichwohl von der türkischen Regelung umfasst, da letztere nicht voraussetzt, dass der Verbraucher selbst Vertragspartei ist.[1736]

1731 In der englischen Fassung der Pauschalreiserichtlinie wird der Ausdruck „sale", in der französischen Fassung der Ausdruck „vente", in der italienischen Fassung der Ausdruck „vendita" und in der deutschen Fassung der Ausdruck „Verkauf" verwendet.

1732 *Aslan*, Tüketici Hukuku, 2. Aufl., S. 512; *Zevkliler/Aydoğudu*, TKHK, 3. Aufl., S. 204 f.

1733 *Aslan*, Tüketici Hukuku, 2. Aufl., S. 519; *Atamer/Micklitz*, in: *Atamer/Hopt*, Kompatibilität des türkischen und europäischen Wirtschaftsrechts, S. 197 Fn. 121; *Oguz*, Das türkische und das europäische Verbraucherrecht, S. 141 f. Anderer Auffassung sind anscheinend *Zevkliler/Aydoğudu*, TKHK, 3. Aufl., S. 198, deren Ausführungen zufolge der Begriff der Reiseagentur lediglich Reiseveranstalter im Sinne der Pauschalreiserichtlinie umfasse. Letzteres würde den Vorgaben der Pauschalreiserichtlinie widersprechen.

1734 Siehe dazu S. 327 f.

1735 *Atamer/Micklitz*, in: *Atamer/Hopt*, Kompatibilität des türkischen und europäischen Wirtschaftsrechts, S. 197.

1736 *Aslan*, Tüketici Hukuku, 2. Aufl., S. 522 f.

bb) Informationspflichten

Gem. Art. 12 Abs. 1 S. 1 der dazugehörigen Verordnung ist die Reiseagentur dazu verpflichtet, dem Verbraucher auf dessen Wunsch hin einen Prospekt auszuhändigen. Die türkische Regelung ist damit strenger als die Richtlinienregelung, da letztere gerade keine Pflicht zur Erstellung eines Prospekts statuiert, sondern lediglich Vorgaben für den Fall vorsieht, dass der Anbieter von sich aus einen Prospekt erstellt.[1737] Der Prospekt muss die in Art. 12 Abs. 2 lit. a) bis g) der Verordnung bestimmten Pflichtangaben enthalten. Diese entsprechen im Wesentlichen denjenigen, die in Art. 3 Abs. 2 lit. a) bis g) der Pauschalreiserichtlinie vorgegeben sind.[1738] In Übereinstimmung mit den Richtlinienvorgaben sind diese Angaben gem. Art. 12 Abs. 1 S. 2 der Verordnung bindend. Sie können nur unter den in Art. 12 Abs. 1 S. 3 der Verordnung genannten Bedingungen geändert werden. Diese stimmen mit den in Art. 3 Abs. 2 UAbs. 2 der Pauschalreiserichtlinie definierten Bedingungen überein.

Eine dem Art. 4 lit. a) der Richtlinie entsprechende Pflicht, den Verbraucher vor Vertragsschluss schriftlich oder in einer anderen geeigneten Form allgemein über die Pass- und Visumerfordernisse sowie gesundheitspolizeiliche Formalitäten zu unterrichten, besteht im Rahmen der türkischen Regelung nicht. Dies ist insoweit unschädlich, als dieselben Informationen auch in einem Prospekt angegeben werden müssen, und die Erstellung eines solchen nach den türkischen Bestimmungen verpflichtend ist. Da Art. 12 Abs. 2 der Verordnung unter den Pflichtangaben die Unterrichtung über gesundheitspolizeiliche Formalitäten aber nicht aufzählt, ist der Nachvollzug insoweit dennoch defizitär.

Dagegen muss die Reiseagentur gem. Art. 12 Abs. 3 der Verordnung dem Verbraucher vor Vertragsschluss zusätzlich zum Prospekt die in lit. a) bis d) desselben Absatzes aufgezählten Informationen in Schriftform erteilen. Bei der Aufzählung handelt es sich im Wesentlichen um eine Übersetzung der in Art. 4 Abs. 1 lit. b) der Richtlinie aufgelisteten Pflichtangaben, mit denen der Verbraucher über die Durchführung der Reise informiert werden soll. Entsprechend statuiert die Richtlinie auch die Pflicht des Anbieters, diese Informationen dem Verbraucher vor Reisebeginn zu erteilen. Der türkische Nachvollzug verzerrt diese Vorgaben, indem er ihre Erteilung schon vor Vertragsschluss und dazu in schriftlicher Form vorsieht.

1737 *Reich/Micklitz*, Europäisches Verbraucherrecht, S. 681 f.

1738 So auch *Atamer/Micklitz*, in: *Atamer/Hopt*, Kompatibilität des türkischen und europäischen Wirtschaftsrechts, S. 197.

Der Pauschalreisevertrag muss gem. Art. 6/C Abs. 1 aVerbSchG und Art. 5 Abs. 1 der dazugehörigen Verordnung in Schriftform abgefasst und dem Verbraucher eine Ausfertigung ausgehändigt werden. Eine alternative Form, wie sie Art. 4 Abs. 2 lit. b) der Richtlinie bietet, ist nicht vorgesehen. In der türkischen Literatur wird diese Formvorgabe gleichwohl lediglich als Beweis- und nicht als echte Formvorschrift gewertet.[1739] Auch die in vorgenannter Norm der Richtlinie statuierte Pflicht, dem Verbraucher die Vertragsbedingungen vor Vertragsschluss zu übermitteln, hat innerhalb der türkischen Bestimmungen keine Entsprechung gefunden. Die türkische Regelung weicht insoweit zuungunsten des Verbrauchers von den Richtlinienvorgaben ab.

Der Pauschalreisevertrag muss schließlich die in Art. 5 Abs. 2 lit a) bis l) der dazugehörigen Verordnung aufgezählten Pflichtangaben enthalten. Diese spiegeln die im Anhang der Pauschalreiserichtlinie aufgezählten Vorgaben nicht ausreichend wider. Die türkische Aufzählung legt den Schwerpunkt stärker auf Vertragsmodalitäten und Fragen der Finanzierung.

cc) Einsetzungsbefugnis

Den Richtlinienvorgaben entsprechend räumt Art. 7 der Verordnung dem Verbraucher in gleicher Weise eine Einsetzungsbefugnis ein. Der türkische Normgeber hat lediglich die von Art. 4 Abs. 3 der Richtlinie vorgegebene *„vertretbare Frist“* in Form von mindestens sieben Tagen konkretisiert. Im Übrigen sind die Regelungen identisch. Insbesondere sieht die türkische Regelung ebenfalls eine gesamtschuldnerische Haftung von Übertragendem und Erwerber vor.

dd) Änderungsvorbehalt

Auch der türkische Nachvollzug regelt Fragen der Preis- und der Leistungsänderung vor Abreise. Allerdings bestehen insoweit bedeutende Abweichungen zu den Richtlinienvorgaben. Während die Pauschalreiserichtlinie zwischen den Fällen der Preisänderung und der Leistungsänderung unterscheidet, vermengt die türkische Regelung beide Fragen im maßgeblichen Art. 6 der Verordnung. Dieser legt in seinem Abs. 1 S. 1 fest, dass der im Vertrag vorgesehene Preis und die vorgesehenen Konditionen grundsätzlich nicht geändert werden dürfen. S. 2 sieht hiervon für den Preis in bestimmten Fällen Ausnahmen vor. So gilt das grundsätzliche Verbot nicht für Preisänderungen, die auf Änderungen der Abgaben für bestimmte Leistungen wie Landegebühren, Ein- oder

---

1739 *Aslan*, Tüketici Hukuku, 2. Aufl., S. 527; *Zevkliler/Aydoğudu*, TKHK, 3. Aufl., S. 208.

Ausschiffungsgebühren in Häfen und entsprechende Gebühren an Flughäfen und Änderungen der für die betreffende Pauschalreise geltenden Wechselkurse beruhen. Diese Fälle entsprechen exakt denjenigen, in denen auch nach Art. 4 Abs. 4 lit. a) 2. und 3. Spiegelstrich in der Pauschalreiserichtlinie Preisänderungen möglich sind. Ausgelassen wurde insoweit nur der Nachvollzug des 1. Spiegelstrichs, der eine Preisänderung auch im Falle der Änderung der Beförderungskosten ermöglicht.[1740] Die türkische Regelung ist in diesem Punkt damit strenger. Nicht nachvollzogen wurden dagegen aber auch die in Art. 4 Abs. 4 lit. a) der Richtlinie aufgezählten Voraussetzungen, dass der Vertrag die Möglichkeit der Preiserhöhung oder -senkung ausdrücklich vorsehen[1741] und genaue Angaben zur Berechnung des neuen Preises enthalten muss. Außerdem fehlt eine dem Art. 4 Abs. 4 lit. b) der Richtlinie entsprechende Vorschrift, nach der der im Vertrag genannte Preis ab dem zwanzigsten Tag vor dem vereinbarten Abreisetermin nicht mehr erhöht werden darf.[1742] Insgesamt weicht die Regelung damit zuungunsten des Verbrauchers von den Richtlinienvorgaben ab.

Ändert die Reiseagentur unter den vorgenannten Bedingungen den Preis, steht es dem Verbraucher gem. Art. 6 Abs. 2 S. 2 der Verordnung frei, vom Vertrag ohne Verpflichtung zur Zahlung einer Vertragsstrafe zurückzutreten oder eine Zusatzklausel zum Vertrag zu akzeptieren, die die vorgenommenen Änderungen und ihre Auswirkungen auf den Preis angibt. Tritt der Verbraucher zurück, hat er gem. Art. 6 Abs. 3 der Verordnung das Recht, entweder an einer gleichwertigen Reise teilzunehmen, wenn die Reiseagentur in der Lage ist, ihm eine solche anzubieten, oder die Rückerstattung aller gezahlten Beträge innerhalb von zehn Tagen zu verlangen.

Die letztgenannten Bestimmungen gehen zwar auf Art. 4 Abs. 5 und 6 der Pauschalreiserichtlinie zurück, weisen aber wesentliche Unterschiede auf. Gem. Art. 4 Abs. 5 UAbs. 1 der Richtlinie steht es dem Verbraucher frei zurückzutreten oder eine entsprechende Zusatzklausel zum Vertrag zu akzeptieren, wenn der Anbieter an einem *wesentlichen Bestandteil* des Vertrages *erhebliche* Veränderungen vornehmen will. Zu den wesentlichen Bestandteilen zählt dabei auch

1740 So auch *Atamer/Micklitz*, in: *Atamer/Hopt*, Kompatibilität des türkischen und europäischen Wirtschaftsrechts, S. 198.

1741 *Zevkliler/Aydoğudu*, TKHK, 3. Aufl., S. 213, vertreten die Auffassung, dass als Ausfluss der aus dem Gebot von Treu und Glauben resultierenden Aufklärungspflichten die Möglichkeit der Preiserhöhung oder -senkung gleichwohl im Vertrag ausdrücklich vorgesehen werden müsse.

1742 So auch *Atamer/Micklitz*, in: *Atamer/Hopt*, Kompatibilität des türkischen und europäischen Wirtschaftsrechts, S. 198.

der Preis. Nach der türkischen Regelung ist es dagegen – mit Ausnahme des Preises – gerade nicht möglich, Änderungen am Vertrag ohne Zustimmung des Verbrauchers vorzunehmen.[1743] Nur der Preis kann unter den vorgenannten Bedingungen des Art. 6 Abs. 1 S. 2 der Verordnung geändert werden. Anders als in der Richtlinie vorgegeben, löst hierbei jedoch nicht nur eine erhebliche, sondern *jegliche* Preisänderung das erwähnte Recht des Verbrauchers aus, vom Vertrag zurückzutreten oder die Änderung in Form eines Zusatzes zu akzeptieren. Das Änderungsrecht des Anbieters ist somit wesentlich beschränkter als in der Richtlinie. Die türkische Regelung ist damit verbraucherfreundlicher.

ee) Rücktritt durch den Vertragspartner des Verbrauchers

Storniert die Reiseagentur die Pauschalreise bzw. tritt sie vom Pauschalreisevertrag zurück, hat der Verbraucher gem. Art. 8 Abs. 1 S. 1 der Verordnung einen Anspruch auf Schadensersatz in Höhe des hierdurch verursachten Schadens. Außerdem muss die Reiseagentur gem. S. 2 derselben Vorschrift dem Verbraucher alle getätigten Zahlungen innerhalb von zehn Tagen zurückerstatten. Der Schadensersatzanspruch besteht gem. Art. 8 Abs. 2 der Verordnung nicht, wenn die erforderliche Teilnehmerzahl nicht erreicht wird und dies im Vertrag auch als Rücktrittsgrund ausgewiesen ist oder wenn der Rücktritt trotz Einhaltung der gebotenen Sorgfalt durch den Anbieter aufgrund höherer Gewalt erfolgt.

Die Richtlinie räumt dem Verbraucher in diesen Fällen dagegen gem. Art. 4 Abs. 6 das Recht ein, entweder die schnellstmögliche Rückerstattung aller gezahlten Beträge zu verlangen *oder* an einer gleichwertigen Reise teilzunehmen, wenn die Reiseagentur in der Lage ist, ihm eine solche anzubieten. Die türkische Regelung gewährt dem Verbraucher ein solches Wahlrecht nicht und weicht damit zuungunsten des Verbrauchers von den Vorgaben ab.

Im Übrigen entsprechen die Ausschlussgründe eines etwaigen Schadensersatzanspruches denjenigen, die in Art. 4 Abs. 6 UAbs. 2 der Richtlinie aufgezählt sind. Anders als in der Richtlinie vorgegeben, verlangt die türkische Regelung im Falle des Nichterreichens der erforderlichen Teilnehmerzahl jedoch nicht, dass dies innerhalb einer im Vertrag bestimmten Frist vor Abreise dem Verbraucher schriftlich mitgeteilt werden muss. Das Fehlen einer solchen Beschränkung führt dazu, dass der Verbraucher bis zum Abreisebeginn im Unklaren darüber gelassen wird, ob die Pauschalreise stattfinden wird und benachteiligt diesen damit.

1743 *Aslan*, Tüketici Hukuku, 2. Aufl., S. 541.

ff) Nichterfüllung und Schlechtleistung

In Übereinstimmung mit Art. 5 Abs. 1 der Pauschalreiserichtlinie haftet die Reiseagentur gem. Art. 9 Abs. 1 der Verordnung dafür, dass die vertraglichen Verpflichtungen nicht ordnungsgemäß erfüllt werden. Die Norm umfasst dabei auch die Haftung für das Verhalten anderer Dienstleistungsträger, derer sich die Reiseagentur zur Erfüllung ihrer Verpflichtungen bedient hat.[1744] Gem. Abs. 2 derselben Vorschrift besteht die Haftung nicht, wenn die Nichterfüllung oder mangelhafte Erfüllung des Vertrages auf einem Verschulden des Verbrauchers oder höherer Gewalt beruhen. Diese Ausgestaltung der Haftung entspricht den Vorgaben der Richtlinie in Art. 5 Abs. 2. Weggelassen wurden lediglich der in Art. 5 Abs. 2 UAbs. 1 2. Spiegelstrich aufgezählte weitere Fall, dass die Nichterfüllung oder mangelhafte Erfüllung einem vertragsfremden Dritten zuzurechnen ist.[1745] Wieso die Reiseagentur in einem solchen Fall nach türkischem Recht haften soll, bleibt unklar.

Der in Art. 4 Abs. 7 UAbs. 1 der Pauschalreiserichtlinie geregelte Fall, dass nach der Abreise ein erheblicher Teil der vertraglich vereinbarten Leistungen nicht erbracht wird oder der Veranstalter feststellt, dass er nicht in der Lage sein wird, einen erheblichen Teil der vorgesehenen Leistungen zu erbringen, findet sich nahezu identisch in Art. 9 Abs. 2 der Verordnung.

Ebenfalls wurde die weiterführende Regelung des Art. 4 Abs. 7 UAbs. 2 der Richtlinie, die den Fall regelt, dass bei Nichtleistung eines erheblichen Teils der vertraglich vereinbarten Leistungen angemessene Vorkehrungen durch die Reiseagentur nicht getroffen werden können oder vom Verbraucher aus triftigen Gründen nicht akzeptiert werden können, nahezu identisch mit Art. 9 Abs. 3 der Verordnung übernommen. S. 2 derselben Vorschrift verpflichtet die Reiseagentur in einem solchen Fall zusätzlich dazu, dem Verbraucher alle gezahlten Beträge innerhalb von zehn Tagen zurückzuerstatten. Damit besteht für die Reiseagentur nach türkischem Recht nicht einmal die Möglichkeit, zumindest für schon erbrachte Leistungen einen entsprechenden Teil der gezahlten Beträge einzubehalten.[1746] Die Regelung geht deshalb stark zulasten des Anbieters und begünstigt den Verbraucher.

1744 *Atamer/Micklitz*, in: *Atamer/Hopt*, Kompatibilität des türkischen und europäischen Wirtschaftsrechts, S. 200.

1745 So auch *Atamer/Micklitz*, in: *Atamer/Hopt*, Kompatibilität des türkischen und europäischen Wirtschaftsrechts, S. 200.

1746 *Atamer/Micklitz*, in: *Atamer/Hopt*, Kompatibilität des türkischen und europäischen Wirtschaftsrechts, S. 199.

Gem. Art. 11 schließlich muss der Verbraucher die Nichterfüllung oder mangelhafte Erfüllung der Reiseagentur innerhalb einer Frist von 30 Tagen mitteilen. Dies entspricht nicht der Vorgabe in Art. 5 Abs. 4 der Richtlinie, die eine Mitteilung sobald wie möglich verlangt, um dem Anbieter die Möglichkeit der Abhilfe zu verschaffen.[1747]

gg) Sonstiges

Das generelle Defizit des aVerbSchG, den zwingenden Charakter der enthaltenen Vorschriften nicht ausdrücklich anzuordnen, wurde für den Nachvollzug der Pauschalreiserichtlinie zumindest auf Ebene der Verordnung vermieden: Diese bestimmt in ihrem Art. 10, dass eine Bestimmung, wonach der Erwerber auf die Wahrnehmung der ihm aufgrund dieser Richtlinie eingeräumten Rechte verzichtet oder wonach der Verkäufer von den ihm aus dieser Richtlinie erwachsenden Verpflichtungen entbunden wird, unwirksam ist. Die türkische Regelung geht damit über das Schutzniveau der Pauschalreiserichtlinie hinaus, die in ihrem Art. 5 Abs. 2 unter bestimmten Bedingungen Haftungsbeschränkungen für zulässig erklärt. Laut *Atamer/Micklitz* sei eine in Art. 5 Abs. 2 UAbs. 3 der Richtlinie zugelassene Haftungsbeschränkung gemäß den internationalen Übereinkommen über die jeweilige Leistung nichtsdestotrotz möglich, da diese Verträge aufgrund der Normenhierarchie vorrangig zur Anwendung kämen.[1748]

Eine den Vorgaben des Art. 7 der Richtlinie entsprechende Vorschrift, die den Anbieter zum Nachweis darüber verpflichtet, dass die Erstattung gezahlter Beträge und die Rückreise des Verbrauchers im Falle der Zahlungsunfähigkeit oder des Konkurses sichergestellt sind, wurde im türkischen Recht hingegen nicht nachvollzogen.

hh) Zusammenfassende Würdigung

Die türkische Regelung über den Pauschalreisevertrag entspricht nur in Teilen den Richtlinienvorgaben. Während an vielen Stellen die Vorgaben nahezu identisch übernommen wurden, finden sich innerhalb der Übernahmen immer wieder Auslassungen, die oftmals zulasten des Verbrauchers gehen. Insbesondere

1747 *Atamer/Micklitz*, in: *Atamer/Hopt*, Kompatibilität des türkischen und europäischen Wirtschaftsrechts, S. 199. Die Autoren sind allerdings der Auffassung, dass sich eine „kurzfristige Mitteilungsfrist" aus der allgemeinen Schadensminderungspflicht ableiten ließe.

1748 *Atamer/Micklitz*, in: *Atamer/Hopt*, Kompatibilität des türkischen und europäischen Wirtschaftsrechts, S. 200.

die Informationspflichten erreichen häufig nicht den Detailgrad der Richtlinienvorgaben oder spiegeln diese nur unzureichend wider.

In anderen Bereichen ist die türkische Regelung wiederum strenger und geht über das Schutzniveau der Richtlinie deutlich hinaus. Insbesondere ermöglicht die türkische Regelung abweichend von der Richtlinie häufig keine alternative Form, wobei jedoch abermals unklar bleibt, ob die Formerfordernisse der Wirksamkeit oder lediglich dem Beweise dienen. Teilweise verzerrt und verfälscht die Regelung auch die Vorgaben. Dies alles führt nicht selten dazu, dass die Bestimmungen an Praktikabilität einbüßen.

Schließlich leidet auch der Nachvollzug der Pauschalreiserichtlinie an gesetzgebungstechnischen und sprachlichen Schwächen.

b) Nachvollzug der Richtlinie 93/13/EWG

Vor der Gesetzesrevision des Jahres 2003 kannte die türkische Rechtsordnung keine spezielle Regelung über missbräuchliche Vertragsklauseln. Erst relativ spät gerieten in der Türkei sog. „*Allgemeine Geschäftsbedingungen*" (*genel işlem şartları*, kurz *GİŞ*)[1749] in den Fokus von Rechtsprechung und Literatur.[1750] Dabei wurde auf unterschiedlichem Wege versucht, das Phänomen über die allgemeinen Bestimmungen des türkischen Zivilrechts einzudämmen.[1751]

Mit der Revision wurde erstmalig in Art. 6 aVerbSchG eine Regelung über missbräuchliche Vertragsklauseln in Verbraucherverträgen verankert. Die Neuregelung diente dem Nachvollzug der Richtlinie 93/13/EWG über missbräuchliche Klauseln in Verbraucherverträgen (sog. Klauselrichtlinie) und setzt sich aus sieben Absätzen zusammen. Entsprechend der Ermächtigung in Abs. 7 der

1749 Im Laufe der Zeit hat diese Erscheinung unterschiedliche Bezeichnungen erfahren. In der Literatur wird überwiegend die oben genannte Bezeichnung verwendet. Verstanden werden hierunter Vertragsklauseln, die von einer Vertragspartei vor Vertragsschluss einseitig mit der Absicht festgelegt werden, sie bei künftigen Vertragsschlüssen unverändert durchzusetzen. Siehe zu alldem *Aslan*, Tüketici Hukuku, 2. Aufl., S. 275, 280; *Atamer*, Milletlerarası Hukuk ve Milletlerarası Özel Hukuk Bülteni 21 (2001), Nr. 1–2, 1, 3.

1750 Laut *Akdağ-Güney* waren „[…] Allgemeine Geschäftsbedingungen bis in die 90er Jahre noch weit davon entfernt, im Brennpunkt des juristischen Interesses zu stehen." Siehe hierzu *dies.*, ZeuP 2009, 109, 114.

1751 Siehe hierzu ausführlich *Aslan*, Tüketici Hukuku, 2. Aufl., S. 275, 277 ff.

Vorschrift erließ das türkische Industrie- und Handelsministerium zudem eine *Verordnung betreffend unlautere Klauseln in Verbraucherverträgen.*[1752]

aa) Anwendungsbereich

Gemäß Art. 6 Abs. 1 aVerbSchG umfasst die Regelung Vertragsklauseln, die der Verkäufer oder der Anbieter *„[...] ohne zu verhandeln, einseitig in den Vertrag einführt"*. Im Hinblick auf die umfassten Verträge gelten dieselben Einschränkungen wie für das novellierte aVerbSchG insgesamt.[1753] Nicht umfasst sind insbesondere Werkverträge. Der Anwendungsbereich bleibt insoweit hinter dem in der Klauselrichtlinie vorgegebenen zurück.[1754] Zentrales Kriterium der Anwendung ist in Übereinstimmung mit Art. 3 Abs. 1 der Klauselrichtlinie, dass die Vertragsklausel nicht im Einzelnen ausgehandelt wurde. Abweichend von der Richtlinie verlangt die türkische Regelung jedoch ihrem Wortlaut nach zusätzlich, dass die Vertragsklausel von Seiten des Verkäufers oder des Anbieters *eingeführt* wird und schließt somit von dritter Seite eingeführte Vertragsklauseln richtlinienwidrig vom Anwendungsbereich aus.[1755]

Wörtlich übernommen wurde mit Art. 6 Abs. 3 aVerbSchG die unwiderlegliche Vermutung des Art. 3 Abs. 2 UAbs. 1 der Richtlinie, der zufolge eine Vertragsklausel immer dann als nicht im Einzelnen ausgehandelt zu betrachten ist, wenn sie im Voraus abgefasst wurde und der Verbraucher deshalb, insbesondere

---

1752 Verkündet am 13.06.2003 im türkischen Amtsblatt (Nr. 25137). Zur Kritik an dem verwendeten Ausdruck „unlauter" siehe *Akdağ-Güney*, ZEuP 2009, 109, 115 Fn. 24.

1753 Siehe hierzu S. 328 ff.

1754 *Pfeiffer*, in: *Grabitz/Hilf/Nettesheim*, Das Recht der Europäischen Union, A 5 Art. 1 Rn. 13.

1755 In der türkischen Literatur wird in der Regel nur die Frage diskutiert und bejaht, ob auch Vertragsklauseln vom Anwendungsbereich umfasst sind, die von dritter Seite formuliert wurden. Siehe hierzu bspw. *Zevkliler/Aydoğudu*, TKHK, 3. Aufl., S. 160. Eine Diskussion der Frage, ob die Vertragsklauseln auch von dritter Seite, z.B. einem Notar, in den Vertrag *eingeführt* werden können, findet sich hingegen an kaum einer Stelle. *Akdağ-Güney* bejaht diese Frage mit dem Argument, dass die dem Wortlaut nach erforderliche Zurechnung lediglich im Rahmen des Abs. 3 zum Tragen komme und dieser im Grunde nur die fehlende Einflussnahmemöglichkeit des Verbrauchers verlange. Da Abs. 3 jedoch lediglich für einen bestimmten Fall dahingehend eine unwiderlegliche Vermutung begründet, dass die Klausel nicht im Einzelnen ausgehandelt wurde, reicht der Anwendungsbereich des Abs. 1 über denjenigen des Abs. 3 hinaus. Damit kommt die erforderliche Zurechnung auch außerhalb des Abs. 3 zum Tragen. Die Begründung erscheint deshalb wenig überzeugend. Siehe zu alldem *Akdağ-Güney*, ZEuP 2009, 109, 118.

im Rahmen eines vorformulierten Standardvertrags, keinen Einfluss auf ihren Inhalt nehmen konnte. Die türkische Regelung umfasst damit gleichermaßen sowohl Standardverträge als auch Individualklauseln, die nicht im Einzelnen ausgehandelt wurden. Dass im Zuge dieser wörtlichen Übertragung auch der Begriff des „Standardvertrages“ übernommen wurde, ist indes auf Kritik gestoßen, da dieser innerhalb der türkischen Rechtsordnung nicht gebräuchlich war und mit dem Begriff der „*Allgemeinen Geschäftsbedingungen*“ (*GİŞ*) ein eigener Begriff innerhalb der türkischen Terminologie schon existierte, der zur Beschreibung solcher Verträge überwiegend genutzt wird.[1756]

Ebenfalls wörtlich übernommen wurde mit Art. 6 Abs. 4 aVerbSchG die Bestimmung des Art. 3 Abs. 2 UAbs. 2 der Richtlinie darüber, dass eine Aushandlung bestimmter Elemente eine Anwendung der Missbrauchskontrolle auf den Vertrag im Übrigen nicht ausschließt, sofern nach einer Gesamtwertung dennoch von einem Standardvertrag auszugehen ist. Genauso wurde auch die Beweislastregelung des Art. 3 Abs. 2 UAbs. 3 der Richtlinie wörtlich mit Art. 6 Abs. 5 aVerbSchG nachvollzogen.

Nicht nachvollzogen wurde hingegen Art. 1 Abs. 2 der Richtlinie, demzufolge Vertragsklauseln, die auf bindenden Rechtsvorschriften oder auf Bestimmungen oder Grundsätzen internationaler Übereinkommen beruhen, bei denen die Mitgliedstaaten oder die Gemeinschaft Vertragsparteien sind, nicht dem Anwendungsbereich der Richtlinie unterfallen. Manche Autoren vertreten, dass sich gleichwohl ein entsprechender Ausschluss aus den übrigen Bestimmungen der türkischen Rechtsordnung ergebe.[1757]

bb) Transparenzgebot und Auslegung in Zweifelsfällen

Das in Art. 5 der Richtlinie vorgegebene Transparenzgebot und die ebenfalls dort befindliche Auslegungsregel für Zweifelsfälle haben im aVerbSchG selbst keinen Niederschlag gefunden. Dafür wurden sie beinahe wörtlich in Art. 6 Abs. 1 und Abs. 4 der dazugehörigen Verordnung nachvollzogen.

Eine Sanktion für die Verletzung des Transparenzgebots sieht die türkische Regelung zulässigerweise nicht vor. Insbesondere schließt eine Verletzung nicht die Einbeziehung der entsprechenden Klausel in den Vertrag aus. Und auch insgesamt bleiben Fragen der Einbeziehung von Klauseln – wie auch in

---

1756 *Atamer*, Milletlerarası Hukuk ve Milletlerarası Özel Hukuk Bülteni 21 (2001), Nr. 1–2, 1, 3 Fn. 3.

1757 So bspw. *Akdağ-Güney*, ZEuP 2009, 109, 129 f. A.A. *Aslan*, Tüketici Hukuku, 2. Aufl., S. 287.

der Klauselrichtlinie – im Rahmen der mit der Revision eingeführten Regelung über missbräuchliche Klauseln in Verbraucherverträgen ungeregelt. Die Einbeziehung richtet sich demnach gem. Art. 30 aVerbSchG i.V.m. Artt. 1 ff. des alten türkischen OR grundsätzlich nach den allgemeinen Regeln des Vertragsrechts. Um die Gegenseite des Verwenders von Allgemeinen Geschäftsbedingungen im Falle konkludenter Zustimmung oder überraschender Klauseln zu schützen, gelten nach der türkischen Rechtsprechung und der Literatur allerdings einige Einschränkungen.[1758]

cc) Missbrauchskontrolle

Der Maßstab für die Missbräuchlichkeit einer Vertragsklausel wird in Art. 6 Abs. 1 aVerbSchG definiert. Demnach sind Vertragsklauseln missbräuchlich, die *„[…] im Hinblick auf die sich aus dem Vertrag ergebenden Rechte und Pflichten der Parteien in einem dem Prinzip des Guten Glaubens widersprechenden Ausmaß ein Ungleichgewicht zulasten des Verbrauchers herbeiführen.“* Dabei sind im Rahmen der Feststellung der Missbräuchlichkeit gem. Art. 6 Abs. 2 der dazugehörigen Verordnung dieselben Faktoren zu berücksichtigen, die auch in Art. 4 Abs. 1 der Klauselrichtlinie aufgezählt werden. Zudem sieht Art. 6 Abs. 3 der Verordnung in Übereinstimmung mit Art. 4 Abs. 2 der Richtlinie vor, dass – die gebotene Transparenz vorausgesetzt – weder der Hauptgegenstand des Vertrages noch das Preis-Leistungs-Verhältnis der Missbräuchlichkeitskontrolle unterliegen.

Der Klauselrichtlinie entsprechend bildet auch im Rahmen der türkischen Regelung das Herbeiführen eines Missverhältnisses zulasten des Verbrauchers das zentrale Kriterium zur Bestimmung der Missbräuchlichkeit von Vertragsklauseln. Dabei fallen folgende zwei Punkte an der türkischen Regelung auf: Erstens muss das Missverhältnis nicht entgegen dem Gebot von *Treu und Glauben*, sondern entgegen dem Prinzip von *Gutem Glauben* herbeigeführt werden. Da beide Prinzipien der türkischen Rechtsordnung bekannt sind und die Richtlinie richtigerweise auf das Gebot von Treu und Glauben abstellt, ist davon auszugehen, dass der türkische Gesetzgeber sich insofern in der Terminologie vertan hat.[1759] Ursächlich hierfür könnte die englische Fassung der Klauselrichtlinie sein: Diese nutzt in Art. 3 Abs. 1 die Wendung *„good faith“*. Zweitens fehlt die in der Richtlinie vorgegebene Einschränkung, dass es sich um ein *erhebliches* Missverhältnis handeln muss. Diese war ursprünglich in der Gesetzesvorlage

---

1758 Siehe zu diesen ausführlich *Akdağ-Güney*, ZEuP 2009, 109, 120 ff.

1759 In diese Richtung auch *Atamer*, Milletlerarası Hukuk ve Milletlerarası Özel Hukuk Bülteni 21 (2001), Nr. 1–2, 1, 3 f.

enthalten, wurde dann allerdings im weiteren Verfahren wieder gestrichen, um den Missbräuchlichkeitsbegriff nicht zulasten des Verbrauchers einzuengen.[1760] Den Stimmen in der Literatur zufolge dürfte vor dem Hintergrund dessen, dass das Ungleichgewicht dem Gebot von Treu und Glauben widersprechen muss, ein nur geringfügiges Missverhältnis gleichwohl keine Missbräuchlichkeit begründen.[1761]

Wie auch die Richtlinie verweist Art. 5 Abs. 4 der Verordnung neben der allgemeinen Definition der Missbräuchlichkeit auf eine als Hinweis dienende und nicht erschöpfende Liste von Klauseln, die für missbräuchlich erklärt werden können. Es handelt sich bei dieser der Verordnung angehängten Liste um eine Übersetzung des Anhangs der Klauselrichtlinie. Ihr kommt ebenfalls nur eine indikative Funktion zu.[1762]

Die Folgen der Missbräuchlichkeit von Vertragsklauseln sind in Art. 6 Abs. 2 aVerbSchG geregelt. Demnach binden missbräuchliche Klauseln den Verbraucher nicht. Die Wendung hat Kritik in der türkischen Literatur erfahren, da sie eine dem türkischen Recht fremde Kategorie von Rechtsfolge vorsieht.[1763] Ursächlich dürfte hierfür wiederum der Wortlaut der englischen Fassung der Richtlinie sein, die in Art. 6 Abs. 1 untechnisch die Wendung *„not be binding on the consumer“* gebraucht. In den Kategorien des türkischen Rechts bewegt sich hingegen Art. 7 S. 1 der Verordnung: Dieser sieht vor, dass missbräuchliche Klauseln nichtig (*batıl*) sind. S. 2 derselben Vorschrift sieht des Weiteren in Übereinstimmung mit Art. 6 Abs. 1 der Richtlinie vor, dass der Vertrag für beide Parteien auf derselben Grundlage bindend bleibt, wenn er ohne die missbräuchlichen Klauseln bestehen kann. Eine Lückenfüllung durch dispositives Recht sieht das türkische Recht nicht vor.[1764] Die Missbräuchlichkeit von Vertragsklauseln ist von Amts wegen zu prüfen.[1765]

1760 *Akdağ-Güney*, ZEuP 2009, 109, 126 Fn. 68.

1761 In diese Richtung *Aslan*, Tüketici Hukuku, 2. Aufl., S. 291; *Atamer/Micklitz*, in: *Atamer/Hopt*, Kompatibilität des türkischen und europäischen Wirtschaftsrechts, S. 190 f.; *Oguz*, Das türkische und das europäische Verbraucherrecht, S. 150.

1762 *Aslan*, Tüketici Hukuku, 2. Aufl., S. 288.

1763 *Atamer*, Milletlerarası Hukuk ve Milletlerarası Özel Hukuk Bülteni 21 (2001), Nr. 1–2, 1, 4.

1764 *Aslan*, Tüketici Hukuku, 2. Aufl., S. 294.

1765 *Zevkliler/Aydoğudu*, TKHK, 3. Aufl., S. 165.

dd) Sonstiges

Art. 6 Abs. 6 S. 1 aVerbSchG sieht vor, dass die in Art. 6/A (Ratenzahlungsgeschäfte), Art. 6/B (Timesharingverträge), Art. 6/C (Pauschalreiseverträge), Art. 7 (Vorauszahlungsgeschäfte), Art. 9 (Haustürgeschäfte), Art. 10 (Verbraucherdarlehen), Art. 10/A (Kreditkarten) und Art. 11/A (Abonnementverträge) vorgesehenen Verbraucherverträge, für die die Schriftform gilt, in schwarzer Farbe und mit einer Schriftgröße von mindestens 12 Punkten verfasst sein müssen. Zudem bestimmt die Vorschrift, dass bei Fehlen der für diese Verträge vorgesehenen zwingenden Angaben die Verträge wirksam bleiben. Gemäß S. 2 desselben Artikels muss der Verkäufer oder Anbieter dieses Defizit jedoch umgehend beheben.

Die Bestimmung wurde in der Literatur für deplatziert gehalten.[1766] Die Regelung an dieser Stelle lässt vermuten, dass der türkische Gesetzgeber die zwingenden Angaben als eine Art gesetzlich vorgegebene Vertragsklauseln versteht.[1767]

ee) Zusammenfassende Würdigung

Die türkische Regelung entspricht weitestgehend den Richtlinienvorgaben. Dies erreicht sie vor allem dadurch, dass sie in weiten Teilen aus einer wortwörtlichen Übersetzung des Richtlinientextes besteht. Dabei hat der türkische Gesetzgeber jedoch auch bewusst untechnische Termini der Richtlinie wortwörtlich übernommen, statt die entsprechenden Stellen mit eigenen rechtlichen Kategorien zu füllen. Von der Richtlinie offengelassene Bereiche bleiben auch im Rahmen des türkischen Nachvollzugs ungeregelt. Die Auslagerung eines wesentlichen Teils der Regelungen in eine Verordnung erscheint aus gesetzgebungstechnischer Sicht ungenügend.

c) Nachvollzug der Richtlinie 94/47/EG

Die türkische Rechtsordnung kannte schon lange vor Verabschiedung des aVerbSchG eine dingliche Timesharing-Konstruktion. Diese hat unter der Bezeichnung „*Zeitabschnittseigentum*“ mit dem Änderungsgesetz Nr. 3227 vom 10.06.1985[1768] Eingang in das Gesetz Nr. 634 über Stockwerkseigentum[1769] gefunden. Art. 57 dieses Gesetzes bestimmt, dass ein jährlich wiederkehrendes periodisches Nutzungsrecht an Wohnimmobilien oder selbständigen Teilen

---

1766 *Atamer*, Milletlerarası Hukuk ve Milletlerarası Özel Hukuk Bülteni 21 (2001), Nr. 1–2, 1, 5.

1767 Vgl. auch *Zevkliler/Aydoğudu*, TKHK, 3. Aufl., S. 160.

1768 Gesetz Nr. 3227, verkündet am 25.06.1985 im türkischen Amtsblatt (Nr. 18792).

1769 Gesetz Nr. 634, verkündet am 02.07.1964 im türkischen Amtsblatt (Nr. 12038).

solcher Immobilien durch eine an den jeweiligen Miteigentumsanteil anknüpfende besondere Dienstbarkeit begründet werden kann. Die Konstruktion setzt folglich das Vorhandensein bzw. den Erwerb eines Miteigentumsanteils voraus. Die periodische Nutzungsdauer innerhalb eines Jahres darf gem. Art. 59 dieses Gesetzes nicht weniger als 15 Tage betragen.

Ebenfalls waren in der Rechtsprechung des türkischen Kassationshofs schon vor der Gesetzesnovelle des Jahres 2003 die Existenz und die Zulässigkeit schuldrechtlicher Timesharing-Konstruktionen anerkannt. Die als *„Zeitabschnittsferienverträge“* bezeichneten Konstruktionen wurden als typengemischte Schuldverträge begriffen und im Falle des Abschlusses außerhalb der Geschäftsräume des Unternehmers dem Anwendungsbereich der Regelungen über Haustürgeschäfte unterstellt.[1770]

Nichtsdestotrotz wurde erst im Zuge der Gesetzesnovelle die *Richtlinie 94/47/EG zum Schutz der Erwerber im Hinblick auf bestimmte Aspekte von Verträgen über den Erwerb von Teilzeitnutzungsrechten an Immobilien* (sog. Timesharing-Richtlinie) nachvollzogen.

Dieser Nachvollzug erfolgte dabei allerdings mehr auf Ebene delegierter Rechtssetzung, denn auf Ebene des aVerbSchG. In letzteres wurde in diesem Zusammenhang zwar Art. 6/B eingefügt. Dieser gibt mit seinem ersten Absatz jedoch lediglich eine Definition des Regelungsgegenstandes wieder. Der zweite und gleichzeitig letzte Absatz enthält dagegen nur eine Ermächtigung an das türkische Industrie- und Handelsministerium, Verfahren und Prinzipien zum Regelungsgegenstand zu erlassen. Ursächlich für diese magere Ausgestaltung auf Gesetzesebene könnte gewesen sein, dass die Vorschrift des Art. 6/B im ursprünglichen Gesetzesvorschlag nicht enthalten war und erst im Laufe des Gesetzgebungsverfahrens kurzfristig eingefügt wurde.[1771]

Das Ministerium hat von der Ermächtigung zeitnah durch den Erlass der *Verordnung betreffend Verfahren und Prinzipien der Anwendung bei Zeitabschnittsferien*[1772] Gebrauch gemacht. Die Richtlinienvorgaben wurden genau genommen durch diese Verordnung nachvollzogen. Aus Gründen der Normenhierarchie

---

1770 Türkischer Kassationshof, 13. Zivilkammer, Hauptsache Nr. 2002/7772, Entscheidung Nr. 2002/13018 vom 29.11.2002; Türkischer Kassationshof, 13. Zivilkammer, Hauptsache Nr. 9212, Entscheidung Nr. 13017 vom 29.10.2011 (abgedruckt in *Zevkliler/Aydoğudu*, TKHK, 3. Aufl., S. 1069 f.).

1771 Vgl. *Atamer/Micklitz*, in: *Atamer/Hopt*, Kompatibilität des türkischen und europäischen Wirtschaftsrechts, S. 196.

1772 Verkündet am 13.06.2003 im türkischen Amtsblatt (Nr. 25137).

und der sich aus der türkischen Verfassung von 1982 ergebenden Vertragsfreiheit erscheint diese Vorgehensweise indes zweifelhaft.[1773] Die rechtliche Ausgestaltung ist daher sowohl mit Blick auf die Gesetzgebungstechnik als auch mit Blick auf die gerade im Verbraucherschutz dringlichen rechtlichen Transparenzerfordernisse ungenügend.

aa) Anwendungsbereich

Art. 6/B aVerbSchG trägt die Überschrift *„Zeitabschnittsferien"* und übernimmt damit die Bezeichnung, die bis dahin in der Rechtsprechung des türkischen Kassationshofs für die Bezeichnung schuldrechtlicher Timesharing-Konstruktionen geläufig war. Definiert werden *Zeitabschnittsferienverträge* in Abs. 1 der Norm als *„[…] ein schriftlicher Vertrag oder eine Gruppe von Verträgen, von denen eine Ausfertigung an den Verbraucher ausgehändigt werden muss und die für eine Dauer von mindestens drei Jahren abgeschlossen werden und die Begründung oder das Versprechen einer Begründung eines Nutzungsrechts an einer oder einer Mehrzahl von Immobilien während dieser Dauer für eine bestimmte oder zu bestimmende Periode innerhalb eines Jahres von nicht weniger als einer Woche enthalten."* Dieselbe Definition findet sich auch in Art. 4 lit. h) der dazugehörigen Verordnung.

Die türkische Definition deckt sich größtenteils mit der in Art. 2 1. Spiegelstrich der Timesharing-Richtlinie vorgegebenen Definition.[1774] Augenfällig fehlt es nur an der Nennung des Gesamtpreises, der das Entgelt für die Begründung des Nutzungsrechts bildet. Dass das Nutzungsrecht gegen Entrichtung eines Gesamtpreises zu begründen ist, ergibt sich indes in Zusammenschau mit den übrigen Bestimmungen zu *Teilzeitferienverträgen.*

Ausweislich dieser Definition und der genutzten Bezeichnung umfasst die türkische Regelung lediglich schuldrechtliche Timesharing-Konstrukte.[1775] Das im Stockwerkseigentumsgesetz geregelte dingliche Timesharing-Konstrukt ist folglich vom Anwendungsbereich nicht umfasst.[1776] Da die Vorgaben der Timesharing-Richtlinie aber für alle Timesharing-Konstrukte unabhängig ihrer

---

1773 Hierauf hinweisend *Zevkliler/Aydoğudu*, TKHK, 3. Aufl., S. 181 f.

1774 So auch *Atamer/Micklitz*, in: *Atamer/Hopt*, Kompatibilität des türkischen und europäischen Wirtschaftsrechts, S. 192 f.

1775 *Zevkliler/Aydoğudu*, TKHK, 3. Aufl., S. 186; *Atamer/Micklitz*, in: *Atamer/Hopt*, Kompatibilität des türkischen und europäischen Wirtschaftsrechts, S. 192 f.

1776 Statt aller vertritt *Aslan* unter Berufung auf den Wortlaut des Art. 2 der dazugehörigen Verordnung, dass bestimmte Vorschriften gleichwohl auf das *Zeitabschnittseigentum* anwendbar seien. Siehe hierzu *Aslan*, Tüketici Hukuku, 2. Aufl., S. 494 ff.

jeweiligen rechtlichen Ausgestaltung gelten,[1777] hat die türkische Regelung mit der Beschränkung auf schuldrechtliche Timesharing-Konstrukte diese nicht vollumfänglich verwirklicht.

Eine Definition des Begriffs „*Immobilie*" ist weder in Art. 6/B noch in der dazugehörigen Verordnung enthalten. Insbesondere die sprachliche Verengung der Bezeichnung auf Zeitabschnitts*ferien* wirft daher die Frage auf, welche Immobilien von ihrem Anwendungsbereich umfasst sind. *Zevkliler* vertritt unter Berufung auf den Warenbegriff des aVerbSchG,[1778] der in Art. 4 lit c) der dazugehörigen Verordnung wiederholt wird, dass die Regelung sich entsprechend auf Immobilien zu Wohn- und Ferienzwecken erstrecke.[1779] *Aslan* dagegen verlangt unter Berufung auf den Wortlaut der Bezeichnung, dass die Immobilie für Ferienzwecke geeignet sein und auch entsprechende (Ferien-)Dienstleistungen angeboten werden müssten.[1780] Letztere Auffassung lässt sich mit der Timesharing-Richtlinie nicht in Einklang bringen, da diese sich gerade nicht auf Ferienimmobilien beschränkt.[1781]

bb) Informationspflichten

Art. 3 Abs. 1 der Timesharing-Richtlinie entsprechend statuiert Art. 10 Abs. 1 S. 1 der dazugehörigen Verordnung die Pflicht des Anbieters, dem Verbraucher auf dessen Wunsch hin einen Informationsprospekt auszuhändigen. Auch muss gem. Art. 10 Abs. 3 der Verordnung in jeder Werbung für die betreffende Immobilie angegeben werden, wo ein solcher Prospekt angefordert werden kann.

Die in Art. 10 Abs. 2 lit. a) bis e) der Verordnung aufgezählten Pflichtangaben dieses Prospekts geben die Vorgaben der Richtlinie nur zum Teil wieder.[1782] Es fehlen sowohl allgemeine als auch besondere Angaben zur Immobilie, Informationen über die Art des Timesharing-Rechts und die Bedingungen seiner Ausübung, Zusatzangaben für noch im Bau befindliche Immobilien und Informationen über gemeinsame Dienstleistungen und Einrichtungen. Auch fehlt eine dem Art. 3 Abs. 2 UAbs. 1 der Timesharing-Richtlinie entsprechende

---

1777 *Reich/Micklitz*, Europäisches Verbraucherrecht, S. 712.

1778 Siehe dazu S. 329.

1779 *Zevkliler/Aydoğudu*, TKHK, 3. Aufl., S. 188.

1780 *Aslan*, Tüketici Hukuku, 2. Aufl., S. 478 f.

1781 *Martinek*, in: *Grabitz/Hilf/Nettesheim*, Das Recht der Europäischen Union, A 13 Rn. 98.

1782 So auch *Atamer/Micklitz*, in: *Atamer/Hopt*, Kompatibilität des türkischen und europäischen Wirtschaftsrechts, S. 193 f.

Bestimmung darüber, dass die Prospektangaben Bestandteil des Timesharing-Vertrages sind. Die türkische Regelung gibt in Art. 10 Abs. 1 S. 2 der Verordnung lediglich die Vorgabe wieder, dass die Prospektangaben ohne Parteivereinbarung und mit Ausnahme des Vorliegens zwingender Gründe nicht abgeändert werden dürfen. Die in Art. 3 Abs. 2 UAbs. 3 der Timesharing-Richtlinie vorgegebene Pflicht, im Falle einer zulässigen Abänderung der Prospektangaben diese dem Verbraucher vor Vertragsschluss mitzuteilen und auf diese im Vertrag ausdrücklich hinzuweisen, wurde dagegen nicht nachvollzogen.

Der Timesharing-Vertrag selbst muss gem. Art. 6/B Abs. 1 aVerbSchG und Art. 5 Abs. 1 der dazugehörigen Verordnung in Schriftform verfasst und dem Verbraucher ausgehändigt werden. Für den Fall eines Verstoßes sieht die gesetzliche Regelung in Art. 25 aVerbSchG eine Verwaltungsstrafe in Form eines relativ geringen Bußgeldes vor. In der türkischen Literatur wird dieses Formerfordernis darüber hinaus auch als Wirksamkeitserfordernis begriffen.[1783]

Zudem muss der Timesharing-Vertrag die in Art. 5 Abs. 2 lit. a) bis l) der Verordnung aufgezählten zwingenden Angaben enthalten. Es handelt sich bei diesen weitestgehend um Übersetzungen der im Anhang zur Timesharing-Richtlinie aufgelisteten Pflichtangaben. An einigen Stellen weisen die türkischen Angaben allerdings weniger Details auf.[1784]

Nicht nachvollzogen wurden hingegen die in Art. 4 der Timesharing-Richtlinie enthaltene Sprachenregelung und die in selber Vorschrift statuierte Pflicht, eine beglaubigte Übersetzung des Vertrages in der Amtssprache des Belegenheitsortes der Immobilie auszuhändigen.[1785]

cc) Vertragsmodalitäten

In Übereinstimmung mit Art. 6 der Timesharing-Richtlinie statuiert Art. 6 Abs. 2 S. 1 der dazugehörigen Verordnung ein Anzahlungsverbot für die Dauer der Widerrufsfrist. Anders als die Richtlinie bestimmt Art. 6 Abs. 2 S. 2 der Verordnung jedoch, dass das Anzahlungsverbot nicht in Fällen gilt, in denen der Vertrag mit dem Verbraucher auf dem Gelände der vertragsgegenständlichen Timesharing-Anlage geschlossen wurde. Die Vorschrift widerspricht dem

---

1783 *Zevkliler/Aydoğudu*, TKHK, 3. Aufl., S. 189. So grundsätzlich auch *Aslan*, Tüketici Hukuku, 2. Aufl., S. 492.

1784 In diese Richtung auch *Atamer/Micklitz*, in: *Atamer/Hopt*, Kompatibilität des türkischen und europäischen Wirtschaftsrechts, S. 194.

1785 So auch *Atamer/Micklitz*, in: *Atamer/Hopt*, Kompatibilität des türkischen und europäischen Wirtschaftsrechts, S. 194.

Regelungszweck der Richtlinie, da sie augenscheinlich von der fehlerhaften Annahme ausgeht, dass das Rücktrittsrecht bei Timesharing-Verträgen grundsätzlich die fehlende physische Inaugenscheinnahme des Vertragsgegenstandes bei Vertragsschluss kompensieren solle.[1786]

dd) Widerrufsrecht

Art. 5 Nr. 1 1. Spiegelstrich der Timesharing-Richtlinie sieht das Recht des Verbrauchers vor, innerhalb von 10 Tagen nach Unterzeichnung des Vertrages durch beide Parteien vom Vertrag zurückzutreten. Der Begriff *„zurücktreten"* ist hierbei untechnisch zu verstehen und meint ein Recht des Verbrauchers zur Loslösung vom Vertrag.[1787] Der türkische Normgeber ist dieser Vorgabe durch Statuierung eines Widerrufsrechts in Art. 6 Abs. 1 der dazugehörigen Verordnung gefolgt. Auch insoweit gilt eine Widerrufsfrist von zehn Tagen ab Unterzeichnung des Vertrages durch beide Parteien. Anders als in der Richtlinie bleibt im Rahmen der türkischen Vorschriften die Frage ungeklärt, wie zu verfahren ist, wenn der zehnte Tag der Frist auf einen Sonn- oder Feiertag fällt. Eine allgemeine Regelung zu dieser Frage, die in Ermangelung einer spezialgesetzlichen Regelung gem. Art. 30 aVerbSchG insoweit zur Anwendung käme, besteht im Rahmen des türkischen ZGB und OR ebenfalls nicht.

Fehlen im Vertrag eine oder mehrere der in Art. 5 Abs. 2 lit. a) bis l) der Verordnung aufgezählten vertraglichen Pflichtangaben, kann der Verbraucher gem. Art. 7 Abs. 1 der Verordnung innerhalb von drei Monaten ab Unterzeichnung des Vertrages dem Anbieter mitteilen, dass er eine Behebung dieses Defizits innerhalb dieser Frist fordere und im Falle ihres Ausbleibens der Vertrag selbständig ende. Sollten innerhalb dieser Frist die fehlenden Informationen schriftlich ergänzt werden, läuft gem. Art. 7 Abs. 2 der Verordnung ab Eingang derselben die reguläre Widerrufsfrist von zehn Tagen. Sollte dagegen eine Behebung der Defizite ausbleiben, endet der Vertrag gem. Art. 7 Abs. 3 S. 1 der Verordnung.

Die vorstehende Regelung weicht in mehrfacher Hinsicht von den Vorgaben der Timesharing-Richtlinie ab. Erstens ist eine Verlängerung der Rücktrittsfrist um drei Monate gem. Art. 5 Nr. 1 2. Spiegelstrich der Timesharing-Richtlinie nur für den Fall vorgesehen, dass bestimmte der im Anhang aufgezählten Informationen nicht im Vertrag enthalten sind. Die türkische Regelung dagegen erstreckt diese Sanktion auf alle Vertragsangaben und ist insoweit strenger.

1786 So auch *Atamer/Micklitz*, in: *Atamer/Hopt*, Kompatibilität des türkischen und europäischen Wirtschaftsrechts, S. 195.

1787 *Reich/Micklitz*, Europäisches Verbraucherrecht, S. 724.

Zweitens kann der Verbraucher nach der Regelung der Richtlinie den Vertrag innerhalb dieser Zeitspanne zu einem beliebigen Zeitpunkt widerrufen. Nach der türkischen Regelung kann der Verbraucher hingegen lediglich eine Behebung des Defizits unter Androhung eines Vertragsendes mit Ablauf der drei Monate fordern. Während die europäische Regelung somit dem Verbraucher eine verlängerte Rücktrittsfrist gewährt, verschafft die türkische Regelung dem Anbieter die Möglichkeit seine eigentliche Informationspflicht innerhalb von drei Monaten ohne das Risiko eines zwischenzeitigen Rücktritts durch den Verbraucher nachzuholen. Die türkische Regelung verzerrt damit die Regelung der Richtlinie zuungunsten des Verbrauchers.

ee) Rechtsfolgen des Widerrufs

Eine Regelung der Rechtsfolgen des Widerrufs findet sich nur für den Fall eines selbständigen Endes des Vertrages nach Ablauf der verlängerten Widerrufsfrist von drei Monaten. Gem. Art. 7 Abs. 3 S. 2 der Verordnung hat der Verbraucher in diesem Fall keinerlei Kosten zu tragen. Etwaige Zahlungen sind ihm innerhalb von 10 Tagen ab Vertragsende zurückzuerstatten.[1788] Im Übrigen fehlt eine Regelung.

Allgemeine Vorschriften zu den Rechtsfolgen des Widerrufs, die in Ermangelung einer spezialgesetzlichen Regelung gem. Art. 30 aVerbSchG insoweit zur Anwendung kämen, bestehen im Rahmen des türkischen ZGB und OR ebenfalls nicht. Die türkische Regelung bleibt daher fragmentarisch.

ff) Verbundene Verträge

Fast identisch übernommen wurde im Zuge der Gesetzesnovelle mit Art. 8 der dazugehörigen Verordnung die Regelung des Art. 7 der Timesharing-Richtlinie über verbundene Verträge. Abweichend von der Vorlage, verlangt die türkische Regelung aber zusätzlich, dass die Widerrufserklärung auch dem Kreditgeber mitgeteilt werden muss, wobei die Mitteilung in Schriftform zu erfolgen hat. Die türkische Regelung erschwert damit richtlinienwidrig die Auflösung des verbundenen Vertrages.[1789]

1788 Vgl. zu alldem *Atamer/Micklitz*, in: *Atamer/Hopt*, Kompatibilität des türkischen und europäischen Wirtschaftsrechts, S. 195.

1789 In diese Richtung auch *Atamer/Micklitz*, in: *Atamer/Hopt*, Kompatibilität des türkischen und europäischen Wirtschaftsrechts, S. 196.

gg) Sonstiges

Das generelle Defizit des aVerbSchG, den zwingenden Charakter der enthaltenen Vorschriften nicht ausdrücklich anzuordnen, wurde für den Nachvollzug der Timesharing-Richtlinie zumindest auf Ebene der Verordnung vermieden: Diese bestimmt in ihrem Art. 9, dass eine Bestimmung, wonach der Erwerber auf die Wahrnehmung der ihm aufgrund dieser Richtlinie eingeräumten Rechte verzichtet oder wonach der Verkäufer von den ihm aus dieser Richtlinie erwachsenden Verpflichtungen entbunden wird, unwirksam ist. Die Regelung wird insoweit den Vorgaben des Art. 8 der Timesharing-Richtlinie gerecht.

hh) Zusammenfassende Würdigung

Die Vorgaben der Timesharing-Richtlinie wurden im Rahmen des Nachvollzugs nicht vollständig verwirklicht. Insbesondere die Bestimmungen zu den zwingenden Angaben erreichen häufig nicht den Detailgrad der Richtlinienvorgaben. In einigen Punkten verzerrt der türkische Nachvollzug gar die Richtlinienvorgaben zuungunsten des Verbrauchers.

In Fragen, die die Richtlinie der mitgliedstaatlichen Regelung überlässt, bleibt auch der türkische Nachvollzug lückenhaft. In Ermangelung allgemeiner Regelungen zu den betreffenden Fragen können diese Lücken auch nicht unter Rückgriff auf die Kernkodifikationen des türkischen Zivilrechts geschlossen werden.

Die Regelung sämtlicher Detailfragen in einem delegierten Rechtsakt erscheint aus Gründen der erforderlichen Transparenz und der Gesetzgebungstechnik ungenügend. Zudem wirft sie Fragen bezüglich ihrer Verfassungsmäßigkeit auf.

d) Nachvollzug der Richtlinie 97/7/EG

Mit der Gesetzesnovelle aus dem Jahre 2003 haben Fernabsatzverträge im Sinne der Richtlinie 97/7/EG (sog. Fernabsatzrichtlinie) erstmalig im aVerbSchG eine eigenständige Regelung erfahren. Zuvor unterfielen bestimmte Formen des Fernabsatzes lediglich als sog. Distanzverkäufe dem Anwendungsbereich der Regelungen zu Haustürgeschäften.[1790] Daneben wurde für diesen Bereich durch das türkische Industrie- und Handelsministerium die *Verordnung betreffend Verfahren und Prinzipien der Anwendung bei Distanzverträgen*[1791] erlassen.

1790 Siehe hierzu S. 293.

1791 Verkündet am 13.06.2003 im türkischen Amtsblatt (Nr. 25137).

aa) Anwendungsbereich

Die Regelung findet sich in der novellierten Fassung in Art. 9/A aVerbSchG. Überschrieben ist die Vorschrift wörtlich mit der Begriffszusammensetzung „*Distanzverträge*", mit der der türkische Gesetzgeber das in der englischen Fassung der Fernabsatzrichtlinie vorgegebene Kompositum „*distance contracts*" ins Türkische übersetzt hat. Fernabsatzverträge sind nach Abs. 1 dieser Vorschrift Verträge, die zwischen einem Verkäufer/Dienstleister und einem Verbraucher im Sinne des aVerbSchG „*[...] unter Gebrauch von schriftlichen, visuellen, dem Telefon*[1792] *und elektronischen Medien oder anderen Kommunikationsmitteln ohne dem Verbraucher gegenüberzustehen geschlossen werden und die sofortige oder spätere Übergabe oder Erfüllung der Ware oder Dienstleistung festlegen*". Anders als die Definition in Art. 2 Nr. 1 der Fernabsatzrichtlinie verlangt die türkische Definition nicht ausdrücklich eine *ausschließliche* Verwendung einer oder mehrerer Fernkommunikationstechniken. Die Einschränkung, dass der Vertrag „*[...] ohne dem Verbraucher gegenüberzustehen*" geschlossen worden sein muss, verdeutlicht aber, dass es zu keinem physischen Kontakt gekommen sein darf.[1793] Verzichtet hat der türkische Gesetzgeber dagegen auf das Vorliegen eines für den Fernabsatz organisierten Vertriebs- bzw. Dienstleistungssystems. Die Regelung ist insoweit deutlich verbraucherfreundlicher.[1794]

Die Grenzen des Anwendungsbereichs der türkischen Regelung sind in Art. 11 der dazugehörigen Verordnung definiert. Die dort in lit. a) bis c) festgelegten Ausnahmen entsprechen weitgehend denjenigen, die in Art. 3 Abs. 1 der Fernabsatzrichtlinie aufgezählt sind. Es fällt jedoch auf, dass die in Art. 3 Abs. 1 3. Spiegelstrich der Fernabsatzrichtlinie statuierte Ausnahme falsch in die türkische Sprache übersetzt wurde.[1795] Während die betreffende europäische Regelung Verträge ausschließt, die aufgrund der Benutzung von öffentlichen

---

1792 Die sprachliche Fehlplatzierung des Begriffs „Telefon" findet sich in dieser Form auch im Originaltext und wurde an dieser Stelle zur Verdeutlichung der sprachlichen Schwächen unkorrigiert wiedergegeben. Auf diesen sprachlichen Fehler weist hin *Atamer*, Milletlerarası Hukuk ve Milletlerarası Özel Hukuk Bülteni 21 (2001), Nr. 1–2, 1, 25 Fn. 52.

1793 *Zevkliler/Aydoğudu*, TKHK, 3. Aufl., S. 263. *Atamer/Micklitz*, in: *Atamer/Hopt*, Kompatibilität des türkischen und europäischen Wirtschaftsrechts, S. 218, sind dagegen der Auffassung, dass die türkische Regelung auch Mischformen der Kommunikation zulasse, solange die Fernkommunikation nur dominiere.

1794 Vgl. *Atamer/Micklitz*, in: *Atamer/Hopt*, Kompatibilität des türkischen und europäischen Wirtschaftsrechts, S. 208.

1795 Diesen Fehler aufzeigend *Atamer*, BATİDER 23 (2005), Nr. 1, 177, 196.

Fernsprechern mit Betreibern von Telekommunikationsmitteln geschlossen werden, schließt ihr türkisches Pendant in Art. 11 lit. c) der dazugehörigen Verordnung fälschlicherweise alle Verträge aus, die *mittels* öffentlicher Fernsprecher geschlossen werden. Des Weiteren schließt die türkische Regelung in lit. d) und e) bestimmte Verträge über die Lieferung von Lebensmitteln, Getränken oder sonstigen Haushaltsgegenständen und über die Erbringung von Dienstleistungen in den Bereichen Unterbringung, Beförderung, Lieferung von Speisen und Getränken sowie Freizeitgestaltung vom Anwendungsbereich vollständig aus, auf die nach Art. 3 Abs. 2 der Fernabsatzrichtlinie lediglich einige Vorschriften nicht anwendbar sind und widerspricht damit den Richtlinienvorgaben.[1796]

Zu erwähnen bleibt noch, dass in Bezug auf Fernabsatzverträge neben dem erwähnten Art. 9/A aVerbSchG und den Bestimmungen der dazugehörigen Verordnung gem. Art. 9/A Abs. 5 auch die Vorschriften über Haustürgeschäfte Anwendung finden. Einfluss auf die Formulierung dieser Verweisung wird wohl gehabt haben, dass auch schon vor der Gesetzesnovelle bestimmte Distanzverkäufe den Regelungen über Haustürgeschäfte unterstellt waren und auch in der Literatur Fernabsatzverträge teilweise als Unterkategorie der Haustürgeschäfte begriffen werden.[1797] Die rechtliche Ausgestaltung, der es schon aufgrund der ausschweifenden Erlasse und Verordnungen zu den einzelnen Vorschriften des aVerbSchG an der für Verbraucherschutzregelungen gebotenen Transparenz mangelt und die ernsthafte Fragen in Bezug auf die Beachtung der Normenhierarchie aufwirft, ist mit dieser Verweisung noch undurchsichtiger geworden. Es stellt sich überdies die Frage, welche Funktion die Verweisung überhaupt erfüllt, da die dazugehörige Verordnung die wesentlichen Detailfragen regelt. Ein Rückgriff auf die verwiesenen Regelungen erübrigt sich folglich.[1798]

bb) Informationspflichten

Den Vorgaben der Richtlinie entsprechend statuiert Art. 9/A Abs. 2 S. 1 aVerbSchG eine Pflicht zur vorvertraglichen Information, verweist hinsichtlich der Details aber auf einen durch das türkische Industrie- und Handelsministerium zu veröffentlichenden Erlass. Das Ministerium hat von dieser Ermächtigung durch Verabschiedung der eingangs genannten Verordnung Gebrauch gemacht. Die zu erteilenden vorvertraglichen Informationen sind dort in Art. 5

1796 *Atamer/Micklitz*, in: *Atamer/Hopt*, Kompatibilität des türkischen und europäischen Wirtschaftsrechts, S. 209.

1797 Siehe bspw. *Deryal*, Tüketici Hukuku, 2. Aufl., S. 147 m.w.N.

1798 In diese Richtung auch *Aslan*, Tüketici Hukuku, 2. Aufl., S. 428.

lit. a) bis j) aufgelistet. Dabei handelt es sich weitgehend um eine Übersetzung der in Art. 4 Abs. 1 der Fernabsatzrichtlinie enthaltenen Aufzählung.[1799] Es fehlt lediglich eine Pflicht zur Information über die Mindestlaufzeit bei Verträgen über dauernde oder regelmäßig wiederkehrende Leistungen, wie sie in Art. 4 Abs. 1 lit. i) der Richtlinie enthalten ist. Eine bestimmte Form ist entsprechend der Richtlinie für die Erteilung dieser vorvertraglichen Informationen nicht vorgesehen. Indes fehlt es an einer dem Art. 4 Abs. 2 der Fernabsatzrichtlinie entsprechenden Pflicht zur Information in klarer, verständlicher und der verwendeten Fernkommunikationstechnik angepassten Weise. Genauso wenig findet sich innerhalb der türkischen Regelung eine dem Art. 4 Abs. 3 der Richtlinie entsprechende Vorschrift.

Gem. Art. 9/A Abs. 2 S. 2 aVerbSchG muss der Verbraucher den Erhalt dieser Informationen schriftlich bestätigen. Bei einem Vertragsschluss über elektronische Medien genügt gem. S. 3 eine Bestätigung in derselben Form. Fehlt eine solche Bestätigung, kann der Vertrag nach S. 2 „*[...] nicht geschlossen werden*".

Diese Regelung steht sowohl in Widerspruch zu den Richtlinienvorgaben als auch zu den sonstigen türkischen Vorschriften betreffend Fernabsatzverträge. Mit Blick auf die Richtlinie ist festzustellen, dass sie deren Vorgaben verdreht. So hat nach Art. 5 Abs. 1 der Fernabsatzrichtlinie nämlich nicht der Verbraucher die Erteilung der vorvertraglichen Informationen, sondern der *Lieferer* die vorvertraglichen Informationen selbst schriftlich zu bestätigen.[1800]

Dieselbe Regelung wird dabei auch in Art. 6 S. 1 und 2 der dazugehörigen Verordnung wiedergegeben. S. 3 erweitert diese um die widersprüchliche Bestimmung, dass der Verbraucher bei Waren spätestens vor deren Eingang und bei Dienstleistungen spätestens vor deren Erfüllung „*[...] die schriftliche Bestätigung, die die Vorabinformationen beinhaltet, erhalten muss*". Die Bestimmung ist deshalb widersprüchlich, weil sie in Abweichung von der vorerwähnten schriftlichen Bestätigung durch den Verbraucher sprachlich den Eindruck erweckt, als gehe es doch um eine schriftliche Bestätigung der vorvertraglichen Information selbst durch den Lieferer. In der Literatur wird die Formulierung deshalb für fehlerhaft gehalten und die Ansicht vertreten, sie beziehe sich eigentlich auf die Bestätigung des Erhalts der Informationen durch den Verbraucher.[1801] Diese Auffassung stützt, dass sich innerhalb der Vorschriften keine weitere Bestimmung findet, die in die andere Richtung deutet.

1799 Vgl. auch *Atamer*, BATİDER 23 (2005), Nr. 1, 177, 181.
1800 So auch *Atamer*, BATİDER 23 (2005), Nr. 1, 177, 182.
1801 So *Aslan*, Tüketici Hukuku, 2. Aufl., S. 419.

In Widerspruch zu den sonstigen türkischen Vorschriften betreffend Fernabsatzverträge steht auch die Formulierung, dass der Vertrag im Falle des Ausbleibens der Bestätigung „*[...] nicht geschlossen werden*“ kann. Art. 8 Abs. 5 der dazugehörigen Verordnung sieht nämlich vor, dass im Falle der Missachtung der Pflichten zur vorvertraglichen und vertraglichen Information lediglich die Widerrufsfrist nicht zu laufen beginnt.[1802] Eine Unwirksamkeit des Vertrages kann deshalb nicht die Folge des Ausbleibens sein.[1803] Jedoch stellt sich dann die Frage, was mit der in Frage stehenden Formulierung überhaupt gemeint ist.

Des Weiteren widerspricht die Regelung auch der Natur des Fernabsatzes, da sie – mit Ausnahme des elektronischen Rechtsverkehrs – eine Bestätigung durch den Verbraucher in Schriftform voraussetzt. Unterstrichen wird dieses Formerfordernis dabei nochmals in Art. 9 Abs. 3 S. 1 der dazugehörigen Verordnung, der ausdrücklich die Aushändigung einer Ausfertigung der eigenhändig durch den Verbraucher zu unterschreibenden Bestätigung an den Verbraucher vor Eingang der Waren bzw. Erfüllung der Dienstleistung fordert. Insbesondere telefonische Vertragsschlüsse werden auf diese Weise ohne nachvollziehbaren Grund deutlich erschwert.[1804]

Neben diesen vorvertraglichen Informationspflichten statuiert die dazugehörige Verordnung auch zwingende Vorgaben für Form und Inhalt des eigentlichen Fernabsatzvertrages. Dieser muss gem. Art. 7 Abs. 1 der Verordnung in Schriftform geschlossen werden. Darüber hinaus ist ebenfalls gem. Art. 9 Abs. 3 S. 1 der dazugehörigen Verordnung eine Ausfertigung dieses eigenhändig durch den Verbraucher zu unterschreibenden Vertrages vor Eingang der Waren bzw. vor Erfüllung der Dienstleistung dem Verbraucher auszuhändigen. Der Vertrag muss die in Art. 7 Abs. 2 lit. a) bis k) der dazugehörigen Verordnung vorgegebenen Informationen enthalten. Diese decken sich nur teilweise mit den vorvertraglichen Informationspflichten. Insbesondere fehlt es an Informationen über die Bedingungen und Einzelheiten der Ausübung des Widerrufsrechts. Und auch die übrigen in Art. 5 Abs. 1 UAbs. 2 der Fernabsatzrichtlinie genannten Informationen werden unter den zwingenden Vertragsangaben nicht aufgezählt. In Ermangelung einer Pflicht zur schriftlichen Angabe dieser Informationen entspricht die türkische Regelung damit nicht den Vorgaben des Art. 5 der Fernabsatzrichtlinie.

1802 Auf diesen Widerspruch hinweisend *Atamer*, BATİDER 23 (2005), Nr. 1, 177, 185.

1803 So *Aslan*, Tüketici Hukuku, 2. Aufl., S. 419 f.

1804 In diese Richtung auch *Atamer/Micklitz*, in: *Atamer/Hopt*, Kompatibilität des türkischen und europäischen Wirtschaftsrechts, S. 210.

Im Gegensatz zur Bestätigung des Erhalts der vorvertraglichen Informationen sehen die türkischen Regelungen für den Fernabsatzvertrag selbst keine Alternative zur Schriftform vor. Das heißt, dass bspw. auch bei Vertragsschlüssen über elektronische Medien dem Verbraucher ein schriftlich verfasster und eigenhändig unterschriebener Vertrag ausgehändigt werden muss. Dabei würde es nicht einmal genügen, dass im Falle eines Warenkaufs im Fernabsatz der Vertrag mit den Waren zusammen verschickt wird, da er gem. Art. 9 Abs. 3 S. 1 der dazugehörigen Verordnung noch vor Eingang der Waren beim Verbraucher ausgehändigt werden muss.[1805] Den Normen fehlt es daher an der für den Fernabsatz erforderlichen Praktikabilität.

Letzteres wird auch in der Literatur kritisiert[1806] und auf die in diesem Zusammenhang grundsätzlich drohende Nichtigkeitsfolge im Falle eines Verstoßes hingewiesen.[1807] Aus diesen Gründen versuchen zahlreiche Autoren mit unterschiedlichen Argumentationen das Formerfordernis selbst[1808] oder zumindest die Folgen eines Verstoßes gegen dieses in Frage zu stellen.[1809] Da nach Art. 288 Abs. 1 der bis 2011 geltenden alten türkischen Zivilprozessordnung rechtliche Vorgänge ab einer bestimmten Wertgrenze nur mittels Urkunden nachgewiesen werden können, stellen sich dann aber Beweisschwierigkeiten für den Verbraucher.[1810] *Aslan* verweist insofern auf die mit dem Gesetz Nr. 5070 vom 15.01.2004 erfolgte Aufwertung der elektronischen Signatur, räumt aber zugleich ein, dass diese nur nütze, wenn von der Möglichkeit der elektronischen Signatur auch Gebrauch gemacht würde.[1811] Dies war zum Zeitpunkt der Verabschiedung der

---

1805 *Aslan*, Tüketici Hukuku, 2. Aufl., S. 424.

1806 *Zevkliler/Aydoğudu*, TKHK, 3. Aufl., S. 275; *Atamer*, BATİDER 23 (2005), Nr. 1, 177, 183 f.; *Aslan*, Tüketici Hukuku, 2. Aufl., S. 424.

1807 *Atamer*, BATİDER 23 (2005), Nr. 1, 177, 183 f.

1808 So *Zevkliler/Aydoğudu*, TKHK, 3. Aufl., S. 275, mit dem Argument, dass das aVerbSchG dem zuständigen Ministerium dahingehend keine Ermächtigung eingeräumt habe. *Aslan*, Tüketici Hukuku, 2. Aufl., S. 424, möchte zumindest Verträge über Waren und Dienstleistungen, die vollständig über elektronische Medien abgewickelt werden, als nicht vom Anwendungsbereich des Art. 7 Abs. 1 der dazugehörigen Verordnung umfasst betrachten.

1809 In diese Richtung anscheinend *Atamer*, BATİDER 23 (2005), Nr. 1, 177, 184, die für die Annahme plädiert, dass eine zwingende Form im Sinne des Art. 11 des alten türkischen OR nur mittels eines Gesetzes begründet werden könne.

1810 Hierauf hinweisend *Zevkliler/Aydoğudu*, TKHK, 3. Aufl., S. 275 f.; *Aslan*, Tüketici Hukuku, 2. Aufl., S. 422 ff.

1811 *Aslan*, Tüketici Hukuku, 2. Aufl., S. 423 ff.

Gesetzesnovelle jedenfalls nicht der Fall.[1812] Laut *Zevkliler/Aydoğudu* würden daher häufig Beweisvereinbarungen in die Verträge aufgenommen, um die vorgenannten Schwierigkeiten zu vermeiden.[1813]

cc) Vertragsmodalitäten

Gem. Art. 9/A Abs. 3 S. 1 aVerbSchG und Art. 9 Abs. 1 der dazugehörigen Verordnung muss der Verkäufer/Dienstleister seine Vertragspflicht innerhalb von 30 Tagen ab Eingang der Bestellung erfüllen. Diese Frist kann gem. Art. 9 Abs. 3 S. 2 aVerbSchG bei vorheriger schriftlicher Ankündigung um maximal 10 Tage verlängert werden. Die Regelung geht insgesamt über die Vorgaben der Richtlinie hinaus. Diese legt eine Erfüllungszeit von maximal 30 Tage in Art. 7 Abs. 1 lediglich für den Fall fest, dass *„[…] die Parteien nichts anderes vereinbart haben"*. Die türkische Regelung ist dagegen zwingend ausgestaltet.[1814]

Gem. Art. 9 Abs. 5 der dazugehörigen Verordnung hat der Verkäufer/Dienstleister den Verbraucher im Falle der Unmöglichkeit der Erfüllung seiner Leistungspflicht zu informieren und geleistete Zahlungen des Verbrauchers innerhalb von 10 Tagen zurückzuerstatten. Die türkische Regelung sieht eine kürzere Frist vor als ihre Vorlage in Art. 7 Abs. 2 der Richtlinie, der eine Frist von 30 Tagen vorsieht.

Schließlich besteht gem. Art. 9 Abs. 4 der dazugehörigen Verordnung ein Recht des Verkäufers/Dienstleisters zur Ersatzlieferung. Im Vergleich zu den Vorgaben der Richtlinie fehlt der türkischen Regelung eine ausdrückliche Pflicht, den Verbraucher von dieser Möglichkeit in klarer und verständlicher Weise zu unterrichten.[1815]

dd) Widerrufsrecht

Ein Widerrufsrecht des Verbrauchers ist in Art. 9/A aVerbSchG nicht geregelt. Das Bestehen eines solchen bei Fernabsatzverträgen ergibt sich aus den gesetzlichen Vorschriften lediglich mittelbar durch den Verweis auf die Regelung zu Haustürgeschäften in Art. 9 Abs. 5 aVerbSchG. Dagegen finden sich in der dazugehörigen Verordnung Bestimmungen zum Widerruf.

1812 *Aslan*, Tüketici Hukuku, 2. Aufl., S. 425.

1813 *Zevkliler/Aydoğudu*, TKHK, 3. Aufl., S. 276.

1814 Dies kritisierend *Atamer*, BATİDER 23 (2005), Nr. 1, 177, 193.

1815 In diese Richtung auch *Atamer/Micklitz*, in: *Atamer/Hopt*, Kompatibilität des türkischen und europäischen Wirtschaftsrechts, S. 213.

Gem. Art. 8 Abs. 1 der Verordnung hat der Verbraucher das Recht den Vertrag innerhalb von 7 Tagen formfrei zu widerrufen. Die Frist beginnt bei Waren ab dem Zeitpunkt des Eingangs und bei Dienstleistungen ab dem Zeitpunkt des Vertragsschlusses zu laufen. In Widerspruch zur Richtlinie bemisst die türkische Regelung die Widerrufsfrist nicht in Werktagen. Es fehlt zudem eine Angabe darüber, ob es sich hierbei um eine Abgabe- oder eine Zugangsfrist handelt. Letztere Frage bleibt allerdings auch in der Richtlinie unbeantwortet.

Art. 8 Abs. 5 der Verordnung bestimmt, dass Defizite bei der Bestätigung des Erhalts der vorvertraglichen Informationen und der zwingenden Vertragsangaben innerhalb von 30 Tagen behoben werden müssen und dass in diesen Fällen die Frist erst zu laufen beginnt, sobald die Defizite behoben wurden. Welche Folge ein Verstoß gegen die 30-tägige Nachbesserungsfrist nach sich zieht, bleibt unklar.[1816] In der Literatur herrscht jedenfalls dahingehend Übereinstimmung, dass die Widerrufsfrist solange nicht zu laufen beginnt, bis diese Pflichten nachgeholt worden sind.[1817] Die türkische Regelung geht somit über die Richtlinie hinaus, die die Widerrufsfrist gem. Art. 6 Abs. 1 UAbs. 3 auf maximal drei Monate begrenzt.

Der Richtlinie entsprechend sind in Art. 8 der Verordnung Fallgestaltungen aufgezählt, in denen kein Widerrufsrecht ausgeübt werden kann. Es handelt sich bei diesen fast ausschließlich um Übersetzungen von Fallgestaltungen, die in Art. 6 Abs. 3 der Fernabsatzrichtlinie enthalten sind. Ausnahmen bilden lediglich die Fallgruppen über Verträge, deren Preis von der Entwicklung der Sätze auf den Finanzmärkten abhängt, zur Lieferung von Audio- oder Videoaufzeichnungen oder Software, die vom Verbraucher entsiegelt worden sind, und zur Erbringung von Wett- und Lotteriedienstleistungen. Diese sind entgegen der Richtlinie nicht ausgenommen. Darüber hinaus bestimmt Art. 8 Abs. 2 der Verordnung, dass ein Widerrufsrecht auch in Fällen nicht besteht, in denen der Verkäufer/Dienstleister seine Vertragspflichten augenblicklich und unmittelbar über elektronische Medien erfüllt. Das Widerrufsrecht gilt damit für einen wesentlichen Teil des Internethandels gerade nicht.

ee) Rechtsfolgen des Widerrufs

Gem. Art. 9 Abs. 2 der dazugehörigen Verordnung ist der Verkäufer im Falle des wirksamen Widerrufs verpflichtet, innerhalb von 10 Tagen ab Zugang der

---

1816 Die maßgeblichen Fragen in diesem Zusammenhang aufwerfend *Atamer*, BATİDER 23 (2005), Nr. 1, 177, 188.

1817 *Zevkliler/Aydoğudu*, TKHK, 3. Aufl., S. 279; *Aslan*, Tüketici Hukuku, 2. Aufl., S. 431.

Widerrufserklärung jegliches erhaltenes Entgelt zurückzugewähren und innerhalb von 20 Tagen ab Zugang der Widerrufserklärung die Ware zurückzunehmen. Die Rücksendekosten obliegen dem Verkäufer.[1818]

Weitere Rechtsfolgen sind den Bestimmungen über Fernabsatzverträge nicht zu entnehmen. Gem. Art. 9/A Abs. 5 gelten ergänzend die Vorschriften über Haustürgeschäfte. Es kann daher insoweit auf die dortigen Ausführungen verwiesen werden. Eine Abweichung besteht nur im Hinblick auf Dienstleistungen: Wenn deren Erfüllung begonnen wurde, besteht kein Widerrufsrecht mehr.

ff) Lauterkeitsrechtliche Regelungen

Art. 9 der Fernabsatzrichtlinie über unbestellte Waren oder Dienstleistungen wurde im Zuge der Gesetzesnovelle nicht nachvollzogen. Allerdings handelt es sich bei solchen Praktiken gem. Art. 10 der bis zum Jahre 2013 geltenden *Verordnung betreffend Verfahren und Prinzipien der Anwendung bei gewerblicher Werbung und Anzeigen* um unlautere Geschäftspraktiken. *Aslan* ist daher der Auffassung, dass sich aus dieser Vorschrift zumindest mittelbar die durch Art. 9 der Fernabsatzrichtlinie verlangten Maßnahmen ableiten ließen.[1819]

Ebenfalls keine Entsprechung im aVerbSchG gefunden haben die Vorgaben des Art. 10 der Fernabsatzrichtlinie über Beschränkungen in der Verwendung bestimmter Fernkommunikationstechniken.

gg) Verbundene Verträge

Fast identisch übernommen wurde im Zuge der Gesetzesnovelle mit Art. 8 Abs. 6 der dazugehörigen Verordnung die Regelung des Art. 6 Abs. 4 der Fernabsatzrichtlinie über verbundene Verträge. Abweichend von der Vorlage, verlangt die türkische Regelung aber zusätzlich, dass die Widerrufserklärung auch dem Kreditgeber mitgeteilt werden muss, wobei die Mitteilung in Schriftform zu erfolgen hat. Die türkische Regelung erschwert damit richtlinienwidrig die Auflösung des verbundenen Vertrages.

hh) Zahlung mittels Karte

Ebenfalls fast identisch übernommen wurde die Regelung des Art. 8 der Fernabsatzrichtlinie über Zahlungen mittels Karte. Die türkische Regelung in Art. 10 der dazugehörigen Verordnung geht jedoch über die Richtlinienvorgabe insoweit

---

1818 *Atamer*, BATİDER 23 (2005), Nr. 1, 177, 189.
1819 *Aslan*, Tüketici Hukuku, 2. Aufl., S. 431.

hinaus, dass sie für ihre Anwendbarkeit schon eine Verwendung ohne Einverständnis des Karteninhabers genügen lässt.[1820]

ii) Zusammenfassende Würdigung

Die türkischen Vorschriften über Fernabsatzgeschäfte gehen in einigen Punkten über das Schutzniveau der Fernabsatzrichtlinie hinaus. In vielen Punkten bleiben sie allerdings hinter diesen zurück oder lassen sie vollständig unbeachtet. Insbesondere werden wichtige Mechanismen der Richtlinie dergestalt verzerrt oder verschärft, dass sie der Natur des Regelungsgegenstandes nicht mehr gerecht werden und damit an Praktikabilität einbüßen.

Die rechtliche Ausgestaltung weist aufgrund der Auslagerung wesentlicher Detailfragen in einen delegierten Rechtsakt nicht die erforderliche Transparenz auf. Zudem trägt die Verweisung auf die Vorschriften über Haustürgeschäfte zusätzlich zur Undurchsichtigkeit der Gesamtregelung bei.

Die erlassene Verordnung gibt an vielen Stellen lediglich den Inhalt der Richtlinie wieder. Dabei leiden die Übersetzungen stellenweise an groben Übersetzungsfehlern. Außerdem lassen die Vorschriften in der Regel diejenigen Fragen offen, deren Regelung die Richtlinie den Mitgliedstaaten überlässt. So bleiben die Rechtsfolgen von Verstößen gegen die Form- und Inhaltsangaben unklar. Nicht selten widersprechen sich die statuierten Bestimmungen auch. Die rechtliche Ausgestaltung weist gesetzgebungstechnisch folglich erhebliche Mängel auf.

e) Nachvollzug der Richtlinie 1999/44/EG

Das aVerbSchG enthielt schon in seiner Ursprungsfassung – und damit noch vor Verabschiedung der Richtlinie 1999/44/EG des Europäischen Parlaments und des Rates vom 25. Mai 1999 zu bestimmten Aspekten des Verbrauchsgüterkaufs und der Garantien für Verbrauchsgüter (sog. Verbrauchsgüterkaufrichtlinie) – mit Art. 4 eine Regelung zum Verbraucherkauf. Die selbständige Einführung einer solchen Regelung durch den türkischen Gesetzgeber war dem Umstand geschuldet, dass die kaufrechtlichen Bestimmungen des alten türkischen OR mangels eines Nachbesserungsrechts, der kurzen Verjährungsfrist von nur einem Jahr und der Obliegenheit des Käufers zur Rüge und Untersuchung der Ware dem Verbraucherkäufer nicht ausreichend Schutz boten.[1821]

1820 *Atamer/Micklitz*, in: *Atamer/Hopt*, Kompatibilität des türkischen und europäischen Wirtschaftsrechts, S. 213.

1821 *Atamer/Micklitz*, in: *Atamer/Hopt*, Kompatibilität des türkischen und europäischen Wirtschaftsrechts, S. 178.

Im Zuge der Gesetzesnovelle des Jahres 2003 wurde die Regelung des Art. 4 aVerbSchG mit Blick auf die Verbrauchsgüterkaufrichtlinie einigen Änderungen unterzogen. Daneben wurden laut dem Nationalen Programm der Türkei aus dem Jahre 2003 in Bezug auf die Verbrauchsgüterkaufrichtlinie als administrative Maßnahmen die *Verordnung betreffend Prinzipien der Anwendung bei Garantieurkunden*[1822] und die *Verordnung betreffend nachvertragliche Serviceleistungen bei industriell gefertigten Waren*[1823] erlassen.[1824] Beide Verordnungen haben jedoch mit den Richtlinienvorgaben wenig gemeinsam, wie noch zu zeigen sein wird.

aa) Anwendungsbereich

Art. 4 aVerbSchG beschränkt sich auf die Regelung der Gewährleistungsrechte im Falle des Verkaufs einer mangelhaften Ware. Die fälschliche Vermengung mit der Haftung für vertragswidrige Dienstleistungen, wie sie in der Ursprungsfassung des Art. 4 aVerbSchG enthalten war, wurde im Zuge der Gesetzesnovelle beseitigt. Seither ist die Haftung für vertragswidrige Dienstleistungen gesondert in Art. 4/A zu finden.

Mit der Beschränkung auf Sachgewährleistungsrechte entspricht der Regelungsumfang der türkischen Regelung demjenigen der Verbrauchsgüterkaufrichtlinie. Unterschiede bestehen dagegen hinsichtlich ihres sachlichen Anwendungsbereichs: Wie auch schon in den allgemeinen Ausführungen zum novellierten aVerbSchG erwähnt, reicht der sachliche Anwendungsbereich des Art. 4 aVerbSchG mit der Erstreckung des Warenbegriffs auf Wohn- und Ferienimmobilien, Immaterialgüter, Strom, Wasser und Gas weit über den sachlichen Anwendungsbereich der Verbrauchsgüterkaufrichtlinie hinaus. Gleichzeitig bleibt er in der Praxis aber auch hinter den Vorgaben der Richtlinie zurück, da nach der Rechtsprechung des türkischen Kassationshofs Werkverträge (und damit auch Werklieferungsverträge) weiterhin nicht dem Anwendungsbereich des Gesetzes unterfallen.[1825]

1822 Verkündet am 14.06.2003 im türkischen Amtsblatt (Nr. 25138).

1823 Verkündet am 14.06.2003 im türkischen Amtsblatt (Nr. 25138).

1824 Nationales Programm der Türkei betreffend die Übernahme des *acquis communautaire* aus dem Jahr 2003, S. 653.

1825 Siehe zu alldem S. 330.

bb) Vertragsmäßigkeit

Art. 4 Abs. 1 aVerbSchG zufolge werden „*Waren, die nicht die Qualität oder ihre Qualität beeinflussende Quantität aufzeigen, die auf ihrer Verpackung, ihrem Etikett, ihrer Benutzungsanweisung oder in ihrer Werbung oder Anzeige angegeben oder vom Verkäufer bekannt gemacht worden sind oder die in ihrem Standard oder ihrer technischen Regelung vorausgesetzt worden sind, oder [Waren] die einen körperlichen, rechtlichen oder wirtschaftlichen Fehler aufweisen, der ihren Wert in Bezug auf den Bestimmungs- oder Verwendungszweck oder den von dem Verbraucher erwarteten Nutzen verringert oder aufhebt, [...] als mangelhafte Waren bezeichnet.*“[1826]

Diese Definition, die im Zuge der Gesetzesnovelle lediglich um die Merkmale „*[...] oder in ihrer Werbung oder Anzeige*“ und „*[...] oder ihrer technischen Regelung*“ ergänzt worden ist, orientiert sich in ihren Grundzügen am *Mangelbegriff* des Art. 194 des alten türkischen OR.[1827] Der türkische Gesetzgeber hat das einheitliche Vertragswidrigkeitskonzept der Verbrauchsgüterkaufrichtlinie mit der Gesetzesnovelle folglich nicht nachvollzogen.[1828] Entsprechend unterscheidet die Regelung im aVerbSchG nach wie vor zwischen Rechts- und Sachmängeln.[1829] Eine Gleichstellung von Schlecht-, Falsch- und Zuweniglieferung fehlt ebenfalls weiterhin.[1830] Anders als Art. 194 des alten türkischen OR verlangt Art. 4 Abs. 1 aVerbSchG dagegen nicht ausdrücklich, dass der Mangel den Wert oder die Tauglichkeit der Sache *erheblich* mindert. Nichtsdestotrotz wird

---

1826 Die Übersetzung wurde aufgrund ihrer Exaktheit übernommen von *Atamer/Micklitz*, in: *Atamer/Hopt*, Kompatibilität des türkischen und europäischen Wirtschaftsrechts, S. 180.

1827 Vgl. *Zevkliler/Aydoğudu*, TKHK, 3. Aufl., S. 104. Gem. Art. 194 des alten türkischen OR haftet der Verkäufer „[...] dem Käufer sowohl für die zugesicherten Eigenschaften als auch dafür, dass die Sache nicht körperliche oder rechtliche Mängel habe, die ihren Wert oder ihre Tauglichkeit zu dem vorausgesetzten Gebrauche aufheben oder erheblich mindern.“

1828 *Atamer*, ZEuP 2005, 566, 577.

1829 In Übereinstimmung mit Art. 194 Abs. 1 des alten türkischen OR werden bestimmte rechtliche Defizite gleichwohl als Sachmangel qualifiziert. Siehe zu alldem *Atamer*, ZEuP 2005, 566, 577.

1830 *Atamer*, ZEuP 2005, 566, 577. Quantitätsabweichungen können jedoch einen Mangel darstellen, sofern sie die Qualität beeinflussen. Siehe zu alldem *Zevkliler/Aydoğudu*, TKHK, 3. Aufl., S. 106 ff.

in der türkischen Literatur teilweise vertreten, dass diese Voraussetzung auch im Rahmen des Art. 4 Abs. 1 aVerbSchG beachtet werden müsse.[1831]

Wie auch seine Vorlage in Art. 194 des alten türkischen OR enthält Art. 4 aVerbSchG keine dem Art. 2 Abs. 1 der Verbrauchsgüterkaufrichtlinie entsprechende primäre Anknüpfung an den subjektiven Fehlerbegriff. Nichtsdestotrotz gilt auch insoweit das schon zu Art. 194 des alten türkischen OR etablierte Verständnis, dass sich die Mangelhaftigkeit vorrangig aus dem Fehlen der zugesicherten Beschaffenheit und erst nachgelagert aus dem Fehlen der üblichen Beschaffenheit bzw. der Untauglichkeit für die übliche Verwendung ergibt.[1832] Insofern deckt sich die türkische Regelung im Wesentlichen mit den Vorgaben der Verbrauchsgüterkaufrichtlinie. Die Unterscheidung zwischen den einzelnen Fehlerarten (materiell, rechtlich, wirtschaftlich) ist gleichermaßen der in der Literatur und Rechtsprechung zu Art. 194 des alten türkischen OR entwickelten Kategorisierung entnommen worden.[1833]

In Orientierung an den Richtlinienvorgaben hat der türkische Gesetzgeber im Zuge der Gesetzesnovelle zudem eine Bindung an öffentliche Äußerungen in der Werbung und in Anzeigen eingeführt. Anders als die Vorgabe in Art. 2 Abs. 2 lit. d) der Verbrauchsgüterkaufrichtlinie enthält die türkische Regelung allerdings keine Beschränkung des Urheberkreises auf den Verkäufer, den Hersteller oder dessen Vertreter.[1834] Auch wurden die in Art. 2 Abs. 4 der Richtlinie aufgezählten Ausschlussgründe nicht in das aVerbSchG übernommen.[1835] Die türkische Regelung ist insofern damit wesentlich weiter gefasst.

Nicht nachvollzogen wurde hingegen Art. 2 Abs. 5 der Verbrauchsgüterkaufrichtlinie, demzufolge unter bestimmten Voraussetzungen ein Mangel infolge unsachgemäßer Montage sowie eine unsachgemäße Montage aufgrund einer mangelhaften Montageanleitung der Vertragswidrigkeit gleichgestellt werden.[1836] Gleichwohl ordnet der türkische Kassationshof Fälle fehlerhafter Montage in seiner Rechtsprechung ebenfalls als Mangel ein.[1837]

1831 So *Zevkliler/Aydoğudu*, TKHK, 3. Aufl., S. 112 f.; dagegen *Aslan*, Tüketici Hukuku, 2. Aufl., S. 105; *Atamer*, ZEuP 2005, 566, 582.

1832 Siehe zu alldem *Atamer*, ZEuP 2005, 566, 579 f. Vgl. auch *Zevkliler/Aydoğudu*, TKHK, 3. Aufl., S. 104 ff.; *Aslan*, Tüketici Hukuku, 2. Aufl., S. 106 ff.

1833 *Zevkliler/Aydoğudu*, TKHK, 3. Aufl., S. 108.

1834 So auch *Atamer*, ZEuP 2005, 566, 580.

1835 So auch *Atamer*, ZEuP 2005, 566, 580.

1836 So auch *Atamer*, ZEuP 2005, 566, 582.

1837 Türkischer Kassationshof, 13. Zivilkammer, Hauptsache Nr. 1999/528, Entscheidung Nr. 1999/1657 vom 08.03.1999. Siehe dazu *Atamer*, ZEuP 2005, 566, 582.

Hinsichtlich des maßgeblichen Zeitpunkts für die Bewertung der Mangelhaftigkeit trifft Art. 4 aVerbSchG keine Aussage. In der Literatur wird unter Rückgriff auf die allgemeinen Bestimmungen des türkischen OR überwiegend auf den Zeitpunkt des Vertragsschlusses abgestellt, mit dem nach Art. 183 des alten türkischen OR grundsätzlich Nutzen und Gefahren der Sache auf den Käufer übergehen.[1838] Ob dies den Vorgaben der Verbrauchsgüterkaufrichtlinie entspricht, kann nicht eindeutig beantwortet werden. Zwar stellt Art. 3 Abs. 1 der Richtlinie auf den Zeitpunkt der *„[...] Lieferung des Verbrauchsgutes“* ab. Es bleibt allerdings unklar, ob die Richtlinienregelung damit auf die tatsächliche Übergabe der Ware abstellen oder aber auf die nationalen Regelungen zum Gefahrübergang verweisen wollte.[1839]

Schließlich finden die Vorschriften gem. Art. 4 Abs. 5 aVerbSchG keine Anwendung auf Waren, die unter Kenntnis ihrer Mangelhaftigkeit gekauft wurden. Die Regelung ist verbraucherfreundlicher als ihr Pendant in Art. 2 Abs. 3 der Verbrauchsgüterkaufrichtlinie, dass eine Vertragswidrigkeit schon dann ausschließt, wenn der Verbraucher vernünftigerweise nicht in Unkenntnis über sie sein konnte. Gleiches gilt mit Blick auf Art. 197 des alten türkischen OR, der eine Haftung schon für den Fall verneint, dass der Käufer den Mangel bei hinreichender Sorgfalt hätte erkennen können. Nichtsdestotrotz wird in der türkischen Literatur insoweit überwiegend von einer bewussten Abweichung des Gesetzgebers ausgegangen.[1840]

cc) Rechtsbehelfe des Verbrauchers

Die Mängelgewährleistungsrechte des Verbrauchers sind in Art. 4 Abs. 2 S. 2 aVerbSchG aufgezählt. Demnach hat der Verbraucher im Falle der Mangelhaftigkeit der Ware grundsätzlich die Wahl zwischen den Rechten der Nachbesserung, der Nachlieferung, der Minderung und des Rücktritts. Die türkische Regelung deckt somit das in Art. 3 Abs. 2 der Verbrauchsgüterkaufrichtlinie vorgegebene Spektrum an Rechten ab.

Anders als in Art. 3 Abs. 3 und 4 der Verbrauchsgüterkaufrichtlinie angelegt, stehen im Rahmen des Art. 4 Abs. 2 S. 2 jedoch alle Gewährleistungsrechte gleichgeordnet nebeneinander. Der Verbraucher wird folglich nicht zunächst auf

---

1838 *Zevkliler/Aydoğudu*, TKHK, 3. Aufl., S. 114 f.; *Aslan*, Tüketici Hukuku, 2. Aufl., S. 122 f.; Siehe zu alldem auch *Atamer*, ZEuP 2005, 566, 583.

1839 *Magnus*, in: *Grabitz/Hilf/Nettesheim*, Das Recht der Europäischen Union, A 15 Art. 3 Rn. 10. Siehe zu alldem auch *Atamer*, ZEuP 2005, 566, 583.

1840 *Atamer*, ZEuP 2005, 566, 584 m.w.N.

sein Nacherfüllungsrecht verwiesen, sondern kann im Falle eines Mangels ohne Weiteres unmittelbar von seinen Rechten auf Minderung oder auf Rücktritt Gebrauch machen.[1841] Auch der Ausschluss des Rechts auf Vertragsauflösung im Falle einer geringfügigen Vertragswidrigkeit in Art. 3 Abs. 6 der Richtlinie hat im Zuge der Revision keinen Eingang in die türkische Regelung gefunden. Diskutiert wird deshalb in der türkischen Literatur, ob zumindest die im alten türkischen OR mit Blick auf die Wahl der Gewährleistungsrechte enthaltenen vereinzelten Einschränkungen im Rahmen des Art. 4 aVerbSchG Geltung erlangen.[1842] Allerdings würde sich aus diesen ebenso wenig ein Primat der Nacherfüllung ergeben. Der türkische Kassationshof lehnte in einem Fall eine solche Geltung jedenfalls für Art. 202 Abs. 2 des alten türkischen OR, demzufolge das Gericht auf Minderung erkennen kann, wenn die Umstände den erklärten Rücktritt nicht rechtfertigen, ab und erkannte den unmittelbar erklärten Rücktritt des Verbrauchers für rechtmäßig, obgleich der Mangel im Wege der Nachbesserung unproblematisch hätte behoben werden können.[1843] Insgesamt erweitert die türkische Regelung damit den Handlungsspielraum des Verbrauchers im Vergleich zur Richtlinie beträchtlich.

Entsprechend den Vorgaben der Richtlinie bestimmt auch Art. 4 Abs. 2 S. 2 aVerbSchG, dass die Nachbesserung im Falle ihrer Wahl durch den Verbraucher „*unentgeltlich*" zu erfolgen hat. Dieselbe Einschränkung findet sich im Wortlaut dagegen für den Fall der Nachlieferung nicht. Nichtsdestotrotz hat der türkische Kassationshof schon im Jahre 2005 – gewissermaßen unter Vorwegnahme der späteren „Quelle-Entscheidung" des EuGH – entschieden, dass das Recht auf Nachlieferung keinerlei Beschränkung unterliege und im Falle seiner Ausübung fernerhin auch kein Ersatz für etwaige Nutzungen vom Verbraucher verlangt

1841 So auch *Atamer*, ZEuP 2005, 566, 587.

1842 *Atamer*, ZEuP 2005, 566, 587. Nach *Aslan*, Tüketici Hukuku, 2. Aufl., S. 161 ff., sei dies für die meisten Einschränkungen zu bejahen.

1843 Türkischer Kassationshof, 13. Zivilkammer, Hauptsache Nr. 007/15789, Entscheidung Nr. 2008/616 vom 21.01.2008. Auf dieses Urteil verweisen in diesem Kontext *Atamer/Baş*, İBD 88 (2014), Sonderausgabe Nr. 1, 19, 46 und *İnceoğlu*, in: *İnceoğlu*, Yeni Tüketici Hukuku Konferansı, S. 188. Letzterer fügt an angegebener Stelle allerdings hinzu, dass sich durchaus auch gegenteilige Urteile fänden.

werden dürfe.[1844] Das Gericht stützte dabei seine Begründung ausschließlich auf den Wortlaut der türkischen Regelung, der insofern keine Grundlage enthalte.[1845]

Der Verbraucher ist nach Auffassung innerhalb der türkischen Literatur[1846] und Rechtsprechung[1847] an die getroffene Auswahlentscheidung gebunden. Die türkische Regelung räumt dem Verbraucher demgemäß kein *ius variandi* ein. Größere Auswirkungen auf die Praxis hat diese Bewertung allerdings nicht gezeitigt, da für viele industriell hergestellten Waren gem. Art. 13 aVerbSchG ein Garantiezwang besteht[1848] und dieser gem. Art. 13 Abs. 3 aVerbSchG dem Verbraucher in bestimmten Fällen (ständige Nutzungseinbußen durch häufige Defekte, Überschreitung der maximalen Reparaturdauer, Scheitern der Reparatur) einen Übergang vom gewählten Recht der Nachbesserung zu den übrigen Gewährleistungsrechten des Art. 4 Abs. 2 S. 2 aVerbSchG ermöglicht. Nicht in das aVerbSchG übernommen wurde zudem die Regelung des Art. 3 Abs. 3 UAbs. 2 der Verbrauchsgüterkaufrichtlinie zur Frage der Unverhältnismäßigkeit der gewählten Abhilfe.[1849] In der Literatur wird insoweit angemerkt, dass eine ähnliche Eingrenzung über die Anwendung des Art. 2 Abs. 2 des alten türkischen ZGB erreicht werden könne.[1850] Eine Analyse der Rechtsprechung des türkischen Kassationshofs in dieser Hinsicht zeigt aber, dass diesem zufolge die Wahl der Abhilfe – wie auch schon die Erklärung des Rücktritts – keinerlei Beschränkungen unterliegt und selbst in den Fällen rechtmäßig ist, in denen eine Nachbesserung im Vergleich unproblematisch möglich wäre.[1851]

1844 Türkischer Kassationshof, Plenum, Hauptsache Nr. 2005/4-309, Entscheidung Nr. 2005/391 vom 22.06.2005. Auf dieses Urteil verweisen in diesem Kontext *Atamer/Baş*, İBD 88 (2014), Sonderausgabe Nr. 1, 19, 43.

1845 Vgl. Türkischer Kassationshof, Plenum, Hauptsache Nr. 2005/4-309, Entscheidung Nr. 2005/391 vom 22.06.2005.

1846 So *Zevkliler/Aydoğudu*, TKHK, 3. Aufl., S. 125; *Aslan*, Tüketici Hukuku, 2. Aufl., S. 160 f., der sämtliche in Art. 4 Abs. 2 S. 2 aVerbSchG aufgezählten Gewährleistungsrechte als Gestaltungsrechte einordnet.

1847 Vgl. Türkischer Kassationshof, Plenum, Hauptsache Nr. 2005/4-309, Entscheidung Nr. 2005/391 vom 22.06.2005.

1848 Dazu ausführlicher unten S. 383.

1849 So auch *Atamer*, ZEuP 2005, 566, 587.

1850 So *Atamer*, ZEuP 2005, 566, 587.

1851 Zu diesem Ergebnis kommt *Inceoğlu* unter Verweis auf entsprechende Urteile des türkischen Kassationshofs. Er verweist dabei unter anderem auf die Entscheidungen Türkischer Kassationshof, 13. Zivilkammer, Hauptsache Nr. 2008/6937, Entscheidung Nr. 2008/13579 vom 17.11.2008 und Türkischer Kassationshof, 4. Zivilkammer,

Dem Verbraucher stehen vor dem Hintergrund der bisherigen Ausführungen demnach in der Praxis die Gewährleistungsrechte schier unbeschränkt zur Verfügung. Dieser gegenüber der Verbrauchsgüterkaufrichtlinie erweiterte Handlungsspielraum bezieht sich allerdings nur auf die Wahl des Rechts. Anders verhält es sich dagegen in Bezug auf seine Durchsetzung. Denn der türkische Kassationshof hält im Rahmen der Durchsetzung des Nachlieferungsverlangens eine Anwendung des Art. 24 des türkischen Zwangsvollstreckungs- und Konkursgesetzes[1852] für möglich.[1853] Dessen Abs. 4 zufolge hat der Vollziehungsbeamte in den Fällen, in denen der Schuldner den Vollstreckungsgegenstand nicht in seinem Besitz hat, den Wert desselben einzuziehen. Dies ist aber bspw. bei der Durchsetzung von Nachlieferungsverlangen im Rahmen von Kaufverträgen über Personenkraftwagen nicht selten der Fall. Denn in diesen Fällen hat der Verkäufer dem Verbraucher einen Personenkraftwagen desselben Modells und derselben Laufleistung nachzuliefern. Und da die Verfahrenszeiten der türkischen Justiz relativ lang sind, befindet sich zum Vollstreckungszeitpunkt ein entsprechendes Fahrzeug häufig nicht im Besitz des Verkäufers.[1854] Die Regelung zwingt dem Verbraucher in einem solchen Fall faktisch die Rechtsfolgen eines Rücktritts auf, den dieser gar nicht ausgeübt hat und lässt sein Recht auf Nachlieferung leerlaufen.[1855] Dabei wird der Verbraucher sogar schlechter gestellt als im Falle des Rücktritts, da er nicht den gezahlten Kaufpreis zurückerhält, sondern nur den Wert des Vollstreckungsgegenstandes zum Vollstreckungszeitpunkt.[1856] Eine solche behördliche Modifikation des Nacherfüllungsverlangens und die damit einhergehende Beschränkung des Nachlieferungsrechts auf die Fälle, in denen der Nachlieferungsgegenstand sich im Besitz des Verkäufers befindet, widerspricht jedoch den Richtlinienvorgaben und verkehrt

---

Hauptsache Nr. 2009/8768, Entscheidung Nr. 2009/12242 vom 03.11.2009, in denen das Nachlieferungsverlangen für rechtmäßig erkannt wurde, obgleich eine Nachbesserung unproblematisch möglich gewesen wäre. Siehe zu alldem *ders.*, in: *İnceoğlu*, Yeni Tüketici Hukuku Konferansı, S. 185 f.

1852 Gesetz Nr. 2004, verkündet am 19.06.1932 im türkischen Amtsblatt (Nr. 2128).

1853 Türkischer Kassationshof, Plenum, Hauptsache Nr. 2005/4-309, Entscheidung Nr. 2005/391 vom 22.06.2005. Auf dieses Urteil verweisen in diesem Kontext *Atamer/Baş*, İBD 88 (2014), Sonderausgabe Nr. 1, 19, 44.

1854 Vgl. zu alldem *Atamer/Baş*, İBD 88 (2014), Sonderausgabe Nr. 1, 19, 43 ff.

1855 *Atamer/Baş*, İBD 88 (2014), Sonderausgabe Nr. 1, 19, 44.

1856 *Atamer/Baş*, İBD 88 (2014), Sonderausgabe Nr. 1, 19, 44.

den anfangs beschriebenen erweiterten Handlungsspielraum des Verbrauchers in sein Gegenteil.[1857]

Gem. Art. 4 Abs. 2 S. 4 aVerbSchG hat der Verbraucher ferner das Recht, in den Fällen, in denen die mangelhafte Ware den Tod einer Person, Verletzungen oder Schäden an anderen in Gebrauch befindlichen Sachen verursacht hat, neben den erwähnten Gewährleistungsrechten jeweils auch Schadensersatz vom Hersteller zu verlangen. Wie anhand der Beschränkung auf die aufgezählten Schäden und den gewählten Haftungsadressaten erkennbar wird, wollte der türkische Gesetzgeber mit dieser Passage in Entsprechung zur Produkthaftungsrichtlinie eine Haftung für fehlerhafte Produkte in das türkische Recht einführen. Bestätigt wird diese Annahme durch die *Verordnung betreffend die Haftung für durch mangelhafte Waren verursachte Schäden*, die als Ergänzung zu der betreffenden Passage erlassen wurde und in weiten Teilen eine Übersetzung der Produkthaftungsrichtlinie darstellt.[1858] Da sich aber die Produkthaftungsrichtlinie insbesondere mit Blick auf den ihr eigenen Fehlerbegriff, der sich nicht mit dem Begriff der Vertragswidrigkeit beim Verbrauchsgüterkauf deckt, und ihrem persönlichen Anwendungsbereich, der nicht nur Verbraucher als Geschädigte umfasst, deutlich von den Vorgaben der Verbrauchsgüterkaufrichtlinie unterscheidet, hat diese fälschliche Vermengung beider Regelungsbereiche lediglich inhaltliche Widersprüche zwischen der gesetzlichen Regelung in Art. 4 aVerbSchG und den Bestimmungen der betreffenden Verordnung geschaffen und auf diese Weise letztlich einen erfolgreichen Nachvollzug der Produkthaftungsrichtlinie verhindert.[1859]

Schließlich bestimmt Art. 4 Abs. 3 S. 1 aVerbSchG, dass der Hersteller, der Verkäufer, der Vertragshändler, der Handelsvertreter, der Importeur und der Kreditgeber bei verbundenen Verträgen im Sinne des Art. 10 Abs. 5 aVerbSchG dem Verbraucher gegenüber gesamtschuldnerisch für Mängel der Ware haften. Das heißt, dass der Verbraucher die beschriebenen Gewährleistungsrechte gegenüber jedem Glied der Absatzkette geltend machen kann. Wie diese Haftung zu realisieren ist, bleibt allerdings unklar.[1860] Dennoch spielte diese Frage

---

1857 In diese Richtung auch *Atamer/Baş*, İBD 88 (2014), Sonderausgabe Nr. 1, 19, 44.

1858 So auch *Atamer*, ZEuP 2005, 566, 578, die zudem darauf hinweist, dass die betreffende Verordnung im Nationalen Programm der Türkei als Durchführungsmaßnahme zur Produkthaftungsrichtlinie aufgezählt wird.

1859 So auch *Atamer*, ZEuP 2005, 566, 578; *Havutçu*, Üreticinin Sorumluluğu, S. 117 f.

1860 *Zevkliler/Aydoğudu* stufen die Realisierung als schwer, wenn nicht gar als unmöglich ein. Siehe hierzu *dies.*, TKHK, 3. Aufl., S. 130 f.

seither in der Praxis keine größere Rolle, was vermutlich damit zusammenhängt, dass für die meisten industriell gefertigten Waren der Hersteller gem. Art. 13 aVerbSchG zwingend eine Garantie erteilen muss.[1861]

dd) Fristen und Verjährung

Gem. Art. 4 Abs. 2 S. 1 aVerbSchG trifft den Verbraucher die Obliegenheit, etwaige Mängel innerhalb von 30 Tagen ab Erhalt der Ware anzuzeigen. Ein Ausschluss dieser Frist für versteckte Mängel, wie er sich vormals in Abs. 3 derselben Vorschrift fand, ist mit der Gesetzesnovelle entfallen.[1862] Da die Frist nicht an die Entdeckung des Mangels, sondern an den Erhalt der Ware anknüpft, stellt sich zudem die Frage, ob die Obliegenheit auch die Untersuchung der Ware umfasst. Die Meinungen hierüber gehen in der Literatur auseinander.[1863] Der türkische Kassationshof ist in seiner Rechtsprechung seither nicht von einer Obliegenheit zur Untersuchung ausgegangen.[1864] Hinsichtlich der versteckten Mängel wird in Rechtsprechung[1865] und Literatur[1866] unter Rückgriff auf Art. 30 aVerbSchG mehrheitlich eine Anwendung des Art. 198 Abs. 3 des alten türkischen OR vertreten. Versteckte Mängel sind demzufolge nach ihrer Entdeckung sofort anzuzeigen. Insgesamt widerspricht die Norm damit mindestens in zweifacher Hinsicht den Vorgaben der Richtlinie. Diese räumt den Mitgliedstaaten in ihrem Art. 5 Abs. 2 zwar die Möglichkeit ein, eine Obliegenheit des Verbrauchers zur Mängelanzeige innerhalb einer bestimmten Frist zu statuieren. Letztere muss allerdings mindestens zwei Monate betragen und darf erst ab dem Zeitpunkt beginnen, zu dem der Verbraucher die Vertragswidrigkeit feststellt.[1867]

In Übereinstimmung mit Art. 5 Abs. 1 der Verbrauchsgüterkaufrichtlinie verjähren die Gewährleistungsrechte des Verbrauchers gem. Art. 4 Abs. 4 S. 1

1861 *Atamer*, ZEuP 2005, 566, 589.

1862 *Atamer*, ZEuP 2005, 566, 585.

1863 Dafür *Zevkliler/Aydoğudu*, TKHK, 3. Aufl., S. 120 f.; dagegen *Aslan*, Tüketici Hukuku, 2. Aufl., S. 127 f.

1864 So auch schon *Atamer*, ZEuP 2005, 566, 585 Fn. 99. Vgl. bspw. Türkischer Kassationshof, 13. Zivilkammer, Hauptsache Nr. 2005/5982, Entscheidung Nr. 2005/10357 vom 20.06.2005; Türkischer Kassationshof, 13. Zivilkammer, Hauptsache Nr. 2012/25184, Entscheidung Nr. 2013/16764 vom 19.06.2013.

1865 Türkischer Kassationshof, 13. Zivilkammer, Hauptsache Nr. 2005/5982, Entscheidung Nr. 2005/10357 vom 20.06.2005; Türkischer Kassationshof, 13. Zivilkammer, Hauptsache Nr. 2012/25184, Entscheidung Nr. 2013/16764 vom 19.06.2013.

1866 *Zevkliler/Aydoğudu*, TKHK, 3. Aufl., S. 120 f.; *Aslan*, Tüketici Hukuku, 2. Aufl., S. 126.

1867 So auch *Atamer*, ZEuP 2005, 566, 585.

aVerbSchG innerhalb von 2 Jahren ab Erhalt der Ware. Bei Wohn- und Ferienimmobilien beträgt diese Frist gem. Art. 4 Abs. 4 S. 2 aVerbSchG fünf Jahre. Ansprüche auf Ersatz der durch mangelhafte Waren verursachten Schäden verjähren in Übereinstimmung mit Art. 10 Abs. 1 der Produkthaftungsrichtlinie gem. Art. 4 Abs. 4 S. 3 aVerbSchG innerhalb von drei Jahren und erlöschen gem. Art. 10 der dazugehörigen Verordnung spätestens zehn Jahre nach der Inverkehrbringung der Ware durch den Hersteller. Die Verjährungsfristen gelten gem. Art. 4 Abs. 4 S. 5 aVerbSchG nicht, wenn der Mangel dem Verbraucher gegenüber arglistig oder grob fahrlässig verschwiegen wurde.

ee) Beweislastumkehr

Die in Art. 5 Abs. 3 der Verbrauchsgüterkaufrichtlinie vorgegebene Beweislastumkehr hat keinen Niederschlag in der türkischen Regelung gefunden. Demnach greift grundsätzlich die allgemeine Beweislastregelung des Art. 6 des alten türkischen ZGB, der zufolge derjenige das Vorhandensein einer behaupteten Tatsache zu beweisen hat, der aus ihr Rechte ableitet.[1868] *Atamer* zufolge beschränken sich die Verbrauchergerichte jedoch häufig darauf zu prüfen, ob der Mangel auf eine falsche Nutzung durch den Verbraucher zurückzuführen ist und nehmen, falls Letzteres nicht der Fall ist, sodann in der Regel ohne weiteres an, dass der Mangel schon zum Zeitpunkt des Gefahrübergangs vorhanden war.[1869]

ff) Rückgriffsrechte

Ebenso wenig hat der türkische Gesetzgeber in Entsprechung zu Art. 4 der Verbrauchsgüterkaufrichtlinie Regressmöglichkeiten für den Letztverkäufer geschaffen. Zwar bestehen nach den allgemeinen Bestimmungen des alten türkischen OR grundsätzlich Regressmöglichkeiten. Da aber der Vorverkäufer gem. Art. 196 des alten türkischen OR dem Letztverkäufer gegenüber die Haftung ausschließen kann und gem. Art. 25 Nr. 4 des türkischen HGB von 1956 im Rahmen des Handelskaufs eine Verjährungsfrist von 6 Monaten gilt, werden diese Regressmöglichkeiten dem Letztverkäufer häufig nicht weiterhelfen.[1870] Den Vorgaben der Richtlinie entsprechen aber allein effektive Regresswege.[1871]

1868 *Atamer*, ZEuP 2005, 566, 586.

1869 *Atamer*, ZEuP 2005, 566, 583 Fn. 85.

1870 *Atamer*, ZEuP 2005, 566, 590.

1871 *Reich/Micklitz*, Europäisches Verbraucherrecht, S. 659.

gg) Garantie

Während Art. 6 der Verbrauchsgüterkaufrichtlinie lediglich verlangt, dass Garantien zu den in der Garantieerklärung und der einschlägigen Werbung angegebenen Bedingungen Bindung entfalten und bestimmten formalen Anforderungen genügen, ist der türkische Gesetzgeber mit Art. 13 aVerbSchG einen weitaus einschneidenderen Weg gegangen. So hat der türkische Gesetzgeber mit Art. 13 Abs. 1 aVerbSchG für bestimmte industriell gefertigte Waren eine Pflicht der Hersteller und der Importeure zu Erteilung einer Garantie von grundsätzlich zwei Jahren eingeführt. Diese beinhaltet gem. Art. 13 Abs. 2 und 3 aVerbSchG die Rechte auf Nachbesserung, Nachlieferung, Minderung und Rücktritt.[1872] Unklar bleibt dagegen, ob es sich dabei um eine Beschaffenheits- oder eine Haltbarkeitsgarantie handelt.[1873] Welche Waren von der Garantiepflicht umfasst werden, ist im Anhang der dazugehörigen *Verordnung betreffend Prinzipien der Anwendung bei Garantieurkunden*[1874] geregelt. Die Mindestinformationen, die die Garantieurkunde gem. Art. 7 der dazugehörigen Verordnung beinhalten muss, decken sich nichtsdestotrotz mit den Vorgaben in Art. 6 Abs. 2 2. Spiegelstrich der Verbrauchsgüterkaufrichtlinie.

hh) Sonstiges

Wie dem aVerbSchG insgesamt fehlt auch dem Art. 4 aVerbSchG eine Vorschrift, die die Bestimmungen der Regelung für zwingend erklärt. In der Literatur wird dennoch überwiegend von einem zwingenden Charakter der Bestimmungen ausgegangen.[1875]

1872 *Atamer*, ZEuP 2005, 566, 592.

1873 *Atamer*, ZEuP 2005, 566, 592.

1874 Verkündet am 14.06.2003 im türkischen Amtsblatt (Nr. 25138).

1875 Siehe bspw. *Zevkliler/Aydoğudu*, TKHK, 3. Aufl., S. 102, die die Nichtigkeit entgegenstehender Vertragsbedingungen annehmen. Zur Begründung des zwingenden Charakters stützen sie sich dabei auf die Formulierung der Bestimmungen und auf den zwingenden Charakter ihrer europäischen Vorlage. Bemerkenswerterweise führen sie dabei als Vorlage die Produkthaftungsrichtlinie an. Dies zeigt, dass sich die fälschliche Vermengung von außervertraglicher Produkthaftung und vertraglicher Gewährleistungshaftung selbst in den Argumentationen der Literatur wiederfindet. Siehe zur überwiegenden Meinung in der Literatur auch *Atamer*, ZEuP 2005, 566, 593 f. m.w.N. *Aslan* hingegen ist der Auffassung, dass unter bestimmten Voraussetzungen zumindest die Haftung für leichte Fahrlässigkeit ausgeschlossen werden kann. Siehe hierzu *ders.*, Tüketici Hukuku, 2. Aufl., S. 133 ff.

ii) Zusammenfassende Würdigung

Die türkische Regelung zum Verbrauchsgüterkauf in Art. 4 aVerbSchG geht in einigen Aspekten weit über die Vorgaben der Richtlinie hinaus. Dabei werden die Rechte des Verbrauchers in Teilen so stark erweitert, dass sich die Frage der praktischen Realisierbarkeit stellt. Begründungen des Gesetzgebers hierzu fehlen in der Regel. Die sich ergebenden Folgeprobleme lassen sich deshalb nur erschwert lösen. In anderen Aspekten wiederum bleibt der Nachvollzug hinter den Vorgaben der Richtlinie zurück oder lässt ganze Regelungsbereiche aus.

Einen der größten Schwachpunkte des Nachvollzugs bildet die Vermengung der kaufvertraglichen Gewährleistungshaftung mit der außervertraglichen Produkthaftung. Sie hat eine widersprüchliche Rechtslage geschaffen und einen erfolgreichen Nachvollzug der Produkthaftungsrichtlinie verhindert.

Insgesamt lässt die Regelung kein schlüssiges Konzept erkennen.[1876] Sie lässt viele Fragen unbeantwortet und wirft unzählige neue auf.

6. *Analyse der Maßnahmen*

Wie schon für die Ausarbeitung und Verabschiedung der Ursprungsfassung des Jahres 1995 waren auch für die Novellierung des aVerbSchG im Jahre 2003 hauptsächlich außenpolitische Motive ausschlaggebend. Die Maßnahme fällt in eine Zeit, in der das Reformtempo in der Türkei mit Blick auf die angestrebte Eröffnung der Beitrittsverhandlungen insgesamt stark angezogen wurde. Gesellschaftliche Strömungen spielten hierbei, wie auch bei der Ursprungsfassung, kaum eine Rolle. Einflussreiche zivilgesellschaftliche Verbraucherorganisationen hatten sich aufgrund der unveränderten rechtlichen Einschränkungen der Vereinigungsfreiheit und des fortdauernden Nachwirkens der Repressionen des Militärputsches im kollektiven Gedächtnis der Bevölkerung nach wie vor nicht herausgebildet.

Der Anwendungsbereich des Gesetzes wurde im Zuge der Gesetzesnovelle in persönlicher Hinsicht noch stärker den „traditionellen“ Definitionen des europäischen Verbrauchervertragsrechts angenähert. In sachlicher Hinsicht hat er demgegenüber mit der Erweiterung des Warenbegriffs eine Ausdehnung weit über die Vorgaben der nachvollzogenen Richtlinien hinaus erfahren. Und auch der Dienstleistungsbegriff ist in seiner Neufassung deutlich weiter formuliert als in seiner Ursprungsfassung. Gleichwohl hat der türkische Kassationshof auch in Bezug auf die novellierte Fassung des aVerbSchG an seiner Rechtsprechung der

---

1876 In diese Richtung auch *Atamer*, ZEuP 2005, 566, 594.

Zurückdrängung des sachlichen Anwendungsbereichs festgehalten. Werkverträge, Transportverträge und Versicherungsverträge unterfallen dieser zufolge nicht dem Anwendungsbereich des aVerbSchG.

In Bezug auf den bestehenden Nachvollzug hat der türkische Gesetzgeber mit der Gesetzesnovelle die Kritik der türkischen Literatur an der Ursprungsfassung in Teilen aufgegriffen. So wurden an einigen Stellen Nachvollzugsdefizite behoben und Missbrauchspotenziale beseitigt. Auch wurde vereinzelt die Rechtsprechungspraxis des türkischen Kassationshofes in das aVerbSchG inkorporiert. Insbesondere hat der türkische Gesetzgeber versucht, die fälschliche begriffliche und sachliche Verengung des aVerbSchG auf Kaufverträge zu beheben. Dies ist ihm allerdings nicht mit der nötigen Konsequenz gelungen. Außerdem wurden zusätzliche Ermächtigungsgrundlagen konkreteren Inhalts für den Erlass von Verwaltungsverordnungen geschaffen. Insgesamt hat die Anzahl der Stellen, an denen der Nachvollzug über die Richtlinienvorgaben hinausgeht, im Zuge der Gesetzesnovelle zugenommen.

Des Weiteren hat der türkische Gesetzgeber mit der Gesetzesnovelle alle noch nicht nachvollzogenen oder zwischenzeitlich erschienen Richtlinien zum Verbrauchervertragsrecht nachvollzogen.[1877] Eine Systematisierung des Rechtsstoffes ist dabei nicht erfolgt. Der Nachvollzug lässt allenfalls rudimentäre Ansätze einer solchen erkennen. Am deutlichsten zeigt sich das Fehlen einer Systematisierung bei den Widerrufsrechten. Diese werden für den betreffenden Vertragstyp jedes Mal von Neuem und dabei ohne sachlichen Grund mit unterschiedlichen formellen Ausübungsvoraussetzungen geregelt.[1878]

Weiterhin unklar bleibt auch in der novellierten Fassung bei vielen Formvorgaben, ob eine echte Form- oder lediglich eine Beweisvorschrift vorliegt und welche Sanktionen – von Verwaltungsstrafen abgesehen – im Falle eines Verstoßes drohen. Hinzu kommt, dass das aVerbSchG auch allgemein den zwingenden Charakter seiner Vorschriften nach wie vor nicht ausdrücklich anordnet und die Unwirksamkeit widersprechender vertraglicher Bestimmungen nicht vorsieht. Dagegen sind die Folgen des Fehlens zwingender Vertragsangaben im Zuge der

---

1877 Vermutlich ist ein Nachvollzug der Richtlinie 2002/65/EG des Europäischen Parlaments und des Rates vom 23. September 2002 über den Fernabsatz von Finanzdienstleistungen an Verbraucher und zur Änderung der Richtlinie 90/619/EWG des Rates und der Richtlinien 97/7/EG und 98/27/EG ausgeblieben, da sie zeitlich erst nach Beginn der Ausarbeitung der Gesetzesnovelle erlassen wurde.

1878 *Akdağ-Güney*, GPR 5 (2008), 20, 25, 29 Fn. 77.

Gesetzesnovelle einer – wenn auch deplatzierten – allgemeinen Regelung zugeführt worden.

Der türkische Gesetzgeber hat im Rahmen der Gesetzesnovelle vermehrt zu direkten Übersetzungen gegriffen. Desgleichen enthalten viele der Verwaltungsverordnungen, die durch das türkische Industrie- und Handelsministerium zu der novellierten Gesetzesfassung erlassen wurden, über weite Teile Übersetzungen der einzelnen Richtlinien. Dabei wurden auf beiden Ebenen nicht selten auch bewusst untechnische Termini der Richtlinien wortwörtlich übernommen, statt die entsprechenden Stellen mit eigenen rechtlichen Kategorien zu füllen. Ferner blieben häufig von der Richtlinie offengelassene Bereiche im Rahmen des türkischen Nachvollzugs genauso ungeregelt. Dies zeigt, dass insbesondere die Verwaltungsverordnungen nicht nur Übersetzungen enthalten, sondern über weite Teile *reine* Übersetzungen darstellen. Von einem Nachvollzug im rechtstechnischen Sinne kann insoweit daher keine Rede sein. Zudem entspricht eine solche Ausgestaltung weder der Normenhierarchie noch der gerade im Bereich der Verbraucherschutzgesetzgebung gebotenen Transparenz. Hinzu kommt, dass die Übersetzungen stellenweise grobe Fehler aufweisen.

Trotz allem erreichen die im aVerbSchG und den dazugehörigen Verordnungen enthaltenen Informationspflichten häufig nicht den Detailgrad der Richtlinienvorgaben. Zudem werden Richtlinienvorgaben teilweise derart verzerrt und verfälscht, dass sie nicht mehr dem Schutzzweck der Richtlinie entsprechen bzw. diesem gar entgegenstehen. Andere Regelungen dagegen gehen derart einseitig und kompromisslos über den Schutzzweck der Richtlinie hinaus, dass sich die Frage ihrer Praktikabilität stellt.

Nichtsdestotrotz stellte die Gesetzesnovelle des Jahres 2003 einen weiteren großen Schritt in Richtung der vollständigen Übernahme des *acquis communautaire* im Bereich des Verbrauchervertragsrechts und damit der Europäisierung wichtiger Kernmaterien des türkischen Zivilrechts dar.[1879] An den Neuerungen, die der Nachvollzug des europäischen Verbrauchervertragsrechts der türkischen Rechtsordnung bis zum Jahre 2003 gebracht hat (Nachbesserungsrecht des Verbrauchers im Rahmen der Mängelgewährleistung, Regelung über missbräuchliche Klauseln in Verbraucherverträgen etc.) zeigt sich, dass die EU die Schweiz als Motor der Modernisierung der türkischen Rechtsordnung abgelöst hat. Nicht umsonst äußert *Serozan* die Vermutung, dass das aVerbSchG nach dem türkischen ZGB und dem türkischen OR wohl das Gesetz sei, dass von

---

1879 So auch *Atamer*, Milletlerarası Hukuk ve Milletlerarası Özel Hukuk Bülteni 21 (2001), Nr. 1–2, 1, 32.

türkischen Zivilrechtlern am meisten gelesen und besprochen werde und einen unermesslichen Schatz an wissenschaftlichem Untersuchungsmaterial biete.[1880] In der Tat hat sich um das aVerbSchG herum ein lebhafter wissenschaftlicher Diskurs in Publikationen und auf Symposien entwickelt. Bemerkenswert und im Bereich des türkischen Zivilrechts neu ist daran, dass in diesem Diskurs die Schweiz nicht mehr die dominante Referenzordnung bildet. Die allmähliche Tendenz innerhalb der türkischen Literatur, vermehrt den Blick auf die deutsche Rechtsordnung zu richten, findet sich dabei in der Literatur zum aVerbSchG noch stärker. Aufgrund des nationalen Charakters, der jeder Umsetzung im rechtstechnischen Sinne anhaftet, ist aber vor allem ein lebhafter *innertürkischer* Diskurs über das aVerbSchG entstanden, der an vielen Stellen freilich noch vertiefter theoretischer Grundlagen entbehrt.

Die zahlreichen gesetzgebungstechnischen Schwächen des aVerbSchG zeugen allerdings auch von der gedankenlosen und unsauberen Gesetzgebungsarbeit der türkischen Legislative.[1881] Insgesamt zeigt sich hier zudem die gering entwickelte Kodifikationskultur der Türkei, die zwar eine lange Geschichte hat, aber aufgrund von volatilen und einschneidenden politischen Entwicklungen nie zur Ausreifung gelangen konnte.

III. Gesetz Nr. 6502

1. Entstehungsgeschichte und Motive

Im Jahre 2011 setzte das türkische Zoll- und Handelsministerium[1882] einen Ausschuss zur Ausarbeitung eines neuen Verbraucherschutzgesetzes ein.[1883] Der aus diesen Arbeiten hervorgegangene Gesetzesentwurf wurde ab Mitte 2012 öffentlich zur Diskussion gestellt[1884] und etwa ein Jahr darauf in die Große Nationalversammlung eingebracht, wo er am 07.11.2013 als Gesetz Nr. 6502

1880 *Serozan*, İÜHFM, Band 61 (2003), Nr. 1–2, 339.

1881 *Serozan*, İÜHFM, Band 61 (2003), Nr. 1–2, 339, 356.

1882 Im Jahre 2011 wurde das vormalige Industrie- und Handelsministerium aufgespalten in das Ministerium für Wissenschaft, Industrie und Technologie und das Zoll- und Handelsministerium. Letzterem ist hierauf gem. Art. 2 Abs. 1 lit. j) der Rechtsverordnung mit Gesetzeskraft über die Organisation und die Aufgaben des Zoll- und Handelsministeriums (Nr. 640, veröffentlicht am 08.06.2011 im türkischen Amtsblatt Nr. 27958) die Zuständigkeit übertragen worden, notwendige Maßnahmen zum Verbraucherschutz zu ergreifen.

1883 *Yıldırım*, GÜHFD 17 (2013), Nr. 1–2, 1015, 1018.

1884 *Yıldırım*, GÜHFD 17 (2013), Nr. 1–2, 1015, 1018.

(im Folgenden nur noch nVerbSchG) verabschiedet wurde.[1885] Das nVerbSchG wurde am 28.11.2013 im türkischen Amtsblatt veröffentlicht[1886] und ist am 28.05.2014 schließlich in Kraft getreten.

Anders als bei den Gesetzen Nr. 4077 und Nr. 4822 beschränkt sich die amtliche Begründung des nVerbSchG nicht lediglich auf kurz gehaltene allgemeine Ausführungen zum Verbraucherschutz, sondern bietet unter drei Überschriften diverse Informationen über die Gründe der Änderung der Verbraucherschutzbestimmungen (I.), die technischen Einzelheiten des neuen Gesetzes (II.) und seine inhaltliche Ausgestaltung (III.).[1887] Den Ausführungen zu den Gründen der Änderung ist zu entnehmen, dass sich im Zuge des Screening-Verfahrens großer Änderungsbedarf im Hinblick auf das aVerbSchG ergeben habe. Zudem sei eines der Hauptmotive gewesen, zwischenzeitig verabschiedete Richtlinien im Bereich des Verbraucherschutzes nachzuvollziehen. Genannt werden in diesem Zusammenhang die Richtlinie 2002/65/EG über den Fernabsatz von Finanzdienstleistungen an Verbraucher[1888], die Richtlinie 2005/29/EG über unlautere Geschäftspraktiken[1889], die Richtlinie 2008/48/EG über Verbraucherkreditverträge[1890], die Richtlinie 2008/122/EG über den Schutz der Verbraucher im Hinblick auf bestimmte Aspekte von

1885 *Akçaal/Uyumaz*, İÜHFD 4 (2013), Nr. 2), 241, 243.

1886 Amtsblatt Nr. 28835.

1887 Siehe hierzu die Allgemeine amtliche Begründung zum Gesetz Nr. 6502.

1888 Richtlinie 2002/65/EG des Europäischen Parlaments und des Rates vom 23. September 2002 über den Fernabsatz von Finanzdienstleistungen an Verbraucher und zur Änderung der Richtlinie 90/619/EWG des Rates und der Richtlinien 97/7/EG und 98/27/EG.

1889 Richtlinie 2005/29/EG des Europäischen Parlaments und des Rates vom 11. Mai 2005 über unlautere Geschäftspraktiken im binnenmarktinternen Geschäftsverkehr zwischen Unternehmen und Verbrauchern und zur Änderung der Richtlinie 84/450/EWG des Rates, der Richtlinien 97/7/EG, 98/27/EG und 2002/65/EG des Europäischen Parlaments und des Rates sowie der Verordnung (EG) Nr. 2006/2004 des Europäischen Parlaments und des Rates.

1890 Richtlinie 2008/48/EG des Europäischen Parlaments und des Rates vom 23. April 2008 über Verbraucherkreditverträge und zur Aufhebung der Richtlinie 87/102/EWG des Rates.

1891 Richtlinie 2008/122/EG des Europäischen Parlaments und des Rates vom 14. Januar 2009 über den Schutz der Verbraucher im Hinblick auf bestimmte Aspekte von Teilzeitnutzungsverträgen, Verträgen über langfristige Urlaubsprodukte sowie Wiederverkaufs und Tauschverträgen.

Teilzeitnutzungsverträgen[1891] sowie die Richtlinie 2011/83/EU über die Rechte der Verbraucher[1892]. Nichtsdestotrotz seien bei der Ausarbeitung des Gesetzes alle Verbraucherschutzrichtlinien der EU herangezogen worden. Auf diese Ausführungen folgt sodann – erstmalig im Vergleich zu den amtlichen Begründungen der Gesetze Nr. 4077 und Nr. 4822 – eine ausdrückliche Auflistung aller mit dem nVerbSchG nachvollzogenen Richtlinien und Empfehlungen der EU.[1893] Auffallend ist, dass die Produkthaftungsrichtlinie hierbei nicht erwähnt

---

1892 Richtlinie 2011/83/EU des Europäischen Parlaments und des Rates vom 25. Oktober 2011 über die Rechte der Verbraucher, zur Abänderung der Richtlinie 93/13/EWG des Rates und der Richtlinie 1999/44/EG des Europäischen Parlaments und des Rates sowie zur Aufhebung der Richtlinie 85/577/EWG des Rates und der Richtlinie 97/7/EG des Europäischen Parlaments und des Rates.

1893 Es handelt sich hierbei um folgende 12 Richtlinien: 1. Richtlinie 87/357/EWG des Rates vom 25. Juni 1987 zur Angleichung der Rechtsvorschriften der Mitgliedstaaten für Erzeugnisse, deren tatsächliche Beschaffenheit nicht erkennbar ist und die die Gesundheit oder die Sicherheit der Verbraucher gefährden, 2. Richtlinie 90/314/EWG des Rates vom 13. Juni 1990 über Pauschalreisen, 3. Richtlinie 93/13/EWG des Rates vom 5. April 1993 über mißbräuchliche Klauseln in Verbraucherverträgen, 4. Richtlinie 98/6/EG des Europäischen Parlaments und des Rates vom 16. Februar 1998 über den Schutz der Verbraucher bei der Angabe der Preise der ihnen angebotenen Erzeugnisse, 5. Richtlinie 1999/44/EG des Europäischen Parlaments und des Rates vom 25. Mai 1999 zu bestimmten Aspekten des Verbrauchsgüterkaufs und der Garantien für Verbrauchsgüter, 6. Richtlinie 2002/65/EG des Europäischen Parlaments und des Rates vom 23. September 2002 über den Fernabsatz von Finanzdienstleistungen an Verbraucher und zur Änderung der Richtlinie 90/619/EWG des Rates und der Richtlinien 97/7/EG und 98/27/EG, 7. Richtlinie 2005/29/EG des Europäischen Parlaments und des Rates vom 11. Mai 2005 über unlautere Geschäftspraktiken im binnenmarktinternen Geschäftsverkehr zwischen Unternehmen und Verbrauchern und zur Änderung der Richtlinie 84/450/EWG des Rates, der Richtlinien 97/7/EG, 98/27/EG und 2002/65/EG des Europäischen Parlaments und des Rates sowie der Verordnung (EG) Nr. 2006/2004 des Europäischen Parlaments und des Rates, 8. Richtlinie 2006/114/EG des Europäischen Parlaments und des Rates vom 12. Dezember 2006 über irreführende und vergleichende Werbung, 9. Richtlinie 2008/48/EG des Europäischen Parlaments und des Rates vom 23. April 2008 über Verbraucherkreditverträge und zur Aufhebung der Richtlinie 87/102/EWG des Rates, 10. Richtlinie 2008/122/EG des Europäischen Parlaments und des Rates vom 14. Januar 2009 über den Schutz der Verbraucher im Hinblick auf bestimmte Aspekte von Teilzeitnutzungsverträgen, Verträgen über langfristige Urlaubsprodukte sowie Wiederverkaufs und Tauschverträgen, 11. Richtlinie 2009/22/EG des Europäischen Parlaments und des Rates vom 23. April 2009 über Unterlassungsklagen zum Schutz der Verbraucherinteressen, 12. Richtlinie 2011/83/EU des Europäischen

wird.[1894]

In der amtlichen Begründung wird zudem betont, dass bei der Ausarbeitung des nVerbSchG auch entsprechende Umsetzungsmaßnahmen einiger Mitgliedstaaten der EU in den Blick genommen worden seien. Bemerkenswerterweise wird in diesem Zusammenhang auch erwähnt, dass hierneben *„besonders“* das schweizerische Verbraucherschutzrecht betrachtet worden sei, da die Schweiz seit längerer Zeit das EU-Recht bei ihrer Gesetzgebung im Bereich des Privatrechts berücksichtige. Diese Betrachtung trage darüber hinaus deshalb *„zweifelsohne große Bedeutung“*, weil die meisten Regelungen des Verbraucherschutzrechts dem Obligationenrecht zuzuordnen seien.[1895]

Indes mutet diese Hervorhebung der Betrachtung des schweizerischen Verbraucherschutzrechts im Rahmen der Ausarbeitung des Gesetzes anachronistisch an. Denn gerade im Bereich des Verbraucherschutzrechts hat der autonome Nachvollzug in der Schweiz nach Verwirklichung der Swisslex-Vorlage in der ersten Hälfte der 1990er Jahre stark abgenommen.[1896] Eine Hervorhebung der Betrachtung des schweizerischen Verbraucherschutzrechts bei der Ausarbeitung des Gesetzes wäre daher eher in der Amtlichen Begründung zum Gesetz Nr. 4077 zu erwarten gewesen. Dort wird das schweizerische Recht jedoch mit keinem Wort erwähnt.[1897] Welcher Nutzen aus der Betrachtung des schweizerischen Verbraucherschutzrechts im Rahmen der Ausarbeitung des nVerbSchG gezogen werden konnte, bleibt daher fragwürdig. Zumindest unterstreicht diese Hervorhebung nochmals die Kontinuität und Konsequenz der Verarbeitung schweizerischen Rechts in der Türkei.

Daneben seien bei der Ausarbeitung des nVerbSchG laut der amtlichen Begründung auch die Änderungen und Neuerungen berücksichtigt worden, die sich im Zuge der Novellierungen des türkischen HGB und des türkischen OR im Jahre 2011 ergeben haben. Inwieweit dies tatsächlich erfolgt ist, muss näher beleuchtet werden. Wie die Analyse des neuen türkischen OR von 2011 gezeigt

---

Parlaments und des Rates vom 25. Oktober 2011 über die Rechte der Verbraucher, zur Abänderung der Richtlinie 93/13/EWG des Rates und der Richtlinie 1999/44/EG des Europäischen Parlaments und des Rates sowie zur Aufhebung der Richtlinie 85/577/EWG des Rates und der Richtlinie 97/7/EG des Europäischen Parlaments und des Rates.

1894 Siehe zu alldem die Allgemeine amtliche Begründung zum Gesetz Nr. 6502, I.

1895 Siehe zu alldem die Allgemeine amtliche Begründung zum Gesetz Nr. 6502, II.

1896 Vgl. *Koller-Tummler*, in: *Kramer*, Schweizerisches Privatrecht, 10. Band, Konsumentenschutz im Privatrecht, S. 45 ff.

1897 Siehe dazu S. 281.

hat, kann von einer solchen Vorgehensweise in umgekehrter Richtung, d.h. bei der Ausarbeitung des neuen OR jedenfalls nicht die Rede sein.

In der Literatur werden weitere Motive genannt, die für die Ausarbeitung des nVerbSchG ausschlaggebend gewesen seien. So hätten die Probleme, die sich in der Praxis bei der Anwendung des aVerbSchG gezeigt hätten, ebenfalls eine Rolle gespielt.[1898] Insbesondere seien einige der Verwaltungsstrafen, die im aVerbSchG vorgesehen waren, aufgrund ihrer geringen Höhe in der Praxis wirkungslos gewesen.[1899] Weiterhin seien neue regelungsbedürftige Vertriebsformen entstanden.[1900] Insgesamt sei die Anzahl der notwendigen Änderungen so groß gewesen, dass sich der Gesetzgeber für die Ausarbeitung eines neuen Gesetzes entschieden habe.[1901]

Die vorstehenden Ausführungen zeigen deutlich, dass die Ausarbeitung des nVerbSchG im Wesentlichen von dem Motiv getragen war, das türkische Verbraucherschutzrecht noch stärker dem *Verbraucher-Acquis* der EU anzupassen. Freilich stellte dieser Wille zur stärkeren Anpassung keinen Selbstzweck dar, sondern erfolgte im Kontext der seit Oktober 2005 laufenden Beitrittsverhandlungen. Eine genauere zeitliche Einordnung zeigt jedoch, dass mit der Maßnahme wie auch mit seinen Vorgängern, den Gesetzen Nr. 4077 und Nr. 4822, gleichzeitig ein weitergehender außenpolitischer Zweck verfolgt wurde. Das Screening der türkischen Rechtsordnung mit Blick auf das Verhandlungskapitel Verbraucher- und Gesundheitsschutz war nämlich schon im Jahre 2006 erfolgt. Die Verhandlungen über das Kapitel selbst wurden Ende 2007 eröffnet. In demselben Jahr endete auch ein Twinning-Projekt zwischen dem deutschen Bundesministerium für Ernährung, Landwirtschaft und Verbraucherschutz und dem türkischen Industrie- und Handelsministerium über die Anpassung der türkischen Regelungen an den *Verbraucher-Acquis* der EU, aus dem ein völlig überarbeiteter Gesetzentwurf hervorgegangen war.[1902] Nichtsdestotrotz wurde erst im Jahre 2011 die Ausarbeitung eines neuen Gesetzes angesetzt und schließlich im Jahre 2013 verabschiedet. Auch wenn zu dieser Verzögerung der Maßnahme sicherlich auch die Verfassungskrise des Jahres 2007 und das

1898 *Aydoğdu*, DEÜHFD 15 (2013), Nr. 2, 1, 4.

1899 *Aydoğdu*, DEÜHFD 15 (2013), Nr. 2, 1, 5.

1900 *Aydoğdu*, DEÜHFD 15 (2013), Nr. 2, 1, 4; *Yıldırım*, GÜHFD 17 (2013), Nr. 1–2, 1015, 1018.

1901 *Akçaal/Uyumaz*, İÜHFD 4 (2013), Nr. 2, 241, 242 f.; *Aydoğdu*, DEÜHFD 15 (2013), Nr. 2, 1, 4; *Yıldırım*, GÜHFD 17 (2013), Nr. 1–2, 1015, 1017 f.

1902 Siehe hierzu ausführlich *Atamer/Micklitz*, Penn State International Law Review 27 (2008–2009), 551, 606 f.

Parteiverbotsverfahren im Jahre 2008 beigetragen haben werden, so ist doch auffallend, dass Ausarbeitung und Verabschiedung des nVerbSchG in die Phase fallen, in der die Beitrittsverhandlungen erstmalig sichtbar ins Stocken gerieten. In der Phase zwischen Mitte 2010 und Mitte 2013 konnte kein weiteres Verhandlungskapitel eröffnet werden. Vor dem Hintergrund dieser Entwicklungen verständigte sich die Kommission im Jahre 2012 mit der Türkei auf eine sog. „positive Agenda". Ziel war es dabei, in Ergänzung zu den Beitrittsverhandlungen die Beziehungen auf bestimmten Gebieten von gemeinsamem Interesse unabhängig von der Öffnung und Schließung von Beitrittskapiteln voranzubringen. In diesem Zuge wurden in Bezug auf acht Beitrittskapitel Arbeitsgruppen eingesetzt. Eine von diesen umfasste den Bereich Verbraucher- und Gesundheitsschutz.[1903]

Dies alles lässt vermuten, dass die türkische Regierung mit der Ausarbeitung und Verabschiedung des nVerbSchG gleichzeitig dazu beitragen wollte, den ins Stocken geratenen Beitrittsprozess wieder in Gang zu setzen und damit – wenn auch nicht in dem gleichen Maße wie bei den Gesetzen Nr. 4077 und 4822 – ebenfalls außenpolitische Motive verfolgte.

2. *Struktur und Inhalt des Gesetzes*

Das nVerbSchG untergliedert sich in neun Teile und zählt damit vier Teile mehr als sein Vorgänger. Gleichnamig aus dem aVerbSchG übernommen wurden der 1. Teil („Zweck, Umfang und Definitionen"), der 7. Teil („Verbraucherinstitutionen"), der 8. Teil („Vorschriften betreffend Verfahren, Kontrolle und Strafe")[1904] und der 9. Teil („Verschiedene Bestimmungen"). Neu hinzugekommen sind der 2. Teil („Allgemeine Grundsätze"), der 3. Teil („Mangelhafte Waren und Dienstleistungen"), der 4. Teil („Verbraucherverträge"), der 5. Teil („Informierung und Schutz der Interessen des Verbrauchers") und der 6. Teil („Kommerzielle Werbung und unlautere Geschäftspraktiken"). Diese neuen Teile decken dabei im Wesentlichen Regelungsbereiche ab, zu denen auch im aVerbSchG Vorschriften enthalten sind. Letztere finden sich dort jedoch allesamt innerhalb des 2. Teiles („Schutz und Aufklärung des Verbrauchers"). Das nVerbSchG hingegen untergliedert diesen Teil themenspezifisch. Unverständlich bleibt allerdings, wieso die Regelungen über mangelhafte Waren und Dienstleistungen und damit über

1903 Siehe zu alldem den Jahresbericht des *EU-Harmonisierungsausschusses* des türkischen Parlaments für das dritte Jahr der 24. Legislaturperiode, S. 10 f., abrufbar unter https://www.tbmm.gov.tr/komisyon/abuyum/belgeler/2014/AB_uyum_komisyonu_24_donem_3_yasama_yili_faaliyet.pdf (zuletzt abgerufen am 30.12.2020).

1904 Insoweit wurde lediglich der Begriff „Kontrolle" hinzugefügt.

Vertragsverletzungen im Rahmen von Verbraucherkauf- und Verbraucherdienstleistungsverträgen hierbei nicht ebenfalls dem Teil über Verbraucherverträge zugeordnet wurden. Möglicherweise wollte der türkische Gesetzgeber auf diese Weise der herausragenden praktischen Bedeutung dieser Regelungsgegenstände Ausdruck verleihen.

Ferner wurde die Struktur des Vorgängergesetzes im Rahmen des nVerbSchG um eine weitere Ebene vertieft. Dabei wurden Vorschriften, die denselben Regelungsgegenstand betreffen, in einem Abschnitt zusammengefasst. Grundlegend dürfte hierfür gewesen sein, dass im nVerbSchG – anders als in seinem Vorgängergesetz – einige Regelungen auf mehrere Artikel erstreckt wurden. Hierfür wiederum dürfte mitursächlich gewesen sein, dass viele Detailregelungen von den Verordnungen in das Gesetz „hochgezont" wurden. Der türkische Gesetzgeber wollte auf diese Weise vermutlich auf den Vorwurf der Missachtung der Normenhierarchie reagieren, der in Bezug auf das aVerbSchG und die dazugehörigen Verordnungen vielfach geäußert wurde. So unterteilt sich der 3. Teil in die Abschnitte „Mangelhafte Waren" und „Mangelhafte Dienstleistungen". Der 4. Teil untergliedert sich in die Abschnitte „Abzahlungsgeschäfte", „Verbraucherkredite", „Wohnraumfinanzierung", „Wohnraumverkauf mit Vorauszahlung" und „Andere Verbraucherverträge". Der 7. Teil schließlich unterteilt sich in die Abschnitte „Verbraucherrat und Werberat" und „Verbraucherschiedsausschüsse".

Auch wenn das nVerbSchG somit einigen Regelungsgegenständen mehrere Artikel widmet, fällt auf, dass das Gros der Richtlinien innerhalb des Abschnitts „Andere Verbraucherverträge" weiterhin mit jeweils einem Artikel nachvollzogen wird – unabhängig davon, wie Komplex die zugrunde liegende Regelungsmaterie ist. In diesem Abschnitt finden sich unter anderem die Vorschriften über Außergeschäftsraum-, Fernabsatz-, Timesharing- und Pauschalreiseverträge.

Bei ähnlichen Detailfragen, wie z.B. der Ausübung des Widerrufsrechts oder der Vertragsform und seinen Wirkungen, finden sich innerhalb der verschiedenen Vorschriften immer wieder dieselben Formulierungen. Lediglich mit Art. 4 („Grundprinzipien") wurden erstmalig allgemeine, ausdrücklich für alle Regelungen des nVerbSchG geltende Bestimmungen geschaffen. Es handelt sich bei diesen aber keinesfalls um inhaltliche Neuerungen. Entsprechende Bestimmungen finden sich auch im aVerbSchG, dort allerdings verstreut in den Detailregelungen zu bestimmten Regelungsgegenständen und nicht als allgemeine, vorgezogene Bestimmungen. So legt Art. 4 Abs. 1 S. 1 nVerbSchG allgemeine Gestaltungsvorgaben für Verträge und Informationen fest, die gem. den Vorschriften des nVerbSchG in Schriftform verfasst werden müssen. S. 2 desselben Absatzes bestimmt, dass Verträge, die zwingende Vertragsangaben nicht enthalten, gleichwohl wirksam sind. Gem. S. 3 muss dieses Defizit von dem Ersteller des

Vertrages umgehend beseitigt werden.[1905] Art. 4 Abs. 2 nVerbSchG bestimmt, dass die Vertragsbedingungen während der Vertragsdauer nicht zulasten des Verbrauchers abgeändert werden dürfen. Abs. 3 desselben Artikels regelt, dass für Leistungen, die der Verbraucher erwarten kann und zu denen der Unternehmer verpflichtet ist, und für Ausgaben des Unternehmers, die er im eigenen Interesse getätigt hat, kein zusätzliches Entgelt vom Verbraucher verlangt werden kann. Abs. 4 bestimmt, dass für alle Entgelte und Kosten, die vom Verbraucher auf Grundlage der Regelungen des nVerbSchG beansprucht werden, dem Verbraucher als Anhang zum Vertrag schriftlich oder in einer dem genutzten Fernkommunikationsmittel entsprechenden Form Informationen erteilt werden müssen. Abs. 5 regelt die Nutzung von Wertpapieren und Abs. 6 die Vereinbarung von persönlichen Sicherheiten. Abs. 7 sieht ein Verbot des Zinseszinses bei Verbrauchergeschäften vor. Eine allgemeine Bestimmung, die den zwingenden Charakter der Verbraucherschutzbestimmungen anordnet, fehlt dagegen weiterhin. Hervorzuheben ist zudem, dass die Regelung über missbräuchliche Vertragsklauseln (Art. 5) – neben zwei weiteren[1906] – ebenfalls innerhalb des 2. Teiles („Allgemeine Grundsätze“) als allgemeine Bestimmung verortet wurde.

Das nVerbSchG weist damit im Vergleich zum aVerbSchG einen höheren Systematisierungsgrad auf, wobei freilich zu berücksichtigen ist, dass das Vorgängergesetz lediglich rudimentäre Ansätze einer Systematisierung enthält. Zwar wäre in mancher Hinsicht eine noch stärkere Systematisierung möglich. Zumindest aber hat das erreichte Niveau die Übersichtlichkeit des Gesetzes erheblich gesteigert. Hierzu beigetragen hat zudem auch, dass die Absätze der einzelnen Artikel in der amtlichen Fassung nummeriert worden sind.[1907] Außerdem enthält das nVerbSchG eine größere Anzahl an Ermächtigungsgrundlagen, die überdies inhaltlich konkreter ausgestaltet wurden. Insgesamt konnten mit dem nVerbSchG vor diesem Hintergrund sowohl in Bezug auf die

---

1905 Entsprechende Bestimmungen finden sich auch im aVerbSchG, dort allerdings im Rahmen der Regelung über missbräuchliche Vertragsklauseln (Art. 6 Abs. 6 aVerbSchG). Der türkische Gesetzgeber hat mit der Aufnahme dieser Bestimmungen in den Art. 4 die vielfach geäußerte Kritik an der Verortung der entsprechenden Bestimmungen im aVerbSchG aufgegriffen.

1906 Dabei handelt es sich um die ebenfalls schon im aVerbSchG vorhandene Regelung über die Verweigerung des Verkaufs (Art. 6 nVerbSchG) und die neu eingeführte Regelung über unbestellte Waren und Dienstleistungen (Art. 7 nVerbSchG).

1907 Irritierend wirkt hierbei alleine, dass eine Nummerierung auch bei Vorschriften erfolgt ist, die lediglich einen Absatz enthalten.

Gesetzgebungstechnik als auch in Bezug auf die gerade im Verbraucherschutz dringlichen rechtlichen Transparenzerfordernisse Fortschritte verzeichnet werden.

Daneben wartet das nVerbSchG auch mit einigen inhaltlichen Neuerungen auf. So steht dem Verbraucher fortan auch im Rahmen von Abzahlungsgeschäften und Verbraucherkreditverträgen ein Widerrufsrecht zu. Mit Ausnahme der Abzahlungsgeschäfte bestimmt das nVerbSchG ferner durchgehend eine Widerrufsfrist von 14 Tagen. Neu hinzugekommen sind unter anderem außerdem eine Definition dauerhafter Datenträger (Art. 3 Abs. 1 lit. f) und Regelungen über unbestellte Waren und Dienstleistungen (Art. 7), über den Fernabsatz von Finanzdienstleistungen (Art. 49), über die Erteilung einer freiwilligen Garantie (Art. 57), über unlautere Geschäftspraktiken (Art. 62) und über illegale Schneeballsysteme (Art. 80).

Das nVerbSchG kommt dieserart auf eine Gesamtzahl von 88 Artikeln und enthält damit mehr als doppelt so viele Artikel als das aVerbSchG.

3. *Anwendungsbereich*

Der Anwendungsbereich des nVerbSchG wurde im Vergleich zu seinem Vorgängergesetz insbesondere in sachlicher Hinsicht deutlich weiter gefasst.

a) *Persönlicher Anwendungsbereich*

aa) *Verbraucher*

Anders als im aVerbSchG, nach dessen Art. 3 lit. e) ein Verbraucher *„jede natürliche oder juristische Person [ist], die eine Ware oder Dienstleistung zu Zwecken erwirbt, verwendet oder nutzt, die nicht gewerblich oder beruflich sind“*, verlangt das nVerbSchG in seinem Art. 3 Abs. 1 lit. k) für das Vorliegen der Verbrauchereigenschaft lediglich, dass eine natürliche oder juristische Person zu den besagten Zwecken *„handelt“*. Die Definition fällt folglich weiter aus als im Vorgängergesetz.[1908]

Tutumlu zufolge sei diese Neuformulierung der Verbraucherdefinition des Art. 3 lit. a) der Richtlinie 2008/48/EG über Verbraucherkreditverträge entlehnt.[1909] Insoweit ist allerdings anzumerken, dass – mit Ausnahme der Pauschalreiserichtlinie – alle europäischen Richtlinien zum Verbrauchervertragsrecht in Rahmen ihrer Verbraucherdefinitionen lediglich ein *„Handeln“* zu besagten

---

1908 So auch *Tutumlu*, in: *Şahin McCarthy/Dinç*, Tüketici Hukuku Davaları, S. 47.

1909 *Tutumlu*, in: *Şahin McCarthy/Dinç*, Tüketici Hukuku Davaları, S. 47.

Zwecken verlangen. Die amtliche Begründung zum nVerbSchG schweigt sich zu Ursprung und Grund der Neuformulierung jedenfalls aus. Vermutlich sollte mit ihr allen voran ein inhaltlicher Gleichlauf mit dem ebenfalls weiter gefassten sachlichen Anwendungsbereich des nVerbSchG erreicht werden.[1910] Eine bedeutende inhaltliche Änderung der bisherigen Anwendungspraxis in Bezug auf Verbraucherverträge dürfte infolge dieser Neufassung stattdessen nicht zu erwarten sein.

Ebenfalls anders als beim Vorgängergesetz war sich der türkische Gesetzgeber während der Gesetzgebungsarbeiten zum nVerbSchG zudem der Inkonsistenz und Inkohärenz der europäischen Regelungen zum Verbraucherschutz bewusst. So hebt selbst die amtliche Begründung als besondere Schwierigkeit bei der Ausarbeitung des Gesetzes hervor, dass bestimmten Begrifflichkeiten in den Richtlinien jeweils unterschiedliche Bedeutungen zukämen und dass selbst der Verbraucherbegriff nicht einheitlich sei.[1911] Der türkische Gesetzgeber hat im Hinblick auf den persönlichen Anwendungsbereich erstmalig auf diese Schwierigkeit reagiert, indem er an entsprechender Stelle eine punktuelle Modifikation des in Art. 3 Abs. 1 lit. k) nVerbSchG statuierten Verbraucherbegriffs vorgenommen hat: Gem. Art. 51 Abs. 9 nVerbSchG gelten Personen, die eine Pauschalreise in Ausübung ihrer gewerblichen oder beruflichen Tätigkeit buchen, ebenfalls als Verbraucher im Sinne des nVerbSchG. Damit wurde die insoweit richtlinienwidrige Ausgestaltung des Vorgängergesetzes[1912] im Rahmen des nVerbSchG nicht wiederholt.

Übereinstimmung mit dem Vorgängergesetz besteht dagegen im Hinblick auf den umfassten Personenkreis: Nach dem nVerbSchG unterfallen juristische Personen, die zu Zwecken handeln, die nicht gewerblich oder beruflich sind, ebenfalls dem Verbraucherbegriff. Der ursprüngliche Gesetzentwurf sah insoweit noch eine Abkehr von der alten Rechtslage durch eine Beschränkung des Verbraucherbegriffs auf natürliche Personen vor, allerdings ohne diese Abkehr zu begründen. Im Laufe des Gesetzgebungsverfahrens wurde diese Beschränkung jedoch durch die Ergänzung der Verbraucherdefinition um juristische Personen wieder aufgehoben. In dem entsprechenden Bericht des Unterausschusses heißt es dazu lediglich, dass es für *„nützlich“* gehalten werde, wenn *„[…] insbesondere*

1910 *Aslan*, Tüketici Hukuku, 5. Aufl., S. 3. Näheres zur Ausweitung des sachlichen Anwendungsbereiches unter S. 401 ff.

1911 Siehe hierzu die Allgemeine amtliche Begründung zum Gesetz Nr. 6502, II.

1912 Siehe dazu S. 327 f.

Vereine und Stiftungen, die im öffentlichen Interesse handeln, als von der Verbraucherdefinition umfasst bewertet werden".[1913]

Diese Erweiterung des traditionellen europäischen Verbraucherbegriffs gestaltete sich im Rahmen des aVerbSchG aufgrund des den älteren Verbraucherschutzrichtlinien zugrundeliegenden Konzepts der Mindestharmonisierung unproblematisch. Den jüngeren Richtlinien im Bereich des Verbrauchervertragsrechts liegt hingegen das Konzept der Vollharmonisierung zugrunde. Zu diesen zählen insbesondere die Richtlinien 2002/65/EG über den Fernabsatz von Finanzdienstleistungen, 2008/48/EG über Verbraucherkredite, 2008/122/EG über Teilzeitnutzungsrechte und 2011/83/EU über die Rechte der Verbraucher, deren jeweilige Umsetzung mit dem nVerbSchG ebenfalls beabsichtigt wurde.[1914] Anders als im Rahmen des Konzepts der Mindestharmonisierung verbieten vollharmonisierende Richtlinien innerhalb ihres Gegenstandsbereichs grundsätzlich auch den Erlass von strengeren Vorschriften durch die Mitgliedstaaten.[1915] Außerhalb des Gegenstandsbereichs einer Richtlinie obliegt die Regelungshoheit dagegen vollständig dem jeweiligen Mitgliedstaat als nationalem Souverän.[1916] Dementsprechend dürfen Mitgliedstaaten Richtlinien dadurch erweiternd umsetzen, dass sie ihre Bestimmungen auf Sachverhalte erstrecken und mit Rechtsfolgen verknüpfen, die nicht ihrem Gegenstandsbereich zugehören.[1917] Der Bestimmung des Gegenstandsbereichs kommt folglich gerade bei der Umsetzung vollharmonisierender Richtlinien eine große Bedeutung zu.[1918] Besondere Schwierigkeiten bereitet es dabei insbesondere den negativ umfassten Gegenstandsbereich einer Richtlinie zu bestimmen.[1919] Hierunter sind in Abgrenzung zu den Bereichen, deren Regelung durch die Richtlinie schlicht ausgelassen wurde, jene Sachverhalte und Rechtsfolgen zu verstehen, deren Verknüpfung von der Richtlinie gerade nicht gewollt ist.[1920] Fraglich erscheint vor diesem Hintergrund, wie es sich mit der Erstreckung des Verbraucherbegriffs auf juristische Personen in Art. 3 Abs. 1 lit. k) nVerbSchG verhält. Denn die

---

1913 Siehe dazu den Unterausschussbericht des Ausschusses für Industrie, Handel, Energie, natürliche Ressourcen, Wissen und Technologie, abrufbar unter https://www.tbmm.gov.tr/sirasayi/donem24/yil01/ss490.pdf (zuletzt abgerufen am 25.04.2022).

1914 Siehe dazu S. 389.

1915 Vgl. *Lippstreu*, Wege der Rechtsangleichung im Vertragsrecht, S. 137.

1916 *Lippstreu*, Wege der Rechtsangleichung im Vertragsrecht, S. 138.

1917 *Lippstreu*, Wege der Rechtsangleichung im Vertragsrecht, S. 138.

1918 *Lippstreu*, Wege der Rechtsangleichung im Vertragsrecht, S. 137.

1919 *Lippstreu*, Wege der Rechtsangleichung im Vertragsrecht, S. 197.

1920 *Lippstreu*, Wege der Rechtsangleichung im Vertragsrecht, S. 141.

Richtlinien 2002/65/EG, 2008/48/EG, 2008/122/EG und 2011/83/EU definieren den Verbraucher jeweils als natürliche Person. Da der Schutzzweck dieser Richtlinien jeweils darin besteht, den Verbraucher bei bestimmten Rechtsgeschäften mit Unternehmern zu schützen, ist anzunehmen, dass dieselben Rechtsgeschäfte zwischen Unternehmern nicht den Gegenstandsbereich dieser Richtlinien bilden. Letzteres wird für die Richtlinie 2011/83/EU in ihrem 13. Erwägungsgrund sogar eigens hervorgehoben. Wenn die Vorgaben dieser Richtlinien demnach sogar auf Nichtverbraucher erstreckt werden könnten, muss eine Erstreckung auf juristische Personen, die nicht zu gewerblichen oder beruflichen Zwecken handeln, erst recht außerhalb ihres Gegenstandsbereichs liegen. Daher stellt der Verbraucherbegriff des Art. 3 Abs. 1 lit. k) nVerbSchG auch mit Blick auf die vollharmonisierenden Richtlinien, deren Nachvollzug mit dem nVerbSchG gleichermaßen bezweckt wurde, einen zulässigen erweiternden Nachvollzug dar.[1921]

Ebenso dem Vorgängergesetz entsprechend greift auch das nVerbSchG die Problematik des „dual-use" im Rahmen des rollenspezifischen Verbraucherbegriffs nicht auf. Diese Nichtregelung erschien im Hinblick auf das aVerbSchG unproblematisch, da es den mit ihm umgesetzten Richtlinien insoweit ebenfalls an einer Regelung fehlte. Anders stellt sich die Situation dagegen in Bezug auf das nVerbSchG dar. Denn Erwägungsgrund 17 der Richtlinie 2011/83/EU zufolge sollten Personen auch im Falle doppelter Zwecksetzung als Verbraucher betrachtet werden, wenn *„[...] der gewerbliche Zweck im Gesamtzusammenhang nicht überwieg[t]"*. Zwar handelt es sich bei Erwägungsgründen nicht um Rechtsnormen.[1922] Nichtsdestotrotz muss ihr Inhalt im Rahmen der Auslegung der Richtlinienbestimmungen beachtet werden.[1923] Innerhalb der türkischen Literatur überwiegt jedoch nach wie vor die Auffassung, die der Annahme der Verbrauchereigenschaft im Falle doppelter Zwecksetzung ablehnend gegenübersteht.[1924] Und auch in Bezug auf die Haltung des türkischen Kassationshofs in

---

1921 Vgl. insoweit auch die Ausführungen bei *Lippstreu*, Wege der Rechtsangleichung im Vertragsrecht, S. 149.

1922 *Schulze/Zoll*, Europäisches Vertragsrecht, § 2 Rn. 166.

1923 *Schulze/Zoll*, Europäisches Vertragsrecht, § 2 Rn. 166.

1924 So bspw. *Zevkliler/Özel*, Tüketicinin Korunması Hukuku, S. 95; *Aslan*, Tüketici Hukuku, 5. Aufl., S. 5. Anders dagegen *Aydoğdu*, der bei einer Teilbarkeit der Ware oder Dienstleistung nur in Bezuf auf den Teil das nVerbSchG anwenden will, der nicht gewerblichen oder beruflichen Zwecken dient, oder, im Falle fehlender Teilbarkeit, auf den Zweck abstellen will, der den ökonomisch größeren Wert an der Ware oder Dienstleistung ausmacht. Siehe zu alldem *ders.*, Tüketici Hukuku Dersleri, S. 62 f.

dieser Frage wird innerhalb der türkischen Literatur in der Regel nur auf sein frühes, ablehnendes Urteil aus dem Jahre 1997 verwiesen.[1925] Lediglich *Tutumlu* kann ein jüngeres Urteil der 17. Zivilkammer aus dem Jahre 2011 anführen, in dem der Kassationshof insoweit zu einem gegenteiligen Ergebnis gelangt sei.[1926] Das Urteil ist in den einschlägigen Datenbanken leider nicht auffindbar. Aufgrund der geschilderten Tatsachen lässt sich aber zumindest die Feststellung treffen, dass keine übereinstimmende Auslegungspraxis im Sinne des zitierten Erwägungsgrundes besteht und die Praxis daher nicht vollumfänglich den Richtlinienvorgaben entspricht.

bb) Verkäufer, Anbieter und Unternehmer

Die Definitionen des Verkäufers und des Anbieters weisen im Vergleich zu denjenigen des Vorgängergesetzes einen leicht modifizierten Wortlaut auf. Während im Vorgängergesetz jeweils von einem Darbieten *„im Rahmen ihrer gewerblichen oder beruflichen Tätigkeiten“* die Rede ist, verlangen Art. 3 Abs. 1 lit i) nVerbSchG für den Verkäufer und lit. ı) nVerbSchG für den Anbieter jeweils, dass diese zu *„gewerblichen oder beruflichen Zwecken“* die Waren bzw. Dienstleistungen darbieten. Der geänderte Wortlaut beider Definitionen dürfte wohl auf Art. 2 Abs. 1 lit. e) der Richtlinie 2008/122/EG und Art. 2 Nr. 2 der Richtlinie 2011/83/EU zurückzuführen sein, die beide in Abkehr von den älteren Richtlinien ebenfalls ein Tätigwerden zu *„Zwecken“* und nicht mehr *„im Rahmen ihrer gewerblichen oder beruflichen Tätigkeit“* fordern. Inhaltliche Änderungen dürften mit diesem abweichenden Wortlaut jedoch nicht einhergegangen sein.

Bedeutender sind dagegen die Ergänzungen, die die beiden Definitionen im Vergleich zu denjenigen des Vorgängergesetzes jeweils aufweisen. So ist nach beiden Definitionen gleichermaßen nicht mehr nur die natürliche oder juristische Person umfasst, die zu gewerblichen oder beruflichen Zwecken handelt, sondern auch die natürlichen oder juristischen Personen, *„[...] die im Namen oder auf Rechnung“* desjenigen *„handeln“*, der die Waren oder Dienstleistungen zu besagten Zwecken darbietet. Von den Definitionen des Verkäufers und des Anbieters sind folglich auch der direkte und der indirekte Stellvertreter umfasst.[1927] Zurückzuführen dürften diese Ergänzungen auf Art. 2 Abs. 1 lit. e)

1925 So bspw. bei *Zevkliler/Özel*, Tüketicinin Korunması Hukuku, S. 95; *Deryal/Korkmaz*, Tüketici Hukuku, S. 52 Fn. 17.

1926 *Tutumlu*, in: *Şahin McCarthy/Dinç*, Tüketici Hukuku Davaları, S. 52 Fn. 13. Es handelt sich hierbei um Türkischer Kassationshof, 17. Zivilkammer, Hauptsache Nr. 2011/10859, Entscheidung Nr. 2011/10933 vom 21.11.2011.

1927 *Havutçu*, Terazi 9 (2014), Sonderausgabe, 8, 17.

der Richtlinie 2008/122/EG sein, der den Begriff des „*Gewerbetreibenden*" entsprechend definiert. Vor dem Hintergrund der vollharmonisierenden Wirkung dieser Richtlinie blieb dem türkischen Gesetzgeber nichts anderes übrig, als diese Vorgabe unverändert in das nVerbSchG zu übernehmen. Da die Begriffe des Verkäufers und des Anbieters im Rahmen des nVerbSchG allerdings als allgemeine Begrifflichkeiten für das gesamte Gesetz definiert werden, gelten diese Vorgaben damit auch für die übrigen Bestimmungen des Gesetzes. Problematisch erscheint hieran, dass der Begriff des Unternehmers/Gewerbetreibenden in anderen Richtlinien abweichend definiert wird. So ist nach Art. 2 Nr. 2 der Richtlinie 2011/83/EU „*‚Unternehmer' jede natürliche oder juristische Person", […] die bei von dieser Richtlinie erfassten Verträgen selbst oder durch eine andere Person, die in ihrem Namen oder Auftrag handelt, zu Zwecken tätig wird, die ihrer gewerblichen, geschäftlichen, handwerklichen oder beruflichen Tätigkeit zugerechnet werden können*". Bezugspunkt letzterer Richtlinie ist bei dem Tätigwerden Dritter damit gleichwohl der dahinterstehende Unternehmer. Nach den Definitionen des nVerbSchG werden in diesen Fällen dagegen der direkte und der indirekte Stellvertreter selbst als Unternehmer betrachtet. Dies stellt einen modifizierenden Nachvollzug der Richtlinie 2011/83/EU dar, der ihrer vollharmonisierenden Wirkung widerspricht. Unklar bleibt überdies, wie eine Haftung des direkten Stellvertreters vor dem Hintergrund allgemeiner vertragsrechtlicher Prinzipien begründet werden soll.[1928]

Neu im Vergleich zum Vorgängergesetz ist, dass das nVerbSchG auch einen übergeordneten Unternehmerbegriff enthält, ohne ihn als solchen zu bezeichnen. So werden im Rahmen der Definition des Verbrauchergeschäfts in Art. 3 Abs. 1 lit. l) dem Verbraucher als Gegenseite „*[…] natürliche oder juristische Personen, die zu gewerblichen oder beruflichen Zwecken handeln, oder die in deren Namen oder auf deren Rechnung handeln*", gegenübergestellt. Im Rahmen der amtlichen Begründung wird als Erklärung hierfür angeführt, dass das Bedürfnis bestanden habe, eine alle möglichen Konstellationen (Verkäufer, Kreditgeber, Anbieter) umfassende Bezeichnung für die Regelungen zu schaffen, in deren Rahmen der Gegenstand der Leistungspflicht des Unternehmers keine Rolle spielt.

Anders als bei der Ausgestaltung des Verbraucherbegriffs war sich der türkische Gesetzgeber dabei aber wohl nicht der Tatsache bewusst, dass die europäischen Richtlinien auch die Gegenseite des Verbrauchers im Rahmen des Verbrauchergeschäfts nicht einheitlich definieren. Eine punktuelle Modifikation,

---

1928 *Havutçu*, Terazi 9 (2014), Sonderausgabe, 8, 17.

wie sie in Bezug auf den Verbraucher von Pauschalreisen besteht, findet sich daher in Bezug auf den Veranstalter von Pauschalreisen nicht. Dementsprechend muss der Veranstalter von Pauschalreisen diese ebenfalls zu gewerblichen oder beruflichen Zwecken organisieren, während Art. 2 Nr. 2 der Pauschalreiserichtlinie lediglich verlangt, dass der Veranstalter „*[…] nicht nur gelegentlich Pauschalreisen organisiert*". Die Ausgestaltung des nVerbSchG ist damit insoweit gleichermaßen richtlinienwidrig.

b) Sachlicher Anwendungsbereich

Der sachliche Anwendungsbereich des nVerbSchG ist deutlich weiter gefasst als derjenige seines Vorgängergesetzes.[1929] So erstreckt sich das nVerbSchG gem. seinem Art. 2 nicht nur auf „*Verbrauchergeschäfte*", sondern umfasst zudem auch „*auf Verbraucher gerichtete Praktiken*". Was unter letzteren zu verstehen ist, wird im Gesetz nicht definiert.[1930] In der amtlichen Begründung heißt es hierzu unter anderem, dass mit der Erweiterung insbesondere unlautere Geschäftspraktiken gegenüber Verbrauchern ausdrücklich dem Anwendungsbereich des Gesetzes zugeordnet wurden.[1931] Diese haben zur Umsetzung der Richtlinie 2005/29/EG über unlautere Geschäftspraktiken[1932] erstmalig in Art. 62 nVerbSchG eine Regelung erfahren. Eine vom Vorgängergesetz abweichende Anwendungspraxis in Bezug auf Verbraucherverträge dürfte mit der Erweiterung jedoch nicht einhergehen. Im Gegensatz zum Vorgängergesetz verleiht der erweiterte Anwendungsbereich des nVerbSchG der bisherigen Rechtsprechungspraxis des türkischen Kassationshofs, der zufolge Fälle der *culpa in contrahendo* bei Verbraucherverträgen ebenfalls dem Anwendungsbereich des Verbraucherschutzgesetzes unterfallen, künftig sogar ein „*rechtliches Fundament*".[1933]

Auch die Definition des Begriffs „*Verbrauchergeschäft*" weist im Vergleich zu derjenigen des Vorgängergesetzes bedeutende Neuerungen auf. Gem. Art. 3

1929 So auch *Zevkliler/Özel*, Tüketicinin Korunması Hukuku, S. 87; *Havutçu*, Terazi 9 (2014), Sonderausgabe, 8.

1930 So auch *Zevkliler/Özel*, Tüketicinin Korunması Hukuku, S. 86.

1931 Amtliche Begründung zu den einzelnen Bestimmungen, Art. 2 nVerbSchG.

1932 Richtlinie 2005/29/EG des Europäischen Parlaments und des Rates vom 11. Mai 2005 über unlautere Geschäftspraktiken im binnenmarktinternen Geschäftsverkehr zwischen Unternehmen und Verbrauchern und zur Änderung der Richtlinie 84/450/EWG des Rates, der Richtlinien 97/7/EG, 98/27/EG und 2002/65/EG des Europäischen Parlaments und des Rates sowie der Verordnung (EG) Nr. 2006/2004 des Europäischen Parlaments und des Rates.

1933 *Zevkliler/Özel*, Tüketicinin Korunması Hukuku, S. 88 m.w.N.

Abs. 1 lit. l) nVerbSchG sind hierunter neben *„Rechtsgeschäften"* seither auch *„[…] Verträge jeder Art, einschließlich Werk-, Transport-, Mäkler-, Versicherungs-, Geschäftsbesorgungs-, Bankdienstleistungs- und ähnlicher Verträge"*, die zwischen *„Unternehmern"*[1934] und Verbrauchern geschlossen werden, zu verstehen. Aufgezählt werden dabei allen voran Vertragstypen, die nach ständiger Rechtsprechung des türkischen Kassationshofs nicht dem Anwendungsbereich des aVerbSchG unterfallen.[1935] Der türkische Gesetzgeber wollte mit dieser Regelung folglich sicherstellen, dass der Anwendungsbereich des nVerbSchG nicht in gleicher Weise einengend ausgelegt wird.[1936] Entsprechend weit fällt der Anwendungsbereich des nVerbSchG in der Rechtsprechungspraxis des türkischen Kassationshofs aus. Beispielsweise werden diesem selbst Behandlungs-[1937] und Anwaltsverträge[1938] unterstellt. Insbesondere Letzteres war zwischen den Instanzgerichten umstritten[1939] und wird innerhalb der türkischen Literatur kritisiert.[1940] Diese Breitenwirkung wird ferner inhaltlich dadurch vertieft, dass gem. Art. 3 Abs. 1 lit. d) nVerbSchG unter dem Begriff der *„Dienstleistung"* *„jeder Gegenstand von Verbrauchergeschäften mit Ausnahme der Beschaffung von Ware, der gegen ein Entgelt oder einen Vorteil erbracht oder dessen Erbringung versprochen wird"*, zu verstehen ist und die Artt. 13 ff. nVerbSchG für die mangelhafte Erbringung solcher Dienstleistungen eigene Regelungen vorhalten. Der originäre Anwendungsbereich des türkischen OR wird mit dem nVerbSchG folglich noch weiter zurückgedrängt.[1941]

Mit diesem rechtlich zwingend vorgegebenen weiten Verständnis des Begriffs *„Verbrauchergeschäft"* wird zugleich eine höhere Richtlinienkonformität des

---

1934 Siehe zur übergeordneten Unternehmerdefinition S. 400.

1935 Siehe hierzu ausführlich S. 296 ff. und S. 330.

1936 So ausdrücklich die Amtliche Begründung zu den einzelnen Bestimmungen, Art. 3 nVerbSchG. Ebenso *Havutçu*, Terazi 9 (2014), Sonderausgabe, 8, 16; *Aslan*, Tüketici Hukuku, 5. Aufl., S. 10.

1937 Türkischer Kassationshof, 3. Zivilkammer, Hauptsache Nr. 2015/16701, Entscheidung Nr. 2015/18344 vom 18.11.2015 (Zahnbehandlung).

1938 Türkischer Kassationshof, 13. Zivilkammer, Hauptsache Nr. 2018/3545, Entscheidung Nr. 2018/7887 vom 12.07.2018.

1939 Siehe Türkischer Kassationshof, 13. Zivilkammer, Hauptsache Nr. 2018/3545, Entscheidung Nr. 2018/7887 vom 12.07.2018 m.w.N.

1940 Siehe dazu *Şahin McCarthy*, in: *Şahin McCarthy/Dinç*, Tüketici Hukuku Davaları, S. 79 m.w.N.

1941 Vgl. hierzu auch *Şahin McCarthy*, in: *Şahin McCarthy/Dinç*, Tüketici Hukuku Davaları, S. 76 f.; *Havutçu*, Terazi 9 (2014), Sonderausgabe, 8, 15 ff.

nVerbSchG sichergestellt, da insbesondere richtlinienwidrige Ausnahmen bestimmter Vertragstypen, wie sie bspw. die Ausnahme von Werkverträgen aus dem Anwendungsbereich des aVerbSchG darstellt,[1942] in Bezug auf das nVerbSchG verhindert werden.

Neben der Frage der richtlinienwidrigen Einengung stellt sich vor dem Hintergrund des Nachvollzugs einiger vollharmonisierender Richtlinien durch das nVerbSchG zudem die Frage der richtlinienwidrigen Ausweitung. Da der Warenbegriff in Art. 3 Abs. 1 lit. h) im Wesentlichen identisch mit demjenigen des Vorgängergesetzes ist, umfasst das nVerbSchG gleichermaßen Immaterialgüter und Immobilien, die wohn- oder ferienzwecken dienen. Gem. Art. 2 Nr. 3 der Richtlinie 2011/83/EU sind unter dem Begriff der „*Waren*" jedoch nur bewegliche körperliche Gegenstände zu verstehen. Allerdings dürfte es sich bei Immobilien und Immaterialgütern um außerhalb des Gegenstandsbereichs dieser Richtlinie liegende Regelungsgegenstände handeln und ihre Aufnahme in den Warenbegriff deshalb einen zulässigen erweiternden Nachvollzug darstellen.[1943]

4. *Änderungen am bisherigen Nachvollzug*

a) *Änderungen am Nachvollzug der Richtlinie 90/314/EWG*

Bestimmungen zu Pauschalreisen finden sich im nVerbSchG in Art. 51. Anders als die Regelung des Vorgängergesetzes, die lediglich eine Definition des Pauschalreisebegriffs vorgibt und weitere Fragen innerhalb der dazugehörigen Verwaltungsverordnung regelt, sind mit dem nVerbSchG viele Regelungen auf Gesetzesebene „hochgezont" worden. Art. 51 nVerbSchG zählt daher insgesamt zehn Absätze.

Daneben hat das türkische Zoll- und Handelsministerium erneut eine *Verordnung betreffend Pauschalreiseverträge* erlassen.[1944]

aa) *Anwendungsbereich*

Der Anwendungsbereich des Art. 51 nVerbSchG weist gegenüber seiner Vorgängerregelung einige Neuerungen auf. So wurde mit Art. 4 Abs. 1 lit. ç) der dazugehörigen Verordnung in Bezug auf den Verbraucher die Bezeichnung

---

1942 Siehe hierzu S. 296 ff. und S. 330.

1943 Vgl. in Bezug auf Immobilien auch *Lippstreu*, Wege der Rechtsangleichung im Vertragsrecht, S. 149.

1944 Verkündet am 14.01.2015 im türkischen Amtsblatt (Nr. 29236).

„Teilnehmer“ (*„katılımcı“*) eingeführt. Anders als in der Vorgängerregelung wurde zur Definition dieses Begriffs dabei nicht die allgemeine Verbraucherdefinition des nVerbSchG wiederholt. Stattdessen wurde eine neue Definition eingeführt, die eine Übersetzung des in Art. 2 Nr. 4 der Pauschalreiserichtlinie vorgegebenen Verbraucherbegriffs darstellt. Entsprechend erstrecken sich die türkischen Pauschalreisebestimmungen seither auch ausdrücklich auf übrige Begünstigte und Erwerber im Falle der Abtretung. Zudem wurde in Art. 51 Abs. 9 nVerbSchG erstmalig festgelegt, dass Personen, die im Rahmen ihrer gewerblichen oder beruflichen Tätigkeit eine Pauschalreise in Anspruch nehmen, im Sinne der Pauschalreisebestimmungen ebenfalls als Verbraucher gelten. Die noch nach alter Rechtslage bestehende richtlinienwidrige Einengung des pauschalreiserechtlichen Verbraucherbegriffs wurde auf diese Weise für das nVerbSchG vermieden.

Erstmalig wurde mit Art. 51 Abs. 1 nVerbSchG auch die von der Pauschalreiserichtlinie vorgegebene Unterscheidung zwischen Reiseveranstaltern und Reisevermittlern in das türkische Pauschalreiserecht eingeführt. Die Definition des Reisevermittlers wurde in Art. 4 Abs. 1 lit. d) der dazugehörigen Verordnung verankert. Es handelt sich dabei um eine Übersetzung der Vorgabe in Art. 2 Nr. 3 der Richtlinie. Selbiges trifft auch auf die in Art. 4 Abs. 1 lit. e) der Verordnung geregelte Definition des Reiseveranstalters zu. Diese stellt eine Übersetzung der Vorgabe in Art. 2 Nr. 2 der Richtlinie dar, wobei jedoch die Einschränkung, der zufolge es für das Vorliegen der Veranstaltereigenschaft genügt, dass die betreffende Person nicht nur gelegentlich Pauschalreisen organisiert, im Rahmen der Übersetzung ausgelassen wurde. Demnach ist anzunehmen, dass die türkischen Pauschalreisebestimmungen – entgegen der Vorgabe der Richtlinie – auch unter Geltung des nVerbSchG weiterhin nur Personen auf der Anbieterseite umfassen, die im Rahmen ihrer gewerblichen Tätigkeiten handeln. Anders als in Bezug auf den Begriff des Verbrauchers – nach neuer türkischer Terminologie: des Teilnehmers – konnte mit dem nVerbSchG dieses Nachvollzugsdefizit somit nicht beseitigt werden.

In sachlicher Hinsicht fehlt der Definition des Pauschalreisevertrages in Art. 51 Abs. 1 nVerbSchG die Einschränkung, dass es sich bei der Verbindung der Dienstleistungen um eine im Voraus festgelegte Verbindung handeln muss. Und auch die in dieser Hinsicht fehlerhafte Umsetzung in Art. 6/C aVerbSchG, der zufolge nicht die Verbindung, sondern der Vertrag im Voraus festgelegt sein muss, wurde nicht in die Definition in Art. 51 Abs. 1 nVerbSchG übernommen. Stattdessen bestimmt Art. 51 Abs. 2 nVerbSchG neuerdings sogar, dass es für die Anwendung der Pauschalreisebestimmungen irrelevant sei, ob die Einzelheiten der Reise durch den Reiseveranstalter, den -vermittler oder den Teilnehmer bestimmt worden sind. Dies stellt eine gegenüber den Vorgaben der Richtlinie zulässige Ausweitung der Bestimmungen zugunsten des Verbrauchers dar. Die Unterschiede in der Praxis dürften derweil gering ausfallen, da der EuGH das Kriterium der vorherigen Festlegung im Rahmen seiner Rechtsprechung stark relativiert hat.[1945]

Wie schon im aVerbSchG verlangt auch die Definition in Art. 51 Abs. 1 nVerbSchG nicht, dass die andere touristische Dienstleistung einen beträchtlichen Teil der Gesamtleistung ausmachen muss. Die in Art. 4 Abs. 1 lit. b) der dazugehörigen Verordnung erstmalig erfolgte beispielhafte Aufzählung dessen, was unter einer anderen touristischen Leistung zu verstehen ist, verdeutlicht allerdings, dass dem türkischen Gesetzgeber insoweit kein anderes Verständnis vorschwebte. Genannt werden die Vermietung eines Fahrzeugs, die Führung durch kulturelle, historische oder touristische Stätten, Vorführungen, Konzerte, die Organisation oder das Zeigen von Sportveranstaltungen oder Dienstleistungen im Bereich der Fremdenführung.

Erstmalig nachvollzogen wurde in sachlicher Hinsicht dagegen die Regelung des Art. 2 Nr. 1 UAbs. 2 der Pauschalreiserichtlinie, der zufolge der Reiseveranstalter bzw. -vermittler auch bei getrennter Berechnung einzelner Leistungen den Bestimmungen des Pauschalreiserechts unterliegt. Sie findet sich seither in Art. 51 Abs. 2 nVerbSchG.

Insgesamt wurde mit dem nVerbSchG der Anwendungsbereich des türkischen Pauschalreiserechts den Vorgaben der Richtlinie noch stärker angeglichen.

bb) Informationspflichten

Wie schon seine Vorgängerregelung sieht auch Art. 51 Abs. 4 nVerbSchG die Pflicht vor, dem Verbraucher einen Prospekt zur Verfügung zu stellen. Die Regelung wurde mit dem nVerbSchG von ihrer vormaligen Verankerung innerhalb der Verwaltungsverordnung auf Gesetzesebene „hochgezont". Die Details sind in Art. 5 Abs. 2 der dazugehörigen Verordnung geregelt, der eine weitgehend vollständige Übersetzung von Art. 3 Abs. 2 der Pauschalreiserichtlinie darstellt.

Nach wie vor fehlt ein Nachvollzug der Vorgabe in Art. 4 Abs. 1 lit. a) der Richtlinie, der zufolge der Verbraucher vor Vertragsschluss schriftlich oder in einer anderen geeigneten Form allgemein über die Pass- und Visumerfordernisse sowie gesundheitspolizeiliche Formalitäten zu unterrichten ist. Diese Informationen sind indes im Prospekt anzugeben, der nach den türkischen Bestimmungen zwingend ist. Da nach neuer Rechtslage dort auch Informationen über

---

1945 Siehe dazu S. 343.

gesundheitspolizeiliche Formalitäten enthalten sein müssen, besteht das dahingehende Nachvollzugsdefizit der alten Regelung seither nicht mehr.

In Übereinstimmung mit Art. 4 Abs. 1 lit. b) der Richtlinie sind dem Verbraucher die dort genannten Informationen über die Durchführung der Reise gem. Art. 7 Abs. 1 der Verordnung schriftlich oder auf einem dauerhaften Datenträger vor Reisebeginn mitzuteilen. Unter Geltung der alten Rechtslage wird diese Vorgabe noch verzerrt, indem eine Mitteilung dieser Informationen schon vor Vertragsschluss verlangt wird. Dies wurde mit dem nVerbSchG und der dazugehörigen Verordnung richtiggestellt. Die Vorgabe, dass die Mitteilung rechtzeitig vor Abreise erfolgen muss, hat der türkische Normgeber vertretbarer Weise dahingehend konkretisiert, dass die Mitteilung bei Inlandsreisen mindestens 24 Stunden und bei Auslandsreisen mindestens 48 Stunden vor Reisebeginn erfolgen muss.

Dem Verbraucher ist auch nach Art. 51 Abs. 5 nVerbSchG eine Abschrift des Pauschalreisevertrages auf Papier oder – neuerdings ebenfalls möglich – auf einem dauerhaften Datenträger zu erteilen. Wiederum nicht nachvollzogen wurde auch mit dem nVerbSchG die Vorgabe in Art. 4 Abs. 2 lit. b) der Richtlinie, der zufolge dem Verbraucher alle Bedingungen des Vertrages vor Vertragsabschluss zu übermitteln sind. Zudem spiegelt Art. 6 Abs. 1 der Verordnung die Bedingungen, die nach Art. 4 Abs. 1 lit. a) der Richtlinie i.V.m. mit dem Anhang derselben vom Vertrag umfasst sein müssen, gleichermaßen nicht vollständig wider.

Neu ist dagegen die Regelung in Art. 8 der Verordnung, der zufolge der Vertrag und die genannten Informationen in klarer und verständlicher Sprache und mindestens in einer Schriftgröße von 12 Punkten erteilt werden müssen. Unklar bleibt dagegen auch in Bezug auf die Formvorgaben der Pauschalreisebestimmungen des nVerbSchG, ob es sich bei ihnen um echte Form- oder lediglich Beweisvorschriften handelt.[1946]

cc) Einsetzungsbefugnis

Die Einsetzungsbefugnis hat auch mit dem nVerbSchG keine Regelung auf Gesetzesebene erfahren. Sie findet sich in Art. 15 der dazugehörigen Verordnung. Die Vorgabe der *„vertretbaren Frist"* aus Art. 4 Abs. 3 der Richtlinie wurde erneut in Form einer Siebentagesfrist konkretisiert. Ebenso haften gem. Art. 15 Abs. 2 S. 1 der Verordnung der Zedent und der Zessionar gleichermaßen

---

1946 In diesen Vorgaben lediglich eine Beweisvorschrift erblickend *Aslan*, Tüketici Hukuku, 5. Aufl., S. 670; *Çınar*, in: *Tokbaş/Tüzüner*, Milli Şerh, Art. 51 S. 842.

gesamtschuldnerisch auf Zahlung des noch unbeglichenen Betrags sowie der durch die Übertragung gegebenenfalls entstandenen Mehrkosten. Neu ist dagegen, dass der Teilnehmer gem. Art. 15 Abs. 1 der Verordnung den Reiseveranstalter bzw. -vermittler schriftlich oder mittels eines dauerhaften Datenträgers über die Übertragung informieren muss. Da die Richtlinie eine entsprechende Formvorgabe nicht enthält, stellt diese Neuerung indes eine richtlinienwidrige Verschärfung zulasten des Verbrauchers dar.

dd) Änderungsvorbehalt

Erneut keine Regelung auf Gesetzesebene erfahren hat zudem die Möglichkeit der Änderung vertraglich festgelegter Preise. Sie findet sich nunmehr in Art. 9 der dazugehörigen Verordnung. Anders als seine Vorgängerregelung enthält Art. 9 der Verordnung diesmal eine vollständige Übersetzung der in Art. 4 Abs. 4 der Richtlinie enthaltenen Vorgaben. Demnach setzt die türkische Regelung fortan voraus, dass der Vertrag die Möglichkeit einer Preiserhöhung oder -senkung ausdrücklich vorsieht und genaue Angaben zur Berechnung des neuen Preises enthält. Ferner darf der im Vertrag genannte Preis ab dem zwanzigsten Tag vor dem vereinbarten Abreisetermin nicht mehr erhöht werden. Neu und abweichend von den Richtlinienvorgaben bestimmt die türkische Regelung zusätzlich, dass die Änderung dem Teilnehmer schriftlich oder mittels eines dauerhaften Datenträgers mitgeteilt wird. Überdies darf die Änderung in ihrer Höhe nicht 5 % des vertraglich ursprünglich festgelegten Preises überschreiten. Der türkische Gesetzgeber hat die Richtlinienvorgaben somit in zulässigerweise zugunsten des Verbrauchers verschärft.

Neu ist in dieser Hinsicht daneben, dass mit Art. 51 Abs. 6 S. 1 nVerbSchG erstmalig das auch in der Pauschalreiserichtlinie vorgesehene Recht des Reiseveranstalters bzw. -vermittlers zur Änderung wesentlicher Bestandteile des Vertrages vor Abreise in das türkische Pauschalreiserecht eingeführt wurde. Auffallend ist, dass sich der Wortlaut der Bestimmungen in Art. 51 Abs. 6 nVerbSchG und in Art. 10 Abs. 1 der Verordnung bzgl. des Regelungsgegenstandes unterscheiden. Während im Gesetz von einer *„Änderung wesentlicher Bestandteile“* die Rede ist, spricht Art. 10 Abs. 1 der Verordnung von *„[…] wichtigen Veränderungen, die am Vertragsinhalt vorgenommen werden“*. Die Regelung in Art. 4 Abs. 5 der Richtlinie bezieht sich hingegen auf *„erhebliche Änderungen“*, die an *„wesentlichen Bestandteilen“* vorgenommen werden. In ihrer Zusammenschau dürften sich die türkischen Bestimmungen aber wohl ebenfalls auf diesen Regelungsgegenstand beziehen. Zu den wesentlichen Bestandteilen in diesem Sinne zählt gem. Art. 10 Abs. 1 der Verordnung auch der Preis. Dies entspricht der Vorgabe in Art. 4 Abs. 5 der Richtlinie, die den Preis ebenfalls ausdrücklich miteinbezieht. Abweichend von dieser Richtlinienvorgabe schließt Art. 10 Abs. 1 der Verordnung allerdings Preisänderungen, die zulässigerweise gem. der eingangs beschriebenen Regelung in Art. 9 der Verordnung vorgenommen wurden, vom Anwendungsbereich des Art. 10 der Verordnung aus. Die Ausklammerung solcher Preisänderungen aus der Regelung über erhebliche Änderungen wesentlicher Vertragsbestandteile stellt grundsätzlich eine richtlinienwidrige Abweichung zulasten des Verbrauchers dar, da die von der Richtlinie für solche Änderungen zugunsten des Verbrauchers vorgesehenen Rechtsfolgen auf diese Weise ausgeschlossen werden. Berücksichtigt man aber, dass die türkische Regelung die Vorgaben zum Preisänderungsvorbehalt dahingehend verschärft hat, dass Änderungen in ihrer Höhe 5 % des vertraglich ursprünglich festgelegten Preises nicht überschreiten dürfen, und die Regelung über die Änderungen wesentlicher Bestandteile des Vertrages in Art. 4 Abs. 5 der Richtlinie *„erhebliche"* Änderungen voraussetzt, dürfte ein richtlinienwidriger Nachvollzug insoweit jedoch wohl doch zu verneinen sein. Bemerkenswert ist ferner, dass der türkischen Regelung die in der Richtlinie enthaltene Einschränkung fehlt, dass sich der Veranstalter zu den Änderungen *„gezwungen"* sah. Dem Wortlaut nach könnte der Reiseveranstalter bzw. -vermittler nach türkischem Recht demnach auch außerhalb einer solchen Zwangssituation Änderungen vornehmen, was richtlinienwidrig zulasten des Verbrauchers ginge. Wie die Regelung in dieser Hinsicht von der Rechtsprechung künftig ausgelegt werden wird, bleibt abzuwarten. In der maßgeblichen türkischen Literatur findet sich zu dieser Frage jedenfalls – soweit ersichtlich – nichts. Überdies räumt Art. 10 Abs. 1 der Verordnung das Recht erhebliche Änderungen an wesentlichen Bestandteilen des Vertrages vorzunehmen abweichend von der Richtlinie nicht nur dem Reiseveranstalter, sondern auch dem Reisevermittler ein. Überhaupt beziehen sich sämtliche Rechte und Pflichten innerhalb der türkischen Regelung – neben dem Teilnehmer – immer sowohl auf den Reiseveranstalter als auch auf den -vermittler, während die Richtlinie diesbezüglich an einigen Stellen differenziert. Zumindest im Hinblick auf die Einräumung von Rechten zugunsten der Gegenseite des Teilnehmers werden die Richtlinienvorgaben auf diese Weise unzulässigerweise zulasten des Verbrauchers ausgeweitet.

In Bezug auf die Rechtsfolgen wurden mit Art. 51 Abs. 6 S. 1 nVerbSchG die Vorgaben in Art. 4 Abs. 5 und 6 der Richtlinie in vermengter Form nachvollzogen. Demnach kann der Verbraucher in einem solchen Fall 1.) die Änderungen akzeptieren, 2.) eine vom Reiseveranstalter bzw. -vermittler angebotene alternative Pauschalreise akzeptieren oder 3.) vom Vertrag zurücktreten. Gem. Art. 10 Abs. 3 der Verordnung muss der Teilnehmer seine Entscheidung in Schriftform oder mittels eines dauerhaften Datenträgers dem Reiseveranstalter bzw. -vermittler mitteilen. Die türkische Regelung weicht damit zulasten des Verbrauchers von den Richtlinienvorgaben ab, die insoweit keine bestimmte Form vorsehen. Gem. Art. 10 Abs. 4 der Verordnung hat der Reiseveranstalter bzw. -vermittler schließlich dem Teilnehmer sämtliche gezahlten Beträge spätestens innerhalb von 14 Tagen ab dem Zugang der Rücktrittserklärung zu erstatten.

Insgesamt wurde das türkische Pauschalreiserecht mit den erstmalig eingeführten Bestimmungen zu erheblichen Änderungen wesentlicher Vertragsbestandteile den Vorgaben der Pauschalreiserichtlinie stärker angeglichen.

ee) Rücktritt

Bestimmungen zu den Rechten des Verbrauchers im Falle einer Stornierung der Reise durch den Reiseveranstalter bzw. -vermittler finden sich auch im Rahmen der neuen Rechtslage. Gem. Art. 51 Abs. 6 nVerbSchG gelten insoweit dieselben Rechtsfolgen, die auch im Falle der erheblichen Änderung wesentlicher Vertragsbestandteile gelten. Seither hat der Verbraucher somit die Wahl sowohl vom Vertrag zurückzutreten als auch eine vom Reiseveranstalter bzw. -vermittler angebotene alternative Pauschalreise zu akzeptieren. Letzteres ist nach alter Rechtslage nicht vorgesehen. Das dahingehende Nachvollzugsdefizit konnte mit der Neuregelung folglich behoben werden.

Neu und über die Vorgaben der Pauschalreiserichtlinie zugunsten des Verbrauchers hinausgehend ist zudem das in Art. 16 der dazugehörigen Verordnung geregelte Rücktrittsrecht des Teilnehmers. Demnach kann der Teilnehmer schriftlich oder mittels eines dauerhaften Datenträgers vom Pauschalreisevertrag zurücktreten. Im Falle einer Rücktrittserklärung, die spätestens 30 Tage vor dem Abreisetermin erfolgt, sind dem Teilnehmer gem. Art. 16 Abs. 2 der Verordnung sämtliche gezahlten Beträge zurückzuerstatten, ausgenommen zwingend anfallende Steuern, Gebühren oder sonstige Zahlungsverpflichtungen gesetzlichen Ursprungs. Im Falle einer Rücktrittserklärung, die später als 30 Tage vor dem Abreisetermin erfolgt, können gem. Art. 16 Abs. 3 der Verordnung im bestimmten Maße Kürzungen an den zurückzuerstattenden Beträgen vorgenommen werden, sofern hierauf im Vertrag hingewiesen wird. Letzteres gilt gem. Art. 16 Abs. 4 der Verordnung nicht, sofern der Rücktritt aus Gründen, die auch bei Aufbringung der erforderlichen Sorgfalt unvorhersehbar und unvermeidbar waren, oder infolge höherer Gewalt erst innerhalb der letzten 30 Tage vor dem Abreisetermin erklärt wurde. Die Rückerstattung hat gem. Art. 16 Abs. 5 wiederum innerhalb von 14 Tagen zu erfolgen.

ff) Nichterfüllung und Schlechtleistung

Im Bereich der pauschalreiserechtlichen Haftungsregelungen weist das nVerbSchG gegenüber seinem Vorgängergesetz einige Neuerungen auf. So steht dem Verbraucher gem. Art. 51 Abs. 7 nVerbSchG im Falle der Schlechtleistung neuerdings ein Minderungsrecht zu. Voraussetzung hierfür ist erstens, dass der Mangel dem jeweiligen Dienstleister, Reiseveranstalter oder Reisevermittler *„sofort"* mitgeteilt wird. Die nach alter Rechtslage insoweit geltende Mitteilungsfrist von 30 Tagen wurde somit stark verkürzt. Unklar erscheint jedoch, ob mit dem Erfordernis der *„sofortigen"* Mitteilung ein zulasten des Verbrauchers gehendes strengeres Kriterium aufgestellt wird, als es die Vorgabe in Art. 5 Abs. 4 UAbs. 1 der Pauschalreiserichtlinie tut, der zufolge jeder Mangel bei der Erfüllung *„sobald wie möglich"* mitzuteilen ist. Es bleibt daher abzuwarten, wie die türkischen Gerichte die Norm in Zukunft auslegen werden. Zweitens muss die Beseitigung des Mangels trotz der Mitteilung des Mangels in vorgenannter Weise ausbleiben. Das in dieser Form ausgestaltete Minderungsrecht geht dabei zugunsten des Verbrauchers über die entsprechenden Vorgaben der Richtlinie hinaus. Denn diese sieht in ihrem Art. 4 Abs. 7 lediglich vor, *„[...] daß beim Fehlen wesentlicher Teilleistungen der Reiseveranstalter verschuldensunabhängig auf anteilige Rückzahlung des Reisepreises haftet."*[1947] Die türkische Regelung gewährt ein verschuldensunabhängiges Minderungsrecht dagegen für jede Schlechtleistung.

Gem. Art. 51 Abs. 7 S. 2 nVerbSchG i.V.m. Art. 12 Abs. 2 der Verordnung müssen der Reiseveranstalter bzw. der -vermittler in Übereinstimmung mit Art. 4 Abs. 7 UAbs. 1 der Richtlinie im Falle dessen, dass nach der Abreise ein erheblicher Teil der vertraglich vereinbarten Leistungen nicht erbracht wird oder festgestellt wird, dass ein solcher nicht erbracht werden kann, angemessene andere Vorkehrungen treffen, damit die Pauschalreise weiter durchgeführt werden kann, und gegebenenfalls den Unterschied zwischen dem vorgesehenen Preis und der erbrachten Dienstleistung zurückerstatten. Neu gegenüber der Vorgängerregelung ist insoweit, dass der Teilnehmer gem. Art. 12 Abs. 3 der Verordnung in einem solchen Fall die getroffenen Vorkehrungen voraussetzungslos ablehnen und vom Vertrag zurücktreten kann. Dies stellt eine Verschärfung der betreffenden Richtlinienvorgaben zugunsten des Verbrauchers dar, denn gem. Art. 4 Abs. 7 UAbs. 2 der Richtlinie steht dem Verbraucher ein Rücktrittsrecht in solchen Fällen nur dann zu, wenn Vorkehrungen im vorgenannten Sinne nicht

---

1947 *Tonner*, in: *Grabitz/Hilf/Nettesheim*, Das Recht der Europäischen Union, A 12 Art. 4 Rn. 61.

getroffen oder vom Verbraucher *aus triftigen Gründen* abgelehnt werden. Gem. Art. 57 Abs. 7 S. 4 nVerbSchG i.V.m. Art. 12 Abs. 3 S. 2 der Verordnung sind dem Teilnehmer im Falle des Rücktritts alle gezahlten Beträge innerhalb von 14 Tagen zurückzuerstatten. Neuerdings kann gem. Art. 51 Abs. 7 S. 5 nVerbSchG jedoch für die bis zum Rückzahlungszeitpunkt erbrachten Leistungen ein angemessenes Entgelt verlangt werden. Der türkische Gesetzgeber hat somit die Kritik innerhalb der türkischen Literatur am Fehlen einer entsprechenden Regelung im aVerbSchG aufgegriffen.[1948] Zudem hat gem. Art. 12 Abs. 4 der Verordnung eine kostenlose Rückbeförderung des Teilnehmers zu erfolgen.

Wie im Rahmen der Vorgängerregelung haftet der Reiseveranstalter bzw. -vermittler dem Teilnehmer für die Nicht- und die Schlechterfüllung des Pauschalreisevertrages. Die betreffende Regelung wurde mit dem nVerbSchG auf Gesetzesebene „hochgezont" und findet sich dort in Art. 51 Abs. 8 nVerbSchG. Zusätzlich finden sich entsprechende Bestimmungen in Art. 13 f. der Verordnung. Gem. Art. 14 Abs. 1 der Verordnung ist die Haftung ausgeschlossen, wenn sie aus den dort aufgeführten Gründen weder auf ein Verschulden des Reiseveranstalters bzw. -vermittlers noch auf ein Verschulden eines Dienstleistungsträgers zurückzuführen ist. Es handelt sich bei der Regelung um eine Übersetzung von Art. 5 Abs. 2 UAbs. 1 und Art. 4 Abs. 6 UAbs. 2 der Richtlinie. Das unter Geltung der alten Rechtslage in Bezug auf den Ausschlussgrund in Art. 5 Abs. 2 UAbs. 1 2. Spiegelstrich bestehende Nachvollzugsdefizit wurde mit der Neuregelung auf diese Weise beseitigt. Neu sowohl aus Sicht des türkischen Verbraucherrechts als auch aus Sicht des türkischen Rechts insgesamt ist die Regelung in Art. 51 Abs. 8 S. 2 nVerbSchG. Diese bestimmt, dass der Verbraucher Schadensersatz auch für die vergeudete Urlaubszeit verlangen kann.[1949] Neu ist daneben

---

1948 Siehe zu dieser Kritik S. 409. Umgekehrt wird nunmehr vereinzelt die eingeführte Regelung kritisiert. Siehe insoweit bspw. *Aslan*, Tüketici Hukuku, 5. Aufl., S. 675 f.

1949 Der türkische Kassationshof hat auch schon vor dem nVerbSchG in entsprechenden Fällen einen Anspruch auf Ersatz immateriellen Schadens aus den allgemeinen Bestimmungen des türkischen Obligationenrechts hergeleitet. Allerdings bestand keine explizite normative Verankerung. Siehe zu alldem m.w.N. *Zevkliler/Çağlar*, Tüketicinin Korunması Hukuku, S. 359 f.; *Atamer/Micklitz*, in: *Atamer/Hopt*, Kompatibilität des türkischen und europäischen Wirtschaftsrechts, S. 199 f. Laut *Zevkliler/Çağlar* sei mit der normativen Verankerung die aus dem deutschen Recht stammende Lehre des „normativen Schadensbegriffs" für den Bereich des nVerbSchG in das türkische Recht übernommen worden. Siehe insoweit *dies.*, Tüketicinin Korunması Hukuku, S. 360. Anders dagegen *Aslan*, nach dem es sich bei der betreffenden Regelung um einen immateriellen Schadensersatzanspruch handele. Siehe dazu *ders.*, Tüketici Hukuku, 5. Aufl., S. 676.

die Regelung in Art. 14 Abs. 2 der Verordnung, der zufolge der Reiseveranstalter bzw. -vermittler dem Teilnehmer in Übereinstimmung mit den Vorgaben in Art. 5 Abs. 2 UAbs. 2 bei Schwierigkeiten Hilfe zu leisten hat.

gg) Sonstiges

Bereits im Jahre 2006 wurde mit einer Änderung des Art. 12 des Gesetzes betreffend Reiseagenturen und den Verband der Reiseagenturen[1950] eine Pflichtversicherung zur Sicherstellung der Erstattung gezahlter Beträge für die Fälle der Nicht- und Schlechterfüllung in das türkische Recht eingeführt und auf diese Weise das bis dahin bestehende Nachvollzugsdefizit in Bezug auf Art. 7 der Pauschalreiserichtlinie behoben.

Weiterhin keinen Gebrauch gemacht hat der türkische Gesetzgeber dagegen von der in Art. 5 Abs. 2 der Richtlinie vorgesehenen Möglichkeit, unter bestimmten Bedingungen Haftungsfreizeichnungen für zulässig zu erklären. Gem. Art. 18 der Verordnung ist eine Bestimmung, wonach der Erwerber auf die Wahrnehmung der ihm aufgrund dieser Richtlinie eingeräumten Rechte verzichtet oder wonach der Verkäufer von den ihm aus dieser Richtlinie erwachsenden Verpflichtungen entbunden wird, nach wie vor unwirksam.

hh) Zusammenfassende Würdigung

Mit dem nVerbSchG wurden viele Bestimmungen des türkischen Pauschalreiserechts auf die Gesetzesebene „hochgezont". Der türkische Gesetzgeber hat damit auf die Kritik der Missachtung der Normenhierarchie reagiert, die innerhalb der türkischen Literatur in Bezug auf die alte Rechtslage häufig hervorgebracht wurde.

Die pauschalreiserechtlichen Bestimmungen wurden stärker den Vorgaben der Pauschalreiserichtlinie angeglichen, indem zahlreiche bekannte Nachvollzugsdefizite beseitigt und Vorgaben, deren Nachvollzug bis dahin ausgeblieben war, erstmalig nachvollzogen wurden. An mehreren Stellen wurden die Vorgaben dabei zugunsten des Verbrauchers ausgeweitet. Stellenweise wurden allerdings auch richtlinienwidrige Abweichungen geschaffen. Insgesamt wurde das türkische Pauschalreiserecht aber mit dem nVerbSchG den Richtlinienvorgaben stärker angenähert und entspricht diesen nunmehr weitgehend.

Daneben wurden neue, über die Richtlinie hinausgehende Rechte zugunsten des Verbrauchers geschaffen. Vereinzelt stellen diese dabei nicht nur aus Sicht

---

1950 Gesetz Nr. 1618, verkündet am 28.09.1972 im türkischen Amtsblatt (Nr. 14320).

des türkischen Pauschalreiserechts, sondern aus Sicht des türkischen Rechts insgesamt eine Neuerung dar.

b) Änderungen am Nachvollzug der Richtlinie 93/13/EWG

Die Bestimmungen über missbräuchliche Klauseln in Verbraucherverträgen wurden im nVerbSchG innerhalb des 2. Teiles („*Allgemeine Grundsätze*") verortet. Wie auch im Vorgängergesetz wurde diesem Regelungsgegenstand mit Art. 5 nVerbSchG lediglich ein Artikel gewidmet. Die Anzahl der Absätze ist gegenüber der Vorgängervorschrift auf neun erhöht worden.

Daneben hat das türkische Zoll- und Handelsministerium entsprechend der Ermächtigung in Art. 5 Abs. 9 nVerbSchG eine *Verordnung betreffend unlautere Klauseln in Verbraucherverträgen*[1951] erlassen.

aa) Anwendungsbereich

Hinsichtlich des persönlichen Anwendungsbereichs bestehen gegenüber der Vorgängerregelung keine Unterschiede. Änderungen sind dagegen im Hinblick auf den sachlichen Anwendungsbereich zu verzeichnen. Diese betreffen zunächst die umfassten Vertragstypen. Da die Bestimmungen über missbräuchliche Klauseln sowohl nach dem aVerbSchG als auch nach dem nVerbSchG auf alle Verträge Anwendung finden, die vom sachlichen Anwendungsbereich des jeweiligen Gesetzes umfasst sind, hat die gesetzliche Verankerung eines weiten Verständnisses des Begriffs „*Verbrauchervertrag*" in Art. 3 Abs. 1 lit. l) nVerbSchG[1952] dazu geführt, dass die Bestimmungen des nVerbSchG über missbräuchliche Klauseln in der Praxis auf Vertragstypen Anwendung finden, die nach der Rechtsprechung des türkischen Kassationshofs vom Anwendungsbereich des aVerbSchG und damit von dessen Bestimmungen über missbräuchliche Klauseln nicht umfasst sind.[1953] Da letztere Anwendungspraxis indes

---

1951 Verkündet am 17.06.2014 im türkischen Amtsblatt (Nr. 29033).

1952 Siehe dazu S. 401 ff.

1953 Im Unterschied zu Art. 6 aVerbSchG finden sich in Art. 5 nVerbSchG deshalb auch an keiner Stelle die Begriffe „Verkäufer" oder „Anbieter". Stattdessen wurde mit Art. 5 Abs. 2 und 3 nVerbSchG der neutralere Begriff des „Aufstellers" aus den AGB-Bestimmungen des neuen türkischen OR übernommen. Dies stellt ein Beispiel einer gegenseitigen Orientierung bei der Ausgestaltung vereinzelter Vorschriften dar. Siehe dazu und zu der in Bezug auf den Begriff „Aufsteller" vorgebrachten Kritik *Antalya*, Terazi, Band 9, Sonderausgabe, 44, 45.

richtlinienwidrig ist, wurde die türkische Rechtspraxis mit dem nVerbSchG den insoweit geltenden Richtlinienvorgaben stärker angenähert.

Zudem wurde mit dem nVerbSchG die Definition missbräuchlicher Klauseln neugefasst. Gem. Art. 5 Abs. 1 nVerbSchG sind hierunter Vertragsklauseln zu verstehen, die *„[…] ohne mit dem Verbraucher verhandelt worden zu sein in den Vertrag einbezogen werden"*. Zentrales Kriterium ist damit auch im Rahmen der Definition des nVerbSchG, dass die Vertragsklauseln nicht im Einzelnen ausgehandelt wurden. Anders als die Vorgängerregelung verlangt Art. 5 Abs. 1 nVerbSchG seinem Wortlaut nach aber nicht, dass die Klauseln durch den Unternehmer selbst gestellt werden. Dies wirft die Frage auf, ob die Definition des nVerbSchG auch Klauseln umfasst, die von Dritten in den Vertrag eingeführt wurden.[1954] Die amtliche Begründung spricht diesbezüglich jedoch nach wie vor von einer *„Durchsetzung"* der Klauseln durch den Unternehmer oder den in seinem Namen oder auf seine Rechnung handelnden Personen.[1955] Deshalb ist wohl anzunehmen, dass die türkische Regelung – in Widerspruch zur entsprechenden Richtlinienvorgabe – weiterhin von Dritten in den Vertrag eingeführte Klauseln nicht umfasst.[1956]

Eine Abweichung besteht ferner hinsichtlich des Nachvollzugs der in Art. 3 Abs. 2 UAbs. 1 der Klauselrichtlinie vorgegebenen unwiderleglichen Vermutung. Diese Regelung, der zufolge eine Vertragsklausel immer dann als nicht im Einzelnen ausgehandelt zu betrachten ist, wenn sie im Voraus abgefasst wurde und der Verbraucher deshalb, insbesondere im Rahmen eines vorformulierten Standardvertrags, keinen Einfluss auf ihren Inhalt nehmen konnte, wurde im Rahmen des aVerbSchG mit dessen Art. 6 Abs. 3 wörtlich nachvollzogen. Auch im Rahmen des nVerbSchG ist es insoweit zu einem Nachvollzug gekommen. Abweichend von der Vorgängerregelung fehlt im Rahmen des Art. 5 Abs. 3 S. 1 nVerbSchG jedoch das Wort *„insbesondere"* vor der Nennung von Standardverträgen.[1957] Dem Wortlaut der Regelung zufolge stellen sog. Standardverträge demnach nicht mehr nur einen Beispielsfall vorformulierter Klauseln dar, auf deren Inhalt der Verbraucher keinen Einfluss nehmen konnte, sondern sie bilden

1954 Diese Frage ebenfalls aufwerfend *Küçükdağlı*, Unterschiedliche Schutzstandards im Recht der Allgemeinen Geschäftsbedingungen, S. 227 Fn. 1121.

1955 Amtliche Begründung zu den einzelnen Bestimmungen, Art. 5 nVerbSchG.

1956 So auch *Küçükdağlı*, Unterschiedliche Schutzstandards im Recht der Allgemeinen Geschäftsbedingungen, S. 227.

1957 Dies ebenfalls feststellend *Küçükdağlı*, Unterschiedliche Schutzstandards im Recht der Allgemeinen Geschäftsbedingungen, S. 227 f.

gerade den einzigen Anwendungsfall der aufgestellten unwiderleglichen Vermutung. Dass es sich hierbei nicht um ein redaktionelles Versehen handelt, verdeutlicht die amtliche Begründung, der zufolge in Art. 5 Abs. 3 nVerbSchG spezielle Regelungen für Standardverträge vorgesehen worden seien.[1958] Die Regelung engt den Anwendungsbereich der Vermutungsregelung somit richtlinienwidrig ein, indem sie den Fokus ausschließlich auf die sog. Standardverträge richtet.

Diese Verschiebung des Fokus offenbart indes ein weitaus größeres Problem der türkischen Regelung. Denn obgleich der Begriff der Standardverträge in der türkischen Literatur und Rechtsprechung vor der Einführung der Regelungen zu missbräuchlichen Klauseln ungebräuchlich war und seine Verankerung im aVerbSchG mit der Revision des Jahres 2003 deshalb starke Kritik von Seiten der türkischen Literatur erfahren hatte, hat der türkische Gesetzgeber im Rahmen des nVerbSchG an diesem Begriff festgehalten. Dies ist deshalb problematisch, weil mit der zwischenzeitlich erfolgten Revision des türkischen OR im Jahre 2011 Vorschriften über vorformulierte Vertragsklauseln auch innerhalb des allgemeinen türkischen OR (Artt. 20 ff.) verankert wurden und diese mit der Bezeichnung *„genel işlem koşulları“* (deutsch: allgemeine Geschäftsbedingungen) – in der Literatur oftmals als *„GİK“* abgekürzt – gerade den Terminus verwenden, der schon vor dem Jahre 2003 zur Bezeichnung vorformulierter Vertragsklauseln gebräuchlich war. Hinzu kommt, dass die Artt. 20 ff. des neuen türkischen OR in Orientierung an den §§ 305 ff. BGB ausgestaltet wurden. Abweichend vom Klauselbegriff des Art. 5 nVerbSchG, dessen zentrales Kriterium die fehlende Aushandlung im Einzelnen bildet, setzt Art. 20 Abs. 1 des neuen türkischen OR dementsprechend voraus, dass die Klauseln für eine Vielzahl von Verträgen vorformuliert wurden. Zudem finden sich in Art. 21 des neuen türkischen OR Vorschriften über die Einbeziehung von AGB, die auch im Rahmen des nVerbSchG weiterhin keine Regelung erfahren haben. Es stellt sich daher die Frage, in welchem Verhältnis die Regelungen beider Gesetze zueinander stehen.[1959] Die

---

1958 Amtliche Begründung zu den einzelnen Bestimmungen, Art. 5 nVerbSchG.

1959 Die Vorschriften im nVerbSchG und im neuen türkischen OR stellen dabei nicht die einzigen Regelungen zu missbräuchlichen Vertragsklauseln dar. Daneben hat der türkische Gesetzgeber in Orientierung am schweizerischen UWG auch in Art. 55 Abs. 1 lit. f) des neuen türkischen HGB eine lauterkeitsrechtliche Regelung zu Geschäftsbedingungen, die gegen Treu und Glauben verstoßen, eingeführt. Das Verhältnis dieser Regelung zu denjenigen des neuen türkischen OR wirft ebenfalls Fragen auf. Diese sollen hier aber nicht thematisiert werden. Siehe ausführlich zu alldem *Küçükdağlı*, Unterschiedliche Schutzstandards im Recht der Allgemeinen Geschäftsbedingungen, S. 65 ff.

Frage ist innerhalb der türkischen Literatur umstritten. Überwiegend wird vertreten, dass Verträge, die AGB im Sinne des neuen türkischen OR enthalten, vom Begriff der Standardverträge mitumfasst seien.[1960] Dieser Ansicht zufolge geht der Anwendungsbereich des Art. 5 nVerbSchG über AGB im Sinne des neuen türkischen OR hinaus. Letztere stellen demnach lediglich eine der möglichen Erscheinungsformen umfasster Vertragsklauseln dar. Entsprechend sind die Bestimmungen der Art. 20 ff. des neuen türkischen OR in Bezug auf Verbraucherverträge gem. Art. 83 Abs. 1 nVerbSchG lediglich dann ergänzend zur Anwendung zu bringen, wenn entsprechende Vorschriften innerhalb des nVerbSchG fehlen. So wird es denn auch von Vertretern dieser Auffassung für die in Art. 21 des neuen türkischen OR geregelten Einbeziehungsvoraussetzungen vertreten.[1961] Demnach müsste der Unternehmer gem. Art. 21 Abs. 1 des neuen türkischen OR den Verbraucher zum Zeitpunkt des Vertragsschlusses ausdrücklich auf die Vertragsklauseln hinweisen und diesem die Möglichkeit geben, von ihrem Inhalt Kenntnis zu nehmen. Zudem müsste sich der Verbraucher mit der Geltung dieser Klauseln einverstanden erklären. Andernfalls würden die betreffenden Klauseln keine Geltung erlangen. Darüber hinaus würden gem. Art. 21 Abs. 2 des neuen türkischen OR überraschende Klauseln ohne Weiteres keine Geltung erlangen.

Einer anderen Ansicht innerhalb der türkischen Literatur zufolge seien Standardverträge mit AGB im Sinne des neuen türkischen OR gleichzusetzen.[1962] Entsprechend seien im Rahmen von Verbraucherverträgen nicht nur die Einbeziehungsvoraussetzungen des Art. 21 des neuen türkischen OR heranzuziehen,[1963] sondern für eine Anwendbarkeit des Art. 5 nVerbSchG gleichermaßen vorauszusetzen, dass die Vertragsklauseln für eine Vielzahl von Verträgen vorformuliert wurden.[1964] Dies widerspricht jedoch dem Verständnis der Klauselrichtlinie, der zufolge die fehlende Aushandlung im Einzelnen das zentrale Kriterium der Anwendung bildet.

1960 *Zevkliler/Özel*, Tüketicinin Korunması Hukuku, S. 118, 123. In diese Richtung scheinbar auch *Aslan*, Tüketici Hukuku, 5. Aufl., S. 337; *Antalya*, Terazi, Band 9, Sonderausgabe, 44, 45. Vereinzelt wird auch vertreten, dass es sich bei den in Standardverträgen enthaltenen Vertragsklauseln ausnahmslos um AGB im Sinne des neuen türkischen OR handeln würde. So bspw. *Karakocalı*, in: *Şahin McCarthy/Dinç*, Tüketici Hukuku Davaları, S. 93.

1961 *Zevkliler/Özel*, Tüketicinin Korunması Hukuku, S. 127, 128.

1962 *Akipek/Aydoğdu*, in: *Tokbaş/Tüzüner*, Milli Şerh, Art. 5 S. 141 f.

1963 *Akipek/Aydoğdu*, in: *Tokbaş/Tüzüner*, Milli Şerh, Art. 5 S. 124, 129.

1964 *Akipek/Aydoğdu*, in: *Tokbaş/Tüzüner*, Milli Şerh, Art. 5 S. 140.

Es zeigt sich somit, dass der türkische Gesetzgeber im Bereich vorformulierter Vertragsklauseln eine inkohärente Gemengelage an Rechtsnormen geschaffen hat, indem er diesem Regelungsgegenstand sowohl im nVerbSchG als auch im neuen türkischen OR Vorschriften unterschiedlichen Ursprungs gewidmet hat, ohne jedoch die erforderliche Abstimmung vorzunehmen. Die Uneinigkeit der gesetzlichen Bestimmungen spiegelt sich in der türkischen Literatur wider, innerhalb derer das Verhältnis der Regelungen zueinander umstritten bleibt. Nichtsdestotrotz ist insoweit auch eine geringfügige gegenseitige Befruchtung zwischen den Verbraucherschutzbestimmungen und den Bestimmungen des allgemeinen türkischen OR zu beobachten. Zum einen sind die Vorschriften zur Einbeziehung von AGB in Art. 21 des neuen türkischen OR nach übereinstimmender Auffassung auch im Rahmen von Verbraucherverträgen zur Anwendung zu bringen. Zum anderen plädieren einige Stimmen in der Literatur dafür, die im Anhang der *Verordnung betreffend unlautere Klauseln in Verbraucherverträgen* enthaltene beispielhafte Auflistung missbräuchlicher Klauseln auch außerhalb von Verbraucherverträgen als Orientierungshilfe nutzbar zu machen.[1965]

bb) Transparenzgebot und Auslegung

Das Transparenzgebot und die Auslegungsregel zugunsten des Verbrauchers in Zweifelsfällen sind mit dem nVerbSchG von ihrer vormaligen Verankerung innerhalb der Verwaltungsverordnung auf Gesetzesebene „hochgezont" worden und finden sich jetzt in Art. 5 Abs. 4 nVerbSchG. Der türkische Gesetzgeber hat damit auf die Kritik der Missachtung der Normenhierarchie reagiert, die in Bezug auf die alte Rechtslage von Seiten der türkischen Literatur vorgetragen wurde. Eine Rechtsfolge für den Fall, dass schriftlich niedergelegte Vertragsklauseln unklar oder unverständlich abgefasst sind, wurde auch mit dem nVerbSchG nicht vorgesehen. In der amtlichen Begründung heißt es insoweit allerdings, dass entsprechende Klauseln gleichermaßen als missbräuchlich bewertet würden und der Nichtigkeitsfolge des Art. 5 Abs. 2 nVerbSchG unterlägen.[1966]

Daneben sind – wie bereits erwähnt – nach übereinstimmender Auffassung innerhalb der türkischen Literatur die in Art. 21 des neuen türkischen OR vorgesehenen Einbeziehungsvoraussetzungen im Rahmen von Verbraucherverträgen ebenfalls zu beachten.

1965 Siehe dazu *Küçükdağlı*, Unterschiedliche Schutzstandards im Recht der Allgemeinen Geschäftsbedingungen, S. 329 m.w.N.

1966 Amtliche Begründung zu den einzelnen Bestimmungen, Art. 5 nVerbSchG. Entsprechend auch *Akipek/Aydoğdu*, in: *Tokbaş/Tüzüner*, Milli Şerh, Art. 5 S. 156.

cc) Missbrauchskontrolle

Auch im Bereich der Missbrauchskontrolle weist das nVerbSchG einige Unterschiede gegenüber der Vorgängerregelung auf. So heißt es in Art. 5 Abs. 1 nVerbSchG, dass Vertragsklauseln missbräuchlich sind, die entgegen dem Gebot von *Treu und Glauben* ein Ungleichgewicht der Rechte und Pflichten zulasten des Verbrauchers verursachen. Innerhalb des Vorgängergesetzes hatte der türkische Gesetzgeber noch den Grundsatz von *Gutem Glauben* zum Maßstab dieser Beurteilung bestimmt. Dies war in der türkischen Literatur indes auf massive Kritik gestoßen, worauf der Gesetzgeber mit der Neuregelung reagiert hat.[1967] Die in Art. 3 Abs. 1 der Klauselrichtlinie vorgegebene Einschränkung, dass das Missverhältnis erheblich und ungerechtfertigt sein muss, hat dagegen auch im nVerbSchG keinen Niederschlag gefunden. Allerdings wird in Bezug auf die Regelung des nVerbSchG gleichermaßen vertreten, dass sich eine entsprechende Einschränkung ohnehin aus der Anwendung des Gebots von Treu und Glauben ergebe.[1968]

Des Weiteren erklärt Art. 5 Abs. 2 S. 1 nVerbSchG missbräuchliche Klauseln für nichtig („*hükümsüz*") und bedient sich damit eines Terminus, der sich – anders als die Rechtsfolge der Vorgängerregelung[1969] – innerhalb der Kategorien des türkischen Rechts bewegt. Der türkische Gesetzgeber hat somit die Kritik an der Ausdrucksweise der Altregelung aufgegriffen. Die Regelung darüber, dass der Vertrag im Übrigen wirksam bleibt, wurde dabei auf die Gesetzesebene „hochgezont" und findet sich nunmehr in Art. 5 Abs. 2 S. 2 nVerbSchG. Die hierfür erforderliche Bedingung, dass der Vertrag ohne die missbräuchliche Klausel auch bestehen kann, wurde dagegen nicht übernommen. In der türkischen Literatur wird diese Bedingung jedoch auch für das nVerbSchG weiterhin formuliert.[1970] Gem. Art. 5 Abs. 2 S. 3 nVerbSchG kann sich der Unternehmer zudem nicht darauf berufen, dass er den Vertrag ohne die nichtigen Klauseln nicht geschlossen hätte. Die Beschränkung soll eine Anwendung des Art. 27 Abs. 2 S. 2 des neuen türkischen OR ausschließen, der für solche Fälle die Gesamtnichtigkeit des Vertrages vorsieht. Die Bestimmungen wurden auf diese

1967 *Akçaal/Uyumaz*, İÜHFD 4 (2013), Nr. 2, 241, 252.

1968 *Küçükdağlı*, Unterschiedliche Schutzstandards im Recht der Allgemeinen Geschäftsbedingungen, S. 320 f. m.w.N. Anders dagegen *Akipek/Aydoğdu*, die das Fehlen dieser Einschränkung ausdrücklich begrüßen. Siehe zu Letzterem *dies.*, in: *Tokbaş/Tüzüner*, Milli Şerh, Art. 5 S. 147.

1969 Siehe dazu S. 355.

1970 Siehe bspw. *Aslan*, Tüketici Hukuku, 5. Aufl., S. 342 f.

Weise insgesamt den bestehenden Kategorien und Regelungen des türkischen Rechts stärker angepasst.

Eine Regelung darüber, ob und wie die infolge der Nichtigkeit missbräuchlicher Klauseln entstehenden Lücken innerhalb des betreffenden Vertrages zu schließen sind, findet sich auch innerhalb des nVerbSchG nicht. In der amtlichen Begründung heißt es hierzu, dass der Richter in solchen Fällen die bestehenden Lücken mit den Regelungen des dispositiven Rechts oder selbst gesetzten Regelungen zu füllen habe.[1971]

Die bei der Beurteilung zu berücksichtigenden Faktoren wurden ebenfalls auf die Gesetzesebene „hochgezont" und finden sich fortan in Art. 5 Abs. 6 nVerbSchG. Selbiges gilt hinsichtlich des Ausschlusses der Missbräuchlichkeitskontrolle des Äquivalenz- und Preis-Leistungs-Verhältnisses, welcher sich seither in Art. 5 Abs. 7 nVerbSchG findet. Eine Übernahme des Art. 2 der Klauselrichtlinie ist dagegen auch mit dem nVerbSchG nicht erfolgt.

Wie im Rahmen der Vorgängerregelung wurde auch der in Bezug auf Art. 5 nVerbSchG ergangenen *Verordnung betreffend unlautere Klauseln in Verbraucherverträgen* eine Übersetzung der im Anhang der Klauselrichtlinie aufgeführten *„Klauseln gem. Art. 3 Abs. 3"* angefügt. Anders als im Rahmen der Vorgängerregelung, in der ausdrücklich auf den indikativen Charakter dieser Liste hingewiesen wurde, heißt es in Art. 5 Abs. 9 nVerbSchG und in Art. 5 Abs. 4 der dazugehörigen Verordnung dagegen, dass es sich bei den aufgelisteten Klauseln um *„[…] als missbräuchlich akzeptierte Vertragsklauseln"* handele.[1972] Deshalb erscheint fraglich, ob die aufgelisteten Klauseln weiterhin nur indikativer Natur sind.[1973] In den betreffenden Ausführungen der amtlichen Begründung heißt es insoweit, dass es *„offenkundig"* sei, dass die aufgelisteten Klauseln *„[…] unbesehen dessen, ob sie ausgehandelt wurden oder nicht"*, der Nichtigkeitsfolge unterlägen.[1974] Letzteres spricht eher dafür, dass die aufgelisteten Klauseln zwingend

---

1971 Amtliche Begründung zu den einzelnen Bestimmungen, Art. 5 nVerbSchG. Entsprechend auch *Aslan*, Tüketici Hukuku, 5. Aufl., S. 342; *Akipek/Aydoğdu*, in: *Tokbaş/Tüzüner*, Milli Şerh, Art. 5 S. 153.

1972 So auch *Küçükdağlı*, Unterschiedliche Schutzstandards im Recht der Allgemeinen Geschäftsbedingungen, S. 328.

1973 Gem. *Küçükdağlı* ließe sich die Klauselliste „[i]n diesem Sinne […] ohne Zweifel nicht mehr als eine ‚indikative Liste' (bzw. ‚hellgraue' Liste) bezeichnen." Siehe dazu *dies.*, Unterschiedliche Schutzstandards im Recht der Allgemeinen Geschäftsbedingungen, S. 328.

1974 Amtliche Begründung zu den einzelnen Bestimmungen, Art. 5 nVerbSchG.

für unwirksam zu erklären sind.[1975] Nichtsdestotrotz gehen die Meinungen hierüber innerhalb der türkischen Literatur auseinander. Während einige Autoren weiterhin von einem indikativen Charakter der Liste ausgehen,[1976] plädieren andere wiederum für eine zwingende Nichtigkeit der aufgelisteten Klauseln.[1977] Vereinzelt wird auch ein Regelbeispielcharakter angenommen, der einen gewissen Spielraum bei der Beurteilung biete.[1978] Da die Klauselrichtlinie bzgl. ihres Gegenstandsbereichs lediglich eine Mindestharmonisierung anstrebt, dürften alle drei Ansichten mit den Vorgaben der Richtlinie vereinbar sein.[1979]

dd) Sonstiges

Neu im Vergleich zur Vorgängerregelung ist Art. 5 Abs. 8 nVerbSchG. Dieser sieht vor, dass das Zoll- und Handelsministerium die erforderlichen Vorkehrungen trifft, um missbräuchliche Klauseln aus allgemeinen Geschäftsbedingungen zu entfernen und ihre Verwendung zu verhindern. Die Regelung dient der Umsetzung des Art. 7 Abs. 1 der Klauselrichtlinie.

ee) Zusammenfassende Würdigung

Mit dem nVerbSchG hat der türkische Gesetzgeber allen voran die Kritik der türkischen Literatur an den Bestimmungen des Vorgängergesetzes über missbräuchliche Klauseln in Verbraucherverträgen aufgegriffen. So wurden viele Vorschriften, die vormalig in der Verwaltungsverordnung verankert waren, auf die Gesetzesebene des nVerbSchG „hochgezont". Zudem wurde eine den Kategorien des türkischen Rechts angepasste Terminologie verwendet.

Im Hinblick auf die Richtlinienvorgaben ist es vereinzelt zu Annäherungen gekommen. Teilweise bestehen Widersprüche aber weiter oder wurden mit dem nVerbSchG neugeschaffen. Insgesamt lässt sich aber feststellen, dass die Bestimmungen – wie auch schon ihre Vorgängerregelungen – den Vorgaben der Klauselrichtlinie weitestgehend entsprechen.

1975 So auch *Küçükdağlı*, Unterschiedliche Schutzstandards im Recht der Allgemeinen Geschäftsbedingungen, S. 328.

1976 So *Aslan*, Tüketici Hukuku, 5. Aufl., S. 348; *Akipek/Aydoğdu*, in: *Tokbaş/Tüzüner*, Milli Şerh, Art. 5 S. 160.

1977 So *Zevkliler/Özel*, Tüketicinin Korunması Hukuku, S. 131.

1978 So *Küçükdağlı*, Unterschiedliche Schutzstandards im Recht der Allgemeinen Geschäftsbedingungen, S. 329.

1979 Vgl. insoweit auch *Küçükdağlı*, Unterschiedliche Schutzstandards im Recht der Allgemeinen Geschäftsbedingungen, S. 328.

Die betreffenden Bestimmungen des nVerbSchG bilden dabei allerdings nicht die einzigen Vorschriften über vorformulierte Vertragsklauseln innerhalb der türkischen Rechtsordnung. Mit den Revisionen des Jahres 2011 haben solche Regelungen auch in das allgemeine Obligationenrecht und in das Handelsrecht Einzug gehalten. Problematisch erscheint hieran, dass all diese Regelungen unterschiedlicher Herkunft sind und nicht miteinander abgestimmt wurden. Auf diese Weise hat der türkische Gesetzgeber eine inkohärente Gemengelage an Rechtsnormen geschaffen, deren Zusammenspiel auch in der türkischen Literatur umstritten bleibt.

Neben diesen Friktionen ist aber auch eine – wenn auch geringfügige – gegenseitige Befruchtung der unterschiedlichen Regelungen zu beobachten.

c) Änderungen am Nachvollzug der Richtlinie 1999/44/EG

Den Regelungen über den Verbraucherkauf wurde im nVerbSchG ein eigener Abschnitt („*Mangelhafte Waren*") innerhalb des 3. Teils („*Mangelhafte Waren und Dienstleistungen*") gewidmet. Innerhalb dieses Abschnitts erstrecken sich die Regelungen auf fünf Artikel: Art. 8 („*Mangelhafte Ware*"), Art. 9 („*Haftung für mangelhafte Ware*"), Art. 10 („*Beweislast*"), Art. 11 („*Die Wahlrechte des Verbrauchers*") und Art. 12 („*Verjährung*"). Dies stellt äußerlich eine deutliche Änderung gegenüber dem Vorgängergesetz dar, in dessen Rahmen den Regelungen über den Verbraucherkauf nur ein einziger Artikel (Art. 4 aVerbSchG) gewidmet wurde. Nichtsdestotrotz decken die Regelungen beider Gesetze inhaltlich im Wesentlichen dieselben Bereiche ab.[1980]

Auch in Bezug auf das nVerbSchG wurden eine *Verordnung betreffend die Garantieurkunde* und eine *Verordnung über nachvertragliche Serviceleistungen* erlassen.[1981] Diese spielen jedoch bei dem Nachvollzug der Verbrauchsgüterkaufrichtlinie durch das nVerbSchG ebenfalls keine Rolle.

aa) Anwendungsbereich

Im Hinblick auf den Anwendungsbereich weisen die Regelungen des nVerbSchG über den Verbraucherkauf keine Änderungen gegenüber dem Vorgängergesetz auf. Insbesondere die Definition des Warenbegriffs in Art. 3 Abs. 1 lit. h) nVerbSchG ist im Wesentlichen unverändert übernommen worden.

1980 *Atamer/Baş*, İBD 88 (2014), Sonderausgabe Nr. 1, 19.

1981 Beide verkündet am 13.06.2014 im türkischen Amtsblatt (Nr. 29029).

Aufgrund der expliziten Einbeziehung von Werkverträgen in den Anwendungsbereich des nVerbSchG und der Definition von Dienstleistungen als *„jeder Gegenstand von Verbrauchergeschäften mit Ausnahme der Beschaffung von Ware […]“* in Art. 3 Abs. 1 lit. d) nVerbSchG wird in jüngerer Zeit allerdings von einzelnen Autoren vertreten, dass Werkverträge, die die Verschaffung einer herzustellenden Ware zum Gegenstand haben, nunmehr ebenfalls dem Anwendungsbereich der Art. 8 ff. nVerbSchG unterfielen.[1982] Da aber nach überwiegender Auffassung innerhalb der türkischen Literatur Werkverträge den Art. 13 ff. nVerbSchG über mangelhafte Dienstleistungen unterfallen[1983] und deren Regelungen weitgehend „parallel“ zu denjenigen über mangelhafte Waren ausgestaltet sind,[1984] ergeben sich aus dieser abweichenden Einordnung jedoch keine nennenswerten rechtlichen Unterschiede. Der Türkische Kassationshof selbst hat sich in einem jüngeren Urteil dagegen keiner der beiden Ansichten angeschlossen und damit seine restriktive Rechtsprechung betreffend die Anwendung des aVerbSchG auf Werkverträge hinsichtlich des nVerbSchG gewissermaßen auf Ebene der materiellen Vorschriften fortgesetzt.[1985] So sei eine Anwendung der Art. 8 ff. und der Art. 13 ff. auf Werkverträge aufgrund der ihnen eigenen *„Beschaffenheit“* nicht möglich. Dabei führt das Gericht zur Begründung insbesondere an, dass das Nachlieferungsrecht nicht auf den Gegenstand von Werkverträgen passe. Zudem sei der Werkunternehmer weder *„Verkäufer“* noch *„Anbieter“*. Zwar handele es sich bei Werkverträgen zwischen einem Unternehmer und einem Verbraucher um Verbrauchergeschäfte im Sinne des nVerbSchG, sodass der Anwendungsbereich des Gesetzes eröffnet und die Zuständigkeit der Verbrauchergerichte begründet sei. Der türkische Gesetzgeber habe sich aber bewusst gegen eine materielle Regelung von Werkverträgen im nVerbSchG entschieden. Über den Verweis in Art. 83 nVerbSchG seien daher die betreffenden Bestimmungen des türkischen OR zur Anwendung berufen.[1986]

1982 *İnceoğlu*, in: *İnceoğlu*, Yeni Tüketici Hukuku Konferansı, S. 154.

1983 Siehe hierzu *Aydoğdu*, in: *Tokbaş/Tüzüner*, Milli Şerh, Art. 13 S. 343 m.w.N.

1984 *Zevkliler/Özel*, Tüketicinin Korunması Hukuku, S. 188.

1985 Siehe hierzu Türkischer Kassationshof, 15. Zivilkammer, Hauptsache Nr. 2017/1948, Entscheidung Nr. 2018/2291 vom 30.05.2018.

1986 Siehe zu alldem Türkischer Kassationshof, 15. Zivilkammer, Hauptsache Nr. 2017/1948, Entscheidung Nr. 2018/2291 vom 30.05.2018.

bb) Vertragsmäßigkeit

Den verbraucherkaufrechtlichen Mangelbegriff regelt das nVerbSchG in seinem mit der Überschrift „*Mangelhafte Ware*" versehenen Art. 8. Dessen Abs. 1, der im Verhältnis zum aVerbSchG eine Neuerung darstellt, gibt insoweit folgende Definition vor:

> *„Mangelhafte Ware ist Ware, die, weil sie im Zeitpunkt der Lieferung nicht der Probe oder dem Muster entspricht, die die Parteien vereinbart haben, oder nicht die Eigenschaften trägt, deren Vorhandensein objektiv erforderlich ist, vertragswidrig ist.*"[1987]

Auch mit dieser Definition ist es dem türkischen Gesetzgeber nicht gelungen, die Unterscheidung zwischen dem subjektiven Mangelbegriff, der den vorrangigen Maßstab, und dem objektiven Mangelbegriff, der lediglich einen nachgelagerten Maßstab bilden soll, mit aller Klarheit zum Ausdruck zu bringen.[1988] So erweckt die Regelung den Eindruck, dass die Abweichung von einer vereinbarten Probe oder einem Muster einen der zwei Grundmaßstäbe zur Bestimmung der Mangelhaftigkeit bilden würde, wohingegen es sich hierbei lediglich um eine mögliche Unterform der Beschaffenheitsvereinbarung und damit des subjektiven Mangelbegriffs handelt, welcher noch dazu in der Praxis äußerst selten anzutreffen ist.[1989] Dementsprechend filtern viele türkische Autoren die betreffende Passage im Rahmen ihrer Erläuterung dieses Absatzes heraus und benennen induktiv potenzielle Beschaffenheitsvereinbarungen als einen der beiden Maßstäbe zur Bestimmung der Mangelhaftigkeit der Ware, den es vorrangig zu beachten gilt.[1990]

Neu ist an dieser Definition, dass sie – dem Konzept der Verbrauchsgüterkaufrichtlinie entsprechend[1991] – mangelhafte Ware als *vertragswidrige* Ware definiert.[1992] Der überwiegenden Meinung in der türkischen Literatur zufolge

---

1987 Übersetzt ins Deutsche durch den Autor.

1988 *Atamer/Baş*, İBD 88 (2014), Sonderausgabe Nr. 1, 19, 22.

1989 *Atamer/Baş*, İBD 88 (2014), Sonderausgabe Nr. 1, 19, 22 f.

1990 So bspw. *Aslan*, Tüketici Hukuku, 5. Aufl., S. 117; *İnceoğlu*, in: *İnceoğlu*, Yeni Tüketici Hukuku Konferansı, S. 154; *İnceoğlu*, in: *İnceoğlu*, Yeni Tüketici Hukuku Konferansı, S. 157 f.

1991 Siehe hierzu S. 374.

1992 Dies hebt auch die amtliche Begründung zu Art. 8 nVerbSchG hervor. Dabei sei es „unstrittig", dass ausdrückliche Abreden über die Beschaffenheit der Ware Teil des Vertragsinhalts seien. Selbiges gelte aber auch für das Vorhandensein objektiv erforderlicher Eigenschaften der Ware. Diese würden zwischen den Parteien stillschweigend mitvereinbart. Siehe zu alldem die Amtliche Begründung zu den einzelnen Bestimmungen, Art. 8 nVerbSchG.

hat der türkische Gesetzgeber damit den Streit um die Natur der kaufrechtlichen Sachmängelgewährleistung zumindest im Rahmen des nVerbSchG zugunsten der Erfüllungstheorie entschieden.[1993] Vor diesem Hintergrund vertreten einige türkische Autoren, dass die Art. 8 ff. nVerbSchG auch auf Fälle der Zuwenig- (Manko-) und der Falschlieferung (Aliudlieferung) Anwendung fänden.[1994] Vereinzelt wird sogar eine Anwendung auf Fälle der Zuviellieferung vertreten.[1995] Während die Anwendung auf Fälle der Zuweniglieferung innerhalb der türkischen Literatur dabei überwiegend auf Zustimmung stößt, bleibt die Frage der Anwendbarkeit im Falle einer Falschlieferung auch unter der Neuregelung umstritten.[1996] Teilweise wird gar eine konkurrierende Anwendbarkeit der Regelungen des nVerbSchG und der allgemeinen Bestimmungen des türkischen OR in diesen Fällen befürwortet.[1997] Angesichts dessen, dass sich der türkische Gesetzgeber im Rahmen des neuen türkischen OR weiterhin nicht eindeutig zugunsten einer Theorie entschieden hat, würden insoweit allerdings nicht nur die Regelungen zweier unterschiedlicher Gesetze konkurrieren, sondern – je nach Verständnis des Rechtsanwenders – letztlich auch zwei unterschiedliche Systemverständnisse. Zudem widerspräche die konkurrierende Anwendung der allgemeinen Bestimmungen des türkischen OR dem Inhalt der Erfüllungstheorie, der zufolge die Sachmängelhaftung ja gerade selbst eine Haftung für vertragswidrige Leistung ist. Diese aufgezeigten Unsicherheiten insbesondere im Umgang mit den von der Verbrauchsgüterkaufrichtlinie unproblematisch umfassten Fällen der Falschlieferung zeigen, dass trotz der Entscheidung zugunsten der Erfüllungstheorie im Wortlaut des nVerbSchG eine konsequente und kohärente Zugrundelegung dieses Verständnisses bei der Auslegung und Anwendung der Vorschriften nicht erfolgt. Mitursächlich hierfür ist, dass die

1993 So *Atamer/Baş*, İBD 88 (2014), Sonderausgabe Nr. 1, 19, 22; *Kalkan*, Tüketici Hukukunda Ayıplı Maldan Doğan Sorumluluk, S. 155; *Deryal/Korkmaz*, Tüketici Hukuku, S. 91; *Özdemir*, in: Şahin *McCarthy/Dinç*, Tüketici Hukuku Davaları, S. 130; *Aydoğdu*, in: *Tokbaş/Tüzüner*, Milli Şerh, Art. 8 S. 189 f. Weiterhin von einer gesetzlichen Schuld sprechend dagegen *Aslan*, Tüketici Hukuku, 5. Aufl., S. 126.

1994 *Aydoğdu*, DEÜHFD 15 (2013), Nr. 2, 1, 32; ebenfalls für eine Anwendung auf Fälle der Falschlieferung *Deryal/Korkmaz*, Tüketici Hukuku, S. 97.

1995 *Aydoğdu*, DEÜHFD 15 (2013), Nr. 2, 1, 32; *Zevkliler/Özel*, Tüketicinin Korunması Hukuku, S. 154.

1996 Gegen eine Anwendung auf Fälle der Falschlieferung *Zevkliler/Özel*, Tüketicinin Korunması Hukuku, S. 155; *Aslan*, Tüketici Hukuku, 5. Aufl., S. 128; *İnceoğlu*, in: *İnceoğlu*, Yeni Tüketici Hukuku Konferansı, S. 164 Fn. 27.

1997 *Aydoğdu*, in: *Tokbaş/Tüzüner*, Milli Şerh, Art. 8 S. 205.

eindeutige Entscheidung zugunsten der Erfüllungstheorie nur innerhalb eines Teilbereichs der Rechtsordnung verankert und im Übrigen weiterhin offengelassen wurde. Die Folge ist die Entstehung eines in sich widersprüchlichen und inkohärenten Gemenges von Rechtsanwendungsergebnissen, das sich weder dem einen noch dem anderen Verständnis zuordnen lässt.

Neu ist zudem, dass die Definition in Art. 8 Abs. 1 nVerbSchG den Zeitpunkt für die Beurteilung der Mangelhaftigkeit vorgibt. Demnach muss die Ware im Zeitpunkt ihrer *„Lieferung"* aus aufgezählten Gründen vertragswidrig sein. Nach herrschender Meinung innerhalb der türkischen Literatur ist hiermit der Zeitpunkt des Gefahrübergangs gemeint.[1998] Diesen markiert gem. Art. 208 Abs. 1 des neuen türkischen OR bei beweglichen Sachen grundsätzlich die Besitzübergabe und bei unbeweglichen Sachen grundsätzlich die Eintragung im Grundbuch. Abweichungen hiervon ergeben sich in den Fällen des Verzugs (Abs. 2) und des Versendungskaufs (Abs. 3). Einigen Autoren zufolge sei bei Verbraucherkäufen demgegenüber immer von einer Bringschuld auszugehen, sodass den maßgeblichen Zeitpunkt bei beweglichen Sachen stets die Besitzübergabe markiere.[1999]

Zur Konkretisierung der beiden Beurteilungsmaßstäbe des Mangelbegriffs in Art. 8 Abs. 1 hat der türkische Gesetzgeber in Abs. 2 derselben Vorschrift die Mangeldefinition des aVerbSchG mit leichten Änderungen übernommen. So wurde die Bestimmung sprachlich klarer und strukturierter gestaltet. Inhaltlich wurde der Anwendungsbereich der Bindung an öffentliche Äußerungen um Äußerungen auf Internetportalen ergänzt. Zudem wurden in diesem Zusammenhang erstmalig die in Art. 2 Abs. 4 der Verbrauchsgüterkaufrichtlinie aufgezählten Ausschlussgründe in Art. 9 Abs. 2 nVerbSchG nachvollzogen und die Regelung damit stärker den Richtlinienvorgaben angenähert. Tatsächlich ging diese Änderung jedoch zulasten des Verbrauchers, da der Verkäufer nach alter Rechtslage ausnahmslos an die betreffenden öffentlichen Äußerungen gebunden war. Insgesamt wirkt es so, als habe der türkische Gesetzgeber die alte Definition ein wenig ausgebessert und die Elemente, die im Vergleich zu Art. 2 Abs. 2 der Verbrauchsgüterkaufrichtlinie im Vorgängergesetz fehlten, in Art. 8 Abs. 1 nVerbSchG ergänzt.

Auch erstmalig nachvollzogen wurde in Art. 8 Abs. 3 nVerbSchG die Regelung des Art. 2 Abs. 5 der Verbrauchsgüterkaufrichtlinie. Demnach liegt eine

---

1998 Siehe *Aydoğdu*, in: *Tokbaş/Tüzüner*, Milli Şerh, Art. 9 S. 224 m.w.N.

1999 In diese Richtung *Atamer/Baş*, İBD 88 (2014), Sonderausgabe Nr. 1, 19, 27; *İnceoğlu*, in: *İnceoğlu*, Yeni Tüketici Hukuku Konferansı, S. 169 f.

die Sachmängelhaftung auslösende Vertragswidrigkeit auch in den Fällen vor, in denen die Montage der Ware durch den Verkäufer oder unter dessen Verantwortung unsachgemäß durchgeführt wurde oder die durch den Verbraucher durchzuführende Montage aufgrund eines Fehlers oder eines Defizits in der Montageanleitung unsachgemäß erfolgt ist. Das unter dem Vorgängergesetz insoweit bestehende Nachvollzugsdefizit wurde im Rahmen des nVerbSchG damit beseitigt.

Dies ist indes nicht die einzige Neuerung, die mit Art. 8 Abs. 3 nVerbSchG eingeführt wurde. So bestimmt die Vorschrift außerdem, dass auch eine Abweichung von der vertraglich vereinbarten Lieferfrist eine die Sachmängelhaftung auslösende Vertragswidrigkeit im Sinne des Art. 8 Abs. 1 darstellt und setzt damit den Verzug mit der Lieferung einer mangelhaften Ware gleich. Dies wird in der türkischen Literatur stark kritisiert.[2000] Denn zum einen gilt damit für die Rechte des Verbraucherkäufers im Falle des Verzugs fortan nicht mehr die allgemeine Verjährungsfrist des türkischen OR von zehn Jahren, sondern ebenfalls die kurze zweijährige Verjährungsfrist des nVerbSchG, was eine erhebliche Verschlechterung der Rechtsposition des Verbraucherkäufers bedeutet.[2001] Zum anderen setzen die Rechte der Nachbesserung, Nachlieferung und Minderung allesamt die Lieferung einer mangelhaften Ware voraus und finden daher im Falle des Verzugs gar kein Anwendungsfeld.[2002] Ferner widerspricht die Gleichsetzung von Nicht- bzw. Spätleistungen mit Schlechtleistungen dem System des türkischen Leistungsstörungsrechts, demzufolge es sich hierbei gerade um zwei unterschiedliche Kategorien von Leistungsstörung handelt.[2003] Wie in Bezug auf die Natur der Sachmängelgewährleistung wurde auch insoweit mit dem nVerbSchG eine widersprüchliche Rechtslage geschaffen.

Keine Vertragswidrigkeit liegt gem. Art. 10 Abs. 2 S. 1 nVerbSchG schließlich vor, wenn der Verbraucher den Mangel bei Vertragsschluss kannte. Die Regelung wurde aus dem Vorgängergesetz unverändert übernommen. Neu ist dagegen, dass dasselbe fortan auch gilt, wenn der Verbraucher zum Zeitpunkt

---

2000 Siehe bspw. die Kritik von *İnceoğlu*, in: *İnceoğlu*, Yeni Tüketici Hukuku Konferansı, S. 161 ff.; *Aydoğdu*, in: *Tokbaş/Tüzüner*, Milli Şerh, Art. 8 S. 203; *Havutçu*, Terazi 9 (2014), Sonderausgabe, 8, 17.

2001 *İnceoğlu*, in: *İnceoğlu*, Yeni Tüketici Hukuku Konferansı, S. 163; *Aydoğdu*, in: *Tokbaş/Tüzüner*, Milli Şerh, Art. 8 S. 203.

2002 *İnceoğlu*, in: *İnceoğlu*, Yeni Tüketici Hukuku Konferansı, S. 162; *Aydoğdu*, in: *Tokbaş/Tüzüner*, Milli Şerh, Art. 8 S. 203.

2003 *İnceoğlu*, in: *İnceoğlu*, Yeni Tüketici Hukuku Konferansı, S. 162; *Havutçu*, Terazi 9 (2014), Sonderausgabe, 8, 17.

des Vertragsschlusses vernünftigerweise nicht in Unkenntnis über den Mangel sein konnte. Die Regelung wurde demnach noch stärker den Vorgaben in Art. 2 Abs. 3 der Verbrauchsgüterkaufrichtlinie angeglichen. Tatsächlich ging diese Änderung jedoch zulasten des Verbrauchers, da diesem nach alter Rechtslage nur positive Kenntnis schadet.

cc) Rechtsbehelfe des Verbrauchers

Die Rechte des Verbraucherkäufers im Falle der Lieferung einer mangelhaften Ware werden in Art. 11 Abs. 1 lit a) bis ç) nVerbSchG aufgezählt. Demnach stehen dem Verbraucher – wie schon unter der Geltung des Vorgängergesetzes – die Rechte der Nachbesserung, der Nachlieferung, der Minderung und des Rücktritts zu. Ein Vorrang der Nacherfüllung besteht auch im Rahmen des nVerbSchG nicht. Die Rechte stehen dem Verbraucher folglich gleichgeordnet zu.[2004] Der Verbraucher ist zudem nach Auffassung der türkischen Literatur[2005] und Rechtsprechung[2006] ebenfalls grundsätzlich an seine Auswahlentscheidung gebunden. Bemerkenswert ist, dass die Aufzählung in Art. 11 Abs. 1 nVerbSchG derjenigen in Art. 227 Abs. 1 des neuen türkischen OR nachgebildet ist, die ihrerseits die Mängelrechte des Käufers im Rahmen des allgemeinen Kaufrechts regelt. Diesbezüglich besteht zwischen beiden Gesetzen damit seither ein Gleichlauf. Die in Bezug auf die Aufzählung in Art. 227 Abs. 1 des neuen türkischen OR getroffenen Feststellungen gelten dementsprechend auch für die Mängelrechte des Verbraucherkäufers im Rahmen des nVerbSchG.[2007] Umgekehrt lässt sich feststellen, dass der Mangelbegriff in Art. 219 des neuen türkischen OR ersichtlich in Orientierung an demjenigen des Art. 4 Abs. 1 aVerbSchG formuliert wurde. Dies zeigt, dass die Regelungen des türkischen Verbraucherschutzrechts und die des allgemeinen türkischen Obligationenrechts sich wechselseitig beeinflussen.

Der Kreis der Haftungsadressaten wurde gegenüber dem Vorgängergesetz deutlich verkleinert. Gem. Art. 11 Abs. 2 S. 1 und S. 2 nVerbSchG haften mit dem Verkäufer lediglich der Produzent und der Importeur gesamtschuldnerisch

---

2004 Vgl. zu alldem die Amtliche Begründung zu den einzelnen Bestimmungen, Art. 11 nVerbSchG. So auch *Atamer/Baş*, İBD 88 (2014), Sonderausgabe Nr. 1, 19, 37; *Zevkliler/Özel*, Tüketicinin Korunması Hukuku, S. 177.

2005 *Zevkliler/Özel*, Tüketicinin Korunması Hukuku, S. 177; *Aydoğdu*, in: *Tokbaş/Tüzüner*, Milli Şerh, Art. 11 S. 259; *Aslan*, Tüketici Hukuku, 5. Aufl., S. 169.

2006 Türkischer Kassationshof, 13. Zivilkammer, Hauptsache Nr. 2015/14635, Entscheidung Nr. 2016/22900 vom 07.12.2016; Türkischer Kassationshof, 13. Zivilkammer, Hauptsache Nr. 2015/22767, Entscheidung Nr. 2017/10057 vom 23.10.2017.

2007 Siehe dazu S. 187.

gegenüber dem Verbraucher. Zudem erstreckt sich die gesamtschuldnerische Haftung nur auf die Rechte der Nachbesserung und der Nachlieferung. Ferner ist eine Haftung des Produzenten und des Importeurs gem. S. 3 der Regelung ausgeschlossen, sofern diese nachweisen, dass der Mangel erst entstanden ist, nachdem die Ware auf den Markt gebracht wurde. Gegenüber der weitgefassten Vorgängerregelung, deren praktische Realisierbarkeit Probleme aufwirft, erscheint die deutlich begrenztere Haftungsausweitung des Art. 11 Abs. 2 nVerbSchG insgesamt sinnvoll.[2008]

Neu im Vergleich zum Vorgängergesetz ist die Regelung des Art. 11 Abs. 3 nVerbSchG. Diese führt in Orientierung an den Vorgaben in Art. 3 Abs. 3 UAbs. 2 der Verbrauchsgüterkaufrichtlinie erstmalig eine Regelung zur Unverhältnismäßigkeit der gewählten Abhilfe ein. Demnach kann nach Art. 11 Abs. 3 S. 1 nVerbSchG in den Fällen, in denen die Erbringung der begehrten Nachbesserung oder der begehrten Nachlieferung dem Verkäufer unverhältnismäßige Schwierigkeiten bereiten würde, der Verbraucher zu den Rechten auf Minderung oder Rücktritt übergehen. Dies stellt eine Abkehr von der bis dahin geltenden Rechtsprechung des türkischen Kassationshofs dar, der zufolge die Wahl der Abhilfe keinerlei Beschränkungen unterliegt und selbst in den Fällen durchzuführen ist, in denen eine Nachbesserung im Vergleich unproblematisch möglich wäre.[2009] Zu beachten gilt in diesem Zusammenhang allerdings, dass der türkische Kassationshof nichtsdestotrotz auch unter der neuen Rechtslage an seiner problematischen Rechtsprechung, die eine Anwendung des Art. 24 des türkischen Zwangsvollstreckungs- und Konkursgesetzes im Rahmen der Durchsetzung des Nachlieferungsverlangens für möglich erklärt, weiterhin festhält.[2010] Kriterien zur Bestimmung einer Unverhältnismäßigkeit werden in Art. 11 Abs. 3 S. 3 vorgegeben. Die Vorschrift stellt eine Übersetzung der Vorgaben in Art. 3 Abs. 3 UAbs. 2 der Verbrauchsgüterkaufrichtlinie dar, weicht aber in Teilen von dieser Vorlage ab. So ist gem. Art. 11 Abs. 3 S. 3 nVerbSchG am Ende unter anderem zu berücksichtigen, inwiefern auf die anderen Mängelrechte ohne erhebliche Unannehmlichkeiten für den Verbraucher zurückgegriffen werden könnte. Art. 3 Abs. 3 UAbs. 2 3. Spiegelstrich der Verbrauchsgüterkaufrichtlinie sieht

---

2008 So auch *Atamer/Baş*, İBD 88 (2014), Sonderausgabe Nr. 1, 19, 53. In der Begrenzung gegenüber der Vorgängerregelung dagegen einen Rückschritt sehend *Aydoğdu*, DEÜHFD 15 (2013), Nr. 2, 1, 24.

2009 Siehe dazu ausführlich S. 377.

2010 Türkischer Kassationshof, 8. Zivilkammer, Hauptsache Nr. 2016/21238, Entscheidung Nr. 2017/6805 vom 10.05.2017.

diesbezüglich dagegen lediglich einen Vergleich mit der *alternativen Abhilfemöglichkeit* vor.[2011] Hierin offenbart sich ein genereller Widerspruch zwischen der Regelung in Art. 11 Abs. 3 nVerbSchG und seiner Vorlage in Art. 3 Abs. 3 UAbs. 2 der Richtlinie: Während letztere Regelung – wie der EuGH im sog. *„Fliesen-Fall“* klargestellt hat – *„[…] den Begriff ‚unverhältnismäßig‘ ausschließlich in Beziehung zur anderen Abhilfemöglichkeit definiert und damit auf Fälle der relativen Unverhältnismäßigkeit eingrenzt“*,[2012] definiert die türkische Regelung den Begriff *„unverhältnismäßig“* in Beziehung zu sämtlichen Mängelrechten und gewährt dem Verbraucher seinem Wortlaut nach im Falle der Unverhältnismäßigkeit lediglich einen Übergang zur Minderung oder zum Rücktritt. Im Ergebnis erklärt die türkische Regelung damit die sog. absolute Unverhältnismäßigkeit zum alleinigen Anwendungsfall, wohingegen die Richtlinienregelung die Möglichkeit einer solchen nach der Rechtsprechung des EuGH gerade ausschließt.[2013] In der türkischen Literatur wird vor diesem Hintergrund – wenn auch ohne Verweis auf die betreffende Rechtsprechung des EuGH – teilweise vertreten, dass im Falle der Unverhältnismäßigkeit ein Übergang zur alternativen Abhilfemöglichkeit auch trotz des anders lautenden Wortlauts möglich sein solle.[2014]

Ebenfalls neu ist die Regelung in Art. 11 Abs. 4 nVerbSchG. S. 1 dieser Regelung zufolge haben der Verkäufer, der Produzent und der Importeur die begehrte Nachbesserung oder Nachlieferung bei beweglichen Sachen grundsätzlich innerhalb einer Frist von 30 Tagen und bei unbeweglichen Sachen grundsätzlich innerhalb einer Frist von 60 Tagen zu erfüllen. Widrigenfalls kann der Verbraucher zu einem der anderen Mängelrechte übergehen. Es handelt sich hierbei um eine Ausnahme von der grundsätzlichen Bindung des Verbrauchers an das gewählte Mängelrecht.

Daneben existiert fortan in Art. 11 Abs. 5 nVerbSchG eine ausdrückliche Rechtsgrundlage für die Rückerstattung des gezahlten Kaufpreises im Falle des Rücktritts oder der Minderung.

2011 Der Begriff der *Abhilfe* bezeichnet in der Verbrauchsgüterkaufrichtlinie die Rechte der Nachbesserung und der Nachlieferung.

2012 EuGH, verbundene Rs. C-65/09 und C-87/09 (Weber und Putz), NJW, 2269, 2274, Rn. 68.

2013 Vgl. EuGH, verbundene Rs. C-65/09 und C-87/09 (Weber und Putz), NJW, 2269, 2274, Rn. 73.

2014 *İnceoğlu*, in: *İnceoğlu*, Yeni Tüketici Hukuku Konferansı, S. 186 m.w.N.

Nicht im nVerbSchG enthalten ist dagegen eine eigene Schadensersatzregelung. Der türkische Gesetzgeber hatte noch mit dem Vorgängergesetz versucht eine der Richtlinie 85/374/EWG über die Haftung für fehlerhafte Produkte entsprechende Produkthaftungsregelung in das türkische Recht einzuführen, was jedoch aufgrund der fälschlichen Vermengung mit den Regelungen über die vertragliche Sachmängelhaftung nicht mit Erfolg beschieden war und zu zahlreicher Kritik aus den Reihen der türkischen Literatur geführt hatte. Mittlerweile ist zu der Thematik eine eigene Gesetzesvorlage in die türkische Nationalversammlung eingebracht worden, deren Verabschiedung aber noch aussteht.[2015] Das nVerbSchG führt in seinem Art. 11 Abs. 6 diesbezüglich lediglich aus, dass neben den Mängelrechten auch Schadensersatz nach den Bestimmungen des neuen türkischen OR verlangt werden kann.

dd) Fristen und Verjährung

Die Fristen werden im Rahmen des nVerbSchG in Art. 12 geregelt. Neu gegenüber dem Vorgängergesetz ist, dass das nVerbSchG keine Frist zur Mängelanzeige vorsieht. Das neue Verbraucherschutzgesetz fällt insofern deutlich verbraucherfreundlicher aus. In der amtlichen Begründung heißt es hierzu, dass die Verbrauchsgüterkaufrichtlinie eine solche Frist nicht zwingend vorsehe. Keine Pflicht zur Mängelanzeige bestehe deshalb bspw. in Österreich, Deutschland, Tschechien, Frankreich, Großbritannien, Irland, Lettland, Luxemburg und Griechenland. Da die Ausübung des jeweiligen Mängelrechts gegenüber den Haftungsadressaten erklärt werden müsse, sei eine vorangehende Anzeige des Mangels ohnehin überflüssig. Zudem bilde die Bestimmung des Fristendes im Verfahren lediglich eine weitere Konfliktquelle. Dem Fall einer übermäßig späten Ausübung der Mängelrechte trotz frühzeitiger Erkennung des Mangels könne schließlich mit dem Einwand des Rechtsmissbrauchs nach Art. 2 Abs. 2 des türkischen ZGB begegnet werden.[2016]

Die Verjährungsfristen des nVerbSchG in Bezug auf den Verbraucherkauf decken sich mit denjenigen des Vorgängergesetzes. Gem. Art. 12 Abs. 1 S. 1 nVerbSchG beträgt sie in Bezug auf bewegliche Sachen zwei Jahre. In Bezug auf unbewegliche Sachen gilt gem. S. 3 derselben Vorschrift dagegen eine fünfjährige Verjährungsfrist. Neu ist, dass der türkische Gesetzgeber erstmalig von der in Art. 7 Abs. 1 UAbs. 2 der Verbrauchsgüterkaufrichtlinie vorgesehenen

---

2015 Siehe dazu ausführlicher *Atamer/Baş*, İBD 88 (2014), Sonderausgabe Nr. 1, 19, 51.

2016 Siehe zu alldem die Amtliche Begründung zu den einzelnen Bestimmungen, Art. 10 nVerbSchG.

Möglichkeit Gebrauch gemacht hat, eine vertragliche Verkürzung dieser Fristen in Bezug auf gebrauchte Sachen zuzulassen. So können die Vertragsparteien gem. Art. 12 Abs. 2 nVerbSchG fortan in Bezug auf gebrauchte Güter eine kürzere Verjährungsfrist vereinbaren. Diese darf bei beweglichen Sachen eine Frist von einem und bei unbeweglichen Sachen eine Frist von drei Jahren nicht unterschreiten.

Diese Verjährungsfristen gelten gem. Art. 10 Abs. 3 nVerbSchG wiederum nicht, wenn der Mangel grob fahrlässig oder arglistig verschwiegen wurde.

ee) Beweislastumkehr

Erstmalig mit dem nVerbSchG nachvollzogen wurde ferner die in Art. 5 Abs. 3 der Verbrauchsgüterkaufrichtlinie vorgegebene Bestimmung über die Beweislastumkehr. Eine türkische Übersetzung dieser Vorgabe findet sich seither in Art. 10 Abs. 1 nVerbSchG.

ff) Rückgriffsrechte

Auch mit dem nVerbSchG hat der türkische Gesetzgeber keine den Vorgaben des Art. 4 der Verbrauchsgüterkaufrichtlinie entsprechenden Regressmöglichkeiten für den Letztverkäufer geschaffen. Das dahingehende Nachvollzugsdefizit besteht unter der neuen Rechtslage folglich ebenso fort.

gg) Garantie

Das nVerbSchG sieht in seinem Art. 57 ebenfalls einen Garantiezwang für bestimmte Waren vor. Die Regelung deckt sich im Wesentlichen mit derjenigen des Vorgängergesetzes.

Neu ist dagegen, dass mit Art. 57 nVerbSchG nunmehr auch freiwillige Garantien – und damit solche im Sinne der Verbrauchsgüterkaufrichtlinie – einer Regelung zugeführt worden sind. Die Definition der „*Garantie*" in Art. 57 Abs. 1 nVerbSchG deckt sich dabei weitgehend mit derjenigen des Art. 1 Abs. 2 lit. e) der Verbrauchsgüterkaufrichtlinie. Abweichend von der Richtlinie erweitert die türkische Regelung aber den Kreis der potenziellen Garantiegeber um den Importeur. Zudem bestimmt Art. 57 Abs. 3 S. 1 nVerbSchG über die Richtlinienvorgaben hinaus, dass der Garantiegeber auch an entsprechende Äußerungen in der Werbung und in Anzeigen gebunden ist.

Die in Art. 57 Abs. 3 S. 2 nVerbSchG bestimmten inhaltlichen Anforderungen an die Garantieerklärung entsprechen denjenigen, die in Art. 6 Abs. 2 der Verbrauchsgüterkaufrichtlinie genannt werden. Anders als von der Richtlinie in Art. 6 Abs. 4 vorgegeben, verlangt die türkische Regelung in Art. 57 Abs. 4

nVerbSchG jedoch, dass die Garantie dem Verbraucher zwingend schriftlich oder auf einem dauerhaften Datenträger zur Verfügung gestellt wird und fällt insoweit verbraucherfreundlicher aus.

Schließlich bestimmt Art. 57 Abs. 5 nVerbSchG in Übereinstimmung mit Art. 6 Abs. 5 der Verbrauchsgüterkaufrichtlinie, dass eine Nichterfüllung der vorgenannten Anforderungen die Wirksamkeit der Garantie nicht berührt.

Die unter der alten Rechtslage in Bezug auf freiwillige Garantien bestehende Lücke im Nachvollzug konnte auf diese Weise durch das nVerbSchG geschlossen werden.

hh) Sonstiges

Eine explizite Anordnung des zwingenden Charakters der Regelungen zum Verbraucherkauf sieht auch das nVerbSchG nicht vor. Innerhalb der türkischen Literatur werden die diesbezüglich zum aVerbSchG vertretenen Ansichten auch in Bezug auf das nVerbSchG vorgetragen.[2017]

ii) Zusammenfassende Würdigung

Mit den Regelungen des nVerbSchG zum Verbraucherkauf wurden die im Vorgängergesetz enthaltenen Lücken im Nachvollzug der Verbrauchsgüterkaufrichtlinie weitgehend geschlossen. Hierfür wurden die Richtlinienvorgaben in der Regel ins Türkische übersetzt und in dieser Form sodann unverändert im Gesetz verankert.

Da den Vorgaben der Richtlinie nicht nur bestimmte Wertungen, sondern auch ein bestimmtes Systemverständnis zugrunde liegt, wurde auf diesem Wege neben den neuen Regelungen auch ein neues Verständnis über die Natur der Sachmängelgewährleistung übernommen. Aufgrund der sondergesetzlichen Ausgestaltung des türkischen Verbraucherschutzrechts erstreckt sich diese Übernahme indes nur auf einen Teilbereich der türkischen Rechtsordnung. In der Folge wurde dadurch eine in sich widersprüchliche und inkohärente Gemengelage geschaffen, die sich ebenso in der Auslegung der betreffenden Vorschriften durch die verschiedenen Akteure innerhalb der türkischen Rechtsordnung niederschlägt.

Vereinzelt ist die Entstehung einer solchen Gemengelage aber nicht nur auf die begrenzte Übernahme von abweichenden Verständnissen zurückzuführen, sondern auch auf Erweiterungen der übernommenen Regelungen, die den

2017 Siehe zu diesen ausführlicher S. 383.

Kategorien des eigenen Rechtssystems widersprechen. So geschehen ist dies im Hinblick auf die Gleichsetzung von Nicht- bzw. Spätleistungen mit Schlechtleistungen innerhalb der Regelungen des nVerbSchG zum Verbraucherkauf. Die Regelung ist Zeugnis einer unbedachten Gesetzgebung.

Neben diesen Friktionen zwischen dem traditionellen türkischen Zivilrecht Schweizer Provenienz und den nachvollzogenen Regelungen des türkischen Verbraucherschutzrechts ist aber auch eine – wenn auch geringfügige – gegenseitige Befruchtung dieser beiden Bereiche zu beobachten. Die zeigt sich an der gegenseitigen Orientierung bei der Ausgestaltung vereinzelter Vorschriften.

Nicht gelungen ist dagegen der Nachvollzug der Richtlinienvorgaben zur Unverhältnismäßigkeit der gewählten Abhilfe. Die türkische Regelung erklärt im Ergebnis die absolute Unverhältnismäßigkeit zum alleinigen Anwendungsfall, wohingegen die Richtlinie die Möglichkeit einer solchen laut dem EuGH gerade ausschließt. Die Regelung zeigt, dass bei der Ausgestaltung lediglich der Richtlinientext und nicht auch die dazu ergangene Rechtsprechung des EuGH berücksichtigt wurde.

Geschlossen wurden mit den Regelungen des nVerbSchG zum Verbraucherkauf zudem vereinzelte gesetzliche Lücken außerhalb des Gegenstandsbereichs der Richtlinie. Nichtsdestotrotz bleibt es dabei, dass die Bereiche, die von der Richtlinie offengelassen wurden, grundsätzlich im nVerbSchG genauso keine Regelung erfahren haben. Ferner hat der türkische Gesetzgeber an einigen Stellen die Kritik der Literatur aufgegriffen und stärker die praktische Realisierbarkeit berücksichtigt.

Erstaunlich ist schließlich, dass der türkische Kassationshof – entgegen der nachdrücklichen Ausweitung des sachlichen Anwendungsbereichs der Regelungen zum Verbraucherschutz durch das nVerbSchG – seine bisherige restriktive Rechtsprechung in Bezug auf die Anwendung der Verbraucherschutzbestimmungen auf Werkverträge nunmehr auf Ebene der materiellen Regelungen fortführt. Hierin kann ein andauernder Versuch des türkischen Kassationshofs erblickt werden, die Bestimmungen des Verbraucherschutzgesetzes zurückzudrängen.

Insgesamt wurden die türkischen Regelungen zum Verbraucherkauf mit dem nVerbSchG noch stärker an die Richtlinienvorgaben angeglichen. Wenn auch zahlreiche Defizite bestehen, weisen die aktuellen Regelungen insofern einen hohen Angleichungsgrad auf.

5. *Nachvollzug weiterer Richtlinien*

a) Nachvollzug der Richtlinie 2008/48/EG

Erstmalig nachvollzogen wurde mit dem nVerbSchG die *Richtlinie 2008/48/EG über Verbraucherkreditverträge*,[2018] mit der die im Rahmen des aVerbSchG nachvollzogene *Richtlinie 87/102/EWG* aufgehoben und der Gegenstandsbereich der Verbraucherkreditverträge vollharmonisiert wurde. Hierzu wurde im 4. Teil („*Verbraucherverträge*") eigens ein Abschnitt mit dem Namen „*Verbraucherkredite*" eingeführt, der insgesamt zehn Artikel zählt (Art. 22–31 nVerbSchG). Daneben hat das türkische Zoll- und Handelsministerium eine *Verordnung betreffend Verbraucherkreditverträge* erlassen.[2019]

aa) Anwendungsbereich

Verbraucherkreditverträge werden in Art. 22 Abs. 1 nVerbSchG definiert. Diesem zufolge handelt es sich dabei um Verträge, in denen „*[…] der Kreditgeber dem Verbraucher gegen einen Zins oder einen anderen Vermögensvorteil mittels eines Zahlungsaufschubs, eines Darlehens oder ähnlicher Finanzierungsformen einen Kredit gewährt oder die Gewährung eines Kredits verspricht*". Anders als sein Vorgängergesetz, demzufolge unter dem Begriff des Verbraucherkreditvertrages lediglich klassische Bankdarlehen zu verstehen sind, hat das nVerbSchG im Kern die in Art. 3 lit. c) der neuen Verbraucherkreditrichtlinie vorgegebene weite Definition dieses Begriffs nachvollzogen.[2020] So findet sich im nVerbSchG – abweichend vom Vorgängergesetz – auch kein eigener Artikel zu Kreditkartenverträgen. Diese werden stattdessen gem. Art. 22 Abs. 2 S. 1 nVerbSchG als Verbraucherkreditverträge bewertet, wenn sie dem Verbraucher gegen einen Zins oder einen ähnlichen Vermögensvorteil einen Zahlungsaufschub von über drei Monaten oder eine Abzahlungsmöglichkeit in ähnlicher Form bieten. Zwar formuliert Art. 2 Abs. 2 lit. f) der neuen Verbraucherkreditrichtlinie in Bezug auf Kreditverträge, nach denen der Kredit binnen drei Monaten zurückzuzahlen ist, darüber hinausgehend sogar einen generellen Ausschluss vom Anwendungsbereich, sodass der türkische Gesetzgeber diese Ausnahme zulässigerweise

---

2018 Richtlinie 2008/48/EG des Europäischen Parlaments und des Rates vom 23. April 2008 über Verbraucherkreditverträge und zur Aufhebung der Richtlinie 87/102/EWG.

2019 Verkündet am 22.05.2015 im türkischen Amtsblatt (Nr. 29363).

2020 So auch die Amtliche Begründung zu den einzelnen Bestimmungen, Art. 22 nVerbSchG.

beschränkt auf Kreditkartenverträge nachvollziehen konnte.[2021] Jedoch greift dieser Ausschluss neuerdings alleine dann, wenn bei solchen Kreditverträgen nur geringe Kosten anfallen. Dieses zusätzliche Kriterium fehlt aber der türkischen Regelung. Ob dies in der Praxis folglich auch zum Ausschluss von Kreditkartenverträgen führen wird, bei denen der Kredit zwar binnen drei Monaten zurückzuzahlen, dafür aber mit hohen Kosten verbunden ist, bleibt abzuwarten.

Dieselbe Entwicklung lässt sich in Bezug auf den Regelungsgegenstand der Abzahlungsgeschäfte allerdings nicht feststellen. Obgleich auch diese dem weiten Verbraucherkreditbegriff sowohl der alten als auch der neuen Verbraucherkreditrichtlinie unterfallen,[2022] finden sich zu ihnen im nVerbSchG dennoch eigenständige Bestimmungen (Art. 17-21 nVerbSchG). Diesen Bestimmungen wurde innerhalb des 4. Teils gar ein eigener Abschnitt mit dem Namen „*Abzahlungsverkäufe*" gewidmet. Daneben hat das türkische Zoll- und Handelsministerium zusätzlich eine *Verordnung betreffend Abzahlungsverkaufsverträge* erlassen.[2023] Es zeigt sich, dass der türkische Gesetzgeber auch insoweit unter dem Eindruck der von der Richtlinie beabsichtigten vollharmonisierenden Wirkung die vorgegebene Definition im Wesentlichen zwar formal nachvollzogen hat. Jedoch ist mit diesem Nachvollzug keine Einführung des dieser weiten Definition zugrunde liegenden modernen Ansatzes, alle Formen des Verbraucherkredits einer einheitlichen Regelung zu unterstellen, in das türkische Recht erfolgt. Anders als bei den Regelungen über missbräuchliche Klauseln und Verbraucherkäufe, bei denen der Richtlinienansatz innerhalb des türkischen Rechts begrenzt auf den Bereich des Verbraucherschutzrechts geblieben ist, hat der türkische Gesetzgeber in Bezug auf Verbraucherkredite bereits innerhalb des nVerbSchG mit dem der Richtlinie zugrunde liegenden Ansatz gebrochen, indem er trotz des formalen Nachvollzugs der weiten Begriffsdefinition der Verbraucherkreditrichtlinie dennoch eigenständige Regelungen für Abzahlungsgeschäfte geschaffen hat. Folglich weist insoweit schon das nVerbSchG selbst eine inkohärente Gemengelage auf. Ob hierfür ein mangelndes Verständnis des der Richtlinie zugrunde liegenden modernen Ansatzes ursächlich war, kann nicht eindeutig gesagt werden.

2021 Siehe dazu, dass die Mitgliedstaaten die Bestimmungen der Verbraucherkreditrichtlinie auch auf Bereiche anwenden können, die gem. den Totalausnahmen in Art. 2 Abs. 2 der Richtlinie nicht in deren Geltungsbereich fallen, Erwägungsgrund 10 S. 3 derselben. Siehe dazu zudem *Micklitz/Rott*, in: *Dauses/Ludwigs*, EU-WirtschaftsR-HdB, Stand Oktober 2021, Abschnitt H. V. Rn. 433.

2022 Siehe insoweit bzgl. der neuen Verbraucherkreditrichtlinie *Micklitz/Rott*, in: *Dauses/Ludwigs*, EU-WirtschaftsR-HdB, Stand Oktober 2021, Abschnitt H. V. Rn. 424.

2023 Verkündet am 14.01.2015 im türkischen Amtsblatt (Nr. 29236).

Die noch folgende genauere Betrachtung auch der Regelungen zu Abzahlungsgeschäften wird jedoch deutlich machen, dass der türkische Gesetzgeber diese konzeptionell eher bei den Kauf- als bei den Kreditverträgen verortet.

Anders als in der neuen Verbraucherkreditrichtlinie sind im nVerbSchG vom sachlichen Anwendungsbereich der Bestimmungen zu Verbraucherkreditverträgen Kredite, 1.) die durch Immobiliarsicherheiten gesichert werden, 2.) die im Zusammenhang mit Immobilien bezogen werden, 3.) bei denen der Gesamtkreditbetrag weniger als 200 oder mehr als 75 000 Euro beträgt, 4.) die Arbeitnehmern von Arbeitgebern zu einem niedrigen effektiven Jahreszins gewährt werden, 5.) die von Wertpapierfirmen zur Finanzierung von Finanzinstrumenten gewährt werden, an denen diese beteiligt sind, 6.) die Ergebnisse eines Vergleichs vor einem Richter oder einer anderen gesetzlich befugten Stelle sind, 7.) bei denen die Haftung des Verbrauchers auf eine von ihm hinterlegte Mobiliarsicherheit begrenzt ist und 8.) die auf Grundlage gesetzlicher Bestimmungen im Gemeinwohlinteresse erteilt werden, nicht ausgeschlossen.

Zudem umfassen die türkischen Bestimmungen erstmalig auch Kreditierungen in Form von Überziehungsmöglichkeiten, Überschreitungen und Leasingverträgen. Die beiden erstgenannten Kreditierungsformen finden dabei zwar auf Ebene des nVerbSchG keine Erwähnung. Dafür enthält die dazugehörige Verbraucherkreditverordnung diesbezüglich detailliertere Bestimmungen. Eine Definition des Begriffs der Überziehungsmöglichkeit findet sich dort in Art. 4 Abs. 1 lit. i) der Verbraucherkreditverordnung. Die Definition entspricht weitestgehend der Vorgabe in Art. 3 lit. d) der neuen Verbraucherkreditrichtlinie. Ausgenommen sind in Übereinstimmung mit Art. 2 lit. e) der Richtlinie gem. Art. 2 Abs. 5 lit. b) der Verbraucherkreditverordnung lediglich Überziehungsmöglichkeiten, nach denen der Kredit binnen eines Monats zurückzuzahlen ist.[2024] Überschreitungen werden in Art. 4 Abs. 1 lit. j) der Verbraucherkreditverordnung definiert. Dabei wird die Vorgabe in Art. 3 lit. e) der neuen Verbraucherkreditrichtlinie

2024 *Aslan* zufolge fänden dem genauen Wortlaut der Bestimmung entsprechend lediglich die Bestimmungen der Verbraucherkreditverordnung auf solche Überziehungsmöglichkeiten keine Anwendung. Die Bestimmungen des nVerbSchG seien dagegen anwendbar. Siehe zu dieser Auffassung *ders.*, Tüketici Hukuku, 5. Aufl., S. 415. Diese Differenzierung ist letztlich Ausfluss dessen, dass der türkische Normgeber auch im Zusammenhang mit den verbraucherkreditrechtlichen Regelungen des nVerbSchG wiederum wichtige Detailregelungen, die über reine Konkretisierungen hinausgehen, in die delegierten Rechtsakte verlagert hat. Die in der türkischen Literatur diesbezüglich schon mit Blick auf das aVerbSchG angeführte Kritik gilt insoweit gleichermaßen für die Ausgestaltung der neuen Rechtslage.

ein wenig verzerrt, indem die Definition bezüglich der Überschreitung von einer stillschweigenden Akzeptanz des Verbrauchers und nicht des eigentlich maßgeblichen Kreditgebers spricht. Leasingverträge werden zwar nicht von den Bestimmungen des nVerbSchG über Verbraucherkreditverträge erfasst. Dafür finden gem. Art. 17 Abs. 2 nVerbSchG die Bestimmungen über Abzahlungsgeschäfte auf sie Anwendung. In Übereinstimmung mit Art. 2 Abs. 2 lit. d) gilt dies allerdings nur für Leasingverträge, nach denen eine Verpflichtung zum Erwerb des Leasinggegenstandes vorgesehen ist.

Insgesamt lässt sich vor dem Hintergrund dieser Ausführungen feststellen, dass der sachliche Anwendungsbereich der türkischen Bestimmungen zu Verbraucherkreditverträgen im Zuge der Neuregelung nicht nur in hohem Maße den Vorgaben der Verbraucherkreditrichtlinie angenähert worden ist, sondern zulässigerweise an vielen Stellen auch über diese hinausgeht.

In persönlicher Hinsicht muss dem Verbraucher auch nach den Bestimmungen des nVerbSchG ein „*Kreditgeber*" gegenüberstehen. Dieser wird in Art. 3 Abs. 1 lit. h) der Verbraucherkreditrichtlinie definiert. Demnach handelt sich bei einem Kreditgeber um eine „*[…] natürliche oder juristische Person, die nach den betreffenden gesetzlichen Bestimmungen zur Vergabe von Krediten an Verbraucher befugt ist*". Diese Definition weicht von der Vorgabe in Art. 3 lit. b) der Richtlinie, der zufolge es sich bei einem Kreditgeber um eine natürliche oder juristische Person handelt, die in Ausübung ihrer gewerblichen oder beruflichen Tätigkeit einen Kredit gewährt oder zu gewähren verspricht, ab. Nichtsdestotrotz ergibt sich auch aus den generellen Anwendungskriterien des nVerbSchG, dass der Kreditgeber als Gegenseite des Verbrauchergeschäfts in Ausübung seiner beruflichen oder gewerblichen Tätigkeit handeln muss.[2025] Angenähert wurde die Definition der entsprechenden Vorgabe sowohl der alten als auch der neuen Richtlinie insofern, als dass es sich bei dem Kreditgeber nicht mehr zwingend um eine Bank oder ein Kreditinstitut handeln muss. Es genügt, wenn die betreffende Person nach den einschlägigen rechtlichen Bestimmungen zur Vergabe von Krediten an Verbraucher befugt ist.[2026] Letztere Einschränkung dürfte zulässig sein, da die Befugnis zur Erteilung von Krediten nicht den Gegenstandsbereich der neuen Verbraucherkreditrichtlinie bildet.

2025 In Ermangelung einer dahingehenden Einschränkung im Wortlaut der Definition des Kreditgeberbegriffs wird das zusätzliche Kriterium des Handelns zu beruflichen bzw. gewerblichen Zwecken in der türkischen Literatur vereinzelt ausdrücklich gefordert. Siehe dazu bspw. *Zevkliler/Özel*, Tüketicinin Korunması Hukuku, S. 230 m.w.N.

2026 So auch *Aslan*, Tüketici Hukuku, 5. Aufl., S. 413.

Erstmalig eingeführt in persönlicher Hinsicht wurde mit dem nVerbSchG die Kategorie des *Kreditvermittlers*. Dieser wird innerhalb des nVerbSchG in Art. 23 Abs. 1 zwar erwähnt, jedoch nicht definiert. Eine Definition findet sich jedoch in Art. 4 Abs. 1 lit. ğ) der Verbraucherkreditverordnung. Diese entspricht weitestgehend der Vorgabe in Art. 3 lit. f) der neuen Verbraucherkreditrichtlinie.

Auch in persönlicher Hinsicht wurde der Anwendungsbereich der türkischen Bestimmungen zu Verbraucherkrediten im Zuge der Neuregelung den Vorgaben der neuen Verbraucherkreditrichtlinie somit stärker angenähert.

bb) Informationspflichten

(1) Standardinformationen in der Werbung

Eine Regelung über Standardinformationen, die in die Werbung aufzunehmen sind, wie sie Art. 4 Abs. 1 UAbs. 1 der neuen Verbraucherkreditrichtlinie vorgibt, findet sich im nVerbSchG nicht. Allerdings bestimmt Art. 25 Abs. 2 der *Verordnung betreffend kommerzielle Werbung und unlautere Geschäftspraktiken*[2027], dass in kommerzieller Werbung für Finanzdienstleistungen der effektive Jahreszins anzugeben ist, sofern Zins- oder Dividendensätze genannt werden. Da Art. 4 Abs. 1 UAbs. 2 der neuen Verbraucherkreditrichtlinie die Verpflichtung zur Angabe von Standardinformationen ausschließt, sofern mitgliedstaatliche Vorschriften im Falle des Fehlens entsprechender Informationen zur Angabe des effektiven Jahreszinses verpflichten, dürfte das eingangs beschriebene Fehlen der vorgegebenen Regelung jedoch mit der Richtlinie vereinbar sein.

(2) Vorvertragliche Informationspflichten

Wie die neue Verbraucherkreditrichtlinie in ihrem Art. 5 verpflichtet auch Art. 23 Abs. 1 den Kreditgeber dazu, dem Verbraucher in *„angemessener"* Zeit vor Vertragsschluss mittels eines Formulars über vorvertragliche Informationen Auskunft zu erteilen. Diese Auskunft muss gem. Art. 5 Abs. 1 der dazugehörigen Verbraucherkreditverordnung gleichermaßen auf Papier oder einem anderen dauerhaften Datenträger erteilt werden. Die in Art. 5 Abs. 2 und 3 und Art. 6 Abs. 4 der Richtlinie enthaltenen Sonderregelungen für den Fall der Nutzung bestimmter Fernkommunikationsmittel wurden hingegen nicht nachvollzogen. Anders als die Richtlinie differenzieren die türkischen Bestimmungen zudem nicht zwischen vorvertraglichen Informationspflichten bei Kreditverträgen im Allgemeinen und bestimmten Kreditverträgen in Form von

2027 Verkündet am 10.01.2015 im türkischen Amtsblatt (Nr. 29232).

Überziehungsmöglichkeiten. Stattdessen unterscheidet die türkische Regelung generell zwischen befristeten und unbefristeten Kreditverträgen. Unter letzteren werden gem. Art. 20 Abs. 1 der Verbraucherkreditverordnung auch Kreditkartenverträge und Verträge über Überziehungsmöglichkeiten verstanden,[2028] sodass die türkische Regelung zumindest mittelbar eine den Vorgaben der Richtlinie entsprechende Unterscheidung vornimmt. Die statuierte Gleichbehandlung von Kreditkartenverträgen mit Verträgen über Überziehungsmöglichkeiten widerspricht dagegen den Vorgaben der Richtlinie und führt infolgedessen in vielerlei Hinsicht zu einer richtlinienwidrigen Ausgestaltung.

Welche Informationen im Hinblick auf befristete Kreditverträge vorvertraglich erteilt werden müssen, wird in Art. 6 Abs. 1 der Verbraucherkreditverordnung bestimmt. Insgesamt handelt es sich bei den aufgezählten Angaben weitgehend um Übersetzungen der in Art. 5 Abs. 1 UAbs. 2 der Richtlinie enthaltenen Vorgaben. Unterschiede bestehen allen voran im Hinblick auf Bereiche, die der türkische Gesetzgeber abweichend geregelt hat. So darf bspw. im Rahmen befristeter Kreditverträge gem. Art. 25 Abs. 1 nVerbSchG nur ein fester Zinssatz vereinbart werden. Entsprechend wurde auch der Teil der Vorgabe des Art. 5 Abs. 1 UAbs. 2 lit. f) der Richtlinie, der Pflichtangaben in Bezug auf die Art und Weise der Anpassung des Sollzinssatzes vorsieht, im Rahmen der türkischen Bestimmung nicht nachvollzogen. Vereinzelt wurden Vorgaben allerdings auch ohne erkennbaren Grund nicht nachvollzogen.

Welche Informationen in Bezug auf unbefristete Kreditverträge vorvertraglich erteilt werden müssen, ist in Art. 7 Abs. 1 der Verbraucherkreditverordnung geregelt. Ein Abgleich mit den Vorgaben der neuen Verbraucherkreditrichtlinie ergibt, dass die aufgezählten Angaben weder die in Art. 5 Abs. 1 UAbs. 2 der Richtlinie bezüglich allgemeiner Kreditverträge gemachten noch die in Art. 6 Abs. 1 UAbs. 2 der Richtlinie bezüglich Überziehungsmöglichkeiten gemachten Vorgaben vollständig widerspiegeln. Der Nachvollzug ist insoweit defizitär.

Ausgeschlossen ist die Pflicht zur vorvertraglichen Information gem. Art. 8 der Verbraucherkreditverordnung für Warenlieferanten oder Dienstleistungserbringer, die nur in untergeordneter Funktion als Kreditvermittler beteiligt sind. Die Regelung entspricht der Vorgabe in Art. 7 der Richtlinie.

Keine Pflicht zur vorvertraglichen Information statuieren dagegen die Bestimmungen zu Abzahlungsgeschäften. Da diese aber gleichermaßen dem weiten

2028 So auch die Amtliche Begründung zu den einzelnen Bestimmungen, Art. 26 nVerbSchG.

Verbraucherkreditbegriff der neuen Verbraucherkreditrichtlinie unterfallen, stellt das Fehlen einer solchen Pflicht ein wesentliches Nachvollzugsdefizit dar.

(3) Vertragliche Informationspflichten

Der Verbraucherkreditvertrag selbst bedarf zu seiner Wirksamkeit gem. Art. 22 Abs. 3 S. 1 nVerbSchG der Schriftform. Gem. S. 2 kann eine etwaige Formunwirksamkeit von Seiten des Kreditgebers jedoch nicht zulasten des Verbrauchers eingewandt werden. Selbiges gilt gem. Art. 17 Abs. 3 nVerbSchG für Abzahlungsgeschäfte. Die eingeschränkte Möglichkeit des Kreditgebers bzw. Abzahlungsverkäufers, die Formunwirksamkeit einzuwenden, stellt dabei eine Reaktion des türkischen Gesetzgebers auf die Kritik der türkischen Literatur im Zusammenhang mit der Vorgängerreglung dar, der zufolge eine uneingeschränkte Unwirksamkeitsfolge bei Verbraucherkreditverträgen häufig zum Nachteil des Verbrauchers gereiche. Problematisch hieran erscheint allerdings, dass der EU-Gesetzgeber mit der neuen Verbraucherkreditrichtlinie gerade von der zwingenden Schriftform für Verbraucherkreditverträge abgerückt ist. Entsprechend verlangt Art. 10 Abs. 1 der Richtlinie lediglich, dass die Kreditverträge auf Papier oder auf einem anderen dauerhaften Datenträger erstellt werden. Vor diesem Hintergrund ist davon auszugehen, dass die Mitgliedstaaten diesbezüglich keine strengeren Formvorschriften vorsehen können.[2029] Die betreffenden türkischen Regelungen widersprechen insoweit daher der Richtlinie.

Welche Informationen zwingend in befristeten Verbraucherkreditverträgen enthalten sein müssen, wird in Art. 11 Abs. 1 der Verbraucherkreditverordnung bestimmt. Auch bei dieser Aufzählung handelt es sich insgesamt weitgehend um Übersetzungen der von der Richtlinie vorgegebenen Angaben – diesmal freilich derjenigen, die in Art. 10 Abs. 2 der neuen Verbraucherkreditrichtlinie enthalten sind. Unterschiede bestehen ebenfalls allen voran im Hinblick auf Bereiche, die der türkische Gesetzgeber abweichend geregelt hat. Freilich wurden aber auch insofern stellenweise Vorgaben der Richtlinie ohne erkennbaren Grund nicht nachvollzogen.

In Bezug auf unbefristete Verbraucherkreditverträge bestimmt Art. 12 Abs. 1 der Verbraucherkreditverordnung, welche Informationen zwingend im Vertrag enthalten sein müssen. Auch insoweit ergibt ein Abgleich mit den Vorgaben der Richtlinie, dass sich in der genannten türkischen Bestimmung weder die in Art. 10 Abs. 2 der Richtlinie bezüglich allgemeiner Verbraucherkreditverträge

---

2029 Vergleiche zu alldem *Micklitz/Rott*, in: *Dauses/Ludwigs*, EU-WirtschaftsR-HdB, Stand Oktober 2021, Abschnitt H. V. Rn. 455 f.

noch die in Art. 10 Abs. 5 der Richtlinie bezüglich Überziehungsmöglichkeiten vorgegebenen Angaben vollständig wiederfinden. Der Nachvollzug ist in dieser Hinsicht gleichfalls defizitär.

Im Hinblick auf Abzahlungsgeschäfte besteht ebenfalls eine Pflicht zur vertraglichen Information. Welche Angaben der Vertrag enthalten muss, bestimmt dabei Art. 6 Abs. 1 der *Verordnung betreffend Abzahlungsverkaufsverträge*. Dieser spiegelt die Vorgaben des Art. 10 Abs. 2 der Richtlinie allerdings nur sehr unzureichend wider.

Gem. Art. 22 Abs. 2 S. 1 der Verbraucherkreditverordnung kann der Verbraucher schließlich im Falle dessen, dass im Verbraucherkreditvertrag der Sollzins, der effektive Jahreszins oder die Gesamtkosten des Kredits nicht angegeben werden, den Kredit bis zum Ende der Vertragslaufzeit zinsfrei nutzen. Die Regelung ist laut der amtlichen Begründung dem Art. 15 des schweizerischen Bundesgesetzes über den Konsumkredit vom 23. März 2001 entlehnt.[2030] Sollte der effektive Jahreszins zu gering angegeben worden sein, wird ferner gem. S. 2 der vertragliche Zins auf Grundlage des angegebenen effektiven Jahreszinses neu berechnet. Die Berechnung des effektiven Jahreszinses erfolgt gem. Art. 14 Abs. 1 der Verbraucherkreditverordnung nach der im Anhang I der Verbraucherkreditverordnung enthaltenen Formel. Diese stellt eine Übersetzung der in Anhang I der neuen Verbraucherkreditrichtlinie enthaltenen Formel dar.

(4) Sonstige Informationspflichten

Die türkischen Bestimmungen sehen neben den vorvertraglichen und den vertraglichen noch einige weitere Informationspflichten vor.

Gem. Art. 26 Abs. 2 S. 1 nVerbSchG ist der Verbraucher bei unbefristeten Verträgen über eine Änderung des Sollzinssatzes 30 Tage vor deren Wirksamwerden auf Papier oder einem dauerhaften Datenträger zu informieren. S. 2 der Regelung bestimmt, dass dabei ferner Angaben über die sich hieraus ergebende Änderung des Betrages, der Anzahl oder der Periodizität der zu leistenden Zahlungen zu machen sind. Die Regelung entspricht weitgehend derjenigen, die in Art. 11 Abs. 1 der neuen Verbraucherkreditrichtlinie enthalten ist. Anders als diese Vorgabe beschränkt sich die türkische Regelung jedoch auf unbefristete Verträge, da Art. 25 Abs. 1 nVerbSchG bei befristeten Verträgen nur feste Zinssätze erlaubt. Zudem hat der türkische Gesetzgeber die Vorgabe mit einer 30-Tagesfrist konkretisiert.

2030 Amtliche Begründung zu den einzelnen Bestimmungen, Art. 25 nVerbSchG.

Über die Vorgabe in Art. 11 Abs. 1 der Richtlinie hinaus gehen dagegen die weiteren Sätze des Art. 26 Abs. 2 nVerbSchG. So bestimmt S. 3, dass die Zinsänderung keine Rückwirkung entfaltet. Gem. S. 4 wirkt sich die Zinsänderung überdies nicht auf den Verbraucher aus, sofern er innerhalb von 60 Tagen ab Erhalt der Information über die Zinsänderung seine Rückzahlungsverpflichtung gegenüber dem Kreditgeber erfüllt und damit die Inanspruchnahme des gewährten Kredits beendet. Da eine entsprechende Regelung in der Richtlinie nicht vorgegeben ist und sie auch keine Anhaltspunkte darüber enthält, dass eine solche gerade nicht getroffen werden können soll, ist davon auszugehen, dass sich dieser Regelungsgegenstand außerhalb des Gegenstandsbereichs der Richtlinie befindet und seine Statuierung somit nicht der Richtlinie widerspricht.

Des Weiteren bestimmt Art. 13 Abs. 3, dass der Kreditgeber auch im Falle sonstiger Änderungen am Vertrag den Verbraucher 30 Tage vor deren Wirksamwerden schriftlich oder mittels eines dauerhaften Datenträgers informieren muss. Auch diese Regelung dürfte außerhalb des Gegenstandsbereichs der Richtlinie liegen und deshalb zulässig sein.

Ein Nachvollzug von Art. 11 Abs. 2 der neuen Verbraucherkreditrichtlinie, der eine Vereinbarung über eine regelmäßige Information nach Abs. 1 derselben Vorschrift zulässt und näher regelt, ist hingegen nicht nachvollzogen worden.

Schließlich wurde auch Art. 12 der neuen Verbraucherkreditrichtlinie, der in Bezug auf Kredite in Form einer Überziehungsmöglichkeit die Pflicht des Kreditgebers statuiert, den Verbraucher regelmäßig mittels eines Kontoauszugs zu informieren, weitgehend durch Art. 23 der Verbraucherkreditverordnung nachvollzogen. Selbiges gilt für Art. 18 der Richtlinie, der Informationspflichten im Zusammenhang mit Überschreitungen statuiert. Dieser wurde weitgehend durch Art. 21 der Verbraucherkreditverordnung nachvollzogen.

Aufgrund ihrer gesonderten Regelung gelten die vorgenannten Vorschriften für Abzahlungsgeschäfte nicht. Da diese aber gleichermaßen dem weiten Verbraucherkreditbegriff der neuen Verbraucherkreditrichtlinie unterfallen, stellt das Fehlen entsprechender Regelungen ein wesentliches Nachvollzugsdefizit dar.

cc) Vorvertragliche Pflichten

Eine der Vorgabe des Art. 8 der neuen Verbraucherkreditrichtlinie entsprechende Verpflichtung zur Bewertung der Kreditwürdigkeit des Verbrauchers durch den Kreditgeber findet sich weder im nVerbSchG noch in der dazugehörigen Verbraucherkreditverordnung. Eine Regelung, die zumindest in diese

Richtung geht, findet sich indes in Art. 9 Abs. 1 des *Gesetzes über Bank- und Kreditkarten*[2031].

Gleichermaßen fehlt eine Regelung über den Zugang zu Datenbanken, wie sie von Art. 9 der Richtlinie vorgegeben wird.

dd) Kündigung

Gem. Art. 25 Abs. 1 S. 1 der Verbraucherkreditverordnung kann der Verbraucher einen unbefristeten Kreditvertrag jederzeit ordentlich kündigen. Die Kündigungserklärung muss schriftlich oder auf einem dauerhaften Datenträger erfolgen. Gem. S. 2 derselben Vorschrift darf eine vereinbarte Kündigungsfrist einen Monat nicht überschreiten. Die Regelung entspricht weitgehend der Vorgabe in Art. 13 Abs. 1 UAbs. 1 der neuen Verbraucherkreditrichtlinie. Da letztere jedoch keine Form vorgibt, stellt die Formvorgabe innerhalb der türkischen Regelung eine richtlinienwidrige Verschärfung dar.

Der Kreditgeber kann gem. Art. 25 Abs. 2 der Verbraucherkreditverordnung einen unbefristeten Kreditvertrag ebenfalls ordentlich kündigen, sofern der Kreditvertrag eine entsprechende Vereinbarung enthält. Die Kündigungserklärung muss schriftlich oder auf einem dauerhaften Datenträger erfolgen. Es ist eine Kündigungsfrist von mindestens zwei Monaten einzuhalten. Auch diese Regelung entspricht weitgehend der Vorgabe in Art. 13 Abs. 1 UAbs. 2 der Richtlinie. Ob es sich bei der Wendung *„[…] schriftlich oder auf einem dauerhaften Datenträger"* lediglich um ein redaktionelles Versehen handelt oder ob der türkische Gesetzgeber tatsächlich eine Verschärfung der Formvorgabe der Richtlinie im Sinn hatte, die in ihrem Art. 13 Abs. 1 UAbs. 2 lediglich eine Erklärung auf *Papier* oder einem anderen dauerhaften Datenträger fordert, bleibt unklar. Dabei steht die Formvorgabe des Art. 25 Abs. 2 der Verbraucherkreditverordnung beispielhaft für einige unklare und ungenaue Formulierungen in Bezug auf die einzuhaltende Form innerhalb der türkischen Regelung, die auf eine gewisse Unsicherheit des türkischen Normgebers im Umgang mit den entsprechenden Vorgaben der Richtlinie hindeuten.

Bestimmungen zu den Rechtsfolgen der Kündigung finden sich innerhalb des nVerbSchG und der Verbraucherkreditverordnung – wie auch in der neuen Verbraucherkreditrichtlinie selbst – keine.

Schließlich bezweckte der türkische Normgeber mit der Vorschrift des Art. 25 Abs. 3 der Verbraucherkreditverordnung einen Nachvollzug der in Art. 13 Abs. 2 der Richtlinie enthaltenen Vorgaben. Jedoch verzerrt die betreffende türkische

2031 Gesetz Nr. 5464, verkündet am 01.03.2006 im türkischen Amtsblatt (Nr. 26095).

Regelung diese, da sie dem Kreditgeber nicht lediglich ein Recht darauf einräumt, dem Verbraucher das Recht auf Inanspruchnahme von Kreditbeträgen aus sachlich gerechtfertigten Gründen zu entziehen, sondern ihm für solche Fälle unmittelbar ein Kündigungsrecht verleiht.

Vom Anwendungsbereich des Art. 25 nVerbSchG und des Art. 25 der Verbraucherkreditverordnung richtlinienwidrig nicht ausgenommen sind Verträge über Überziehungsmöglichkeiten.

ee) Widerrufsrecht

Der Vorgabe in Art. 14 Abs. 1 UAbs. 1 der neuen Verbraucherkreditrichtlinie entsprechend hat der türkische Gesetzgeber mit Art. 24 Abs. 1 nVerbSchG erstmalig ein 14-tägiges Widerrufsrecht in Bezug auf Verbraucherkreditverträge eingeführt. Die Frist beginnt gem. Art. 24 Abs. 2 der Verbraucherkreditverordnung entweder mit dem Abschluss des Vertrages oder mit dem Erhalt einer Abschrift des Vertrages. Letztere muss *„schriftlich“*[2032] oder auf einem dauerhaften Datenträger erteilt werden. Die Regelung des Fristbeginns entspricht damit gleichfalls der Vorgabe, die die Richtlinie in Art. 14 Abs. 1 UAbs. 2 insoweit macht. Offen lässt die türkische Regelung allerdings, welche Auswirkungen es auf die Frist hat, wenn die Erteilung einer Abschrift des Vertrages an den Verbraucher ausbleibt. Manche Autoren plädieren in diesem Zusammenhang für eine entsprechende Anwendung des Art. 47 Abs. 6 nVerbSchG.[2033] Dieser sieht in Bezug auf Außergeschäftsraumverträge in seinem S. 1 vor, dass im Falle des Ausbleibens der gesetzlich geforderten Informationen der Verbraucher nicht an die 14-tägige Widerrufsfrist gebunden ist. Gem. S. 2 endet die Widerrufsmöglichkeit aber jedenfalls innerhalb eines Jahres nach Ablauf der Widerrufsfrist. Andere Autoren sprechen sich zwar ebenfalls dafür aus, dass die Frist bei fehlender Erteilung einer Abschrift nicht zu laufen beginnt, sehen die Widerrufsmöglichkeit in diesem Falle jedoch nur durch das in Art. 2 Abs. 2 des türkischen ZGB statuierte Verbot rechtsmissbräuchlichen Handelns begrenzt.[2034] In Übereinstimmung mit

---

2032 Auch insoweit bleibt wiederum unklar, ob der türkische Gesetzgeber dadurch, dass er statt der Wendung „auf Papier“, die sich in Übereinstimmung mit den Vorgaben der Richtlinie an vielen Stellen der türkischen Regelung findet, den Begriff „schriftlich“ genutzt hat, ein Schriftformerfordernis begründen wollte. Siehe hierzu schon S. 443.

2033 Siehe zu dieser Auffassung *Zevkliler/Özel*, Tüketicinin Korunması Hukuku, S. 246 m.w.N.

2034 So *Aslan*, Tüketici Hukuku, 5. Aufl., S. 447.

Art. 14 Abs. 3 lit. a) S. 2 der neuen Verbraucherkreditrichtlinie genügt es gem. Art. 24 Abs. 2 S. 2 nVerbSchG für die Rechtzeitigkeit der Widerrufserklärung, wenn diese innerhalb der Widerrufsfrist abgegeben wird.

Die Rechtsfolgen des Widerrufs sind in Art. 24 Abs. 3 S. 1 nVerbSchG geregelt. Diesem zufolge hat der Verbraucher das Darlehen und die Zinsen, die vom Zeitpunkt der Inanspruchnahme des Darlehens bis zum Zeitpunkt seiner Rückzahlung angefallen sind, spätestens innerhalb von 30 Tagen nach Absendung der Widerrufserklärung dem Kreditgeber zurückzuzahlen. Dies entspricht den Vorgaben, die die Richtlinie in ihrem Art. 14 Abs. 3 lit b) insofern macht. Abweichungen hiervon bestehen allerdings in Bezug auf die Entschädigungen für Entgelte, die der Kreditgeber vom Verbraucher verlangen darf. Gem. Art. 14 Abs. 3 lit. b) der Richtlinie fallen hierunter lediglich Entgelte, die der Kreditgeber an Behörden entrichtet hat und nicht zurückverlangen kann. Die türkische Regelung in Art. 24 Abs. 3 S. 4 nVerbSchG verlangt hingegen nicht, dass die an Behörden entrichteten Entgelte nicht zurückverlangt werden können. Zudem bezieht sie an „Dritte" erfolgte Ausgaben in den Kreis der entschädigungsfähigen Entgelte ein. Die türkische Regelung weitet die Entschädigungspflicht des Verbrauchers für den Fall des Widerrufs folglich aus. Vor dem Hintergrund ihrer vollharmonisierenden Wirkung widerspricht dies der neuen Verbraucherkreditrichtlinie.

Über die Vorgaben der Richtlinie hinaus bestimmt Art. 24 Abs. 3 S. 2 nVerbSchG, dass der Widerruf als nicht erfolgt gilt, sofern der Verbraucher seine Rückzahlungsverpflichtung nicht innerhalb der genannten 30-Tagesfrist erfüllt. Vor dem Hintergrund der kurzen Zeitspanne, die zwischen der Inanspruchnahme des Kredits und seiner Rückzahlung besteht, und des legitimen Interesses der Bank, möglichst kurzzeitig dem Insolvenzrisiko des Verbrauchers ausgesetzt zu sein, dürfte es sich bei der getroffenen Regelung um eine verhältnismäßige Sanktion im Sinne des Art. 23 der neuen Verbraucherkreditrichtlinie handeln.

In Bezug auf Abzahlungsgeschäfte statuiert das nVerbSchG ebenfalls ein Widerrufsrecht. Gem. Art. 18 Abs. 1 nVerbSchG beträgt dieses sieben Tage und widerspricht damit der bereits erwähnten Vorgabe der Richtlinie. Abweichungen bestehen außerdem hinsichtlich des Fristbeginns. Gem. Art. 7 Abs. 2 der Verordnung betreffend Abzahlungsverkaufsverträge beginnt diese bei Abzahlungsgeschäften, die eine Dienstleistung zum Gegenstand haben, mit dem Abschluss des Vertrages; bei Abzahlungsgeschäften dagegen, die die Lieferung einer Ware zum Gegenstand haben, beginnt sie mit dem Erhalt der Ware durch den Verbraucher oder eine von diesem zur Entgegennahme bestimmten dritten Person. Diese Ausgestaltung widerspricht nicht nur den diesbezüglichen Vorgaben der neuen Verbraucherkreditrichtlinie. Sie offenbart zugleich, dass der türkische Gesetzgeber zwischen der Funktion des Widerrufsrechts bei Verbraucherkreditverträgen im Sinne der Artt. 22 ff. nVerbSchG und der Funktion des Widerrufsrechts bei Abzahlungsgeschäften im Sinne des 17 ff. unterscheidet. Denn den Legitimationsgrund des Widerrufsrechts bei Verbraucherkreditverträgen bildet die Gefährlichkeit des Vertragstyps an sich. Das Widerrufsrecht soll dem Verbraucher die Möglichkeit verschaffen, die Bedingungen des Vertrages nochmals zu reflektieren.[2035] Deshalb bildet die Erfüllung der vertraglichen Informationspflichten den maßgeblichen Moment für den Fristbeginn. Ein Abstellen auf den Erhalt der Ware als maßgeblichen Zeitpunkt für den Fristbeginn dient hingegen dazu, dem Verbraucher die Möglichkeit zu verschaffen, Qualität und Eigenschaften der Ware zu prüfen. Dass der türkische Gesetzgeber bei der Ausgestaltung des Widerrufsrechts in Bezug auf Abzahlungsgeschäfte vielmehr letztere Funktion im Sinne hatte, bestätigt auch die weitere Ausgestaltung des Widerrufsrechts. Dieses ist gem. Art. 18 Abs. 3 S. 1 nVerbSchG nämlich für den Fall ausgeschlossen, dass die Nutzung der Ware über eine gewöhnliche Prüfung hinausgegangen ist. Der türkische Gesetzgeber verortete die Abzahlungsgeschäfte bei der Ausgestaltung des nVerbSchG folglich eher bei den Fernabsatzverträgen über Sachen als bei den Verbraucherkreditverträgen. Dieses abweichende Verständnis des Charakters von Abzahlungsgeschäften dürfte auch erklären, wieso der türkische Gesetzgeber trotz der Übernahme des weiten Verbraucherkreditbegriffs dennoch eigenständige Regelungen über Abzahlungsgeschäfte geschaffen hat.

Vom Anwendungsbereich des Art. 24 nVerbSchG und des Art. 24 der Verbraucherkreditverordnung richtlinienwidrig nicht ausgenommen sind Verträge über Überziehungsmöglichkeiten.

ff) Vorzeitige Erfüllung

Art. 16 Abs. 1 der neuen Verbraucherkreditrichtlinie entsprechend sieht Art. 27 Abs. 1 S. 1 nVerbSchG die Berechtigung des Verbrauchers vor, seine Verbindlichkeiten aus dem Kreditvertrag vorzeitig zu erfüllen. Gem. S. 2 derselben Regelung ist der Kreditgeber in diesen Fällen zudem ebenfalls verpflichtet, eine entsprechende Ermäßigung der Gesamtkosten des Kredits vorzunehmen.

Richtlinienwidrig nicht nachvollzogen wurde dagegen der in Art. 16 Abs. 2 der Richtlinie vorgegebene Anspruch des Kreditgebers, im Falle der vorzeitigen Rückzahlung Entschädigung für bestimmte Kosten verlangen zu können. Ein solcher Anspruch war zwar in Übereinstimmung mit den Art. 16 Abs. 2 und 3 der Richtlinie im ursprünglichen Entwurf des nVerbSchG in Form weiterer Absätze

2035 Siehe zu alldem *Arici*, in: *Dieckmann/Sorge*, Homo oeconomicus, S. 145 f.

des Art. 16 enthalten.[2036] Die betreffenden Passagen sind jedoch im Verlaufe des Gesetzgebungsverfahrens wieder gestrichen worden. Mit welcher Begründung und durch welchen Beteiligten am Verfahren dies geschehen ist, geht aus den öffentlich zugänglichen Gesetzgebungsmaterialien indes nicht hervor.

Eine Regelung zur Frage der vorzeitigen Rückzahlung findet sich in Art. 20 nVerbSchG auch bzgl. der Abzahlungsgeschäfte. Der Verbraucher ist gem. S. 1 dieser Regelung gleichfalls zur vorzeitigen Erfüllung seiner Verbindlichkeiten berechtigt. Ferner muss gem. S. 2 in einem solchen Fall ebenso eine entsprechende Ermäßigung der Kosten vorgenommen werden. Allerdings bezieht sich die Ermäßigung dem Wortlaut zufolge hierbei nur auf die Zinsen und etwaige Provisionen. Ob sie auch andere Gebühren und Kosten umfasst bleibt unklar, muss aufgrund des eindeutigen Wortlauts wohl aber abgelehnt werden.[2037] Letzteres widerspricht der Vorgabe in Art. 16 Abs. 1 der Richtlinie.

Vom Anwendungsbereich der Bestimmungen über die vorzeitige Rückzahlung richtlinienwidrig ausgenommen sind gem. Art. 2 Abs. 3 der Verbraucherkreditverordnung Kreditkartenverträge.

gg) Erhalt von Einwendungen

Mit Art. 27 der Verbraucherkreditverordnung wurde für den Bereich des Verbraucherkreditrechts erstmalig eine eigenständige Regelung zur Frage des Erhalts von Einwendungen im Falle der Forderungsabtretung geschaffen. Die Regelung ist dem Art. 17 der neuen Verbraucherkreditrichtlinie nachgebildet.

In Bezug auf Abzahlungsgeschäfte findet sich eine solche Regelung hingegen nicht. Allerdings greift insoweit die allgemeine Regelung des Art. 188 des neuen türkischen OR, die ebenfalls einen Erhalt von Einwendungen im Falle der Abtretung vorsieht.

hh) Einwendungsdurchgriff

Verbundene Kreditverträge haben in Art. 30 nVerbSchG eine Regelung erfahren. Die Vorschrift beginnt mit einer Definition dieses Begriffs in den Absätzen 1 und 2. Diese Definition stellt weitestgehend eine Übersetzung der in Art. 3 lit. n) der neuen Verbraucherkreditrichtlinie enthaltenen Vorgabe dar.

In Übereinstimmung mit Art. 15 Abs. 1 der Richtlinie schließt sich hieran mit Art. 30 Abs. 3 nVerbSchG eine Regelung an, der zufolge der Verbraucher

---

2036 Dies ergibt sich aus der insoweit unangepassten Amtlichen Begründung zu den einzelnen Bestimmungen, Art. 27 nVerbSchG.

2037 So auch *Aslan*, Tüketici Hukuku, 5. Aufl., S. 396.

im Falle des Widerrufs eines Vertrages über die Lieferung einer Ware oder die Erbringung einer Dienstleistung auch nicht mehr an einen hiermit verbundenen Kreditvertrag gebunden ist. Anders als die Richtlinie verlangt die türkische Regelung hierfür jedoch, dass der Widerruf innerhalb der Widerrufsfrist auch dem Kreditgeber gegenüber erklärt werden muss. Innerhalb der türkischen Literatur wird allerdings unter Verweis auf die betreffenden Ausführungen in der amtlichen Begründung vielfach vertreten, dass eine Erklärung des Widerrufs auch dem Kreditgeber gegenüber lediglich Voraussetzung dafür sei, einer etwaigen Schadensersatzpflicht oder Vertragsstrafe zu entgehen.[2038] Der verbundene Kreditvertrag selbst ende folglich auch dann, wenn keine zusätzliche Widerrufserklärung gegenüber dem Kreditgeber erfolge.[2039]

Daneben sieht Art. 30 Abs. 4 S. 1 nVerbSchG in Bezug auf verbundene Kreditverträge vor, dass der Kreditgeber im Falle einer Nicht- oder Schlechtleistung der Ware bzw. der Dienstleistung gesamtschuldnerisch mit dem Verkäufer bzw. Anbieter im Hinblick auf eine etwaige Minderung oder einen etwaigen Rücktritt haftet. Hierbei ist der Kredit im Falle einer Minderung gem. S. 2 der Vorschrift entsprechend anzupassen. Für den Fall des Rücktritts ist gem. S. 3 eine gesamtschuldnerische Rückzahlungsverpflichtung von Kreditgeber und Verkäufer bzw. Anbieter vorgesehen. Die Regelung dürfte aufgrund des den Mitgliedstaaten diesbezüglich in Art. 15 Abs. 2 S. 2 und Abs. 3 der Richtlinie eingeräumten weiten Spielraums insgesamt den Vorgaben derselben entsprechen.

Vom Anwendungsbereich der Bestimmungen über verbundene Kreditverträge richtlinienwidrig ausgenommen sind gem. Art. 2 Abs. 3 der Verbraucherkreditverordnung Kreditkartenverträge und Verträge über Überziehungsmöglichkeiten.

ii) Sonstiges

Das nVerbSchG hält sowohl in Bezug auf Verbraucherkreditverträge als auch in Bezug auf Abzahlungsverträge eine Regelung über die Gesamtfälligstellung der Verbindlichkeit im Falle des Zahlungsverzugs des Verbrauchers vor, die sich in einigen Punkten unterscheiden. So setzt Art. 28 Abs. 1 nVerbSchG in Bezug auf Verbraucherkreditverträge unter anderem voraus, dass der Verbraucher mit mindestens zwei Raten in Verzug ist. Art. 19 Abs. 1 nVerbSchG verlangt hiervon abweichend für Abzahlungsverträge darüber hinaus, dass die beiden

2038 Siehe zu dieser Auffassung *Zevkliler/Özel*, Tüketicinin Korunması Hukuku, S. 396 m.w.N.

2039 *Zevkliler/Özel*, Tüketicinin Korunması Hukuku, S. 396.

Raten mindestens 10 % des Restschuldbetrages ausmachen und ist damit stärker zugunsten des Verbrauchers ausgestaltet. Wieso insoweit ein unterschiedliches Schutzniveau statuiert wurde, bleibt unklar.[2040]

Noch fragwürdiger erscheint diese unterschiedliche Ausgestaltung nach einem Blick in die allgemeinen Bestimmungen des türkischen Obligationenrechts. Dort findet sich nämlich in Art. 259 des neuen türkischen OR ebenfalls eine Regelung zur Gesamtfälligstellung im Rahmen von Abzahlungsgeschäften, die in ihrem Abs. 2 gleichermaßen zusätzlich voraussetzt, dass die maßgeblichen zwei Raten mindestens 10 % des Kaufpreises ausmachen. Von der bereits gestellten Frage abgesehen, wieso sich neben der Regelung im nVerbSchG überhaupt eine Regelung zu Abzahlungsgeschäften im neuen türkischen OR findet, stellt sich insoweit die Frage, wieso selbst die Regelung innerhalb der allgemeinen Bestimmungen ein höheres Schutzniveau für den Verbraucher aufweist, als die entsprechende Regelung für Verbraucherkreditverträge im Verbraucherschutzgesetz.

Zufällig anmutende Unterschiede bestehen dabei auch zwischen den beiden Gesamtfälligkeitsregelungen in Bezug auf Abzahlungsgeschäfte. Während die Regelung in Art. 259 Abs. 2 des neuen türkischen OR verlangt, dass die ausgebliebenen Raten 10 % des *Kaufpreises* ausmachen, verlangt Art. 19 Abs. 1 nVerbSchG, dass sie 10 % der *Restschuld* ausmachen. Dabei ist letztere Regelung des nVerbSchG im Vergleich sogar unvorteilhafter für den Verbraucher. Nichtsdestotrotz weist Art. 19 Abs. 1 nVerbSchG aufgrund seiner übrigen Voraussetzungen richtigerweise dennoch ein höheres Verbraucherschutzniveau als die Regelung in Art. 259 des neuen türkischen OR auf.

Die vorstehenden Ausführungen unterstreichen nochmals die an vielen Stellen weiterhin fehlende Abstimmung zwischen den Regelungen des nVerbSchG und des türkischen OR. Sie offenbaren zudem, dass stellenweise auch innerhalb des nVerbSchG die notwendige Abstimmung fehlt.

Daneben finden sich innerhalb des nVerbSchG noch einige weitere Regelungen, die über die Vorgaben der Richtlinie hinausgehen. So kann gem. Art. 29 Abs. 1 nVerbSchG eine Versicherung mit dem Verbraucher nicht vereinbart werden, wenn dieser eine solche nicht auf Papier oder mittels eines dauerhaften Datenträgers nachfragt.

Ferner bestimmt Art. 31 Abs. 1 S. 1 nVerbSchG, dass für ein Konto, welches lediglich in Zusammenhang mit einem befristeten Kredit eröffnet und genutzt wird, vom Verbraucher kein Entgelt verlangt werden darf.

2040 Diese unbegründeten Unterschiede im Schutzniveau kritisierend *Aslan*, Tüketici Hukuku, 5. Aufl., S. 438.

Ohne ausdrücklichen Wunsch des Verbrauchers darf im Zusammenhang mit einem Verbraucherkredit auch kein Vertrag über ein Konto mit Überziehungsmöglichkeit abgeschlossen werden.

Schließlich müssen die Kreditkartenunternehmen gem. Art. 31 Abs. 3 nVerbSchG eine unentgeltliche Kreditkarte zur Verfügung stellen.

jj) Zusammenfassende Würdigung

Im Zuge der Neuregelung wurde der Anwendungsbereich der türkischen Vorschriften betreffend Verbraucherkreditverträge stark im Sinne der neuen Verbraucherkreditrichtlinie ausgeweitet. Abermals ist dies jedoch gerade nicht innerhalb des eigentlichen Verbraucherschutzgesetzes, sondern auf Ebene der delegierten Rechtssetzung geschehen. Während im Zuge der Neuregelung die im Zusammenhang mit dem aVerbSchG häufig vorgebrachte Kritik der Missachtung der Normenhierarchie an vielen Stellen aufgegriffen und zahlreiche Verordnungsregelungen in das nVerbSchG „hochgezont" wurden, hat der türkische Normgeber in Bezug auf Verbraucherkreditverträge somit an seiner früheren Regelungsweise festgehalten. Hierfür könnte möglicherweise mitursächlich gewesen sein, dass im Bereich des Verbraucherkreditrechts bis zur Neuregelung noch keine Verordnung bestand.

Beigetragen zu dieser Ausweitung des sachlichen Anwendungsbereichs hat, dass unter dem Eindruck des vollharmonisierenden Charakters der neuen Verbraucherkreditrichtlinie zahlreiche Bestimmungen vollständig oder beinahe unverändert nachvollzogen wurden. Wie auch im Rahmen der Änderungen am Nachvollzug der Verbrauchsgüterkaufrichtlinie wurde dabei jedoch der diesen Bestimmungen zugrunde liegende Ansatz trotz ihres formalen Nachvollzugs nicht vollständig übernommen. Während sich diese Übernahme im Zusammenhang mit den Bestimmungen der Verbrauchsgüterkaufrichtlinie auf das nVerbSchG beschränkte und auf diese Weise eine inkohärente Gemengelage mit den allgemeinen Kaufrechtsbestimmungen schuf, ist die Übernahme des den Anwendungsbestimmungen der neuen Verbraucherkreditrichtlinie zugrunde liegenden modernen Ansatzes schon innerhalb des nVerbSchG selbst nicht vollständig erfolgt, sodass insoweit schon das Gesetz selbst eine inkohärente Gemengelage aufweist.

Dieser Geburtsfehler hat zahlreiche wesentliche Nachvollzugsdefizite in Bezug auf die gesondert geregelten Abzahlungsgeschäfte nach sich gezogen. Daneben ist es zudem nicht gelungen, die zahlreichen Ausnahmen und Einschränkungen des Anwendungsbereichs der Richtlinie korrekt nachzuvollziehen. Dies hat an vielen Stellen zu einer richtlinienwidrigen Ausgestaltung geführt. In anderen

Hinsichten hat es dagegen auch dazu geführt, dass der Anwendungsbereich der türkischen Bestimmungen in zulässiger Weise weit über den Anwendungsbereich der Richtlinie hinausgegangen ist.

Unsicherheiten werden wiederholt auch im Umgang mit den Formvorgaben der Richtlinie erkennbar. Selbiges gilt für die eigenständige Anknüpfung von Rechtsfolgen an die Missachtung der Form. Fehlen Rechtsfolgenregelungen innerhalb der Richtlinie, fehlen sie häufig auch innerhalb der türkischen Bestimmungen. Stellenweise lässt sich freilich auch ein grundloses Ausbleiben des Nachvollzugs vorhandener Richtlinienvorgaben beobachten.

Daneben hat der türkische Normgeber zum Schutze des Verbrauchers auch eigene Akzente außerhalb des Gegenstandsbereichs der Richtlinie gesetzt. Stellenweise fehlt es insoweit jedoch an einer Abstimmung zwischen den unterschiedlichen Bestimmungen nVerbSchG selbst. Darüber hinaus fehlt es zudem an einer Abstimmung zwischen den Regelungen des nVerbSchG bzw. der dazugehörigen Verordnungen und den allgemeinen Bestimmungen des türkischen OR. Friktionen zwischen diesen beiden Teilen der Rechtsordnung ergeben sich folglich nicht nur aus dem Nachvollzug der europäischen Richtlinienvorgaben.

Insgesamt lässt sich feststellen, dass mit der Neuregelung die türkischen Vorschriften über Verbraucherkredite den Vorgaben der neuen Verbraucherkreditrichtlinie stärker angenähert wurden. Wenn auch zahlreiche Defizite bestehen, weisen die aktuellen Regelungen insofern einen hohen Angleichungsgrad auf.

b) Nachvollzug der Richtlinie 2008/122/EG

Erstmalig nachvollzogen wurde mit dem nVerbSchG die *Richtlinie 2008/122/EG über den Schutz der Verbraucher im Hinblick auf bestimmte Aspekte von Teilzeitnutzungsverträgen, Verträgen über langfristige Urlaubsprodukte sowie Wiederverkaufs- und Tauschverträge.*[2041] Den betreffenden Bestimmungen wurde im 5. Abschnitt („*Andere Verbraucherverträge*") des 4. Teils („*Verbraucherverträge*") mit Art. 50 nVerbSchG ein Artikel mit elf Absätzen gewidmet. Entsprechend dem erweiterten Gegenstandsbereich der neuen Timesharing-Richtlinie trägt Art. 50 nVerbSchG die Überschrift „*Zeitabschnittsferienverträge und Verträge über langfristige Urlaubsdienstleistungen*".

2041 Richtlinie 2008/122/EG des Europäischen Parlaments und des Rates vom 14. Januar 2009 über den Schutz der Verbraucher im Hinblick auf bestimmte Aspekte von Teilzeitnutzungsverträgen, Verträgen über langfristige Urlaubsprodukte sowie Wiederverkaufs- und Tauschverträge.

Daneben hat das türkische Zoll- und Handelsministerium eine *Verordnung betreffend Zeitabschnittsferienverträge und Verträge über langfristige Urlaubsdienstleistungen* erlassen.[2042]

aa) Anwendungsbereich

Art. 50 nVerbSchG beginnt mit einer Definition von Zeitabschnittsferienverträgen. Diese stimmt weitestgehend mit der entsprechenden Vorgabe in Art. 2 Abs. 1 lit. a) der neuen Timesharing-Richtlinie über den *„Teilzeitnutzungsvertrag"* überein. Abweichend von der Richtlinienvorgabe fehlt lediglich das Merkmal *„gegen Entgelt"*. Das Entgelterfordernis ergibt sich aber ohnehin aus den allgemeinen Anwendungsbestimmungen des nVerbSchG.[2043] Daneben wird auch in Bezug auf die Neuregelung in Teilen der türkischen Literatur weiterhin verlangt, dass die Immobilie für Ferienzwecke geeignet sein und auch entsprechende (Ferien-)Dienstleistungen angeboten werden müssten.[2044] Letztere Auffassung lässt sich allerdings mit der neuen Timesharing-Richtlinie ebenso nicht in Einklang bringen, da auch diese sich gerade nicht auf Ferienimmobilien beschränkt.

Eine große Neuerung gegenüber dem aVerbSchG und einen wichtigen Schritt in Bezug auf die Annäherung der türkischen Bestimmungen sowohl in Bezug auf die alte als auch in Bezug auf die neue Timesharing-Richtlinie stellt die Bestimmung in Art. 50 Abs. 2 S. 1 nVerbSchG dar. Diese legt fest, dass es für die Anwendung der türkischen Timesharing-Regelung keinen Unterschied macht, ob es sich bei dem betreffenden Rechtsgeschäft um eine schuldrechtliche oder eine dingliche Timesharing-Konstruktion handelt. Art. 2 Abs. 2 der dazugehörigen Verordnung konkretisiert die vorgenannte Bestimmung des nVerbSchG dahingehend, dass es auch keinen Unterschied macht, wenn das Nutzungsrecht des Zeitabschnittsferienvertrages über eine Vereinsmitgliedschaft oder eine Unternehmensbeteiligung vermittelt wird. Art. 2 Abs. 3 der Verordnung stellt schließlich nochmals klar, dass Verträge über Zeitabschnittseigentum und ähnliche dingliche Konstruktionen Zeitabschnittsferienverträge im Sinne der Verordnung darstellen, sofern sie die grundlegenden Voraussetzungen, die an einen Zeitabschnittsferienvertrag gestellt werden, erfüllen. Art. 4 Abs. 1 lit. ç) der Verordnung verweist in diesem Zusammenhang auf die Definition von Zeitabschnittseigentum im Gesetz Nr. 634 über Stockwerkseigentum.

2042 Verkündet am 14.01.2015 im türkischen Amtsblatt (Nr. 29236).

2043 In diese Richtung auch *Aslan*, Tüketici Hukuku, 5. Aufl., S. 628.

2044 So wiederum *Aslan*, Tüketici Hukuku, 5. Aufl., S. 629.

Die willkürliche Unterscheidung zwischen schuldrechtlichen und dinglichen Timesharing-Konstruktionen im Zusammenhang mit dem Schutz des Verbrauchers ist mit dem nVerbSchG und der dazugehörigen Verordnung somit beendet und die neue Timesharing-Richtlinie ihren Vorgaben entsprechend insoweit vollumfänglich nachvollzogen worden.

Übereinstimmend mit der neuen Richtlinie erstreckt sich die türkische Regelung seither auch auf langfristige Urlaubsprodukte. Diese werden in Art. 50 Abs. 3 nVerbSchG definiert. Die Definition stimmt weitestgehend mit der Vorgabe in Art. 2 Abs. 1 lit. b) der neuen Richtlinie überein. Eine Abweichung besteht wiederum nur in Bezug auf das Merkmal *„gegen Entgelt"*, wobei auch insoweit das bereits Gesagte gilt.

Nicht auf Ebene des nVerbSchG definiert wurden indes Wiederverkaufs- und Tauschverträge. Dagegen wurden innerhalb der dazugehörigen Verordnung insoweit Definitionen verankert. So werden Tauschverträge in Art. 4 Abs. 1 lit. c) der Verordnung definiert. Die Definition entspricht weitestgehend der Vorgabe in Art. 2 Abs. 1 lit. d) der neuen Richtlinie. Wiederverkaufsverträge werden in Art. 4 Abs. 1 lit. k) definiert. Auch diese Definition deckt sich weitestgehend mit der Vorgabe in Art. 2 Abs. 1 lit. c) der Richtlinie. Beiden Definitionen fehlt ebenso das Merkmal *„gegen Entgelt"*, wobei insoweit wiederum auf die obige Ausführung verwiesen werden kann.

Neu, jedoch nicht auf die neue Timesharing-Richtlinie zurückführbar, ist ferner Art. 50 Abs. 2 S. 2 nVerbSchG. Dieser bestimmt, dass ein Zeitabschnittsferienvertrag mit Vorauszahlung nicht wirksam geschlossen werden kann, sofern für die geplante Timesharing-Anlage noch keine Baugenehmigung erteilt wurde. Diese Regelung soll den Verbraucher vor den besonderen Gefahren bei Timesharing-Verträgen mit Vorauszahlungspflicht schützen. Es finden sich in dieser Hinsicht weitere Bestimmungen innerhalb des Art. 50 nVerbSchG und der dazugehörigen Verordnung. Dieser spezielle Problembereich dürfte wohl außerhalb des Gegenstandsbereichs der neuen Timesharing-Richtlinie liegen und die vorgenannte Regelung daher zulässig sein.

Insgesamt wurde der Anwendungsbereich der türkischen Bestimmungen zu Timesharing-Verträgen bedeutend ausgeweitet und im Sinne der neuen Verbraucherkreditrichtlinie auf weitere in dieser Branche gebräuchliche Vertragstypen erstreckt. Die türkischen Bestimmungen wurden den Vorgaben der neuen Timesharing-Richtlinie somit stärker angenähert.

bb) Informationspflichten

Eine dem Art. 3 der neuen Timesharing-Richtlinie entsprechende Regelung über Werbung findet sich auf Ebene des nVerbSchG nicht. Lediglich mit Art. 5 Abs. 5 der dazugehörigen Verordnung wurde der Werbeveranstaltungen betreffende Art. 3 Abs. 2 der Richtlinie nachvollzogen. Abweichend von dieser Vorgabe bestimmt Art. 5 Abs. 5 der Verordnung jedoch, dass der Geschäftszweck und die Art der Veranstaltung dem Verbraucher im Zuge der Einladung schriftlich oder auf einem dauerhaften Datenträger mitgeteilt werden müssen. Da die Richtlinie insoweit keine Form vorgibt, widerspricht die strengere türkische Regelung dieser Vorgabe. Ein Nachvollzug von Art. 3 Abs. 1 der Richtlinie fehlt im Übrigen.

Der Vorgabe in Art. 4 Abs. 1 der neuen Timesharing-Richtlinie entsprechend muss der Gewerbetreibende nach Art. 50 Abs. 4 nVerbSchG dem Verbraucher vorvertragliche Informationen erteilen. Die Vorgabe der Richtlinie, dass diese Informationen rechtzeitig bevor der Verbraucher an einen Vertrag oder ein Angebot gebunden ist erteilt werden müssen, wurde durch den türkischen Gesetzgeber dabei dahingehend „konkretisiert", dass die besagten Informationen *„[…] mindestens einen Tag vor Vertragsschluss"* zur Verfügung stehen müssen. Vor dem Hintergrund der Komplexität der zu erteilenden Information dürfte diese Zeitspanne jedoch nicht der Richtlinienvorgabe einer *rechtzeitigen* Erteilung entsprechen.[2045] Die türkische Bestimmung stellt daher wohl keine zulässige Konkretisierung der betreffenden Vorgabe dar.

Art. 5 Abs. 3 der dazugehörigen Verordnung, der die Regelung in Art. 50 Abs. 4 nVerbSchG konkretisiert, bedient sich dabei derselben Regelungstechnik wie Art. 4 Abs. 1 der neuen Richtlinie. So verweist die Verordnungsbestimmung hinsichtlich der zu erteilenden vorvertraglichen Informationen für jeden Vertragstyp auf einen gesonderten Anhang zur Verordnung. Eine Abweichung von der Richtlinie besteht nur insoweit, dass für Timesharing-Verträge mit Vorauszahlungspflicht ein gesonderter Anhang geschaffen wurde, der sich so in der Richtlinie nicht findet. Die vorvertraglichen Informationen müssen gem. Art. 5 Abs. 1 der Verordnung schriftlich oder auf einem dauerhaften Datenträger erteilt werden. Die Richtlinie gibt insoweit in ihrem Art. 4 Abs. 2 aber lediglich vor, dass die Informationen in *Papierform* oder auf einem anderen dauerhaften Datenträger zur Verfügung gestellt werden müssen. Wieso der türkische Gesetzgeber stattdessen zu dem Begriff *„schriftlich"* gegriffen hat und ob hiermit tatsächlich

---

2045 Vgl. *Micklitz/Rott*, in: *Dauses/Ludwigs*, EU-WirtschaftsR-HdB, Stand Oktober 2021, Abschnitt H. V. Rn. 376. Die Unzulänglichkeit dieser kurzen Zeitspanne kritisiert auch *Aslan*, Tüketici Hukuku, 5. Aufl., S. 629.

die Schriftform gemeint ist oder in Übereinstimmung mit der Richtlinienvorgabe letztlich doch nur die geforderte Papierform, bleibt unklar. Diese Unklarheit wird dadurch verstärkt, dass in der amtlichen Begründung wiederum von einer Erteilung *auf Papier* oder einem dauerhaften Datenträger die Rede ist. In der türkischen Literatur wird im Rahmen der entsprechenden Ausführungen häufig die Formulierung der amtlichen Begründung übernommen.[2046] Diese uneinheitliche Begriffswahl in Bezug auf die Form deutet abermals auf eine gewisse Unsicherheit des türkischen Normgebers im Umgang mit den entsprechenden Vorgaben der Richtlinie hin.

In Bezug auf die Anhänge lässt sich feststellen, dass es sich bei ihnen nicht um reine Übersetzungen der entsprechenden Anhänge der neuen Timesharing-Richtlinie handelt. Zwar ist der überwiegende Teil der zu erteilenden Informationen aus den Vorgaben der entsprechenden Anhänge der neuen Richtlinie übernommen worden. Nichtsdestotrotz fehlen Informationen. Die größten Defizite bestehen in Bezug auf das gesonderte Formblatt zur Erleichterung der Wahrnehmung des Widerrufsrechts (Anhang V der neuen Richtlinie). Sein türkisches Pendant in *„Anhang 6"* der dazugehörigen Verordnung enthält nämlich gerade keine Informationen über das Widerrufsrecht, sondern lediglich einen sehr einfach gehaltenen Lückentext als Vorlage einer solchen Erklärung. Insgesamt finden sich die nach der neuen Timesharing-Richtlinie zu erteilenden vorvertraglichen Informationen nur unzureichend in den türkischen Bestimmungen bzw. Anhängen wieder. Vollständig fehlt dagegen eine dem Art. 4 Abs. 3 der Richtlinie entsprechende Sprachenregelung in Bezug auf die Pflicht zur vorvertraglichen Information. Überdies findet sich weder auf Ebene des nVerbSchG noch auf Ebene der Verordnung eine der Vorgabe in Art. 5 Abs. 4 UAbs. 1 der Richtlinie entsprechende Regelung darüber, dass der Gewerbetreibende den Verbraucher vor Vertragsschluss ausdrücklich auf das Widerrufsrecht, die Widerrufsfrist sowie das während dieser Frist geltende Anzahlungsverbot hinzuweisen hat.

Der jeweilige Vertrag selbst muss gem. Art. 6 Abs. 6 S. 1 der dazugehörigen Verordnung neben den vorvertraglichen Informationen zusätzlich die Identität und den Wohnsitz des Verbrauchers sowie das Datum und den Ort des Vertragsschlusses beinhalten. Angaben über die Identität und den Wohnsitz des Unternehmers sind dagegen schon Bestandteil der vorvertraglichen Information. Zwar entspricht diese Ausgestaltung damit grundsätzlich den Vorgaben

---

2046 So bspw. *Aslan*, Tüketici Hukuku, 5. Aufl., S. 616; *Zevkliler/Özel*, Tüketicinin Korunması Hukuku, S. 348.

des Art. 5 Abs. 4 UAbs. 3 über die vertragliche Information. Da jedoch schon die in den Anhängen der Verordnung statuierten vorvertraglichen Informationen nur unzureichend die betreffenden Vorgaben der Richtlinie widerspiegeln, führt ihre zusätzliche Aufnahme in den Vertrag – obgleich von der Richtlinie so vorgesehen – freilich wiederum dazu, dass auch die vertraglichen Informationen insoweit nur unzureichend den betreffenden Richtlinienvorgaben entsprechen. Im Ergebnis weist die türkische Regelung diesbezüglich somit trotzdem Nachvollzugsdefizite auf.

Eine dem Art. 5 Abs. 2 der neuen Timesharing-Richtlinie entsprechende Regelung darüber, dass die vorvertraglichen Informationen fester Vertragsbestandteil sind und grundsätzlich nicht geändert werden dürfen, findet sich dagegen nicht im nVerbSchG. Allerdings statuiert Art. 5 Abs. 4 der dazugehörigen Verordnung eine diesen Vorgaben entsprechende Regelung. Anders als die Richtlinie in Art. 5 Abs. 2 UAbs. 2 sieht Art. 5 Abs. 4 der Verordnung jedoch nicht lediglich vor, dass die ausnahmsweise Änderung der vorvertraglichen Informationen dem Verbraucher vor Abschluss des Vertrages in Papierform oder auf einem dauerhaften Datenträger mitgeteilt werden muss. Sie verlangt vielmehr, dass über die betreffende Änderung eine Zustimmung des Verbrauchers in schriftlicher Form oder auf einem dauerhaften Datenträger eingeholt wird. Diese strengere Ausgestaltung dürfte der neuen Timesharing-Richtlinie indes aufgrund ihrer vollharmonisierenden Wirkung widersprechen.

Der jeweilige Vertrag muss nach Art. 50 Abs. 5 S. 1 nVerbSchG eigenhändig durch den Verbraucher unterzeichnet werden. Zudem muss dieser nach derselben Vorschrift eigenhändig das Datum des Vertragsschlusses eintragen. Ausgenommen von diesen Anforderungen sind lediglich Fernabsatzverträge. Ob diese Ausgestaltung durch den türkischen Normgeber mit der Richtlinie vereinbar ist, erscheint fraglich. Zwar verlangt diese in ihrem Art. 5 Abs. 3 lit. a) auch, dass der Vertrag die Unterschrift jeder Partei enthält. Allerdings verlangt letztere Bestimmung nicht, dass die Unterschrift gerade eigenhändig erfolgen muss. Zudem ist eine eigenhändige Eintragung des Datums durch den Verbraucher ebenfalls nicht in der Richtlinie vorgesehen. Die insoweit strengeren Bestimmungen der türkischen Rechtsordnung dürften daher der neuen Timesharing-Richtlinie aufgrund ihrer vollharmonisierenden Wirkung widersprechen. Zulässig sein dürfte dagegen wohl die Regelung des Art. 50 Abs. 5 S. 3 nVerbSchG, der zufolge gesetzliche Bestimmungen, die noch strengere Formvorschriften vorsehen, von den vorgenannten Anforderungen unberührt bleiben. Sie bezieht sich nämlich auf sachenrechtliche Vorschriften, die im Zusammenhang mit dinglichen Timesharing-Konstruktionen Anwendung finden. Gem. Art. 1 Abs. 2 lit. b) der neuen Richtlinie lässt diese aber Rechtsvorschriften über die Eintragung unbeweglichen oder beweglichen Eigentums und die Übertragung von unbeweglichem Eigentum aber gerade unberührt. Neben den genannten Formanforderungen muss dem Verbraucher in Übereinstimmung mit der Vorgabe in Art. 5 Abs. 5 der neuen Richtlinie ferner eine Ausfertigung des Vertrages auf Papier oder auf einem dauerhaften Datenträger erteilt werden.

Eine der Vorgabe in Art. 5 Abs. 4 UAbs. 2 der neuen Richtlinie entsprechende Regelung darüber, dass die Vertragsbestimmungen über das Widerrufsrecht, die Widerrufsfrist und das Anzahlungsverbot gesondert unterzeichnet werden müssen, findet sich weder auf Ebene des nVerbSchG noch auf Ebene der dazugehörigen Verordnung. In Übereinstimmung mit Art. 5 Abs. 4 UAbs. 3 der Richtlinie muss dem Verbraucher gem. Art. 8 Abs. 2 der Verordnung jedoch im Zeitpunkt des Vertragsschlusses schriftlich oder auf einem dauerhaften Datenträger das im Anhang der Verordnung enthaltene Formblatt zum Widerrufsrecht übergeben werden. Anders als die Richtlinie, die lediglich eine zur Verfügungstellung in *Papierform* oder auf einem dauerhaften Datenträger vorsieht, ist die türkische Regelung bzgl. der Formanforderungen scheinbar strenger ausgestaltet. Zudem weist das besagte Formblatt gegenüber seinem Pendant im Anhang der neuen Richtlinie beträchtliche Defizite auf.

cc) Vertragsmodalitäten

Gem. Art. 50 Abs. 6 S. 2 nVerbSchG sind bei Teilzeitnutzungsverträgen, Verträgen über langfristige Urlaubsprodukte und Tauschverträgen Anzahlungen vor Ende der Widerrufsfrist untersagt. Ausgenommen hiervon sind nach vorstehender Bestimmung Verträge über Zeitabschnittseigentum. Diese Ausgestaltung widerspricht der Vorgabe in Art. 9 Abs. 1 der neuen Timesharing-Richtlinie. Dieser zufolge bezieht sich das Anzahlungsverbot nämlich auch auf dingliche Konstruktionen.

Daneben findet sich eine dem Art. 9 Abs. 2 der neuen Richtlinie entsprechende Sonderregelung für Wiederverkaufsverträge in Art. 9 Abs. 5 der dazugehörigen Verordnung. Dieser zufolge ist bei Wiederverkaufsverträgen eine Anzahlung bis zur Realisierung des Wiederverkaufs ausgeschlossen.

Die in Art. 10 der neuen Richtlinie vorgegebenen besonderen Bestimmungen für Verträge über langfristige Urlaubsprodukte wurden vollständig in Art. 12 Abs. 1, Art. 13 Abs. 1 und Abs. 2 nachvollzogen. Problematisch erscheint hierbei, dass das in Art. 10 Abs. 1 der neuen Richtlinie vorgegebene Papierformerfordernis durch den türkischen Normgeber wiederum mit dem Begriff „*schriftlich*" nachvollzogen wurde. Zudem verlangt die türkische Regelung in Art. 13 Abs. 2 der Verordnung, dass der Verbraucher eine Beendigung des Vertrages schriftlich oder auf einem dauerhaften Datenträger mitteilt. Art. 10 Abs. 2 der Richtlinie fordert insofern jedoch lediglich, dass der Unternehmer in Kenntnis gesetzt wird, ohne diesbezüglich eine bestimmte Form vorzugeben.

dd) Widerrufsrecht

In Übereinstimmung mit Art. 6 Abs. 1 der neuen Timesharing-Richtlinie sieht Art. 50 Abs. 6 S. 1 nVerbSchG ein 14-tägiges Widerrufsrecht vor. Beginn und Ende dieser Frist werden dagegen auf Ebene des nVerbSchG nicht geregelt. Diesbezügliche Bestimmungen finden sich lediglich innerhalb der dazugehörigen Verordnung. So bestimmt Art. 7 Abs. 1 der Verordnung den Vertragsschluss zum maßgeblichen Zeitpunkt für den Fristbeginn. Gleichwohl nicht an die 14-tägige Widerrufsfrist gebunden ist der Verbraucher nach Art. 10 Abs. 1 S. 1 der Verordnung jedoch, sofern der Unternehmer die vorvertraglichen, vertraglichen oder die auf das Widerrufsrecht bezogenen Informationspflichten nicht erfüllt hat. Gem. Art. 10 Abs. 1 S. 2 der Verordnung endet das Widerrufsrecht in diesem Fall jedenfalls ein Jahr nach dem Ablauf der eigentlichen Widerrufsfrist. Sollte innerhalb dieses Zeitraums die betroffene Informationspflicht durch den Unternehmer nachgeholt werden, beginnt die 14-tägige Widerrufsfrist gem. Art. 10 Abs. 2 der Verordnung mit dem Zeitpunkt der Nachholung. Die vorstehenden Regelungen weichen dabei in zweifacher Hinsicht von den entsprechenden Richtlinienvorgaben ab. Zum einen erfolgt in Bezug auf den Beginn der Widerrufsfrist keine Differenzierung danach, ob der Verbraucher zum Zeitpunkt des Vertragsschlusses den Vertrag erhalten hat oder nicht, so wie es in Art. 6 Abs. 2 der neuen Richtlinie vorgesehen ist. Zum anderen wird auch hinsichtlich der maximalen Ausübungszeit des Widerrufsrechts nicht wie in Art. 6 Abs. 3 der Richtlinie danach differenziert, welche Informationspflicht unerfüllt geblieben ist. So sieht Art. 6 Abs. 3 lit. b) der Richtlinie in Zusammenhang mit der Verletzung einiger Informationspflichten lediglich eine maximale Ausübungsdauer von drei Monaten und 14 Kalendertagen vor. Diese Detailregelungen wurden durch den türkischen Normgeber nicht nachvollzogen.

Eine Regelung zu den Modalitäten der Wahrnehmung des Widerrufsrechts findet sich ebenfalls nicht auf der Ebene des nVerbSchG. Detailregelungen finden sich auch insoweit lediglich innerhalb der dazugehörigen Verordnung. Gem. Art. 8 Abs. 1 der Verordnung genügt es insoweit für eine rechtzeitige Wahrnehmung des Widerrufsrechts, wenn die Widerrufserklärung durch den Verbraucher innerhalb der Widerrufsfrist abgegeben wird. Die Vorschrift statuiert weiter, dass im Rahmen von Zeitabschnittsferienverträgen *mit Vorauszahlung*, die auf einer schuldrechtlichen Konstruktion basieren, diese Widerrufserklärung schriftlich oder auf einem dauerhaften Datenträger erfolgen muss. Im Rahmen von Zeitabschnittsferienverträgen, die auf einer dinglichen Konstruktion basieren, hat diese Erklärung hingegen mittels eines Notars zu erfolgen. Art. 8 Abs. 3 der Verordnung bestimmt daneben, dass als Widerrufserklärung die entsprechende Vorlage in Anhang 6 der Verordnung genutzt werden kann. Auch diese Regelungen sind in zweifacher Hinsicht problematisch. Zum einen lässt Art. 8 Abs. 1 der Verordnung die Frage offen, in welcher Form die Widerrufserklärung eigentlich bei Zeitabschnittsferienverträgen *ohne Vorauszahlung*, die auf einer schuldrechtlichen Konstruktion beruhen, zu erfolgen hat. Nicht unwahrscheinlich ist dabei, dass es sich bei der derzeitigen Formulierung um ein redaktionelles Versehen handelt. Zum anderen verlangt die Richtlinienvorgabe in Art. 7 lediglich eine Abgabe der Widerrufserklärung in Papierform oder auf einem anderen dauerhaften Datenträger – unabhängig von der gewählten Konstruktion. Die türkische Regelung dürfte insoweit folglich der neuen Richtlinie widersprechen.

ee) Rechtsfolgen des Widerrufs

Auch eine Regelung über die Rechtsfolgen des Widerrufs findet sich nicht auf Ebene des nVerbSchG, sondern lediglich auf Ebene der dazugehörigen Verordnung. Art. 9 Abs. 2 der Verordnung bestimmt, dass der Verbraucher nicht für den Wert der Leistung aufzukommen hat, die der Unternehmer vor der Ausübung des Widerrufs möglicherweise erbracht hat. Die Regelung deckt sich mit der Vorgabe in Art. 8 Abs. 2 der neuen Timesharing-Richtlinie.

Da die türkische Regelung in Bezug auf dingliche Konstruktionen kein Anzahlungsverbot vorsieht, bestimmt Art. 9 Abs. 3 der Verordnung zusätzlich, dass in Bezug auf solche Verträge im Falle der Ausübung des Widerrufsrechts der Unternehmer innerhalb von 14 Tagen ab Erhalt der Widerrufserklärung sämtliche erhaltenen Leistungen zurückzuerstatten hat.

ff) Akzessorische Verträge

Der Vorgabe in Art. 11 Abs. 1 der neuen Timesharing-Richtlinie entsprechend enden gem. Art. 50 Abs. 6 S. 3 nVerbSchG mit dem Widerruf des Zeitabschnittsferienvertrages oder des Vertrages über ein langfristiges Urlaubsprodukt auch alle akzessorischen Verträge automatisch.

Selbiges gilt gem. Art. 50 Abs. 7 nVerbSchG für Kreditverträge, die aufgrund einer Abmachung zwischen dem Unternehmer und dem Kreditgeber an den Verbraucher zur Finanzierung des Entgelts gewährt werden, sofern der Widerruf innerhalb der Widerrufsfrist auch gegenüber dem Kreditgeber erklärt wird. Diese Regelung weicht von ihrer Vorgabe in Art. 11 Abs. 2 der neuen Richtlinie in zweifacher Hinsicht ab. Zum einen findet sich in ihr die Konstellation, dass der Kredit vom Unternehmer selbst dem Verbraucher eingeräumt wird, nicht wieder. Zum anderen verlangt die Richtlinienvorgabe nicht, dass der Widerruf innerhalb der Widerrufsfrist auch gegenüber dem Kreditgeber erklärt werden muss. Insbesondere Letzteres dürfte eine unzulässige Verschärfung der Richtlinienvorgabe darstellen.

gg) Sonstiges

Der Vorgabe in Art. 12 Abs. 1 der neuen Timesharing-Richtlinie entsprechend kann der Verbraucher gem. Art. 17 der dazugehörigen Verordnung nicht auf die ihm eingeräumten Rechte verzichten.

Daneben finden sich einige weitere Bestimmungen, die über den Gegenstandsbereich der neuen Richtlinie hinausgehen. So statuiert Art. 50 Abs. 8 nVerbSchG für Timesharing-Projekte ab einer gewissen Größe die Pflicht, eine Versicherung abzuschließen oder sonstige Sicherheiten zu besorgen. Ferner stellen Art. 50 Abs. 9 und Abs. 10 für Timesharing-Verträge mit Vorauszahlungspflicht einige besondere Bestimmungen zum Schutz des Verbrauchers auf.

hh) Zusammenfassende Würdigung

Die türkischen Bestimmungen zu Timesharing-Verträgen wurden im Zuge der Neuregelung sowohl den Vorgaben der neuen Timesharing-Richtlinie angenähert als auch im Sinne dieser Richtlinie auf weitere vertragliche Gestaltungen erstreckt.

Unsicherheiten des türkischen Normgebers zeigen sich hierbei abermals im Umgang mit den Formvorgaben der Richtlinie. Zudem spiegeln die zu erteilenden Informationen nur unzureichend die entsprechenden Vorgaben der Richtlinie wider. Auch die Verlagerung vieler Detailregelungen auf die Verordnungsebene muss aus Gründen der Gesetzgebungstechnik und der Normenhierarchie wiederholt kritisiert werden.

Daneben hat der türkische Normgeber im Zuge der Neuregelung auch eigene Akzente in Bereichen gesetzt, die aus seiner Sicht Gefahren für den Verbraucher bergen. Dies betraf insbesondere Zeitabschnittsferienverträge mit Vorauszahlungsverpflichtung.

Insgesamt lässt sich feststellen, dass mit der Neuregelung die türkischen Vorschriften den Vorgaben der neuen Timesharing-Richtlinie stärker angenähert wurden. Wenn auch zahlreiche Defizite bestehen, weisen die aktuellen Regelungen insofern einen hohen Angleichungsgrad auf.

c) *Nachvollzug der Richtlinie 2011/83/EU und der Richtlinie 2002/65/ EG*

Mit dem nVerbSchG wurde erstmalig auch die Richtlinie 2011/83/EU über die Rechte der Verbraucher nachvollzogen.[2047] Formal abweichend von deren Ansatz, die Regelungen zu Fernabsatzverträgen[2048] und Verträgen, die außerhalb von Geschäftsräumen abgeschlossen werden[2049], grundsätzlich einer einheitlichen Regelung zuzuführen, hat der türkische Gesetzgeber AußerGeschRaumVertr und FernAbsVertr im nVerbSchG jeweils einen eigenen Artikel gewidmet. AußerGeschRaumVertr sind in Art. 47 nVerbSchG geregelt. Die Vorschrift besteht aus sieben Absätzen. FernAbsVertr sind in Art. 48 nVerbSchG geregelt. Die Vorschrift setzt sich aus sechs Absätzen zusammen. Daneben hat der türkische Normgeber sowohl zu AußerGeschRaumVertr als auch zu FernAbsVertr jeweils eine eigene Verordnung erlassen. Für AußerGeschRaumVertr wurde die *Verordnung betreffend außerhalb von Geschäftsräumen geschlossene Verträge*[2050] erlassen. In Bezug auf FernAbsVertr wurde im Amtsblatt die *Verordnung betreffend Distanzverträge*[2051] veröffentlicht.

Ferner wurde mit dem nVerbSchG die Richtlinie 2002/65/EG über den Fernabsatz von Finanzdienstleistungen[2052] nachvollzogen. Auch diesem Regelungsgegenstand hat der türkische Gesetzgeber mit Art. 49 nVerbSchG eine eigene Vorschrift mit sieben Absätzen gewidmet. Zusätzlich wurde die *Verordnung betreffend Distanzverträge in Bezug auf Finanzdienstleistungen*[2053] erlassen.

2047 Richtlinie 2011/83/EU des Europäischen Parlaments und des Rates vom 25. Oktober 2011 über die Rechte der Verbraucher, zur Abänderung der Richtlinie 93/13/EWG des Rates und der Richtlinie 1999/44/EG des Europäischen Parlaments und des Rates sowie zur Aufhebung der Richtlinie 85/577/EWG des Rates und der Richtlinie 97/7/EG des Europäischen Parlaments und des Rates, im Folgenden nur noch VerbrRRL genannt.

2048 Im Folgenden nur noch FernAbsVertr genannt.

2049 Im Folgenden nur noch AußerGeschRaumVertr genannt.

2050 Verkündet am 14.01.2015 im türkischen Amtsblatt (Nr. 29236), im Folgenden nur noch AußerGeschRaumVertr-VO genannt.

2051 Verkündet am 27.11.2014 im türkischen Amtsblatt (Nr. 29188), im Folgenden nur noch FernAbsVertr-VO genannt.

2052 Richtlinie 2002/65/EG des Europäischen Parlaments und des Rates vom 23. September 2002 über den Fernabsatz von Finanzdienstleistungen an Verbraucher und zur Änderung der Richtlinie 90/619/EWG und der Richtlinien 97/7/EG und 98/27/EG, im Folgenden nur noch FernAbsFinDL-RL genannt.

2053 Verkündet am 31.01.2015 im türkischen Amtsblatt (Nr. 29253), im Folgenden nur noch FernAbsFinDL-VO genannt.

Aufgrund der sachlichen Nähe zu FernAbsVertr sollen diese Bestimmungen im Folgenden ebenfalls betrachtet werden.

aa) Anwendungsbereich

(1) Richtlinie 2011/83/EU

(a) AußerGeschRaumVertr

Die Terminologie der türkischen Regelung wurde derjenigen der VerbrRRL angepasst. So trägt Art. 47 nVerbSchG die Überschrift *„Außerhalb von Geschäftsräumen geschlossene Verträge"*. Die frühere Bezeichnung als *„Haustürverkäufe"* wurde dagegen aus der Regelung getilgt.

Definiert werden AußerGeschRaumVertr in Art. 47 Abs. 1 nVerbSchG. Dort heißt es, dass AußerGeschRaumVertr Verträge seien, die zwischen einem Verkäufer oder einem Anbieter und einem Verbraucher in einer der in lit. a) bis c) beschriebenen Situationen zustande gekommen sind. Anders als die VerbrRRL in ihrem Art. 2 Nr. 8 stellt die türkische Regelung damit nicht allgemein auf den *„Unternehmer"* als eine der Vertragsparteien ab. Vor dem Hintergrund des weiten Dienstleistungsbegriffs dürfte hiermit jedoch keine Einengung des sachlichen Anwendungsbereichs gegenüber der VerbrRRL verbunden sein. Und auch die innerhalb der VerbrRRL nicht klassifizierten und daher jeweils gesondert geregelten Immaterialgüter und beherrschbaren Naturkräfte wie Wasser, Strom, Gas und Fernwärme, die nicht verkörpert bzw. nicht in ihrem Volumen begrenzt oder in ihrer Menge bestimmt sind, werden vom Warenbegriff des nVerbSchG umfasst.

Art. 47 Abs. 1 lit. a) nVerbSchG beschreibt die Situation, dass der Vertrag außerhalb von Geschäftsräumen des Verkäufers/Anbieters bei gleichzeitiger physischer Anwesenheit mit dem Verbraucher geschlossen wird und entspricht damit insoweit der Vorgabe in Art. 2 Nr. 8 lit. a) VerbrRRL. Abweichend von dieser heißt es in Art. 47 Abs. 1 lit. a) zusätzlich, dass es irrelevant sei, von wem in dieser Situation das Angebot ausgegangen ist. Dieser Zusatz wirkt zunächst redundant, da auch schon das alleinige Abstellen auf den Vertragsschluss in dieser Situation zeigt, dass die konkrete Abfolge von Angebot und Annahme unerheblich ist. So hält es auch Art. 2 Nr. 8 lit. a) VerbrRRL, der daher auch keinen entsprechenden Zusatz enthält. Wieso es dennoch zur Einfügung eines solches Zusatzes gekommen ist, zeigt sich bei näherer Betrachtung der übrigen Buchstaben in Art. 47 Abs. 1 nVerbSchG. Es fällt dabei auf, dass die Vorgabe des Art. 2 Nr. 8 lit. b) VerbrRRL, der zufolge ein AußerGeschRaumVertr auch vorliegt, wenn der Verbraucher *„[...] unter den unter Buchstabe a genannten Umständen ein Angebot gemacht hat"*, in Art. 47 Abs. 1 nVerbSchG nicht nachvollzogen wurde. Dabei drängt sich der Verdacht auf, dass dies auf einem Missverständnis der Vorgabe in Art. 2 Nr. 8 lit. b) VerbrRRL beruht. Diese Vorgabe beschreibt den Fall, dass der Vertrag nicht außerhalb des Geschäftsraums des Unternehmers geschlossen wird, sondern dass der Verbraucher in so einer Situation zunächst einmal ein Angebot gemacht hat. Da es aus Sicht des Verbrauchers hinsichtlich der mit AußerGeschRaumVertr einhergehenden typischen Gefährdungen jedoch keinen Unterschied macht, ob der Vertrag technisch in dieser Situation schon geschlossen wurde oder ob er stattdessen an sein Angebot gebunden ist, wurden beide Situationen gleichgestellt. Dies hat der türkische Gesetzgeber scheinbar verkannt und die Regelung als Konkretisierung der notwendigen Abfolge von Angebot und Annahme verstanden.[2054] Entsprechend hat er zur Umsetzung den Zusatz in Art. 47 Abs. 1 lit a) nVerbSchG aufgenommen, dass es irrelevant sei, von wem das Angebot ausgehe. Dies ist nach Art. 2 Nr. 8 lit. a) VerbrRRL jedoch ohnehin der Fall.

Gleichermaßen irrelevant ist es aus Sicht der VerbrRRL zudem, ob der Verbraucher den Unternehmer selbst bestellt hat oder nicht. Unverständlicherweise sieht der türkische Gesetzgeber gerade dies dagegen anders. So heißt es in der amtlichen Begründung, dass die mit AußerGeschRaumVertr einhergehende Gefährdungssituation nicht vorliege, wenn der Verbraucher den Verkäufer/Anbieter selbst bestellt habe.[2055] In Erwägungsgrund (21) der VerbrRRL heißt es indes ausdrücklich, dass es *„[…] keine Rolle spielt, ob der Verbraucher den Besuch des Unternehmers herbeigeführt hat oder nicht“*. Ob sich die türkische Anwendungspraxis dem in der amtlichen Begründung zum Ausdruck gebrachten Verständnis des türkischen Gesetzgebers anschließen wird, bleibt abzuwarten.

Art. 47 Abs. 1 lit. b) nVerbSchG entspricht der Vorgabe in Art. 2 Nr. 8 lit. c) VerbrRRL. Anders als ihre Vorgabe verlangt die türkische Bestimmung jedoch nicht, dass der Verbraucher *„[…] persönlich und individuell angesprochen“* wurde, sondern spricht lediglich von einer *„Unterhaltung“* mit dem Verbraucher. Dass dies tatsächlich zu einer abweichenden Anwendungspraxis führen wird, erscheint allerdings unwahrscheinlich.

Art. 47 Abs. 1 lit. c) nVerbSchG dient schließlich dem Nachvollzug des Art. 2 Nr. 8 lit. d) VerbrRRL. Anders als die Vorgabe zählt die türkische Bestimmung nicht auch den Fall auf, dass der Ausflug *„[…] mit dem Ergebnis organisiert*

2054 Hierfür spricht auch das Verständnis des Art. 47 Abs. 1 lit. a) nVerbSchG innerhalb der türkischen Literatur. So zitieren *Zevkliler/Özel* als Vorgabe für die genannte Regelung sowohl Art. 2 Nr. 8 lit. a) VerbrRRL als auch lit. b) derselben Vorschrift.

2055 Amtliche Begründung zu den einzelnen Bestimmungen, Art. 47 nVerbSchG.

wurde", Waren und Dienstleistungen zu bewerben und zu vertreiben. Dieser Unterschied im Wortlaut dürfte gravierender sein als der vorgenannte in Bezug auf Art. 47 Abs. 1 lit. b) nVerbSchG, da die Wendung *„[...] mit dem Ergebnis"* im Prinzip als Auffangtatbestand für all die Fälle fungiert, in denen eine entsprechende Absicht nicht nachgewiesen werden kann. Die türkische Regelung bleibt ihrem Wortlaut nach jedenfalls hinter diese Vorgabe zurück. Ob sich hieraus tatsächlich Unterschiede in der Anwendungspraxis ergeben werden, bleibt abzuwarten.

Insgesamt bleibt unverständlich, wieso der türkische Gesetzgeber bei der Definition von AußerGeschRaumVertr nicht einfach zu einer wortgetreuen Übersetzung der Vorgabe in Art. 2 Nr. 8 lit. a) bis d) VerbrRRL gegriffen hat. Eine solche hätte sicherlich eher dazu beigetragen, die beschriebenen Abweichungen zu vermeiden. Zudem hat der türkische Gesetzgeber auch bei den übrigen Richtlinien zum Verbrauchervertragsrecht in Bezug auf den Nachvollzug der zentralen Definitionen einen solchen Weg gewählt.

Eine weitere Abweichung besteht in Bezug auf den Begriff *„Geschäftsräume"*. Gem. Art. 4 Abs. 1 lit. ç) AußerGeschRaumVertr-VO sind hierunter sämtliche Verkaufsflächen zu verstehen, auf denen der Verkäufer/Anbieter dauerhaft seine Tätigkeit ausübt. Anders als die Vorgabe in Art. 2 Nr. 9 VerbrRRL umfasst die türkische Definition folglich nicht bewegliche Gewerberäume, in denen der Unternehmer seine Tätigkeit für gewöhnlich ausübt. Ein weiterer sachlicher Anwendungsbereich der türkischen Regelung dürfte hiermit gleichwohl nicht einhergehen, da gem. Art. 2 Abs. 2 lit. e) AußerGeschRaumVertr-VO Verträge, die an Messe- und Marktständen geschlossen werden, nicht von der Regelung zu AußerGeschRaumVertr umfasst sind. Gerade solche Verkaufsflächen meint indes die Richtlinienregelung, wenn sie von beweglichen Gewerberäumen spricht. Im Ergebnis dürfte insoweit daher ein Gleichlauf bestehen.

Daneben finden sich weitere Ausnahmen vom Anwendungsbereich in Art. 2 Abs. 2 AußerGeschRaumVertr-VO. Ein Vergleich mit den vorgegebenen Ausnahmen in Art. 3 Abs. 3 VerbrRRL zeigt dabei, dass die türkische Regelung an einigen Stellen zulässigerweise über den Anwendungsbereich der Richtlinienregelung hinausgeht. So sind Verträge über soziale Dienstleistungen, Gesundheitsdienstleistungen, Glücksspiele, den Bau von neuen Gebäuden, erhebliche Umbaumaßnahmen an bestehenden Gebäuden und die Beförderung von Personen vom Anwendungsbereich nicht ausgeschlossen. Gleiches gilt für Verträge, die unter Verwendung von Warenautomaten oder automatisierten Geschäftsräumen, mit Betreibern von Telekommunikationsmitteln mit Hilfe öffentlicher Fernsprecher zu deren Nutzung und nach dem Recht der Mitgliedstaaten vor einem öffentlichen Amtsträger geschlossen werden, der den Anforderungen in

Art. 3 Abs. 3 lit. i) VerbrRRL entspricht. Zulässigerweise ausgenommen wurden dagegen Verträge, bei denen das Entgelt für die Ware oder Dienstleistung 30 Türkische Lira nicht übersteigt. Eine solche Ausnahme ist nach Art. 3 Abs. 4 VerbrRRL bis zu einer Höhe von 50 Euro möglich. Die türkische Wertgrenze liegt weit unter dieser Vorgabe. Daneben wurden allerdings auch unzulässige Ausnahmen verankert. So umfasst die türkische Regelung über AußerGeschRaumVertr gem. Art. 2 Abs. 2 AußerGeschRaumVertr-VO Verträge über die Montage, Wartung und Reparatur von Waren (lit. ğ), über sämtliche elektronische Kommunikationsdienste (lit. h) und über Strom, Wasser und Gas – obgleich diese dem Warenbegriff des nVerbSchG unterfallen – richtlinienwidrig nicht.

In Bezug auf akzessorische Verträge geht die türkische Definition in Art. 4 Abs. 1 lit. j) nVerbSchG über die Vorgabe in Art. 2 Nr. 15 der VerbrRRL hinaus, da sie nicht voraussetzt, dass zwischen dem Unternehmer und dem Dritten eine Vereinbarung bestehen muss.

In persönlicher Hinsicht ist der türkische Gesetzgeber seinem bisherigen stark gewerberechtlich geprägten Ansatz treu geblieben. Gem. Art. 47 Abs. 2 nVerbSchG dürfen demnach nur vom Zoll- und Handelsministerium autorisierte Verkäufer und Anbieter mit Verbrauchern AußerGeschRaumVertr abschließen. In der amtlichen Begründung wird die Regelung damit begründet, dass in der Türkei zahlreiche Verbraucher mittels AußerGeschRaumVertr ausgenutzt wurden und die Erlaubnis zum Abschluss solcher Verträge daher nur einem begrenzten Personenkreis zustehen solle.[2056] Näheres zu den Voraussetzungen der Erteilung einer Erlaubnis ist in der AußerGeschRaumVertr-VO geregelt. Der türkische Ansatz dürfte eine richtlinienwidrige Beschränkung des persönlichen Anwendungsbereichs darstellen.

(b) Fernabsatzverträge

Der Begriff des Fernabsatzvertrages ist in Art. 48 Abs. 1 nVerbSchG definiert. Die Bestimmung stellt eine Übersetzung der Definition in Art. 2 Nr. 7 VerbrRRL dar. Dabei hat der türkische Gesetzgeber selbst die Konkretisierungen zu diesem Begriff in Erwägungsgrund (20) der VerbrRRL in die amtliche Begründung übernommen.[2057] Abweichend davon heißt es in der amtlichen Begründung jedoch, dass der Unternehmer ein Vertriebs- bzw. Dienstleistungssystem

2056 Amtliche Begründung zu den einzelnen Bestimmungen, Art. 47 nVerbSchG.
2057 Siehe dazu die amtliche Begründung zu den einzelnen Bestimmungen, Art. 48 nVerbSchG.

bereithalten müsse.[2058] Dagegen sollte dieser Begriff nach Erwägungsgrund (20) der VerbrRRL auch von einem Dritten angebotene Fernabsatz- oder Dienstleistungssysteme erfassen, die von Unternehmern verwendet werden, wie etwa eine Onlineplattform. Ob die türkische Anwendungspraxis der restriktiven Formulierung der amtlichen Begründung entsprechend ausfallen wird, bleibt abzuwarten. Ein Ausschluss der Anwendung auf Online-Plattformen ließe sich jedoch vor dem Hintergrund des Schutzzwecks der Regelung kaum begründen.

Auch in Bezug auf FernAbsVertr sind Ausnahmen vom Anwendungsbereich geregelt. Diese finden sich in Art. 2 Abs. 2 FernAbsVertr-VO und entsprechen größtenteils den Vorgaben in Art. 3 Abs. 3 der VerbrRRL. Unzulässigerweise ausgenommen wurden darüber hinaus in Art. 2 Abs. 2 lit. ı) FernAbsVertr-VO lediglich Verträge über die Montage, Wartung und Reparatur von Waren.

Zudem findet sich in Art. 4 Abs. 1 lit. a) FernAbsVertr-VO eine Definition des Begriffs *„digitale Inhalte"*, der inhaltlich in dieselbe Richtung weist wie die entsprechende Vorlage in Art. 2 Nr. 1 VerbrRRL.

Insgesamt entsprechen die türkischen Regelungen zu FernAbsVertr stärker den Vorgaben der VerbrRRL als diejenigen zu AußerGeschRaumVertr. Anders als der von der VerbrRRL gewählte Ansatz einer grundsätzlich einheitlichen Regelung, bestehen daher zwischen den Regelungen zu FernAbsVertr und AußerGeschRaumVertr sowohl in sachlicher als auch in persönlicher Hinsicht Unterschiede.

(2) Richtlinie 2002/65/EG

Gem. Art. 49 Abs. 1 S. 2 nVerbSchG handelt es sich bei Fernabsatzverträgen über Finanzdienstleistungen um einen Vertrag, *„[…] der im Rahmen eines für den Fernabsatz von Finanzdienstleistungen geschaffenen Systems zwischen Anbieter und Verbraucher unter Verwendung von Fernkommunikationsmitteln geschlossen wird."* Die Definition gibt die Vorgabe in Art. 2 lit. a) FernAbsFinDL-RL nicht vollständig wieder. Es fehlt die Konkretisierung darüber, dass für den *„[…] Vertrag bis zu und einschließlich dessen Abschlusses ausschließlich ein oder mehrere Fernkommunikationsmittel"* verwendet werden.[2059] Ob dies zu einer von der Richtliniendefinition abweichenden Anwendungspraxis führen wird, bleibt abzuwarten. Da die entsprechende Konkretisierung im Rahmen der Definition

2058 Siehe hierzu die amtliche Begründung zu den einzelnen Bestimmungen, Art. 48 nVerbSchG.

2059 Dies im Vergleich zur Definition von FernAbsVertr in Art. 48 Abs. 1 nVerbSchG ebenfalls feststellend *Zevkliler/Özel*, Tüketicinin Korunması Hukuku, S. 335.

von FernAbsVertr in Art. 48 Abs. 1 nVerbSchG aber gerade enthalten ist und Art. 49 nVerbSchG letztlich nur eine Spezialregelung für FernAbsVertr über Finanzdienstleistungen darstellt, ist insoweit wohl nicht mit einer abweichenden Anwendungspraxis zu rechnen.

Der Begriff der Finanzdienstleistungen wird in Art. 49 Abs. 1 S. 1 nVerbSchG nachvollzogen und deckt sich mit der Vorgabe in Art. 2 lit. b) FernAbsFinDL-RL.

Für FernAbsVertr über Finanzdienstleistungen, die eine erstmalige Dienstleistungsvereinbarung mit daran anschließenden aufeinander folgenden Vorgängen oder einer daran anschließenden Reihe von Vorgängen der gleichen Art umfassen, legt Art. 2 Abs. 2 FernAbsFinDL-VO fest, dass die türkischen Vorschriften nur auf die erstmalige Dienstleistungsvereinbarung Anwendung finden. Sofern letztere fehlt, die Vorgänge aber zwischen den gleichen Vertragsparteien abgewickelt werden, gelten die vorvertraglichen Informationspflichten des Art. 5 FernAbsFinDL-VO gem. Art. 2 Abs. 3 S. 1 FernAbsFinDL-VO nur für den ersten Vorgang. Hat jedoch länger als ein Jahr kein Vorgang mehr stattgefunden, gilt gem. Art. 2 Abs. 3 S. 2 FernAbsFinDL-VO der nächste Vorgang wiederum als der erste einer Reihe, sodass die vorvertraglichen Informationspflichten des Art. 5 FernAbsFinDL-VO auf ihn Anwendung finden. Die genannten Bestimmungen vollziehen die Vorgaben des Art. 1 Abs. 2 FernAbsFinDL-RL nach. Die türkischen Bestimmungen erstrecken die Einschränkung, dass ein zeitlicher Zusammenhang bestehen muss, ihrem Wortlaut nach fälschlicherweise jedoch nur auf Reihen von Vorgängen der gleicher Art. Ob diese abweichende Übersetzung allerdings auch zu einer von den Vorgaben der Richtlinie abweichenden Anwendungspraxis führen wird, bleibt abzuwarten.

Gem. Art. 2 Abs. 4 FernAbsFinDL-VO gelten einige Bestimmungen der türkischen Regelung nicht für Verbraucherkreditverträge, die im Rahmen des Fernabsatzes abgeschlossen werden. Ausgenommen ist insbesondere Art. 5 FernAbsFinDL-VO über die Pflicht zur vorvertraglichen Information. Insoweit gelten die speziellen Regelungen für Verbraucherkreditverträge. Dies entspricht indes nicht den Vorgaben in Art. 4 Abs. 1 FernAbsFinDL-RL, denen zufolge spezielle Vorschriften für bestimmte Finanzdienstleistungen gleichermaßen weiterhin, allerdings zusätzlich zu den Bestimmungen der FernAbsFinDL-RL gelten.

Schließlich bestimmt Art. 2 Abs. 5 FernAbsFinDL-VO, dass die Bestimmungen betreffend FernAbsVertr über Finanzdienstleistungen nicht auf Verträge zur Finanzierung von Immobilien Anwendung finden. Der türkische Normgeber hat somit von der Option in Art. 6 Abs. 3 FernAbsFinDL-RL Gebrauch gemacht. Allerdings sieht diese Option lediglich vor, das Widerrufsrecht in solchen Fällen auszuschließen. Die türkische Regelung, die die Anwendung der gesamten Regelung für solche Fälle ausschließt, widerspricht damit gleichwohl der Richtlinie.

bb) Informationspflichten

(1) Richtlinie 2011/83/EU

(a) Verbraucherverträge im Allgemeinen

Eine Regelung über vorvertragliche Informationspflichten bei Verbraucherverträgen im Allgemeinen, wie sie in Art. 5 VerbrRRL vorgegeben ist, wurde im türkischen Recht nicht nachvollzogen.

(b) AußerGeschRaumVertr

Art. 6 Abs. 1 VerbrRRL entsprechend muss der Verkäufer/Anbieter gem. Art. 47 Abs. 3 S. 1 nVerbSchG dem Verbraucher in klarer und verständlicher Weise Informationen erteilen, bevor letzterer durch den AußerGeschRaumVertr oder ein entsprechendes Vertragsangebot gebunden wird. Die Inhalte dieser vorvertraglichen Informationspflicht ergeben sich gem. der vorgenannten Vorschrift aus der AußerGeschRaumVertr-VO. Dort findet sich die entsprechende Regelung in Art. 5 Abs. 1 AußerGeschRaumVertr-VO. Der Verkäufer/Anbieter muss den Verbraucher demnach informieren über die wesentlichen Eigenschaften der Ware/Dienstleistung (lit. a), die Identität und Anschrift des Verkäufers/Anbieters (lit. b), den Gesamtpreis der Ware/Dienstleistung (lit. c) und – im Falle seines Bestehens – über das Widerrufsrecht samt Bedingungen seiner Ausübung. Diese vorvertraglichen Informationen müssen in Schriftgröße 12 schriftlich oder auf einem dauerhaften Datenträger erteilt werden. Die türkische Regelung verstößt damit in mehrfacher Hinsicht gegen die Richtlinienvorgaben: Erstens müssen nur vier der 20 in Art. 6 Abs. 1 VerbrRRL vorgegebenen Informationen erteilt werden. Zweitens erlaubt Art. 7 Abs. 1 VerbrRRL eine Erteilung auf einem dauerhaften Datenträger nur, sofern der Verbraucher dem zustimmt. Drittens dürfen hinsichtlich der Erfüllung dieser Informationspflichten keine weiteren formellen Anforderungen festgelegt werden. Die Vorgabe einer Schriftgröße von 12 Punkten innerhalb der türkischen Regelung stellt aber genau eine solche Vorgabe dar.

Des Weiteren muss der Verkäufer/Anbieter gem. Art. 10 Abs. 3 AußerGeschRaumVertr-VO das der Verordnung angehängte Musterwiderrufsformular im Zeitpunkt des Vertragsschlusses aushändigen. Es handelt sich bei diesem Formular weitestgehend um eine Übersetzung des Anhanges 1 Buchstabe B der VerbrRRL. Dieses muss sich allerdings gem. Art. 6 Abs. 1 lit. h) VerbrRRL schon unter den vorvertraglichen Informationen finden. Auch insoweit verstößt die türkische Regelung damit gegen die Richtlinienvorgabe.

Eine Regelung darüber, dass die vorvertraglichen Informationen fester Vertragsbestandteil des AußerGeschRaumVertr sind, wie sie in Art. 6 Abs. 5

VerbrRRL vorgegeben wird, wurde innerhalb der türkischen Regelung nicht nachvollzogen.

Auch fehlt es an einer der Vorgabe in Art. 7 Abs. 4 VerbrRRL entsprechenden Bestimmung über die Informationspflicht bei Verträgen über Reparatur- oder Instandhaltungsarbeiten. Jedoch besteht insoweit gem. Art. 7 Abs. 4 UAbs. 2 VerbrRRL die Möglichkeit, die Anwendung der vorgenannten Vorgabe auszuschließen.

(c) Fernabsatzvertrag

Auch Art. 48 Abs. 2 S. 1 nVerbSchG gibt weitestgehend die Vorgabe in Art. 6 Abs. 1 VerbrRRL wieder: Der Verbraucher muss in klarer und verständlicher Weise informiert werden, bevor er an den FernAbsVertr oder ein entsprechendes Vertragsangebot gebunden ist. Hinsichtlich der zu erteilenden Informationen wird ebenfalls auf eine Verordnung, diesmal die FernAbsVertr-VO verwiesen.

Die Informationen, die vorvertraglich erteilt werden müssen, sind in Art. 5 Abs. 1 lit. a) bis k) FernAbsVertr-VO aufgezählt. Diese Aufzählung gibt die in Art. 6 Abs. 1 enthaltenen Vorgaben größtenteils wieder. Es bestehen jedoch einige Defizite.

Gem. Art. 5 Abs. 2 FernAbsVertr-VO sind diese Informationen auch untrennbare Bestandteile des FernAbsVertr und können nicht geändert werden, ohne dass die Vertragsparteien dies vereinbaren. Dies entspricht der Vorgabe in Art. 6 Abs. 5 VerbrRRL.

Art. 5 Abs. 3 FernAbsVertr-VO bestimmt, dass der Verbraucher etwaige Zusatzkosten nicht zu tragen hat, wenn diese nicht angegeben werden. Dies entspricht wiederum Art. 6 Abs. 6 1. Var. VerbrRRL.

Zudem wurde auch die eingeschränkte Verpflichtung bei öffentlichen Versteigerungen nach Art. 6 Abs. 3 VerbrRRL in Art. 5 Abs. 5 FernAbsVertr-VO nachvollzogen.

Hinsichtlich der Form der Informationserteilung bestimmt Art. 6 Abs. 1 FernAbsVertr-VO in Übereinstimmung mit Art. 8 Abs. 1 VerbrRRL, dass die Informationen in einer dem genutzten Fernkommunikationsmittel angepassten Weise erteilt werden müssen. Die Vorschrift verlangt ferner aber, dass diese Informationserteilung mindestens in Schriftgröße 12 und schriftlich oder auf einem dauerhaften Datenträger erfolgen muss. Letztere Formanforderungen widersprechen dabei nicht nur den Vorgaben der Richtlinie in Art. 8 Abs. 1 VerbrRRL, sie sind auch bei der Nutzung bestimmter Fernkommunikationsmittel nicht praktikabel. Dies ist etwa bei der Nutzung eines Telefons der Fall. Zudem widerspricht die Regelung Art. 8 Abs. 10 VerbrRRL, der bestimmt, dass keine weiteren formellen Informationsanforderungen festgelegt werden dürfen. Die erwähnten türkischen Formanforderungen sind aber genau solche.

Bei Vertragsschlüssen über das Internet muss der Verkäufer/Anbieter dem Verbraucher gem. Art. 6 Abs. 2 lit. a) FernAbsVertr-VO unmittelbar bevor dieser eine Zahlungspflicht eingeht über wesentliche Eigenschaften, Gesamtpreis, Widerrufsrecht und ggf. das Fehlen eines solchen informieren. Die Regelung dient dabei dem Nachvollzug der Vorgaben in Art. 8 Abs. 2 UAbs. 1 VerbrRRL. Dieser gelingt indes nur zum Teil, da die Informationen, deren Erteilung die türkische Regelung fordert, nur zur Hälfte die entsprechenden Informationsvorgaben der VerbrRRL abdecken.

Ferner muss bei Vertragsschlüssen über das Internet gem. Art. 6 Abs. 2 lit. b) FernAbsVertr-VO der Verbraucher spätestens vor Aufgabe der Bestellung auf Lieferbeschränkungen und akzeptierte Zahlungsmittel hingewiesen werden. Die Regelung entspricht der Vorgabe in Art. 8 Abs. 3 VerbrRRL.

Eine spezielle Regelung für den Fall, dass der FernAbsVertr über Sprachkommunikationsmittel geschlossen wird, enthält Art. 6 Abs. 3 FernAbsVertr-VO. Demnach muss der Verkäufer/Anbieter den Verbraucher in einem solchen Falle nur über die wesentlichen Eigenschaften der Ware oder Dienstleistung, den Gesamtpreis, das Widerrufsrecht und ggf. das Fehlen eines solchen Informieren. Spätestens vor Erhalt der Ware bzw. Erfüllung der Dienstleistung müssen dem Verbraucher in einem solchen Fall aber alle in Art. 5 Abs. 1 FernAbsVertr-VO aufgezählten Informationen schriftlich übermittelt werden. Eine entsprechende Vorgabe findet sich in der VerbrRRL nicht. Stattdessen sieht letztere in Art. 8 Abs. 4 lediglich Erleichterungen für den Fall vor, dass dem Unternehmer im Rahmen des genutzten Fernkommunikationsmittels für die Darstellung der Informationen nur begrenzter Raum bzw. begrenzte Zeit zur Verfügung steht. Auch dann sind dem Verbraucher nur bestimmte, in der genannten Vorgabe aufgezählte Informationen zu erteilen, die in ihrer Anzahl geringer sind als die grundsätzlich nach Art. 5 Abs. 1 VerbrRRL zu erteilenden vorvertraglichen Informationen. Doch auch den Vorgaben des Art. 8 Abs. 4 VerbrRRL entspricht die Regelung des Art. 6 Abs. 3 FernAbsVertr-VO nicht. Denn erstens decken sich die verminderten Informationspflichten der türkischen Regelung nicht mit denjenigen, die die genannte Richtlinienbestimmung vorgibt. Zweitens müssen die Gesamtinformationen schriftlich erteilt werden. Art. 8 Abs. 4 VerbrRRL verlangt hingegen nur eine Erteilung in geeigneter Weise.

Art. 8 Abs. 4 VerbrRRL selbst wird zudem in Art. 6 Abs. 4 FernAbsVertr-VO nachvollzogen. Die in dieser Vorschrift verlangten verminderten Informationspflichten decken sich zwar mit denjenigen, die in Art. 6 Abs. 4 FernAbsVertr-VO genannt werden. Jedoch verlangt auch diese Vorschrift, dass die Gesamtinformationen zu einem späteren Zeitpunkt schriftlich erteilt werden müssen. Insoweit gilt das im obigen Absatz am Ende Gesagte entsprechend auch für diese türkische Bestimmung.

Weiterhin sieht die türkische Regelung in Art. 6 Abs. 5 FernAbsVertr-VO eine Ausnahme von der grundsätzlichen Pflicht vor, die in Art. 5 Abs. 1 FernAbsVertr-VO aufgezählten Informationen zu erteilen. So muss gem. Art. 6 Abs. 5 FernAbsVertr-VO im Rahmen von FernAbsVertr, die über Sprachkommunikationsmittel oder über Fernkommunikationsmittel geschlossen werden, bei denen für die Darstellung der Informationen nur begrenzter Raum bzw. begrenzte Zeit zur Verfügung steht, lediglich über die wesentlichen Eigenschaften der geschuldeten Hauptleistung, die Identität des Unternehmers, den Gesamtpreis und ggf. das Fehlen eines Widerrufsrechts informiert werden, wenn der Vertragsgegenstand eine Dienstleistung ist und diese sofort erfüllt wird. Da sich eine solche Ausnahme innerhalb der VerbrRRL nicht findet, widerspricht die türkische Regelung den Richtlinienvorgaben.

Ferner muss der Verkäufer/Anbieter den Verbraucher vor der Bestätigung seiner Bestellung gem. Art. 8 Abs. 1. S. 1 FernAbsVertr-VO klar und deutlich darauf hinweisen, dass damit eine Zahlungsverpflichtung verbunden ist. Andernfalls ist der Verbraucher gem. Art. 8 Abs. 1 S. 2 FernAbsVertr-VO nicht an seine Bestellung gebunden. Die Richtlinie sieht in ihrem Art. 8 Abs. 2 UAbs. 2 eine solche Verpflichtung allerdings nur für Verträge vor, die auf elektronischem Wege geschlossen werden. Zudem fehlt die in der Richtlinienvorgabe zusätzlich enthaltene Regelung des Falles, dass der Bestellvorgang die Aktivierung einer Schaltfläche oder eine ähnliche Funktion umfasst. Die türkische Regelung entspricht daher nicht den entsprechenden Richtlinienvorgaben.

Schließlich muss der Verkäufer/Anbieter gem. Art. 8 Abs. 2 FernAbsVertr-VO zu Beginn eines Telefonats seine Identität und den geschäftlichen Zweck des Anrufs offenlegen. Die Regelung entspricht Art. 8 Abs. 5 VerbrRRL. Von der Nutzung der in Art. 8 Abs. 6 VerbrRRL genannten Option, bei telefonisch geschlossenen Verträgen zusätzlich eine Bestätigung des Verbrauchers zu verlangen, hat der türkische Gesetzgeber abgesehen.

(d) Gemeinsamkeiten und Unterschiede

Ein Vergleich zwischen den Regelungen zu AußerGeschRaumVertr und FernAbsVertr zeigt, dass auch in Bezug auf die Informationspflichten die Regelung zu FernAbsVertr stärker den Richtlinienvorgaben entspricht.

Eine Bestimmung darüber, dass zusätzliche und sonstige Kosten oder die Kosten für die Rücksendung der Waren nicht vom Verbraucher zu tragen sind, wenn über diese nicht entsprechend vorvertraglich informiert wurde, wie sie in Art. 6 Abs. 6 VerbrRRL vorgegeben wird, findet sich innerhalb der türkischen Regelung in dieser Form nicht. In Bezug auf FernAbsVertr findet sich eine entsprechende Bestimmung in Art. 5 Abs. 3 FernAbsVertr-VO lediglich hinsichtlich der Hinsendekosten. Im Hinblick auf Rücksendekosten fehlt eine solche indes. Dies hängt freilich damit zusammen, dass nach Art. 12 Abs. 3 S. 1 FernAbsVertr-VO die Rücksendekosten bei FernAbsVertr durch den Unternehmer zu tragen sind. Im Rahmen der Regelung über AußerGeschRaumVertr findet sich weder in Bezug auf die Hinsendekosten noch in Bezug auf die Rücksendekosten eine entsprechende Regelung. Hinsichtlich der Hinsendekosten fehlt es schon an einer Informationspflicht. Im Hinblick auf die Rücksendekosten hängt das Fehlen freilich damit zusammen, dass der Unternehmer nach Art. 11 Abs. 2 S. 1 AußerGeschRaumVertr-VO die Ware zurückzunehmen hat.

Eine Regelung zur eingeschränkten Informationspflicht bei öffentlichen Versteigerungen, wie sie in Art. 6 Abs. 3 VerbrRRL vorgegeben ist, findet sich lediglich im Rahmen der Regelung zu FernAbsVertr.

Die Möglichkeit, die vorvertraglichen Informationspflichten in Bezug auf das Widerrufsrecht mittels einer Musterwiderrufsbelehrung zu erfüllen, wie sie in Art. 6 Abs. 4 VerbrRRL enthalten ist, findet sich innerhalb der türkischen Vorschriften gar nicht. Entsprechend wurde auch die in Anhang I Buchstabe A der VerbrRRL enthaltene Musterwiderrufsbelehrung nicht in das türkische Recht übernommen.

(2) Richtlinie 2002/65/EG

In Übereinstimmung mit Art. 3 Abs. 1 FernAbsFinDL-RL sind dem Verbraucher gem. Art. 49 Abs. 2 S. 1 nVerbSchG Informationen zu erteilen, bevor er seine auf den Vertragsabschluss gerichtete Willenserklärung abgibt. Hinsichtlich der zu erteilenden Informationen verweist die türkische Bestimmung dabei auf die FernAbsFinDL-VO. Dort findet sich eine Aufzählung dieser Informationen in Art. 5 Abs. 1 FernAbsFinDL-VO. Ein Vergleich mit den Vorgaben in Art. 3 FernAbsFinDL-RL ergibt, dass die Richtlinienvorgaben größtenteils in der türkischen Aufzählung enthalten sind. Defizite bestehen freilich hinsichtlich der Informationsvorgaben über die verwendete Sprache und das anwendbare Recht, was damit zusammenhängen dürfte, dass die Vorschriften auf die Anwendung innerhalb der Türkei ausgerichtet sind. Informationen betreffend den Rechtsbehelf, wie sie in Art. 3 Abs. 1 Nr. 4 FernAbsFinDL-RL vorgegeben sind, fehlen innerhalb der türkischen Aufzählung vollständig.

Die aufgezählten Informationen sind gem. Art. 49 Abs. 2 S. 1 nVerbSchG auf klare und verständliche Weise in einer dem benutzten Fernkommunikationsmittel angepassten Weise zu erteilen. Dies entspricht der Vorgabe in Art. 3 Abs. 2 HS. 1 FernAbsFinDL-RL. Allerdings bestimmt Art. 6 Abs. 1 FernAbsFinDL-VO zusätzlich, dass die Informationserteilung in einer Schriftgröße von 12 Punkten schriftlich oder auf einem dauerhaften Datenträger erfolgen muss. Letzteres widerspricht grundsätzlich der Vorgabe der Richtlinie. Gem. Art. 4 Abs. 2 FernAbsFinDL-RL dürfen in Bezug auf die vorherige Auskunftserteilung jedoch strengere Anforderungen gestellt werden, sodass die türkischen Bestimmungen letztlich doch im Einklang mit der Richtlinie stehen dürften.

Gem. Art. 49 Abs. 2 S. 2 nVerbSchG muss der geschäftliche Zweck der Informationserteilung zu erkennen sein. Zudem muss bei fernmündlicher Kommunikation zu Beginn jedes Anrufs die Identität des Anbieters und der Grund des Anrufs mitgeteilt werden. Dies entspricht den Vorgaben in Art. 3 Abs. 2 HS. 1 und Art. 3 Abs. 3 lit. a) FernAbsFinDL-RL. Explizit nicht nachvollzogen wurde dagegen die Vorgabe in Art. 3 Abs. 2 HS. 1 FernAbsFinDL-RL, der zufolge bei der Information „*[...] der Grundsatz von Treu und Glauben im Geschäftsverkehr sowie der Grundsatz des Schutzes der Personen, die nach dem Recht der Mitgliedstaaten nicht geschäftsfähig sind*“, zu wahren sind. Entsprechendes dürfte sich indes ohnehin aus den diesbezüglichen Vorschriften der türkischen Rechtsordnung ergeben.

Bei fernmündlicher Kommunikation besteht gem. Art. 6 Abs. 2 S. 1 FernAbsFinDL-VO grundsätzlich eine eingeschränkte Informationspflicht. Dies entspricht grundsätzlich Art. 3 Abs. 3 lit. b) UAbs. 1 FernAbsFinDL-RL. Jedoch deckt die türkische Bestimmung von dem dort vorgegebenen eingeschränkten Informationskatalog zwei Vorgaben nicht ab. Zudem bestimmt Art. 6 Abs. 2 S. 2 FernAbsFinDL-VO, dass in Bezug auf Verbraucherkreditverträge die in den betreffenden Spezialbestimmungen vorgegebenen vorvertraglichen Informationen auch im Falle fernmündlicher Kommunikation vor Vertragsschluss auf Papier oder einem dauerhaften Datenträger erteilt werden müssen. Dies entspricht nicht der Vorgabe in Art. 3 Abs. 3 lit. b) UAbs. 2 S. 2 FernAbsFinDL-RL. Dort wird nämlich allgemein auf die Verpflichtung nach Art. 5 FernAbsFinDL-RL hingewiesen. Das heißt, dass der Anbieter auch bei fernmündlicher Kommunikation „*[...] auf jeden Fall sämtliche Informationen erteilt, wenn er seinen Verpflichtungen nach Art. 5 nachkommt.*“ Außerdem sieht Art. 5 Abs. 2 FernAbsFinDL-RL gerade eine Rückverlagerung des maßgeblichen Zeitpunkts der Übermittlung aller Vertragsbedingungen und vorvertraglichen Informationen vor, sofern das genutzte Fernkommunikationsmittel eben keine Übermittlung in Papierform oder auf einem anderen dauerhaften Datenträger vor der vertraglichen Bindung des Verbrauchers zulässt. All dem wird die Regelung des Art. 6 Abs. 2 S. 2 FernAbsFinDL-VO nicht gerecht. Auch fehlt eine dem Art. 3 Abs. 3 lit. b) UAbs. 2 S. 1 FernAbsFinDL-RL entsprechende Bestimmung, der zufolge der Anbieter den Verbraucher darüber informiert, dass auf Wunsch weitere Informationen übermittelt werden können.

Darüber hinaus muss der Anbieter dem Verbraucher gem. Art. 49 Abs. 3 S. 1 nVerbSchG die Vertragsbedingungen und die durch das Ministerium festzulegenden sonstigen Punkte auf Papier oder einem dauerhaften Datenträger übermitteln. Dies muss gem. Art. 49 Abs. 3 S. 2 nVerbSchG vor Abgabe der auf den Vertragsschluss gerichteten Willenserklärung des Verbrauchers geschehen, oder, falls auf Ersuchen des Verbrauchers ein Fernkommunikationsmittel genutzt wird, das eine geschriebene Information nicht gestattet, unverzüglich nach Abschluss des FernAbsVertr. Dies entspricht grundsätzlich den Vorgaben in Art. 5 Abs. 1 und 2 FernAbsFinDL-RL. Allerdings gibt Art. 7 Abs. 1 FernAbsFinDL-VO in seinen lit. a) bis d) Vertragsbedingungen vor, die im FernAbsVertr über Finanzdienstleistungen zwingend enthalten sein müssen. Dies ist eine Verschärfung gegenüber der FernAbsFinDL-RL, die aufgrund ihrer Vollharmonisierungswirkung unzulässig sein dürfte. Zudem sieht Art. 7 Abs. 1 FernAbsFinDL-VO lediglich eine Übermittlung der Vertragsbedingungen auf entsprechende Weise vor. Die FernAbsFinDL-RL verlangt in ihrem Art. 5 Abs. 1 und 2 indes auch eine Übermittlung der vorvertraglichen Informationen auf beschriebene Weise.

Schließlich bestimmt Art. 49 Abs. 4 S. 1 nVerbSchG, dass der Verbraucher über die Dauer des Vertragsverhältnisses eine Ausfertigung des Vertrages auf Papier verlangen und ein anderes Fernkommunikationsmittel wählen kann, sofern sich dies mit der Art der Finanzdienstleistung vereinbaren lässt. Die Bestimmung vollzieht Art. 5 Abs. 3 FernAbsFinDL-RL nach.

cc) Vertragsabschluss und Bestätigungspflichten

(1) Richtlinie 2011/83/EU

(a) AußerGeschRaumVertr

AußerGeschRaumVertr müssen gem. Art. 47 Abs. 4 S. 1 nVerbSchG schriftlich abgeschlossen werden. Andernfalls sind sie unwirksam. Allerdings kann der Verkäufer/Anbieter gem. Art. 47 Abs. 4 S. 2 nVerbSchG die Unwirksamkeit nicht zulasten des Verbrauchers anführen. Zudem muss der Verkäufer/Anbieter gem. Art. 47 Abs. 4 S. 3 nVerbSchG dafür sorgen, dass der Verbraucher eigenhändig das Datum einträgt und den Vertrag unterzeichnet. Des Weiteren hat der Verkäufer/Anbieter dafür zu sorgen, dass der Verbraucher eigenhändig die Sätze „*Ich habe eine Ausfertigung des Vertrages erhalten*“ und „*Ich wurde darüber informiert, dass ich über ein 14-tägiges Widerrufsrecht verfüge*" niederschreibt. Diese äußerst restriktiven Anforderungen spiegeln die negativen Erfahrungen wider, die in der Türkei im Zusammenhang mit AußerGeschRaumVertr gesammelt wurden. Insbesondere die Pflicht zur eigenhändigen Eintragung des Datums durch den Verbraucher soll die missbräuchliche Praxis der Unternehmer verhindern, durch die Eintragung eines früheren Datums dem Verbraucher faktisch sein Widerrufsrecht zu entziehen. Nichtsdestotrotz widersprechen die genannten Bestimmungen der Richtlinie. Diese sieht nämlich gerade keine bestimmte Form für AußerGeschRaumVertr vor.

Gem. Art. 47 Abs. 4 S. 3 nVerbSchG muss der Verkäufer/Anbieter dem Verbraucher eine Ausfertigung des Vertrages aushändigen. Auch dies widerspricht der in Art. 7 Abs. 2 VerbrRRL statuierten Bestätigungspflicht. Dieser zufolge kann dem Verbraucher auch lediglich eine Bestätigung auf Papier oder, sofern der Verbraucher dem zustimmt, auf einem anderen dauerhaften Datenträger ermöglicht werden. Außerdem muss die Ausfertigung ggf. auch die ausdrückliche Erklärung und Zustimmung nach Art. 16 lit. m) VerbrRRL enthalten.

Der Vertrag selbst muss gem. Art. 7 Abs. 1 AußerGeschRaumVertr-VO die in lit. a) bis k) dieser Vorschrift vorgegebenen Informationen enthalten, die sich einerseits nur teilweise mit denjenigen decken, die in Art. 6 Abs. 1 VerbrRRL vorgegeben werden. Andererseits müssen letztere schon vorvertraglich erteilt werden und sind, wie in Art. 6 Abs. 5 VerbrRRL, schon qua rechtlicher Anordnung wesentlicher Bestandteil des Vertrages. Eine Pflicht, diese zwingend in den Vertrag aufzunehmen, widerspricht daher der VerbrRRL.

Eine der Vorgabe in Art. 7 Abs. 3 VerbrRRL entsprechende Pflicht dazu, den Verbraucher zur Erklärung eines ausdrücklichen Verlangens auf einem Datenträger aufzufordern, falls dieser die Dienstleistung oder die Lieferung von Wasser, Gas oder Strom, wenn sie nicht in einem begrenzten Volumen oder in einer bestimmten Menge zum Verkauf angeboten werden, oder von Fernwärme schon während der Widerrufsfrist beginnen lassen will, kennt die türkische Regelung nicht. Die Lieferung von Wasser, Gas und Strom sind indes ohnehin richtlinienwidrig von ihrem Anwendungsbereich ausgeschlossen.

(b) Fernabsatzverträge

Eine bestimmte Form ist für FernAbsVertr weder im nVerbSchG noch in der FernAbsVertr-VO vorgesehen. Insoweit entspricht die türkische Regelung damit den Vorgaben der VerbrRRL.

Gem. Art. 7 Abs. 1 S. 1 FernAbsVertr-VO hat der Verkäufer/Anbieter allerdings sicherzustellen, dass der Verbraucher in einer dem genutzten

Fernkommunikationsmittel angepassten Weise den Erhalt der vorvertraglichen Informationen bestätigt. Andernfalls gilt der Vertrag nach Art. 7 Abs. 1 S. 2 FernAbsVertr-VO als nicht geschlossen. Die Regelung verzerrt die entsprechende Vorgabe in Art. 8 Abs. 7 VerbrRRL. Dieser zufolge hat nicht der Verbraucher den Erhalt der vorvertraglichen Informationen zu bestätigen, sondern der Unternehmer hat „*[...] die Bestätigung des geschlossenen Vertrages innerhalb einer angemessenen Frist nach dem Abschluss des Fernabsatzvertrags auf einem dauerhaften Datenträger zur Verfügung zu stellen, und zwar spätestens bei der Lieferung der Waren oder bevor die Ausführung der Dienstleistung beginnt*“. Entsprechend fehlt auch eine Bestimmung wie in Art. 8 Abs. 7 lit. a) VerbrRRL darüber, dass die Bestätigung die vorvertraglichen Informationen enthalten muss.

Eine der Vorgabe in Art. 8 Abs. 8 VerbrRRL entsprechende Pflicht dazu, den Verbraucher zur Erklärung eines ausdrücklichen Verlangens auf einem Datenträger aufzufordern, falls dieser die Dienstleistung oder die Lieferung von Wasser, Gas oder Strom, wenn sie nicht in einem begrenzten Volumen oder in einer bestimmten Menge zum Verkauf angeboten werden, oder von Fernwärme schon während der Widerrufsfrist beginnen lassen will, kennt die türkische Regelung nicht. Die Lieferung von Wasser, Gas und Strom sind indes ohnehin richtlinienwidrig von ihrem Anwendungsbereich ausgeschlossen.

Insgesamt entspricht auch in Bezug auf den Vertragsabschluss und die Bestätigungspflichten die Regelung zu FernAbsVertr stärker den Vorgaben der VerbrRRL als die Regelung zu AußerGeschRaumVertr – wenngleich erstere insoweit ebenfalls wesentliche Defizite aufweist.

(2) Richtlinie 2002/65/EG

Eine bestimmte Form ist für FernAbsVertr über Finanzdienstleistungen nicht vorgesehen.[2060] Auch bestehen keine nachvertraglichen Bestätigungspflichten.

dd) Vertragsmodalitäten

(1) Richtlinie 2011/83/EU

Art. 47 Abs. 5 S. 3 nVerbSchG bestimmt ein Anzahlungsverbot für die Dauer der Widerrufsfrist bei AußerGeschRaumVertr. Für FernAbsVertr ist dagegen ein solches Verbot nicht vorgesehen. Dies entspricht der Vorgabe in Art. 9 Abs. 3 S. 2 VerbrRRL, die die Möglichkeit einräumt, beschränkt auf AußerGeschRaumVertr ein solches Verbot beizubehalten oder einzuführen.

2060 *Aslan*, Tüketici Hukuku, 5. Aufl., S. 580.

(2) Richtlinie 2002/65/EG

Besondere Bestimmungen in Bezug auf die Vertragsmodalitäten bei FernAbsVertr über Finanzdienstleistungen bestehen nicht.

ee) Widerrufsrecht

(1) Richtlinie 2011/83/EU

(a) AußerGeschRaumVertr

Gem. Art. 47 Abs. 5 S. 1 nVerbSchG steht dem Verbraucher bei AußerGeschRaumVertr ein 14-tägiges Widerrufsrecht zu. Dies entspricht der Vorgabe in Art. 9 Abs. 1 VerbrRRL. Beginn und Ende dieser Frist haben auf Ebene des nVerbSchG jedoch keine Regelung erfahren. Bestimmungen darüber finden sich innerhalb der AußerGeschRaumVertr-VO. Gem. Art. 8 Abs. 2 AußerGeschRaumVertr-VO beginnt die Widerrufsfrist bei Verträgen, die eine Dienstleistung zum Gegenstand haben, mit dem Abschluss des Vertrages. Bei Verträgen über Waren beginnt sie dagegen grundsätzlich erst mit dem Erhalt der Ware durch den Verbraucher oder einem von ihm ermächtigten Dritten. Die Regelung des Fristbeginns entspricht damit den Vorgaben in Art. 9 Abs. 2 lit. a) und b) VerbrRRL. Zudem findet sich in Art. 8 Abs. 3 AußerGeschRaumVertr-VO auch eine Übersetzung der in Art. 9 Abs. 2 lit. b) lit. i) bis iii) VerbrRRL enthaltenen Vorgaben über den Fristbeginn bei getrennten Lieferungen, Teilsendungen und regelmäßigen Lieferungen von Waren.

Erfüllt der Verkäufer/Anbieter nicht seine Verpflichtungen, die sich aus den Vorschriften über AußerGeschRaumVertr ergeben oder informiert er den Verbraucher nicht in erforderlicher Weise über das Widerrufsrecht, ist der Verbraucher gem. Art. 47 Abs. 6 S. 1 nVerbSchG nicht an die 14-tägige Widerrufsfrist gebunden. Das Recht zum Widerruf endet dann in jedem Fall ein Jahr nach Ablauf der regulären Widerrufsfrist. Wird die ausgelassene Pflicht innerhalb dieses Jahres nachgeholt läuft gem. Art. 9 Abs. 2 S. 3 AußerGeschRaumVertr-VO ab dem Zeitpunkt der Nachholung wiederum die verbindliche Frist von 14 Tagen. Die türkische Regelung entspricht somit den Vorgaben in Art. 10 Abs. 1 und 2 VerbrRRL mit der Abweichung, dass Art. 10 Abs. 1 VerbrRRL eine Verlängerung der Widerrufsfrist nur für den Fall vorsieht, dass der Unternehmer den Verbraucher nicht über sein Widerrufsrecht belehrt hat. Die Verschärfung durch die türkische Regelung dahingehend, dass jede ausgelassene Pflicht eine solche Verlängerung verursacht, widerspricht damit der VerbrRRL.

In Übereinstimmung mit Art. 11 Abs. 2 VerbrRRL genügt gem. Art. 47 Abs. 5 S. 2 nVerbSchG die Abgabe der Widerrufserklärung innerhalb der Widerrufsfrist. Die Erklärung muss dabei gem. Art. 10 Abs. 1 AußerGeschRaumVertr-VO schriftlich oder auf einem dauerhaften Datenträger erfolgen.[2061] Diese Anforderungen widersprechen indes der VerbrRRL, die in Art. 11 Abs. 1 lit. b) eine Widerrufserklärung in beliebiger Form zulässt. In Übereinstimmung mit Art. 11 Abs. 1 lit. a) VerbrRRL sieht dagegen auch Art. 10 Abs. 2 AußerGeschRaumVertr-VO die Möglichkeit vor, den Widerruf mittels des der AußerGeschRaumVertr-VO angehängten Musterwiderrufsformulars zu erklären. Dieses stellt weitestgehend eine Übersetzung des in Anhang 1 Buchstabe B der VerbrRRL enthaltenen Musterwiderrufsformulars dar.

Die Fälle, in denen kein Widerrufsrecht besteht, sind in Art. 14 Abs. 1 AußerGeschRaumVertr-VO geregelt. Von den in Art. 16 VerbrRRL vorgegebenen Ausnahmen finden sich dabei nur etwa vier in der genannten türkischen Vorschrift wieder. Zudem nimmt Art. 14 Abs. 1 lit. d) AußerGeschRaumVertr-VO in Widerspruch zur Richtlinie Verträge über Dienstleistungen aus, bei denen mit Zustimmung des Verbrauchers vor Ablauf der Widerrufsfrist mit der Ausführung der Dienstleistung begonnen wurde. Gem. Art. 16 lit. a) VerbrRRL besteht dagegen in solchen Fällen erst dann kein Widerrufsrecht mehr, wenn die Dienstleistung *vollständig* erbracht worden ist. Die türkische Regelung verstößt somit in Bezug auf die Ausnahmen des Widerrufsrechts in vielerlei Hinsicht den Vorgaben der Richtlinie.

(b) Fernabsatzverträge

Auch in Bezug auf FernAbsVertr statuiert Art. 48 Abs. 4 S. 1 nVerbSchG ein Widerrufsrecht von 14 Tagen. Dem Art. 9 Abs. 1 VerbrRRL ist damit insoweit ebenfalls entsprochen. Eine Bestimmung zum Beginn der Widerrufsfrist findet sich wiederum nicht auf Ebene des nVerbSchG. Gem. Art. 9 Abs. 2 FernAbsVertr-VO markiert bei Dienstleistungsverträgen der Zeitpunkt des Vertragsschlusses und bei Kaufverträgen der Zeitpunkt des Erhalts der Ware den Beginn der Widerrufsfrist. Zudem differenziert die Regelung in Art. 9 Abs. 3 FernAbsVertr-VO hinsichtlich des Widerrufsbeginns bei getrennten Lieferungen, Teilsendungen und regelmäßigen Lieferungen von Waren. Die türkische Regelung entspricht damit vollumfänglich den Vorgaben in Art. 9 Abs. 2 lit. a) und b) VerbrRRL.

Wird der Verbraucher in Bezug auf sein Widerrufsrecht nicht in erforderlicher Weise informiert, ist dieser gem. Art. 48 Abs. 4 S. 4 nVerbSchG nicht an die

---

2061 Entgegen dem Wortlaut der Regelung soll insoweit nach *Şahin McCarthy*, in: *Şahin McCarthy/Dinç*, Tüketici Hukuku Davaları, S. 473, dagegen jegliche Erklärung genügen, die den Willen zum Widerruf eindeutig zum Ausdruck bringt.

14-tägige Widerrufsfrist gebunden. Das Recht zum Widerruf endet dann gem. Art. 48 Abs. 4 S. 5 nVerbSchG in jedem Fall ein Jahr nach Ablauf der regulären Widerrufsfrist. Wird die Belehrung innerhalb dieses Jahres nachgeholt, läuft die verbindliche 14-tägige Widerrufsfrist gem. Art. 10 Abs. 2 FernAbsVertr-VO wiederum ab dem Zeitpunkt der Nachholung der Belehrung. Auch insoweit entspricht die türkische Regelung vollumfänglich den entsprechenden Vorgaben in Art. 10 Abs. 1 und 2 VerbrRRL. Zudem weicht die türkische Regelung von den Richtlinienvorgaben nicht dadurch ab, dass sie für den Fall des Ausbleibens sonstiger Pflichten gleichermaßen eine Verlängerung vorsieht.

Hinsichtlich der Rechtzeitigkeit der Widerrufserklärung genügt gem. Art. 48 Abs. 4 S. 2 nVerbSchG ihre Abgabe innerhalb der Widerrufsfrist. Die Erklärung selbst muss gem. Art. 11 Abs. 1 FernAbsVertr-VO schriftlich oder auf einem dauerhaften Datenträger erfolgen. Dies widerspricht der Vorgabe in Art. 11 Abs. 1 lit. b) VerbrRRL, die eine Erklärung in beliebiger Form zulässt. In Übereinstimmung mit der Vorgabe in Art. 11 Abs. 1 lit. b) VerbrRRL kann der Verbraucher dagegen gem. Art. 11 Abs. 2 S. 1 FernAbsVertr-VO ebenfalls mittels des der FernAbsVertr-VO angehängten Musterwiderrufsformulars seinen Widerruf erklären. Das Formular stellt weitestgehend eine Übersetzung des Musterwiderrufsformulars in Anhang I Buchstabe B der VerbrRRL dar.

Darüber hinaus kann der Verkäufer/Anbieter dem Verbraucher auch ermöglichen, das Musterwiderrufsformular oder eine sonstige eindeutige Erklärung des Widerrufs auf einer Webseite auszufüllen bzw. zu formulieren und abzuschicken. Der Eingang einer solchen über eine Webseite verfassten Erklärung muss durch den Verkäufer/Anbieter unverzüglich bestätigt werden. Die Regelung entspricht der Vorgabe in Art. 11 Abs. 3 VerbrRRL mit der Abweichung, dass letztere eine Bestätigung auf einem dauerhaften Datenträger verlangt.

Die Fälle, in denen kein Widerrufsrecht besteht, sind in Art. 15 Abs. 1 FernAbsVertr-VO geregelt. Ein Vergleich mit den entsprechenden Vorgaben in Art. 16 VerbrRRL zeigt, dass diese größtenteils nachvollzogen wurden. Es finden sich lediglich die Ausnahmen der Art. 16 lit. g), h) und k) nicht in der türkischen Bestimmung wieder. Außerdem besteht nach Art. 15 Abs. 1 lit. h) FernAbsVertr-VO bei Dienstleistungsverträgen schon dann kein Widerrufsrecht, wenn mit deren Ausführung mit Einverständnis des Verbrauchers schon vor Ende der Widerrufsfrist begonnen wurde. Gem. Art. 16 lit. a) VerbrRRL besteht insoweit lediglich dann kein Widerrufsrecht, wenn die Dienstleistung vollständig erbracht worden ist.

(c) Gemeinsamkeiten und Unterschiede

Es zeigt sich, dass auch in Bezug auf das Widerrufsrecht die Regelung über FernAbsVertr den Vorgaben der VerbrRRL stärker entspricht als die Regelung über AußerGeschRaumVertr.

Beiden Regelungen fehlt dagegen eine der Vorgabe in Art. 9 Abs. 2 lit. c) entsprechende Regelung über den Fristbeginn bei Verträgen über die Lieferung von Wasser, Gas oder Strom, wenn sie nicht in einem begrenzten Volumen oder in einer bestimmten Menge zum Verkauf angeboten werden, von Fernwärme oder von digitalen Inhalten, die nicht auf einem körperlichen Datenträger geliefert werden. Freilich sind Verträge über Wasser, Gas und Strom ohnehin richtlinienwidrig aus dem Anwendungsbereich der Regelungen über AußerGeschRaumVertr ausgeschlossen.

(2) Richtlinie 2002/65/EG

In Übereinstimmung mit Art. 6 Abs. 1 UAbs. 1 S. 1 FernAbsFinDL-RL steht den Verbrauchern bei FernAbsVertr über Finanzdienstleistungen gem. Art. 49 Abs. 5 S. 1 nVerbSchG ein 14-tägiges Widerrufsrecht zu. Im Hinblick auf Versicherungsverträge und Verträge über die Altersversorgung von Einzelpersonen bestimmt Art. 49 Abs. 5 S. 3 nVerbSchG, dass sich die Widerrufsfrist nach den betreffenden Spezialregelungen richtet, sofern diese günstiger ausfallen. In Bezug auf Versicherungen sieht Art. 1489 Abs. 1 des neuen türkischen HGB eine Frist von 15 Tagen vor. Bei Verträgen über die Altersversorgung von Einzelpersonen beträgt diese Frist nach den speziellen Bestimmungen 2 Monate.[2062] Ausnahmen von der 14-tägigen Widerrufsfrist sieht auch die FernAbsFinDL-RL vor. Diese betreffen gem. Art. 6 Abs. 1 UAbs. 1 S. 2 FernAbsFinDL-RL jedoch FernAbsVertr über Lebensversicherungen und über die Altersversorgung von Einzelpersonen. Zudem verlängert sich die Widerrufsfrist bei diesen auf 30 Kalendertage. Die türkische Regelung wird diesen Vorgaben nicht gerecht.

Gem. Art. 8 Abs. 2 S. 1 FernAbsFinDL-VO beginnt die Widerrufsfrist am Tage des Vertragsabschlusses. Erhält der Verbraucher die gesamten Vertragsbedingungen aber erst nach dem Vertragsschluss, beginnt die Widerrufsfrist gem. Art. 8 Abs. 2 S. 2 FernAbsFinDL-VO zum Zeitpunkt des Erhalts. Die Bestimmungen entsprechen den betreffenden Vorgaben in Art. 6 Abs. 1 UAbs. 2 FernAbsFinDL-RL.

2062 Siehe insoweit *Çabri*, in: *Tokbaş/Tüzüner*, Milli Şerh, Art. 49 S. 813.

Zur fristgerechten Erklärung des Widerrufs genügt gem. Art. 49 Abs. 5 S. 2 nVerbSchG in Übereinstimmung mit Art. 6 Abs. 6 S. 2 FernAbsFinDL-RL die Abgabe der Widerrufserklärung innerhalb der Widerrufsfrist. Die Erklärung muss gem. Art. 9 Abs. 1 FernAbsFinDL-VO schriftlich oder auf einem dauerhaften Datenträger erfolgen. Ob letztere Bestimmung richtlinienkonform ist, kann nicht abschließend geklärt werden, da unklar ist, inwieweit die FernAbsFinDL-RL Formanforderungen stellt.[2063] *Aslan* sieht zudem in der genannten türkischen Bestimmung lediglich eine Beweisvorschrift.[2064]

Daneben kann der Verbraucher gem. Art. 9 Abs. 2 S. 1 FernAbsFinDL-VO auch das der FernAbsFinDL-VO angehängte Musterwiderrufsformular verwenden. Zudem kann der Anbieter gem. Art. 9 Abs. 2 S. 2 FernAbsFinDL-VO dem Verbraucher auch die Möglichkeit bieten, das Formular oder die Erklärung über seine Webseite abzuschicken. In letzterem Fall muss der Anbieter gem. Art. 9 Abs. 2 S. 3 FernAbsFinDL-VO dem Verbraucher den Erhalt der Widerrufserklärung unverzüglich bestätigen. Die genannten Bestimmungen finden keine Vorlage in der FernAbsFinDL-RL, sondern in der VerbrRRL. Auch das angehängte Musterwiderrufsformular ist dieser entlehnt. Gleichwohl dürften diese Bestimmungen auch in Bezug auf FernAbsVertr über Finanzdienstleistungen zulässig sein, da sie über den Gegenstandsbereich der FernAbsFinDL-RL hinausgehen dürften.

In Art. 13 Abs. 1 lit. a) Nr. 1) bis 8) FernAbsFinDL-VO sind schließlich die Ausnahmen vom Widerrufsrecht aufgeführt. Diese decken sich vollständig mit den entsprechenden Vorgaben in Art. 6 Abs. 2 FernAbsFinDL-RL.

ff) Rechtsfolgen des Widerrufs

(1) Richtlinie 2011/83/EU

(a) AußerGeschRaumVertr

Im Falle des Widerrufs ist der Verkäufer/Anbieter gem. Art. 11 Abs. 2 S. 1 AußerGeschRaumVertr-VO verpflichtet, die Waren innerhalb von 14 Tagen ab Zugang der Widerrufserklärung zurückzunehmen. Dies widerspricht der Richtlinie, der zufolge gem. Art. 14 Abs. 1 UAbs. 1 VerbrRRL der *Verbraucher* die Ware *„[…] unverzüglich und in jedem Fall spätestens nach 14 Tagen ab dem Tag, an dem er dem Unternehmer gem. Art. 11 seinen Entschluss mitgeteilt hat“*, an den

2063 Vgl. insoweit *Micklitz/Rott*, in: *Dauses/Ludwigs*, EU-WirtschaftsR-HdB, Stand Oktober 2021, Abschnitt H. V. Rn. 413.

2064 *Aslan*, Tüketici Hukuku, 5. Aufl., S. 583.

Unternehmer oder eine von diesem ermächtigte Person zurückzusenden oder zu übergeben hat.

Für Veränderungen und Beschädigungen, die durch einen gewöhnlichen Gebrauch der Ware innerhalb der Widerrufsfrist verursacht werden, ist der Verbraucher gem. Art. 47 Abs. 5 S. 5 nVerbSchG nicht verantwortlich. Die Richtlinie sieht hingegen eine Haftung des Verbrauchers gem. Art. 14 Abs. 2 S. 1 VerbrRRL schon für den Wertverlust vor, der auf einen zur Prüfung der Beschaffenheit, Eigenschaften und Funktionsweise der Waren nicht notwendigen Umgang mit den Waren zurückzuführen ist. Die türkische Regelung widerspricht insoweit der genannten Richtlinienvorgabe. Bemerkenswert sind die diesbezüglichen Ausführungen in der amtlichen Begründung. Dort heißt es, dass AußerGeschRaumVertr als Verkäufe auf Probe und Besicht betrachtet würden und der Verbraucher deshalb nicht für Beschädigungen durch den gewöhnlichen Gebrauch verantwortlich sei.[2065] Es zeigt sich damit, dass die fälschliche rechtliche Einordnung von AußerGeschRaumVertr als Verkäufe auf Probe und Besicht, wie sie im Jahre 1995 im aVerbSchG verankert wurde, intellektuell noch immer nicht überwunden ist. Zudem fehlt auch eine dem Art. 14 Abs. 2 S. 2 VerbrRRL entsprechende Bestimmung darüber, dass die Haftung des Verbrauchers für einen Wertverlust der Ware im Falle der fehlenden Belehrung über das Widerrufsrecht durch den Unternehmer ausgeschlossen ist.

Eine Regelung zur Frage des Untergangs der Ware findet sich dagegen im nVerbSchG und in der AußerGeschRaumVertr-VO ebenso wenig wie innerhalb der VerbrRRL. *Aslan* ist der Auffassung, dass der Verbraucher im Falle einer verschuldeten Unmöglichkeit der Herausgabe der Ware vollen Schadensersatz zu leisten habe. Dieses Ergebnis sei dadurch herzustellen, dass dem Verbraucher ein Widerruf in solchen Fällen verwehrt bleibe. Für einen zufälligen Untergang solle der Verbraucher dagegen nicht haften.[2066] Letztere Auffassung wird von Teilen der Literatur auch in Bezug auf die VerbrRRL selbst vertreten.[2067]

Eine Regelung der Widerrufsfolgen in Bezug auf Dienstleistungsverträge findet sich hingegen weder im nVerbSchG noch in der AußerGeschRaumVertr-VO. Dies dürfte damit zusammenhängen, dass das Widerrufsrecht nicht besteht, sofern mit Zustimmung des Verbrauchers innerhalb der Widerrufsfrist mit der Ausführung der Dienstleistung begonnen wurde. Für den Fall, dass die

2065 Amtliche Begründung zu den einzelnen Bestimmungen, Art. 47 nVerbSchG.

2066 Siehe zu alldem *Aslan*, Tüketici Hukuku, 5. Aufl., S. 551 f.

2067 So bspw. *Unger*, ZEuP 2012, 270, 293 m.w.N.

Ausführung ohne Zustimmung des Verbrauchers begonnen wurde, fehlt freilich dennoch eine Regelung.

Aufgrund des Anzahlungsverbots findet sich innerhalb der türkischen Regelung zu AußerGeschRaumVertr auch keine Regelung über die Rückzahlung des Entgelts durch den Verkäufer/Anbieter.

(b) Fernabsatzverträge

Gem. Art. 12 Abs. 1 FernAbsVertr-VO hat der Verkäufer/Anbieter dem Verbraucher innerhalb von 14 Tagen ab Zugang der Widerrufserklärung sämtliche erhaltenen Beträge, einschließlich der Hinsendekosten, zurückzuerstatten. Die Rückerstattung hat dabei unter Verwendung desselben Zahlungsmittels zu erfolgen wie die ursprüngliche Transaktion. Es dürfen keine zusätzlichen Kosten erhoben werden. Dies alles entspricht den Vorgaben in Art. 13 Abs. 1 UAbs. 1 VerbrRRL. Eine dem Art. 13 Abs. 2 VerbrRRL entsprechende Bestimmung für den Fall, dass der Verbraucher sich gegen die angebotene Standardlieferung entschieden hat, fehlt dagegen innerhalb der türkischen Regelung. Auch fehlt ein dem Art. 13 Abs. 3 VerbrRRL entsprechendes Leistungsverweigerungsrecht des Unternehmers.

Erhaltene Ware hat der Verbraucher gem. Art. 13 Abs. 1 FernAbsVertr-VO innerhalb von zehn Tagen ab Erklärung des Widerrufs an den Verkäufer/Anbieter zurückzusenden, sofern Letzterer nicht eine Abholung angeboten hat. Dies widerspricht der Vorgabe in Art. 14 Abs. 1 VerbrRRL, der zufolge der Verbraucher die Ware unverzüglich und in jedem Fall spätestens nach 14 Tagen ab Erklärung des Widerrufs zurückzusenden hat. Nimmt der Verbraucher dabei den in den vorvertraglichen Informationen angegebenen Transporteur in Anspruch, hat der Verbraucher gem. Art. 12 Abs. 3 S. 1 FernAbsVertr-VO die Rücksendekosten nicht zu tragen. Selbiges gilt gem. Art. 12 Abs. 3 S. 2 FernAbsVertr-VO auch, wenn innerhalb der vorvertraglichen Informationen kein Transporteur angegeben wurde. Hat der angegebene Transporteur am Aufenthaltsort des Verbrauchers keine Niederlassung, hat der Verkäufer/Anbieter gem. Art. 12 Abs. 3 S. 3 FernAbsVertr-VO für eine Rücksendung ohne zusätzliche Kosten für den Verbraucher zu sorgen. Diese Bestimmungen widersprechen der entsprechenden Richtlinienvorgabe in Art. 14 Abs. 1 UAbs. 2 VerbrRRL, der zufolge der Verbraucher grundsätzlich die unmittelbaren Kosten der Rücksendung zu tragen hat.

Für Veränderungen und Beschädigungen, die durch einen gewöhnlichen Gebrauch der Ware innerhalb der Widerrufsfrist verursacht werden, ist der Verbraucher gem. Art. 48 Abs. 4 S. 6 nVerbSchG nicht verantwortlich. Die Richtlinie sieht hingegen eine Haftung des Verbrauchers gem. Art. 14 Abs. 2 S. 1 VerbrRRL schon für den Wertverlust vor, der auf einen zur Prüfung der Beschaffenheit, Eigenschaften und Funktionsweise der Waren nicht notwendigen Umgang mit den Waren zurückzuführen ist. Die türkische Regelung widerspricht insoweit der genannten Richtlinienvorgabe. Auch fehlt eine dem Art. 14 Abs. 2 S. 2 VerbrRRL entsprechende Bestimmung darüber, dass die Haftung des Verbrauchers für einen Wertverlust der Ware im Falle der fehlenden Belehrung über das Widerrufsrecht durch den Unternehmer ausgeschlossen ist.

Wie schon der VerbrRRL selbst, fehlt der türkischen Regelung auch in Bezug auf FernAbsVertr eine Regelung über Fragen des vollständigen Untergangs der Ware. *Aslan* vertritt insoweit ebenfalls, dass der Verbraucher vollen Schadensersatz zu leisten habe, wenn die Unmöglichkeit der Herausgabe auf seinem Verschulden beruhe. Dieser sei wiederum dadurch durchzuführen, dass der Verbraucher in einem solchen Fall den Vertrag nicht widerrufen können solle. Im Falle eines zufälligen Untergangs solle der Verbraucher dagegen nicht haften.[2068] Dies entspricht der Auffassung, die in Teilen der Literatur auch zur VerbrRRL selbst vertreten wird.[2069]

Eine Bestimmung über die Widerrufsfolgen in Bezug auf Dienstleistungen findet sich innerhalb der türkischen Regelung zu FernAbsVertr dagegen nicht. Dies hängt freilich damit, dass die türkische Regelung das Widerrufsrecht richtlinienwidrig ausschließt, sobald innerhalb der Widerrufsfrist mit der Ausführung begonnen wurde.

(c) Gemeinsamkeiten und Unterschiede

Es zeigt sich, dass in Bezug auf die Widerrufsfolgen sowohl die Regelungen zu AußerGeschRaumVertr als auch diejenigen zu FernAbsVertr relativ stark von den Richtlinienvorgaben abweichen.

Neben einer Bestimmung über die Rückabwicklung von Dienstleistungen fehlt beiden Regelungen zudem eine dem Art. 14 Abs. 4 lit. b) VerbrRRL entsprechende Regelung über die Widerrufsfolgen in Bezug auf digitale Inhalte. Im Hinblick auf FernAbsVertr bestimmt die türkische Regelung in Art. 15 Abs. 1 lit. ğ) FernAbsVertr-VO insoweit, dass bei vollständiger unmittelbarer Bereitstellung des digitalen Inhalts ohnehin kein Widerrufsrecht besteht. Fälle, in denen digitale Inhalte nur teilweise bereitgestellt wurden, bleiben damit allerdings

---

2068 Siehe zu alldem *Aslan*, Tüketici Hukuku, 5. Aufl., S. 572, der diesbezüglich auf S. 551 f. verweist.

2069 So bspw. *Unger*, ZEuP 2012, 270, 293 m.w.N.

ungeregelt. Im Rahmen der Regelung zu AußerGeschRaumVertr findet sich zu dieser Thematik dagegen gar keine Regelung, sodass sich diesbezüglich gänzlich eine Regelungslücke auftut.

(2) Richtlinie 2002/65/EG

Gem. Art. 10 Abs. 1 S. 1 FernAbsFinDL-VO muss der Anbieter innerhalb von 30 Tagen ab Zugang der Widerrufserklärung sämtliche erhaltenen Beträge zurückerstatten. Dies entspricht nicht ganz der Vorgabe in Art. 7 Abs. 4 FernAbsFinDL-RL, da diese vorsieht, dass der Anbieter die Rückerstattung grundsätzlich unverzüglich und spätestens binnen 30 Kalendertagen vornehmen muss. Dabei sieht die Vorschrift in Art. 10 Abs. 1 S. 2 FernAbsFinDL-VO eine Abweichung von dieser Frist in Bezug auf Versicherungs- und Altersversorgungsverträge vor. Eine entsprechende Ausnahme findet sich in der FernAbsFinDL-RL nicht, sodass die türkische Ausnahme vor dem Hintergrund der vollharmonisierenden Wirkung der FernAbsFinDL-RL unzulässig sein dürfte. Daneben bestimmt Art. 10 Abs. 2 FernAbsFinDL-VO, dass die Rückerstattung entsprechend dem ursprünglich genutzten Zahlungsmittel und ohne zusätzliche Kosten erfolgen müsse. Letztere Bestimmung findet ihre Vorlage nicht in der FernAbsFinDL-RL, sondern in der VerbrRRL. Die Erstreckung auch auf FernAbsVertr über Finanzdienstleistungen dürfte allerdings zulässig sein, da die Bestimmungen über den Gegenstandsbereich der FernAbsFinDL-RL hinausgehen dürften.

Der Verbraucher muss gem. Art. 11 Abs. 1 S. 1 FernAbsFinDL-VO spätestens innerhalb von 30 Tagen ab Abgabe der Widerrufserklärung Zahlung für die vom Anbieter tatsächlich erbrachte Dienstleistung leisten. Der Zahlungsbetrag darf dabei gem. Art. 11 Abs. 1 S. 3 FernAbsFinDL-VO im Vergleich mit dem Gesamtpreis der Dienstleistung nur dem geleisteten Teil entsprechen und darf nicht als Vertragsstrafe ausgelegt werden können. Zudem umfasst der Betrag gem. Art. 11 Abs. 1 S. 1 FernAbsFinDL-VO auch Abgaben, die durch den Anbieter an öffentliche Einrichtungen und Dritte gezahlt wurden und rechtlich zwingende Abgaben. Leistet der Verbraucher die Zahlung innerhalb der vorgegebenen Frist nicht, gilt der Vertrag gem. Art. 11 Abs. 1 S. 2 FernAbsFinDL-VO als nicht widerrufen. Der türkische Normgeber hat auf diese Weise die Vorgaben des Art. 7 Abs. 1 und Abs. 5 FernAbsFinDL-RL vermischt und mit einer Sanktion belegt. So sieht auch Art. 7 Abs. 1 FernAbsFinDL-RL eine Zahlungsverpflichtung für die tatsächlich erbrachten Dienstleistungen im Falle des Widerrufs vor. Jedoch ist dieser Zahlungsbetrag unverzüglich zu leisten. Innerhalb von spätestens 30 Kalendertagen hat der Verbraucher gem. Art. 7 Abs. 5 FernAbsFinDL-RL lediglich vom Anbieter erhaltene Geldbeträge und/oder

Gegenstände zurückzugewähren. Eine Regelung, die sich im Übrigen gar nicht in den türkischen Bestimmungen befindet. Darüber hinaus umfasst die Zahlungspflicht nach Art. 7 Abs. 1 FernAbsFinDL-RL auch nicht Abgaben, die an öffentliche Einrichtungen und Dritte gezahlt wurden und rechtlich zwingende Abgaben. Die türkische Regelung entspricht vor diesem Hintergrund in vielerlei Hinsicht nicht den Richtlinienvorgaben. Die Sanktionsregelung dürfte allerdings gem. Art. 11 FernAbsFinDL-RL zulässig sein.

Art. 7 Abs. 3 S. 1 FernAbsFinDL-RL entsprechend kann der Anbieter gem. Art. 11 Abs. 2 FernAbsFinDL-VO vom Verbraucher jedoch keine Zahlung verlangen, wenn er nicht nachweisen kann, dass er den Verbraucher über den zu zahlenden Betrag vorvertraglich informiert hat. Wie der türkischen Regelung aber auch schon die Einschränkung des Art. 7 Abs. 1 S. 2 FernAbsFinDL-RL fehlt, der zufolge mit der Erfüllung des Vertrages erst nach Zustimmung des Verbrauchers begonnen werden darf, fehlt ihr in Bezug auf die Zahlungsverpflichtung auch eine dem Art. 7 Abs. 3 S. 2 FernAbsFinDL-RL entsprechende Bestimmung, nach der eine Zahlungsverpflichtung gerade nicht besteht, wenn mit der Vertragsausführung ohne ausdrückliche Bestimmung des Verbrauchers vor Ende der Widerrufsfrist begonnen wurde.

gg) Akzessorische Verträge

(1) Richtlinie 2011/83/EU

In Übereinstimmung mit Art. 15 Abs. 1 VerbrRRL bestimmt Art. 13 Abs. 1 AußerGeschRaumVertr-VO in Bezug auf AußerGeschRaumVertr, dass im Falle des Widerrufs auch alle akzessorischen Verträge automatisch enden. Selbiges bestimmt Art. 14 Abs. 1 FernAbsVertr-VO im Hinblick auf FernAbsVertr.

(2) Richtlinie 2002/65/EG

In Übereinstimmung mit Art. 7 Abs. 7 UAbs. 2 FernAbsFinDL-RL enden auch in Bezug auf FernAbsVertr über Finanzdienstleistungen mit dem Widerruf alle akzessorischen Verträge automatisch.

hh) Sonstiges

(1) Richtlinie 2011/83/EU

(a) AußerGeschRaumVertr

Gem. Art. 15 Abs. 3 AußerGeschRaumVertr-VO trägt der Unternehmer bis zur Übergabe der Waren an den Verbraucher das Risiko für den Verlust und die Beschädigung. Die Regelung entspricht der vorgegebenen Gefahrtragungsregelung in

Art. 20 S. 1 VerbrRRL. Eine dem Art. 20 S. 2 VerbrRRL entsprechende Ausnahme für den Fall, dass der Transporteur durch den Verbraucher mit der Beförderung der Waren beauftragt und diese Option nicht vom Unternehmer angeboten wurde, findet sich innerhalb der türkischen Vorschriften dagegen nicht.

Ferner bestimmt Art. 17 Abs. 1 AußerGeschRaumVertr-VO, dass dem Verbraucher nur der Grundtarif berechnet werden darf, wenn er eine Hotline nutzt, die vom Unternehmer eigens zur Kontaktaufnahme eingerichtet wurde. Die Regelung entspricht Art. 21 VerbrRRL.

(b) Fernabsatzverträge

Der Verkäufer/Anbieter hat gem. Art. 48 Abs. 3 S. 1 nVerbSchG ab dem Eingang der Bestellung seine Verpflichtung innerhalb der versprochenen Frist zu erfüllen. Gem. Art. 48 Abs. 3 S. 2 nVerbSchG darf diese Frist bei Warenverkäufen 30 Tage nicht überschreiten. Erbringt der Verkäufer/Anbieter seine Leistung innerhalb dieser Frist nicht, kann der Verbraucher den Vertrag gem. Art. 48 Abs. 3 S. 3 nVerbSchG *„kündigen"*. Diese Regelung, mit der scheinbar Art. 18 VerbrRRL nachvollzogen werden sollte, erscheint in zweifacher Hinsicht richtlinienwidrig: Erstens markiert der Zeitpunkt von 30 Tagen nach Vertragsschluss gem. Art. 18 Abs. 1 VerbrRRL den spätesten Erfüllungszeitpunkt. Grundsätzlich gilt gem. der genannten Richtlinienbestimmung, dass der Unternehmer die Lieferung unverzüglich durchzuführen hat, sofern zwischen den Parteien nichts anderes vereinbart wurde. Zweitens hat der Verbraucher den Unternehmer im Falle der Nichtleistung innerhalb der beschriebenen Frist gem. Art. 18 Abs. 2 VerbrRRL zunächst grundsätzlich dazu aufzufordern, die Lieferung innerhalb einer den Umständen angemessenen zusätzlichen Frist vorzunehmen. Ein sofortiges Recht zur *„Kündigung"*, wie es die türkische Regelung vorsieht, widerspricht der entsprechenden Richtlinienvorgabe.

Gem. Art. 16 Abs. 3 FernAbsVertr-VO hat der Verkäufer/Anbieter im Falle einer *„Kündigung"* im vorgenannten Sinne alle erhaltenen Beträge innerhalb von 14 Tagen zurückzuzahlen. Die Bestimmung widerspricht Art. 18 Abs. 3 VerbrRRL, der insoweit eine Pflicht zur unverzüglichen Rückerstattung vorgibt.

Daneben bestimmt Art. 16 Abs. 4 S. 1 FernAbsVertr-VO, dass der Unternehmer im Falle einer nachträglichen Unmöglichkeit seiner Leistungspflicht den Verbraucher hierüber innerhalb von drei Tagen ab Kenntniserlangung zu Informieren hat und alle erhaltenen Beträge, einschließlich etwaiger Hinsendekosten, innerhalb von 14 Tagen ab Erteilung dieser Information an den Verbraucher zurückerstatten muss. Art. 16 Abs. 4 S. 2 FernAbsVertr-VO stellt insofern klar, dass ein solcher Fall der Unmöglichkeit gerade nicht vorliegt, wenn der

Verkäufer die Ware lediglich nicht auf Lager hat. Die vorgenannten Bestimmungen finden keine Vorlage innerhalb der VerbrRRL. Es handelt sich vielmehr um Fragen des allgemeinen Obligationenrechts, zu denen im neuen türkischen OR schon Regelungen bestehen. Insbesondere findet sich zur Frage der zufälligen nachträglichen Unmöglichkeit, um die es insoweit gehen dürfte, in Art. 136 des neuen türkischen OR eine Regelung. Bis auf die Fristen von drei und 14 Tagen, entspricht die Rechtsfolge dieser Regelung auch derjenigen, die in Art. 16 Abs. 4 FernAbsVertr-VO für solche Fälle vorgegeben wird. Wieso dennoch letztere Bestimmung ausgerechnet innerhalb einer Verwaltungsverordnung verankert wurde, bleibt unverständlich.

Daneben findet sich auch in Bezug auf FernAbsVertr eine abweichende Gefahrtragungsregel. So bestimmt Art. 17 Abs. 1 FernAbsVertr-VO, dass der Verkäufer bis zur Übergabe der Ware an den Verbraucher das Risiko für den Verlust und die Beschädigung trägt. Art. 17 Abs. 2 FernAbsVertr-VO sieht eine Ausnahme hiervon für den Fall vor, dass die Beförderung auf Verlangen des Verbrauchers durch einen von ihm bestimmten abweichenden Transporteur erfolgt. Die Regelung entspricht insgesamt Art. 20 VerbrRRL.

Gem. Art. 19 FernAbsVertr-VO hat der Verkäufer/Dienstleister vor Bindung des Verbrauchers durch den Vertrag die ausdrückliche Zustimmung zu jeder Extrazahlung einzuholen, die über das vereinbarte Entgelt für die Hauptleistungspflicht hinausgeht. Die Regelung vollzieht Art. 22 VerbrRRL nach.

Schließlich darf dem Verbraucher auch gem. Art. 18 Abs. 1 FernAbsVertr-VO nur der Grundtarif berechnet werden, wenn er eine Hotline nutzt, die vom Unternehmer eigens zur Kontaktaufnahme eingerichtet wurde. Die Regelung zielt ebenfalls auf einen Nachvollzug der Vorgabe in Art. 22 VerbrRRL ab.

(c) Verbraucherkaufverträge und Verbraucherverträge im Allgemeinen

Nicht nachvollzogen wurde im nVerbSchG und den dazugehörigen Verordnungen die Vorgabe des Art. 18 Abs. 1 VerbrRRL über den Zeitpunkt der Lieferung bei Verbraucherkaufverträgen, sofern zwischen den Parteien nichts anderes vereinbart wurde. Innerhalb der Regelungen des allgemeinen OR findet sich insoweit lediglich in Art. 90 des neuen türkischen OR eine Bestimmung. Diese legt diesbezüglich allerdings nur fest, dass die Obligation mit ihrer Entstehung fällig wird. Dass sie unverzüglich, aber nicht später als dreißig Tage nach Vertragsabschluss zu erfüllen ist, wird von der genannten Vorschrift dagegen nicht bestimmt.

Daneben hält die VerbrRRL in ihrem Art. 18 Abs. 2 auch eine Regelung für den Fall vor, dass der Unternehmer im Rahmen eines Verbraucherkaufvertrages seine Leistungspflicht innerhalb der vorbestimmten Leistungszeit nicht erfüllt. Unter den Vorschriften des nVerbSchG zum Verbraucherkauf findet sich in dieser Hinsicht lediglich die Bestimmung des Art. 8 Abs. 3 Var. 1 nVerbSchG. Diesem zufolge ist die Nichterfüllung innerhalb der vereinbarten Leistungszeit als mangelhafte Erfüllung zu werten. Da im Falle der Nichtlieferung die Rechte der Nachbesserung, der Nachlieferung und der Minderung nicht in Betracht kommen, verbleibt als Folge der Nichterfüllung innerhalb der vereinbarten Leistungszeit dementsprechend nur das Recht zum Rücktritt nach Art. 11 Abs. 1 lit. a) nVerbSchG. Vor diesem Hintergrund ließe sich vermuten, dass der türkische Gesetzgeber mit der äußerst problematischen Regelung des Art. 8 Abs. 3 Var. 1 nVerbSchG gerade die Vorgabe des Art. 18 Abs. 2 VerbrRRL nachvollziehen wollte. Jedoch sieht Art. 18 Abs. 2 UAbs. 1 VerbrRRL vor, dass der Verbraucher den Unternehmer im Falle der Nichtleistung innerhalb der vereinbarten Leistungszeit zunächst grundsätzlich dazu auffordern muss, die Lieferung innerhalb einer angemessenen zusätzlichen Frist vorzunehmen. Art. 10 Abs. 1 lit. a) i.V.m. Art. 8 Abs. 3 Var. 1 nVerbSchG sehen eine solche Verpflichtung hingegen nicht vor. In Widerspruch zu den Richtlinienvorgaben kann der Verbraucher nach diesen Bestimmungen folglich unmittelbar zurücktreten.

Auch fehlt auf Ebene des nVerbSchG und der dazugehörigen Verordnungen eine dem Art. 20 VerbrRRL entsprechende Gefahrtragungsregel für Verbraucherverträge im Allgemeinen. Das mangels einer spezielleren Regelung insoweit geltende allgemeine OR sieht dabei in Art. 208 Abs. 3 des neuen türkischen OR für Versendungskäufe gerade einen vorzeitigen Gefahrübergang vor und bestimmt damit inhaltlich genau das Gegenteil von dem, was Art. 20 VerbrRRL als Gefahrtragungsregel vorgibt.

Weiterhin fehlt im nVerbSchG und den dazugehörigen Verordnungen ein der Vorgabe in Art. 19 VerbrRRL entsprechendes allgemeines Verbot, von Verbrauchern für die Nutzung von Zahlungsmitteln Entgelte zu verlangen. Selbiges gilt für das in Art. 21 VerbrRRL enthaltene Verbot, dem Verbraucher mehr als den Grundtarif zu berechnen, wenn er eine durch den Unternehmer zur Kontaktaufnahme eingerichtete Hotline nutzt.

Die in Art. 22 VerbrRRL vorgegebene Regelung über zusätzliche Zahlungen findet sich dagegen in Teilen im nVerbSchG wieder. So verbietet Art. 4 Abs. 3 Extrazahlungen für die Erfüllung der Hauptleistungspflichten. Eine der genannten Vorgabe entsprechende Regelung über die Verwendung von Voreinstellungen, die vom Verbraucher abgelehnt werden müssen, fehlt jedoch gänzlich.

Nachvollzogen wurde dagegen die Vorgabe des Art. 27 VerbrRRL über unbestellte Waren und Dienstleistungen. Die entsprechende Bestimmung findet sich in Art. 7 nVerbSchG. Die türkische Regelung geht dabei zulässigerweise über die

Vorgaben der Richtlinienregelung hinaus. So kann dem Verbraucher gegenüber im Zusammenhang mit der Lieferung unbestellter Waren oder Dienstleistungen gem. Art. 7 Abs. 1 nVerbSchG überhaupt kein Anspruch erhoben werden. Art. 27 S. 1 VerbrRRL spricht insoweit hingegen lediglich davon, dass der Verbraucher in solchen Fällen von der Pflicht zur Erbringung der Gegenleistung befreit ist. Ferner bestimmt Art. 7 Abs. 1 S. 2 nVerbSchG, dass nicht nur das Ausbleiben einer Antwort nicht als Zustimmung gilt, sondern selbst die Nutzung der Ware oder Dienstleistung. Über die Richtlinie hinaus bestimmt Art. 7 Abs. 1 S. 3 zudem, dass der Verbraucher die Ware in solchen Fällen weder zurücksenden noch verwahren muss.

(2) Richtlinie 2002/65/EG

Nach Art. 49 Abs. 6 S. 1 nVerbSchG genügt es bei FernAbsVertr über Finanzdienstleistungen, wenn der Verbraucher seine auf Beendigung des Vertrages gerichtete Willenserklärung mittels irgendeines Fernkommunikationsmittels abgibt. Die Verwendung eines Verfahrens, dass für die Beendigung mehr Anforderungen stellt als für den Abschluss des Vertrages, kann gem. Art. 49 Abs. 6 S. 2 nVerbSchG vom Verbraucher nicht verlangt werden. Für beide Bestimmungen gibt es keine Vorlage in der FernAbsFinDL-RL. Sie dürften sich jedoch außerhalb des Gegenstandsbereichs derselben bewegen und daher zulässig sein.

Bei Einrichtung einer Hotline zur Kontaktaufnahme durch den Anbieter darf dem Verbraucher für deren Nutzung gem. Art. 16 Abs. 1 FernAbsFinDL-VO nur der Grundtarif berechnet werden. Die Vorlage dieser Bestimmung findet sich in der VerbrRRL. Auch sie dürfte sich inhaltlich außerhalb des Gegenstandsbereichs der Richtlinie befinden.

Art. 8 FernAbsFinDL-RL über die Zahlung mittels Karten wurde nicht nachvollzogen. Art. 7 nVerbSchG über unbestellte Waren und Dienstleistungen deckt zugleich auch die Vorgaben des Art. 9 FernAbsFinDL-RL über unaufgefordert erbrachte Dienstleistungen ab.

ii) Zusammenfassende Würdigung

Der türkische Normgeber hat sich im Hinblick auf den Nachvollzug der VerbrRRL weder formal noch inhaltlich dem dieser Richtlinie zugrunde liegenden Ansatz angeschlossen, AußerGeschRaumVertr und FernAbsVertr grundsätzlich einer einheitlichen Regelung zuzuführen. So vollziehen die Regelungen zu beiden Bereichen die einheitlichen Vorgaben der VerbrRRL in unterschiedlichem Maße nach und schaffen damit auch untereinander inhaltliche Unterschiede.

Die Bestimmungen zu AußerGeschRaumVertr weichen dabei fast durchgehend stärker von den Vorgaben der VerbrRRL ab als diejenigen zu FernAbsVertr. Anders als sonst im nVerbSchG und den dazugehörigen Verordnungen werden in Bezug auf AußerGeschRaumVertr nicht einmal die zentralen Definitionen wortgetreu nachvollzogen. Den Vorgaben in Bezug auf die Pflicht zur vorvertraglichen Information wird kaum entsprochen. Die Bestimmungen über den Vertragsschluss und den Inhalt des Vertrages weisen starke Verschärfungen gegenüber den Vorgaben der VerbrRRL auf. Überhaupt hat die gesamte Regelung zu AußerGeschRaumVertr einen stark nationalen Einschlag, was darauf zurückzuführen sein dürfte, dass sie eine der ältesten Nachvollzugsmaterien darstellt. So hat der türkische Normgeber weiterhin an seinem gewerberechtlich geprägten Ansatz festgehalten. Verschärfungen, die im Rahmen des aVerbSchG aufgrund negativer nationaler Erfahrungen mit AußerGeschRaumVertr eingeführt wurden, finden sich auch im Rahmen der neuen Vorschriften wieder. Selbst die einstige rechtliche Fehleinordnung von AußerGeschRaumVertr als Verkäufe auf Probe und Besicht scheint intellektuell immer noch nicht überwunden. Dabei konnte auch die Vollharmonisierungswirkung der VerbrRRL den türkischen Normgeber von der Vornahme dieser größtenteils richtlinienwidrigen Modifikationen nicht abhalten. Es werden Beharrungskräfte sichtbar, die verdeutlichen, dass sich der türkische Normgeber diese ursprünglich europäisch initiierte Regelungsmaterie mittlerweile zu eigen gemacht hat – freilich unter einer stark nationalen Perspektive.

Anders verhält es sich dagegen in Bezug auf FernAbsVertr. Insoweit enthält die türkische Regelung wortgetreue Übersetzungen der zentralen Definitionen, wie dies auch in den anderen Bereichen des nVerbSchG und den dazugehörigen Verordnungen der Fall ist. Dabei geht die Richtlinienkonformität diesbezüglich sogar so weit, dass selbst konkretisierende Ausführungen der Erwägungsgründe der VerbrRRL in die amtliche Begründung der türkischen Bestimmungen übernommen wurden. Und auch im Übrigen entsprechen die türkischen Bestimmungen zu FernAbsVertr stärker den Vorgaben der VerbrRRL. Eine Ausnahme bilden insofern lediglich die Bestimmungen über die Rechtsfolgen des Widerrufs. Defizite finden sich an vielen Stellen freilich dennoch.

Schwer tut sich der türkische Normgeber hinsichtlich der Formvorgaben. Gerade im Hinblick auf diese ergeben sich viele Friktionen zwischen den türkischen Regelungen und den Vorgaben der VerbrRRL. Nicht selten werden die Richtlinienvorgaben auch missverstanden oder verzerrt.

Anders als die VerbrRRL hat der türkische Normgeber weder in Bezug auf AußerGeschRaumVertr noch in Bezug auf FernAbsVertr einen den Vorgaben der Richtlinie entsprechenden besonderen Fokus auf digitale Inhalte gerichtet, was insbesondere in Bezug auf FernAbsVertr ein großes Defizit bedeutet. Zudem wurden die Vorgaben der VerbrRRL zu Verbraucherverträgen im Allgemeinen und Verbraucherkaufverträgen fast vollständig unbeachtet gelassen durch den türkischen Gesetzgeber. Den Übergang von sektoralen zu weitgefassten allgemeinen Regelungen im Bereich des Verbraucherschutzrechts, der mit der VerbrRRL zumindest ansatzweise eingeläutet wurde, hat innerhalb des türkischen Nachvollzugs keinen Widerhall gefunden. Insgesamt weisen die türkischen Regelungen zu FernAbsVertr und in besonderem Maße diejenigen zu AußerGeschRaumVertr auffällig viele unzulässige Abweichungen gegenüber der VerbrRRL auf. Anders als im Rahmen des Nachvollzugs der anderen Richtlinien im nVerbSchG und in den dazugehörigen Verordnungen hat der türkische Gesetzgeber vor dem Hintergrund der Vollharmonisierungswirkung der VerbrRRL scheinbar keine möglichst starke Angleichung gesucht. Insbesondere die Bestimmungen zu AußerGeschRaumVertr nehmen deshalb eine Sonderstellung im Rahmen des jüngeren Nachvollzugs von Richtlinien im Bereich des Verbrauchervertragsrechts durch den türkischen Normgeber ein.

Im Hinblick auf die FernAbsFinDL-RL enthalten die türkischen Bestimmungen innerhalb des nVerbSchG und der FernAbsFinDL-VO weithin Übersetzungen – insbesondere in Bezug auf die zentralen Definitionen. Freilich enthalten diese nicht selten Mängel. Nichtsdestotrotz decken sich die meisten Bestimmungen mit den Richtlinienvorgaben. Die stärksten Abweichungen bestehen auch hinsichtlich der FernAbsFinDL-RL im Bereich der Rechtsfolgen des Widerrufs. Friktionen finden sich zudem ebenfalls häufig in Fragen der Form. Die allgemeinen Vorgaben der FernAbsFinDL-RL wurden gleichermaßen sporadisch nachvollzogen. Insgesamt entspricht der türkische Nachvollzug jedoch größtenteils den Richtlinienvorgaben.

In Bezug auf alle Regelungen muss schließlich die Regelungstechnik moniert werden. So finden sich weiterhin viele zentrale Regelungen nicht auf Ebene des Gesetzes, sondern lediglich in den dazugehörigen Verordnungen.

6. *Analyse der Maßnahmen*

Der türkische Nachvollzug europäischer Richtlinien im Bereich des Verbrauchervertragsrechts weist auch mit dem nVerbSchG weiterhin viele Parallelen zu den vorangegangenen Rezeptionen fremden Rechts in der Zeit des Tanzimat und in der Frühphase der türkischen Republik auf. Manche dieser Parallelen betreffen die Entstehungsgeschichte. Andere wiederum sind inhaltlicher Natur. Auf Letztere soll an den entsprechenden Stellen eingegangen werden.

In Bezug auf die Entstehungsgeschichte zeigt sich, dass die Ausarbeitung und die Verabschiedung des nVerbSchG ebenfalls in großem Maße außenpolitisch motiviert waren. Beides fällt nämlich in die Phase, in der die Beitrittsverhandlungen erstmalig sichtbar ins Stocken gerieten. Die Verabschiedung des nVerbSchG sollte dazu beitragen, diesen Prozess wieder in Gang zu setzen. Zudem ging die Gesetzesinitiative ebenso wenig auf gesellschaftliche Strömungen zurück. Einflussreiche Verbraucherorganisationen haben sich in der Türkei aufgrund der unveränderten rechtlichen Einschränkungen der Vereinigungsfreiheit, des fortdauernden Nachwirkens der Repressionen des Militärputsches im kollektiven Gedächtnis der Bevölkerung und fehlender finanzieller Ressourcen bis heute nicht herausgebildet.[2070] Letzteres lässt sich auch den jüngeren Entscheidungen des Verbraucherrates entnehmen, in denen unentwegt Maßnahmen zur Stärkung der Verbraucherschutzorganisationen gefordert werden.[2071] Eine stärkere Einbindung von Verbraucherschutzorganisationen wird ferner von der Europäischen Kommission in ihrem Fortschrittsbericht des Jahres 2021 in Bezug auf die Türkei gefordert.[2072]

Das nVerbSchG selbst weist im Vergleich zu seinem Vorgängergesetz erstmalig eine gewisse äußerliche Systematisierung auf. Dabei wurden den Regelungen sogar einige wenige Vorschriften als allgemeine Bestimmungen vorangestellt. Insgesamt erscheint das nVerbSchG damit übersichtlicher als die Vorgängerregelung. Nichtsdestotrotz finden sich innerhalb der Regelungen immer wieder die gleichen Detailfragen, die wiederum mit den gleichen Detailbestimmungen beantwortet werden. Häufig enthalten diese Bestimmungen sogar die gleichen Formulierungen. Eine stärkere Systematisierung wäre daher durchaus möglich gewesen.

Um eine Ausweitung des sachlichen Anwendungsbereichs der Verbraucherschutzbestimmungen in der Anwendungspraxis sicherzustellen, hat der türkische Gesetzgeber Vertragstypen, die nach der Rechtsprechungspraxis des türkischen Kassationshofs vom Anwendungsbereich des aVerbSchG ausgeschlossen sind, innerhalb der Anwendungsbestimmungen des nVerbSchG explizit aufgezählt.

2070 Siehe zu alldem *Aslan*, Tüketici Hukuku, 5. Aufl., S. 101 ff.

2071 Siehe bspw. die Entscheidungen des Verbraucherrates aus dem Jahre 2015, abrufbar unter https://tuketici.ticaret.gov.tr/yayinlar/tuketici-konseyi (zuletzt abgerufen am 30.12.2020).

2072 Vgl. Turkey 2021 Report, S. 84, abrufbar unter https://ec.europa.eu/neighbourhood-enlargement/system/files/2021-10/Turkey%202021%20report.PDF (zuletzt abgerufen am 25.04.2022).

Insbesondere aufgrund des weiten Dienstleistungsbegriffs und des in den Art. 13 ff. nVerbSchG statuierten Regelungsregimes über mangelhafte Dienstleistungen wurde der originäre Anwendungsbereich des neuen türkischen OR auf diese Weise noch weiter zurückgedrängt. Damit lässt sich feststellen, dass der Anwendungsbereich des türkischen Verbraucherschutzrechts trotz Abgrenzungsstreitigkeiten und Zurückdrängungsversuchen durch den türkischen Kassationshof seit 1995 sukzessive eine Ausweitung über die nachvollzogenen Richtlinien hinaus erfahren hat. Eine Beobachtung, die sich auch in Bezug auf die vorangegangenen Rezeptionen fremden Rechts in der Zeit des Tanzimat und in der Frühphase der türkischen Republik machen lässt. Im Grunde gibt es kaum Vertragstypen, die im Falle des Vorliegens der persönlichen Voraussetzungen nicht dem sachlichen Anwendungsbereich des nVerbSchG unterfielen. Deshalb spielen sich mittlerweile viele Rechtsgeschäfte in der Türkei normativ zu großen Teilen außerhalb des neuen türkischen OR ab. Es ist daher durchaus berechtigt insoweit von einer Art *übergriffigem Nachvollzug* zu sprechen. Gleichwohl dauern die Zurückdrängungsversuche des türkischen Kassationshofs weiterhin an. Mit der expliziten Verankerung bis dahin umstrittener Vertragstypen innerhalb des nVerbSchG haben sie sich lediglich auf die Ebene der materiellen Vorschriften verlagert. Aufgrund des allmählichen Übergangs zu sektorübergreifenden Maßnahmen im Bereich des Verbrauchervertragsrechts auf Ebene der EU und der immer häufiger anzutreffenden Regelung auch von Fragen des allgemeinen Obligationenrechts ist künftig mit einer weiteren Zurückdrängung des originären Anwendungsbereichs des neuen türkischen OR zu rechnen, sofern der autonome Nachvollzug in diesem Bereich fortgesetzt wird.

Unterschiede zum Vorgängergesetz bestehen allerdings nicht lediglich im Hinblick auf die Weite des Anwendungsbereichs. Auch die Ausgestaltung im Detail weist Besonderheiten auf. So erscheint die ohnehin anspruchsvolle Ausgestaltung eines allgemeinen Anwendungsbereichs für alle nachvollzogenen Richtlinien des Verbrauchervertragsrechts vor dem Hintergrund der vollharmonisierenden Wirkung der jüngeren Richtlinien in diesem Bereich zunehmend schwieriger. Der Gesetzgeber muss im Prinzip die strengste Vorgabe zur allgemeinen Bestimmung für alle Regelungen erküren. Dies wiederum kann mit dem negativen Gegenstandsbereich anderer vollharmonisierender Richtlinien kollidieren. Es handelt sich dabei jedoch nicht um ein spezifisches Problem des autonomen Nachvollzugs von Richtlinien. Vielmehr stellt sich ganz allgemein die Frage, inwiefern die Kodifikationslösung vor dem Hintergrund des Übergangs zu vollharmonisierenden Richtlinien im Bereich des Verbrauchervertragsrechts noch einen gangbaren Weg zur Umsetzung europäischer Vorgaben darstellt.

Der bestehende Nachvollzug ist mit dem nVerbSchG und den dazugehörigen Verordnungen noch stärker den Vorgaben der betreffenden Richtlinien angenähert worden und weist seither einen hohen Angleichungsgrad auf. Insbesondere hat der türkische Normgeber Nachvollzugsdefizite beseitigt, Lücken im Nachvollzug geschlossen und wichtige Detailregelungen auf die Ebene des Gesetzes „hochgezont". Dabei bediente er sich nicht selten wortgetreuer Übersetzungen. Überdies ist die Neuregelung von einem besseren Verständnis des EU-Rechts geprägt. Außerdem wurde sie an einigen Stellen stärker der türkischen Terminologie angepasst. Sie erscheint daher insgesamt in sich abgestimmter. Nicht ausreichend abgestimmt wurde der Nachvollzug dagegen mit den Bestimmungen des neuen türkischen OR. Nicht nur, dass sich das türkische OR und die türkischen Sondergesetze im Bereich des OR – wie schon festgestellt wurde – generell zueinander unproportional entwickeln. Mit der Neuregelung des türkischen Verbraucherschutzrechts hat der türkische Normgeber zudem an einigen Stellen eine inkohärente Gemengelage mit den entsprechenden Bestimmungen des neuen türkischen OR geschaffen. Somit wurde letztlich ein *normativer Dualismus* hergestellt. Eine Entwicklung, die sich im Rahmen der Rezeption fremden Rechts in der Zeit des Tanzimat ebenfalls beobachten lässt. Freilich lassen sich in geringem Umfang auch wechselseitige Beeinflussungen zwischen diesen beiden Teilen der Rechtsordnung feststellen. Den nachvollzogenen Regelungen kommt indes eine stärkere Ausstrahlungswirkung zu. Es handelt sich folglich um eine Art *semipermeablen normativen Dualismus* mit einer allmählichen Diffusion in Richtung der nationalen Kernkodifikationen.

Auch der erstmalige Nachvollzug jüngerer Richtlinien im Bereich des Verbrauchervertragsrechts durch das nVerbSchG und die dazugehörigen Verordnungen ist durch zahlreiche wortgetreue Übersetzungen geprägt. Eine Ausnahme bildet lediglich der Nachvollzug der VerbrRRL, insbesondere die Bestimmungen betreffend AußerGeschRaumVertr. Letztere weisen einen sehr starken nationalen Einschlag auf. Unsicherheiten zeigen sich im Rahmen des Nachvollzugs der jüngeren Richtlinien im Umgang mit den Formvorgaben der Richtlinien. Des Weiteren finden sich viele wichtige Detailregelungen nicht im nVerbSchG selbst, sondern erst in den dazugehörigen Verordnungen. Wurde die Regelung bestimmter Fragen in den Richtlinien ausgelassen, bleiben sie häufig auch im Rahmen des Nachvollzugs unbeantwortet. Insgesamt zeigt sich somit, dass zwischen dem Nachvollzug mindestharmonisierender und dem Nachvollzug der jüngeren, vollharmonisierenden Richtlinien kein wirklicher Unterschied besteht. Selbst die zahlreichen wortgetreuen Übersetzungen sind keine Folge der vollharmonisierenden Wirkungen, sondern fanden schon im Zuge der Revision des Jahres 2003 zunehmend Einsatz. Und sogar die Problemfelder entsprechen sich: So betreffen diese ebenfalls die Form und Fragen der gesetzgebungstechnischen Ausgestaltung, insbesondere die Verlagerung wesentlicher Regelungen in delegierte Rechtsakte. Mit Ausnahme der VerbrRRL, insbesondere ihrer Vorgaben zu AußerGeschRaumVertr, weist auch der erstmalige Nachvollzug der jüngeren Richtlinien durch das nVerbSchG und die dazugehörigen Verordnungen einen hohen Angleichungsgrad auf.

Im Ganzen konnten mit der Neuregelung damit weitere Fortschritte im Hinblick auf die vollständige Übernahme des *acquis communautaire* im Bereich des Verbrauchervertragsrechts erzielt werden. Das türkische Recht weist normativ insoweit einen hohen Angleichungsgrad auf.[2073] Dies bestätigt auch die Europäische Kommission in ihrem Fortschrittsbericht des Jahres 2021.[2074] Zugleich wurden mit der Neuregelung jedoch auch die Friktionen mit den sonstigen Bestimmungen der türkischen Rechtsordnung, insbesondere denjenigen des neuen türkischen OR, verschärft.

Problempunkte des Nachvollzugs bilden nach wie vor Fragen der Form und der gesetzgebungstechnischen Ausgestaltung. Während diese in Bezug auf den bestehenden Nachvollzug zum Teil gelöst werden konnten, wurden sie in Bezug auf den erstmaligen Nachvollzug dagegen neu geschaffen. An vielen Stellen wird überdies deutlich, dass der türkische Normgeber bei der Ausarbeitung der Regelungen nur die betreffenden Richtlinientexte und nicht auch die dazu ergangene Rechtsprechung des EuGH berücksichtigt hat. Außerdem weisen die Regelungen erkennbar eine rein nationale Perspektive auf.

C. Prozeduraler Nachvollzug

Der türkische Normgeber hat im Rahmen des autonomen Nachvollzugs der europäischen Richtlinien im Bereich des Verbrauchervertragsrechts nicht nur materiell-rechtliche Vorschriften geschaffen, sondern auch Regelungen zur Durchsetzung ebendieser Rechtspositionen verabschiedet. Im Folgenden sollen von diesen Regelungen schwerpunktmäßig die Bestimmungen über den individuellen Rechtsschutz beleuchtet werden. Insoweit hat der türkische Normgeber mit dem *Verbraucherschiedsausschuss* zum einen eine Institution zur

2073 Eine Zuständige des türkischen Zoll- und Handelsministeriums sprach auf einer Veranstaltung gar von einer Übereinstimmung von „99 %". Siehe dazu *Kıvılcım*, İKV Değerlendirme Notu 152 (2015), S. 5.

2074 Vgl. Turkey 2021 Report, S. 84, abrufbar unter https://ec.europa.eu/neighbourhood-enlargement/system/files/2021-10/Turkey%202021%20report.PDF (zuletzt abgerufen am 25.04.2022).

vorgerichtlichen Streitbeendigung geschaffen. Zum anderen wurde mit den sog. *Verbrauchergerichten* eine spezialisierte Gerichtsbarkeit eingerichtet.

Aufgrund ihrer besonderen Bedeutung bei der Durchsetzung der Rechtspositionen der Verbraucher sollen überdies die Bestimmungen über den kollektiven Rechtsschutz mit in den Blick genommen werden. Dies soll dabei auch vor dem Hintergrund der europäischen Vorgaben geschehen, speziell den Richtlinien 98/27/EG[2075] und 2009/22/EG[2076] über Unterlassungsklagen, da erstere im Zuge der Revision des Jahres 2003 und letztere im Zuge der Neuregelung im Jahre 2014 ebenfalls nachvollzogen wurden.[2077]

I. Gesetz Nr. 4077

1. *Verbraucherschiedsausschüsse*

Art. 22 Abs. 1 aVerbSchG in der Fassung des Jahres 1995 überträgt dem türkischen Industrie- und Handelsministerium den Auftrag, in allen Provinz- und Provinzbezirkszentren in Koordination mit den Gemeinden einen sog. *„Schiedsausschuss über Verbraucherfragen“* (türk. *Tüketici Sorunları Hakem Heyetleri*, fortan nur noch *Verbraucherschiedsausschuss*) einzurichten. Zweck dieser Maßnahme sei es laut der amtlichen Begründung, die Arbeitslast der Gerichte zu verringern und die Streitbeendigung zu beschleunigen.[2078]

Den Vorsitz innerhalb dieser Verbraucherschiedsausschüsse übt gem. Art. 22 Abs. 2 S. 1 aVerbSchG der Provinzdirektor für Industrie und Handel oder eine von diesem beauftragte Person aus. In Provinzbezirken tritt an diese Stelle gem. Art. 7 Abs. 1 der *Verordnung betreffend Schiedsausschüsse über Verbraucherfragen*[2079] der Landrat oder eine von diesem beauftragte Person. Daneben gehören

---

2075 Richtlinie 98/27/EG des Europäischen Parlaments und des Rates vom 19. Mai 1998 über Unterlassungsklagen zum Schutz der Verbraucherinteressen.

2076 Richtlinie 2009/22/EG des Europäischen Parlaments und des Rates vom 23. April 2009 über Unterlassungsklagen zum Schutz der Verbraucherinteressen.

2077 Für die Richtlinie 98/27/EG ergibt sich dies aus dem zweiten „Nationalen Programm der Türkei betreffend die Übernahme des *acquis communautaire*“ aus dem Jahr 2003, S. 652 (abrufbar unter https://www.ab.gov.tr/196.html, zuletzt abgerufen am 25.04.2022). Für die Richtlinie 2009/22/EG ergibt sich dies dagegen schon aus der amtlichen Begründung. Siehe dazu die Allgemeine amtliche Begründung zum Gesetz Nr. 6502, I.

2078 Siehe dazu die Amtliche Begründung zu den einzelnen Bestimmungen, Art. 22 aVerbSchG.

2079 Verkündet am 15.08.1995 im türkischen Amtsblatt (Nr. 22375).

den Verbraucherschiedsausschüssen gem. Art. 22 Abs. 2 S. 1 aVerbSchG noch vier weitere Mitglieder an. Ein Mitglied wird durch den Bürgermeister aus dem Kreis des fachkundigen Personals der lokalen Verwaltung entsandt. Ein Mitglied wird von der Rechtsanwaltskammer aus dem Kreis ihrer Mitglieder entsandt. Ein Mitglied wird – abhängig davon, ob der Unternehmer Kaufmann ist oder nicht – entweder von der Industrie- und Handelskammer oder der Gewerbe- und Handwerkskammer entsandt. Und ein Mitglied wird von den Verbraucherschutzorganisationen entsandt. Gerade letztere Regelung bildete zum Zeitpunkt der Verabschiedung des aVerbSchG im Jahre 1995 eine wesentliche Schwäche, da damals – wie auch heute – keine bedeutenden Verbraucherschutzorganisationen bestanden. Wohl in Kenntnis dieser Tatsache schuf der türkische Normgeber deshalb eine Ausnahme: Findet sich eine der genannten Institutionen nicht in der jeweiligen Provinz bzw. dem jeweiligen Provinzbezirk, werden die fehlenden Mitglieder gem. Art. 22 Abs. 3 S. 1 aVerbSchG von Amts wegen durch den Gemeinderat bestimmt. Personen, die als Mitglied entsandt werden sollen, müssen gem. Art. 8 der dazugehörigen Verordnung die türkische Staatsangehörigkeit besitzen (lit. a), dürfen nicht unter 18 und nicht über 70 Jahre alt sein (lit. b), dürfen nicht aufgrund bestimmter aufgezählter Straftaten verurteilt worden sein (lit. c), müssen über alle bürgerlichen Rechte verfügen (lit. d), bedürfen eines Gesundheitszeugnisses darüber, dass sie die Mitgliedschaft physisch und psychisch ausüben können (lit. e) und müssen in Provinzzentren mindestens die Oberschule und in Provinzbezirken mindestens die Mittelschule durchlaufen haben. Mit Ausnahme des Vorsitzenden beträgt die Amtszeit der Mitglieder gem. Art. 7 Abs. 4 S. 1 der dazugehörigen Verordnung zwei Jahre. Alle Mitglieder erhalten gem. Art. 28 der Verordnung pro Sitzung eine Aufwandsentschädigung.

Die sachliche Zuständigkeit der Verbraucherschiedsausschüsse deckt sich mit dem sachlichen Anwendungsbereich des aVerbSchG mit Ausnahme der Handlungen, die den Gegenstand der Sanktionen nach Art. 25 aVerbSchG bilden. Die Ausführungen in Bezug auf den sachlichen Anwendungsbereich des aVerbSchG in der Fassung von 1995 gelten daher entsprechend.[2080]

Örtlich zuständig ist nach Art. 5 Abs. 2 S. 2 der dazugehörigen Verordnung der Verbraucherschiedsausschuss des Ortes, *„[...] an dem sich der Verkäufer befindet“*. Andersherum ist dies gem. Art. 5 Abs. 2 S. 3 der Verordnung lediglich im Falle eines Haustürgeschäftes. Die beschriebene Zuständigkeitsregelung erschwert den Zugang zum Recht für den Verbraucher und erscheint deshalb aus der Perspektive des europarechtlichen Grundsatzes der Effektivität

2080 Siehe dazu S. 294 ff.

problematisch. Viele Rechtsordnungen sehen für Verbraucherstreitigkeiten daher einen speziellen Gerichtsstand am Wohn- bzw. Aufenthaltsort des Verbrauchers vor. Allerdings bestimmt Art. 5 Abs. 3 der Verordnung, dass im Falle der Abweichung des *Domizils* des Verbrauchers von dem Ort, an dem sich der Verkäufer befindet, eine Antragseinreichung zumindest zum Zwecke der Übersendung an den eigentlich zuständigen Verbraucherschiedsausschuss auch bei dem Verbraucherschiedsausschuss am Ort des Domizils des Verbrauchers möglich sein soll. Zudem treffen die Verbraucherschiedsausschüsse ihre Entscheidungen gem. Art. 20 Abs. 1 S. 1 der Verordnung grundsätzlich auf Grundlage der Akten. Beides dürfte die mit der vorgenannten Regelung der örtlichen Zuständigkeit verbundene Erschwernis im Hinblick auf den Zugang zum Recht für den Verbraucher deutlich abschwächen. Nichtsdestotrotz können die Verbraucherschiedsausschüsse gem. Art. 20 Abs. 1 S. 2 der Verordnung gleichwohl auch eine Anhörung der Parteien ansetzen, sofern sie dies für notwendig erachten. Die Möglichkeit einer solchen Anhörung fernab des Domizils des Verbrauchers stellt wiederum eine Erschwernis für die Rechtsverfolgung durch den Verbraucher dar. Sofern es zur Entscheidung der Streitigkeit erforderlich ist, kann der Verbraucherschiedsausschuss zudem gem. Art. 20 Abs. 2 der Verordnung pro Verfahren einen Sachverständigen bestellen.

Die Unterlagen, auf deren Grundlage die Verbraucherschiedsausschüsse ihre Entscheidungen treffen, werden gem. Art. 19 Abs. 2 der dazugehörigen Verordnung durch den Berichterstatter vorbereitet. Dieser wird gem. Art. 19 Abs. 1 der Verordnung in Provinzzentren aus dem Personal der Provinzverwaltung und in Provinzbezirken aus der lokalen Beamtenschaft durch den jeweiligen Vorsitzenden erwählt. Der Verbraucherschiedsausschuss ist gem. Art. 17 Abs. 1 der Verordnung mit mindestens drei anwesenden Mitgliedern beschlussfähig. Er entscheidet mit der einfachen Mehrheit der anwesenden Mitglieder. Gem. Art. 17 Abs. 2 der Verordnung sind Enthaltungen nicht möglich. Bei Gleichstand obsiegt die Auffassung, für die auch der Vorsitzende gestimmt hat. Die Anträge sind gem. Art. 13 Abs. 1 der Verordnung innerhalb eines Monats zu beraten und zu entscheiden. Auf ein entsprechendes Ersuchen hin können Anträge gem. Art. 13 Abs. 2 der Verordnung auch vorgezogen werden.

Entscheidungen der Verbraucherschiedsausschüsse sind nicht bindend.[2081] Sie entfalten gem. Art. 21 der dazugehörigen Verordnung auch keine Wirkung für ähnliche Fälle. Sie können jedoch gem. Art. 22 Abs. 4 S. 1 aVerbSchG vor den Gerichten als Beweis eingebracht werden. Nach der Rechtsprechung des

2081 Zevkliler, TKHK, 2. Aufl., S. 238.

Kassationshofs zu dieser Norm in der Fassung des Jahres 1995 bildet die Entscheidung eines Verbraucherschiedsausschusses einen „*starken Beweis*". Sofern die andere Partei hierauf keinen gleich „*starken*" gegenteiligen Beweis liefert, gelten die Vorträge der Partei, zu deren Gunsten die Entscheidung des Verbraucherschiedsausschusses ergangen ist, als bewiesen.[2082] Umgekehrt urteilte der türkische Kassationshof allerdings auch, dass das Gericht nicht ohne Weiteres im Sinne der Entscheidung des Verbraucherschiedsausschusses entscheiden dürfe. Es müsse nichtsdestotrotz eine vollumfängliche Würdigung in tatsächlicher und rechtlicher Hinsicht vornehmen.[2083]

In Fällen, in denen das vereinbarte Entgelt 5.000.000 türkische Lira[2084] nicht übersteigt, kann zudem das Verbrauchergericht ohne vorherige Entscheidung des Verbraucherschiedsausschusses nicht angerufen werden. In jedem Fall hemmt die Antragseinreichung bei dem zuständigen Verbraucherschiedsausschuss nach der Rechtsprechung des Kassationshofs die Verjährung.[2085]

Eine Regelung über die Gebühren und Kosten des Verfahrens vor den Verbraucherschiedsausschüssen existiert sowohl im aVerbSchG in der Fassung des Jahres 1995 als auch in der dazugehörigen Verordnung nicht. Jedoch bestimmt Art. 27 der dazugehörigen Verordnung, dass sämtliche Kosten durch das Ministerium zu tragen sind. Überdies sind selbst die Verfahren vor den Verbrauchergerichten von Gebühren und Kosten befreit.[2086]

Insgesamt stieß die mit dem aVerbSchG in der Fassung von 1995 neu eingeführte Institution des Verbraucherschiedsausschusses in der türkischen Literatur auf starke Kritik. So wurde moniert, dass die Regelung genau das Gegenteil dessen erreiche, was mit ihrer Einführung bezweckt wurde: Da die Verbraucherschiedsausschüsse gerade keine verbindlichen Entscheidungen treffen könnten, werde die Streitbeendigung in den Fällen, in denen ein Verfahren vor den Verbraucherschiedsausschüssen obligatorische Voraussetzung für eine Anrufung des Verbrauchergerichts bilde, nicht beschleunigt, sondern sogar verzögert.[2087]

2082 Siehe zu alldem Türkischer Kassationshof, 13. Zivilkammer, Hauptsache Nr. 1996/5334, Entscheidung Nr. 1996/5952 vom 11.06.1996.

2083 Siehe zu alldem Türkischer Kassationshof, 19. Zivilkammer, Hauptsache Nr. 1997/2874, Entscheidung Nr. 1997/6114 vom 12.06.1997.

2084 Der Betrag entsprach im Jahre 1995 etwa 160 DM.

2085 Siehe dazu Türkischer Kassationshof, 13. Zivilkammer, Hauptsache Nr. 2002/2063, Entscheidung Nr. 2002/3990 vom 11.04.2002.

2086 Siehe zu alldem *Aslan*, Tüketici Hukuku, 2. Aufl., S. 79. Näheres dazu im Folgenden.

2087 *Zevkliler*, TKHK, 2. Aufl., S. 229 f.; *Atasoy/Taşkın/Acar*, Tüketiciyi Koruma Hukuku, 2. Aufl., S. 190.

Zudem war auch die dogmatische Einordnung unklar. Relativ eindeutig wurde eine Einordung als echtes Schiedsverfahren im Sinne der Art. 516–536 der alten türkischen ZPO abgelehnt, da es dem Verbraucherschiedsausschuss nach dem aVerbSchG in der Fassung von 1995 an der Befugnis zur allseitig verbindlichen Entscheidung fehlte.[2088] Häufig findet sich in der Literatur die Einordnung als eine Art Schlichtung.[2089] Es würde sich damit unter der festgelegten Wertgrenze um ein gesetzlich vorgeschriebenes, obligatorisches Schlichtungsverfahren handeln. Oberhalb dieser Grenze wäre dagegen von einem freiwilligen Schlichtungsverfahren auszugehen. Jedoch fehlt es den Verfahren vor den Verbraucherschiedsausschüssen in der Ausprägung des Jahres 1995 an der für Schlichtungsverfahren charakteristischen Vermittlung zwischen den Parteien. Diese sind bei dem Verfahren grundsätzlich nicht einmal persönlich zugegen. Darüber hinaus wartet der Verbraucherschiedsausschuss am Ende des Verfahrens nicht mit einem Vergleichsvorschlag auf, wie es ebenfalls charakteristisch für Schlichtungsverfahren ist. Stattdessen erfolgt eine Art Schlichtungsspruch, der, anders als ein Schiedsspruch, nichtsdestotrotz unverbindlich ist. Insgesamt ist das Verfahren wohl zwischen einer Schlichtung und einem Verfahren vor einem Schiedsgericht zu verorten.

2. *Verbrauchergerichte*

Außer den Verbraucherschiedsausschüssen sieht das aVerbSchG des Jahres 1995 in seinem Art. 23 die Errichtung spezialisierter Spruchkörper für Verbraucherstreitigkeiten, der sog. Verbrauchergerichte (türk. *tüketici mahkemeleri*) vor. Erklärt wird diese Maßnahme in der amtlichen Begründung mit der Häufigkeit von Verbraucherstreitigkeiten und der zu ihrer Lösung erforderlichen Spezialisierung.[2090] Tatsächlich war die Arbeitslast der ordentlichen Gerichtsbarkeit zum Zeitpunkt der Verabschiedung des aVerbSchG äußerst hoch.[2091] Verfahren über Verbraucherstreitigkeiten waren kostspielig und nahmen viel Zeit in

2088 *Zevkliler*, TKHK, 2. Aufl., S. 229; *Atasoy/Taşkın/Acar*, Tüketiciyi Koruma Hukuku, 2. Aufl., S. 190.

2089 *Aslan* spricht insoweit von einem freiwilligen Schlichtungsverfahren. Siehe dazu *ders.*, Tüketici Hukuku, 2. Aufl., S. 76. Auch *Atasoy/Taşkın/Acar* sprechen von einer Streitbeendigung durch Schlichtung. Siehe dazu *dies.*, Tüketiciyi Koruma Hukuku, 2. Aufl., S. 193.

2090 Siehe dazu die Amtliche Begründung zu den einzelnen Bestimmungen, Art. 23 aVerbSchG.

2091 *Zevkliler*, TKHK, 2. Aufl., S. 241.

Anspruch.[2092] Letzteres wurde insbesondere auch auf die Ausgestaltung des allgemeinen Zivilverfahrens zurückgeführt.[2093] Neben dem Interesse zusätzliche Arbeitslast für die ordentliche Gerichtsbarkeit zu vermeiden bestand somit ein generelles Bedürfnis nach einer schnelleren und kostengünstigeren Beendigung von Verbraucherstreitigkeiten.[2094] Vor diesem Hintergrund wurde die Errichtung von Verbrauchergerichten vorgesehen.

Die Verbrauchergerichte sind gem. Art. 23 Abs. 1 S. 1 aVerbSchG sachlich für alle Rechtsstreitigkeiten im Zusammenhang mit der Anwendung des aVerbSchG zuständig. Insoweit kann daher auf die Ausführungen zum sachlichen Anwendungsbereich des aVerbSchG in der Fassung von 1995 verwiesen werden.[2095]

Die jeweiligen Gerichtsbezirke der Verbrauchergerichte werden nach Art. 23 Abs. 1 S. 2 aVerbSchG durch den Hohen Rat der Richter und Staatsanwälte bestimmt. Wohl wissend, dass eine flächendeckende Errichtung der Verbrauchergerichte zum damaligen Zeitpunkt nicht kurzerhand erreicht werden konnte, hatte der türkische Gesetzgeber im aVerbSchG daneben einen Übergangsartikel 1 vorgesehen, demzufolge der Hohe Rat der Richter und Staatsanwälte die Gerichte bestimmt, die bis zur Errichtung der Verbrauchergerichte zuständig sind. Dieser Aufgabe ist der Hohe Rat mit Beschluss Nr. 437-2 vom 22.06.1995 nachgekommen. Danach sind bis zur Errichtung der Verbrauchergerichte für Verbraucherstreitigkeiten die Handelsgerichte erster Instanz zuständig. An Orten, an denen keine Handelsgerichte bestehen, sind dagegen die Zivilgerichte erster Instanz zuständig. Beide Zuständigkeiten sind unabhängig vom Streitwert.[2096] Wie weitsichtig der türkische Gesetzgeber mit der Verankerung des genannten Übergangsartikels gehandelt hatte, wurde in der Folge deutlich: Erst im Jahre 2001 konnten beschränkt auf die Städte Ankara, Istanbul und Izmir Verbrauchergerichte errichtet werden und ihre Tätigkeit aufnehmen.[2097] In den übrigen Landesteilen dauerte dagegen die Geltung der erwähnten Übergangsregelung weiterhin fort.

Eine Regelung über die örtliche Zuständigkeit der Verbrauchergerichte ist in der Ursprungsfassung des aVerbSchG hingegen nicht enthalten. Es galten

---

2092 *Atasoy/Taşkın/Acar*, Tüketiciyi Koruma Hukuku, 2. Aufl., S. 198.

2093 *Zevkliler*, TKHK, 2. Aufl., S. 241.

2094 Vgl. *Zevkliler*, TKHK, 2. Aufl., S. 241.

2095 Siehe dazu S. 294 ff.

2096 Siehe zu alldem *Zevkliler*, TKHK, 2. Aufl., S. 242 f.

2097 Vgl. Beschluss des Hohen Rates der Richter und Staatsanwälte, verkündet am 15.08.1995 im türkischen Amtsblatt (Nr. 22375). Siehe dazu auch *Zevkliler*, TKHK, 2. Aufl., S. 243.

insoweit daher die allgemeinen Vorschriften der alten türkischen ZPO.[2098] Örtlich zuständig ist demnach gem. Art. 9 Abs. 1 der alten türkischen ZPO grundsätzlich das Gericht am Domizil des Beklagten.[2099] Die Anwendung dieser Grundregel in Bezug auf Verbraucherstreitigkeiten erscheint jedoch äußerst problematisch, da sie in den Fällen, in denen der Streitwert niedrig, die Distanz zum Domizil des Unternehmers aber hoch ist, zu einer übermäßigen finanziellen Erschwernis der Rechtsverfolgung führt und diese damit letztlich *„praktisch unmöglich"* macht.[2100] Die Regelung war deshalb auch in der türkischen Literatur auf Kritik gestoßen.[2101] Abgeschwächt wurde diese Erschwernis der Rechtsverfolgung indes zumindest dadurch, dass bei Verbraucherstreitigkeiten häufig auch der Gerichtsstand des Erfüllungsortes nach Art. 10 der alten türkischen ZPO einschlägig ist. Nichtsdestotrotz erscheint die türkische Rechtslage des Jahres 1995 in dieser Hinsicht aus dem Blickwinkel des insoweit maßgeblichen europarechtlichen Grundsatzes der Effektivität zweifelhaft.

Klagen können vor den Verbrauchergerichten nach dem aVerbSchG des Jahres 1995 Verbraucher, Verbraucherorganisationen und das Industrie- und Handelsministerium.[2102] Verbraucherorganisationen können dabei entweder zum Schutz ihrer Mitglieder in deren Namen Klage erheben oder den Verkaufsstop bzw. den Rückruf von fehlerhaften Serienprodukten nach Art. 24 aVerbSchG beantragen.[2103] Das Ministerium kann im Rahmen seiner rechtlichen Befugnisse Klage erheben.[2104] Zu diesen gehört – unter anderem – ebenfalls die Beantragung eines Verkaufsstops oder eines Rückrufs nach Art. 24 aVerbSchG. Nicht vor dem Verbrauchergericht klagen kann nach der Rechtsprechung des türkischen Kassationshofs zur Ursprungsfassung des aVerbSchG dagegen der Unternehmer gegen den Verbraucher.[2105] Es handele sich insoweit nämlich um Klagen aus einem Forderungsrecht, für die die ordentliche Gerichtsbarkeit zuständig sei.[2106]

2098 *Tutumlu*, Tüketici Mahkemelerinin Görev ve Yetki Sınırları, 1. Aufl., S. 518.

2099 *Tutumlu*, Tüketici Mahkemelerinin Görev ve Yetki Sınırları, 1. Aufl., S. 518.

2100 Vergleiche zu alldem *Micklitz/Rott*, in: *Dauses/Ludwigs*, EU-WirtschaftsR-HdB, Stand Oktober 2021, Abschnitt H. V. Rn. 703.

2101 *Tutumlu*, Tüketici Mahkemelerinin Görev ve Yetki Sınırları, 1. Aufl., S. 518 m.w.N.

2102 *Zevkliler*, TKHK, 2. Aufl., S. 245.

2103 *Atasoy/Taşkın/Acar*, Tüketiciyi Koruma Hukuku, 2. Aufl., S. 200.

2104 *Atasoy/Taşkın/Acar*, Tüketiciyi Koruma Hukuku, 2. Aufl., S. 200.

2105 Türkischer Kassationshof, 3. Zivilkammer, Hauptsache Nr. 11141, Entscheidung Nr. 12254 vom 15.11.1998, zitiert nach *Zevkliler*, TKHK, 2. Aufl., S. 246.

2106 Türkischer Kassationshof, 3. Zivilkammer, Hauptsache Nr. 11141, Entscheidung Nr. 12254 vom 15.11.1998.

Vor dem Hintergrund dessen, dass mit den Verbrauchergerichten zugleich ein spezialisierter Spruchkörper geschaffen werden sollte und die Frage nach dem Bestehen einer Zahlungsverpflichtung auch von Formvorschriften oder anderen Bestimmungen des aVerbSchG abhängen kann, erscheint diese Rechtsprechung äußerst fragwürdig.

Die Verfahren vor den Verbrauchergerichten werden gem. Art. 23 Abs. 3 S. 2 aVerbSchG nach den Bestimmungen des 4. Abschnitts des 7. Teils der alten türkischen ZPO geführt. Es handelt sich hierbei um das sog. *vereinfachte Verfahren* (türk. *basit usulü muhakeme*). Abweichend vom allgemeinen Verfahren entfällt im Rahmen des vereinfachten Verfahrens die Pflicht des Beklagten, innerhalb von zehn Tagen auf die Klageschrift zu erwidern. Stellungnahmen und Klageerwiderungen können stattdessen unmittelbar während des ersten Verhandlungstermins vorgebracht werden. Dieses Vorbringen kann dabei auch in mündlicher Form erfolgen. Zudem werden Klagen im vereinfachten Verfahren auch während der Justizferien (fort)geführt.[2107] Den Verfahren steht ein Einzelrichter vor.[2108] Eine Regelung über etwaige Rechtsmittel gegen Urteile der Verbrauchergerichte findet sich im Rahmen des aVerbSchG in der Fassung des Jahres 1995 nicht, weshalb auch insoweit die allgemeinen Bestimmungen der alten türkischen ZPO galten.[2109]

Hinsichtlich der Kosten bestimmt Art. 23 Abs. 3 S. 1 aVerbSchG, dass alle Verfahren, die vor den Verbrauchergerichten von Verbrauchern, Verbraucherorganisationen und dem Industrie- und Handelsministerium eingeleitet werden, von Abgaben und Gebühren befreit sind. Nicht von dieser Befreiung umfasst ist dagegen der Unternehmer: Geht das Verfahren zulasten des Unternehmers aus, hat er die Abgaben und Gebühren zu tragen. Selbiges gilt für ein etwaiges Revisionsverfahren. Verbraucher, Verbraucherorganisationen und das Ministerium haben dagegen auch im Falle einer Niederlage keine Abgaben und Gebühren zu tragen. Selbiges gilt wiederum für ein etwaiges Revisionsverfahren.[2110] Im Fall der Niederlage der Gegenseite des Unternehmers fallen die Abgaben und Gebühren der Staatskasse zur Last.[2111] Nicht genannt werden im aVerbSchG dagegen die sonstigen Kosten des Verfahrens wie Sachverständigenkosten und Prozessvertretungsgebühren.[2112] So haben auch Verbraucher, Verbraucherorganisationen

2107 Siehe zu alldem *Zevkliler*, TKHK, 2. Aufl., S. 245.
2108 *Zevkliler*, TKHK, 2. Aufl., S. 243.
2109 *Atasoy/Taşkın/Acar*, Tüketiciyi Koruma Hukuku, 2. Aufl., S. 203.
2110 Siehe zu alldem *Zevkliler*, TKHK, 2. Aufl., S. 244.
2111 *Atasoy/Taşkın/Acar*, Tüketiciyi Koruma Hukuku, 2. Aufl., S. 203.
2112 Dies kritisierend *Zevkliler*, TKHK, 2. Aufl., S. 244 Fn. 7a.

und das Ministerium etwaige Sachverständigenkosten zu tragen. Da im Rahmen von Verfahren vor der türkischen Justiz Sachverständige relativ häufig zu Rate gezogen werden, stellt dies in finanzieller Hinsicht eine deutliche Erschwernis der Rechtsverfolgung gerade auch für Verbraucherorganisationen dar, denen es nicht selten an ausreichenden finanziellen Ressourcen mangelt.[2113] Selbiges gilt in Bezug auf die Anwaltskosten. Da diese gerade nicht von der Befreiung umfasst sind, drohen den Verbrauchern und Verbraucherorganisationen im Falle der Niederlage kosten, die sie von einer Rechtsverfolgung abhalten könnten.

Insgesamt zeigt sich, dass der türkische Gesetzgeber das Bedürfnis einer schnellen und kostengünstigen Durchsetzung der Rechtspositionen des Verbrauchers erkannt hatte und mit der Regelung über Verbrauchergerichte auch angegangen ist. Die Regelung des Jahres 1995 zeigt jedoch an entscheidenden Punkten bedeutende Schwächen, die eine Rechtsverfolgung nichtsdestotrotz in vielen Fällen übermäßig erschweren.

II. Änderungen und Ergänzungen mit der Gesetzesnovelle Nr. 4822

1. *Verbraucherschiedsausschüsse*

Die Regelung des Art. 22 aVerbSchG über Verbraucherschiedsausschüsse wurde mit der Gesetzesnovelle Nr. 4822 einigen Änderungen unterzogen. In diesem Zuge wurde auch die dazugehörige *Verordnung betreffend Schiedsausschüsse über Verbraucherfragen* durch eine neue ersetzt.[2114]

In Bezug auf die Zusammensetzung der Verbraucherschiedsausschüsse ist es mit der Revision zu keinen Änderungen gekommen. Geändert wurde jedoch die allgemeine Anforderung im Hinblick auf den Bildungsgrad der zu entsendenden Personen. Gem. Art. 8 lit. f) der dazugehörigen Verordnung müssen diese seither grundsätzlich über eine Hochschulausbildung verfügen. Lediglich, wenn sich Personen mit dieser Qualifikation nicht finden, können auf Provinzebene Personen, die die Oberschule, und auf Provinzbezirksebene Personen, die die Grundschule absolviert haben, als Mitglieder entsandt werden. Neu im Vergleich zur Ursprungsfassung ist auch die Regelung des Art. 22 Abs. 4 aVerbSchG. Diese bestimmt, dass an Orten, an denen sich keine Verbraucherorganisationen finden, die Verbraucher in den Verbraucherschiedsausschüssen durch Konsumgenossenschaften vertreten werden. Die Bestimmung stellt eine Reaktion auf die

---

2113 *Atasoy/Taşkın/Acar*, Tüketiciyi Koruma Hukuku, 2. Aufl., S. 203.
2114 Verkündet am 01.08.2003 im türkischen Amtsblatt (Nr. 25186).

Tatsache dar, dass an vielen Orten keine Verbraucherorganisationen bestanden. Konsumgenossenschaften waren dagegen zum damaligen Zeitpunkt auf Provinzbezirksebene scheinbar häufiger anzutreffen.

Auf die Ebene des aVerbSchG hochgezont wurde mit Art. 22 Abs. 2 aVerbSchG die Bestimmung über die Beauftragung eines Berichterstatters. Dieser muss zudem gem. Art. 10 S. 2 der dazugehörigen Verordnung seither ebenfalls grundsätzlich über eine Hochschulausbildung verfügen. Falls sich eine Person mit dieser Qualifikation nicht findet, kann nach Art. 10 S. 3 der Verordnung auch auf eine Person mit Oberschulausbildung zurückgegriffen werden.

In sachlicher Hinsicht wurde die Formulierung des Art. 22 Abs. 1 aVerbSchG derjenigen des Art. 23 Abs. 1 aVerbSchG angeglichen. Demnach werden vor den Verbraucherschiedsausschüssen alle Streitigkeiten verhandelt, die sich aus der Anwendung des aVerbSchG ergeben. Ausgenommen hiervon sind weiterhin lediglich Handlungen, die den Gegenstand von Sanktionen nach Art. 25 aVerbSchG bilden. Im Übrigen ist somit der gesamte sachliche Anwendungsbereich des aVerbSchG umfasst. Da dieser im Zuge der Gesetzesnovelle des Jahres 2003 eine bedeutende Ausweitung erfahren hatte, wurde in diesem Zuge auch der sachliche Zuständigkeitsbereich der Verbraucherschiedsausschüsse entschieden verbreitert. Es kann insoweit auf die Ausführungen zum sachlichen Anwendungsbereich des aVerbSchG in der Fassung des Jahres 2003 verwiesen werden.[2115]

Gleichwohl wird innerhalb der türkischen Literatur zum revidierten aVerbSchG vertreten, dass die Verbraucherschiedsausschüsse nicht durch Verbraucherorganisationen oder das türkische Industrie- und Handelsministerium angerufen werden könnten. Ihre Ausgestaltung sei lediglich auf die Durchsetzung individueller Rechtspositionen angelegt.[2116]

Angerufen werden können die Verbraucherschiedsausschüsse des revidierten aVerbSchG dagegen von den Unternehmern. Der türkische Kassationshof entschied diesbezüglich in Abkehr von seiner Rechtsprechung zur Ursprungsfassung des aVerbSchG, dass Unternehmer die Verbraucherschiedsausschüsse unterhalb der festgelegten Streitwertgrenze sogar anrufen müssten und beendete damit die bis dahin geltende Abhängigkeit der zuständigen Gerichtsbarkeit von dem willkürlichen Kriterium der Person des Antragsstellers.[2117] Eine

---

2115 Siehe dazu S. 328 ff.

2116 Siehe zu alldem bspw. *Ermenek*, GÜHFD 17 (2013), Nr. 1–2, 563, 591.

2117 Türkischer Kassationshof, 13. Zivilkammer, Hauptsache Nr. 2004/13486, Entscheidung Nr. 2005/1775 vom 08.02.2005. Siehe dazu *Aslan*, Tüketici Hukuku Dersleri, S. 340 f.

Entscheidung, die auch der mit der Verbrauchergerichtsbarkeit bezweckten Spezialisierung entspricht.

Änderungen sind auch in Bezug auf die örtliche Zuständigkeit erfolgt. So bestimmt Art. 5 Abs. 2 S. 2 der dazugehörigen Verordnung, dass der Antrag entweder bei dem Verbraucherschiedsausschuss am Ort des Vertragsschlusses oder am Ort des Domizils des Verbrauchers einzureichen ist. Die übermäßige Erschwerung der Rechtsverfolgung, die insoweit durch die Altregelung verursacht wurde, konnte mit der Revision folglich beseitigt werden. Die Bestimmung entspricht den Anforderungen des europarechtlichen Grundsatzes der Effektivität.

Neue Verfahrensregelungen sind mit der Gesetzesnovelle nicht hinzugekommen. Es wurde lediglich der Zeitraum, in dem das Verfahren zu einer Entscheidung zu bringen ist, mit Art. 12 der Verordnung auf drei Monate verlängert.

Immer noch vorgesehen ist gem. Art. 22 Abs. 5 S. 1 aVerbSchG, dass unter einem Streitwert von 500 Mio. türkischer Lira[2118] der Gang zu den Verbraucherschiedsausschüssen obligatorisch ist. Anders als in der Vorgängerregelung sieht Art. 22 Abs. 5 S. 2 aVerbSchG seither jedoch vor, dass die Entscheidungen der Verbraucherschiedsausschüsse in solchen Verfahren allseitig verbindlich sind. Sie können zudem gem. Art. 22 Abs. 5 S. 2 aVerbSchG nach den Bestimmungen des türkischen Schuldbetreibungs- und Konkursgesetzes über vollstreckbare Titel vollstreckt werden. Die Parteien können gegen diese Entscheidungen der Verbraucherschiedsausschüsse gem. Art. 22 Abs. 5 S. 3 aVerbSchG binnen 15 Kalendertagen Widerspruch einlegen. Allerdings hat dieser Widerspruch nach Art. 22 Abs. 5 S. 4 aVerbSchG keinen Suspensiveffekt und wirkt sich damit nicht auf die Durchführung der Vollstreckung aus. Letztere kann gem. Art. 22 Abs. 5 S. 4 aVerbSchG lediglich im Wege einer einstweiligen Verfügung des Verbrauchergerichts gestoppt werden. Die Entscheidung, die das zuständige Verbrauchergericht infolge eines Widerspruchs gegen eine Entscheidung eines Verbraucherschiedsausschusses trifft, ist schließlich gem. Art. 22 Abs. 5 S. 6 aVerbSchG endgültig. Der Weg zum Kassationshof ist in diesen Fällen somit versperrt.

Oberhalb dieses Streitwertes ist das Verfahren vor den Verbraucherschiedsausschüssen gem. Art. 22 Abs. 6 aVerbSchG weiterhin freiwillig und die Entscheidung kann vor den Verbrauchergerichten lediglich als Beweis angeführt werden.

2118 Der Betrag entsprach im Jahre 2003 etwa 288 €.

Die bedeutenden Änderungen, die in Bezug auf die Verfahren unterhalb des festgelegten Streitwerts mit der Gesetzesnovelle des Jahres 2003 erfolgt sind, fachten die Diskussion um die dogmatische Einordnung der Verfahren vor den Verbraucherschiedsausschüssen weiter an. Selbst das türkische Verfassungsgericht schaltete sich mit zwei Entscheidungen in diese Diskussion ein. So wies es in der ersten Entscheidung einen konkreten Normenkontrollantrag eines Verbraucherschiedsausschusses mit der Begründung zurück, dass es sich bei diesem nicht um ein Gericht im Sinne der Verfassung handele und nur diese antragsberechtigt seien.[2119] In der zweiten Entscheidung ging es gar um die Verfassungsmäßigkeit des obligatorischen Verfahrens vor den Verbraucherschiedsausschüssen selbst. Das türkische Verfassungsgericht führte in der Begründung seiner ablehnenden Entscheidung aus, dass die Verbraucherschiedsausschüsse keine gerichtliche Funktion im Sinne der Verfassung ausübten, das Recht auf rechtliches Gehör durch die Widerspruchsmöglichkeit gegen die Entscheidungen derselben jedoch gewahrt sei.[2120] Eine positive dogmatische Einordnung unterließ es dagegen.

In der türkischen Literatur zum revidierten aVerbSchG wird das Verfahren in Fällen unterhalb des festgelegten Streitwertes ganz überwiegend als eine Art obligatorisches Schiedsverfahren betrachtet.[2121] Es wird dabei jedoch unterstrichen, dass die Entscheidungen der Verbraucherschiedsausschüsse in ihren Wirkungen eigentlich sogar über Entscheidungen privater Schiedsgerichte hinausgingen, da es zu ihrer Vollstreckung weder eines Bestätigungsvermerks durch ein staatliches Gericht noch ihrer endgültigen Rechtskraft bedürfe.[2122] Es handele sich nicht um ein Schiedsverfahren im Sinne der Artt. 516–536 der alten türkischen ZPO.[2123]

Umstritten blieben aufgrund dieser Unklarheiten auch die dogmatische Einordnung der Entscheidungen der Verbraucherschiedsausschüsse und des Widerspruchs gegen diese bei den Verbrauchergerichten. Letzterer wird in

---

2119 Türkisches Verfassungsgericht, Hauptsache Nr. 2007/53, Entscheidung Nr. 2007/61 vom 31.05.2007, verkündet am 27.12.2007 im türkischen Amtsblatt (Nr. 26739). Siehe dazu *Ermenek*, GÜHFD 17 (2013), Nr. 1–2, 563, 572 f.

2120 Türkisches Verfassungsgericht, Hauptsache Nr. 2006/78, Entscheidung Nr. 2008/84 vom 20.03.2008, verkündet am 01.07.2008 im türkischen Amtsblatt (Nr. 26923). Siehe dazu *Ermenek*, GÜHFD 17 (2013), Nr. 1–2, 563, 573 f.

2121 In diese Richtung *Ermenek*, GÜHFD 17 (2013), Nr. 1–2, 563, 580 m.w.N.; *Uyumaz*, SÜHFD 20 (2012), Nr. 1, 103, 122 f.; *Zevkliler*, TKHK, 3. Aufl., S. 426.

2122 *Ermenek*, GÜHFD 17 (2013), Nr. 1–2, 563, 581 f.; *Zevkliler*, TKHK, 3. Aufl., S. 426.

2123 *Tutumlu*, Tüketici Mahkemelerinin Görev ve Yetki Sınırları, 1. Aufl., S. 180.

Teilen der türkischen Literatur nicht als Rechtsmittel, sondern als eigentliche Klage verstanden.[2124] Doch auch diese Einordnung wirft weitere Fragen auf. So stellt sich die Frage, wieso das Unterlassen eines Widerspruchs innerhalb von 15 Kalendertagen die Entscheidung des Verbraucherschiedsausschusses in eine Art endgültige Rechtskraft erstarken lässt, wenn es sich bei dem Widerspruch doch erst um die eigentliche Klage handelt. Zudem wirft diese Einordnung auch die Frage auf, warum unterhalb des festgelegten Streitwerts der Gang zum Kassationshof versperrt ist.[2125] Insgesamt erscheint die Regelung des revidierten aVerbSchG über Verbraucherschiedsausschüsse vor diesem Hintergrund für den Verbraucher sogar nachteilhafter als das allgemeine Verfahren vor der ordentlichen Gerichtsbarkeit. Denn zum einen stehen dem Verbraucher nach den Verfahrensvorschriften in Bezug auf die Verbraucherschiedsausschüsse weniger Beweismöglichkeiten zur Verfügung als im Rahmen des allgemeinen Verfahrens vor der ordentlichen Gerichtsbarkeit.[2126] Die Verbraucherschiedsausschüsse entscheiden sogar grundsätzlich nur nach Aktenlage. Nichtsdestotrotz können die Entscheidungen der Verbraucherschiedsausschüsse bei ausbleibendem Widerspruch zur endgültigen Rechtskraft erstarken. Dies benachteiligt den Verbraucher im Vergleich zu dem allgemeinen Verfahren vor der ordentlichen Gerichtsbarkeit.[2127] Ferner ist dem Verbraucher bei Verfahren unterhalb des festgelegten Streitwerts per se die Möglichkeit der richterlichen Kontrolle der Entscheidung des Verbrauchergerichts genommen. Auch dies benachteiligt ihn gegenüber dem allgemeinen Verfahren vor der ordentlichen Gerichtsbarkeit. Diese Punkte dürften auch aus Sicht des insofern proklamierten europarechtlichen Grundsatzes der Äquivalenz fragwürdig erscheinen.

Oberhalb des festgelegten Streitwerts ist es zu keiner abweichenden Regelung des Verfahrens gekommen. Es gelten daher insoweit die schon zur Ursprungsfassung des aVerbSchG getroffenen Feststellungen.

Hochgezont auf die Ebene des Gesetzes wurde mit Art. 29 aVerbSchG auch die Regelung darüber, dass die Kosten der Tätigkeiten der Verbraucherschiedsausschüsse aus dem Budget des Industrie- und Handelsministeriums beglichen werden.

2124 Vgl. dazu die Ausführungen bei *Ermenek*, GÜHFD 17 (2013), Nr. 1–2, 563, 583.

2125 Diese und weitere Fragen aufwerfend *Ermenek*, GÜHFD 17 (2013), Nr. 1–2, 563, 583 ff.

2126 *Ermenek*, GÜHFD 17 (2013), Nr. 1–2, 563, 600.

2127 *Ermenek*, GÜHFD 17 (2013), Nr. 1–2, 563, 600.

Da das Verfahren vor den Verbraucherschiedsausschüssen überwiegend nicht als gerichtliches Verfahren bewertet wird, trafen die Verbraucherschiedsausschüsse in der Praxis seit ihrer Einführung zudem auch keine Entscheidungen über die Pflicht zur Tragung etwaiger Prozessvertretungsgebühren. Dies sollte mit einer Neuerung innerhalb der Regelung zu den anwaltlichen Mindesttarifen im Jahre 2013 geändert werden.[2128] Die Regelung wurde jedoch vor dem türkischen Staatsrat durch das Zoll- und Handelsministerium angegriffen. Dieser untersagte hierauf die Anwendung der genannten Neuregelung, da die Verbraucherschiedsausschüsse keine gerichtliche Funktion ausübten und deshalb eine solche Kostentragungsentscheidung nicht treffen dürften.[2129]

Es zeigt sich somit, dass im Zuge der Gesetzesnovelle des Jahres 2003 zwar einige für den Verbraucher nachteilhafte Regelungen beseitigt werden konnten. Jedoch wurden mit den Änderungen auch neue geschaffen. Insgesamt erscheint die Regelung der revidierten Fassung unausgereift und wirft viele Fragen auf.

2. *Verbrauchergerichte*

Der sachliche Zuständigkeitsbereich der Verbrauchergerichte hat im Zuge der Revision des Jahres 2003 keine Änderungen erfahren. Nach wie vor sind diese gem. Art. 23 Abs. 1 S. 1 aVerbSchG für alle Streitigkeiten im Zusammenhang mit der Anwendung des aVerbSchG zuständig. Aufgrund der Ausweitung des sachlichen Anwendungsbereichs des aVerbSchG selbst wurde im Zuge der Revision des Jahre 2003 jedoch gleichwohl der sachliche Zuständigkeitsbereich der Verbrauchergerichte entschieden erweitert. Es kann insofern auf die Ausführungen zum sachlichen Anwendungsbereich des revidierten aVerbSchG verwiesen werden. Weiterhin ausgenommen vom Zuständigkeitsbereich auch in der revidierten Fassung sind dagegen Handlungen, die den Gegenstand der Sanktionen nach Art. 25 aVerbSchG bilden.[2130]

Nicht entfernt wurde zudem der Übergangsartikel 1 aVerbSchG, demzufolge der Hohe Rat der Richter und Staatsanwälte diejenigen Gerichte bestimmt, die bis zur flächendeckenden Errichtung von Verbrauchergerichten die Funktion der Verbrauchergerichte wahrnehmen. Nachdem dieser Rat eine entsprechende Regelung schon im Jahre 1995 beschlossen hatte, traf er mit dem Beschluss Nr. 188 am 24.03.2005 insoweit eine erneute Entscheidung. Dieser zufolge sind

---

2128 Siehe hierzu 1. Teil, 2. Abschnitt, Nr. 6 der Regelung über anwaltliche Mindesttarife, verkündet am 28.12.2013 im türkischen Amtsblatt (Nr. 28865).

2129 Türkischer Staatsrat, 8. Kammer, Hauptsache Nr. 2014/1419 vom 04.07.2014.

2130 *Aslan*, Tüketici Hukuku, 2. Aufl., S. 591.

seither an Orten, an denen kein Verbrauchergericht besteht, die Zivilgerichte erster Instanz zuständig.[2131] Eine solche Regelung war auch im zehnten Jahr nach der Verabschiedung des aVerbSchG notwendig, da mit Stand des Jahres 2006 erst in neun der 81 Provinzen insgesamt 21 Verbrauchergerichte eingerichtet waren.[2132]

Neu eingefügt wurde mit der Revision die Regelung des Art. 23 Abs. 3 aVerbSchG. Diese begründet zusätzlich zu den allgemeinen Regelungen der alten türkischen ZPO[2133] einen alternativen Gerichtsstand am Domizil des Verbrauchers und beendet damit die übermäßige Erschwerung der individuellen Rechtsverfolgung, die sich in Ermangelung eines solchen Gerichtsstands für den Verbraucher ergab. Die Regelung entspricht den Anforderungen des europarechtlichen Grundsatzes der Effektivität. Unklar bleibt indes, ob dieser alternative Gerichtsstand auch für Verbraucherorganisationen und das Ministerium gilt.[2134]

Klageberechtigt sind ausweislich des Art. 23 Abs. 1 aVerbSchG weiterhin Verbraucher, Verbraucherorganisationen und das türkische Industrie- und Handelsministerium. In Abkehr von seiner Rechtsprechung zur Ursprungsfassung des aVerbSchG hat der türkische Kassationshof zudem in zwei der Revision zeitlich nachgelagerten Verfahren entschieden, dass die Verbrauchergerichte auch für die Klagen von Unternehmern gegen Verbraucher zuständig seien.[2135]

Konkretisiert wurde die Klagebefugnis des Ministeriums und der Verbraucherorganisationen. Neben den schon in Bezug auf die Ursprungsfassung geltenden Möglichkeiten der Anrufung des Verbrauchergerichts sieht Art. 23 Abs. 4 aVerbSchG seither vor, dass das Ministerium und die Verbraucherorganisationen in Fällen, *„[…] die keine individuellen Verbraucherstreitigkeiten sind und im*

2131 Siehe zu alldem *Tutumlu*, Tüketici Mahkemelerinin Görev ve Yetki Sınırları, 1. Aufl., S. 67 f.

2132 Von den eingerichteten Verbrauchergerichten befanden sich sieben in Ankara, sechs in Istanbul, zwei in Izmir und jeweils eines in Adana, Bursa, Antalya, Kayseri, Sincan und Konya. Siehe dazu *Tutumlu*, Tüketici Mahkemelerinin Görev ve Yetki Sınırları, 1. Aufl., S. 68.

2133 Siehe zu diesen S. 502 f.

2134 Diese Frage aufwerfend *Aslan*, Tüketici Hukuku, 2. Aufl., S. 590 f.

2135 Türkischer Kassationshof, 13. Zivilkammer, Hauptsache Nr. 2004/13486, Entscheidung Nr. 2005/1775 vom 08.02.2005; Türkischer Kassationshof, 13. Zivilkammer, Hauptsache Nr. 2006/7971, Entscheidung Nr. 2006/11219 vom 06.07.2006. Siehe zu Ersterem *Aslan*, Tüketici Hukuku Dersleri, S. 340 und zu Letzterem *Ermenek*, GÜHFD 17 (2013), Nr. 1–2, 563, 589 f.

allgemeinen Verbraucherinteresse liegen, zum Zwecke der Aufhebung des wegen Verstoßes gegen dieses Gesetz gesetzeswidrigen Zustandes bei den Verbrauchergerichten Klage erheben" können. Damit hat im Zuge der Revision des Jahres 2003 ein dem Art. 7 Abs. 2 der Klauselrichtlinie, dem Art. 11 Abs. 2 der Fernabsatzrichtlinie und den Regelungen der Richtlinie 98/27/EG über Unterlassungsklagen entsprechender kollektiver Rechtsschutz in das aVerbSchG Eingang gefunden.

In diesem Zusammenhang können die Verbrauchergerichte gem. Art. 23 Abs. 5 S. 1 aVerbSchG die vorsorgliche Einstellung des Verstoßes anordnen. Die Anordnung ist gem. Art. 23 Abs. 5 S. 2 aVerbSchG in einer überregionalen und – falls vorhanden – einer regionalen Zeitung zu veröffentlichen. Die Kosten sind von der unterliegenden Seite zu tragen. In derselben Weise sind nach Art. 23 Abs. 6 aVerbSchG die allgemeinen Entscheidungen der Verbrauchergerichte, die eine Beendigung des gesetzeswidrigen Zustandes anordnen, zu veröffentlichen. Die Regelungen dienen erkennbar dem Nachvollzug des Art. 2 Abs. 1 lit. a) und b) der Richtlinie 98/27/EG.

Auch nach der revidierten Fassung des aVerbSchG werden die Verfahren vor den Verbrauchergerichten nach den Vorschriften über das vereinfachte Verfahren geführt (Art. 23 Abs. 2 S. 4 aVerbSchG). Verfahren, die von Verbrauchern, Verbraucherorganisationen oder dem Ministerium eingeleitet werden, sind gem. Art. 23 Abs. 2 S. 1 aVerbSchG gleichermaßen von jeglichen Abgaben und Gebühren befreit. Neu ist, dass gem. Art. 23 Abs. 2 S. 2 aVerbSchG das Ministerium in Verfahren, die von Verbraucherorganisationen eingeleitet werden, auch die Sachverständigenkosten trägt. Unterliegt die Unternehmerseite im Verfahren, sind diese Kosten von ihr gem. Art. 23 Abs. 2 S. 3 aVerbSchG einzuziehen. Die Regelung stellt eine Reaktion darauf dar, dass in Verfahren vor türkischen Gerichten relativ häufig Sachverständige bestellt werden und viele Verbraucherorganisationen zum damaligen Zeitpunkt nicht über ausreichende finanzielle Mittel verfügten. In der türkischen Literatur zum revidierten aVerbSchG wird kritisiert, dass die Regelung sich nicht auch auf Verbraucher erstreckt. Daneben sind die Verbraucher auch im Rahmen der revidierten Fassung des aVerbSchG weiterhin dem Risiko ausgesetzt, im Falle der Niederlage vor Gericht die Prozessvertretungsgebühren zu tragen. Der türkische Kassationshof hat diesbezüglich sogar in mehreren Fällen Verbrauchergerichtsurteile kassiert, weil sie keine Entscheidung über die Prozessvertretungsgebühren enthielten.[2136]

2136 Türkischer Kassationshof, 13. Zivilkammer, Hauptsache Nr. 2009/2406, Entscheidung Nr. 2009/9245 vom 20.09.2012; Türkischer Kassationshof, 13. Zivilkammer,

Insgesamt wurden die Bestimmungen zu den Verbrauchergerichten im Zuge der Gesetzesnovelle des Jahres 2003 damit zugunsten der effektiven Durchsetzung der Rechtspositionen der Verbraucher verbessert, wenn auch einige Problembereiche unbearbeitet blieben. Die auch nach der Gesetzesrevision bestehende geringe Anzahl an Verbrauchergerichten und insbesondere die fehlende Herausbildung einflussreicher Verbraucherorganisationen zeigt allerdings, dass die tatsächliche Entwicklung hiermit nicht Schritt hielt.

III. Gesetz Nr. 6502

1. Verbraucherschiedsausschüsse

Die Regelung über Verbraucherschiedsausschüsse findet sich im zweiten Abschnitt des siebten Teils des nVerbSchG. Der Abschnitt trägt die Überschrift *„Verbraucherschiedsausschuss“* (türk. *tüketici hakem heyeti*) und weicht damit von der bisherigen Bezeichnung innerhalb des aVerbSchG als *„Schiedsausschuss über Verbraucherfragen“* (türk. *tüketici sorunları hakem heyeti)* leicht ab.

Die Regelung erstreckt sich auf sieben Artikel (Artt. 66–72 nVerbSchG). Dazu wurde erneut eine *Verordnung betreffend Verbraucherschiedsausschüsse*[2137] erlassen. Neu ist, dass überdies eine *Verordnung betreffend den Berichterstatter des Verbraucherschiedsausschusses*[2138] geschaffen wurde. Im Jahre 2020 wurde zudem eine *Verordnung betreffend Sachverständige bei Verbraucherschiedsausschüssen* erlassen, mit der Anforderungen an die Beauftragung von Sachverständigen im Rahmen von Verbraucherschiedsausschüssen formuliert wurden.[2139]

Art. 66 Abs. 1 nVerbSchG sieht weiterhin die Einrichtung von mindestens einem Verbraucherschiedsausschuss pro Provinzzentrum vor. Neu ist dagegen, dass in Provinzbezirkszentren nur noch Verbraucherschiedsausschüsse einzurichten sind, sofern diese Provinzbezirke den in der dazugehörigen Verordnung formulierten Mindestanforderungen entsprechen. Art. 5 S. 1 der Verordnung

---

Hauptsache Nr. 2008/15792, Entscheidung Nr. 2009/5723 vom 27.04.2009. Siehe dazu *Ermenek*, GÜHFD 17 (2013), Nr. 1–2, 563, 614 f.

2137 Verkündet am 27.11.2014 im türkischen Amtsblatt (Nr. 29188). Im Folgenden nur noch als *dazugehörige Verordnung* bezeichnet.

2138 Verkündet am 27.11.2014 im türkischen Amtsblatt (Nr. 29188).

2139 Verkündet am 09.07.2020 im türkischen Amtsblatt (Nr. 31180). Der Erlass dieser Verordnung wurde im Fortschrittsbericht des Jahres 2021 als „positive Entwicklung“ hervorgehoben. Siehe dazu Turkey 2021 Report, S. 84, abrufbar unter https://ec.europa.eu/neighbourhood-enlargement/system/files/2021-10/Turkey%202021%20report.PDF (zuletzt abgerufen am 25.04.2022).

sieht insoweit vor, dass das Zoll- und Handelsministerium die betreffenden Provinzbezirkszentren festlegt. Es hat dabei nach Art. 5 S. 2 der Verordnung die Anzahl der eingehenden Anträge, die Bevölkerungszahl, die geographischen Bedingungen und ähnliche Kriterien zu berücksichtigen. Im Jahre 2018 wurde zum Zwecke der Kosteneinsparung auf dieser Grundlage eine *„Restrukturierung"* durchgeführt, mit der die Gesamtzahl der Verbraucherschiedsausschüsse von 1011 auf 211 reduziert wurde.[2140]

An der grundsätzlichen Zusammensetzung der Verbraucherschiedsausschüsse hat sich nach Art. 66 Abs. 2 lit. a) bis ç) nVerbSchG nichts geändert.[2141] Anders fällt die Neuregelung lediglich hinsichtlich des Vorgehens in Fällen aus, in denen ein Verbraucherschiedsausschuss in vorgegebener Besetzung an einem Ort nicht eingerichtet werden kann. Insoweit sieht Art. 6 Abs. 3 nVerbSchG vor, dass die fehlenden Mitglieder nicht mehr vom Gemeinderat, sondern vom Provinzdirektor für den Bereich Handel bzw. dem Landrat aus der Beamtenschaft zu erwählen sind. Die Dauer der Mitgliedschaft mit Ausnahme des Vorsitzenden wurde mit Art. 8 Abs. 4 der dazugehörigen Verordnung auf drei Jahre erhöht.

Abermals neu formuliert wurden mit Art. 9 Abs. 1 lit. e) hingegen die Anforderungen in Bezug auf den Bildungsgrad der als Mitglieder zu entsendenden Personen. Diese wurden im Zuge der Neuregelung erhöht: Die zu entsendenden Personen müssen fortan Absolvent einer Fakultät mit einer Mindeststudiendauer von vier Jahren sein. Strenger ausgestaltet wurden auch die Anforderungen an den Bildungsgrad des zu ernennenden Berichterstatters: Dieser muss gem. Art. 5 Abs. 1 lit. a) der *Verordnung betreffend den Berichterstatter des Verbraucherschiedsausschusses* Absolvent von Fakultäten mit einer Mindeststudiendauer von vier Jahren in den Fachbereichen Recht, Politik, Wirtschaft oder Verwaltung sein. Zudem zählt die Norm Absolventen von Ausbildungen und Lehrgängen mit Bezug zu den genannten Fachbereichen auf. Die Vorschrift stellt eine Reaktion des türkischen Normgebers auf die Kritik an der Zusammensetzung der Verbraucherschiedsausschüsse dar. Moniert wurde insoweit nämlich, dass diesen kein Jurist vorsteht. Da der Berichterstatter für die komplette

2140 Turkey 2019 Report, S. 95, abrufbar unter https://ec.europa.eu/neighbourhood-enlargement/sites/near/files/20190529-turkey-report.pdf (zuletzt abgerufen am 25.04.2022).

2141 Im Jahre 2020 wurde die Regelung um einen Satz ergänzt, mit dem festgelegt wird, wie die Entsendung eines Mitglieds der Anwaltskammer erfolgt, wenn sich im Bereich des betreffenden Verbraucherschiedsausschusses mehr als eine Anwaltskammer befindet.

Aufbereitung des Falles zuständig ist und die Mitglieder lediglich auf Grundlage der durch den Berichterstatter zusammengestellten Akten entscheiden, hat der türkische Gesetzgeber versucht diese Kritik dadurch aufzugreifen, dass er die Anforderungen an die zu ernennenden Berichterstatter fachspezifisch konkretisiert, um auf diese Weise den *„juristischen Sachverstand"* innerhalb der Verbraucherschiedsausschüsse zu erhöhen.[2142] Aus denselben Motiven sieht die *Verordnung betreffend den Berichterstatter des Verbraucherschiedsausschusses* (Fort-)Bildungsmaßnahmen für die Berichterstatter vor.[2143] Nichtsdestotrotz wird im Fortschrittsbericht des Jahres 2019 die *„[...] Qualität der Entscheidungen der Verbraucherschiedsausschüsse im Hinblick auf das allgemeine Rechtsverständnis und wohlbegründete Entscheidungen"* für verbesserungswürdig erachtet.[2144]

Der sachliche Zuständigkeitsbereich der Verbraucherschiedsausschüsse umfasst gem. Art. 66 Abs. 1 nVerbSchG Streitigkeiten aus *„Verbrauchergeschäften"* und aus *„auf Verbraucher gerichtete Praktiken"*. Er deckt sich folglich, wie auch schon im Rahmen der Altregelung, mit dem Anwendungsbereich des Verbraucherschutzgesetzes selbst. Infolgedessen hat der sachliche Zuständigkeitsbereich der Verbraucherschiedsausschüsse im Zuge der Neuregelung erneut eine bedeutende Ausweitung erfahren. Es kann insoweit auf die Ausführungen zum sachlichen Anwendungsbereich des nVerbSchG verwiesen werden. Auch nach dem nVerbSchG weiterhin nicht vom sachlichen Zuständigkeitsbereich der Verbraucherschiedsausschüsse umfasst sind dagegen Handlungen, die den Gegenstand der Sanktionen nach Art. 77 Abs. 1 bilden.[2145]

Örtlich zuständig sind gem. Art. 68 Abs. 3 S. 1 nVerbSchG der Verbraucherschiedsausschuss am Wohnort des Verbrauchers und am Ort, an dem das Verbrauchergeschäft vorgenommen wurde. Es dürfte insoweit wohl kein Unterschied zur Altregelung bestehen. Neu ist lediglich, dass diese Zuständigkeitsbestimmung auf die Ebene des Gesetzes „hochgezont" wurde. An welche Stelle Anträge an Orten zu richten sind, an denen kein Verbraucherschiedsausschuss besteht, wird nach Art. 68 Abs. 3 S. 2 nVerbSchG durch die dazugehörige Verordnung bestimmt. Letztere sieht in ihrem Art. 7 Abs. 3 vor, dass die Anträge in solchen Fällen an das Landratsamt des jeweiligen Provinzbezirks zu richten sind. Das Landratsamt hat diese dann an den zuständigen Verbraucherschiedsausschuss zu übersenden.

2142 Vgl. zu alldem *Aslan*, Tüketici Hukuku, 5. Aufl., S. 720.

2143 Vgl. *Aslan*, Tüketici Hukuku, 5. Aufl., S. 730.

2144 Turkey 2019 Report, S. 95. Zur Abrufbarkeit siehe Fn. 2140.

2145 *Tutumlu*, in: *Şahin McCarthy/Dinç*, Tüketici Hukuku Davaları, S. 993.

Neu definiert wurden die Streitwertgrenzen. Nach Art. 68 Abs. 1 S. 1 nVerbSchG ist unterhalb eines Streitwerts von 2000 türkischer Lira[2146] eine Anrufung der Verbraucherschiedsausschüsse der Provinzbezirkszentren obligatorisch. Unterhalb eines Streitwerts von 3000 türkischer Lira[2147] ist dagegen die Anrufung der Verbraucherschiedsausschüsse der Provinzzentren obligatorisch. In Provinzen, die den Status einer Großstadtgemeinde haben, ist bei einem Streitwert zwischen 2000 und 3000 türkischer Lira eine Anrufung des Provinzverbraucherschiedsausschusses obligatorisch. Die Neuregelung hat demnach eine Staffelung der Streitwertgrenzen eingeführt. Neu ist zudem, dass gem. Art. 68 Abs. 1 S. 2 nVerbSchG bei Streitwerten über den genannten Streitwertgrenzen die Verbraucherschiedsausschüsse gar nicht mehr angerufen werden können. Der noch in der Altregelung enthaltene hybride Charakter der Verbraucherschiedsausschüsse, demzufolge unterhalb der maximalen Streitwertgrenze die Anrufung der Verbraucherschiedsausschüsse obligatorisch und oberhalb dieser Grenze fakultativ ist, wurde mit der Neuregelung somit aufgehoben.[2148] Entsprechend fehlt es auch an der in der Altregelung vorgesehenen Beweiswirkung fakultativer Entscheidungen der Verbraucherschiedsausschüsse. Art. 70 Abs. 1 S. 1 nVerbSchG bestimmt dementsprechend, dass sämtliche Entscheidungen der Verbraucherschiedsausschüsse die beteiligten Parteien binden. Diese werden gem. Art. 70 Abs. 2 S. 2 nVerbSchG gleichermaßen nach den Bestimmungen des türkischen Schuldbetreibungs- und Konkursgesetzes über vollstreckbare Titel vollstreckt. Ebenfalls können gem. Art. 70 Abs. 3 S. 1 nVerbSchG die Parteien innerhalb von 15 Kalendertagen gegen die Entscheidungen der Verbraucherschiedsausschüsse bei den Verbrauchergerichten Widerspruch einlegen. Die Neuregelung stellt für den Fristbeginn dabei auf die Zustellung der Entscheidung ab und erklärt das Verbrauchergericht am Ort des betreffenden

---

2146 Dieser Betrag entsprach Ende 2013 in etwa 675 Euro. Im Jahre 2021 lag die betreffende Streitwertgrenze infolge jährlicher Anpassungen bei 7550 türkischer Lira. Dieser Betrag entsprach mit Kurs vom 01.01.2021 in etwa 830 Euro.

2147 Dieser Betrag entsprach Ende 2013 in etwa 1 013 Euro. Im Jahre 2021 lag die betreffende Streitwertgrenze infolge jährlicher Anpassungen bei 11 330 türkischer Lira. Dieser Betrag entsprach mit Kurs vom 01.01.2021 in etwa 1 247 Euro.

2148 Mittlerweile wurde mit einer Änderung des nVerbSchG im Jahre 2020 ein neuer Artikel 73/A eingefügt, der oberhalb der maximalen Streitwertgrenze die vorherige Durchführung eines Mediationsverfahrens zur zwingenden Verfahrensvoraussetzung vor den Verbrauchergerichten erklärt. Seither können damit grundsätzlich auch oberhalb der maximalen Streitwertgrenze die Verbrauchergerichte nicht unmittelbar angerufen werden.

Verbraucherschiedsausschusses für zuständig. Sie ist insoweit detaillierter als die Altregelung. Der Widerspruch entfaltet gem. Art. 70 Abs. 3 S. 2 nVerbSchG nach wie vor keinen Suspensiveffekt. Lediglich auf Antrag kann nach Art. 70 Abs. 3 S. 3 nVerbSchG das Verbrauchergericht die Vollstreckung vorläufig stoppen.

Neu ist dagegen die Bestimmung des Art. 70 Abs. 4 nVerbSchG. Diese regelt Folgendes: *„Ist die angegriffene Entscheidung in der Sache rechtmäßig und der Beschwerde stattzugeben, da bei der Anwendung des Gesetzes auf den Sachverhalt Fehler gemacht wurden oder ist bezüglich des gesetzeswidrigen Punktes keine erneute Verhandlung erforderlich, kann das Verbrauchergericht nach Aktenlage die Entscheidung unter Abänderung oder Berichtigung bestätigen. Auf Fehler betreffend die Identität der Parteien, Fehler betreffend deren Handelsbezeichnungen, Schreib-, Rechen- oder übrigen offensichtlichen Erklärungsfehlern ist diese Vorschrift ebenfalls anzuwenden. Ist das Urteil verfahrens- und gesetzesgemäß, wird jedoch festgestellt[,] dass die angegebene Begründung nicht richtig ist, erfolgt die Bestätigung durch Abänderung oder Berichtigung der Gründe.“*[2149] Die Bestimmung zielt erkennbar darauf ab, bei minderschweren Mängeln eine beschleunigte Verfahrensbeendigung vor den Verbrauchergerichten zu erreichen.

Wie auch nach alter Rechtslage sind die Urteile, die die Verbrauchergerichte in Fällen des Widerspruchs gegen Entscheidungen der Verbraucherschiedsausschüsse fällen, gem. Art. 70 Abs. 5 nVerbSchG endgültig verbindlich.

Die Diskussion um die dogmatische Einordnung der Verfahren vor den Verbraucherschiedsausschüssen hat mit der Verabschiedung des nVerbSchG kein Ende gefunden. Einige Neuerungen vertiefen sie sogar noch. So bestimmt Art. 68 Abs. 5 nVerbSchG, dass das obligatorische Verfahren vor den Verbraucherschiedsausschüssen die Verbraucher nicht hindert, sich an Stellen der alternativen Streitbeilegung zu wenden und verdeutlicht damit, dass der türkische Gesetzgeber die Verbraucherschiedsausschüsse gerade nicht zu solchen Stellen rechnet. Zudem rückt Art. 70 Abs. 4 nVerbSchG, der bei minderschweren Mängeln eine beschleunigte Verfahrensbeendigung vor den Verbrauchergerichten ermöglichen soll, das Widerspruchsverfahren noch weiter in Richtung eines zweitinstanzlichen Verfahrens. Vor diesem Hintergrund werden hinsichtlich der dogmatischen Einordnung der Verfahren vor den Verbraucherschiedsausschüssen auch in Bezug auf die neue Rechtslage nach wie vor dieselben Auffassungen

---

2149 Die Übersetzung wurde aufgrund ihrer Exaktheit übernommen von *Savaş*, Das Türkische Obligationengesetz und Verbraucherschutzgesetz, S. 388 f.

vertreten. Die überwiegende Meinung innerhalb der türkischen Literatur geht auch insoweit von einer Art *„obligatorischem Schiedsverfahren“* aus.[2150]

Neu ist, dass eine Antragstellung bei den Verbraucherschiedsausschüssen gem. Art. 11 Abs. 4 der dazugehörigen Verordnung auch auf elektronischem Wege über die E-Government-Plattformen des türkischen Staates möglich ist.[2151] Die maximale Bearbeitungsdauer für die Anträge wurde mit Art. 23 Abs. 1 S. 1 der Verordnung auf sechs Monate erhöht.

Unterschiede gegenüber der Altregelung bestehen auch hinsichtlich etwaiger Kosten. So bestimmt Art. 70 Abs. 7 S. 1 nVerbSchG, dass bei Entscheidungen der Verbraucherschiedsausschüsse zulasten der Verbraucher Zustellungs- und Gutachtergebühren vom Zoll- und Handelsministerium getragen werden. Fällt die Entscheidung jedoch zugunsten des Verbrauchers aus, sind diese Gebühren von der Gegenseite einzuziehen. Demnach werden nicht mehr sämtliche Kosten vom Ministerium getragen. Mit einem Änderungsgesetz aus dem Jahre 2014 wurde überdies dem Art. 70 Abs. 1 nVerbSchG ein zweiter Satz angefügt, der bestimmt, dass die Verbraucherschiedsausschüsse keine Entscheidung über Prozessvertretungsgebühren treffen. Die Änderung diente der Umsetzung der entsprechenden Entscheidungen des türkischen Staatsrats.[2152]

Insgesamt fällt die Neuregelung detaillierter aus. Jedoch wirft auch sie weiterhin viele Fragen auf, die einer dringenden Klärung bedürfen. Denn vor dem Hintergrund dessen, dass die maximale Streitwertgrenze aus Sicht großer Teile der türkischen Bevölkerung nicht geringfügig erscheinen dürfte und unterhalb dieser Grenze die Anrufung der Verbraucherschiedsausschüsse obligatorisch ist, stellt die Regelung einen starken Eingriff in das verfassungsrechtlich abgesicherte Recht auf rechtliches Gehör dar.[2153]

2150 Vgl. *Yeşilova*, Terazi 9 (2014), Sonderausgabe, 107, 112. Die inhaltlichen Konturen dieser Bezeichnung bleiben nichtsdestotrotz unklar. Vgl. dazu ebenfalls *Yeşilova*, Terazi 9 (2014), Sonderausgabe, 107, 113.

2151 Mit einer Änderung aus dem Jahre 2017 wurde Art. 11 der dazugehörigen Verordnung umfassend neu formuliert. Seither ist in Abs. 1 geregelt, dass eine Antragstellung bei den Verbraucherschiedsausschüssen auch auf elektronischem Wege über die E-Government-Plattformen des türkischen Staates möglich ist. Gemäß Abs. 3 derselben Verordnung hat die Antragstellung über TÜBIS (*Tüketici Bilgi Sistemi*, deutsch: Verbraucherinformationssystem) zu erfolgen.

2152 *Budak*, DEÜHFD 16 (2014), Sonderausgabe, 77, 99. Siehe zu dieser Entscheidung schon S. 510.

2153 Vgl. *Budak*, DEÜHFD 16 (2014), Sonderausgabe, 77, 101.

Nichtsdestotrotz bieten die Verbraucherschiedsausschüsse den Verbrauchern die Möglichkeit, auf relativ unbürokratischem Wege und ohne Kostenrisiko ihre Rechte durchzusetzen. Dabei fallen die Entscheidungen nach einer Auswertung des türkischen Zoll- und Handelsministeriums aus dem Jahre 2013 in 85 % der Fälle zugunsten der Verbraucher aus. Allerdings zeigt sich die generell innerhalb der türkischen Justiz bestehende hohe Arbeitsbelastung auch hier.[2154] Die eigentlich bezweckte schnelle Verfahrensbeendigung kann daher oftmals nicht erreicht werden. Die Verfahren dauern im Durchschnitt etwa ein Jahr.[2155] Dies intensiviert damit den mit der Regelung verbundenen Eingriff in das verfassungsrechtlich abgesicherte Recht auf rechtliches Gehör. Hinzu kommen Platzmangel, fehlende Archivierungsmöglichkeiten und ein genereller Personalmangel, die die Funktionsfähigkeit der Verbraucherschiedsausschüsse in der Praxis einschränken.[2156]

2. *Verbrauchergerichte*

Auch im nVerbSchG hat der türkische Gesetzgeber den Verbrauchergerichten mit Art. 73 nVerbSchG lediglich einen Artikel gewidmet. Im Vergleich zur Altregelung wurde die Norm um zwei Absätze erweitert. Eine Verordnung betreffend die Verbrauchergerichte wurde auch im Zusammenhang mit dem nVerbSchG nicht erlassen.

Der sachliche Zuständigkeitsbereich der Verbrauchergerichte erstreckt sich auf alle Streitigkeiten, die sich aus *„Verbrauchergeschäften“* und aus *„auf Verbraucher gerichtete Praktiken“* ergeben können und entspricht somit – wie auch im Rahmen der Altregelung – dem sachlichen Anwendungsbereich des Verbraucherschutzgesetzes selbst.[2157] Dementsprechend hat der sachliche Zuständigkeitsbereich der Verbrauchergerichte mit der Neuregelung in der Praxis gleichermaßen eine bedeutende Ausweitung erfahren.[2158] Es verbleiben vor diesem Hintergrund kaum noch Rechtsgeschäfte zwischen Verbrauchern und

---

2154 *Tutumlu*, in: *Şahin McCarthy/Dinç*, Tüketici Hukuku Davaları, S. 1012 f.

2155 Turkey 2019 Report, S. 95. Zur Abrufbarkeit siehe Fn. 2140. Laut dem Fortschrittsbericht des Jahres 2021 konnte die Verfahrensdauer durch die Einführung von TÜBIS „signifikant“ verkürzt werden. Siehe hierzu Turkey Report 2021, S. 84. Zur Abrufbarkeit siehe Fn. 2139. Zu TÜBIS siehe Fn. 2151.

2156 Siehe zu alldem *Tutumlu*, in: *Şahin McCarthy/Dinç*, Tüketici Hukuku Davaları, S. 1012.

2157 Vgl. *Aslan*, Tüketici Hukuku, 5. Aufl., S. 740.

2158 Vgl. *Yılmaz/Yardım*, in: *Tokbaş/Tüzüner*, Milli Şerh, Art. 73 S. 1187.

Unternehmern, die nicht in den sachlichen Zuständigkeitsbereich der Verbrauchergerichte fallen.[2159] So findet sich in der Praxis vor den Verbrauchergerichten ein Spektrum an Rechtsgeschäften wieder, dass von kosmetischen Operationen an der Nase[2160] über unautorisierte Überweisungen auf Offshore-Konten[2161] über Stromlieferungsverträge[2162] über die Anmietung von Hochzeitssälen[2163] bis hin zu Flugreiseverträgen[2164] reicht. Vor diesem Hintergrund kann die Frage aufgeworfen werden, inwiefern die Verbrauchergerichte überhaupt noch ihrer Rolle als spezialisierter Gerichtsbarkeit gerecht werden können.[2165]

Wie auch die Altregelung bestimmt Art. 73 Abs. 5 nVerbSchG den Wohnort des Verbrauchers zum alternativen Gerichtsstand. Dieser kann zudem nicht durch Vereinbarung zwischen dem Unternehmer und dem Verbraucher ausgeschlossen werden, da die neue türkische ZPO in ihrem Art. 17 Gerichtsstandsvereinbarungen mit Verbrauchern nicht zulässt.[2166] Unklar bleibt, ob dieser alternative Gerichtsstand auch für Klagen des Ministeriums oder der Verbraucherorganisationen gilt.[2167]

Ebenso vorgesehen ist in Art. 73 Abs. 6 nVerbSchG das Instrument des kollektiven Rechtsschutzes zur Durchsetzung überindividueller Interessen. Verbraucherorganisationen und das türkische Zoll- und Handelsministerium können weiterhin zum Zwecke der Beendigung von Verstößen gegen das nVerbSchG Klage vor den Verbrauchergerichten erheben. Neu ist, dass fortan auch die betreffenden öffentlichen Einrichtungen und Institutionen entsprechend Klagen können. Die Bestimmung dient gleichzeitig auch dem Nachvollzug der zwischenzeitig ergangenen Regelungen des Art. 13 Abs. 2 FernAbsFinDL-RL, des

2159 Vgl. *Zevkliler/Özel*, Tüketicinin Korunması Hukuku, S. 490 f.

2160 Vgl. Türkischer Kassationshof, 3. Zivilkammer, Hauptsache Nr. 2015/17110, Entscheidung Nr. 2015/19069 vom 26.11.2015.

2161 Vgl. Türkischer Kassationshof, 11. Zivilkammer, Hauptsache Nr. 2015/13484, Entscheidung Nr. 2016/7621 vom 29.09.2016.

2162 Vgl. Türkischer Kassationshof, 20. Zivilkammer, Hauptsache Nr. 2017/5850, Entscheidung Nr. 2017/3935 vom 03.05.2017.

2163 Vgl. Türkischer Kassationshof, 20. Zivilkammer, Hauptsache Nr. 2017/6483, Entscheidung Nr. 2017/4422 vom 15.05.2017.

2164 Vgl. Türkischer Kassationshof, 11. Zivilkammer, Hauptsache Nr. 2017/222, Entscheidung Nr. 2018/5688 vom 24.09.2018.

2165 Diese Frage aufwerfend *Yılmaz/Yardım*, in: *Tokbaş/Tüzüner*, Milli Şerh, Art. 73 S. 1189 f.

2166 *Zevkliler/Özel*, Tüketicinin Korunması Hukuku, S. 493 f.

2167 *Aslan*, Tüketici Hukuku, 5. Aufl., S. 743.

Art. 23 Abs. 2 VerbrRRL und des Art. 2 Abs. 1 lit. a) der Richtlinie 2009/22/EG über Unterlassungsklagen zum Schutz der Verbraucherinteressen. Anders als die Altregelung sieht Art. 73 Abs. 7 nVerbSchG vor, dass entsprechende Urteile nur noch auf Antrag des Klägers in mindestens drei überregionalen Zeitungen auf Kosten des Beklagten zu veröffentlichen sind.

Die Verfahren vor den Verbrauchergerichten werden gem. Art. 73 Abs. 4 nVerbSchG weiterhin nach dem vereinfachten Verfahren geführt, dass sich im Rahmen der neuen türkischen ZPO im sechsten Teil findet. Verfahren, die von Seiten des Ministeriums, der Verbraucher oder der Verbraucherorganisationen eröffnet werden sind gem. Art. 73 Abs. 2 nVerbSchG gleichermaßen von Gerichtsgebühren befreit. Zudem sieht Art. 73 Abs. 3 nVerbSchG ebenso eine Befreiung von den Sachverständigengebühren in Verfahren vor, die von Verbraucherorganisationen eingeleitet werden, wobei diese Gebühren im Falle der Niederlage der Gegenseite von dieser einzuziehen sind. Neu ist insofern lediglich, dass der türkische Gesetzgeber den Kreis der Verbraucherorganisationen, die von der Befreiung der Sachverständigengebühren profitieren, enger gezogen hat. So sieht das nVerbSchG diese Befreiung nur noch für Verbraucher*dachverbände* vor.[2168] Neu ist überdies, dass das Zoll- und Handelsministerium gem. Art. 73 Abs. 3 nVerbSchG im Falle einer Niederlage vor Gericht auch die Prozessvertretungsgebühren der Verbraucherdachverbände übernimmt. Letzteres stellt in finanzieller Hinsicht eine deutliche Erleichterung der kollektiven Rechtsverfolgung durch Verbraucherorganisationen dar, da es diesen nicht selten an ausreichenden finanziellen Ressourcen mangelt.

Gleichfalls eine Neuerung stellt die gesetzliche Verankerung einer Bestimmung über Prozessvertretungsgebühren in Art. 70 Abs. 6 nVerbSchG dar. Diese betrifft den Fall, dass ein Verbraucherschiedsausschuss zwar zugunsten des Verbrauchers entscheidet, die Gegenseite gegen diese Entscheidung aber vor dem Verbrauchergericht erfolgreich Widerspruch einlegt. Gem. Art. 70 Abs. 6 nVerbSchG hat das Verbrauchergericht in solch einem Fall in Bezug auf die Prozessvertretungsgebühren eine Kostenentscheidung zulasten des Verbrauchers gem. dem gestaffelten prozentualen Tarif der Regelung über anwaltliche Mindesttarife zu treffen. Allerdings wurde gegen Ende des Jahres 2013 eine neue Regelung über anwaltliche Mindesttarife erlassen.[2169] Diese sieht in ihrem Art. 12 Abs. 1 vor, dass bei einer Entscheidung nach dem gestaffelten prozessualen Tarif

2168 Im Jahre 2015 existierten landesweit lediglich zwei solcher Dachverbände. Siehe dazu *Aslan*, Tüketici Hukuku, 5. Aufl., S. 742.

2169 Verkündet am 28.12.2013 im türkischen Amtsblatt (Nr. 28865).

die im zweiten Abschnitt des zweiten Teils der Regelung aufgeführten Festpreise nicht unterschritten werden dürfen. Das bedeutete, dass bei Streitigkeiten vor den Verbrauchergerichten bis zu einem Streitwert von 30 000 türkischer Lira 12 % des Streitwertes, jedoch nicht weniger als 750 türkische Lira als Gebühr anzusetzen waren. Mit der Neuregelung der anwaltlichen Mindesttarife des Jahres 2015 wurde dieser Festbetrag ferner auf 900 türkische Lira angehoben.[2170] Es bestand folglich das Risiko für den Verbraucher bei einem Streitwert von bspw. 1 000 türkischer Lira im Falle der Niederlage Prozessvertretungsgebühren in Höhe von 900 türkischer Lira tragen zu müssen. Eine solche Regelung stellt eine übermäßige Erschwerung der Rechtsverfolgung dar bzw. macht sie in manchen Fällen praktisch unmöglich. Mit der Neuregelung der anwaltlichen Mindesttarife Ende 2017[2171] wurde deshalb in Art. 12 Abs. 1 für den oben beschriebenen Fall des erfolgreichen Widerspruchs der Unternehmerseite eine Ausnahme vom Grundsatz vorgesehen, dass bei Anwendung des prozentual gestaffelten Tarifs mindestens der Festpreis nach dem zweiten Abschnitt des zweiten Teils der Regelung über anwaltliche Mindesttarife zu entrichten ist. Zulasten des Verbrauchers sind daher fortan alleine max. 12 % des Streitwertes als Prozessvertretungsgebühr anzusetzen.[2172] Das beschriebene Kostenrisiko besteht folglich nicht mehr. Die individuelle Rechtsverfolgung des Verbrauchers wurde auf diese Weise deutlich erleichtert.

Insgesamt hat die Neuregelung somit zu einer Erleichterung sowohl der individuellen als auch der kollektiven Rechtsverfolgung geführt. Die erreichte rechtliche Ausgestaltung bietet den Verbrauchern die Möglichkeit, auf relativ unbürokratischem Wege und mit einem verminderten Kostenrisiko ihre Rechte durchzusetzen. Allerdings zeigt sich die generell innerhalb der türkischen Justiz bestehende hohe Arbeitsbelastung auch in Bezug auf die Verbrauchergerichte.[2173] Mitursächlich hierfür dürfte auch die kontinuierliche Ausweitung ihres sachlichen Zuständigkeitsbereichs sein.[2174] Häufig erfolgt der erste Verhandlungstermin deshalb erst nach drei bis vier Monaten.[2175] Die eigentlich bezweckte schnelle Verfahrensbeendigung kann daher oftmals nicht erreicht werden.

2170 Verkündet am 21.12.2015 im türkischen Amtsblatt (Nr. 29569).

2171 Verkündet am 30.12.2017 im türkischen Amtsblatt (Nr. 30286).

2172 Mit der Neuregelung der anwaltlichen Mindesttarife Ende 2021, verkündet am 20.11.2021 im türkischen Amtsblatt (Nr. 31665), wurde dieser Prozentsatz auf 15 % angehoben.

2173 *Zevkliler/Özel*, Tüketicinin Korunması Hukuku, S. 497.

2174 Vgl. *Yılmaz/Yardım*, in: *Tokbaş/Tüzüner*, Milli Şerh, Art. 73 S. 1190.

2175 *Zevkliler/Özel*, Tüketicinin Korunması Hukuku, S. 497.

Hinzu kommt, dass sich „*Inkonsistenzen*" zwischen den Urteilen der verschiedenen Verbrauchergerichte und auch im Verhältnis zu den Entscheidungen der Verbraucherschiedsausschüsse zeigen.[2176] Dies dürfte auch auf die allgemeine Unzugänglichkeit der Urteile der Verbrauchergerichte zurückführbar sein, die grundsätzlich nicht veröffentlicht werden. Art. 73 Abs. 8 nVerbSchG, der eine Übermittlung der rechtskräftigen Urteile an das Ministerium über das Nationale Informationsnetzwerk der Justiz vorsieht, soll insoweit Abhilfe schaffen. Der Erfolg dieser Maßnahme bleibt abzuwarten.

IV. Zusammenfassende Würdigung

Der türkische Normgeber hat sich im Rahmen des Nachvollzugs der europäischen Richtlinien im Bereich des Verbrauchervertragsrechts von Beginn an nicht auf die materiell-rechtliche Ebene beschränkt, sondern auch prozedurale Maßnahmen ergriffen. Er erkannte früh, dass die geschaffenen Rechtspositionen ihre volle Wirksamkeit nur entfalten können, wenn sie für die Verbraucher auf einem einfachen, schnellen und kostengünstigen Weg durchsetzbar sind. Diese Perspektive boten die bestehenden Verfahrensmöglichkeiten vor den türkischen Gerichten zum Zeitpunkt der Ausarbeitung der Ursprungsfassung des aVerbSchG aus Sicht des türkischen Normgebers nicht. So schuf der türkische Normgeber mit den Verbraucherschiedsausschüssen eine Institution eigener Art zur vorgerichtlichen Streitbeilegung von Verfahren mit geringfügigen Streitwerten. Zudem errichtete er mit den Verbrauchergerichten eine spezialisierte Gerichtsbarkeit für Streitigkeiten aus den neu geschaffenen rechtlichen Bestimmungen. Im Hinblick auf die maßgeblichen Verfahrensvorschriften verwies er auf die Bestimmungen über das vereinfachte Verfahren. Bemerkenswert sind insoweit wiederum die Parallelen zu den vorangegangenen Rezeptionen fremden Rechts in der Zeit des Tanzimat. Auch in deren Rahmen wurden die bestehenden Verfahrensmöglichkeiten vor den Gerichten zur effektiven Durchsetzung des rezipierten Rechts für ungeeignet erachtet und deshalb mit dem durch die Rezeption geschaffenen neuen Recht gleichzeitig auch eine neue Gerichtsbarkeit zur Durchsetzung dieses Rechts geschaffen. Interessant ist, dass dabei gleichermaßen juristische Laien als Repräsentanten bestimmter Kreise zur Entscheidung berufen wurden.[2177]

2176 Turkey 2019 Report, S. 95. Zur Abrufbarkeit siehe Fn. 2140.
2177 Siehe zu alldem S. 85 ff.

Mit dem Anwendungsbereich des türkischen Verbraucherschutzrechts selbst hat auch der sachliche Zuständigkeitsbereich der Verbraucherschiedsausschüsse und der Verbrauchergerichte seit dem Jahre 1995 sukzessive eine Ausweitung erfahren. Wenngleich diese Ausweitung ebenfalls von Abgrenzungsstreitigkeiten und Zurückdrängungsversuchen von Seiten des Kassationshofs und Teilen der Literatur geprägt war, wurde infolge dieser Entwicklung der originäre Zuständigkeitsbereich der ordentlichen Gerichte schließlich stark zurückgedrängt. Es lässt sich insoweit daher durchaus die Frage aufwerfen, inwieweit es sich bei den Verbrauchergerichten überhaupt noch um eine *spezialisierte* Gerichtsbarkeit handelt.

Diese weite sachliche Zuständigkeit sowohl der Verbraucherschiedsausschüsse als auch der Verbrauchergerichte verstärkt den infolge des autonomen Nachvollzugs der verbrauchervertragsrechtlichen Richtlinien entstandenen *normativen Dualismus* im Bereich des Obligationenrechts letztlich zu einem *Dualismus der Rechtsordnung*, wie er sich auch in der Zeit des Tanzimat herausbildete.

Mit den ergriffenen prozeduralen Maßnahmen wurden viele Erschwernisse, die sich im Rahmen der individuellen Rechtsverfolgung durch den Verbraucher stellen, zugunsten des Verbrauchers vermindert oder beseitigt. Zudem wurde mit ihnen den europäischen Vorgaben entsprechend die verbraucherschützende Verbandsklage in das türkische Recht eingeführt. Faktisch kann aufgrund der hohen Arbeitsbelastung sowohl der Verbraucherschiedsausschüsse als auch der Verbrauchergerichte jedoch die bezweckte schnelle Verfahrensbeendigung häufig nicht erreicht werden. Insbesondere die Funktion der Verbraucherschiedsausschüsse als vorgerichtliche Instanz zur schnellen Verfahrensbeendigung verkehrt sich aus diesem Grund in ihr Gegenteil, da sie infolge der langen Verfahrensdauern den potenziellen Gang vor das Verbrauchergericht und somit die endgültige Beendigung des Rechtsstreits nachgerade verzögern. Auch wenn der normative Angleichungsgrad des türkischen Nachvollzugs im Bereich des Verbrauchervertragsrechts als hoch einzustufen ist, mindert der beschriebene Zustand folglich seine rechtstatsächliche Durchsetzung und damit die Effektivität des autonomen Nachvollzugs insgesamt. Dementsprechend fordert auch die europäische Kommission in ihrem Fortschrittsbericht des Jahres 2021, dass die Türkei die Durchsetzung der Verbraucherrechte weiter stärken sollte.[2178]

2178 Turkey 2021 Report, S. 84. Zur Abrufbarkeit siehe Fn. 2139.

D. Judikativer Nachvollzug

Um den nachvollzogenen Regelungen auch rechtstatsächliche Geltung im Sinne der Richtlinienvorgaben zu verschaffen, genügt es nicht alleine, effektive Wege der Rechtsdurchsetzung zu schaffen. Es muss zusätzlich sichergestellt werden, dass die Anwendung dieser Rechtspositionen – die ihrer Durchsetzung immanent ist – im Sinne der nachvollzogenen Richtlinienvorgaben, insbesondere in der Prägung, die sie durch die Rechtsprechung des EuGH erfahren haben, erfolgt.

Innerhalb der EU wird eine homogene Anwendung im Sinne der Richtlinienvorgaben über ein Prinzip und zwei Institute sichergestellt: das Auslegungsmonopol des EuGH, das Vorabentscheidungsverfahren und die richtlinienkonforme Auslegung.[2179] Freilich finden dieses Prinzip und die beiden Institute innerhalb der Türkei in Ermangelung einer EU-Mitgliedschaft keine Anwendung. Es stellt sich daher die Frage, ob und wie eine den europäischen Vorgaben entsprechende Anwendung des angeglichenen Rechts durch die Gerichte in der Türkei sichergestellt wird.

Im Rahmen des Assoziationsrechts EU-Türkei ist eine Pflicht, die im Wesentlichen mit den Vorschriften des EGV inhaltsgleichen Bestimmungen des Assoziationsratsbeschlusses 1/95 im Einklang mit der Rechtsprechung des EuGH auszulegen, in Art. 66 dieses Beschlusses explizit vorgesehen. Eine entsprechende Anwendung der Bestimmungen ist für die türkischen Gerichte folglich völkerrechtlich verbindlich. Jedoch beschränken sich die Bestimmungen des Beschlusses 1/95 auf Rechtsmaterien, die für das Funktionieren der Zollunion von unmittelbarer Bedeutung sind. Und auch insgesamt sieht das Assoziationsrecht EU-Türkei nur eine dynamische Rechtsangleichungsverpflichtung für die vorgenannten Bereiche vor. Die maßgeblichen Richtlinien zum Verbrauchervertragsrecht, die den Kern des autonomen Nachvollzugs bilden, sind hiervon gerade nicht umfasst.[2180] Es fehlt insoweit zudem auch an einer Leitentscheidung des türkischen Kassationshofs,[2181] wie sie bspw. das Schweizerische Bundesgericht über die Auslegung autonom nachvollzogener Vorschriften getroffen hat.[2182]

2179 Siehe insbesondere zur richtlinienkonformen Auslegung *Roth/Jopen*, in: *Riesenhuber*, Europäische Methodenlehre, § 13 Rn. 1 ff.

2180 Siehe zu alldem S. 247 ff.

2181 *Göçmen*, AÜHFD 63 (2014), Nr. 1, 131, 147.

2182 Siehe dazu S. 243.

So ist es nicht verwunderlich, dass eine türkische Untersuchung dieser Thematik zu dem Ergebnis kommt, dass die türkischen Gerichte in ihren Urteilen kaum auf EU-Recht Bezug nähmen und die wenigen Urteile, in denen solch ein Bezug erfolge, immer nur den Teil des EU-Rechts beträfen, der von unmittelbar Bedeutung für das Funktionieren der Zollunion sei.[2183] Eine Recherche innerhalb der juristischen Fachdatenbank *Kazancı Hukuk Otomasyon*, die eine der führenden innerhalb der Türkei ist, legt ein ähnliches Ergebnis nahe. Die Suche nach dem Begriff *„EuGH“* innerhalb der Rechtsprechung der für Verbraucherstreitigkeiten zuständigen 13. Zivilkammer des türkischen Kassationshofs liefert kein einziges Ergebnis. Und auch die Suche nach einzelnen Richtlinien liefert nur für die Richtlinie 93/13/EG Ergebnisse. Diese wird innerhalb eines Textbausteins zur Definition von *„Standardverträgen“*, der sich in den betreffenden Urteilen der Kammer in gleicher Fassung immer wieder findet, lediglich erwähnt.[2184] Eine Bedeutung, die ihr über die reine Erwähnung hinaus zukäme, lässt sich den Urteilen nicht entnehmen.

Insgesamt kann somit festgestellt werden, dass ein judikativer Nachvollzug der Richtlinienvorgaben im Rahmen des autonomen Nachvollzugs nicht erfolgt. Und auch in der türkischen Literatur finden sich nur vereinzelt Autoren, die sich für die Entwicklung einer dahingehenden Methodik aussprechen.[2185]

E. Zusammenfassende Würdigung

Der türkische Normgeber hat den verbrauchervertragsrechtlichen *acquis communautaire* normativ im Wesentlichen übernommen und mit den Verbraucherschiedsausschüssen und den Verbrauchergerichten auch geeignete prozedurale Stellen zu seiner Durchsetzung geschaffen. Allerdings erreicht die Durchsetzung faktisch nicht die notwendige Effektivität, da die genannten Stellen keine

2183 *Göçmen*, AÜHFD 63 (2014), Nr. 1, 131, 147.

2184 Vgl. bspw. Türkischer Kassationshof, 13. Zivilkammer, Hauptsache Nr. 2012/22974, Entscheidung Nr. 2012/24432 vom 01.11.2012; Türkischer Kassationshof, 13. Zivilkammer, Hauptsache Nr. 2012/23738, Entscheidung Nr. 2012/25211 vom 08.11.2012; Türkischer Kassationshof, 13. Zivilkammer, Hauptsache Nr. 2013/924, Entscheidung Nr. 2013/4474 vom 26.02.2013; Türkischer Kassationshof, 13. Zivilkammer, Hauptsache Nr. 2013/3498, Entscheidung Nr. 2013/4473 vom 26.02.2013; Türkischer Kassationshof, 13. Zivilkammer, Hauptsache Nr. 2013/22232, Entscheidung Nr. 2013/20552 vom 02.09.2013; Türkischer Kassationshof, 13. Zivilkammer, Hauptsache Nr. 2013/25741, Entscheidung Nr. 2013/30380 vom 05.12.2013.

2185 So bspw. *Göçmen*, AÜHFD 63 (2014), Nr. 1, 131 ff.

Methodik des judikativen Nachvollzugs entwickelt haben und einer hohen Arbeitsbelastung ausgesetzt sind.

Die nachvollzogenen Regelungen wurden bis zu einem gewissen Grad den Kategorien der türkischen Rechtsterminologie angepasst. Nichtsdestotrotz fehlt es an einer ausreichenden Abstimmung mit den Bestimmungen des allgemeinen türkischen OR. Folge hiervon ist die Entstehung einer dualistischen Rechtsordnung in wesentlichen Bereichen des türkischen Obligationenrechts, die sich seit 1995 kontinuierlich zulasten des originären Anwendungsbereichs des allgemeinen türkischen OR und der originären Zuständigkeit der ordentlichen Gerichtsbarkeit verschiebt.

Diese voranschreitende Europäisierung, die die türkische Rechtsordnung im Zuge des autonomen Nachvollzugs verbrauchervertragsrechtlicher Richtlinien seit dem Jahre 1995 erfährt, weist in Bezug auf ihre Entstehung, ihr Ausmaß und ihre Folgen viele Parallelen zu den vorangegangenen Rezeptionen in der Zeit des Tanzimat und in der Frühphase der Republik auf und wird wie diese die türkische Rechtsordnung langfristig nachhaltig prägen. Es ist daher nicht überzogen zu behaupten, dass die türkische Rechtsordnung seit den 1990er Jahren ihre *Zweite Tanzimat-Ära*[2186] durchlebt.

2186 Die Bezeichnung des „*Zweiten Tanzimat*" für die Phase der Beitrittsverhandlungen verwendend *Balcı*, Tanzimat'tan Ulusal Programa, S. 42 ff.

4. Kapitel: Schlusszusammenfassung

A. Übernahme rechtlichen Gedankenguts

Die Interaktion verschiedener Rechtsordnungen ist ein sowohl historisch als auch gegenwärtig feststellbares Phänomen. Wichtigster Ausfluss dieser Interaktion ist die Übernahme rechtlichen Gedankenguts, die gemeinhin als *Rechtsrezeption* bezeichnet wird. Gemeint ist mit dieser Bezeichnung der soziale Prozess der Übernahme einzelner Rechtssätze, -institute oder sogar ganzer Gesetzbücher einer fremden Rechtsordnung. Notwendiges Element dieses Rezeptionsbegriffs bildet in Abgrenzung zur *Oktroyierung* im Rahmen einer Kolonisation oder einer Usurpation die *Souveränität* der Übernahmeentscheidung. Eine besondere Ausprägung der solchermaßen definierten Rezeption stellt die *oktroyierte Rezeption* im Rahmen einer *Erziehungsdiktatur* dar, die politisch zwar souverän, aber faktisch gleichermaßen aufgezwungen erfolgt. Von einer Rechtsrezeption im allgemeinen Sinne zu unterscheiden ist hingegen die *Formalrezeption*. Diese erschöpft sich als Maßnahme in der formalen Aufnahme des rechtlichen Gedankenguts in den Normenbestand der rezipierenden Rechtsordnung (siehe zu alldem S. 29 ff.).

Als Grundtatbestand der wirksamen Zirkulation rechtlichen Gedankenguts ist die Rechtsrezeption regelmäßig auch immanenter Bestandteil weiterer Ausflüsse der Interaktion verschiedener Rechtsordnungen. So beinhalten häufig auch Vorgänge der *Rechtsvereinheitlichung* und der *Rechtsangleichung* die Übernahme rechtlichen Gedankenguts. Diese unterscheiden sich von der Rechtsrezeption dadurch, dass sie Vorgänge mit bestimmter Zielsetzung darstellen, wohingegen die Rezeption begrifflich in ihrer Zielsetzung neutral ist (siehe zu alldem S. 32 ff.).

Einen Vorgang besonderer Art stellt der *autonome Nachvollzug* dar. Gemeint ist hiermit das Phänomen, dass Nicht-EU-Staaten bestimmte Bereiche des EU-Rechts oder das EU-Recht im Ganzen für eine gewisse Dauer und ohne Bestehen einer völkervertraglichen Verpflichtung hierzu systematisch und fortgesetzt in ihre nationalen Rechtsordnungen übernehmen. Auch diesem Vorgang ist die Übernahme rechtlichen Gedankenguts einer anderen Rechtsordnung immanent. Von der Rechtsrezeption unterscheidet er sich zum einen dadurch, dass er nicht eklektizistisch, sondern für eine gewisse Dauer systematisch und fortgesetzt erfolgt. Zum anderen ist er nur auf die Übernahme von EU-Recht fixiert. Von den supranationalen Rechtsvereinheitlichungs- und Rechtsangleichungsmaßnahmen innerhalb der EU unterscheidet er sich wiederum dadurch, dass er sich außerhalb des europäischen Rechtsraumes vollzieht (siehe zu alldem S. 34 f.).

Das Phänomen der Übernahme rechtlichen Gedankenguts findet sich innerhalb der türkischen Rechtsgeschichte in fast all seinen Formen. Während die *Europäisierung des Privatrechts* in Form der Einflussnahme des Gemeinschafts- bzw. Unionsrechts auf die nationalen Privatrechte die Rechtsentwicklung Europas insbesondere im Kernbereich des bürgerlichen Rechts in den vergangenen vier Jahrzehnten tiefgreifend geprägt hat, bildet die *Europäisierung des türkischen Privatrechts*, das heißt die Übernahme rechtlichen Gedankenguts aus Europa in die jeweils geltende türkische Rechtsordnung, schon seit der ersten Hälfte des 19. Jahrhunderts eine Kontinuitätslinie der türkischen Rechtsgeschichte. Die europäischen Rechtsordnungen bilden demnach seit nunmehr fast zwei Jahrhunderten den Orientierungspunkt der türkischen Rechtsentwicklung.

B. Rezeptionen im Osmanischen Reich

Den Beginn dieser Kontinuitätslinie markieren die ersten Rezeptionsversuche im Osmanischen Reich.

Das osmanische Rechtssystem trug – gemessen an seiner Zeit – durchaus rechtsstaatliche Züge. Es basierte auf einer islamisch-dominierten religiösen Rechtsordnung, deren wesentliche Charakteristika ihre universelle Geltung und ihre interpersonale und interlokale Rechtsspaltung bildeten.

Herzstück dieser Rechtsordnung war das *islamische Recht*. Dieses ist begrifflich von der *Scharia* zu unterscheiden. Während unter dem Begriff der Scharia die Gesamtheit der – für den Menschen in seiner Gänze unergründlichen – göttlichen Beurteilungen menschlicher Handlungen zu verstehen ist, bezeichnet das islamische Recht nur die Gesamtheit derjenigen aus der Scharia abgeleiteten Normen, die zum einen nicht ausschließlich für das jenseitige Leben relevant sind und zum anderen Gerichtsfähigkeit aufweisen (siehe zu alldem S. 37 ff.).

Als dergestalt eingegrenzte Gesamtheit der von Rechtsgelehrten abgeleiteten Normen stellt das islamische Recht demnach klassisches Gelehrtenrecht dar. Eine Kodifizierung hat dieses Recht erst zum Ende des Osmanischen Reiches und nur in Teilen erfahren. Gleichwohl existierten verschriftlichte Ausführungen zum islamischen Recht, die – teilweise sogar auf Anordnung von Sultanen – als faktische Rechtsquellen dienten. Angewandt wurden sie von *Kadis*, die als Einzelrichter den *Scharia-Gerichten* vorstanden. Aufgrund des Verfahrens der einzelnen Normenableitung fehlte es diesen Werken jedoch an einer tiefgehenden Durchdringung und Systematisierung des Rechtsstoffes. Ihr Charakter entsprach daher eher dem eines um zahlreiche Fallbeispiele erweiterten Lehrbuchs.

Neben diesen Werken existierten für den Rechtsanwender noch zahlreiche weitere faktische Rechtsquellen. Als wichtigste dieser Quellen sind neben den schon erwähnten Lehrwerken noch die – teilweise amtlichen – *Fetwa*-Sammlungen zu erwähnen. Mit dem Begriff *Fetwa* werden in islamischen Rechtssystemen Gutachten zu abstrakten Rechtsfragen bezeichnet, die ein *Mufti* als Gutachter erstellt (siehe zu alldem S. 47 ff.).

Außer dem islamischen Recht bildeten die Erlasse des Sultans einen wesentlichen Bestandteil der osmanischen Rechtsordnung. Es handelte sich hierbei um Regelungen, die der Sultan aus eigener Machtvollkommenheit in Bereichen, in denen das islamische Recht keine speziellen Bestimmungen vorsieht, zur Gewährleistung des Allgemeinwohls innerhalb der Gesellschaft setzte. Meist handelte es sich hierbei um Regelungen der Staats-, Verwaltungs- und Justizorganisation, des Steuerwesens und des Strafrechts. Theoretisch standen diese Regelungen unter dem Vorbehalt der Konformität mit dem sonstigen islamischen Recht. Aber auch praktisch unterstanden sie vor dem Hintergrund der theokratisch-segregativen Strukturen des Osmanischen Reiches und der maßgeblich beteiligten Personenkreise der Oberhoheit des islamischen Rechts und waren damit ein Teil des einheitlichen islamischen Rechtssystems des Osmanischen Reiches (siehe zu alldem S. 53 ff.).

Einen weiteren wesentlichen Bestandteil der osmanischen Rechtsordnung bildeten die religionsrechtlichen Bestimmungen der anerkannten Religionsgemeinschaften. Ab der Zeit *Mehmeds II.* wurde innerhalb des Osmanischen Reiches das *Millet-System* als Gesellschaftskonzept institutionalisiert, das auf dem Konzept der Segregation basierte. Entsprechend waren die anerkannten Religionsgemeinschaften vertreten durch ihr bestätigtes geistliches Oberhaupt zur Selbstverwaltung in administrativer und kultisch-zeremonieller Hinsicht verpflichtet. Ebenfalls traf sie eine justizielle Zuständigkeit in Angelegenheiten des Personalstatuts. Zu diesem Zweck richteten sie eigene *Konfessionsgerichte* ein, in denen nach den eigenen religionsrechtlichen Bestimmungen Recht gesprochen wurde (siehe zu alldem S. 57 ff.).

Muslimische und nichtmuslimische Ausländer wurden innerhalb des osmanischen Rechtssystems wie muslimische und nichtmuslimische Inländer behandelt, sodass sich in Bezug auf sie in Fragen des zuständigen Gerichtszweigs und des anwendbaren Rechts keine Unterschiede ergaben. So war außerhalb des Personalstatuts auch ihnen gegenüber die Zuständigkeit der Scharia-Gerichte und damit die Anwendung des islamischen Rechts und der Erlasse des Sultans, insbesondere des Strafrechts, eröffnet (siehe zu alldem S. 61 f.).

Vor diesem Hintergrund drängten europäische Mächte in der Geschichte die Hohe Pforte wiederholt zum Erlass von rechtlichen und justiziellen Privilegien für ihre eigenen Untertanen und Bediensteten, die sich im Osmanischen Reich aufhielten. Diese als *Kapitulationen* bezeichneten Erlasse sahen in der Regel das Recht auf Einrichtung einer *Konsulargerichtsbarkeit* und die Anwesenheitspflicht eines Übersetzers, eines sog. *Dragomanen*, in Verfahren vor den Scharia-Gerichten vor. Ausländer konnten demnach im Rahmen dieser Privilegien Rechtsstreitigkeiten untereinander vor ihre eigenen Konsulargerichte bringen, die dann nach den Bestimmungen des Herkunftslandes Recht sprachen. In den sonstigen Verfahren, die gleichwohl in die Zuständigkeit der Scharia-Gerichte fielen, konnte den betreffenden Ausländern kein Prozess ohne Anwesenheit eines Dragomanen gemacht werden, der häufig auch Bediensteter der jeweiligen Auslandsvertretung war. Daneben sahen die Kapitulationen regelmäßig Handelsprivilegien und Steuerbefreiungen vor. Einige Kapitulationen gingen dabei in späterer Zeit inhaltlich so weit, dass sie der betreffenden Gruppe fremder Untertanen beinahe eine Art Exterritorialität zusicherten (siehe zu alldem S. 62 f.).

Ab der zweiten Hälfte des 18. Jahrhunderts verlor das Osmanische Reich seine militärische Vormachtstellung gegenüber den europäischen Mächten und erlitt folgenschwere militärische Rückschläge. Die damit einhergehenden Landnahmen und die sich parallel dazu faktisch herausbildenden lokalen Potentaten begannen an der territorialen Ganzheit des Osmanischen Reiches zu zerren. Verstärkt wurden diese Zentrifugalkräfte durch einen um sich greifenden Nationalismus. Die durch die *Französische Revolution* entfachten Ideen der Gleichheit und der souveränen Nation fielen allen voran bei den nichtmuslimischen Ethnien innerhalb des Osmanischen Reiches vor dem Hintergrund der bestehenden segregativen Gesellschaftsordnung und der zunehmenden Willkür lokaler Potentaten auf fruchtbaren Boden. Hinzu kamen wirtschaftliche und fiskalische Probleme, die besonders auf die osmanische Handels- und Finanzpolitik zurückzuführen waren. Diese machtpolitischen Degenerationen blieben dabei nicht ohne Auswirkungen auf die sonstigen Strukturen. So begann mit ihnen auch eine allmähliche Degeneration der Institutionen des Osmanischen Reiches, die in Teilen auch durch ihre eigenen Konzeptionen begünstigt war (siehe zu alldem S. 65 ff.).

Vor dem Hintergrund dieser Entwicklungen entschied sich die Hohe Pforte unter *Abdülmecid I.* im Jahre 1839 zur Verkündung eines umfassenden Reformedikts. Dieses sogenannte *Edikt von Gülhane* markiert den Beginn der großen Reformperiode des Osmanischen Reiches, der *Tanzimat-Ära*. Diese Reformperiode ist rechtshistorisch so bedeutsam und unterscheidet sich von vorherigen Reformen innerhalb des osmanischen Reiches so entschieden dadurch, dass sie von einem offiziellen und umfänglichen Reformwillen getragen war und durch zahlreiche einschneidende Reformen gekennzeichnet ist. Sie bildet den Beginn der Rezeption modernen Rechts und moderner Gesetzgebungstechnik auf dem Gebiet der heutigen türkischen Republik.

Dieses Edikt offenbart bei näherer Betrachtung indes einen Zielkonflikt bzw. eine Paradoxie. Es zielt seinem Inhalt nach zum einen erkennbar auf die Beseitigung bestehender Missstände, wie die grassierende Korruption und den Nepotismus, ab. Zum anderen enthält es bewusst Elemente der *Französischen Erklärung der Menschen- und Bürgerrechte* vom 26. August 1789 wie die Gleichheit der Rechte der Untertanen, das Recht auf Sicherheit und Eigentum, das Erfordernis eines öffentlichen Verfahrens und eines richterlichen Urteils und die Feststellung von Steuern nach Leistungsfähigkeit. Während es somit formal Gedankengut der Französischen Revolution rezipierte, bestätigte es gleichzeitig die theokratisch-segregative Grundhaltung des Osmanischen Reiches. Ein Umdenken im Sinne der rezipierten Ideen im Staat und in der Gesellschaft war demnach noch gar nicht erfolgt und intellektuell schlicht undenkbar. Das Osmanische Reich, das zum betreffenden Zeitpunkt aufgrund immensen innen- und außenpolitischen Drucks auf die Intervention europäischer Staaten angewiesen war, nahm diese Formalrezeptionen lediglich vor, um die Aufstände im Innern des Reiches zu beruhigen, den außenpolitischen Druck zu dämpfen und das Wohlgefallen insbesondere Frankreichs und Englands zu gewinnen. Erkennbar wird dadurch die Zweigleisigkeit des Reformedikts, welches neben authentischen Reformbestrebungen, die auf eine Behebung bestehender Missstände abzielen, auch „Reformphrasen“ enthält, die mehr Symbolik für westliche Beobachter, als Programmatik für innere Anwender waren (siehe zu alldem S. 72 ff.).

Deutlich an Geschwindigkeit nahm die Reformperiode mit dem *Reformedikt von 1856* auf, welches im Schwerpunkt die Rechte der nichtmuslimischen Bevölkerung regelte. Zum Zeitpunkt seiner Verkündung war das osmanische Reich wiederholt und in noch stärkerem Maß auf die Intervention europäischer Mächte angewiesen. Mit der diktierten Maßnahme, die in Teilen schon bestehendes osmanisches Recht lediglich wiederholte, sollte die Verhandlungsposition des Osmanischen Reiches auf dem Pariser Friedenskongress gestärkt werden. Es handelte sich bei ihr daher mehr um einen außenpolitischen Schachzug eines bereits völlig abhängigen Reiches als um eine innenpolitische Reformmaßnahme. Nichtsdestotrotz weist das Reformedikt von 1856 rechtshistorisch ebenfalls eine hohe Bedeutung auf, weil mit ihm das Reformprogramm noch mehr an Geschwindigkeit aufnahm und den Blick noch stärker gen Westen richtete (siehe zu alldem S. 75 ff.).

Im Zuge der Tanzimat-Ära kam es zu einer regelrechten Kodifizierungswelle. Unterteilen lassen sich die entstandenen Kodifizierungen dabei in

Kodifizierungen nationalen Rechts, Kodifizierungen rezipierten fremden Rechts und gemischte Kodifizierungen.

Den Beginn markierten insbesondere nationale Kodifizierungen auf dem Gebiet des Strafrechts. Dabei konzentrierten sich die Erlasse insbesondere auf die Beseitigung der bestehenden Missstände innerhalb der Verwaltung in Form von Korruption und Nepotismus. Sie beschränkten sich hierbei ausdrücklich auf den Teil des Strafrechts, der islamisch-rechtlich in die eigenständige Regelungsbefugnis der jeweiligen Herrschaftsautorität fällt, und zielten auf eine Vereinbarkeit mit dem islamischen Strafrecht im Übrigen ab. So konnte der formal verkündete egalitäre Grundansatz des Reformprogramms im Rahmen der Erlasse verwirklicht werden, ohne die theokratisch-segregative Grundhaltung des Osmanischen Reiches in Frage zu stellen. Die Erlasse orientierten sich dabei gesetzgebungstechnisch erstmals an den europäischen Gesetzen ihrer Zeit (siehe zu alldem S. 81 ff.).

Mit zunehmendem innen- und insbesondere außenpolitischen Druck ging die Hohe Pforte alsdann dazu über, gemischte Kodifizierungen zu erlassen, die in wesentlichen oder ganzen Teilen Abschriften europäischer Gesetzbücher waren. Erwähnt werden muss in diesem Zusammenhang insbesondere der strafrechtliche *Erlass von 1858*, der in Teilen eine Abschrift des französischen *Code pénal* von 1810 darstellt (siehe zu alldem S. 83 f.).

Mit der Zeit entwickelte sich auf diese Weise ein Dualismus innerhalb der Rechtsordnung mit egalitär geprägten Erlassen im Bereich des Sultansrechts auf der einen Seite und segregativ geprägtem islamischen Recht auf der anderen Seite.

Zur Durchsetzung der im Zuge des Reformprogramms verkündeten Erlasse wurden zudem Provinz- und Bezirksräte eingerichtet, die unter anderem auch mit Nichtmuslimen und Anwohnern zu besetzen waren. Dies führte zu einer allmählichen Verschiebung der Zuständigkeiten innerhalb des Justizgefüges. Erstmals in der Geschichte des Osmanischen Reiches wurde der sultanische Teil des Strafrechts nicht mehr durch Einzelrichter der Scharia-Gerichte angewendet. So entwickelte sich allmählich ein eigener, egalitär geprägter Gerichtszweig zur Durchsetzung der im Zuge des Reformprogramms verkündeten Erlasse: die sogenannten *Nizâmiye-Gerichte*. Der Dualismus der Rechtsordnung führte auf diese Weise zu einem justiziellen Dualismus und damit letztlich zu einem Dualismus des Rechtssystems (siehe zu alldem S. 85 ff.).

Im Bereich des Handelsrechts hielten infolge der durch die Kapitulationen gewährten Handelsprivilegien und dem dadurch bedingten Anstieg wirtschaftlicher Aktivitäten europäischer Kaufleute europäische Handelsbräuche Einzug in das Osmanische Reich. Mit der Zeit wurden vor diesem Hintergrund gemischte Handelsausschüsse eingesetzt, um über handelsrechtliche Streitigkeiten zu entscheiden. Dies zeigt, dass im besagten Zeitabschnitt ein generelles Bedürfnis nach handelsbezogener Spezialisierung sowohl auf materieller als auch auf justizieller Ebene bestand. Zudem übten die europäischen Staaten Druck im Hinblick auf eine Rezeption europäischen Handelsrechts aus. Diese Entwicklung gipfelte schließlich im Erlass des *Handelsgesetzes von 1850*, welches eine Totalrezeption des ersten und dritten Buches des französischen *Code de commerce* von 1807 darstellt. Möglich war auch diese Regelung deshalb, weil das Gebiet des Handelsrechts ebenfalls einen islamisch-rechtlich wenig sensiblen Bereich darstellt, der stark den lokalen Gewohnheiten und Bräuchen überlassen ist. Mit dem Erlass einer Übersetzung des vierten Buches des *Code de commerce* als Annex zum vorgenannten Handelsgesetz im Jahre 1860 wurde alsdann endgültig die Entstehung einer eigenen Handelsgerichtsbarkeit im Osmanischen Reich besiegelt (siehe zu alldem S. 89 ff.).

Mit dem Reformedikt von 1856 wurde die Zuständigkeit innerhalb des Justizgefüges schließlich nochmals zulasten der Scharia-Gerichte verschoben, indem den entstandenen *Nizâmiye-Gerichten* auch die Klärung allgemeiner zivilrechtlicher Streitigkeiten übertragen wurde. Den Scharia-Gerichten verblieb im Zuge dieser Entwicklung nur noch die Klärung von Streitigkeiten bezüglich des Personalstatuts. Am Ende dieser Entwicklung waren die *Nizâmiye-Gerichte* fortan für alle rechtlichen Streitigkeiten zuständig, die nicht in die Zuständigkeit der Scharia-Gerichte, der Handelsgerichte, der Konfessionsgerichte und der Konsulargerichte fielen (siehe zu alldem S. 87 ff.).

Selbstverständlich blieb diese Entwicklung auch für den Bereich des allgemeinen Zivilrechts nicht ohne Auswirkungen. Schon früh wurde insoweit die Idee der Totalrezeption des französischen *Code civil* von 1804 eingebracht. Eine Kodifizierung des allgemeinen Zivilrechts wurde dabei mit der Herausbildung der gemischten Handelsgerichtsbarkeit und der Verlagerung der Zuständigkeit für Fragen des allgemeinen Zivilrechts auf die gemischten *Nizâmiye-Gerichte* umso dringender, als die faktischen Quellen des allgemeinen islamischen Zivilrechts für die Laienrichter aufgrund sprachlicher Barrieren oftmals unzugänglich blieben, da viele maßgebliche Werke in arabischer Sprache verfasst waren und auch die Qualifikation der im islamischen Recht ausgebildeten Kadis mit der generellen Degeneration der staatlichen Institutionen abnahm. Schlussendlich fiel die Entscheidung jedoch zugunsten einer Kodifizierung des bestehenden islamischen Rechts. In diesem Zuge entstand ab dem Jahre 1869 in einem Zeitraum von knapp acht Jahren das erste Zivilgesetzbuch der islamischen Rechtsgeschichte, die *Mecelle-i Ahkâm-ı Adliyye*. Anders als moderne Zivilgesetzbücher deckte das Werk aufgrund seiner konzeptionellen Ausrichtung auf die Nizâmiye-Gerichte nur das Obligationenrecht und in Teilen das Sachen- und das Zivilverfahrensrecht ab (siehe zu alldem S. 92 ff.).

Letztlich konnten mit den Maßnahmen der Tanzimat-Ära weder der außenpolitische Druck noch die innenpolitischen Separationsbestrebungen gedämpft werden. Sie führten dagegen vielmehr zu einer materiellen und justiziellen Zersplitterung des Rechtssystems.

Die Jungtürken hielten eine Einheit des Rechtssystems für die bedrohte territoriale Einheit des Osmanischen Reiches indes für unerlässlich. Deshalb markiert die Periode ihrer politischen Machtübernahme – die *Zweite Konstitutionelle Periode* – einen Wendepunkt in der Reformgeschichte des Osmanischen Reiches. Bei den Jungtürken handelte es sich zumeist um Absolventen der höheren Bildungseinrichtungen des Reiches, die modernistisch geprägt waren und spätestens nach Beginn der Balkankriege mehr und mehr türkisch-nationalistische Tendenzen entwickelten. Sie versuchten insbesondere durch die Aufkündigung justizieller und rechtlicher Privilegien die Rechtseinheit innerhalb des Osmanischen Reiches wiederherzustellen, um die fortbestehenden Zentrifugalkräfte zu stoppen. Allen voran kündigten sie hierzu im Jahre 1914 die mit den europäischen Mächten bestehenden Kapitulationen auf, um auf diese Weise die juristische Extraterritorialität ausländischer Staatsangehöriger zu beenden (siehe zu alldem S. 97 f.).

Darüber hinaus setzten die Jungtürken im Jahre 1916 eine Kommission ein, die sich in drei Unterkommissionen jeweils mit Reformen der *Mecelle*, des Handelsrechts und des Familienrechts befassen sollte. Der Fokus im Rahmen dieser Reformarbeiten wurde dabei von den vorherigen Totalrezeptionen auf eine noch stärker rechtsvergleichende Vorgehensweise gerichtet.

Zum erfolgreichen Abschluss gelangte jedoch lediglich die Familienrechtskommission, die der Regierung im weiteren Verlauf einen Entwurf eines Familienrechtsgesetzbuches vorlegte, der im Jahre 1917 in Form eines vorläufigen Gesetzes verkündet wurde. Dieses Familiengesetzbuch von 1917 stellte in vielerlei Hinsicht eine Neuerung dar. Insbesondere regelte es nicht nur das islamische, sondern auch das christliche und jüdische Eherecht. Seine Anwendung wurde zudem ausschließlich den Scharia-Gerichten zugeordnet, um die justizielle Zersplitterung in diesem Bereich zu beenden. Das Gesetz sollte jedoch nicht lange Bestand haben. Aufgrund großen Widerspruchs der verschiedenen Konfessionsgruppen und konservativer islamischer Kreise musste die Regierung das Gesetz im Jahre 1919 zurücknehmen (siehe zu alldem S. 96 ff.).

Insgesamt zeigen sich bei der Betrachtung der Tanzimat-Ära und damit bei Betrachtung des Beginns der Rezeption modernen Rechts und moderner Gesetzgebungstechnik auf dem Gebiet der heutigen türkischen Republik bestimmte

Muster, die sich auch in den späteren Rechtsrezeptionen, insbesondere im Rahmen des autonomen Nachvollzugs, wiederfinden. So waren die Maßnahmen von einer Zweigleisigkeit geprägt. Neben authentischen Reformversuchen, die aus einem Bedürfnis heraus auf Besserung abzielten, enthielten die Maßnahmen auch „Reformphrasen", die auf eine außenpolitische Wirkung gerichtet waren. Die Auswahl der zu rezipierenden Gesetzeswerke orientierte sich häufig an der hohen Reputation des betreffenden Werkes, der Sympathie für oder der Abhängigkeit vom betreffenden Staat oder der Zufälligkeit des Studienortes von Teilen der staatlichen Elite. Ernstzunehmende rechtsvergleichende Tauglichkeitsprüfungen werden nicht erkennbar, auch wenn im Rahmen der Zweiten Konstitutionellen Periode der Fokus deutlicher auf einen rechtsvergleichenden Ansatz gerichtet wurde. Die Rezeptionen, die in Form von Übersetzungen erfolgten, waren oftmals von vielen Übersetzungsfehlern geprägt. Ihre erfolgreiche Integration in das Gesamtsystem der Rechtsordnung scheiterte im Grunde schon an der mangelnden Gesamtzuständigkeit des ausführenden Ministeriums. Mit der Verkündung der übernommenen rechtlichen Regelungen wurden überdies auch Institutionen zu ihrer Durchsetzung geschaffen. Aus diesen Institutionen entwickelte sich alsdann im weiteren Verlauf zunächst ein eigener Gerichtszweig für das rezipierte Recht. Mit zunehmender Zeit kam es indes sukzessive zu einer weiteren Verschiebung der Zuständigkeiten innerhalb des Justizgefüges zulasten der schon bestehenden Gerichtszweige, die auf diese Weise immer weiter zurückgedrängt wurden (siehe zu alldem S. 98 ff.).

C. Rezeptionen in der Frühphase der Republik Türkei

Die Zweite Konstitutionelle Periode leitete daneben auch in anderer Hinsicht eine für die türkische (Rechts-)Geschichte einschneidende Entwicklung ein. Unter der politischen Dominanz der Jungtürken kam es zu einem Eintritt des Osmanischen Reiches in den Ersten Weltkrieg an der Seite der Mittelmächte, der für diese mit einer Niederlage endete. Im Zuge des sich anschließenden *Türkischen Befreiungskrieges* gelang es der türkischen Befreiungsbewegung unter Führung von *Mustafa Kemal Atatürk* jedoch die Durchsetzung des Diktatfriedens von Sèvres vom 10. August 1920 zu vereiteln und Bedingungen für neue Friedensverhandlungen zu schaffen, welche letztlich zur *Friedenskonferenz von Lausanne* führten, die am 20. November 1922 begann.

Fragen des Rechts- und Justizwesens spielten auf dieser Friedenskonferenz eine zentrale Rolle. Das diplomatische Ziel der damaligen türkischen Regierung war es dabei, völkervertragsrechtlich verankerte Wege der Intervention und damit letztlich eine souveränitätseinschränkende Internationalisierung der türkischen Innenpolitik tunlichst zu verhindern. Als augenscheinlichste Ursache einer solchen Souveränitätseinschränkung wurden dabei die Kapitulationen und die Minderheitenpolitik des *Ancien Régime* betrachtet. Die Praxis der Einräumung von Schutz und Privilegien für Ausländer, die den Ursprung der Kapitulationen bildet, war dabei wesentlich älter als die osmanischen Kapitulationen. Sie wurzelt im Personalitätsprinzip. Um die aus Letzterem folgende Rechtlosstellung von Ausländern zur Aufrechterhaltung und Gewährleistung des Außenhandels zu verhindern, gewährten die jeweiligen Herrscherautoritäten schon lange vor der Epoche des Osmanischen Reiches bestimmten Gruppen von Ausländern in Form eines Gnadenaktes Schutz und Privilegien. Die Osmanen übernahmen diese Praxis. Da die Gnadenakte jedoch nur für die Herrschaftsdauer des jeweiligen Sultans Gültigkeit besaßen, mussten die Kapitulationen durch den nachfolgenden Sultan erneut bestätigt werden, um weiterhin Gültigkeit beanspruchen zu können. Diese Praxis wurde mit der allmählichen Degeneration insbesondere der militärischen Fähigkeiten des Osmanischen Reiches durch die europäischen Mächte dazu instrumentalisiert, die Sonderrechte sukzessive auszubauen. Im Laufe der Zeit wandelten sich die einseitigen Gnadenakte auf diese Weise zu weitreichenden Teilbestimmungen zweistufiger Handelsverträge. Diese Ausweitung verschaffte den betreffenden Ausländern im Osmanischen Reich nicht nur im Hinblick auf das Rechts- und Justizwesen einen nahezu exterritorialen Status, sie wandelte das Osmanische Reich auch in einen Absatzmarkt der frühen europäischen Industriestaaten. Die Kapitulationen führten damit zu einem Souveränitätsverlust sowohl in der Wirtschaft als auch im Rechts- und Justizwesen. Deshalb bildete die Beseitigung der Kapitulationen spätestens seit dem 19. Jahrhundert eines der wichtigsten außenpolitischen Ziele des Osmanischen Reiches und dominierte insbesondere die Außenpolitik der jungtürkischen Ära ab 1908 (siehe zu alldem S. 103 ff.).

Die Delegierten der Alliierten waren dagegen an einer Beibehaltung der Sonderstellung ihrer Staatsangehörigen und der insbesondere vor dem Jahre 1914 geltenden rechtlichen und justiziellen Privilegien der nichtmuslimischen Minderheiten interessiert, um sich weiterhin Wege der Einmischung und Intervention offenzuhalten.

Während die türkische Delegation im Rahmen der Verhandlungen unentwegt unterstrich, dass eine solche Beibehaltung für sie eine „rote Linie“ bedeute, nahm sie im Übrigen eine flexible Haltung ein. In der ersten Phase der Verhandlungen verteidigte sie die bestehende türkische Rechtsordnung. Als sich jedoch herauskristallisierte, dass sich die Gegenseite im Falle eines Beharrens auf der bestehenden Rechtsordnung nicht zur Abschaffung der Kapitulationen bereiterklären würde, passte die türkische Verhandlungsdelegation ihre Position diesem

Umstand an und erklärte sich zu einer Reform ihres Rechts- und Justizwesens unter Einbindung ausländischer Berater ohne Interventionsbefugnisse bereit, was die Alliierten akzeptierten. Die Kapitulationen wurden somit im Gegenzug für die Verpflichtung zu einer durch ausländische Rechtsberater begleiteten Reform des Rechts- und Justizwesens abgeschafft (siehe zu alldem S. 120).

Im Hinblick auf die von den Alliierten geforderte Beibehaltung der Minderheitenrechte beharrte die türkische Delegation gleichermaßen zunächst auf ihrem Recht, uneingeschränkt auch im Bereich des Personalstatuts einheitliche nationale Kodifikationen zu erlassen. Als hierauf insbesondere die Reaktion der griechischen Verhandlungsdelegation unter Verweis auf das Familiengesetzbuch von 1917 negativ ausfiel, kündigte die türkische Verhandlungsdelegation an, im Bereich des Personalstatuts ausschließlich weltliche Bestimmungen zur Verfolgung staatlicher Regelungsinteressen zu erlassen. Allerdings genügte diese Anpassung der türkischen Haltung diesmal nicht, um die Alliierten vollends von ihrer Position abrücken zu lassen. So wurde dennoch eine Beschränkung des Gesetzgebungsmonopols der Nationalversammlung durch zwingende Beteiligung von Minderheitenkommissionen im Gesetzgebungsverfahren festgelegt und durch die zusätzliche Absicherung in Form der Zuständigkeit des Völkerbundes bei Streitfragen letztlich ein innenpolitischer Themenkomplex internationalisiert (siehe zu alldem S. 120 f.).

Noch während dieser Verhandlungen von Lausanne setzte die damalige türkische Regierung Kommissionen zur Novellierung und Reformierung des bestehenden Rechts ein. Zu diesem Zeitpunkt war die Nationalversammlung noch nicht vollständig unter die Kontrolle Atatürks und seiner Reformer geraten. Mit den Reformkommissionen sollte demnach kein offener Bruch mit der Vergangenheit erreicht werden. Vielmehr wurden die Kommissionen als Fortsetzung der im Jahre 1916 eingesetzten Kommissionen verstanden. Atatürk und seinen Reformern wurde im weiteren Verlauf der Friedensverhandlungen jedoch klar, dass die Erlangung vollständiger Souveränität einen radikaleren Bruch erforderte. Die zwischenzeitlich entstandenen Entwürfe boten mit den in ihnen enthaltenen religionsrechtlichen Bestimmungen wiederum die Gefahr einer politischen Einmischung. Nach einem personellen Wechsel an der Spitze des Justizministeriums wurden die Reformkommissionen deshalb erneut eingesetzt und die von ihnen zu befolgende Arbeitsmethode angepasst. Die auszuarbeitenden Gesetze sollten sich nunmehr vorrangig am Standard der „Zivilisation" messen lassen und nicht mehr am islamischen Recht, um innen- und außenpolitisch möglichst wenig Angriffsfläche zu bieten. Die daraufhin entstandenen Entwürfe wiesen jedoch weiterhin einen die Gefahr politischer Einmischung bergenden islamisch-rechtlichen Einschlag auf. Daher entschloss sich die türkische

Regierung nach einem erneuten personellen Wechsel unter der Federführung des neuen Justizministers *Mahmut Esat Bozkurt* dazu, die Reformkommissionen aufzulösen und die Rechtsordnung durch die Totalrezeption westlicher Gesetzbücher umzugestalten. Dabei bot diese Vorgehensweise zwei wesentliche Vorteile. Zum einen erfüllte eine solche Totalrezeption zweifelsohne in einem schnellen und zufriedenstellenden Maße die Verpflichtung, das Rechts- und Justizwesen zu reformieren. Zum anderen machte die Rezeption des Zivilgesetzbuches eines mehrheitlich christlich geprägten europäischen Staates die Festlegung von Sonderbestimmungen durch die Minderheitenkommissionen überflüssig, da die alliierten Staaten und die religiösen Minderheiten der Türkei evidentermaßen einem Gesetz nicht aus Gründen des Schutzes der christlichen und jüdischen Minderheit widersprechen konnten, das zivilisatorisches Produkt eines gerade christlich-jüdisch geprägten Gemeinwesens ist. In der Folge gestalteten die von Atatürks Partei gestellten Kabinette ab 1926 innerhalb weniger Jahre das gesamte türkische Rechtswesen im Wesentlichen durch die Totalrezeption westlicher Kodifikationen, insbesondere des schweizerischen ZGB von 1907 und der ersten und zweiten Abteilung des schweizerischen Obligationenrechts von 1911, um. Die im Friedensvertrag von Lausanne geforderten Minderheitenkommissionen wurden gleichwohl von der damaligen türkischen Führung eingesetzt. Die eingesetzten Kommissionen erklärten jedoch kurze Zeit später, dass die Festlegung von Sonderbestimmungen aufgrund der geplanten Totalrezeption des schweizerischen ZGB nicht mehr erforderlich sei und beendeten damit ihre Tätigkeit. Der radikale Bruch ließ dabei den Widerspruch opponierender Mitglieder der Minderheitenkommissionen verhallen (siehe zu alldem S. 115 ff.).

Das sowohl die Verhandlungen als auch die Totalrezeptionen prägende Motiv, die Internationalisierung der türkischen Innenpolitik zu vermeiden, darf indes nicht darüber hinwegtäuschen, dass die Reform des Rechtswesens ihre konkrete Gestalt auch deshalb erhielt, da sie von dem „unbedingten" und „unbeschränkten" Willen Atatürks und seiner Reformer getragen war, sich die Errungenschaften der westlichen Zivilisation zu eigen zu machen. Der radikale Kurswechsel hin zu einer Totalrezeption ganzer Gesetzbücher vollzog sich nichtsdestotrotz erst im Verlaufe der Friedensverhandlungen von Lausanne und in deren Nachgang, sodass letztlich gleichwohl festzustellen bleibt, dass die Entscheidung zugunsten einer Übernahme westlicher Gesetzbücher durch Totalrezeption im Wesentlichen von außenpolitischer Dimension war (siehe zu alldem S. 124 f.).

Ein allein ausschlaggebender Grund für die Rezeption des schweizerischen ZGB lässt sich dabei nicht ausmachen. Vielmehr handelt es sich um ein Bündel von Faktoren, die für die Wahl entscheidend gewesen sind. Dass sich der Blick gen Europa richtete, beruhte auf der Autorität der westlichen Zivilisationen in den Augen der türkischen Regierung. Der von den Verpflichtungen des Vertrages von Lausanne ausgehende zeitliche Druck machte eine schnelle Durchführung der Reformen erforderlich, wofür sich das schweizerische ZGB insbesondere aufgrund seiner untechnischen Sprache, Kürze und seiner Verfügbarkeit in französischer Fassung gut eignete. Zufälle spielten, allen voran bei der konkreten Umsetzung der Auswahlentscheidung, schließlich ebenfalls eine Rolle (siehe zu alldem S. 126 ff.).

Das schweizerische ZGB ist im Rahmen seiner Totalrezeption im Grunde nahezu unverändert übernommen worden. Bei den vorgenommenen Modifikationen im Gesetzgebungsverfahren handelt es sich größtenteils um strukturell und kontextuell bedingte Modifikationen. Strukturell bedingte Modifikationen betrafen all jene Elemente in den Normen des schweizerischen ZGB, die auf der Staats- und Behördenstruktur der schweizerischen Eidgenossenschaft beruhten und aufgrund abweichender Strukturen in der türkischen Republik nicht unverändert übernommen werden konnten. Kontextuell bedingte Modifikationen betrafen all diejenigen Änderungen, die aufgrund der andersartigen Lebensumstände und Lebenswirklichkeiten in der Türkei als nötig empfunden wurden. Nur ganz vereinzelt wurden im Rahmen des Gesetzgebungsverfahrens traditionell bedingte Modifikationen vorgenommen. Gemeint sind hiermit alle Änderungen, die bei genauerer Betrachtung Ausdruck überkommener Rechtsauffassungen und Moralvorstellungen waren. Aber auch im Zuge der traditionell bedingten Änderungen nahm der türkische Gesetzgeber keine substanziellen Eingriffe an den Instituten des schweizerischen ZGB vor, sondern vollzog Anpassungen alleine durch Änderungen variabler Elemente der jeweiligen Institute, ohne die Institute oder die ihnen zugrunde liegenden rechtlichen Grundwertungen zu berühren oder diesen erkennbar fremde Institute hinzuzufügen. Das Vorgehen der türkischen Regierung war vor diesem Hintergrund von der Absicht getragen, tunlichst Vorwürfe religiös motivierter Gesetzgebung durch die europäischen Staaten und damit die erneute Öffnung einer Hintertür für innenpolitische Interventionen zu vermeiden. Eine stärkere Anpassung an die traditionellen Gewohnheiten der Bevölkerung erfolgte lediglich auf Ebene der Rechtsanwendung. Gleichwohl blieben auch diese Anpassungen nur oberflächlich und flickenhaft (siehe zu alldem S. 133 ff.).

Neben diesen willentlichen Modifikationen erfuhr das rezipierte schweizerische ZGB zudem auch unwillentliche Modifikationen. So enthielt die türkische Fassung des Gesetzes zahlreiche Übersetzungsfehler, die den Inhalt der betreffenden Normen abänderten (siehe zu alldem S. 140).

Schwierigkeiten im Zusammenhang mit der Rezeption des schweizerischen ZGB ergaben sich schon aus seiner abrupten Inkraftsetzung. Die Umgestaltung beinahe des gesamten Rechtswesens durch die Totalrezeption westlicher Kodifikationen verlangte der noch im alten Recht ausgebildeten Richterschaft einen „Hochgeschwindigkeitsumstieg“ auf die Gesetze einer anderen Rechtsordnung ab, zu dem mit der Sprachreform des Jahres 1929 auch noch ein Umstieg auf ein anderes Schriftzeichensystem hinzutrat. Materiell-rechtlich bereitete insbesondere die vor allem in ländlichen Gebieten andauernde Praxis der Imam-Ehe und Polygamie Schwierigkeiten, die schwerwiegende Folgen für die rechtliche Stellung der aus diesen Beziehungen hervorgegangenen Kinder hatten. Die Folge waren zahlreiche Amnestiegesetze bis in die 1990er Jahre hinein. Probleme bereitete auch, dass Grundstücksübertragungen allen voran im ländlichen Raum weiterhin außerhalb des Grundbuchs und privatschriftlich erfolgten. Manche Vorschriften des rezipierten Rechts gelangten zudem nie zur praktischen Anwendung und blieben dadurch „totes“ Recht (siehe zu alldem S. 144 ff.).

Damit zeigt sich, dass auch im Hinblick auf die Totalrezeptionen der Frühzeit der türkischen Republik Muster in Erscheinung treten, die schon im Rahmen der Reformen der Tanzimat-Ära erkennbar wurden. Wiederum war die Rezeption stark außenpolitisch motiviert und war nicht Folge eines entsprechenden Umdenkens innerhalb weiter Teile der Bevölkerung. Die Auswahl des zu rezipierenden rechtlichen Gedankenguts lässt abermals keine ernstzunehmende rechtsvergleichende Tauglichkeitsprüfung erkennen, sondern orientiert sich an Äußerlichkeiten wie der Reputation, der Sympathie oder den Zufälligkeiten der sprachlichen Fähigkeiten oder des Studienortes der staatlichen Eliten. Wieder zeigen sich zahlreiche Mängel innerhalb der Übersetzungen und Ablehnungsreaktionen der Bevölkerung. Anders als Teile der Reformen innerhalb der Tanzimat-Ära stellen die radikalen Reformen der Frühphase der türkischen Republik jedoch keine Formalrezeptionen dar. Sie sind vielmehr ein Musterbeispiel einer oktroyierten Rezeption.

Trotz der beschriebenen Schwierigkeiten im Zusammenhang mit der Rezeption wurden – von einer punktuellen Änderung im Jahre 1938 abgesehen – beinahe drei Jahrzehnte keine direkten Änderungen sowohl am Text des türkischen ZGB als auch am Text des türkischen OR vorgenommen.

Im Hinblick auf das türkische ZGB folgten einige wenige Änderungsgesetze, die thematisch eng begrenzt waren. Parallel dazu wurden ab den 1950er Jahren Kommissionen zur Ausarbeitung umfangreicherer Reformen eingesetzt, deren Entwürfe jedoch nie zur Verabschiedung gelangten. In der Folge schlug der türkische Gesetzgeber deshalb den Weg der Teilrevision ein. Die erste Teilrevision im Jahre 1988 zielte zum einen insbesondere darauf ab, durch die Schaffung erleichterter Scheidungsmöglichkeiten Anreize für die Eingehung von Imam-Ehen zu beseitigen. Zum anderen zielte sie darauf ab, jüngere Entwicklungen in der Schweiz nachzuvollziehen. Die zweite Teilrevision im Jahre 1990 konzentrierte sich ebenfalls vor dem Hintergrund der bestehenden Probleme mit Imam-Ehen und der Polygamie im Kern auf das Erbrecht. Wie die Revision davor zielte sie daneben darauf ab, jüngere Entwicklungen in der Schweiz nachzuvollziehen (siehe zu alldem S. 156 ff.).

Noch weniger Eingriffe erfuhr das türkische OR. In den folgenden Jahrzehnten erging lediglich im Jahre 1956 ein Änderungsgesetz, mit dem hauptsächlich Anpassungen im Hinblick auf das im selben Jahr eingeführte Handelsgesetzbuch durchgeführt wurden (siehe zu alldem S. 157).

Die erste umfassende Revision erfuhr das türkische ZGB im Jahre 2001. Den Schwerpunkt bildete hier der Bereich des Familienrechts. So wurden allen voran die Bestimmungen zu den allgemeinen Ehewirkungen an den Grundsatz der Gleichberechtigung von Mann und Frau angepasst. Zudem wurde das Güterrechtsregime einer Revision unterzogen. Schließlich wurde auch die Unterteilung von Kindschaftsverhältnissen in eheliche und uneheliche aufgehoben. Dabei wurden mit dieser Revision hauptsächlich Entwicklungen nachvollzogen, die das ZGB in der Schweiz zwischenzeitlich erfahren hatte. Eine Ausnahme hiervon bildete lediglich das Scheidungsrecht. So blieb ein Nachvollzug des in der Schweiz mit der Reform aus dem Jahre 1998 vollzogenen Systemwechsels hin zu einem verschuldensunabhängigen Scheidungsrecht aus, sodass seit dem Inkrafttreten der entsprechenden schweizerischen Regelungen im Jahre 2000 zwischen beiden Rechtsordnungen in Fragen des Scheidungsrechts deutliche Unterschiede bestehen. Daneben erfolgten mit der Revision eine sprachliche Neufassung des türkischen ZGB und terminologische Anpassungen nebst der Korrektur bekannt gewordener Übersetzungsfehler. Substanzielle Eingriffe zur stärkeren Anpassung an die überkommenen türkischen Verhältnisse blieben weiterhin aus (siehe hierzu S. 169 ff.). So macht die Revision nochmals deutlich, dass dem aus der Schweiz rezipierten türkischen ZGB von Seiten der republikanischen Staatselite und Juristenschaft als eine der wichtigsten Komponenten der sog. kemalistischen Reformen ein fundamentaler Stellenwert zugemessen wird und es deswegen eine Art intellektuellen und legislativen „Denkmalschutz" genießt. Das neue türkische ZGB von 2001 ist daher im Kern eine nach Schweizer Vorbild aktualisierte Fassung des alten Gesetzbuches und weist deshalb weiterhin – bzw. gewissermaßen geradezu wieder – eine große inhaltliche Nähe zu seiner Schweizer Mutterrechtsordnung auf (siehe zu alldem S. 176 f.).

Im Jahre 2011 folgte sodann eine umfangreichere Revision des türkischen OR. Einen wesentlichen Schwerpunkt der Revision bildete das Mietrecht. Ebenfalls zu zahlreichen Neuerungen kam es im Bereich des Dienstvertragsrechts und in geringerem Umfang auch im Bürgschaftsrecht. Daneben erfolgten Anpassungen im Hinblick auf das neue türkische ZGB von 2001. Schließlich wurden sämtliche Bestimmungen in einer zeitgemäßeren Sprache neuverfasst und begrifflich an die Folgen der Sprachrevolution angepasst (siehe zu alldem S. 177 ff.).

Die Revision lässt dabei eine dreistufige Vorgehensweise erkennen. Erstens wurden wichtige, durch die türkische Rechtsprechung anerkannte Rechtsinstitute einer positiven gesetzlichen Regelung zugeführt. Orientierungspunkte bildeten dabei entsprechende gesetzliche Verankerungen im BGB, die aber im Sinne der Schweizer Rechtsprechung und Literatur modifiziert wurden. Da die betreffenden Rechtsinstitute in der schweizerischen Rechtsprechung und Literatur ebenfalls anerkannt sind und gerade mit Verweis auf diese von der türkischen Rechtsprechung und Literatur übernommen wurden, besteht insoweit weiterhin ein Gleichlauf zwischen beiden Rechtsordnungen.

Zweitens wurden die zwischenzeitlich in der Schweiz erfolgten Änderungen des OR nachvollzogen, wobei dieser Nachvollzug eher reflexartig als durchdacht erfolgte. So wurden Rechtsentwicklungen teilweise in Bereichen nachvollzogen, die in der Türkei sondergesetzlich geregelt sind. Dies betraf insbesondere auch das Verbraucherschutzrecht. Verbraucherschützende Regelungen, die inzwischen Einzug in das schweizerische OR gefunden hatten, wurden im Rahmen der Revision in das türkische OR übernommen, obgleich zu diesem Zeitpunkt schon das alte türkische Verbraucherschutzgesetz existierte. Einige der übernommenen Regelungen betrafen dabei auch Regelungsgegenstände, zu denen im alten türkischen Verbraucherschutzgesetz bereits Vorschriften existierten und die teilweise sogar widersprechende Bestimmungen vorsahen. Und selbst in Bereichen, in denen eine Revision des schweizerischen OR ausgeblieben ist, orientierte sich der türkische Gesetzgeber bei Änderungen an entsprechenden, in der Schweiz gescheiterten Vorentwürfen zu Bundesgesetzen.

Drittens wurde bei spezifischen Bedürfnissen, die weder von der türkischen Rechtsprechung noch von der schweizerischen Rechtsentwicklung noch von gescheiterten schweizerischen Vorentwürfen zu Bundesgesetzen befriedigt werden konnten, der Blick auf die deutsche Rechtsordnung gerichtet. Die als Vorlage dienenden deutschen Bestimmungen wurden dabei entsprechend der schweizerischen Rechtskultur modifiziert, indem die für die deutsche Rechtsordnung typischen inhaltlichen Konkretisierungen durch weit gefasste Tatbestände ersetzt wurden (siehe zu alldem S. 202 ff.).

Wesentliche Tendenzen der jüngeren europäischen Rechtsentwicklung griff der türkische Gesetzgeber mit der Revision des OR jedoch weder auf noch verarbeitete er sie. Sowohl die Einführung einheitlicher Tatbestände der Leistungsstörung und des Schadensersatzes, das heißt der Wechsel vom tatbestandsorientierten zum rechtsfolgenorientierten System, als auch die Integration der kaufrechtlichen Gewährleistung in das allgemeine Leistungsstörungs- und Schadensersatzrecht blieben mit der Revision aus. Und auch die in der jüngeren europäischen Rechtsentwicklung zu verzeichnende Tendenz hin zu einer weitestgehenden Aufrechterhaltung des Vertrages im Wege der Eindämmung des Rechts auf Vertragsaufhebung wurde nicht aufgegriffen. Zahlreiche historisch bedingte Zufälligkeiten und Fehlentwicklungen des übernommenen Schweizer OR blieben auf diese Weise erhalten (siehe zu alldem S. 190 ff.).

Ebenso verpasste es der türkische Gesetzgeber, historisch bedingte Zufälligkeiten und Fehlentwicklungen des eigenen Rechtssystems zu korrigieren. So bot die Revision die Chance, historisch bedingte Fehlverortungen einiger handelsrechtlicher Normen außerhalb der bestehenden handelsrechtlichen Kodifikation zu beseitigen. Auch inhaltliche Doppelungen hätten einer kritischen Prüfung unterzogen werden können. Der türkische Gesetzgeber ließ diese Chancen verstreichen (siehe zu alldem S. 195 f.).

Es zeigt sich somit an der Revision, dass auch für die Entwicklung des türkischen OR den Takt weiterhin die schweizerische Mutterrechtsordnung vorgibt. Eine umfassende Revision blieb mit den Änderungen des OR aus dem Jahre 2011 deshalb aus. Sie leistete damit einer unausgewogenen Entwicklung des türkischen OR und der türkischen Sondergesetze im Bereich des OR zueinander Vorschub.

Insgesamt verdeutlicht auch ein vergleichender Blick auf die Rechtsentwicklungen in Japan und Äthiopien, die ebenfalls zur Erreichung der Aufhebung von Kapitulationen ihr autochthones Recht durch die Rezeption europäischer Kodifikationen ersetzten, dass die türkische Rechtsentwicklung im Hinblick auf ihre Geradlinigkeit, Konsequenz und fortwährende Kontinuität in der Verarbeitung schweizerischen Rechts im Kernbereich des Zivilrechts einzigartig ist und insbesondere keinen islamischen – und damit rechtshistorischen – Roll-back erkennen lässt (siehe zu alldem S. 205 ff.).

D. Autonomer Nachvollzug von Richtlinien zum Verbrauchervertragsrecht

Der durch das Edikt von Gülhane eingeleitete Beginn der Übernahme europäischen rechtlichen Gedankenguts, der schließlich in den Totalrezeptionen der frühen Republik gipfelte, bildet indes nicht die einzige Zäsur dieser Art innerhalb der türkischen Rechtsgeschichte. Mittlerweile ist eine zweite „Übernahmewelle“ europäischen rechtlichen Gedankenguts durch die Türkei angelaufen, die die türkische Rechtsordnung schon jetzt tiefgreifend prägt und die in ihren Ursachen und Mustern stark denjenigen der Tanzimat-Ära und der Frühphase der türkischen Republik ähnelt: die Übernahme von EU-Recht im Zuge der wachsenden Beziehungen der Türkei zur EU.

Beziehungen zur EU können dabei im Hinblick auf die Möglichkeiten einer Zugehörigkeit zur EU unterschiedlich ausgestaltet sein, wobei grob zwischen der Vollmitgliedschaft, der Assoziation und alternativen Integrationsmodellen unterschieden werden kann. Die intensivste Form der Beziehung bildet zweifelsohne die Vollmitgliedschaft innerhalb der EU. Weniger intensiv als eine Vollmitgliedschaft ist die Assoziierung mit der EU. Wesentliches Merkmal der vertraglichen Assoziierung bildet ihre institutionelle Ausstattung mit eigenen Organen, die verbindliche Beschlüsse fassen können und der Beziehung damit ihren dauerhaften und auf eine prozesshafte Entwicklung ausgelegten Charakter verleihen. Letzteres unterscheidet sie von einfachen Kooperations- oder Handelsabkommen. Assoziierungen gehen ebenfalls mit der Übernahme von EU-Recht einher, wobei manche Assoziierungsabkommen Mechanismen zur dynamischen Rechtsangleichung vorsehen, während andere nur statische Verpflichtungen beinhalten. Zudem sehen manche Abkommen auch eine dynamische Verpflichtung zur Berücksichtigung von EuGH-Urteilen zu übernommenen EU-Rechtsakten vor. Andere verlangen eine Berücksichtigung hingegen nur bis zu einem bestimmten Stichtag. Überdies sind in manchen Abkommen zusätzlich Streitbeilegungsmechanismen, Vorlageverfahren und die Pflicht zur europarechtskonformen Auslegung enthalten (siehe zu alldem S. 227 ff.).

In der Praxis haben sich als Typen die Freihandelsassoziierung, die Beitrittsassoziierung und die Entwicklungsassoziierung herausgebildet. Eine Beitrittsassoziierung schloss die EU im Jahre 1963 auch mit der türkischen Republik ab.

Die entscheidenden Weichen für die bislang noch bestehende Westbindung der Türkei wurden dabei nach dem Ende des Zweiten Weltkrieges gelegt. Vertieft wurde die Westbindung insbesondere durch den proamerikanischen Kurs von Ministerpräsident *Adnan Menderes*. In der Ära Menderes übermittelte die Türkei der damaligen EWG auch ihren Antrag auf Aufnahme von Verhandlungen über ein Assoziationsabkommen, der im weiteren Verlauf zum Abschluss des Ankara-Abkommens im Jahre 1963 führte. Das Ankara-Abkommen zielte inhaltlich allen voran auf die Herstellung einer Zollunion in drei Phasen ab und enthielt zudem das übergeordnete Ziel der Vorbereitung eines späteren Beitritts (siehe zu alldem S. 255 ff.).

Auf Seiten der westlichen Partner dominierten und dominieren weiterhin sicherheitspolitische Interessen im Rahmen dieser Beziehungen zur türkischen Republik. In jüngerer Zeit rückten zudem Fragen der (illegalen) Migration zunehmend ins Zentrum der europäisch-türkischen Beziehungen. Aus türkischer Sicht sind sicherheitspolitische Interessen an den Beziehungen zu den

USA ebenfalls von hoher Relevanz. Daneben treten allerdings auch ökonomische Interessen im Hinblick auf den angrenzenden europäischen Binnenmarkt. Entscheidend für den konkreten Zeitpunkt des Antrags dürfte jedoch das Interesse der Türkei an einer Statusgleichheit mit Griechenland gewesen sein (siehe zu alldem S. 256 f.).

Die Entwicklung des Assoziationsverhältnisses verlief in der Folge wenig erfolgreich. Ab Mitte der 1980er Jahre wollte Ministerpräsident *Turgut Özal* vor dem Hintergrund des von ihm aufgesetzten Reformprogramms zur Liberalisierung der türkischen Wirtschaft eine noch stärkere ökonomische Integration in den europäischen Markt erreichen. In der Folge stellte die Türkei im Jahre 1987 einen Antrag auf Aufnahme in die EWG, wobei bei dieser Entscheidung maßgebend wiederum der Gedanke der Statusgleichheit mit den Mittelmeeranrainerstaaten, allen voran Griechenland gewesen sein wird.

Die EWG lehnte nach zweieinhalbjähriger Bedenkzeit den Antrag ab. Alternativ verwies die Kommission jedoch auf die angestrebte Zollunion, deren Verwirklichung weiterhin möglich sei. Um allgemein und insbesondere auch vor dem Hintergrund der Verleihung des Beitrittskandidatenstatus an die mittel- und osteuropäischen Länder im Jahre 1993 nicht gänzlich ins Hintertreffen zu geraten, klammerte sich die Türkei alsdann an diese zunächst greifbare Option der Verwirklichung der Zollunion (siehe zu alldem S. 258 f.).

Im Eiltempo ergriff sie ab dem Jahre 1990 viele Maßnahmen zur Vorbereitung auf die Zollunion. Es wurden Ausschüsse zum Abgleich des nationalen Regelungsbestands mit dem *acquis communautaire* eingesetzt. Auf Grundlage der Berichte dieser Ausschüsse wurden sodann elf Bereiche ausgemacht, die nach Auffassung der Beteiligten als in unmittelbaren Zusammenhang mit der angestrebten Zollunion stehend betrachtet wurden. Dies führte schließlich zur Ergreifung legislativer Maßnahmen, mit denen die Verwirklichung der Zollunion erreicht werden sollte. In diesem Zusammenhang wurde im Jahre 1995 auch das erste Verbraucherschutzgesetz verabschiedet, mit dem auch Richtlinien zum Verbrauchervertragsrecht mit Blick auf die angestrebte Zollunion autonom nachvollzogen wurden (siehe zu alldem S. 259 f.).

In der Folge wurde die Zollunion schließlich mit Ablauf des 31.12.1995 in Kraft gesetzt. Der zugrunde liegende Assoziationsratsbeschluss 1/95 sieht hierbei ebenfalls eine Pflicht zur dynamischen Rechtsangleichung vor. Anders als das EWR-Abkommen beschränken sich diese Mechanismen zur dynamischen Übernahme jedoch nur auf die Bereiche, die für das Funktionieren der Zollunion von unmittelbarer Bedeutung sind. Nicht umfasst hiervon sind nach der Definition des Assoziationsratsbeschlusses insbesondere die maßgeblichen Richtlinien zum Verbrauchervertragsrecht.

Daneben enthält der Assoziationsratsbeschluss im Hinblick auf das übernommene EU-Recht auch einen dynamischen Verweis auf die Rechtsprechung des EuGH. Zudem sind Verfahren zur Beilegung von Streitigkeiten über die Anwendung und Auslegung europäischer Bestimmungen vorgesehen (siehe zu alldem S. 247 ff.).

Nachdem die Beziehungen zwischen der Türkei und der EU unterdessen erneut einen Tiefpunkt erreichten, kam es im Jahre 1999 wieder zu einer Annäherung. Im weiteren Verlauf wurde der Türkei im Jahre 1999 der Beitrittskandidatenstatus verliehen. Vor dem Hintergrund der zwischenzeitlich in der Türkei erfolgten Reformen empfahl sodann die Kommission die Aufnahme von Beitrittsverhandlungen, woraufhin der Europäische Rat für den Beginn der Beitrittsverhandlungen den Oktober des Jahres 2005 festlegte (siehe zu alldem S. 260 ff.).

Ein Scheitern der ebenfalls durch die Zypernfrage überschatteten Eröffnung der Beitrittsverhandlungen konnte dabei lediglich dadurch verhindert werden, dass die Türkei sich darauf verständigte, durch ein zu verabschiedendes Protokoll das Ankara-Abkommen auf die zehn zwischenzeitig beigetretenen Mitgliedstaaten – und damit auch auf Zypern – auszuweiten. Zwar tat dies die Türkei hierauf in diplomatisch denkbar schwächster Form, allerdings blieb im weiteren Verlauf gleichwohl eine Öffnung sowohl türkischer Häfen als auch des türkischen Luftraums für die Republik Zypern aus. Hierauf beschloss die EU, acht der Beitrittskapitel bis zu einer vollständigen Umsetzung des Protokolls nicht zu eröffnen und keines zu schließen.

In der Folge flaute der Reformprozess in der Türkei ab. Es mehrten sich abermals innenpolitische Probleme. Hinzu kamen zudem weitere politische Blockaden des Beitrittsprozesses durch Frankreich und die Republik Zypern, bis dieser schließlich vollends ins Stocken geriet.

Vor diesem Hintergrund verständigte sich die Kommission mit der Türkei im Jahre 2012 auf die sog. *„positive Agenda“*, mit der die Beziehungen insbesondere auf den Gebieten Visa, Migration, Handel, Energie und Außenpolitik unabhängig von der Öffnung und Schließung von Beitrittskapiteln vorangebracht werden sollten (siehe zu alldem S. 262 ff.).

Bewegung kam in die Verhandlungen erst wieder im Jahre 2013 und verstärkt im Jahre 2015 im Zuge der Bewältigung der sog. Flüchtlingskrise. Gleichwohl erreichten die Beziehungen aufgrund drastischer innenpolitischer Entwicklungen in der Türkei im weiteren Verlauf ihren historischen Tiefpunkt. Im Jahre 2018 verkündeten die EU-Staaten schließlich, vorerst keine weiteren Beitrittskapitel zu eröffnen oder zu schließen und auch keine Gespräche über eine

Ausweitung der Zollunion zu führen. Sie stellten fest, dass die Verhandlungen praktisch zum Stillstand gekommen seien (siehe zu alldem S. 265 ff.).

Relativ unwahrscheinlich erscheint aus heutiger Sicht, dass die Beziehungen sich mittelfristig in Richtung einer Vollmitgliedschaft der Türkei entwickeln werden. Und auch langfristig erscheint ein solches Szenario nicht sehr wahrscheinlich. Doch auch ein vollkommener Bruch der Beziehungen durch formelle Suspendierung oder sogar Abbruch der Beitrittsverhandlungen erscheint gegenwärtig nicht sehr wahrscheinlich. Stattdessen ist seit geraumer Zeit eine Diskursverschiebung auf beiden Seiten zu beobachten, in deren Rahmen immer häufiger gemeinsame Interessen betont und in den Vordergrund gestellt werden. Die künftigen Beziehungen werden daher am wahrscheinlichsten durch eine Kooperation in diesen Themenbereichen bei gleichzeitiger Konfrontation in Bereichen divergierender Interessen geprägt sein. Die Beitrittsverhandlungen werden dabei aus eigennützigen Interessen sowohl der EU als auch der Türkei formell nebenher weiterlaufen (siehe zu alldem S. 270 ff.).

Trotz ihrer durchaus volatilen Entwicklung ist es im Rahmen dieser Beziehungen der Türkei zur EU ab Anfang der 1990er Jahre verstärkt zu einer Übernahme von EU-Recht gekommen. Von äußerster Praxisrelevanz und tiefgreifendster Prägung für die türkische Rechtsordnung ist insoweit der autonome Nachvollzug europäischer Richtlinien im Bereich des Verbrauchervertragsrechts.

Wie das Osmanische Reich kannte auch die Republik Türkei bis zum Jahre 1970 keine unmittelbare und eigenständige Verbraucherschutzgesetzgebung. Im Osmanischen Reich wurden Verbraucher lange Zeit mittelbar durch ein dreigliedriges System, bestehend aus Zünften, der lokalen Verwaltungsbehörde und Notablen aus dem Kreis der Untertanen, geschützt. In der türkischen Republik wurde der Verbraucherschutz als eigenständiges Thema erstmalig im Jahre 1970 auf einem Seminar durch das Türkische Institut für Standardisierung in Zusammenarbeit mit der Union der Kammern und Börsen in der Türkei aufgegriffen. Als Reaktion auf dieses Seminar entstanden verschiedentlich Gesetzesvorschläge, die jedoch nie bis zur Verabschiedung gelangten. Die 1982 erstmalig in der türkischen Verfassung verankerte Pflicht des Staates im Hinblick auf den Verbraucherschutz blieb vor diesem Hintergrund lange ohne Wirkung. Das erste unmittelbare und eigenständige Verbraucherschutzgesetz konnte erst mit dem Gesetz Nr. 4077 im Jahre 1995 verabschiedet werden (siehe zu alldem S. 277 ff.).

Der Erlass dieses alten Verbraucherschutzgesetzes war eine der Maßnahmen, die die Türkei nach der erlebten Enttäuschung der Zurückweisung ihres Beitrittsersuchens panisch zur Erreichung der Verwirklichung der Zollunion ergriff. Es sollte als Aushängeschild dafür dienen, dass die Türkei den bis dahin verabschiedeten verbraucherschützenden Acquis übernommen habe. Konkret bezweckte der türkische Gesetzgeber mit seinem Erlass im Bereich des Verbrauchervertragsrechts die Umsetzung der Haustürwiderrufsrichtlinie und der Verbraucherkreditrichtlinie (siehe zu alldem S. 281 ff.).

Der türkische Gesetzgeber entschied sich im Rahmen dieses Nachvollzugs zumindest äußerlich für eine *Kodifikationslösung*, da eine *Einheitslösung* aufgrund des Eiltempos der Maßnahme ausschied und aufgrund der begrenzten Zuständigkeit des Industrie- und Handelsministeriums zudem eine – ebenfalls zeitaufwendige – Kooperation mit dem Justizministerium gefordert hätte. Der intellektuelle und legislative Denkmalschutz, den das gesamte türkische ZGB und OR in der Türkei umgibt, spielte insoweit ebenfalls eine Rolle. Sowie dieser ein Aufgreifen und Verarbeiten wesentlicher Tendenzen der jüngeren europäischen Rechtsentwicklung verhindert hat, hätte er auch einen türkischen Alleingang bei der Integration des verbrauchervertragsrechtlichen Acquis in das aus der Schweiz übernommene OR verhindert (siehe zu alldem S. 284 ff.).

Das aVerbSchG weist erhebliche terminologische und systematische Schwächen auf. Seine Ausgestaltung entspricht weder gesetzgebungstechnischen Erfordernissen noch der gerade im Bereich der Verbraucherschutzgesetzgebung gebotenen Transparenz. So gehen die zu seiner Konkretisierung erlassenen Verwaltungsvorschriften deutlich über eine reine Konkretisierung hinaus und unterscheiden sich von einzelnen Sondergesetzen im Rahmen einer sog. *Insellösung* nur ihrer Form nach. Zudem handelt es sich bei dem aVerbSchG mehr um eine Kompilation als um eine systematische Ordnung des Rechtsstoffes im Sinne einer echten Kodifikation. Ferner fanden sich die meisten Regelungen in dieser oder ähnlicher Form schon im Rahmen der türkischen Rechtsordnung. Die insoweit erfolgte Parallelgesetzgebung im Rahmen des aVerbSchG war dabei teilweise sogar mit einem deutlichen Rückschritt verbunden (siehe zu alldem S. 285 ff.).

Das aVerbSchG sieht in seinen Eingangsbestimmungen eine einheitliche Definition des Verbraucherbegriffs vor und offenbart damit die ihm zugrunde liegende Fehlannahme, dass sämtliche europäische Richtlinien zum Verbraucherschutz von demselben persönlichen Anwendungsbereich ausgehen würden, was unweigerlich zu einer teilweise europarechtswidrigen Ausgestaltung derselben führt. Überdies ist es von einer das gesamte Gesetz durchziehenden begrifflichen und sachlichen Verengung auf Kaufverträge geprägt. Dabei geht es fälschlicherweise davon aus, dass Dienstleistungen ebenfalls den Gegenstand eines „Kaufs" bilden würden. Da der Begriff der Dienstleistung im Rahmen des aVerbSchG nach einhelliger Meinung der türkischen Literatur jedoch untechnisch zu verstehen ist, würde das Gesetz danach beinahe alle privatrechtlichen Verträge und Vertragstypen umfassen. Diese Ungereimtheiten hatten in der

Praxis zahlreiche Zuständigkeitsstreitigkeiten im Hinblick auf die zur Anwendung des aVerbSchG eigens geschaffenen Verbrauchergerichte zur Folge. Die Rolle des türkischen Kassationshofs bei der Auslegung des aVerbSchG ist dabei ambivalent: Einerseits ist sein Handeln geprägt von einer richtlinienwidrigen Zurückdrängung des sachlichen Anwendungsbereichs des aVerbSchG. Andererseits verhilft er dem zentralen Verbraucherschutzinstrument der Informationspflicht dort zur Durchsetzung, wo eine effektive Sanktionierung im Falle des Verstoßes richtlinienwidrig fehlt oder die Vorgaben fehlerhaft umgesetzt sind (siehe zu alldem S. 289 ff.).

Insgesamt zeigt sich, dass das aVerbSchG zwar in Einzelpunkten über die Vorgaben der nachvollzogenen Verbrauchervertragsrichtlinien hinaus geht; im Ganzen bleibt es aber an bedeutenden Punkten hinter den Richtlinienvorgaben zurück und verzerrt diese häufig.

Bei vielen Formvorgaben des aVerbSchG bleibt dabei unklar, ob eine echte Form- oder lediglich eine Beweisvorschrift vorliegt und welche Sanktionen im Falle eines Verstoßes drohen. Unklar bleiben ebenso die Folgen des Fehlens zwingender Vertragsangaben. Hinzu kommt schließlich, dass das aVerbSchG auch allgemein den zwingenden Charakter seiner Vorschriften nicht ausdrücklich anordnet und die Unwirksamkeit widersprechender vertraglicher Bestimmungen nicht vorsieht.

Auch im Rahmen dieser Übernahme zeigen sich damit abermals viele Parallelen zu den Rezeptionen in der Tanzimat-Ära. So beruhte der vorgenannte autonome Nachvollzug gleichermaßen primär auf außenpolitischen Motiven und ging ebenso wenig auf Tendenzen innerhalb der Bevölkerung zurück. Wegen der begrenzten Zuständigkeit des betrauten Ministeriums blieb zudem eine Einheitslösung aus. Ferner fehlte es gleichermaßen an einer Abstimmung zwischen den durch Nachvollzug geschaffenen Verbraucherschutzbestimmungen und den Vorschriften der schon bestehenden türkischen Rechtsordnung, allen voran dem allgemeinen Zivilrecht, was in der Praxis zahlreiche Zuständigkeitsstreitigkeiten zur Folge hatte (siehe zu alldem S. 321 f.).

Nur wenige Jahre nach der Verabschiedung des aVerbSchG ordnete das türkische Industrie- und Handelsministerium Arbeiten für eine Novelle zum aVerbSchG an, die schließlich im Jahre 2003 verabschiedet wurde und in Kraft trat. Wie schon für die Ausarbeitung und Verabschiedung der Ursprungsfassung des Jahres 1995 waren auch für die Novellierung des aVerbSchG im Jahre 2003 hauptsächlich außenpolitische Motive ausschlaggebend. Die Maßnahme fällt in eine Zeit, in der das Reformtempo in der Türkei mit Blick auf die angestrebte Eröffnung der Beitrittsverhandlungen insgesamt stark angezogen wurde. Gesellschaftliche Strömungen spielten hierbei, wie auch bei der Ursprungsfassung, kaum eine Rolle. Einflussreiche zivilgesellschaftliche Verbraucherorganisationen hatten sich nach wie vor nicht herausgebildet (siehe zu alldem S. 322 ff.).

Ziel der Gesetzesnovelle war es unter anderem, Änderungen am bisherigen Nachvollzug vorzunehmen sowie weitere Richtlinien nachzuvollziehen. Im Bereich des Verbrauchervertragsrechts betraf Letzteres die Pauschalreiserichtlinie, die Klauselrichtlinie, die Timesharing-Richtlinie, die Fernabsatzrichtlinie und die Verbrauchsgüterkaufrichtlinie.

Strukturell wurde mit der Gesetzesnovelle nichts am aVerbSchG verändert. Gleich blieb insbesondere die Unentschlossenheit des türkischen Gesetzgebers in Bezug auf die gewählte Umsetzungslösung (siehe zu alldem S. 325 ff.).

Bedeutende Modifikationen erfuhr mit der Gesetzesnovelle der Anwendungsbereich des aVerbSchG. Der Versuch, den Anwendungsbereich aller nachvollzogenen Richtlinien mit einer einheitlichen Norm zu regeln, blieb zwar bestehen und führte insoweit damit wiederum unweigerlich zu einer in Teilen europarechtswidrigen Ausgestaltung. In sachlicher Hinsicht erfuhr der Warenbegriff jedoch im Zuge der Novellierung eine Ausdehnung weit über die Vorgaben der nachvollzogenen Richtlinien hinaus. Ebenso wurde der Dienstleistungsbegriff deutlich weiter formuliert als in seiner Ursprungsfassung. Gleichwohl hielt der türkische Kassationshof auch in Bezug auf die novellierte Fassung des aVerbSchG an seiner Rechtsprechung der Zurückdrängung des sachlichen Anwendungsbereichs fest (siehe zu alldem S. 327 ff.).

Im Hinblick auf den bestehenden Nachvollzug wurden mit der Gesetzesnovelle an einigen Stellen Nachvollzugsdefizite behoben und Missbrauchspotenziale beseitigt. Insbesondere hat der türkische Gesetzgeber versucht, die fälschliche begriffliche und sachliche Verengung des aVerbSchG auf Kaufverträge zu beheben, was ihm allerdings nicht mit der nötigen Konsequenz gelang.

Unklar geblieben sind auch im Rahmen der novellierten Fassung der rechtliche Charakter vieler Formvorgaben und der zwingende Charakter der Vorschriften des aVerbSchG insgesamt.

Der türkische Gesetzgeber griff im Rahmen der Gesetzesnovelle – allen voran innerhalb der zahlreichen Verwaltungsverordnungen – vermehrt zu direkten Übersetzungen, die stellenweise grobe Fehler aufweisen. Nicht selten wurden untechnische Termini bewusst übernommen, statt die entsprechenden Stellen mit eigenen Kategorien zu füllen. Von der Richtlinie offengelassene Bereiche blieben im Rahmen des Nachvollzugs zumeist ebenso ungeregelt.

Die statuierten Informationspflichten erreichen gleichwohl häufig nicht den Detailgrad der Richtlinienvorgaben. Letztere werden zudem teilweise derart verzerrt und verfälscht, dass sie nicht mehr dem Schutzzweck der Richtlinie entsprechen bzw. diesem gar entgegenstehen. Andere Regelungen dagegen gehen derart einseitig und kompromisslos über den Schutzzweck der Richtlinie hinaus, dass sich die Frage nach ihrer Praktikabilität stellt.

Nichtsdestotrotz bedeutete die Gesetzesnovelle des Jahres 2003 einen weiteren großen Schritt in Richtung der vollständigen Übernahme des *acquis communautaire* im Bereich des Verbrauchervertragsrechts und damit der Europäisierung wichtiger Kernmaterien des türkischen Zivilrechts. Gerade an den Neuerungen, die der Nachvollzug des europäischen Verbrauchervertragsrechts der türkischen Rechtsordnung bis zum Jahre 2003 gebracht hat, zeigt sich, dass die EU die Schweiz als Motor der Modernisierung der türkischen Rechtsordnung abgelöst hat. Zudem entwickelte sich um das türkische Verbraucherschutzgesetz ein lebhafter wissenschaftlicher Diskurs, in dem die Schweiz nicht mehr die dominante Referenzordnung bildet. Gleichwohl zeigt sich an der Entwicklung des aVerbSchG auch die gering entwickelte Kodifikationskultur der Türkei, die zwar eine lange Geschichte hat, aber aufgrund von volatilen und einschneidenden politischen Entwicklungen bislang nicht zur vollen Reife gelangen konnte (siehe zu alldem S. 384 ff.).

Im Jahre 2011 setzte das türkische Zoll- und Handelsministerium einen Ausschuss zur Ausarbeitung eines neuen Verbraucherschutzgesetzes ein. Der aus diesen Arbeiten hervorgegangene Gesetzesentwurf wurde im Jahre 2013 als Gesetz Nr. 6502 verabschiedet und trat im darauffolgenden Jahr in Kraft.

Die Ausarbeitung des nVerbSchG war im Wesentlichen von dem Motiv getragen, das türkische Verbraucherschutzrecht noch stärker dem Verbraucher-Acquis der EU anzupassen. Zu diesem Zweck wurden mit ihm im Bereich des Verbrauchervertragsrechts die neue Verbraucherkreditrichtlinie aus dem Jahre 2008, die neue Timesharing-Richtlinie desselben Jahres, die Verbraucherrechterichtlinie und die Richtlinie über den Fernabsatz von Finanzdienstleistungen nachvollzogen, die allesamt zwischenzeitig auf europäischer Ebene verabschiedet worden waren. Da die Ausarbeitung und die Verabschiedung des nVerbSchG in die Phase fallen, in der die Beitrittsverhandlungen sichtbar ins Stocken gerieten, wollte die türkische Regierung mit dem neuen Gesetz ersichtlich ebenfalls dazu beitragen, den ins Stocken geratenen Beitrittsprozess wieder in Gang zu setzen. Wie auch im Rahmen der vorangegangenen Rezeptionen in der Zeit des Tanzimat und der Frühphase der Republik spielten damit wiederum außenpolitische Motive eine wesentliche Rolle. Zudem ging die Gesetzesinitiative ebenso wenig auf gesellschaftliche Strömungen zurück. Einflussreiche Verbraucherorganisationen haben sich in der Türkei bis heute nicht herausgebildet (siehe zu alldem S. 387 ff.).

Das nVerbSchG selbst weist im Vergleich zu seinem Vorgängergesetz erstmalig eine gewisse äußerliche Systematisierung auf. Eine stärkere Systematisierung wäre allerdings problemlos möglich gewesen. Viele Bestimmungen der früheren Rechtslage wurden mit dem nVerbSchG von der Verordnungs- auf die Gesetzesebene hochgezont. Nach wie vor finden sich jedoch viele Detailregelungen in den zum nVerbSchG ergangenen Verordnungen, sodass die gewählte Umsetzungslösung weiterhin unentschlossen wirkt und weder den gesetzgebungstechnischen Erfordernissen noch der im Bereich des Verbraucherschutzrechts gebotenen Transparenz entspricht (siehe zu alldem S. 392 ff.).

Der Anwendungsbereich des nVerbSchG wurde im Vergleich zu seinem Vorgängergesetz insbesondere in sachlicher Hinsicht deutlich weiter gefasst. Um eine entsprechende Ausweitung auch in der Anwendungspraxis sicherzustellen, hat der türkische Gesetzgeber die Vertragstypen, die nach der Rechtsprechung des türkischen Kassationshofs vom Anwendungsbereich des aVerbSchG ausgeschlossen sind, innerhalb der Anwendungsbestimmungen des nVerbSchG explizit aufgezählt. Insbesondere aufgrund des weiten Dienstleistungsbegriffs und des statuierten Regelungsregimes über mangelhafte Dienstleistungen wurde der originäre Anwendungsbereich des neuen türkischen OR auf diese Weise noch weiter zurückgedrängt. Der Anwendungsbereich des türkischen Verbraucherschutzrechts hat damit trotz Abgrenzungsstreitigkeiten und Zurückdrängungsversuchen durch den türkischen Kassationshof seit 1995 sukzessive eine Ausweitung über die nachvollzogenen Richtlinien hinaus erfahren – eine Beobachtung, die sich auch in Bezug auf die vorangegangenen Rezeptionen fremden Rechts in der Zeit des Tanzimat machen lässt. Viele Rechtsgeschäfte spielen sich in der Türkei infolge dieser Entwicklungen normativ zu großen Teilen außerhalb des neuen türkischen OR ab. Die Zurückdrängungsversuche des türkischen Kassationshofs gegenüber diesem übergriffigen Nachvollzug dauern indes weiterhin an und haben sich mit dem nVerbSchG lediglich auf die Ebene der materiellen Regelungsregime verlagert.

Anders als beim Vorgängergesetz war sich der türkische Gesetzgeber während der Gesetzgebungsarbeiten zum nVerbSchG der Inkonsistenz und Inkohärenz der europäischen Regelungen zum Verbraucherschutz (in Teilen) bewusst und hat deshalb im Hinblick auf den einheitlichen persönlichen Anwendungsbereich des Gesetzes an entsprechenden Stellen punktuelle Modifikationen des Verbraucherbegriffs vorgenommen. Dabei lässt sich mit Bezug auf das nVerbSchG feststellen, dass die Ausgestaltung eines Anwendungsbereichs für alle nachvollzogenen Richtlinien des Verbrauchervertragsrechts vor dem Hintergrund der vollharmonisierenden Wirkung der jüngeren Richtlinien in diesem Bereich zunehmend schwieriger erscheint. Es stellt sich daher ganz allgemein die Frage, inwiefern die Kodifikationslösung vor diesem Hintergrund noch einen gangbaren Weg zur Umsetzung der europäischen Vorgaben darstellt (siehe zu alldem S. 395 ff.).

Der bestehende Nachvollzug ist mit dem nVerbSchG und den dazugehörigen Verordnungen noch stärker den Vorgaben der betreffenden Richtlinien angenähert worden und weist seither einen hohen Angleichungsgrad auf. Der türkische Gesetzgeber bediente sich hierbei nicht selten wortgetreuer Übersetzungen. Die Neuregelungen sind zudem von einem besseren Verständnis des EU-Rechts geprägt.

Nicht ausreichend abgestimmt wurde der Nachvollzug dagegen mit den Bestimmungen des neuen türkischen OR. Mit der Neuregelung hat der türkische Normgeber zusätzlich zu der ohnehin bestehenden unausgewogenen Entwicklung des türkischen OR und der türkischen Sondergesetze im Bereich des OR an einigen Stellen eine inkohärente Gemengelage mit den entsprechenden Bestimmungen des neuen türkischen OR geschaffen. Somit wurde letztlich eine Art *semipermeabler normativer Dualismus* mit einer allmählichen Diffusion in Richtung der nationalen Kernkodifikationen hergestellt.

Auch der erstmalige Nachvollzug jüngerer Richtlinien im Bereich des Verbrauchervertragsrechts ist durch zahlreiche wortgetreue Übersetzungen geprägt. Eine Ausnahme hierzu bildet lediglich der Nachvollzug der VerbrRRL, die in Teilen einen sehr starken nationalen Einschlag aufweist. Im Rahmen des Nachvollzugs dieser jüngeren Richtlinien zeigen sich in gleicher Weise Unsicherheiten im Umgang mit den Formvorgaben. Wichtige Detailregelungen finden sich insoweit ebenfalls in den dazugehörigen Verordnungen wieder. Zudem bleiben insofern ebenso Fragen, die in den Richtlinien ausgelassen wurden, im Rahmen des Nachvollzugs gleichermaßen unbeantwortet. Es zeigt sich damit, dass zwischen dem Nachvollzug mindestharmonisierender Richtlinien und dem Nachvollzug der jüngeren, vollharmonisierenden Richtlinien kein wirklicher Unterschied besteht. Mit Ausnahme der VerbrRRL weist auch der erstmalige Nachvollzug der jüngeren Richtlinien durch das nVerbSchG und die dazugehörigen Verordnungen einen hohen Angleichungsgrad auf.

Insgesamt konnte mit dem nVerbSchG somit normativ ein hoher Angleichungsgrad in Bezug auf die europäischen Richtlinien zum Verbrauchervertragsrecht erreicht werden. Zugleich wurden mit dem neuen Gesetz aber auch die Friktionen mit den sonstigen Bestimmungen der türkischen Rechtsordnung verschärft (siehe zu alldem S. 492 ff.).

Der türkische Gesetzgeber beließ es im Rahmen des autonomen Nachvollzugs europäischer Richtlinien im Bereich des Verbrauchervertragsrechts indes nicht dabei, nur materiell-rechtliche Vorschriften zu schaffen. Zum Zeitpunkt der Verabschiedung der Ursprungsfassung des aVerbSchG war die Arbeitslast der ordentlichen Gerichtsbarkeit äußerst hoch. Verfahren über Verbraucherstreitigkeiten waren kostspielig und nahmen viel Zeit in Anspruch. Der türkische Gesetzgeber entschied sich deshalb dazu, mit dem aVerbSchG auch prozedurale Maßnahmen zu ergreifen, um eine einfache, schnelle und kostengünstige Durchsetzung der neu geschaffenen Rechtspositionen zu gewährleisten. Zu diesem Zweck schuf der türkische Gesetzgeber im Bereich des individuellen Rechtsschutzes mit den *Verbraucherschiedsausschüssen* eine Institution eigener Art zur vorgerichtlichen Streitbeilegung. Zudem errichtete er mit den Verbrauchergerichten eine spezialisierte Gerichtsbarkeit für Streitigkeiten aus den neu geschaffenen rechtlichen Bestimmungen. Daneben vollzog er im Bereich des kollektiven Rechtsschutzes im Zuge der Revision des Jahres 2003 die Richtlinie 98/27/EG und im Rahmen der Neuregelung im Jahre 2013 die Richtlinie 2009/22/EG nach. Bemerkenswert sind insoweit wiederum die Parallelen zu den vorangegangenen Rezeptionen fremden Rechts in der Zeit des Tanzimat. Auch in deren Rahmen wurden die bestehenden Verfahrensmöglichkeiten vor den Gerichten zur effektiven Durchsetzung des rezipierten Rechts für ungeeignet erachtet und deshalb mit dem durch die Rezeption geschaffenen neuen Recht gleichzeitig auch eine neue Gerichtsbarkeit zur Durchsetzung dieses Rechts geschaffen.

Bei den Verbraucherschiedsausschüssen handelt es sich um fast vollständig mit juristischen Laien besetzte gemischte Ausschüsse, deren dogmatische Einordnung in der türkischen Literatur und Rechtsprechung umstritten ist. Nach den Bestimmungen der Ursprungsfassung waren ihre Entscheidungen nicht bindend. Sie konnten jedoch vor den Verbrauchergerichten als Beweis eingebracht werden. Unter einer bestimmten Wertgrenze konnten die Verbrauchergerichte nicht ohne vorherige Entscheidung der Verbraucherschiedsausschüsse angerufen werden. Insgesamt ließ sich das Verfahren zwischen einer Schlichtung und einem Verfahren vor einem Schiedsgericht verorten (siehe zu alldem S. 497 ff.).

Mit der Revision des Jahres 2003 wurden die Entscheidungen der Verbraucherschiedsausschüsse in obligatorischen Verfahren unterhalb der bestimmten Wertgrenze für allseitig bindend erklärt. Die Entscheidungen konnten fortan wie vollstreckbare Titel vollstreckt werden. Die Parteien konnten gegen eine Entscheidung im obligatorischen Verfahren binnen 15 Tagen Widerspruch beim Verbrauchergericht einlegen. Der Widerspruch hatte keinen Suspensiveffekt. Die Entscheidung des Verbrauchergerichts im Widerspruchsverfahren war endgültig. Die Änderung führte innerhalb der türkischen Literatur auch zu einer Änderung der dogmatischen Bewertung. Fortan wurden die obligatorischen Verfahren unterhalb der bestimmten Wertgrenze überwiegend als eine Art obligatorisches Schiedsverfahren bewertet. Eine Einordnung als Schiedsverfahren im Sinne der alten türkischen ZPO wurde hingegen allseits abgelehnt (siehe zu alldem S. 505 ff.).

Seit der Neuregelung im Jahre 2013 durch das nVerbSchG besteht nur noch die obligatorische Anrufungspflicht unterhalb der bestimmten Wertgrenze. Eine fakultative Anrufung oberhalb der bestimmten Wertgrenze ist dagegen nicht mehr möglich (siehe zu alldem S. 513 ff.).

Der sachliche Zuständigkeitsbereich sowohl der Verbraucherschiedsausschüsse als auch der Verbrauchergerichte deckt sich in allen Fassungen des türkischen Verbraucherschutzgesetzes – von vereinzelten Ausnahmen abgesehen – mit dem sachlichen Anwendungsbereich des Verbraucherschutzgesetzes selbst. Daher hat mit dem Anwendungsbereich der verschiedenen Fassungen des Verbraucherschutzgesetzes selbst auch der sachliche Zuständigkeitsbereich der Verbraucherschiedsausschüsse und der Verbrauchergerichte seit dem Jahre 1995 sukzessive eine Ausweitung erfahren. Wenngleich diese Ausweitung ebenfalls von Abgrenzungsstreitigkeiten und Zurückdrängungsversuchen von Seiten des Kassationshofs und Teilen der Literatur geprägt war, wurde infolge dieser Entwicklung der originäre Zuständigkeitsbereich der ordentlichen Gerichte schließlich stark zurückgedrängt, sodass sich die Frage aufwerfen lässt, inwieweit es sich bei den Verbrauchergerichten überhaupt noch um eine spezialisierte Gerichtsbarkeit handelt.

Diese weite sachliche Zuständigkeit verstärkt den infolge des autonomen Nachvollzugs der verbrauchervertragsrechtlichen Richtlinien entstandenen *normativen Dualismus* im Bereich des Obligationenrechts letztlich zu einem *Dualismus der Rechtsordnung*, wie er sich auch in der Zeit des Tanzimat herausbildete.

Gleichwohl wurden mit den ergriffenen prozeduralen Maßnahmen viele Erschwernisse der individuellen Rechtsverfolgung vermindert oder beseitigt. Zudem wurde mit ihnen den europäischen Vorgaben entsprechend die verbraucherschützende Verbandsklage in das türkische Recht eingeführt. Faktisch kann aufgrund der hohen Arbeitsbelastung sowohl der Verbraucherschiedsausschüsse als auch der Verbrauchergerichte jedoch die bezweckte schnelle Verfahrensbeendigung häufig nicht erreicht werden. Auch wenn der normative Angleichungsgrad des türkischen Nachvollzugs im Bereich des Verbrauchervertragsrechts als hoch einzustufen ist, mindert der beschriebene Zustand folglich seine rechtstatsächliche Durchsetzung und damit die Effektivität des autonomen Nachvollzugs insgesamt (siehe zu alldem S. 523 f.).

Hinsichtlich eines judikativen Nachvollzugs der Vorgaben der europäischen Richtlinien im Bereich des Verbrauchervertragsrechts, die mit den verschiedenen Fassungen des türkischen Verbraucherschutzgesetzes nachvollzogen wurden, ist festzustellen, dass ein solcher schlicht nicht erfolgt. Eine Leitentscheidung des türkischen Kassationshofs zu dieser Thematik, wie sie bspw. das Schweizerische Bundesgericht über die Auslegung autonom nachvollzogener Vorschriften getroffen hat, sucht man entsprechend vergebens. Und auch in der türkischen Literatur finden sich nur vereinzelt Autoren, die sich für die Entwicklung einer dahingehenden Methodik aussprechen (siehe zu alldem S. 525 f.).

Insgesamt zeigt sich damit, dass der türkische Normgeber den verbrauchervertragsrechtlichen *acquis communautaire* im Wesentlichen übernommen hat, seine Durchsetzung faktisch aber unter einer mangelnden Methodik des judikativen Nachvollzugs und der hohen Arbeitsbelastung der geschaffenen Institutionen leidet. Zudem hat die mangelnde Abstimmung des Nachvollzugs mit den sonstigen Rechtsvorschriften zu einer dualistischen Rechtsordnung in wesentlichen Bereichen des türkischen Obligationenrechts geführt, die sich seit 1995 kontinuierlich zulasten des originären Anwendungsbereichs des allgemeinen türkischen OR und der originären Zuständigkeit der ordentlichen Gerichtsbarkeit verschiebt.

Auch für die Zukunft ist davon auszugehen, dass sich die unausgewogene Entwicklung des türkischen OR und der türkischen Sondergesetze im Bereich des OR zueinander fortsetzen wird. Die Schweiz wurde von der EU als Motor der Modernisierung der türkischen Rechtsordnung abgelöst. Aufgrund des politisch und historisch tief verwurzelten intellektuellen und legislativen Denkmalschutzes, der das türkische ZGB und das türkische OR umgibt, wird es ohne eine umfassende Revision der Mutterkodifikationen in der Schweiz jedoch nicht zu substanziellen Änderungen am türkischen ZGB und am türkischen OR kommen. Stattdessen ist eher zu erwarten, dass der türkische Gesetzgeber weiterhin den Weg beschreiten wird, neue Entwicklungen außerhalb der Kernkodifikationen zu vollziehen.

Ob künftig vor diesem Hintergrund mit einer fortdauernden kontinuierlichen Zurückdrängung des originären Anwendungsbereichs des neuen türkischen OR zu rechnen ist, ist schwer vorherzusehen. Dafür sprechen der allmähliche Übergang zu sektorübergreifenden Maßnahmen im Bereich des Verbrauchervertragsrechts auf Ebene der EU und die immer häufiger anzutreffenden Regelungen, die auch Fragen des allgemeinen Obligationenrechts betreffen. Dies würde allerdings voraussetzen, dass der autonome Nachvollzug in diesem Bereich fortgesetzt wird. Wie aufgezeigt, spielten bei den Nachvollzugsschüben innerhalb der Türkei außenpolitische Motive eine wesentliche Rolle. Inwieweit vor dem Hintergrund der im Rahmen der Beziehungen der Türkei zur EU erfolgten Interessen- und Diskursverschiebung mit dem Nachvollzug von verbrauchervertragsrechtlichen Richtlinien weiterhin außenpolitische Ziele verknüpft werden können, ist zurzeit nicht klar und hängt entscheidend von den Entwicklungen im Einzelnen ab, die die Beziehung im weiteren Verlauf erfahren wird. Der *Nationale Aktionsplan für einen Beitritt zur EU Januar 2021–Dezember 2023* sieht für den Bereich des Verbrauchervertragsrechts bisher jedenfalls lediglich den Nachvollzug der neuen Pauschalreiserichtlinie[2187] vor.[2188]

Auszugehen ist jedoch davon, dass die schleichende Einflussnahme auf die Kernkodifikationen sich fortsetzen wird. Auch wenn diese mittelfristig aus den schon genannten Gründen keine substanziellen Änderungen zur Folge haben wird, so ist diese Ausstrahlungswirkung gleichwohl langfristig nicht zu unterschätzen. Zudem ist eine fortschreitende Nationalisierung des Diskurses um das türkische Verbraucherschutzgesetz zu erwarten, die dazu führen kann, dass künftig den bestehenden türkischen Regelungen vermehrt der Vorzug gegenüber neueren EU-Rechtsakten eingeräumt wird.

Unabhängig davon, welchen Verlauf die Entwicklung im Weiteren nehmen wird, weist sie in ihrer Entstehung, ihrem Ausmaß und ihren Folgen viele Parallelen mit den tiefgreifenden Entwicklungen innerhalb der Tanzimat-Ära und der Frühphase der Republik auf und wird die türkische Rechtsordnung langfristig nachhaltig prägen. Sie kann damit durchaus als eine Art *Zweite Tanzimat-Ära* bezeichnet werden.

2187 Richtlinie 2015/2302/EU des Europäischen Parlaments und des Rates vom 25. November 2015 über Pauschalreisen und verbundene Reiseleistungen, zur Änderung der Verordnung (EG) Nr. 2006/2004 und der Richtlinie 2011/83/EU des Europäischen Parlaments und des Rates sowie zur Aufhebung der Richtlinie 90/314/EWG des Rates.

2188 Nationaler Aktionsplan für einen Beitritt zur EU Januar 2021 – Dezember 2023, S. 235 (abrufbar unter https://www.ab.gov.tr/siteimages/birimler/kpb/uep/21_23_UEP_TR.pdf, zuletzt abgerufen am 25.04.2022).

Literaturverzeichnis

Abadan, Yavuz; Tanzimat Fermanı'nın Tahlili, in: *İnalcık, Halil/ Seyitdanlıoğlu, Mehmet,* Tanzimat, Değişim Sürecinde Osmanlı İmparatorluğu, 5. Auflage, Istanbul 2015, S. 57–89

(zit.: *Abadan,* in: *İnalcık/Seyitdanlıoğlu,* Tanzimat, S.)

Agai, Bekim; Islam und Kemalismus in der Türkei, Aus Politik und Zeitgeschichte, Nr. B 33–34/2004, S. 18–24

(zit.: *Agai,* ApuZ B 33–34/2004)

Akbulut, İlhan; 160. Yıldönümünde Kırım Savaşı, Türk Dünyası Araştırmaları, Band 106 (2014), Nr. 208, S. 333–350

(zit.: *Akbulut,* TDA 106 (2014), Nr. 208)

Akça, Gürsoy/ Hülür, Himmet; Osmanlı Hukukunun Temelleri ve Tanzimat Dönemindeki Hukuksal Yeniliklerin Sosyo-Politik Dinamikleri, Selçuk Üniversitesi Türkiyat Araştırmaları Dergisi, Band 19 (2006), S. 295–321

(zit.: *Akça/Hülür,* SÜTAD 19 (2006))

Akçaal, Mehmet/ Uyumaz, Alper; 6502 Sayılı Tüketicinin Korunması Hakkında Kanunun Bazı Hükümlerine (m. 1–16) İlişkin Bir İnceleme, İnönü Üniversitesi Hukuk Fakültesi Dergisi, Band 4 (2013), Nr. 2, S. 241–276

(zit.: *Akçaal/Uyumaz,* İÜHFD 4 (2013), Nr. 2)

Akçay, Belgin; Türkiye'nin Avrupa Birliği İle Ekonomik Bütünleşmesi, in: *Akçay, Belgin/ Akgül Açıkmeşe, Sinem,* Türkiye – Avrupa Birliği İlişkileri, Tarihçe, Teoriler, Kurumlar ve Politikalar, 2. Auflage, Ankara 2017, S. 335–367

(zit.: *Akçay,* in: *Akçay/Akgül Açıkmeşe,* Türkiye – Avrupa Birliği İlişkileri, S.)

Akdağ-Güney, Necla; Umsetzung der Haustürwiderrufsrichtlinie 85/77/EWG in das türkische Recht, Zeitschrift für das Privatrecht der Europäischen Union, Band 5 (2008), S. 20–31

(zit.: *Akdağ-Güney,* GPR 5 (2008))

dies.; Die Umsetzung der Verbraucherschutzrichtlinien in der Türkei am Beispiel der missbräuchlichen Klauseln, Zeitschrift für Europäisches Privatrecht 2009, S. 109–137

(zit.: *Akdağ-Güney,* ZEuP 2009)

dies.; Die Umsetzung von Verbraucherschutz-Richtlinien in der Türkei, Zeitschrift für das Privatrecht der Europäischen Union, Band 3 (2006), S. 59–68

(zit.: *Akdağ-Güney,* GPR 3 (2006))

Akgündüz, Ahmed; Osmanlı Kanunnâmeleri ve Hukukî Tahlilleri, 1. Kitap, Osmanlı Hukukuna Giriş ve Fatih Devri Kanunnâmeleri, 2. Auflage, Istanbul 2006

(zit.: *Akgündüz*, Osmanlı Kanunnâmeleri, S.)

Altay, Serdar; Toward a „Privileged Partnership": The EU, Turkey and the Upgrade of the Customs Union, INSIGHT TURKEY, Band 20 (2018), Nr. 3, S. 179–198

(zit.: *Altay*, INSIGHT TURKEY 20 (2018), Nr. 3)

Antonopoulos, Stamatios; Ueber die Exterritorialität der Ausländer in der Türkei, mit Rücksicht auf die Gerichtsbarkeit in Civil- und Strafprozessen, Berlin 1895

(zit.: *Antonopoulos*, Ueber die Exterritorialität der Ausländer in der Türkei, S.)

Appel, Nicole; Das internationale Kooperationsrecht der Europäischen Union, Eine statistische und dogmatische Vermessung einer weithin unbekannten Welt, Heidelberg 2016

(zit.: *Appel*, Das internationale Kooperationsrecht der Europäischen Union, S.)

Aral, Fahrettin; Borçlar Hukuku, Özel Borç İlişkileri, 3. Auflage, Ankara 2000

(zit.: *Aral*, Borçlar Hukuku, 3. Auflage, S.)

ders.; Borçlar Hukuku, Özel Borç İlişkileri, 7. Auflage, Ankara 2007

(zit.: *Aral*, Borçlar Hukuku, 7. Auflage, S.)

Arici, Izzettin Kassam; Der unionsrechtliche Verbraucher, Unterschiedliche Verbraucherleitbilder auf Ebene der Rechtsetzung und Rechtsanwendung?, in: *Dieckmann/Sorge*, Der homo oeconomicus in der Rechtsanwendung, Tübingen 2016, S. 136–162

(zit.: *Arici*, in: *Dieckmann/Sorge*, Homo oeconomicus, S.)

Aslan, İ. Yılmaz; Tüketici Hukuku (ve İlgili Mevzuat), 1. Auflage, Bursa 1996

(zit.: *Aslan*, Tüketici Hukuku, 1. Aufl., S.)

ders.; En Son Değişikler ve Yargıtay Kararları Işığında Tüketici Hukuku, 2. Auflage, Bursa 2004

(zit.: *Aslan*, Tüketici Hukuku, 2. Aufl., S.)

ders.; Tüketici Hukuku Dersleri, 4. Auflage, Bursa 2013

(zit.: *Aslan*, Tüketici Hukuku Dersleri, S.)

ders.; 6502 Sayılı Kanuna Göre Tüketici Hukuku, 5. Auflage, Bursa 2015

(zit.: *Aslan*, Tüketici Hukuku, 5. Aufl., S.)

Ataay, Aytekin; Quelques reflexions sur les jurisprudences suisse et turque se rapportant aux droits des personnes et de famille, Annales de la Faculté de Droit d'Istanbul, Band 12 (1962), Nr. 18, S. 1–20

(zit.: *Aytekin*, ADFI 12 (1962), Nr. 18)

Atamer, Yeşim M.; Tüketicinin Korunması Hakkında Kanunda Değişiklik Öngören Taslağın Sözleşme Hukukunun Bazı Yönleri Açısından Avrupa Birliği Mevzuatıyla Karşılaştırılması, Milletlerarası Hukuk ve Milletlerarası Özel Hukuk Bülteni, Band 21 (2001), Nr. 1–2, S. 1–32

(zit.: *Atamer*, Milletlerarası Hukuk ve Milletlerarası Özel Hukuk Bülteni 21 (2001), Nr. 1–2)

dies.; Die autonome Umsetzung der Verbrauchsgüterkaufrichtlinie 1999/44/EG in der Türkei, Zugleich ein Beitrag zum Stand des Verbraucherschutzes in der Türkei, Zeitschrift für Europäisches Privatrecht 2005, S. 566–595

(zit.: *Atamer*, ZEuP 2005)

dies.; TKHK m. 9/A ve Mesafeli Sözleşmelere İlişkin Uygulama Usul ve Esasları Hakkında Yönetmelik'in AB Mevzuatı Uyumuna İlişkin Görüş ve Değişiklik Önerileri, Banka ve Ticaret Hukuku Dergisi, Band 23 (2005), Nr. 1, S. 177–199

(zit.: *Atamer*, BATİDER 23 (2005), Nr. 1)

dies.; Revize Edilmiş Türk Borçlar Kanunu Tasarısı`na İlişkin Değerlendirme ve Teklifler, Hukuki Perspektifler Dergisi, 2006, Nr. 6, S. 8–37

(zit.: *Atamer*, HPD 6 (2006))

dies.; Rezeption und Weiterentwicklung des schweizerischen Zivilgesetzbuches in der Türkei, Rabels Zeitschrift für ausländisches und internationales Privatrecht, Band 72 (2008), S. 723–754

(zit.: *Atamer*, RabelsZ 72 (2008))

dies.; Taşınır Satımı Sözleşmesi, in: *Inceoğlu, M. Murat*, Türk Borçlar Kanunu Sempozyumu: Makaleler - Tebliğler, Istanbul 2012, S. 187–221

(zit.: *Atamer*, in: *Inceoğlu*, Türk Borçlar Kanunu Sempozyumu, S.)

Atamer, Yeşim M./ Baş, Ece; Avrupa Birliği Hukuku ile Karşılaştırmalı Olarak 6502 Sayılı Yeni Tüketicinin Korunması Hakkında Kanun Uyarınca Satım Sözleşmesinde Ayıptan Doğan Sorumluluk, İstanbul Barosu Dergisi, Band 88 (2014), Sonderausgabe Nr. 1, S. 19–60

(zit.: *Atamer/Baş*, İBD 88 (2014), Sonderausgabe Nr. 1)

Atamer, Yeşim M./ Hopt, Klaus J.; Kompatibilität des türkischen und europäischen Wirtschaftsrechts, Der neue türkische HGB-Entwurf und benachbarte Rechtsgebiete, Tübingen 2009

(zit.: *Bearbeiter*, in: *Atamer/Hopt*, Kompatibilität des türkischen und europäischen Wirtschaftsrechts, S.)

Atamer, Yeşim M./ Micklitz, Hans W.; The Implementation of the EU Consumer Protection Directives in Turkey, Penn State International Law Review 27 (2008–2009), S. 551–607

(zit.: *Atamer/Micklitz*, Penn State International Law Review 27 (2008–2009))

Atar, Fahrettin; Fıkıh Usûlü, 11. Auflage, Istanbul 2014

(zit.: *Atar*, Fıkıh Usûlü, S.)

Atasoy, Ömer Adil/ Taşkın, Mustafa/ Acar, Hakan; Tüketiciyi Koruma Hukuku, İlgili Mevzuat ve Yargıtay Kararları, 2. Auflage, Ankara 2000

(zit.: *Atasoy/Taşkın/Acar*, Tüketiciyi Koruma Hukuku, 2. Aufl., S.)

Avşin Güneş, Gülcan; Osmanlı Devleti'nin Gayrimüslimlere Bakışı ve Klasik Dönem Millet Sistemi, Sosyal ve Kültürel Araştırmalar Dergisi, Band I (2015), Nr. 2, S. 1–30

(zit.: *Avşin Güneş*, SKAD I (2015), Nr. 2)

Aydın, M. Âkif; İslâm ve Osmanlı Hukuku Araştırmaları, Istanbul 1996

(zit.: *Aydın*, İslâm ve Osmanlı Hukuku, S.)

ders.; Türk Hukuk Tarihi, 13. Auflage, Istanbul 2015

(zit.: *Aydın*, Türk Hukuk Tarihi, S.)

Aydın-Düzgit, Senem/ Tocci, Nathalie; Turkey and the European Union, London 2015

(zit.: *Aydın-Düzgit/Tocci*, Turkey and the European Union, S.)

Aydoğdu, Murat; 6502 Sayılı Tüketicinin Korunması Hakkında Kanun'nun Getirdiği Yeniliklere Genel Bakış, Sözleşmeye Aykırılık, Ayıplı İfa Kavramlarına Getirdiği Farklı Yaklaşım ve Bu Konudaki Önerilerimiz, Dokuz Eylül Üniversitesi Hukuk Fakültesi Dergisi, Band 15 (2013), Nr. 2, S. 1–62

(zit.: *Aydoğdu*, DEÜHFD 15 (2013), Nr. 2)

ders.; Tüketici Hukuku Dersleri, Ankara 2015

(zit.: *Aydoğdu*, Tüketici Hukuku Dersleri, S.)

Ayiter, Ferid; Das Rezeptionsproblem im Zeichen der kulturhistorischen Perspektive „Europa und das römische Recht" und unter besonderer Berücksichtigung der Rezeption westeuropäischer Gesetzbücher in der modernen Türkei, in: *Kunkel, Wolfgang*, L'Europa e il diritto romano: studi in memoria di Paolo Koschaker, Band 2, Mailand 1954, S. 131–156

(zit.: *Ayiter*, in: *Kunkel*, Studi in memoria di Paolo Koschaker, S.)

Bacia, Horst; Ausgang ungewiss – die Verhandlungen über einen Beitritt zur EU, in: *Steinbach, Udo*, Länderbericht Türkei, Bonn 2012, S. 431–464

(zit.: *Bacia*, in: *Steinbach*, Länderbericht Türkei, S.)

Bandak, Hülya; Die Rezeption des schweizerischen Zivilgesetzbuches in der Türkei, Bielefeld 2008

(zit.: *Bandak*, Rezeption, S.)

Banken, Roland; Die Verträge von Sèvres 1920 und Lausanne 1923, Eine völkerrechtliche Untersuchung zur Beendigung des Ersten Weltkrieges und zur Auflösung der sogenannten „Orientalischen Frage" durch die Friedensverträge zwischen den alliierten Mächten und der Türkei, Berlin 2015

(zit.: *Banken*, Die Verträge von Sèvres 1920 und Lausanne 1923, S.)

Basedow, Jürgen/ Hopt, Klaus J./ Zimmermann, Reinhard; Handwörterbuch des Europäischen Privatrechts, Band I: Abschlussprüfer – Kartellverfahrensrecht, Tübingen 2009

(zit.: *Bearbeiter*, Stichwort, in: *Basedow/Hopt/Zimmermann*, Handwörterbuch des Europäischen Privatrechts, S.)

dies.; Handwörterbuch des Europäischen Privatrechts, Band II: Kauf – Zwingendes Recht, Tübingen 2009

(zit.: *Bearbeiter*, Stichwort, in: *Basedow/Hopt/Zimmermann*, Handwörterbuch des Europäischen Privatrechts, S.)

Başpınar, Veysel; 6098 Sayılı Türk Borçlar Kanunu`na İlişkin Şekli Yönden Genel Değerlendirme, in: *Badur, Emel*, 6098 Sayılı Türk Borçlar Kanunu Sempozyumu (12–13 Mayıs 2011), Ankara 2012, S. 3–14

(zit.: *Başpınar*, in: *Badur*, 6098 Sayılı Türk Borçlar Kanunu Sempozyumu, S.)

Baudenbacher, Carl; Grundfreiheiten und Grundrechte im EWR-Recht, in: *Kley, Andreas/ Vallender, Klaus A.*, Grundrechtspraxis in Liechtenstein, Vaduz 2012, S. 775–853

(zit.: *Baudenbacher*, in: *Kley/Vallender*, Grundrechtspraxis in Liechtenstein, S.)

Baumgart, Winfried; Der Friede von Paris 1856, Studien zum Verhältnis von Kriegsführung, Politik und Friedensbewahrung, München 1972

(zit.: *Baumgart*, Der Friede von Paris, S.)

Baykan, Renan; Türkiye`de Tüketicinin Korunması Tedbirleri, Önerileri ve Ekonomik Etkileri, İstanbul Ticaret Odası (İTO), Veröffentlichung Nr. 1996-23, Istanbul 1996

(zit.: *Baykan*, İTO 1996-23, S.)

Berchtold, Johannes; Recht und Gerechtigkeit in der Konsulargerichtsbarkeit, Britische Exterritorialität im Osmanischen Reich, 1825–1914, München 2009

(zit.: *Berchtold*, Recht und Gerechtigkeit in der Konsulargerichtsbarkeit, S.)

Bilsel, Cemil; Medenî Kanun ve Lozan Muahedesi, in: *İstanbul Üniversitesi*, Medenî Kanunun XV. Yıl Dönümü İçin, Istanbul 1944, S. 21–71

(zit.: *Bilsel*, in: *İstanbul Üniversitesi*, Medenî Kanunun XV. Yıl Dönümü, S.)

Blanke, Hermann-Josef; Erweiterung ohne Vertiefung? Zur „Verfassungskrise" der Europäischen Union, Europarecht 2005, S. 787–801

(zit.: *Blanke*, EuR 2005)

Bongers, Anne; Strategien der Rechtsvereinheitlichung am Beispiel des Urheberrechts, Baden-Baden 2008

(zit.: *Bongers*, Strategien der Rechtsvereinheitlichung am Beispiel des Urheberrechts, S.)

Bozkurt, Gülnihâl; Batı Hukukunun Türkiye'de Benimsenmesi, Osmanlı Devleti'nden Türkiye Cumhuriyeti'ne Resepsiyon Süreci (1839–1939), Ankara 1996

(zit.: *Bozkurt*, Batı Hukukunun Türkiye'de Benimsenmesi, S.)

dies.; Gayrimüslim Osmanlı Vatandaşların Hukukî Durumu (1839–1914), Alman – İngiliz Belgelerinin ve Siyasî Gelişmelerin Işığı Altında, 2. Auflage, Ankara 1996

(zit.: *Bozkurt*, Gayrimüslim Osmanlı Vatandaşları, S.)

Bozkurt, Mahmut Esat; Türk Medenî Kanunu Nasıl Hazırlandı, in: *İstanbul Üniversitesi*, Medenî Kanunun XV. Yıl Dönümü İçin, Istanbul 1944, S. 7–20

(zit.: *M. Bozkurt*, in: *İstanbul Üniversitesi*, Medenî Kanunun XV. Yıl Dönümü İçin, S.)

ders.; Amtliche Begründung des Justizministers Mahmut Esat Bozkurt zum ZGB von 1926, in: *İstanbul Barosu Yayınları*, Mahmut Esat Bozkurt Anısına Armağan, Istanbul 2008, S. 113–118

(zit.: *M. Bozkurt*, in: *İstanbul Barosu Yayınları*, Mahmut Esat Bozkurt Anısına Armağan, S.)

Budak, Ali Cem; 6502 Sayılı Tüketicinin Korunması Hakkında Kanun'a Göre Tüketici Hakem Heyetleri, Dokuz Eylül Üniversitesi Hukuk Fakültesi Dergisi, Band 16 (2014), Sonderausgabe, S. 77–103

(zit.: *Budak*, DEÜHFD 16 (2014), Sonderausgabe)

Bülbül, Gül; Islahât Fermânı'nı Hazırlayan Sebepler ve Islahât Fermânı, Selçuk Üniversitesi Hukuk Fakültesi Dergisi, Band 2 (1989), Nr. 2, S. 157–179

(zit.: *Gül*, SÜHFD 2 (1989), Nr. 2)

Büyüktanır, Tahir; Türk Medeni Kanunu, Değişikler ve Yeni Düzenlemelere İlişkin Açıklamalar, Ankara Barosu Dergisi 2002, Nr. 2, S. 55–110

(zit.: *Büyüktanır*, ABD 2002, Nr. 2)

Buz, Vedat; Die Rezeption des Schweizerischen OR in der Türkei, in: *Sirmen, A. Lâle/ Kırca, Çiğdem/ Buz, Vedat*, Symposium anlässlich des 80. Jahrestages des

Inkrafttretens des Türkischen Zivilgesetzbuches (4–5. Oktober 2006), Ankara 2007, S. 31–38

(zit.: *Buz*, in: *Sirmen/Kırca/Buz*, Symposium anlässlich des 80. Jahrestages, S.)

Callies, Christian/ Ruffert, Matthias; EUV/AEUV, Das Verfassungsrecht der Europäischen Union mit Europäischer Grundrechtecharta, 6. Auflage, München 2022

(zit.: *Bearbeiter*, in: *Callies/Ruffert*, Vertrag, Art. Rn.)

Ceran, Mithat; 6098 Sayılı Türk Borçlar Kanunu`nda Kira Sözleşmesi, in: *Badur, Emel*, 6098 Sayılı Türk Borçlar Kanunu Sempozyumu (12–13 Mayıs 2011), Ankara 2012, S. 139–154

(zit.: *Ceran*, in: *Badur*, 6098 Sayılı Türk Borçlar Kanunu Sempozyumu, S.)

Chiusi, Tiziana; Modern, alt und neu: Zum Kauf nach BGB und römischem Recht, Juristische Ausbildung 2003, S. 217–224

(zit.: *Chiusi*, JURA 2003)

Cin, Halil/ Akgündüz, Ahmed; Türk Hukuk Tarihi, Istanbul 2011

(zit.: *Cin/Akgündüz*, Türk Hukuk Tarihi, S.)

Cohn, Marcus; Wörterbuch des jüdischen Rechts, Basel 1980

(zit.: *Cohn*, Stichwort, in: *ders.*, Wörterbuch des jüdischen Rechts)

Cottier, Thomas; Die Rechtsbeziehungen der Schweiz und der Europäischen Union, Bern 2014

(zit.: *Cottier*, Die Rechtsbeziehungen der Schweiz und der Europäischen Union, S.)

Dauses, Manfred A./ Ludwigs, Markus; Handbuch des EU-Wirtschaftsrechts, Band 1 und 2, 54. Ergänzungslieferung, Stand: Oktober 2021, München 2021

(*Bearbeiter*, in: *Dauses/Ludwigs*, EU-WirtschaftsR-HdB, Stand, Abschnitt Rn.)

Déligeorges, Epaminondas L.; Die Kapitulationen der Türkei, Heidelberg 1907

(zit.: *Déligeorges*, Die Kapitulationen der Türkei, S.)

Deryal, Yahya; Tüketici Hukuku, Ders Kitabı, 2. Auflage, Ankara 2008

(*Deryal*, Tüketici Hukuku, 2. Aufl., S.)

Deryal, Yahya/ Korkmaz, Yakup; Yeni Tüketici Hukuku Ders Kitabı, 3. Auflage, Ankara 2015

(zit.: *Deryal/Korkmaz*, Tüketici Hukuku, S.)

Dreßler, Markus; Erdoğan und die „Fromme Generation", Religion und Politik in der Türkei, Aus Politik und Zeitgeschichte, Nr. 9–10/2017, S. 23–29

(zit.: *Dreßler*, APuZ 9–10/2017)

Durhan, İbrahim; Osmanlı Hukukunun Yapısı Üzerine Bir Etüd, Atatürk Üniversitesi Erzincan Hukuk Fakültesi Dergisi, Band III (1999), Nr. 1, S. 215–232

(zit.: *Durhan*, AÜEHFD III (1999), Nr. 1)

Dürkop, Colin; Gesellschaftliche Europäisierung in der Türkei und Bild der EU, in: *Neuss, Beate/ Nötzold, Antje*, Türkei – Schlüsselakteur für die EU?, Eine schwierige Partnerschaft in turbulenten Zeiten, Baden-Baden 2018, S. 17–38

(zit.: *Dürkop*, in: *Neuss/Nötzold*, Türkei – Schlüsselakteur für die EU?, S.)

Ebert, Hans-Georg/ Heilen, Julia; Islamisches Recht, Ein Lehrbuch, Leipzig 2016

(zit.: *Ebert/Heilen*, Islamisches Recht, S.)

Ekinci, Buğra Ekrem; Tanzimat ve Sonrası Osmanlı Mahkemeleri, Istanbul 2004

(zit.: *Ekinci*, Osmanlı Mahkemeleri, S.)

ders.; Osmanlı Hukuku, Adalet ve Mülk, 3. Auflage, Istanbul 2014

(zit.: *Ekinci*, Osmanlı Hukuku, S.)

ders.; İslâm Hukuku, Umûmî ve Husûsî Hükümler, 2. Auflage, Istanbul 2016

(zit.: *Ekinci*, İslâm Hukuku, S.)

Erdem, Gazi; İlanından Yüz Elli Yıl Sonra Avrupa Birliği Müzakereleri Bağlamında Islahât Fermânı'na Yeniden Bir Bakış, Ankara Üniversitesi İlahiyat Fakültesi Dergisi, Band 51 (2010), Nr. 1, S. 327–348

(zit.: *Erdem*, AÜİFD 51 (2010), Nr. 1)

Erdoğan, M. Murat; Eine „Achsenverschiebung" der EU-Türkei-Beziehungen: ziellose Verhandlungen, unsolidarische Flüchtlingspolitik, gescheiterter „religiöser Putschversuch", in: *Neuss, Beate/ Nötzold, Antje*, Türkei – Schlüsselakteur für die EU?, Eine schwierige Partnerschaft in turbulenten Zeiten, Baden-Baden 2018, S. 143–174

(zit.: *Erdoğan*, in: *Neuss/Nötzold*, Türkei – Schlüsselakteur für die EU?, S.)

Eren, Fikret; Borçlar Hukuku, Genel Hükümler, 13. Auflage, Istanbul 2011

(zit.: *Eren*, BH Genel Hükümler, 13. Auflage, S.)

ders.; Borçlar Hukuku, Özel Hükümler, 5. Auflage, Ankara 2017

(zit.: *Eren*, BH Özel Hükümler, 5. Auflage, S.)

Ermenek, İbrahim; Yargı Kararları Işığında Tüketici Sorunları Hakem Heyetleri ve Bu Alanda Ortaya Çıkan Sorunlara İlişkin Çözüm Önerileri, Gazi Üniversitesi Hukuk Fakültesi Dergisi, Band 17 (2013), Nr. 1–2, S. 563–630

(zit.: *Ermenek*, GÜHFD 17 (2013), Nr. 1–2)

Fındıkoğlu, Ziyaeddin Fahri; İslâm – Türk Hukukunda Eksogami, İstanbul Üniversitesi Hukuk Fakültesi Mecmuası, Band 13 (1947), Nr. 2, S. 684–696

(zit.: *Fındıkoğlu*, İÜHFM 13 (1947), Nr. 2)

Franzen, Martin; Privatrechtsangleichung durch die Europäische Gemeinschaft, Berlin 1999

(zit.: *Franzen*, Privatrechtsangleichung durch die Europäische Gemeinschaft, S.)

Gayretli, Mehmet; Tanzimat'tan Cumhuriyet'e Kanunlaştırma Çalışmaları, Istanbul 2015

(zit.: *Gayretli*, Kanunlaştırma, S.)

Gebauer, Martin; Grundfragen der Europäisierung des Privatrechts, Eine Untersuchung nationaler Ansätze unter Berücksichtigung des italienischen und des deutschen Rechts, Heidelberg 1998

(zit.: *Gebauer*, Grundfragen der Europäisierung des Privatrechts, S.)

Gebauer, Martin/ Wiedmann, Thomas; Zivilrecht unter europäischem Einfluss, Die richtlinienkonforme Auslegung des BGB und anderer Gesetze – Kommentierung der wichtigsten EU-Verordnungen, 2. Auflage, Stuttgart 2010

(zit.: *Bearbeiter*, in: *Gebauer/Wiedmann*, Zivilrecht unter europäischem Einfluss, Kap. Rn.)

Ghandour, Ali; Fiqh, Einführung in die islamische Normenlehre, Freiburg 2014

(zit.: *Ghandour*, Fiqh, S.)

Giannakopoulos, Angelos; Europa-Türkei-Identität, Der „ewige Kandidat" und die EU seit der Zollunion, Wiesbaden 2012

(zit.: *Giannakopoulos*, Europa-Türkei-Identität, S.)

Göçmen, İlke; Türkiye-Avrupa Birliği İlişkilerinin Hukuki Çerçevesi: Maddi Boyut, in: *Akçay, Belgin/ Akgül Açıkmeşe, Sinem*, Türkiye – Avrupa Birliği İlişkileri, Tarihçe, Teoriler, Kurumlar ve Politikalar, 2. Auflage, Ankara 2017, S. 117–137

(zit.: *Göçmen*, in: *Akçay/Akgül Açıkmeşe*, Türkiye – Avrupa Birliği İlişkileri, S.)

Göçmen, İlke; Avrupa Birliği ile Türkiye İlişkileri Çerçevesinde Türk Mahkemelerin Avrupa Birliği Hukuku Karşısındaki Tutumuna Yönelik Bir Öneri: AB-Dostu Yorum Yöntemi, Ankara Üniversitesi Hukuk Fakültesi Dergisi, Band 63 (2014), Nr. 1, S. 131–167

(zit.: *Göçmen*, AÜHFD 63 (2014), Nr. 1)

Gören-Ataysoy, Zafer; Die Fortbildung rezipierten Rechts, Ein amtlicher Vorentwurf zu einem türkischen Zivilgesetzbuch, Zeitschrift für Schweizerisches Recht, Band 95 (1976), Nr. 1, S. 263–286

(zit.: *Gören-Ataysoy*, ZSR 95 (1976), Nr. 1)

Gözler, Kemal; Türk Anayasa Hukuku Dersleri, 18. Auflage, Bursa 2015

(zit.: *Gözler*, Anayasa Hukuku, S.)

Göztepe, Ece; Die Kopftuchdebatte in der Türkei, Eine kritische Bestandsaufnahme für die deutsche Diskussion, Aus Politik und Zeitgeschichte, Nr. B 33–34/2004, S. 32–38

(zit.: *Göztepe*, APuZ B 33–34/2004)

Grabitz, Eberhard/ Hilf, Meinhard/ Nettesheim, Martin; Das Recht der Europäischen Union, Band IV, 40. Ergänzungslieferung, Stand: Oktober 2009, München 2009

(zit.: *Bearbeiter*, in: *Grabitz/Hilf/Nettesheim*, Das Recht der Europäischen Union, Abschnitt Rn.)

Grabitz, Eberhard/ Hilf, Meinhard/ Nettesheim, Martin; Das Recht der Europäischen Union, 74. EL, München 2021

(zit.: *Bearbeiter*, in: *Grabitz/Hilf/Nettesheim*, Vertrag, Art. Rn.)

Güçlü, Fennur; 6102 Sayılı Yeni TTK'ya Genel Bir Bakış, in: *Ankara Barosu*, 6102 Sayılı Yeni Türk Ticaret Kanunu Sempozyumu, 2–3 Haziran 2011, Ankara 2011, S. 29–35

(zit.: *Güçlü*, in: *Ankara Barosu*, 6102 Sayılı Yeni Türk Ticaret Kanunu Sempozyumu, S.)

Gümüş, Musa; Anayasal Meşrûtî Yönetime Medhal: 1856 Islahat Fermanı'nın Tam Metin İncelemesi, bilig (Türk Dünyası Sosyal Bilimler Dergisi), Jahr 2008, Nr. 47, S. 215–240

(zit.: *Gümüş*, bilig 47 (2008))

Halm, Heinz; Die Schulen des islamischen Rechts, Attempto, Band 45/46 (1972/73), S. 72–75

(zit.: *Halm*, Attempto 45/46 (1972/73))

Hanioğlu, M. Şükrü; Atatürk, Visionär einer modernen Türkei, 2. Auflage, Darmstadt 2021

(zit.: *Hanioğlu*, Atatürk, S.)

Hanschel, Dirk; Der Rechtsrahmen für den Beitritt, Austritt und Ausschluss zu bzw. aus der Europäischen Union und Währungsunion, Neue Zeitschrift für Verwaltungsrecht 2012, S. 995–1001

(zit.: *Hanschel*, NVwZ 2012)

Havutçu, Ayşe; Türk Hukukunda Örtülü Bir Boşluk: Üreticinin Sorumluluğu, Ankara 2005

(zit.: *Havutçu*, Üreticinin Sorumluluğu, S.)

dies.; 6502 Sayılı Tüketicinin Korunması Hakkında Kanun'un Konu Bakımından Uygulama Alanı: Özellikle, Tüketici İşlemleri Bakımından Kanun'un Kapsamı, Terazi Aylık Hukuk Dergisi, Band 9 (2014), Sonderausgabe, S. 8–19 (zit.: *Havutçu*, Terazi 9 (2014), Sonderausgabe)

Heiderhoff, Bettina; Europäisches Privatrecht, 5. Auflage, Heidelberg 2020

(zit.: *Heiderhoff*, Europäisches Privatrecht, Rn.)

Hirsch, Ernst E.; Die Einflüsse und Wirkungen ausländischen Rechts auf das heutige türkische Recht, Zeitschrift für das Gesamte Handelsrecht und Konkursrecht, Band 116 (1953), Nr. 1, S. 201–218

(zit.: *Hirsch*, ZHK 116 (1953), Nr. 1)

ders.; Das Schweizerische Zivilgesetzbuch in der Türkei, Schweizerische Juristen-Zeitung 1954, S. 337–346

(zit.: *Hirsch*, SJZ 1954)

ders.; Das neue Türkische Handelsgesetzbuch, Geschichte, Ursachen und Ergebnisse einer Gesetzesreform, Zeitschrift für das gesamte Handelsrecht und Konkursrecht, Band 119 (1956), Nr. 4, S. 157–207

(zit.: *Hirsch*, ZHR 119 (1956))

ders.; Vom schweizerischen Gesetz zum türkischen Recht, Zeitschrift für Schweizerisches Recht, Band 95 (1976), Nr. 1, S. 223–248

(zit.: *Hirsch*, ZSR 95 (1976), Nr. 1)

ders.; Rezeption als sozialer Prozeß, Erläutert am Beispiel der Türkei, Berlin 1981

(zit.: *Hirsch*, Rezeption als sozialer Prozeß, S.)

ders.; Als Rechtsgelehrter im Lande Atatürks, Berlin 2008

(zit.: *Hirsch*, Als Rechtsgelehrter im Lande Atatürks, S.)

Honsell, Heinrich; Schweizerisches Obligationenrecht, Besonderer Teil, 10. Auflage, Bern 2017

(zit.: *Honsell*, OR BT, S.)

Honsell, Heinrich/ Vogt, Nedim Peter/ Wiegand, Wolfgang; Basler Kommentar, Obligationenrecht I, Art. 1–529 OR, 6. Auflage, Basel 2015

(zit.: *Bearbeiter*, in: BSK OR I, Art. N.)

İnalcık, Halil; Osmanlı'da Devlet, Hukuk, Adâlet, 2. Auflage, Istanbul 2005

(zit.: *İnalcık,* Devlet, Hukuk, Adâlet, S.)

ders.; Osmanlı ve Avrupa, Osmanlı Devleti'nin Avrupa Tarihindeki Yeri, Istanbul 2017

(zit.: *İnalcık*, Osmanlı ve Avrupa, S.)

İnan, Arı; Gazi Mustafa Kemal Atatürk'ün 1923 Eskişehir – İzmit Konuşmaları, 2. Auflage, Ankara 1996

(zit.: *İnan*, Atatürk`ün 1923 Eskişehir – İzmit Konuşmaları, S.)

İnceoğlu, M. Murat; Ayıba Karşı Tekeffül ve Garanti Sorumluluğu, in: *İnceoğlu, M. Murat*, Yeni Tüketici Hukuku Konferansı, Makaleler – Tartışmalar, Istanbul 2015, S. 153–238

(zit.: *İnceoğlu*, in: *İnceoğlu*, Yeni Tüketici Hukuku Konferansı, S.)

ders.; Das neue türkische Obligationenrecht, in: *Werro, Franz/ Baysal, Başak/ Heckendorn Urscheler, Lukas*, Der Einfluss des Europarechts in der Türkei und der Schweiz, Zürich 2015, S. 89–106

(zit.: *Inceoğlu*, in: *Werro/Baysal/Heckendorn Urscheler*, Einfluss des Europarechts, S.)

Jenni, Sabine; Direkte und indirekte Europäisierung der schweizerischen Bundesgesetzgebung, LeGes – Gesetzgebung & Evaluation, Band 24 (2013), S. 489–504

(zit.: *Jenni*, LeGes 24 (2013))

Kadıoğlu, Kâmil; Gerekçeli-Açıklamalı Tüketicinin Korunması Hakkında Kanun, Yargıtay Kararları ve İlgili Mevzuat, 2. Auflage, Ankara 2005

(zit.: *Kadıoğlu*, TKHK, 2. Aufl., S.)

Kalkan, Arif; Tüketici Hukukunda Ayıplı Maldan Doğan Sorumluluk, Ankara 2018

(zit.: *Kalkan*, Tüketici Hukukunda Ayıplı Maldan Doğan Sorumluluk, S.)

Kaplan, Mehmet; Mustafa Reşid Paşa ve Yeni Aydın Tipi, in: *İnalcık, Halil/ Seyitdanlıoğlu, Mehmet*, Tanzimat, Değişim Sürecinde Osmanlı İmparatorluğu, 5. Auflage, Istanbul 2015, S. 463–477

(zit.: *Kaplan*, in: *İnalcık/Seyitdanlıoğlu*, Tanzimat, S.)

Kara, Hacı; 6098 Sayılı Türk Borçlar Kanununun Getirdiği Yeni Düzenlemeler, Türkiye Barolar Birliği Dergisi 2013, Nr. 107, S. 353–388

(zit.: *Kara*, TBBD 2013, Nr. 107)

Karal, Enver Ziya; Gülhane Hatt-ı Hümâyunu'nda Batı'nın etkisi, in: *İnalcık, Halil/ Seyitdanlıoğlu, Mehmet*, Tanzimat, Değişim Sürecinde Osmanlı İmparatorluğu, 5. Auflage, Istanbul 2015, S. 111–133

(zit.: *Karal*, in: *İnalcık/Seyitdanlıoğlu*, Tanzimat, S.)

Kieser, Hans-Lukas; Vorkämpfer der „Neuen Türkei", Revolutionäre Bildungseliten am Genfersee (1870–1939), Zürich 2005

(zit.: *Kieser*, Vorkämpfer der „Neuen Türkei", S.)

ders.; Mahmut Bozkurt und die „Revolution des Rechts" in der jungen Republik Türkei, in: *Kieser, Hans-Lukas/ Meier, Astrid/ Stoffel, Walter*, Revolution islamischen Rechts, Das Schweizerische ZGB in der Türkei, Zürich 2008, S. 49–58

(zit.: *Kieser*, in: *Kieser/Meier/Stoffel*, Revolution islamischen Rechts, S.)

Kieser, Hans-Lukas/ Meier, Astrid/ Stoffel, Werner; Türkische Rechtsrevolution, eine Geschichte transkultureller Interaktion (Einleitung), in: *Kieser, Hans-Lukas/ Meier, Astrid/ Stoffel, Walter,* Revolution islamischen Rechts, Das Schweizerische ZGB in der Türkei, Zürich 2008, S. 9–19

(zit.: *Kieser/Meier/Stoffel,* in: *Kieser/Meier/Stoffel,* Revolution islamischen Rechts, S.)

Klauer, Irene; Die Europäisierung des Privatrechts, Der EuGH als Zivilrichter, Baden-Baden 1998

(zit.: *Klauer,* Die Europäisierung des Privatrechts, S.)

Koller-Tummler, Marlis; Einführung in die Grundlagen des privatrechtlichen Konsumentenschutzes, in: *Kramer, Ernst A.,* Schweizerisches Privatrecht, 10. Band, Konsumentenschutz im Privatrecht, S. 1–108

(zit.: *Koller-Tummler,* in: *Kramer,* Schweizerisches Privatrecht, 10. Band, Konsumentenschutz im Privatrecht, S.)

Konan, Belkıs; İnsan Hakları ve Temel Özgürlükler Açısından Osmanlı Devletine Bakış, Gazi Üniversitesi Hukuk Fakültesi Dergisi, Band 15 (2011), Nr. 4, S. 253–288

(zit.: *Konan,* GÜHFD 15 (2011), Nr. 4)

dies.; Gayrimüslim Osmanlı Vatandaşlarının Hukuki Durumuna İlişkin Bir Değerlendirme, Ankara Üniversitesi Hukuk Fakültesi Dergisi, Band 64 (2015), Nr. 1, S. 171–193

(zit.: *Konan,* AÜHFD 64 (2015), Nr. 1)

Koschaker, Paul; Europa und das römische Recht, München 1947

(zit.: *Koschaker,* Europa und das römische Recht, S.)

Koşum, Adnan; Osmanlı Örfi Hukukunun İslam Hukukundaki Temelleri, Necmettin Erbakan Üniversitesi İlahiyat Fakültesi Dergisi, Band 17 (2004), Nr. 17, S. 145–160

(zit.: *Koşum,* NEÜİFD 17 (2004), Nr. 17)

Koyuncu, Aşkın; Osmanlı Devleti'nde Kilise ve Havra Politikasına Yeni Bir Bakış: Çanakkale Örneği, Çanakkale Araştırmaları Türk Yıllığı, Band 12 (2014), Nr. 16, S. 35–87

(zit.: *Koyuncu,* ÇATY 12 (2014), Nr. 16)

Kramer, Heinz; Die Europäische Gemeinschaft und die Türkei, Entwicklung, Probleme und Perspektiven einer schwierigen Partnerschaft, Baden-Baden 1988

(zit.: *Kramer,* Die Europäische Gemeinschaft und die Türkei, S.)

Kreiser, Klaus; Geschichte der Türkei, Von Atatürk bis zur Gegenwart, München 2012

(zit.: *Kreiser*, Geschichte der Türkei, S.)

ders.; Atatürk, Eine Biographie, 2. Auflage, München 2014 (zit.: *Kreiser*, Atatürk, S.)

Kreiser, Klaus/ Neumann, Christoph K.; Kleine Geschichte der Türkei, 2. Auflage, Stuttgart 2009

(zit.: *Kreiser/Neumann*, Geschichte der Türkei, S.)

Krüger, Hilmar; Fragen des Familienrechts: Osmanisch-islamische Tradition versus Zivilgesetzbuch, Zeitschrift für Schweizerisches Recht, Band 95 (1976), Nr. 1, S. 287–301

(zit.: *Krüger*, ZSR 95 (1976), Nr. 1)

ders.; 70 Jahre westliches Schuld- und Handelsrecht in der Türkei, in: *Scholler, Heinrich/ Tellenbach, Silvia*, Westliches Recht in der Republik Türkei 70 Jahre nach der Gründung, Baden-Baden 1996, S. 125–144

(zit.: *Krüger*, in: *Scholler/Tellenbach*, Westliches Recht in der Republik Türkei 70 Jahre nach der Gründung, S.)

Küçükdağlı, Ayşegül; Unterschiedliche Schutzstandards im Recht der Allgemeinen Geschäftsbedingungen, Eine rechtsvergleichende Analyse des europäischen, deutschen und türkischen Rechts, Berlin 2017

(zit.: *Küçükdağlı*, Unterschiedliche Schutzstandards im Recht der Allgemeinen Geschäftsbedingungen, S.)

Kunke, Max; Die Kapitulationen der Türkei, deren Aufhebung und die neuen deutsch-türkischen Rechtsverträge, München, Berlin und Leipzig 1918

(zit.: *Kunke*, Die Kapitulationen der Türkei, S.)

Künnecke, Arndt; Türkei und EU, Perspektiven einer Partnerschaft nach dem gescheiterten Putsch, Norderstedt 2017

(zit.: *Künnecke*, Türkei und EU, S.)

ders.; Die Türkei zwischen Beitrittskandidat und Partner der EU, in: *Neuss, Beate/ Nötzold, Antje*, Türkei – Schlüsselakteur für die EU?, Eine schwierige Partnerschaft in turbulenten Zeiten, Baden-Baden 2018, S. 39–67

(zit.: *Künnecke*, in: *Neuss/Nötzold*, Türkei – Schlüsselakteur für die EU?, S.)

Kurt, Leyla Müjde; TKHK Açısından Kapıdan Sözleşmelerde Tüketiciyi Koruyan Geri Alma Hakkı, Ankara Barosu Dergisi 2011, Nr. 2, S. 43–68

(zit.: *Kurt*, ABD 2011, Nr. 2)

Lehmann, Walther; Die Aufhebung der Kapitulationen in der Türkei und ihre rechtliche Bedeutung, Berlin 1916

(zit.: *Lehmann*, Die Aufhebung der Kapitulationen in der Türkei, S.)

Lippstreu, Constanze; Wege der Rechtsangleichung im Vertragsrecht, Tübingen 2014

(zit.: *Lippstreu*, Wege der Rechtsangleichung im Vertragsrecht, S.)

Lipstein, Kurt; The Reception of Western Law in Turkey, Working Paper, Annales de la Faculté de Droit d'Istanbul, Band 5 (1956), Nr. 6, S. 11–27

(zit.: *Lipstein*, ADFI 5 (1956), Nr. 6)

Lohlker, Rüdiger; Islamisches Recht, Wien 2012

(zit.: *Lohlker*, Islamisches Recht, S.)

Matuz, Josef; Das Osmanische Reich, Grundlinien seiner Geschichte, 7. Auflage, Darmstadt 2012

(zit.: *Matuz*, Das Osmanische Reich, S.)

Meray, Seha L.; Lozan Barış Konferansı, Tutanaklar, Belgeler, Sammlung I, Band 1, Buch 2, Ankara 1970

(zit.: *Meray*, Lozan Barış Konferansı, Sammlung I, Band 1, Buch 2, S.)

dies.; Lozan Barış Konferansı, Tutanaklar, Belgeler, Sammlung I, Band 2, Ankara 1971

(zit.: *Meray*, Lozan Barış Konferansı, Sammlung I, Band 2, S.)

dies.; Lozan Barış Konferansı, Tutanaklar, Belgeler, Sammlung II, Band 2, Ankara 1973

(zit.: *Meray*, Lozan Barış Konferansı, Sammlung II, Band 2, S.)

Mittwoch, Anne-Christin; Vollharmonisierung und Europäisches Privatrecht, Methode, Implikationen und Durchführung, Berlin 2013

(zit.: *Mittwoch*, Vollharmonisierung und Europäisches Privatrecht, S.)

Nagel, Tilman; Das islamische Recht, Eine Einführung, Westhofen 2001

(zit.: *Nagel*, Das islamische Recht, S.)

Nebioglu, Osman; Die Auswirkungen der Kapitulationen auf die türkische Wirtschaft, Göttingen 1941

(zit.: *Nebioglu*, Die Auswirkungen der Kapitulationen, S.)

Nettesheim, Martin; EU-Beitritt und Unrechtsaufarbeitung, Europarecht 2003, S. 36–64

(zit.: *Nettesheim*, EuR 2003)

Noviçev, A. D.; 1839 Gülhane Hatt-ı Hümâyûnu ve Diş Politikadaki Boyutları, in: *İnalcık, Halil/ Seyitdanlıoğlu, Mehmet*, Tanzimat, Değişim Sürecinde Osmanlı İmparatorluğu, 5. Auflage, Istanbul 2015, S. 353–371

(zit.: *Noviçev*, in: *İnalcık/Seyitdanlıoğlu*, Tanzimat, S.)

Oesch, Matthias; Die bilateralen Abkommen Schweiz – EU und die Übernahme von EU-Recht, Aktuelle Juristische Praxis 2017, S. 638–652

(zit.: *Oesch*, AJP 2017)

Oğuz, Arzu; Türk Medenî Hukuku'nun Gelişim Çizgisi ve Karşılaştırmalı Hukukun Rolü, Ankara Üniversitesi Hukuk Fakültesi Dergisi, Band 55 (2006), Nr. 1, S. 195–205

(zit.: *Oğuz*, AÜHFD 55 (2006), Nr. 1)

Oguz, Sarah Mukaddes; Das türkische und das europäische Verbraucherrecht, Eine vergleichende Analyse mit Blick auf die Beitrittsbestrebungen der Türkei zur Europäischen Union, Frankfurt am Main 2010

(zit.: *Oguz*, Das türkische und das europäische Verbraucherrecht, S.)

Oğuzman, M. Kemal/ Öz, Turgut; Borçlar Hukuku, Genel Hükümler, 4. Auflage, Istanbul 2005

(zit.: *Oğuzman/Öz*, Borçlar Hukuku, 4. Auflage, S.)

Oktay-Özdemir, Saibe; 2002 Tarihli Türk Medeni Kanunu Ne Kadar Yenidir?, in: *Çivi, Ali*, 80 Jahre Schweizerisches ZGB und OR in der Türkei, Istanbul 2007, S. 53–66

(zit.: *Oktay-Özdemir*, in: *Çivi*, 80 Jahre Schweizerisches ZGB und OR in der Türkei, S.)

Okur, Sinan; Eine kritische Untersuchung zu den Rechtsbehelfen des Käufers im alten und im neuen türkischen Warenkaufrecht, Zugleich ein Beitrag zu der Harmonisierung des türkischen Warenkaufrechts im Lichte des CISG, BGB und der europäischen Vertragsrechtsharmonisierung, Frankfurt a. M. 2013

(zit.: *Okur*, Rechtsbehelfe im alten und neuen türkischen Warenkaufrecht, S.)

Ortaylı, İlber; Hukuk ve Idare Adamı Olarak Osmanlı Devleti'nde Kadı, 2. Auflage, Istanbul 2016

(zit.: *Ortaylı*, Kadı, S.)

Özbudak, Coşkun; Anayasa Mahkemesi: „Resmi Nikâh Olmaksızın Dini Nikâh Caizdir", Türkiye Barolar Birliği Dergisi 2015, Nr. 121, S. 89–110

(zit.: *Özbudak*, TBBD 121 (2015))

Özcoşar, İbrahim; Osmanlı Devleti'nde Gayrimüslimlerin Hukuki Durumu ve Millet Sistemi, Dicle Üniversitesi Hukuk Fakültesi Dergisi, Band 7 (2003), Nr. 7, S. 124–139

(zit.: *Özcoşar*, DÜHFD 7 (2003), Nr. 7)

Özdemir, Yavuz/ Çiydem, Erol/ Aktaş, Elif; Tanzimat Fermanı'nın Arka Planı, Kastamonu Eğitim Dergisi, Band 22 (2014), Nr. 1, S. 321–338

(zit.: *Özdemir/Çiydem/Aktaş*, KED 22 (2014), Nr. 1)

Özel, Çağlar; Mukayeseli Hukuk Işığında Tüketiciyi Koruyan Geri Alma Hakkı, Ankara 1999

(zit.: *Özel*, Geri Alma Hakkı, S.)

Öztan, Bilge; Türkisches Familienrecht nach 70 Jahren ZGB, in: *Scholler, Heinrich/ Tellenbach, Silvia*, Westliches Recht in der Republik Türkei 70 Jahre nach der Gründung, Baden-Baden 1996, S. 85–124

(zit.: *Öztan*, in: *Scholler/Tellenbach*, Westliches Recht in der Republik Türkei 70 Jahre nach der Gründung, S.)

Plagemann, Gottfried; Die Einführung des ZGB im Jahre 1926, Das neue ZGB als Bedingung eines säkularen und souveränen Nationalstaates, in: *Kieser, Hans-Lukas/ Meier, Astrid/ Stoffel, Walter*, Revolution islamischen Rechts, Das Schweizerische ZGB in der Türkei, Zürich 2008, S. 21–34

(zit.: *Plagemann*, in: *Kieser/Meier/Stoffel*, Revolution islamischen Rechts, S.)

ders.; Von Allahs Gesetz zur Modernisierung per Gesetz, Gesetz und Gesetzgebung im Osmanischen Reich und der Republik Türkei, Berlin 2009

(zit.: *Plagemann*, Von Allahs Gesetz zur Modernisierung per Gesetz, S.)

Pritsch, Erich; Das Schweizerische Zivilgesetzbuch in der Türkei, Seine Rezeption und die Frage seiner Bewährung, Zeitschrift für Vergleichende Rechtswissenschaft, Band 59 (1957), S. 123–180

(zit.: *Pritsch*, ZVglRWiss 59 (1957))

ders.; Das schweizerische Zivilgesetzbuch in der türkischen Praxis, Zeitschrift für ausländisches und internationales Privatrecht, Band 24 (1959), S. 686–718

(zit.: *Pritsch*, RabelsZ 24 (1959))

Rahn, Guntram; Rechtsdenken und Rechtsauffassung in Japan, Dargestellt an der Entwicklung der modernen japanischen Zivilrechtsmethodik, München 1990

(zit.: *Rahn*, Rechtsdenken und Rechtsauffassung in Japan, S.)

Rehm, Gebhard M.; Rechtstransplantate als Instrument der Rechtsreform und -transformation, Rabels Zeitschrift für ausländisches und internationales Privatrecht, Band 72 (2008), S. 1–42

(zit.: *Rehm*, RabelsZ 72 (2008))

Reich, Norbert/ Micklitz, Hans-W.; Europäisches Verbraucherrecht, 4. Auflage, Baden-Baden 2003

(zit.: *Reich/Micklitz*, Europäisches Verbraucherrecht, S.)

Reidegeld, Ahmad A.; Handbuch Islam, Die Glaubens- und Rechtslehre der Muslime, 2. Auflage, Kandern im Schwarzwald 2008

(zit.: *Reidegeld*, Handbuch Islam, S.)

Reinhardt, Tilman; Die Auslegung der völkerrechtlichen Verträge der Europäischen Union, München 2015

(zit.: *Reinhardt*, Die Auslegung der völkerrechtlichen Verträge der Europäischen Union, S.)

Rheinstein, Max; Einführung in die Rechtsvergleichung, 2. Auflage, München 1987

(zit.: *Rheinstein*, Einführung in die Rechtsvergleichung, S.)

Riesenhuber, Karl; Europäische Methodenlehre, Handbuch für Ausbildung und Praxis, 3. Auflage, Berlin 2015

(zit.: *Bearbeiter*, in: *Riesenhuber*, Europäische Methodenlehre, § Rn)

Ritter, Oliver; Das islamische Familienrecht und seine Relevanz für in Deutschland lebende Muslime, Köln 2016

(zit.: *Ritter*, Das islamische Familienrecht, S.)

Rohe, Mathias; Das islamische Recht, Geschichte und Gegenwart, 3. Auflage, München 2011

(zit.: *Rohe*, Das islamische Recht, S.)

Rumpf, Christian; Das Rechtsstaatsprinzip in der türkischen Rechtsordnung, Ein Beitrag zum türkischen Verfassungsrecht und zur europäischen Rezeptionsgeschichte, Bonn 1992

(zit.: *Rumpf*, Das Rechtsstaatsprinzip in der türkischen Rechtsordnung, S.)

ders.; Das neue türkische Zivilgesetzbuch, Das Standesamt 2002, S. 97–99

(zit.: *Rumpf*, StAZ 2002)

ders.; Einführung in das türkische Recht, 2. Auflage, München 2016

(zit.: *Rumpf*, Türkisches Recht, S.)

Rüthers, Bernd/ Fischer, Christian/ Birk, Axel; Rechtstheorie mit Juristischer Methodenlehre, 12. Auflage, München 2022

(zit.: *Rüthers/Fischer/Birk*, Rechtstheorie, Rn)

Şahin McCarthy, Oya/ Dinç, Mutlu; Tüketici Hukuku Davaları, Teori – Uygulama, Ankara 2017

(zit.: *Bearbeiter*, in: *Şahin McCarthy/Dinç*, Tüketici Hukuku Davaları, S.)

Šarčević, Edin; EU-Erweiterung nach Art. 49 EUV: Ermessensentscheidungen und Beitrittsrecht, Europarecht 2002, S. 461–482

(zit.: *Šarčević*, EuR 2002)

Savaş, Ümit; Das Türkische Obligationengesetz und Verbraucherschutzgesetz, Zweisprachige Ausgabe mit Anmerkungen, Hamburg 2017

(zit.: *Savaş*, Das Türkische Obligationengesetz und Verbraucherschutzgesetz, S.)

Schirmböck, Peggy; Der EU-Beitritt der Türkei: Eine unüberwindbare Hürde?, Eine Studie über die Hindernisse bei der Integration der Türkei in die Strukturen der EU, Hamburg 2012

(zit.: *Schirmböck*, Der EU-Beitritt der Türkei, S.)

Schmidt-Kessel, Martin; Der Entwurf für ein Gemeinsames Europäisches Kaufrecht, Kommentar, München 2014

(*Bearbeiter*, in: *Schmidt-Kessel*, Gemeinsames Europäisches Kaufrecht, Art. Rn.)

Scholler, Heinrich; Vorwort, in: *Scholler, Heinrich/ Tellenbach, Silvia*, Westliches Recht in der Republik Türkei 70 Jahre nach der Gründung, Baden-Baden 1996, S. 7–16

(zit.: *Scholler*, in: *Scholler/Tellenbach*, Westliches Recht in der Republik Türkei 70 Jahre nach der Gründung, S.)

ders.; Recht und Politik in Äthiopien, Von der traditionellen Monarchie zum modernen Staat, Berlin 2008

(zit.: *Scholler*, Recht und Politik in Äthiopien, S.)

Schulze, Reiner/ Zoll, Fryderyk; Europäisches Vertragsrecht, 3. Auflage, Baden-Baden 2021

(zit.: *Schulze/Zoll*, Europäisches Vertragsrecht, § Rn.)

Şeref, İba; Ülkemizde „Torba Kanun" ve „Temel Kanun" Uygulamaları, Ankara Barosu Dergisi 2011, Nr. 1, S. 195–200

(zit.: *İba*, ABD 2011, Nr. 1)

Serozan, Rona; Tüketiciyi Koruma Yasasının Sözleşme Hukuku Alanındaki Düzenlemesinin Eleştirisi, Yasa Hukuk İçtihat ve Mevzuat Dergisi Band 15 (1996), Nr. 173/4, S. 579–598

(zit.: *Serozan*, Yasa HD 15 (1996), Nr. 173/4)

ders.; Tüketiciyi Koruma Kanunu Değişikliğinin Artıları ve Eksileri, İstanbul Üniversitesi Hukuk Fakültesi Mecmuası, Band 61 (2003), Nr. 1–2, S. 339–356

(zit.: *Serozan*, İÜHFM 61 (2003), Nr. 1–2)

Şimşirgil, Ahmet/ Ekinci, Ekrem Buğra; Ahmed Cevdet Paşa ve Mecelle, Istanbul 2015

(zit.: *Şimşirgil/Ekinci*, Ahmed Cevdet Paşa, S.)

Spinner, Bruno/ Maritz, Daniel; EG-Kompatibilität des schweizerischen Wirtschaftsrechts: Vom autonomen zum systematischen Nachvollzug, in: *Forstmoser, Peter/ von der Crone, Hans Caspar/ Weber, Rolf H./ Zobl, Dieter*, Der Einfluss des europäischen Rechts auf die Schweiz, Festschrift für Professor Roger Zäch zum 60. Geburtstag, Zürich 1999, S. 127–138

(zit.: *Spinner/Maritz*, in: *Forstmoser/von der Crone/Weber/Zobl*, Der Einfluss des europäischen Rechts auf die Schweiz, S.)

Streinz, Rudolf; Die Türkei als Partner – Formen der Zugehörigkeit zur EU, in: *Stiftung Gesellschaft für Rechtspolitik, Trier/ Institut für Rechtspolitik an der Universität Trier*, Bitburger Gespräche: Jahrbuch 2005/II, Zur Frage einer Mitgliedschaft der Türkei in der Europäischen Union, München 2006, S. 111–140

(zit.: *Streinz*, in: *Stiftung Gesellschaft für Rechtspolitik, Trier/ Institut für Rechtspolitik an der Universität Trier*, Bitburger Gespräche: Jahrbuch 2005/II, S.)

ders.; EUV/AEUV, Vertrag über die Europäische Union und Vertrag über die Arbeitsweise der Europäischen Union, 3. Auflage, München 2018

(zit.: *Bearbeiter*, in: *Streinz*, Vertrag, Art. Rn.)

Taschner, Hans Claudius/ Frietsch, Edwin; Produkthaftungsgesetz und EG-Produkthaftungsrichtlinie, 2. Auflage, München 1990

(zit.: *Taschner/Frietsch*, Produkthaftungsgesetz und EG-Produkthaftungsrichtlinie, Rechtsakt Rn.)

Tekin, Funda; Die Quadratur des Kreises? Hintergründe der EU-Türkei-Beziehungen, Aus Politik und Zeitgeschichte, Nr. 9–10/2017, S. 36–41

(zit.: *Tekin*, APuZ 9–10/2017)

dies.; Türkei, in: *Weidenfeld, Werner/ Wessels, Wolfgang*, Jahrbuch der Europäischen Integration 2017, Baden-Baden 2017, S. 443–448

(zit.: *Tekin*, Jahrbuch der Europäischen Integration 2017, S.)

Tekinalp, Ünal; Türk Hukukunun Avrupa Birliği Hukukuna Uyumu, Acquis Communautaire'in Alınması, Açıklamalar, Değerlendirmeler, Öneriler, Istanbul 2001

(zit.: *Bearbeiter*, in: *Tekinalp*, Türk Hukukunun Avrupa Birliği Hukukuna Uyumu, S.)

Tezcan, Ercüment; Türkiye'nin Avrupa Birliği Müktesebatına Uyumu, in: *Akçay, Belgin/ Akgül Açıkmeşe, Sinem*, Türkiye – Avrupa Birliği İlişkileri, Tarihçe, Teoriler, Kurumlar ve Politikalar, 2. Auflage, Ankara 2017, S. 371–415

(zit.: *Tezcan*, in: *Akçay/Akgül Açıkmeşe*, Türkiye – Avrupa Birliği İlişkileri, S.)

ders.; Türkiye–Avrupa Birliği İlişkilerinin Hukuki Çerçevesi: Kurumsal Boyut, in: *Akçay, Belgin/ Akgül Açıkmeşe, Sinem*, Türkiye – Avrupa Birliği İlişkileri, Tarihçe, Teoriler, Kurumlar ve Politikalar, 2. Auflage, Ankara 2017, S. 83–114

(zit.: *Tezcan*, in: *Akçay/Akgül Açıkmeşe*, Türkiye – Avrupa Birliği İlişkileri, S.)

Tobler, Christa; Zur Rolle des EuGH im Streitbeilegungsmechanismus in den sektoriellen Verträgen EU-Schweiz. Mit rechtsvergleichenden Bemerkungen zum EWR, zum Ankara-Assoziationsrecht und zu der in Verhandlung stehenden Assoziation mit den AMS-Staaten Andorra, San Marino und Monaco, in: *Lorenzmeier, Stefan/ Folz, Hans-Peter,* Recht und Realität, Festschrift für Christoph Vedder, Baden-Baden 2017, S. 378–402

(zit.: *Tobler*, in: *Lorenzmeier/Folz*, FS Vedder, S.)

Tokbaş, Hakan/ Tüzüner, Özlem; Milli Şerh (National commentary), 6502 Sayılı Tüketicinin Korunması Hakkında Kanun Şerhi (Commentary on the Consumer Protection Law No. 6502), Istanbul 2016

(zit.: *Bearbeiter*, in: *Tokbaş/Tüzüner*, Milli Şerh, Art. S.)

Tröndle, Dirk; Die Türkei nach dem gescheiterten Putsch aus türkischer und deutscher Perspektive, in: *Neuss, Beate/ Nötzold, Antje*, Türkei – Schlüsselakteur für die EU?, Eine schwierige Partnerschaft in turbulenten Zeiten, Baden-Baden 2018, S. 175–203

(zit.: *Tröndle*, in: *Neuss/Nötzold*, Türkei – Schlüsselakteur für die EU?, S.)

Turan, Ömer; 1926 Hukuk İnkılâbının Fikrî Temellleri, Atatürk Araştırma Merkezi Dergisi, Band 11 (1995), Nr. 32, S. 477–492

(*Turan*, ATAMD 11 (1995), Nr. 32)

Türk Diyanet Vakfı; TDV İslâm Ansiklopedisi

(zit.: *Bearbeiter*, Stichwort, in: *Türkiye Diyanet Vakfı*, TDV İslâm Ansiklopedisi, Band, Stand, S.)

Türk İnkılâp Tarihi Enstitüsü Yayınları; Atatürk`ün Söylev ve Demeçleri I, T.B.M. Meclisinde ve C.H.P. Kurultaylarında (1919–1938), 5. Auflage, Ankara 1997

(zit.: *Türk İnkılâp Tarihi Enstitüsü Yayınları*, Atatürk`ün Söylev ve Demeçleri I, S.)

Türk Sanayicileri ve İşadamları Derneğı (TÜSİAD); AT'de Tüketiciyi Koruma Politikaları ve Türkiye'de Durum, ABD, İsveç ve Diğer Bazı Ülkelerdeki Gelişmeler, AT'ye Uyuma Yönelik Bir İnceleme, Istanbul 1990

(zit.: *TÜSİAD*, AT'de Tüketiciyi Koruma Politikaları ve Türkiye'de Durum, S.)

Türkiye Ticaret, Sanayi, Deniz Ticaret Odaları ve Borsalar Birliği (TOBB); Avrupa Topluluğu'nda Tüketiciyi Koruma Politikaları ve Türkiye'nin Uyumu, Ankara 1989

(zit.: *TOBB*, Avrupa Topluluğu'nda Tüketiciyi Koruma Politikaları ve Türkiye'nin Uyumu, S.)

Tutumlu, Mehmet Akif; Tüketici Mahkemelerinin Görev ve Yetki Sınırları (Tüketici Sorunları Hakem Heyetleri Dahil), 1. Auflage, Ankara 2006

(zit.: *Tutumlu*, Tüketici Mahkemelerinin Görev ve Yetki Sınırları, 1. Aufl., S.)

Üçok, Coşkun/ Mumcu, Ahmet/ Bozkurt, Gülnihal; Türk Hukuk Tarihi, 15. Auflage, Ankara 2011

(zit.: *Üçok/Mumcu/Bozkurt*, Türk Hukuk Tarihi, S.)

Ünal, Rahmi/ İlgün, Candaş; Tüketicinin Korunması Hakkında Kanun ve İlgili Mevzuat, 2. Auflage, Ankara 2013

(zit.: *Ünal/İlgün*, TKHK, S.)

Unger, Oliver; Die Richtlinie über die Rechte der Verbraucher – Eine systematische Einführung, ZEuP 2012, S. 270–304

(zit.: *Unger*, ZEuP 2012)

Uyumaz, Alper; Tüketici Hukukundan Doğan Uyuşmazlıkların Alternatif Çözüm Yolları, Selçuk Üniversitesi Hukuk Fakültesi Dergisi, Band 20 (2012), Nr. 1, S. 103–132

(zit.: *Uyumaz*, SÜHFD 20 (2012), Nr. 1)

Veldet, Hıfzı; İsviçre Medenî Kanunu Karşısında Türk Medenî Kanunu, in: *İstanbul Üniversitesi*, Medenî Kanunun XV. Yıl Dönümü İçin, Istanbul 1944, S. 339–406

(zit.: *Veldet*, in: *İstanbul Üniversitesi*, Medenî Kanunun XV. Yıl Dönümü İçin, S.)

Velidedeoğlu, Hıfzı Veldet; Erfahrungen mit dem schweizerischen Zivilgesetzbuch in der Türkei, Zeitschrift für Schweizerisches Recht, Band 81 (1962), Nr. 1, S. 51–74

(zit.: *Velidedeoğlu*, ZSR 81 (1962), Nr. 1)

von der Groeben, Hans/ Schwarze, Jürgen/ Hatje, Armin; Europäisches Unionsrecht, Vertrag über die Europäische Union, Vertrag über die Arbeitsweise der Europäischen Union, Charta der Grundrechte der Europäischen Union, 7. Auflage, Baden-Baden 2015

(zit.: *Bearbeiter*, in: *von der Groeben/Schwarze/Hatje*, Vertrag, Art. Rn.)

von Vogel, Alexander; Verbrauchervertragsrecht im Privatrechtssystem – Zur systematischen Stellung verbrauchervertraglicher Vorschriften im Recht der Europäischen Gemeinschaft und ihrer Mitgliedstaaten, Zeitschrift für das Privatrecht der Europäischen Union, Band 2 (2005), S. 164–172

(zit.: *von Vogel*, GPR 2 (2005))

Wieacker, Franz; Privatrechtsgeschichte der Neuzeit, unter besonderer Berücksichtigung der deutschen Entwicklung, 3. Auflage, Göttingen 2016

(*Wieacker*, Privatrechtsgeschichte der Neuzeit, S.)

Wiegand, Wolfgang/ Brülhart, Marcel; Die Auslegung von autonom nachvollzogenem Recht der Europäischen Gemeinschaft, Bern 1999

(zit.: *Wiegand/Brülhart*, Die Auslegung von autonom nachvollzogenem Recht der Europäischen Gemeinschaft, S.)

Yaman, Ahmet; İslâm Aile Hukuku, 11. Auflage, Istanbul 2013

(zit.: *Yaman*, İslâm Aile Hukuku, S.)

Yancı Özalp, Nihan; Türkiye'de Yasa Yapımı: Nicelik Sorunu mu, Nitelik Sorunu mu?, Ankara Üniversitesi Siyasal Bilgiler Fakültesi Dergisi, Band 61 (2006), Nr. 1, S. 267–295

(zit.: *Yancı Özalp*, AÜSBFD 61 (2006), Nr. 1)

Yazıcı, Abdurrahman; İslam Miras Hukuku ile Türk Medeni Kanunu Miras Sisteminin Mukayesesi, Ekev Akademi Dergisi, Band 17 (2013), Heft 55, S. 167–180

(zit.: *Yazıcı*, EAD 17 (2013), Heft 55)

Yeşilova, Bilgehan; 6502 Sayılı (Yeni) Tüketicinin Korunması Hakkında Kanun'a Göre Tüketici Uyuşmazlıklarının Çözümü Usulü ve Yargılama Kuralları, Terazi Aylık Hukuk Dergisi, Band 9 (2014), Sonderausgabe, S. 107–140

(zit.: *Yeşilova*, Terazi 9 (2014), Sonderausgabe)

Yıldırım, Abdulkerim; Tüketicinin Korunması Hakkında Kanun Tasarısı Taslağının Bazı Maddelerine İlişkin Değerlendirmeler, Gazi Üniversitesi Hukuk Fakültesi Dergisi, Band 17 (2013), Nr. 1–2, S. 1015–1047

(zit.: *Yıldırım*, GÜHFD 17 (2013), Nr. 1–2)

Yılmaz, Bahri; Gümrük Birliği'nin Teorik Çerçevesi, in: *Akçay, Belgin/ Akgül Açıkmeşe, Sinem*, Türkiye - Avrupa Birliği İlişkileri, Tarihçe, Teoriler, Kurumlar ve Politikalar, 2. Auflage, Ankara 2017, S. 273–281

(zit.: *Yılmaz*, in: *Akçay/Akgül Açıkmeşe*, Türkiye - Avrupa Birliği İlişkileri, S.)

Yılmaz, Coşkun; İstanbul Kadı Sicilleri, Üsküdar Mahkemesi, 26 Numaralı Sicil (H. 970–971 / M. 1562–1563), Istanbul 2010

(zit.: *Coşkun*, Üsküdar Mahkemesi, 26 Numaralı Sicil, S.)

Zeh, Juli; Recht auf Beitritt? Ansprüche von Kandidatenstaaten gegen die Europäische Union, Baden-Baden 2002

(zit.: *Zeh*, Recht auf Beitritt?, S.)

Zevkliler, Aydın; Tüketicinin Korunması Hakkında Kanun, Örnek Yargıtay Kararları ve İlgili Mevzuat, 1. Auflage, Izmir 1996

(zit.: *Zevkliler*, TKHK, 1. Aufl., S.)

ders.; Açıklamalı Tüketicinin Korunması Hakkında Kanun, Örnek Yargıtay Kararları ve İlgili Mevzuat, 2. Auflage, Ankara 2001

(zit.: *Zevkliler*, TKHK, 2. Aufl., S.)

ders.; Borçlar Hukuku, Özel Borç İlişkileri, 10. Auflage, Ankara 2008

(zit.: *Zevkliler*, Borçlar Hukuku, 10. Auflage, S.)

Zevkliler, Aydın/ Aydoğudu, Murat; Açıklamalı Tüketicinin Korunması Hakkında Kanun, Örnek Yargıtay Kararları ve İlgili Mevzuat, 3. Auflage, Ankara 2001

(zit.: *Zevkliler/Aydoğudu*, TKHK, 3. Aufl., S.)

Zevkliler, Aydın/ Özel, Çağlar; Tüketicinin Korunması Hukuku, Açıklamalı Tüketicinin Korunması Hakkında Kanun, Ankara 2016

(zit.: *Zevkliler/Özel*, Tüketicinin Korunması Hukuku, S.)

Zweigert, Konrad/ Kötz, Hein; Einführung in die Rechtsvergleichung, 3. Auflage, Tübingen 1996

(zit.: *Zweigert/Kötz*, Rechtsvergleichung, §)

Onlinequellen

Balcı, Muharrem; Tanzimat'tan Ulusal Programa, Yeniden Yapılanmanın Hukuki Gelişim Süreci, abrufbar unter http://www.muharrembalci.com/yayinlar/tebligler/55.pdf (zuletzt abgerufen am 25.04.2022)

(zit.: *Balcı*, Tanzimat'tan Ulusal Programa, S.)

Karakas, Cemal; Für eine Abgestufte Integration, Zur Debatte um den EU-Beitritt der Türkei, HSFK Standpunkte (2005), Nr. 4, abrufbar unter https://www.hsfk.de/fileadmin/HSFK/hsfk_downloads/Standpunkte-4-2005%28druckfrei%29.pdf (zuletzt abgerufen am 25.04.2022)

(zit.: *Karakas*, HSFK Standpunkte (2005), Nr. 4, S.)

Karakas, Cemal; Türkei: Islam und Laizismus zwischen Staats-, Politik- und Gesellschaftsinteressen, HSFK-Report 1/2007, Frankfurt am Main 2007, abrufbar unter https://www.hsfk.de/fileadmin/HSFK/hsfk_downloads/report0107.pdf (zuletzt abgerufen am 25.04.2022)

(zit.: *Karakas*, Türkei: Islam und Laizismus, HSFK-Report 1/2007, S.)

Kıvılcım, İlge; AB'ye „Yüzde 99" Uyumluyuz; Peki Tüketici ve Tüketici Örgütleri Durumu Nasıl Yorumluyor?, İKV Değerlendirme Notu 152 (Oktober 2015), abrufbar unter https://www.ikv.org.tr/images/files/ABYE%20YUZDE%2099%20UYUMLUYUZ%20PEKI%20TUKETICI%20VE%20TUKETICI%20ORGUTLERI%20DURUMU%20NASIL%20YORUMLUYOR.pdf (zuletzt abgerufen am 25.04.2022)

(zit.: *Kıvılcım*, İKV Değerlendirme Notu 152 (2015), S.)

Oder, Bertil Emrah; Populism and the Turkish Constitutional Court: the Game Broker, the Populist and the Popular, VerfBlog, 2017/5/02, abrufbar unter https://verfassungsblog.de/populism-and-the-turkish-constitutional-court-the-game-broker-the-populist-and-the-popular/ (zuletzt abgerufen am 25.04.2022)

(zit.: *Oder*, VerfBlog, 2017/5/02)

Oesch, Matthias; Die Europäisierung des schweizerischen Rechts, abrufbar unter http://www.nccr-trade.org/fileadmin/user_upload/nccr-trade.ch/hi/Oesch%20Europaeisierung.pdf (zuletzt abgerufen am 30.12.2019).

(zit.: *Oesch*, Die Europäisierung des schweizerischen Rechts, S.)

Quaisser, Wolfgang/ Wood, Steve; EU Member Turkey? Preconditions, Consequences and Integration Alternatives, forost Arbeitspapier (2004), Nr. 25, abrufbar unter http://edoc.vifapol.de/opus/volltexte/2008/806/pdf/forost_Arbeitspapier_25.pdf (zuletzt abgerufen am 30.12.2020) (zit.: *Quaisser/Wood*, forost Arbeitspapier (2004), Nr. 25, S.)

Seiler, Hansjörg; Auswirkungen des EU-Rechts auf Nicht-EU-Mitglieder („de facto Mitgliedschaft“ der Schweiz und Liechtensteins?), XVI. Treffen der obersten Verwaltungsgerichtshöfe Österreichs, Deutschlands, des Fürstentums Liechtenstein und der Schweiz vom 18./19. September 2008, Leipzig, abrufbar unter https://www.bger.ch/files/live/sites/bger/files/pdf/fr/landesbericht_schweiz_auswirkungen_eu-recht.pdf (zuletzt abgerufen am 25.04.2022)

(zit.: *Seiler*, Auswirkungen des EU-Rechts auf Nicht-EU-Mitglieder, S.)

Seufert, Günter; Die Türkei nach den Wahlen: Alles wie gehabt und doch tiefgreifend anders, SWP-Aktuell 2018, Nr. 38, abrufbar unter https://www.swp-berlin.org/fileadmin/contents/products/aktuell/2018A38_srt.pdf (zuletzt abgerufen am 25.04.2022)

(zit.: *Seufert*, SWP-Aktuell 2018, Nr. 38, S.)

ders.; Staat und Islam in der Türkei, Stiftung Wissenschaft und Politik, Studie, Berlin 2004, abrufbar unter https://www.swp-berlin.org/fileadmin/contents/products/studien/2004_S29_seufert_ks.pdf (zuletzt abgerufen am 25.04.2022)

(zit.: *Seufert*, Staat und Islam in der Türkei, SWP-Studie, S.)

Soler i Lecha, Eduard/ Tekin, Funda/ Sökmen, Melike Janine; It Takes Two to Tango: Political Changes in Europe and their Impact on Turkey's EU bid, FEUTURE, Online Paper No. 17 (2018), abrufbar unter https://www.feuture.uni-koeln.de/sites/feuture/user_upload/Online_Paper_No._17_D2.2.pdf (zuletzt abgerufen am 25.04.2022)

(zit.: *Soler i Lecha/Tekin/Sökmen*, FEUTURE, Online Paper No. 17 (2018), S.)

Tecimer, Cem; Rethinking Turkish Secularism: Towards „Unofficial“ Islamic Constitutionalism?, VerfBlog, 2017/9/26, abrufbar unter https://verfassungsblog.de/rethinking-turkish-secularism-towards-unofficial-islamic-constitutionalism/ (zuletzt abgerufen am 25.04.2022)

(zit.: *Tecimer*, VerfBlog, 2017/9/26)

Thürer, Daniel; Gutachten über mögliche Formen der Umsetzung und Anwendung der Bilateralen Abkommen, abrufbar unter https://www.eda.admin.ch/dam/dea/de/documents/studien/Gutachten-ueber-moegliche-Formen-Umsetzung-u-Anwendung-BA_de.pdf (zuletzt abgerufen am 30.12.2020)

(zit.: *Thürer*, Gutachten über mögliche Formen der Umsetzung und Anwendung der Bilateralen Abkommen, S.)

Tobler, Christa/ Beglinger, Jacques; Tobler/Beglinger-Brevier zum institutionellen Abkommen Schweiz – EU, Ausgabe 2017-08.1, abrufbar unter http://www.

eur-charts.eu/wp-content/uploads/2017/08/Tobler-Beglinger-Brevier-Institutionelles-Abkommen_2017-08.1.pdf (zuletzt abgerufen am 25.04.2022)

(zit.: *Tobler/Beglinger*, Tobler/Beglinger-Brevier zum institutionellen Abkommen Schweiz – EU, Ausgabe 2017-08.1, S.)

Tocci, Nathalie; Turkey and the European Union: Scenarios for 2023, FEUTURE, Background Paper (2016), abrufbar unter https://www.feuture.uni-koeln.de/sites/feuture/user_upload/FEUTURE_Background_Paper_final.pdf (zuletzt abgerufen am 25.04.2022)

(zit.: *Tocci*, FEUTURE, Background Paper (2016), S.)

Yabancı, Bilge; The future of EU-Turkey relations: between mutual distrust and interdependency, FEUTURE, Online Paper No. 1 (2016), abrufbar unter https://www.feuture.uni-koeln.de/sites/feuture/user_upload/Yabanci_Online_Paper_No1_new.pdf (zuletzt abgerufen am 25.04.2022)

(zit.: *Yabancı*, FEUTURE, Online Paper No. 1 (2016), S.)

Studien zum Europäischen und Internationalen Wirtschaftsrecht
Studies in European and International Economic Law

Herausgeber/Editors: Tim Dornis, Stefan Huber, Nikolaus Marsch, Herbert Kronke, Peter Hay, Meinhard Hilf und Wolfgang Oehler

Band/Volume	1	Ralf Scheibach: Importrelevante Investitionsauflagen und das GATT. Eine Untersuchung über Investitionsmaßnahmen mit handelspolitischen Auswirkungen und ihre Vereinbarkeit mit dem GATT. 1992.
Band/Volume	2	Ilona Muráti: Gläubigerschützende Maßnahmen zur Sicherung der Kapitalaufbringung und der Kapitalerhaltung im spanischen Aktienrecht. Ein Vergleich mit der Rechtslage nach dem deutschen AktG unter Einbeziehung der EG-Richtlinien zur Koordinierung der Schutzbestimmungen auf dem Gebiet des Gesellschaftsrechts. 1993.
Band/Volume	3	Johannes Zügel: Mitwirkung der Arbeitnehmer nach der EU-Richtlinie über die Einsetzung eines Europäischen Betriebsrats. Eine Untersuchung der Richtlinie 94/45 und der vorangegangenen Richtlinienvorschläge unter Berücksichtigung der Praxis multinationaler Unternehmen. 1995.
Band/Volume	4	Torsten Straub: Zur Rechtswahl im internationalen Wechselrecht. Vergleichende Darstellung der Kollisionsnormen Deutschlands, Englands und der UNCITRAL unter dem Aspekt der Parteiautonomie. 1995.
Band/Volume	5	Andreas Kadletz: Haftung und Versicherung im internationalen Lufttransportrecht. 1998.
Band/Volume	6	Wolfram Bechtel: Umzug von Kapitalgesellschaften unter der Sitztheorie. Zur europarechtskonformen Fortentwicklung des internationalen Gesellschaftsrechts. 1999.
Band/Volume	7	Angela von Falkenhayn: Das Verhältnis von Factor und Debitor beim Factoring. Abtretungsverbot und andere Einwendungen im deutschen und amerikanischen Recht und nach der UNIDROIT-Konvention. 1999.
Band/Volume	8	Bettina Grünwald: Das Verbot der irreführenden Werbung nach § 3 UWG – ein Handelshemmnis? 2000.
Band/Volume	9	Hans-Eric Rasmussen-Bonne: Alternative Rechts- und Forumswahlklauseln. Eine vergleichende Darstellung. 1999.
Band/Volume	10	Werner Meier: Grenzüberschreitender Durchgriff in der Unternehmensgruppe nach US-amerikanischem Recht. Jurisdiktions- und Prozeßrecht, Kollisionsrecht, materielles Recht. 2000.

Band/Volume	11	Heiner Braun: Joint Ventures im amerikanischen und deutschen Internationalen Privatrecht. Inhalt und Grenzen des Vertragsstatuts. 2000.
Band/Volume	12	Hanno Naumann: Der Regelungsbereich des UN-Kaufrechts im Spannungsfeld zwischen Einheitsrecht und Kollisionsrecht. 2000.
Band/Volume	13	Markus A. Papmehl: Die Schiedsfähigkeit gesellschaftsrechtlicher Streitigkeiten. 2001.
Band/Volume	14	Heike Bruhn: Niederlassungsfreundliche Sitzverlegung und Verschmelzung über die Grenze nach italienischem Recht. Eine rechtsvergleichende Untersuchung unter Berücksichtigung der europäischen Niederlassungsfreiheit. 2002.
Band/Volume	15	Necla Agdag-Güney: Umwandlung öffentlicher Unternehmen in der Türkei. Eine rechtsvergleichende Untersuchung zum deutschen und türkischen Recht der Umwandlung von öffentlichen Wirtschaftsunternehmen im Rahmen eines Privatisierungsvorhabens. 2002.
Band/Volume	16	Valerio Sangiovanni: Die Ad-hoc-Publizität im deutschen und italienischen Recht. 2003.
Band/Volume	17	Renate Dendorfer: Aktives Telefonmarketing. Erfassung und Neubewertung der wettbewerbsrechtlichen Beurteilung unerbetener Werbeanrufe. Unter Berücksichtigung europarechtlicher Entwicklungen und US-amerikanischer Regelungen. 2003.
Band/Volume	18	Stephan Bode: Die Wirksamkeit einer Forderungsübertragung gegenüber Dritten vor dem Hintergrund der internationalen Forderungsfinanzierung. 2007.
Band/Volume	19	René Sauer: Die Harmonisierung des Kollisions- und des Sachrechts für Wertpapierguthaben und Wertpapiersicherheiten. Hintergrund und Entwicklung gemeinschaftsrechtlicher und globaler Regelungsansätze. 2008.
Band/Volume	20	Mathias Kapitza: Untersuchungen zur Markenrechtsfähigkeit der BGB-Gesellschaft. 2009.
Band/Volume	21	Franziska Edler: Die Aufhebung von Schiedssprüchen und der Erlass einstweiliger Maßnahmen in Deutschland und Schweden. Ein Rechtsvergleich vor dem Hintergrund der Investitionsschiedsgerichtsbarkeit. 2009.
Band/Volume	22	Christoph Rodenhäuser: Aktienemissionen über das Internet – eine Gefährdung des Anlegerschutzes? 2015.

Band/Volume 23 Laurette Jessica Sarah Muchow: Die Bedeutung materiell zwingenden Rechts für den Abschluss von Schiedsvereinbarungen. 2021.

Band/Volume 24 Alexander Daniel Fix: Das Recht auf Datenportabilität. Art. 20 DSGVO als Schnittstelle zwischen Wettbewerbsförderung und Datenschutz. 2022.

Band/Volume 25 Izzettin Kassam Arici: Die Europäisierung des türkischen Privatrechts. 2022.

www.peterlang.com

www.ingramcontent.com/pod-product-compliance
Ingram Content Group UK Ltd.
Pitfield, Milton Keynes, MK11 3LW, UK
UKHW021824290926
8980IPUK00004B/265

9 783631 886090